はじめに

　映画英語アカデミー学会（TAME=The Academy of Movie English）は、会則第２条において「本学会は、映画の持つ教育研究上の多様な可能性に着目し、英語Educationと新作映画メディアEntertainmentが融合したNew-Edutainmentを研究し、様々な啓蒙普及活動を展開するなどして、我が国の英語学習と教育を豊かにすることを目的とする」としています。

　そこで本学会では、毎年3月、ロサンゼルスとビバリーヒルズに本拠を置く映画芸術アカデミーが主催するアカデミー授賞式の時期に合わせて、前年１月から１２月末日までに我が国で発売が開始された新作映画DVD（ブルーレイ、3D、４K等）を対象に、小学校、中学校、高等学校、大学の各部門の英語教育に最も相応しいと思える作品をそれぞれ選考し、「映画英語アカデミー賞映画」として推薦し、普く世に発表しています。これは、映画で英語を学びたい学習者と教育機関で映画を利用して英語教育を実践したいと考えている教育者の方々に対する、教材として相応しい「映画選びのお手伝い」をする本学会の主要な活動なのです。間もなく日本全国の書店の書棚を飾るであろう『第４回映画英語アカデミー賞』も、言うまでもなく、こうした趣旨のもとに出版している学会誌です。

　ところで、日本では毎年100タイトル前後の新作映画が公開されていますが、それらは通例、映画館上映が終了してからおよそ３か月後に、映画会社

各社によりDVDとして発売開始されます。そして、こうした作品が我が「映画英語アカデミー学会」が授与する「映画英語アカデミー賞」の対象となるわけです。とはいえ、現在、我が国で発売中のタイトルが2000を超えるといわれる旧作映画も決して見逃せません。様々な角度から見て、英語教材として新作映画を遙かに凌ぐ、優れたものが数多く存在しているからです。

　そうした事から、本学会では、社会人部門を加え5部門チームを編成し、旧作映画の中からそれぞれ100タイトルを厳選して、平成23年9月より、『先生が薦める英語学習のための特選映画100選』として約100名の著者集団で執筆を開始し、平成26年6月に『小学生編』を発刊しました。そして、この度、第二弾として『中学生編』を発刊することができました。なお、今後、他の部門についても編集作業が整い次第、順次、発行していく予定です。

　我が学会の本活動が、映画で英語を学ぶことに興味を持っておられる学習者、また映画を使った英語教育の実践を考えておられる教育者の方々にとって映画タイトル選定の、これまでにない斬新な「道しるべ」となり得れば、我々としては、これ以上の喜びはありません。

　平成27年3月
　　　　　映画英語アカデミー学会　　　　　会　長　曽根田 憲三

特選映画100選　中学生編の特徴

○ **紹介してあるセリフは映画のどこに出ているかを表示しました。**
　DVD（or BD）の特徴を生かし、本文に紹介してあるセリフはチャプターの何分何秒のところに出てくるかを表示してあります。（再生する機器によっては多少の誤差があります。また、DVDとBDの間でも誤差が生じます。）授業で紹介するときに、そして繰り返し視聴させる場合に便利です。

○ **中学生にも読んでほしいので読みやすい表記にしました。**
　本書は中学校の英語教師や、中学生のいる保護者だけを対象にしたものではありません。英語に興味があって、映画が大好きな中学生にもぜひ読んでもらいたいと思って編集してあります。そして、英語を聞き取ったり、英語で書いてあるものを読んだりするだけでなく、本書には古くは1921年から、新しいものは2010年まで鑑賞してほしい新旧の名作が揃っていますので、ぜひ、その背景にある文化や歴史にも触れてもらいたいと願っています。

英語の先生へ

　「映画の英語を授業で取り扱ってみたい」と思われる英語の先生は、きっと少なくないでしょう。けれど、「何をどう扱ったらいいのかがわからない」という声をよく聞きます。「どの作品を」についてはよく聞かれる質問ですが、ご自身のお気に入りの作品が一番適していると思います。扱っていて、自分自身が楽しいからです。また、「せっかくの名作だから、ほんの一部だけ見せても意味がない。どうせなら全編を見せたいがそんな時間はないのであきらめた」ということもあるかと思います。しかし、一度でも授業で映画を視聴させたことのある先生は、映画を観る生徒の表情が、普段の授業のときに見せるものとは違うことを経験したと思います。映画鑑賞会ではないので、英語の授業と割り切って、全部を見せる必要はありません。
　また、「映画を視聴させるためのハンドアウトを作る時間がない」と思っている先生はいませんか？そう思っている先生には、口頭だけ、あるいは板書だけでも効果的な指導法はあります。
　例えば、本書の『パーシー・ジャクソンとオリンポスの神々(2010年)』のChap.4 14:27～に出てくるセリフは、中学1年4月で習う表現です。これが出てくる直前でDVD(or BD)を一時停止して、「次に主人公パーシーが話す英語は、君たちが習ったばかりの英語です。さて、何と言うでしょう」と言って、いろいろな答えを生徒に言わせてみてから、その場面を英語音声だけで見せるのも、私のおもしろい実践例のひとつでした。用意したものはDVDとリモコンだけです。提示の仕方を工夫すれば、準備の負担はそれほど多くかかりません。そして、既製のハンドアウトを使って、決められた作品を扱うよりも、ご自身のお気に入りの作品を使った方が、気持ちのこもった授業展開ができると思います。

保護者の方へ

　きっと保護者の方も、若いころに（今でもかもしれませんが）、「洋画を字幕なしに理解することができたらいいな」と一度は思われたことがあるでしょう。そんな思いをお子様に話しながら、一緒に映画を鑑賞するときに本書を活用していただけたらと願っています。

　また、本書は著者の見方、感じ方で書かれてありますので、映画の解釈の違いもきっとあるでしょう。「この本にはこう書いてあるけど、私はあの場面はこう思ったよ。あなたはどう思った？」と、お子様との話題にするのはどうでしょう。

中学生のみなさんへ

　「英語が大好きで、もっと英語を勉強したい！」と思っている中学生のみなさん。映画の中で話されている英語は、脚本に書かれたものではありますが、自然な英語に限りなく近いものです。それだけに究極の学習教材といえます。今では、DVD＆ブルーレイが廉価になり、字幕・音声もボタンひとつで変更できます。お気に入りの映画を繰り返し視聴することによって、英語の力は必ずつきますよ。

　そして、「英語は難しくって、大っ嫌い！」と思っている中学生のみなさん。そんなあなたでも、映画が嫌いな人は少ないと思います。さらに、ほとんどの人は、勉強はしたくないけど英語を理解できるようになりたいと思っているでしょう。何事も努力なくしては上達しませんが、英語に興味をもつことができれば、きっと英語という言語への考え方も変わると思います。

　テレビではほぼ吹き替えで放送されますし、映画館でも吹き替え版も字幕版と同じくらい上映されていますが、字幕をめんどうくさがらずに、俳優さんの地声を聞いてみませんか。あまり知られていませんが、字幕が付いて上映されるのは、世界の中でも日本ぐらいです。識字率が高いことと、字幕という日本の文化に誇りをもってほしいです。

　どの映画で英語を勉強してみたらいいのか？　誰もが納得のいく答えはないと思います。繰り返しますが、最終的には自分のお気に入りの作品が一番だと私自身は思っています。中学生にとって、どんなに易しいと思われる映画でも、難解な表現は少なくないですし、逆に内容が難しいと思われる映画でも、聞き取れる表現は必ず少しは出てきます。

　まずは各自で全編を通して見ましょう。そしてこの本が、読者の方の英語への興味・関心が高まって、英語の力がつくことを願ってやみません。

　このシリーズは「小学生編(2014年6月既刊)」、「高校生編」「大学生編」「社会人編」と続きます。「社会人編」を除いて、作品の重複は避けてありますので、お気に入りの作品がその中にありましたら、ぜひ、それもご参考にしてください。

平成27年3月　　　　　　　　　　　　　　　　　　　　　　　　　　編著者：松葉　明

目　次

はじめに		2
特選映画100選　中学生編の特徴		4
本書の構成と利用の仕方		8
原稿執筆共通ルール表		10
リスニング難易度		11
映画メディアのご利用にあたって		12

アウトブレイク	Outbreak	14
アトム	Atom	16
アナスタシア	Anastasia	18
アンジェラの灰	Angela's Ashes	20
アンネ・フランク	Anne Frank	22
インナースペース	Innerspace	24
インビクタス／負けざる者たち	Invictus	26
ウエスト・サイド物語	West Side Story	28
海の上のピアニスト	The Legend of 1900	30
エアフォース・ワン	Air Force One	32
8マイル	8 Mile	34
エビータ	Evita	36
エラゴン／遺志を継ぐ者	Eragon	38
黄金狂時代	The Gold Rush	40
オーストラリア	Australia	42
オールド・ルーキー	The Rookie	44
オーロラの彼方へ	Frequency	46
オペラ座の怪人	The Phantom of the Opera	48
オペラハット	Mr. Deeds Goes to Town	50
オリエント急行殺人事件	Murder on the Orient Express	52
オリバー・ツイスト	Oliver Twist	54
キッド	The Kid	56
きっと忘れない	With Honors	58
キンダガートン・コップ	Kindergarten Cop	60
グラン・トリノ	Gran Torino	62
グリーンマイル	The Green Mile	64
クリスマス・キャロル	Scrooge	66
コクーン	Cocoon	68
コレリ大尉のマンドリン	Captain Corelli's Mandolin	70
コンタクト	Contact	72
サウンド・オブ・ミュージック	The Sound of Music	74
34丁目の奇跡	Miracle on 34th Street	76
縞模様のパジャマの少年	The Boy in the Striped Pyjamas	78
シャーロック・ホームズ	Sherlock Holmes	80
シャル・ウィ・ダンス？	Shall We Dance?	82
ジュノ	Juno	84
ジュラシック・パーク	Jurassic Park	86
シンデレラマン	Cinderella Man	88
スターダスト	Stardust	90
スタンド・バイ・ミー	Stand By Me	92
スパイ・ゲーム	Spy Game	94
すべては愛のために	Beyond Borders	96
スラムドッグ・ミリオネア	Slumdog Millionaire	98
世界最速のインディアン	The World's Fastest Indian	100
戦火の勇気	Courage Under Fire	102
戦場のアリア	Joyeux Noël	104
タイムマシン	The Time Machine	106
タイムライン	Timeline	108

目次

大陸横断超特急	Silver Streak	110
地球が静止する日	The Day the Earth Stood Still	112
チップス先生さようなら	Goodbye, Mr. Chips	114
ツイスター	Twister	116
綴り字のシーズン	Bee Season	118
デイ・アフター・トゥモロー	The Day After Tomorrow	120
ディープ・インパクト	Deep Impact	122
天使のくれた時間	The Family Man	124
トランスフォーマー	Transformers	126
ナイト ミュージアム	Night at the Museum	128
ナイト ミュージアム 2	Night at the Museum: Battle of the Smithsonian	130
ナショナル・トレジャー	National Treasure	132
ナショナル・トレジャー2 リンカーン暗殺者の日記	National Treasure: Book of Secrets	134
7つの贈り物	Seven Pounds	136
ノウイング	Knowing	138
パーシー・ジャクソンとオリンポスの神々	Percy Jackson & Olympians: The Lightning Thief	140
パーフェクト ストーム	The Perfect Storm	142
バットマン ビギンズ	Batman Begins	144
パトリオット	The Patriot	146
ハムナプトラ 失われた砂漠の都	The Mummy	148
ビッグ・フィッシュ	Big Fish	150
フェノミナン	Phenomenon	152
フリー・ウィリー	Free Willy	154
ペイ・フォワード 可能の王国	Pay It Forward	156
ペイチェック／消された記憶	Paycheck	158
ペーパー・チェイス	The Paper Chase	160
ベン・ハー	Ben - Hur	162
星の王子さま	The Little Prince	164
ボディガード	The Bodyguard	166
マイ・フェア・レディ	My Fair Lady	168
マイティ・ジョー	Mighty Joe Young	170
マイ・フレンド・フォーエバー	The Cure	172
マジェスティック	The Majestic	174
魔法にかけられて	Enchanted	176
街の灯	City Lights	178
ミセス・ダウト	Mrs. Doubtfire	180
ミッドナイト・ラン	Midnight Run	182
ミニミニ大作戦	The Italian Job	184
ミュージック・オブ・ハート	Music of the Heart	186
ユー・ガット・サーブド	You Got Served	188
ラスト・アクション・ヒーロー	Last Action Hero	190
リーグ・オブ・レジェンド／時空を超えた戦い	The League of Extraordinary Gentlemen	192
リトル・ミス・サンシャイン	Little Miss Sunshine	194
リトル・ダンサー	Billy Elliot	196
リバー・ランズ・スルー・イット	A River Runs Through It	198
レジェンド・オブ・フォール 果てしなき想い	Legends of the Fall	200
ローマの休日	Roman Holiday	202
ロケッティア	The Rocketeer	204
ロスト・ワールド ジュラシック・パーク	The Lost World: Jurassic Park	206
ロミオとジュリエット	Romeo and Juliet	208
若草物語	Little Women	210
私の中のあなた	My Sister's Keeper	212

索引（原題による一覧表）	214	会則	216
運営細則	218	支部会則	220
発起人	221	理事会	222
ノミネート委員会、リスニングシート作成委員会	223	入会申込用紙	224

本書の構成と利用の仕方

■ 先生が薦める英語学習のための特選映画100選「中学生編」■

本書の編集は映画1タイトルに対して、見開きタイプで、おのおの2ページを配置しています。左ページには「邦題と原題」から「公開情報」を掲載、右ページには「薦」から「キャスト」を掲載しています。おのおのの内容の詳細については下段をご覧ください。

なお、「セリフ紹介」は、該当の映画に出てくるキーワード、決まり文句、覚えておきたいセリフを取り上げています。また「学習ポイント」は、この映画で英語を学習する人たちへの先生たちからの学習アドバイスです。ただし、『小学生編』では、学習者が英語を学ぶ初心者ということで、この「学習ポイント」は「ふれあいポイント」としています。主に、一緒に学習される保護者への留意点として解説しています。

「リスニング難易度」は「お薦めの理由」に加えて、映画で発声されているセリフ音声を英

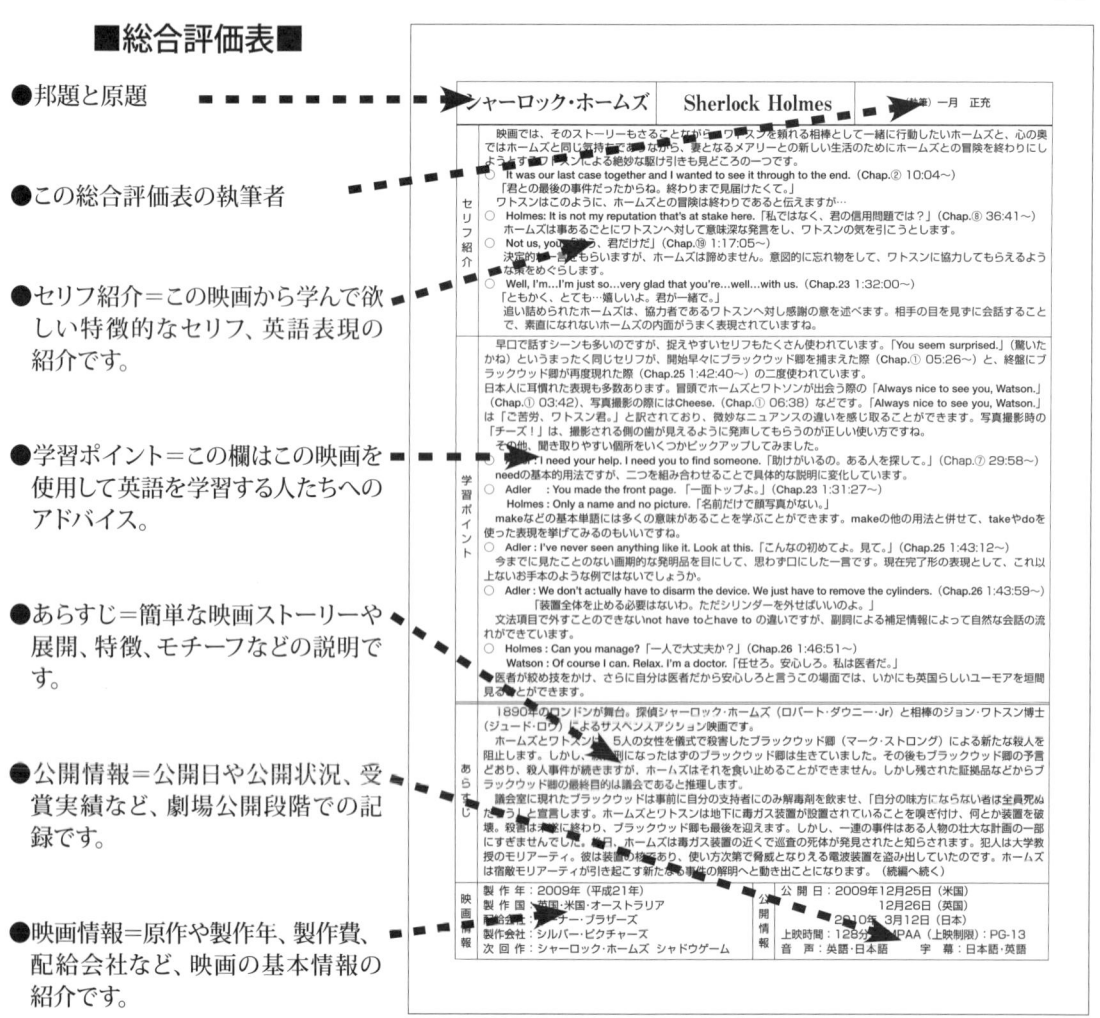

■総合評価表■

- ●邦題と原題
- ●この総合評価表の執筆者
- ●セリフ紹介＝この映画から学んで欲しい特徴的なセリフ、英語表現の紹介です。
- ●学習ポイント＝この欄はこの映画を使用して英語を学習する人たちへのアドバイス。
- ●あらすじ＝簡単な映画ストーリーや展開、特徴、モチーフなどの説明です。
- ●公開情報＝公開日や公開状況、受賞実績など、劇場公開段階での記録です。
- ●映画情報＝原作や製作年、製作費、配給会社など、映画の基本情報の紹介です。

8

語学的に詳しく9段階に因数分解して、おのおの5段階の評価点数で表したものです。

また、「薦」は先生がお薦めする学校レベルに「●」がつけられていますが「中学生」だけとは限りません。「高校生」他にもお薦めと評価される映画には「高校生」他にも「●」がつけられています。

「授業での留意点」は、本学会誌「映画英語アカデミー賞」では学習者に向けた「発展学習」としている欄ですが、本誌では、この映画を採用して英語教育をされる同僚英語教師への授業での留意点を解説しています。

■索引■

本書の214ページにある「索引」は英語原題による一覧表です。アルファベット順です。

本書の目次とそもそもの本書掲載順序は「邦題」(日本語タイトル)を採用していますので、「原題は分かっているのだけれども…」という方に便利です。

なお、原題冒頭にある定冠詞(the)と不定冠詞(a)は無視して配置しています。

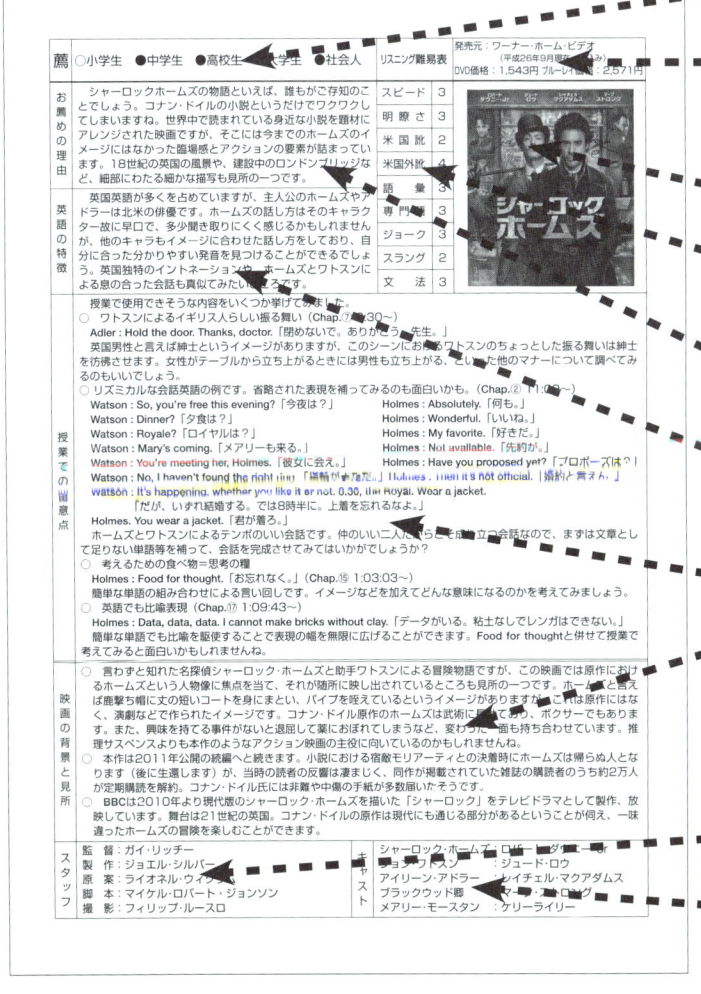

- ●お薦め＝お薦めレベルを小学生から社会人まで(複数有り)
- ●発売元＝DVDとブルーレイ情報です。発売元と価格は時々変わりますからご注意ください。(日付に留意を)
- ●写真＝この映画のDVD表紙の写真です。
- ●リスニング難易表＝この映画の発声者の特徴を9段階各5点満点で評価しました。
- ●お薦めの理由＝小学生から大学生などにお薦めしたい理由の説明をしています。
- ●英語の特徴＝会話の速度、発音の明瞭さ、語彙、専門用語、文法の準拠度など、この映画の英語の特徴を解説します。
- ●授業での留意点＝この映画を学校の授業で使用する為の留意点です。
- ●映画の背景と見所＝あらすじや背景でふれられなかった他の重要事項の説明です。
この映画の歴史的背景、文化的背景の説明、事前知識、映画構想と準備、製作の裏話などの解説です。
- ●スタッフ＝監督など、スタッフの紹介です。
- ●キャスト＝主演など、キャストの紹介です。

原稿執筆共通ルール表

(平成26年10月16日現在。本「ルール表」は連絡なく適時更新されます。執筆前に、HPにて最新のものを確認してください。)

- ■ 一種類の映画につき、1頁 B5サイズで2頁割り当ての統一レイアウトです。
  - ・著者色々ご意見ありましょうが『特選映画』『アカデミー賞』共通です、変更できません。
  - ・各枠の項目題名は社会人編の「発展学習」など特定の場合以外は変更できません。
  - ・各枠の上下にある仕切りラインは原則として移動できません。やむを得ない場合のみ「1行分」のみ増減可能です。それ以上は責任者とご相談ください。
  - ・ただし、左頁が右頁に、右頁が次の頁に、ページを超過し、はみ出すことはできません。
  - ・各枠内は一行の余りも出ないように、必ず、文章等で原稿を執筆ください。
  - ・各枠内のスタイルは執筆者の自由です。図表等などの文章以外の原稿も可能です。
  - ・「スタッフ」で「監督」など、絶対に必要な情報は必ず、調べて原稿にしてください。
- ■ 文章スタイルは「です。ます。」調でお願いします。
- ■ 「映画情報」は原則的に、以下を参考に記入してください。
  The Internet Movie Database (IMDb) http://www.imdb.com/
- ■ 「DVD 情報」等は、各販売会社のホームページを参考に記入してください。価格は DVD 会社が設定している税込み価格です。Amazon 等で販売しているディスカウント価格ではありません。
  (参考)http://www.vanda.co.jp/でタイトル検索後、プライスオフ前の価格を採用
- ■ 「薦」にある各学校種別お薦めマーク『●』は該当部分のすべてに『●』印をおつけ下さい。
- ■ 「英語の特徴」にある
  - ・第1回映画英語アカデミー賞時採用の項目「英語その他」は「英語の特徴」に統合されました。
- ■ 「リスニング難易度」とは該当映画のセリフに関する、各項目(易)1→5(難)の点数表示です。
  - ・これまでスクリーンプレイ社が25年以上にわたって表示してきた評価手法を学会も採用しました。
  - ・現在、全9項目に科学的・客観的評価規準はありません。著者の主観によって参考評価ください。
  - ・ただし、できるだけ公平・同一の点数規準とするために、評価点数のモデルが次ページにあります。
  - ・なお『米国訛』とは、米語を前提として、米国内での地方性、民族性などを意味します。
  - ・また『米国外訛』とは、米国からみた『外国』の発声特徴を意味します。英国も外国となります。
- ■ 「セリフの引用」について
  - ・英文表記法では、原則、本文内での引用セリフは、「発声者名」に間を空けずに「:」コロン+「半角スペース」等で、続けて「セリフ」です。
    (一例を示すと右となる。 Puss: I do not steal from churches. のように表示する)
  - ・ただし、連続したセリフ表示で、行のセリフ開始位置を揃えたい場合は、上記でも、レイアウト上の印「:」コロンとして使用して、各行の左右の位置を揃えても良いです。

Puss:　I do not steal from churches.	Puss　　　: I do not steal from churches.
Man 2: The boys' orphanage has	Man 2　　: The boys' orphanage has ......
Puss:　I do not steal from orphans.	Puss　　　: I do not steal from orphans.

- ■ 表現
  - ・頻繁に登場する「アメリカ」は「米国」、「イギリス」は「英国」と短縮表示します。
  - ・価格表示は、「DVD 価格」「ブルーレイ価格」「DVD&ブルーレイ価格」
  - ・価格表示は、「3,800円(本体価格)」「4,700円(本体価格)」(4桁には「,」を)
  - ・「オープニングウィークエンド」ではなく、「オープニングウィーケンド」
  - ・製作費や興業収入、オープニングウィーケンドは、「000百万ドル」「000万000ドル」
  - ・「公開日」の表示は（日）（米）ではなく、（日本）（米国）
  - ・「公開日」は一般への映画興行開始日のことで、映画祭への出展日ではありません。
  - ・製作費、製作年、製作国、製作監督と、「制」でなく、「製」の文字で統一します。
  - ・「お奨めの理由」ではなく、「お薦めの理由」と表示します。
  - ・「」等内に日本語文章の場合、『、』『。』は原則、文章途中は有りで、最後は無しにします。
- ■ 上記以外に、『ルール』に加えておいた方がよいと思われるご意見があったらご連絡ください。

リスニング難易度

評価項目	評価基準（参考）易 ① → ⑤ 難			趣　　旨
	タイタニック	フォレスト・ガンプ	ショーシャンクの空に	
Conversation Speed 会話スピード	2	3	3	セリフにおける発声スピード 通常の会話を『3』とする それより遅いを以下に、早いを以上に
Pronunciation Clarity 発音の明瞭さ	2	3	2	セリフにおける発音の明瞭さ 通常の明瞭さを『3』とする わかりやすいを以下に、にくいを以上に
American Accent 米　国　訛	2	3	3	米国英語における米国内の訛り 標準米国英語を『1』として 訛りが強いにしたがって以上に
Foreign Accent 米国外訛	3	3	3	米国英語を標準にしての外国訛り 米語を『1』として（英語も『1』） 他国訛りが強いにしたがって以上に
Vocabulary 語　　彙	4	3	3	語彙の種類と難易度 JACET8000基準に高校生レベル『3』 易しいを以下に、難しいを以上に
Jargon 専門用語	3	2	4	専門用語の種類と多さ 日常会話レベルを『1』として 専門用語の種類と多さで『5』まで
Jokes ジョーク	2	3	3	英語的ジョークの種類と多さ 日常会話レベルを『1』として ジョークの種類と多さで『5』まで
Slang & Vulgarity スラング	2	2	3	英語的スラングの種類と多さ 日常会話レベルを『1』として スラングの種類と多さで『5』まで
Grammar 文　法	3	3	3	英語の文法ルールについて 完全に文法ルール厳守を『1』 文法違反、難解文法で『5』まで

映画メディアのご利用にあたって

■ 発売元と価格 ■

本書は、映画メディア（DVD、ブルーレイ、3D など）の発売元と価格に、必ず情報時点を表示しています。発売元は時々変わりますからご注意ください。また、価格は発売元が設定した希望小売価格です。中古価格、ディスカウント価格ではありません。

■ 購入とレンタル ■

映画メディアは、購入されるか、レンタルされるか、購入者から適法に借り受けるか、となります。最近ではiPadや携帯のアプリでのダウンロードでもお楽しみいただけます。

■ 家庭内鑑賞 ■

一般家庭向けに販売されている映画メディアは、映画冒頭に警告画面があります。これは、少人数の家庭内鑑賞にのみ目的で販売されていることを意味していますのでご注意ください。また、「無許可レンタル不可」などとも表示されています。

■ レンタルDVD ■

各種レンタル店でレンタルした映画メディアも同様です。通常は、家庭内鑑賞しかできませんので、上映会はできません。

■ 映画上映会 ■

不特定多数が鑑賞する映画上映会は、DVD販売会社などによる事前の許可が必要です。各会社にお問い合わせください。

また、正規に、上映会用映画メディアを貸し出している専門の会社もあります。

映画上映会の㈱M.M.C.　ムービーマネジメントカンパニー
Tel：03-5768-0821　URL：http://www.mmc-inc.jp/

著作権法

第三十五条　学校その他の教育機関（営利を目的として設置されているものを除く。）において教育を担任する者は、その授業の過程における使用に供することを目的とする場合には、必要と認められる限度において、公表された著作物を複製することができる。ただし、当該著作物の種類及び用途並びにその複製の部数及び態様に照らし著作権者の利益を不当に害することとなる場合は、この限りでない。

第三十八条　公表された著作物は、営利を目的とせず、かつ、聴衆又は観衆から料金（いずれの名義をもってするかを問わず、著作物の提供又は提示につき受ける対価をいう。以下この条において同じ。）を受けない場合には、公に上演し、演奏し、上映し、又は口述することができる。ただし、当該上演、演奏、上映又は口述について実演家又は口述を行う者に対し報酬が支払われる場合は、この限りでない。

■ 授業におけるDVDの上映 ■

著作権法第三十八条等の著作権法が特に許容する方法によれば、例外的に上映することも可能です。

例えば、映画のDVDを、公教育（民間英語学校を含まない）の授業の目的に沿って、教室で一部または全部を上映して、（無料で）生徒たちに見せることは、著作権法が許容する方法の一つです。

■ テキストの作成 ■

著作権法第三十五条等の著作権法が特に許容する方法によれば、映画のセリフなどを文字に起こして、授業用のテキストや問題を作成することも可能です。

例えば、映画のセリフを教師または生徒が自ら聞き取り、公教育（民間英語学校を含まない）の授業の目的に沿って、映画のセリフをそのまま記載した必要部数の印刷物を作成することは、著作権法が許容する方法の一つです。ただし、学習用教材として一般販売されている書籍をコピーすることは、違法のおそれがあります。

■ 写真の利用 ■

映画DVDの画像をキャプチャーして、印刷物に無断で使用することは違法のおそれがあります。もし必要とあらば、映画の写真を有料で貸し出している会社が、国内でも数社ありますのでご利用ください。

■ ルールを守って英語教育 ■

その他、映画を使用した英語教育には著作権法上のルールがあります。さらに詳しくは、映画英語教育学会発行「著作権ガイドライン」などを参考にしてください。

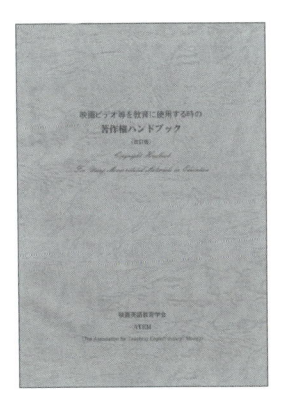

著作権ハンドブック

映画英語教育学会（ATEM, The Association for Teaching Engilish through Movies）では「映画ビデオ等を教育に使用する時の著作権ハンドブック」を発行しています。

著作権の複製権から頒布権などの用語解説に始まり、次に映画ビデオの教育使用に関するさまざまなQ&Aで編集されています。さらに、法的な解説と進み、最後に日本の著作権法全文の紹介と米国オレゴン州で公開された「Copyright Guidlines」の日米対訳もあります。

問い合わせ先
映画英語教育学会事務局
〒169-0075 東京都新宿区高田馬場4-3-12-4階　アルク高田馬場4F
株式会社広真アド内　　http://atem.org/new/

アウトブレイク	Outbreak	（執筆）飯田　泰弘

セリフ紹介

伝染病が人類の脅威となることを示す、興味深いセリフを紹介します。　　　（Chap：チャプター番号と時間）

(1) "The single biggest threat to man's continued dominance on the planet is the virus."　（Chap.1, 00:16）
「人類のこの惑星での優位を脅かす最大の敵はウイルスである。」
映画の冒頭で、ノーベル賞学者であるジョシュア・レダーバーグ氏の言葉として引用されています。

(2) If one of us panics, it put us all in danger.「誰かがパニックになると、全員を危険にさらす。」（Chap.4, 12:47）
本編では軍の規律として述べられていますが、未知の伝染病が発生したときには、我々人類はまずは冷静に対処しなければならないことを示していると思います。

(3) Try to be objective.「客観的にみてくれ。」　　　　　　　　　　　　　　　　　　　　（Chap.8, 23:12）
何事も、主観的（subjective）に物ごとを見てしまうと、視野が狭くなってしまいダメですね。

(4) Nothing in here can't kill you. Including the air.「ここでは何でもお前を死に至らす。空気でも。」（Chap.8, 25:28）
密封された研究室で病原菌を調べる時の発言です。伝染病が蔓延すると、我々の身のまわりでもこんな状況になるということですね。

(5) It's one billionth our size and it's beating us.「10億分の1のサイズで人類を食い尽くすつもりだ。」（Chap.8, 26:40）
分数は、英語では「数字＋序数」で表現します。このセリフでは、10億（billion）も-thを付けて序数にし、分母に置けるというのが面白いですね。未知のウイルスの前に人はいかに無力かがわかります。

学習ポイント

中学英語で学ぶ学習内容が、興味深い形で多数登場します。その中でも、前置詞と進行形の例を紹介します。

【前置詞編】

(1) See that bridge up ahead, colonel?　Over or under, sir?　　　　　　　　　　　　（Chap.37, 01:45:02）
「大佐、前の橋が見えます？」　　　「上か下、どっち？」
中学英語で学ぶ「～の上」という意味の on は、必ず物が何かの上に接している時に使います。ですから、ヘリが（接することなく）橋の上を「またぐ」という意味の「～の上」は、over を使います。

(2) Because I just drove through 100 people.「今も数百人の間を車でぬって、ここまで来たんだ。」（Chap.18, 55:30）
I don't care if you have to fly through those basters.「このバカ達に体当たりしても構わん。」（Chap.41, 01:57:57）
「～を通り抜けて」というthroughの例です。車で群衆の間をかき分けて進むdrive throughと、爆撃機が進路妨害のヘリを押しのけて飛ぶfly throughという場面で、うまく使われています。また、Coming through!「通るよ！道をあけて！」（Chap.29, 01:26:33）という定番表現も登場しますので、チェックしてみましょう。

(3) Sam: Colonel Daniels from USARIID. Sorry.「USARIID（伝染病研究所）から来たダニエルズ大佐だ。すまんね。」
George: Yes, and I'm George from Sioux City, South Dakota. Back of the line, colonel.
　　　　「私はサウスダコタ州のスーシティから来たジョージです。」「列に並んで、大佐。」（Chap.29, 01:26:42）
列の先頭に割り込んだサムは、from USARIID「伝染病研究所から来た者だ」と述べ、特別扱いを期待しますが、受付のジョージはfromのあとに自分の出身地をつけて返し、サムを列の最後尾まで押し戻します。どこから来たかは関係ないことを、「所属」と「出身」のfromの使い分けで伝えた、面白いシーンです。

【進行形編】

(4) Billy: 　Donny, these people are Americans.「彼らは米国市民だぞ。」
Donald: 2,600 dead or dying Americans.「2,600人の、死んだか死にかけている米国市民だ。」（Chap.25, 01:13:19）
動詞の die「死ぬ」の -ing形は、まずスペルがdyingとなることに注意です。そして、その意味は「死にかけている」となりますので、「死んでいる」と訳さないように気をつけましょう。

(5) Now you are talking, George.「そうこなくっちゃ、ジョージ。」　　　　　　　　（Chap.29, 01:27:05）
Now you are talking.は、文字通りの「今あなたは話している」ではなく、相手に自分が言いたいことが伝わった時に「やっとわかってくれたね」として使われます。

あらすじ

　最初の舞台は1967年7月。場所はアフリカ大陸、ザイールのモターバ川流域。戦闘で負傷した兵士が集められる傭兵のキャンプで、原因不明の伝染病が広まります。感染者の死亡率は非常に高く、病気の拡大を恐れた米国軍はこの地域を強力な爆弾を使って、住民や感染者と共に一気に吹き飛ばします。
　その後、今度はその病原体を持った動物が米国に運び込まれ、米国の小さな町でこの伝染病がまたたく間に広がります。軍はこの町を隔離し、サムをはじめとする陸軍の伝染病研究所（USARIID）のチームも治療や拡大防止の対策に乗り出しますが、伝染病は空気感染するものへと進化し、まったく抑えることができません。そこで再び出された案が、強力な爆弾を使っての掃討作戦。伝染病がさらに拡大する前に、今度は米国民もろともこの町を爆撃しようというのです。
　この作戦をなんとか食い止めたいサム。現場の仲間も次々と倒れていく中、この伝染病を倒す方法は、最初に病原体を持ち込んだ動物で抗血清を作ることだと突き止めます。どうしても掃討作戦をおこないたい軍。彼らの妨害を受けながらも、爆撃前にその動物を探し出し、抗血清で町の人々は救えるのか。超大国でひとたび伝染病が広がった時のパニックを体感できる、スリリングな内容です。

映画情報

製　作　年：1995年（平成7年）
製　作　国：米国
配　　　給：ワーナー・ブラザーズ
製　作　費：5,000万ドル
ジャンル：アクション、パニック

公開情報

公　開　日：1995年3月10日（米国）
　　　　　　1995年4月29日（日本）
上映時間：127分
興行収入：1億8,985万9,560ドル（世界）
音　　　声：英語・日本語　　字　　　幕：日本語・英語

薦	○小学生　●中学生　●高校生　●大学生　●社会人	リスニング難易表		発売元：ワーナー・ブラザース・ホームエンターテイメント （平成27年2月現在、本体価格） DVD価格：1,429円　ブルーレイ価格：2,381円
お薦めの理由	映画で描かれる伝染病は、アフリカ大陸で実際に流行したエボラ出血熱が、さらに強力になったものとされています。 　伝染病患者の描写などはリアルで、少し気持ち悪くなる場面もありますが、もし未知の伝染病が発生したらこうなる、という視点でご覧になってください。いつの時代も伝染病は、人類にとってすぐそこにある危機である、ということが分かると思います。	スピード 明瞭さ 米国訛 米国外訛	4 3 2 3	
英語の特徴	アフリカでのシーンや、韓国の貨物船に乗り込むシーンでは、英語を母語としない人のなまった英語が話されますが、それ以外のシーンでは聞き取りやすい英語になっています。緊迫した場面が続くので、スピードは速めです。 　登場人物の多くが医療や軍の関係者なので、ときどき病名など専門語も登場しますが、会話中にはジョークも多く交わされ、全体的には固い英語ばかりではありません。	語彙 専門語 ジョーク スラング 文法	4 4 3 2 3	

授業での留意点

　本編では、末期の伝染病患者や手術のシーンの描写がリアルですので、生徒に見せる際には少し配慮がいるかもしれません。しかしそれ以外では、伝染病の怖さやその対策の大事さを学ぶという点でもよい教材になると思います。インフルエンザ流行の時期の前に、手洗い・うがいの推奨に利用するのもいいかもしれません。
　伝染病がテーマの映画ですので、健康や病気の表現が多く登場しますので、医療系の単語を学習するのに適していると思われます。その中でも、私たちの日常で身近な表現をいくつかまとめてみます。

（1）【兆候・症状：symptom】【インフルエンザ：Influenza, 通称：flu】　　　　　　　　　　　（Chap.4, 12:20）
　　When the patient gets the virus he complains of flu-like symptoms.「患者はまずインフル似の症状をだす。」
（2）【嘔吐：vomiting】【下痢：diarrhea】【出血：bleeding】　　　　　　　　　　　　　（Chap.4, 12:33）
　　There's vomiting, diarrhea, bleeding in the nose, ears, gums.「嘔吐や下痢、鼻と耳と歯茎から出血がある。」
（3）【潜伏期間：incubation period】　　　　　　　　　　　　　　　　　　　　　　　　（Chap.5, 16:10）
　　Do you know the incubation period?「潜伏期間はわかるか？。」
（4）【保菌者：carrier】【病気の宿主：host】　　　　　　　　　　　　　　　　　　　　　（Chap.5, 16:42）
　　Did you identify the carrier? The host?「病原菌の保菌者はわかったか？　宿主は？」
（5）【ウイルス：virus】（Chap.9, 30:08）　　Fresh, brand-new virus.「新しい、未知のウイルスだ。」
（6）【失神する：faint】【高熱をだす：burn up】　　　　　　　　　　　　　　　　　　　（Chap.13, 42:50）
　　I thought it was the flu. She fainted. Doc, she's burning up.「インフルと思ったら、意識を失い高熱もある。」
（7）【（病気の）陽性：positive】【感染する：infect】　　　　　　　　　　　　　　　　　（Chap.21, 01:05:35）
　　Positive. Positive, damn it. This whole damn town is infected.「陽性。陽性か、クソ。町中が感染してる。」
（8）【血圧：(blood) pressure】【体温：temperature】　　　　　　　　　　　　　　　　（Chap.26, 01:16:03）
　　I need pressure. Tell me what his temperature is?「血圧を教えて」「彼の体温は？」
（9）【熱：fever】（Chap.26, 01:16:39）　　You had about 106 fever.「熱は41度もあったぞ。」
（10）【咳をする：cough】（Chap.29, 01:27:03）　Shall I cough on you, George?「ジョージ、君に咳でもしようか？」
　なかでも、（5）では日本語の「ウイルス」や「ワクチン(vaccine)」は英語と発音が異なることが指摘できます。(8)では体温（や気温）を尋ねる英語はwhatを使い、日本語の「どのくらい？」につられてhowとしないよう指導できます。（9）では、英語音声と日本語字幕を組み合わせ、摂氏（C）と華氏（F）の違いに気付かせることが可能です。

映画の背景と見所

　いつの時代も人類は感染病の恐怖と直面しています。目に見えない敵というのは恐ろしいもので、近年でもHIVやSARS、鳥や豚インフルエンザなど、さまざまな感染症の脅威に我々はさらされています。この映画で描かれている伝染病も、実際に1970年代後半から報告され、奇しくも2014年に中央アフリカで大流行したエボラ出血熱ウイルスが突然変異したもの、という設定です。そのため、映画でも伝染病の発生はザイールですし、エボラウイルスに関するセリフも登場します。（These numbers can't be right. Ebola takes days to do this damage.「この数値が正しいはずがない。エボラでも数日かかるのに。」 (Chap.8 25:56)）そして、本編が進むにつれて伝染病は接触感染（direct human contact (Chap.18, 55:05)）するものから空気感染（airborne (Chap.18, 54:52)）するものへと進化します。
　よくある感染ものの映画では、この段階から2タイプに分かれると思います。ひとつは、病気の蔓延によって人類滅亡の危機が訪れるというタイプ。もうひとつは、伝染病の蔓延が悪化し、人が人でなくなる「ゾンビ映画」になるというタイプです。この映画は前者のタイプですので、より現実の恐怖を描いているものと言えます。
　未知の伝染病が広がり始めたとき、人は冷酷にもその感染地域を住民もろとも爆撃できるのか。それは地球全土を救うためには仕方がない手段なのか。究極の選択を迫られたとき、あなたならどうするか考えながらご覧ください。

スタッフ	監　督：ウォルフガング・ペーターゼン 製　作：ゲイル・カッツ、他 脚　本：ローレンス・ドゥウォレット、他 音　楽：ジェームズ・ニュートン・ハワード 撮　影：ミヒャエル・バルハウス	キャスト	サム・ダニエルズ　　　　：ダスティン・ホフマン ロビー・キーオ　　　　　：レネ・ルッソ ビリー・フォード　　　　：モーガン・フリーマン ケイシー・シュラー　　　：ケヴィン・スペイシー ドナルド・マクリントック：ドナルド・サザーランド

アトム	Atom	（執筆）松葉　明

セリフ紹介

この映画を特徴づけるセリフを紹介します。　　　　　　　　　　（Chap：チャプター番号と時間）

○ Thanks for everything, guys. May you rust in peace.　　　　　　　　（Chap.1 3:18〜）
「みんな、いろいろありがとう。安らかに錆びてくださいね。」
メトロシティでのロボットの使い捨てを説明するナレーションの最後のセリフです。軽いタッチで言っていますが、内容は恐ろしいですね。

○ It's important to keep studying. Onward and upward, Toby.　　　　　（Chap.1 4:31〜）
「勉強をし続けることが大事なんだ。トビー、前に上にと前進あるのみだ。」
テンマ博士が息子のトビーに言います。後半の"Onward …"は、トビーもアトムも使っています。

○ It looks just like him, doesn't it？ A perfect replica.　　　　　　　（Chap.3 14:33〜）
「それって息子にそっくりじゃないか？　完璧なレプリカだ。」
亡くなったトビーの代わりに、似せて作ったロボットをお茶の水博士に見せたときのテンマ博士のセリフです。

○ Everyone has their destiny, Toby.「トビー、誰もがそれぞれに運命があるんだよ。」（Chap.6 28:55〜）
お茶の水博士が、アトムを慰めるときに言うセリフです。テンマ博士が、トビーの代わりに創ったロボットのアトムを息子ではないと言って、アトムが悲しんでいる場面です。アトムは"But didn't you hear him？ I'm not Toby."「でも今の聞いてなかった？　僕はトビーじゃない。」と言ってその場を飛び去って行きます。

学習ポイント

アニメ作品だけあって、子ども向きの内容で学習ポイントがたくさんあります。

○ Cora : So where are you from, non-robot？「にせロボット君、それでどこから来たの？」（Chap.8 36:05〜）
　　Astro : I'm from Metro City.「メトロシティからだよ。」
相手の出身地を尋ねる基本的なやりとりです。中学校1年生1学期で習う範囲です。

○ Cora : This whole place is a parent-free zone.「ここ全体が親なし地区よ。」　（Chap.10 46:18〜）
'-free'「〜なし」の意味でよく使われます。'sugar-free'「砂糖なし」、'fat-free'「脂肪分なし」が代表的な例です。くれぐれも「自由な〜」という意味と間違えないようにしましょう。

○ Hamegg : Please tell me, how did you do it？「どうやったか教えてくれないか？」　（Chap.11 51:40〜）
　　Astro　 : I just kicked it, you know, like, like a vending machine.「ただ蹴っただけ、自動販売機みたいに。」
アトムが不思議な力で壊れていたロボットのゾグを直したときの、ハムエッグとの会話です。'vending machine'「自動販売機」の語は確実に覚えましょう。日本の自動販売機の優秀なことは世界的に有名です。もちろん、自動販売機を蹴っ飛ばしたりしてはいけませんよ！

○ Astro : Everybody's got secrets.「誰にも秘密はあるよ。」　　　　　　　　　（Chap.12 56:06〜）
自分の両親がメトロシティにいることを内緒にしているコーラに、自分がロボットであることを言い出せずにいるアトムがこう言います。

○ Tenma : You may not be Toby, but you're still my son.　　　　　　　　　　（Chap.15 70:51〜）
　　　　　「お前はトビーじゃないかもしれんが、今でも私の息子だ。」
　　Astro　 : Dad！「父さん！」　　　　　内容の解説は不要ですね。思わずホロリとさせられる場面です。

○ Astro : What？ I got machine guns in my butt.「何？　僕はお尻にマシンガンがあった。」（Chap.16 76:10〜）
アトムのお尻にはマシンガンがあることは、周知の事実です。「お尻」は'bottom'ですが、略式で'butt'もよく使います。

○ Dr. Elefun : Astro, I think you've finally found your place in the world.　（Chap.18 84:20〜）
　　　　　「アトム、やっとこの世界に居場所を見つけることができたね。」
テンマ博士とアトムの間に親子の絆が再び戻ったときに、お茶の水博士がこう言います。現在完了形を使っているところが大切です。

あらすじ

　未来都市メトロシティは、ロボットたちが人間の身の回りのことのすべてをしてくれる夢のような空中都市です。そこで暮らすテンマ博士は、ストーン大統領からの依頼で、お茶の水博士とともに研究に励んでいました。テンマ博士の息子トビーは、成績優秀で学校のテストをさっさと終えると父の研究所に来るのでした。ところが、未来の新エネルギーの危険なレッドコアを身につけた軍用ロボットのピースキーパーの暴走により、トビーは死んでしまいます。悲嘆に暮れたテンマ博士は、トビーそっくりのロボットを創り、安全なエネルギーのブルーコアを内蔵させ、アトム（アストロ）と名付けるのでした。
　始めは喜んだテンマ博士でしたが、アトムに違和感を覚え、アトムは嘆いて飛び出します。そこへブルーコアを手にしようと、ストーン大統領の追っ手とアトムは戦い、傷ついて地上へと落ちていきます。アトムはそこでハムエッグ率いる孤児のコーラたちに出会い、自分は人間と偽って行動をともにします。しかし、ハムエッグはアトムをロボットと見抜き、破壊されるまで戦うロボットの試合にアトムを出場させるのでした。一方、レッドコアをつけたピースキーパーは、ストーン大統領をも吸収して大暴れ。メトロシティは地上へと落ちていきます。そこを救ったのはアトムでした。テンマ博士はアトムを息子として認め、再会を喜ぶのでした。

映画情報

製　作　年：2009年（平成21年）
製　作　国：米国
配給会社：イマジ・スタジオ
言　　　語：英語
第37回アニー賞 脚本賞ノミネート

公開情報

公　開　日：2009年10月23日（米国）
　　　　　　2009年10月10日（日本）
上映時間：94分
MPAA（上映制限）：G
音　声：英語・日本語　　字　幕：日本語・英語

薦	●小学生　●中学生　●高校生　○大学生　○社会人	リスニング難易表		発売元：KADOKAWA （平成27年2月現在、本体価格） DVD価格：1,800円　ブルーレイ価格：2,500円
お薦めの理由	1951年にマンガの主人公として登場した「鉄腕アトム」は、1963年に、日本初のテレビアニメシリーズとなりました。その主題歌は、おそらく日本人なら誰でも知っているでしょう。この作品は、そのハリウッド版として制作されました。日本のものと比べて若干違和感がありますが、善悪がはっきりとわかり、心に訴えるメッセージもあるので、家族みなで楽しめる作品となっています。	スピード	2	
		明瞭さ	2	
		米国訛	2	
		米国外訛	1	
英語の特徴	日本の『鉄腕アトム』は、米国では'Astro Boy'として紹介されていたことは有名です。子ども向けのアニメ作品なので、汚い言葉はいっさい出てきません。英語も平易な語が中心で、中学生でも十分聞き取れる部分が多く出てきます。発音も明瞭で、声優は有名な俳優が起用されています。特にコーラ役のクリスティン・ベルは、『アナと雪の女王（2013年）』のアナ役の声で馴染みがあると思います。	語彙	2	
		専門語	2	
		ジョーク	2	
		スラング	1	
		文法	2	

授業での留意点

少しだけ発展的な内容と、おもしろい表現も学習しましょう。
○ Mr. Moustachio : Okay, students, ready for a pop quiz ? Begin.　　　　　(Chap.1 3:22〜)
　「いいかみんな、抜き打ちテストの準備はいいか？　始め。」
ビデオでメトロシティの様子を見た後、ヒゲおやじことトビーの担任がクラスの生徒に言います。「抜き打ちテスト」のことを'pop quiz'と言います。
○ Stone : Piece of cake.「朝飯前だ。／簡単だ。」　　　　　(Chap.2 9:59〜)
ストーン大統領が、危険なレッドコアを軍用ロボットの心臓部に自ら入れたときに使います。この言い回しは『ターミネーター2（1991年）』で、不良少年ジョンがATMからお金を引き出したときにも使っていました。
○ Stone : I am declaring a state of national emergency.「非常事態宣言を発令する。」　　(Chap.7 33:20〜)
ブルーコアを身につけたアトムを探し出すため、ストーン大統領が言います。未習語は辞書で確認しましょう。
○ Cora : Finders keepers.「見つけたもの勝ちよ。」　　　　　(Chap.8 36:46〜)
拾得物の考え方を表現する言い回しです。『バットマン ビギンズ（2005年）』では、主人公のバットマンと幼馴染みレイチェルとのキーワードとなる言い回しでした。
○ Tenma : We have to go.「行かなきゃ。」　　　　　(Chap.17 80:19〜)
　Astro　：This is it. This is what I was created for. This is my destiny.
　　　　　「これだ。このために僕が創られたんだ。これが僕の運命なんだ。」
　Tenma : Toby, now !「トビー、さあ！」
　Astro　：I'm sorry but this is who I am. Onward and upward, Dad.
　　　　　「ごめんなさい、でもこれが僕なんだ。父さん、前に上にと前進あるのみだよね。」
親子の絆を取り戻したものの、アトムは自分の使命を自覚して悪に立ち向かいます。まさに自立する少年ですね。
○ Astro : Thank you, Zog.「ありがとう、ゾグ。」　　　　　(Chap.18 84:10〜)
　Zog　　：No biggie.「たいしたことないさ。」
ゾグに命を救われたアトムとの会話です。'biggie（biggy）'「重要なもの、重要なこと」の意味があります。
○ Astro : I was made ready.「準備はできてるよ。」　　　　　(Chap.18 85:48〜)
侵略者に対して立ち向かうアトムが、こう言って飛び出して行きます。映画の最後のセリフとなっています。

映画の背景と見所

○ 声を担当しているのは豪華な俳優人です。キャストの欄以外では、ストーン大統領はドナルド・サザーランド、ハムエッグはネイサン・レイン、ロボットのゾグはサミュエル・L・ジャクソンです。しかし、サミュエル・L・ジャクソンのセリフは、実はたった4つの短いものしかありません。そしてコーラ役の声が『アナと雪の女王』のアナの声に気がつきましたか？ また、日本語版のアトムは上戸彩さんが担当して、話題になりました。
○ チャプター3 12:41〜のところから、赤い帽子に黒縁の眼鏡、大きな鼻をした男性が幾度も登場します。もちろん故手塚治虫氏のカメオ出演として登場しているのです。また、今回のアトムの七つの力とは何でしょう。卓越した人工頭脳、透視能力、ジェット噴射の足、マシンガンのお尻、アームキャノンの腕、飛び抜けたパワー、そしてブルー・コアの心臓でしょうか!?
○ 元々の『鉄腕アトム』の主題歌は、日本人なら老若男女誰もが口にして歌えるのではないでしょうか。「空をこえて　ラララ　星のかなた・・・」この作詞は中学校国語の教科書によく出てくる詩人、谷川俊太郎氏で、ちなみに作曲は高井達雄氏です。また、お茶の水博士の名は、'Dr. Elefun'となっています。発音が'Elephant'（象）に似ていて、鼻が大きいから名付けられたそうです。手塚治虫氏自身がモデルとされています。

スタッフ	監督：デヴィッド・バワーズ 脚本：ティモシー・ハリス 製作：マリアン・ガーガー 撮影：ペペ・ヴァレンシア 音楽：ジョン・オットマン	キャスト	ナレーション　　　　：シャーリーズ・セロン／愛河里花子 アトム／トビー（声）：フレディ・ハイモア／上戸彩 テンマ博士（声）　　：ニコラス・ケイジ／役所広司 お茶の水博士（声）　：ビル・ナイ／西村知道 コーラ（声）　　　　：クリスティン・ベル／林原めぐみ

	アナスタシア	ANASTASIA	（執筆）松葉　明

<table>
<tr><td rowspan="2">セリフ紹介</td><td colspan="3">この映画を特徴づけるセリフを紹介します。　　　　　　　　　　　　　　　　（Chap：チャプター番号と時間）</td></tr>
<tr><td colspan="3">
○ "Together in Paris."「パリで一緒に。」　　　　　　　　　　　　　　　　　　　　　　　　（Chap.2 2:53～）
皇太后がアナスタシアに渡したネックレスに刻んだ文字がこれです。離ればなれになった2人が再会したときに、お互いがわかる重要な鍵となる言葉です。

○ Anya : I have very few memories of my past.「私は過去の記憶がほとんどありません。」　（Chap.10 22:28～）
アーニャが詐欺師ディミトリと元貴族のウラジミールに、自分のことを話す場面で使われています。'few'「ほとんどない」、'very few' はより強く「ほとんどまったくと言っていいほどない」となります。ディミトリは、ここで彼女が本物のアナスタシアではないかと思うきっかけになります。ちなみに、'a few' は「少しはある」です。

○ Anya : There was a boy.　A boy who worked in the palace.　He opened a wall.　（Chap.23 56:58～）
「男の子がいました。　宮殿で働いていた男の子です。　彼が壁を開けました。」
本物のアナスタシアしか知らない宮殿からの脱出の方法を、教えられていないはずのアーニャが知っていたセリフです。これでディミトリは、彼女が本物のアナスタシアであることを確信します。

○ Empress : It's a perfect beginning.「完璧な始まりです。」　　　　　　　　　　　　　　　　（Chap.35 85:33～）
皇太后の女官ソフィーが、アナスタシアとディミトリが結ばれて "It's a perfect ending."「完璧なエンディングね。」と言ったことを受けての、皇太后のセリフです。2人の幸せな始まりといった粋なセリフとなっています。
</td></tr>
</table>

<table>
<tr><td rowspan="2">学習ポイント</td><td colspan="3">教科書に出てくるような基本文がたくさん出てきます。</td></tr>
<tr><td colspan="3">
○ Anya : Oh, great, a dog wants me to go to St. Petersburg.　　　　　　　　　　　　　　（Chap.5 12:30～）
「まあ、そう、ワンちゃんは私にサンクト・ペテルブルグに行ってほしいのね。」
'want' は「～がほしい」で中学1年で、'want to～'「～がしたい」は2年生で、そして 'want … to～'「…が～することを望む」は3年生で習います。

○ Vladimir : The name Anastasia means "she will rise again."「アナスタシアの名前は「再び立ち上がる」という意味だ。」（Chap.10 24:03～）自分の名前をこんな風に説明できるようにしましょう。

○ Dimitri : Something's not right.　Wait here.　I'll check it out.　　　　　　　　　　　　（Chap.15 35:39～）
「何かがおかしい。　ここで待ってて。　調べてくる。」
列車の様子が変だと気づいたときのディミトリのセリフです。'check it out'「調べる」は、会話でよく用いられます。「チェッキラゥ(ト)」のように一気に発音されることが多いです。

○ Anya : After you.「お先にどうぞ。」（Chap.15 36:08）、Dimitri : That'll work.「こいつは使える。」（36:38）、
Vladimir : The brakes are out.「ブレーキがだめだ。」（36:51）暴走する列車に取り残された3人のそれぞれのセリフです。'After you' はそのままで、'work' と 'out' は使い方を覚えると、表現の幅が広がります。

○ Dimitri : Here, I bought you a dress.「ほら、君にドレスを買ってあげたよ。」　　　　　　（Chap.19 45:16～）
Anya　　：You bought me a tent.「あなたは私にテントを買ってくれた。」
Dimitri : What are you looking for ?「何を探してるんだい？」
ディミトリがアーニャをアナスタシアにするために買っておいたドレスを渡す場面です。ずっと男の子のような服装をしていたアーニャには、ドレスはテントのように大きな服に見えるようです。文法の説明は不要ですね。
そして、いざダンスの場面になるとディミトリは "I'm, I'm not very good at it."「僕、僕はあまり得意じゃない。」（Chap.19 46:07～）と言います。'be good at～'「～が得意です」は、中学1年の基本中の基本です。

○ Anya : I'm feeling a little dizzy.「少しめまいがする。」（Chap.20 47:31～）上の会話の続きです。ダンスを少し踊った後のアーニャのセリフです。体調が悪いときの決まり文句です。

○ Sophie : You can can-can too.「あなたもカンカンができる。」（Chap.24 60:14～）'can-can'「カンカン踊り（仏）」は、フランスのパリで流行った足を高く上げる踊りです。
</td></tr>
</table>

<table>
<tr><td rowspan="2">あらすじ</td><td colspan="3">
　1916年のロマノフ王朝時代のロシア。王政300年を祝う式典が宮殿で行われていました。ニコライ2世の4女アナスタシアは8歳で、祖母のマリー皇太后からすてきなオルゴールと、「パリで一緒に」の文字が刻まれたその鍵のついたネックレスをもらい、楽しそうに過ごしていました。ところが、そこに追放されたことを恨みに思い、魂を悪魔に売ったラスプーチンが現れて呪いをかけ、暴徒が宮廷になだれ込んでロシア革命が起こります。召使いの少年の機転で、アナスタシアと皇太后は宮廷を抜け出したのですが、2人は離れ離れになってしまうのでした。
　10年の月日が経ち、孤児院で育った18歳のアナスタシアは、自分探しの旅に出ます。子どものころの記憶を失った彼女には、「パリで一緒に」と刻まれたネックレスだけが頼りでした。サンクト・ペテルブルグにやってきた彼女は、彼女を偽のアナスタシアにして、報奨金をもらおうとするディミトリとウラジミールと行動を共にすることになり、パリにやってきます。そこで、皇太后に会うのですが、数多くの偽アナスタシアに辟易していた皇太后はなかなか彼女が本物であると信じようとしませんでした。
　ディミトリの奮闘で、再会した2人はペンダントとオルゴールから、本物の家族であることを知り喜びます。しかし、そこに再びラスプーチンが現れて、アナスタシアを亡き者にしようとするのでした・・・。
</td></tr>
</table>

<table>
<tr><td rowspan="2">映画情報</td><td>製　作　年：1997年（平成9年）
製　作　国：米国
配給会社：20世紀フォックス
言　　　語：英語、ロシア語、フランス語
第70回アカデミー賞主題歌賞他2部門ノミネート</td><td rowspan="2">公開情報</td><td>公開日：1997年11月21日（米国）
　　　　1997年12月20日（日本）
上映時間：94分
MPAA（上映制限）：G
音　声：英語・日本語　　　字　幕：日本語・英語</td></tr>
</table>

薦	●小学生 ●中学生 ●高校生 ○大学生 ○社会人	リスニング難易表	発売元：20世紀 フォックス ホーム エンターテイメント ジャパン （平成27年2月現在、本体価格） DVD価格：1,800円 ブルーレイ価格：2,381円

お薦めの理由	西洋のアニメはディズニーだけではありません。これは20世紀フォックスが新たにアニメーション・スタジオを立ち上げて制作した力作です。やさしい響きの「ワンス・アポン・ア・ディセンバー」をはじめに、流れる曲目もすばらしいです。また、実在の人物であり、今なお謎の多いアナスタシアを調べることによって、ロシアのロマノフ王朝を学ぶ絶好の機会になるでしょう。	スピード	2
		明瞭さ	1
		米国訛	1
		米国外訛	2
英語の特徴	ロシアの物語ですが、使われているのは標準的な米国英語です。会話の中心となるアナスタシア役のキルスティン・ダンスト（幼い頃）とメグ・ライアン、ディミトリ役のジョン・キューザックの声は聞き取り易く、英語学習初級者向けに最適です。卑語も意識的に少なくなっていますので、家族でも安心して鑑賞できます。また、王室の人々への敬語の使い方の学習もできます。	語 彙	2
		専門語	2
		ジョーク	1
		スラング	1
		文 法	1

授業での留意点

少し高度でしゃれた言い方を学習してみましょう。
○ "Right in the palm of our hand."「我々の手のひらにある。」　　　　　　　　　　　　　　　　　　　(Chap.10 24:52〜)
何も知らないアーニャをだまして、アナスタシアのにせ者にしようと画策しているときのウラジミールのセリフです。'palm' は「手のひら、掌」です。日本語でも「こちらの手の内にある」と言いますね。
○ "Mayday！Mayday！"「メーデー！ メーデー！」　　　　　　　　　　　　　　　　　　　　　　　　　(Chap.11 26:33〜)
魔法の小瓶に引っ張られたバルトークのセリフです。緊急時に発する「メーデー」はフランス語の 'm'aider'（英：help me）に由来しています。現在では使われていません。5月1日に行われる国際的労働者祭のMay Dayではありません。また、字幕では 'SOS' で表されています。
○ Anya　：Do you really think I'm royalty？「私が王族だと本当に思う？」　　　　　　　　　　　　　(Chap.14 32:11〜)
　Dimitri：You know I do.「そうだとわかってるだろう。」
　Anya　：Then stop bossing me around.「なら私に偉そうに振る舞うのはやめて。」
'boss around' が口語的に「人をこき使う」等の意味で使われます。'boss'「上司、ボス」という意味では、日本語になっているので理解しやすいです。
○ Anya　：Well, I've always had it ever since before I can remember.　　　　　　　　　　　　　　(Chap.27 70:34〜)
　　　　　「ええ、私が物心ついたときからずっと持っているものです。」
　Empress：May I？ It was our secret. My Anastasia's and mine.
　　　　　「ちょっといいかしら。　私たちの秘密だわ。　私のアナスタシアと私の。」
ディミトリの思い切った行動で、アーニャはようやく皇太后と話す機会ができます。アーニャのネックレスに気づいた皇太后に、アーニャがそれを差し出すときの会話です。現在完了形のまとめのような構文と、所有代名詞の確認ができます。
○ Empress：Why the change of mind？「なぜ考えが変わったのです？」　　　　　　　　　　　　　(Chap.31 75:02〜)
　Dimitri　：It was more a change of heart.「考えより心が変わったのです。」
'change one's mind'「考えを変える」は中学で習う大切な熟語です。ここでは、ディミトリがアナスタシアを連れてきた報酬を、皇太后に断るときに用いています。'mind'「知性に基づく、考え」に対して、'heart'「心情」が文字通り「心」、つまり、ディミトリのアナスタシアへの恋心がわかることになります。

映画の背景と見所

○ この物語のもとになっている映画は『追想：Anastasia（1956年）』です。主演のイングリッド・バーグマンは、この作品で2度目となるアカデミー主演女優賞を手にしました。
○ アナスタシアは実在の人物です。ロシア革命の最中、1918年に命を落としたということになっていますが、未だ真相は定かではありません。一家の遺体が偶然に発見されたのは1971年、正式に発掘されたのは1991年だったのです。このころのロシアを詳しく知りたい人は、『ニコライとアレクサンドラ（1971年）』が参考になります。アナスタシアの両親です。
○ 邪悪な魔法使いラスプーチンも実在の人物です。彼は僧侶でしたが、血友病だったアナスタシアの弟アレクセイを祈りで一度救ったことから皇后の寵愛を受けるようになり、政治に口を出すことによってロマノフ王朝滅亡の一端になったとされています。1916年に暗殺され、怪僧ラスプーチンと呼ばれていました。
○ 映画の舞台となったサンクト・ペテルブルグ（St. Petersburg）は幾度も名が変更されています。地図帳でその場所を見ておきましょう。また、この映画でアナスタシアがたどった経路も確認すると地理の学習にもなります。
○ 監督の一人、ゲイリー・ゴールドマンは、1960年代に日本の西船橋に住んでいたことがあるそうです。

スタッフ	監督・製作：ドン・ブース 　　〃　　：ゲイリー・ゴールドマン 脚　本：スーザン・ゴーシャー他 音　楽：デビッド・ニューマン 作　詞：リン・アーレンズ／作　曲：スティーブン・フラハーティ	キャスト	アナスタシア（声）：メグ・ライアン ディミトリ　　（声）：ジョン・キューザック マリー皇太后　（声）：アンジェラ・ランズベリー ラスプーチン　（声）：クリストファー・ロイド ウラジミール　（声）：ケルシー・グラマー

アンジェラの灰	Angela's Ashes	（執筆）一月　正充

セリフ紹介

この作品は原作である自叙伝を映画化したものです。作中には主人公による語りが多く取り入れられていますが、その中でもストーリーに関わる重要な台詞をピックアップしました。

○ Frank: When I look back on my childhood, I wonder how my brothers and I managed to survive at all.
「あの子供時代を振り返ってみると、よく生きのびたものだ。」(Chap.1 01:02)
冒頭での語りですが、その幼少期がいかに過酷であったかを想像できますね。

○ Frank: We must have been the only Irish family in history to be saying good-bye to Statue of Liberty instead of hello.「私達くらいだろう。移民の流れに逆らい、自由の女神に別れを告げたのは。」(Chap.2 06:30)
こちらも冒頭での語りです。19世紀末～20世紀初頭にかけて米国へやってきた移民の末裔が現在の米国人口の多くを占めているといいますが、著者の家族もその中の一人であったことがわかります。

○ Frank: That was the first time my dad ever kissed me. I felt so happy that I could have floated out of the bed.
「初めての父さんのキスだった。うれしくて体が浮き上がりそうだった。」(Chap.16 1:06:55)
世間からはダメ親父とされた父を憎むことができない息子の気持ち（思い出）がよく表れています。

○ Frank: I loved the Shakespeare. It was like having jewels in your mouth when you said the words.
「シェイクスピアの言葉は口の中で転がす宝石のようです。」(Chap.16 1:07:39)
著者は最終的に米国で英語の先生になります。やはりシェイクスピアの影響は大きかったのでしょう。

学習ポイント

場面によってはとても聞き取りにくく感じるかもしれませんが、英国らしい表現等を挙げてみました。

○ Man: It's the drink you're after, is it?「欲しいのは酒代か？」(Chap.2 08:55)
　Dad: One pint is hardly a drink.「ほんのビール1杯です。」
　Man: You make that little child walk back to Dublin because you're after a drink?
「酒のために、街までまた子供を歩かせる気か？」
英国ではビールのグラスをpintと呼びます。注文するときも、「a glass of beer」ではなく「a pint of beer」となります。また、ここでのafterの使い方は口語で頻繁に使用されるものなので、同時に押さえておくといいでしょう。

○ Boys: What are you staring at?「何見てるんだ！」(Chap.2 11:06)　Frank and Malachy: Nothing.「何も！」
こちらもよく耳にするフレーズです。staringに代わってlookingが使用されることもありますが、早口で言われると何と言っているのか非常に分かり難いです。しかしここで「Excuse me?」などと返してしまうと問題に発展することも…。海外では特に気を付ける必要があります。

○ Grandma: Don't these children know anything about the religion?「宗教は何も教えてないの？」(Chap.2 11:37)
　Mom　　: No, mom. It's different in America.「アメリカは違うのよ。」
　Grandma: Sacred heart is everywhere, even in America. No excuse for that kind of ignorance.
「"聖なる心臓"はあるはずだよ。教えるのが親の務めだろ？」
日本人が苦手な否定疑問文です。Yesと答えると常に肯定、Noと答えると否定であるというルールは分かっていても、日本語ではYesとNoが逆になるので迷ってしまいますね。会話による反復練習が効果的だと思います。

○ Man: And I can tell you, it gets powerful here in the warm weather. So powerful you'll be calling for a gas mask. So good night to you. Missus, I hope you'll be happy in the house.
「夏なんかはガス・マスクが要るぜ。いい家に越して来て、おめでとう。」(Chap.6 30:49)
アイルランドの訛りがとても強い場面です。どの程度聞き取れるか腕試しをしてみてはいかがでしょうか?。

○ Frank: I'm sixteen today, father. I drunk my first pint last night.
「今日は16才の誕生日で、昨夜初めてのビールを飲みました。」(Chap.27 2:09:18)
世界では飲酒の年齢制限が日本とは異なります。英国では購入は18歳以上ですが、パブ等での飲酒は16歳から認められています。授業で世界の法律の違いについて調べてみるのも面白いと思います。

あらすじ

　主人公であるフランクの両親マラキとアンジェラはアイルランド出身。大恐慌の最中ニューヨークで出会い、結婚しました。その後二人の間には5人の子供が生まれますが、父親のマラキは仕事が続かず、酒びたりの日々を送ります。日々の生活もままならない一家は、一番下の娘が亡くなったのを機にアイルランドへ戻り、アンジェラの故郷であるリムリックという田舎町で暮らすようになります。しかし、父は相変わらず酒におぼれ、仕事も続きません。さらには双子の弟も命を落とし、生活は困難を極めます。

　しかし、母アンジェラの家族の助けもあり、フランクと弟のマラキ（父と同名）は何とか成長していきます。そんな折、フランクは腸チフスに侵され長期の入院を余儀なくされますが、そこでシェイクスピアの作品と出合い、言葉の素晴らしさを知ります。そして学校を卒業したフランクは再度米国へわたるべく、郵便配達員として仕事をしながらお金を貯め、自らの人生を切り開こうと努力を続け、その夢を叶えるのでした。

　映画はフランクが再度米国へわたるところで終わりますが、自叙伝には「アンジェラの祈り」（原題"Tis"）という続編が存在します。続編では、米国へ渡ったフランクのその後の人生が描かれており、「アンジェラの灰」と併せて、激動の時代を生きたフランク・マコート氏の人生という物語を垣間見ることができます。

映画情報

製　作　年：1999年（平成11年）
製　作　国：米国・アイルランド
配給会社：パラマウント映画
製作会社：Scott Rudin Productions
製　作　費：5,000万ドル

公開情報

公　開　日：1999年12月25日（米国）
　　　　　　2000年10月28日（日本）
上映時間：145分
MPAA：R
音　声：英語・日本語　　字　幕：日本語

薦	○小学生　●中学生　●高校生　●大学生　○社会人	リスニング難易表		発売元：アスミックエース （平成27年2月現在、DVD発売なし） 中古販売店等で確認してください。
お薦めの理由	映画を観たら、ぜひ自叙伝も読んでみてください。マコート氏の英語は、独特ではありますがとてもリズミカルで読みやすいと感じるはずです。また、時折出てくる英語へ対する子どもらしい疑問などは、第二外国語として英語を学ぶ日本人の気持ちにも通じる点が多く、共感できるものがたくさんあります。また、アイルランドと米国という2つの異なる文化に関する描写にも注目です。	スピード	3	
^	^	明瞭さ	4	
^	^	米国訛	1	
^	^	米国外訛	4	
^	^	語　彙	2	
英語の特徴	舞台となるアイルランドの英語は、発音において米国英語との共通点が多いと言われています。作中の台詞やナレーションのほとんどは原作の小説から抜粋されたもので、多少の訛りがありますが簡素な表現が多く、比較的聞き取りやすい場面が多いです。難易度の高い文法や単語を使わなくとも、会話による表現の幅は無限に広げることができるということを実感できるのではないでしょうか？	専門語	2	
^	^	ジョーク	3	
^	^	スラング	3	
^	^	文　法	2	

| 授業での留意点 | 　全体を通して難しい文法などは使われていません。単語を駆使していろいろな表現を試してみましょう。
○　典型的な英会話でのやり取り（Chap.2 09:42）
　　Dad: Do you know what he did Frankie?「彼がどうしたか分かるか？」
　　Frank: No, what did he do?「話して。」
　　Dad: He grew a mustache and a beard on her face.「彼女の顔中にヒゲを生やしたんだよ。」
　　Frank: He didn't!
　　Dad: He did.
　Frankの台詞に注目してください。特に難しい文法内容は一切ありませんが、会話にリズムがうまれています。最後は字幕がありませんが、「ウソだぁ！」、「本当さ！」のようなやり取りも会話では重要ですね。
○　兄弟でも呼び捨て（Chap.21 1:33:58）
　　Malachy: Come on Frankie, give us a hand, will you?「フランキー、早く手伝えよ。」
　米国や英国に限らず、海外では年上の兄姉に対して「兄さん」「姉さん」のような呼び方をしない国が多いです。国の文化が集団主義もしくは個人主義のどちらに近い性質をもっているかが影響すると言われていますが、個人主義により近い国々では、上司でも名前で呼びます。では先輩や後輩といった表現はどうするのか、先生を「先生」と呼ぶのかなども合わせて考えてみるといいでしょう。give someone a hand = help もお忘れなく。
○　比喩によって表現力を磨く（Chap.21 1:35:27）
　　Frank: Shakespeare is like mashed potatoes, Mrs. Purcell. You can't get enough of them.
　　　「シェイクスピアはマッシュポテトのようです。決して飽きません。」
　likeを使用するだけで、上記のような表現が可能です。日本における、「何々とかけて、何々と解く。その心は…」という謎かけの言い方に似ていますね。
○　道の呼び方（Chap.24 1:54:00）
　　Frank: We know every avenue, road, street, terrace, muse, place, close and lane.
　　　「僕らはすべての道を知っていた。表通り、裏通り、路地、袋小路。」
　日本語にもたくさんの呼び名がありますが、英語もしかりです。授業では上記に加えて道という道の呼び方を調べてみるといいでしょう。 |

| 映画の背景と見所 | 　本作は1996年に出版されたフランク・マコート氏による回想録を映画化したもので、マコート家がたどった運命と長男であるフランクの人生を、フランクの目線から描き出しています。原作には独特なリズム感があるのですが、この映像作品も独特の色調により当時のアイルランドの雰囲気を巧く表現しています。場面の多くは雨天で、原作で頻繁に出てくる湿った街の空気感を感じることができます。
　原作は1996年に出版され、ピューリッツァー賞を受賞。ナショナル・ブック・アウォードにも選出されるなど、処女作ながらベストセラーとなりました。置かれている状況はこの上なく悲惨でありながら、それをユーモアにあふれた巧みな言葉使いで描いているこの作品は、読む人に人生において「本当に大切なもの」が何であるかを考えさせてくれると思います。
　一家がリムリックへ越してくるシーン（Chap.2 10:00～）で、列車から降りる際にフランクの父が列車窓の外に手を出してドアを開けています。現在では見ることが少なくなりましたが、英国では今でも車内にドアノブが付いていない列車が走っています。このような列車では、乗客が自らドアに付いているスライド式の窓を押し下げ、手を外に出してドアを開けるというのが常識です。日本とは大違いですね。 |

| スタッフ | 監　督：アラン・パーカー
製　作：デヴィッド・ブラウン
原　案：フランク・マコート
脚　本：ローラ・ジョーンズ
撮　影：マイケル・セレシン | キャスト | アンジェラ（母）　　：エミリー・ワトソン
マラキ（父）　　　：ロバート・カーライル
フランク（10代後半）：マイケル・レッグ
フランク（10代前半）：キアラン・オーウェンズ
フランク（幼年時代）：ジョー・ブリーン |

アンネ・フランク	Anne Frank:	（執筆）玉野　令子

セリフ紹介

○ アンネ・フランクの前向きさがわかるセリフを2つ紹介します。
① I want to be a champion skater and a writer.... I want to be different from all the other girls. I want to be do everything.
（夢はスケート選手か作家。…普通の女の子はいや。なんでも やってみたいの。）　　　（Chapter.1 00:30～）
② I like the bells. I like to hear that there is life waiting for us.
（いい音色ね。将来に希望が持てるわ。）　　　（Chapter.11 96:18～）

○ 父オットー・フランクの考え方、信条がわかるセリフを3つ紹介します。
① Good people and bad people have one thing in common…They both make mistakes. Only good people can admit their mistakes and learn from them.　　　（Chapter.6 6:56～）
（善人でも悪人でも間違いは犯す。ただ善人は間違いを認め、そこから学ぶんだ。）
娘アンネに言った言葉です。善人の側に立ってほしい、という父の願いがわかります。
② We can't live in the past, Edith…only the future.（過去には生きられない。未来だけだ。）（Chapter.7 51:56～）
隠れ家に移り住むことになったアンネたち。幸せそうな家族写真を見て、涙ぐむ妻に言ったひと言です。
③ Our motto…Work and hope.（我々のモットは『希望を持って働こう』だ）　　　（Chapter.8 60:55～）
隠れ家に来た8人目の住人に言った言葉です。アンネとの別離のときにもこの言葉を叫んでいます。

学習ポイント

○ 覚えて使える短い表現を紹介します。
① I'll treasure it always.（大事にするわ。）　　　（Chapter.1 4:06～）
祖母からfountain pen（万年筆）をもらったアンネのセリフです。treasure＝宝物（名詞）大事にする（動詞）
② Oh, I'm starving.（おなかすいたわ。）　　　（Chapter.1 4:42～）
友人ハンナの家に一家で食事に行く途中、アンネがつぶやいたひと言です。I'm very hungry.の意味です。
③ We're going to be famous friends.（いい友達になれそう。）　　　（Chapter.5 24:53～）
ユダヤ人学校に転校して新しくできた友人にアンネが言ったセリフです。be going toは未来形を表す「～するつもりだ」です。多くの人に知られるほど仲がいい、という意味でfamous（有名な）が使われています。
④ I promise.（約束する。）　　　（Chapter.5 28:16～）
アンネは友人ジャックの家に泊まりに行き、彼女に秘密の話を内緒にすると約束して、と言います。ジャックが即座に答えたセリフです。Promised.とも言います。promise＝約束する
⑤ Due tomorrow.（明日までだ。）　　　（Chapter.5 28:52～）
授業中に話に夢中なアンネたち。先生は作文の宿題を出します。そのときのセリフです。due＝提出期日の
⑥ Attention, everyone.（聞いて。）　　　（Chapter.5 29:55～）
作文の宿題を居間にいる大人たちに聞いてもらおうとして言ったセリフです。
⑦ We'll all be together.（みんな一緒だ。）　　　（Chapter.7 49:40～）
荷造りを慌ただしく終え、どこへ行くのか不安な気持ちで色々尋ねるアンネに父が言ったひと言です。
⑧ Mommy and I, we're so different.（ママと私はまるで違うの。）　　　（Chapter.9 78:30～）
母の言う事や態度が時々神経に障るアンネです。昼と夜のように違う、真逆だと父に訴えます。
⑨ Let me sleep here tonight, please?（ここで寝かせて。）　　　（Chapter.12 65:00～）
恐い夢を見たアンネが父の元に行き、言ったセリフです。Let＋目的格＋動詞の原形＝「…に～をさせる」
⑩ No! You can't leave me here.（私を置いていかないで。）　　　（Chapter.19 65:00～）
死を覚悟した姉は気弱なことを言います。それに対して言ったアンネのセリフです。
⑪ I live in hope.（望みはある。）　　　（Chapter.20 178:21～）
ミープの夫の質問に、噂はあるが、娘たちの生存に望みを持っている、と答えた父オットーのセリフです。

あらすじ

　ユダヤ系ドイツ人のアンネ・フランク一家は故国ドイツを離れ、オランダの首都アムステルダムに平穏に住んでいましたが、1940年、ナチス軍がオランダを侵攻するとユダヤ人登録や胸に黄色の紋章が義務づけられ、アンネもユダヤ人学校へ転校しました。彼女も自分達を取り巻く状況が大きく変わっていくのを感じていました。
　1942年7月5日、姉マーゴンに労働収容所行きの召喚状が届きます。これを機にアンネ一家は計画していた『隠れ家』を即座に実行します。そこは父の会社の屋根裏でした。信頼のおけるミープたちの援助を得ながら、戦争が終わる日まで身を潜めて暮らす予定でした。不自由な狭い空間で、3家族8人が生活する日々は時に些細なことで言い争いしますが、そんな中、芽生える小さな恋心。日常の出来事をアンネは日記に書きとめていきます。
　戦争終結の日も近いと思った1944年8月4日、密告者の通告によってゲシュポタ（秘密国家警察）に隠れ家の存在が見つかり、8人全員が収容所に移送されます。強制収容所の生活は過酷で悲惨なものでした。食べ物も着る物も十分になく、また不衛生な生活環境で、姉マルゴーは病死、続いてアンネもチフスにより帰らぬ人となります。
　1945年ドイツ降伏後、アムステルダムに戻ったのは父オットーただひとりでした。家族の訃報を知り、落胆するオットー。ミープは保管しておいたアンネが書き残した日記を彼に渡すのでした。

映画情報

製作年：2001年（平成13年）
製作国：米国
言　語：英語
放映会社：アメリカ・キャスティング・カンパニー
ジャンル：ヒューマンドラマ

公開情報

放映日：2001年5月20日と21日
DVD発売日：2001年8月28日
上映時間：191分
音　声：英語・日本語　　字　幕：日本語・英語
ゴールデングローブ賞エミー賞ピーボディ賞にノミネート

薦	○小学生 ●中学生 ●高校生 ●大学生 ●社会人	リスニング難易表	発売元：ウォルト・ディズニー・スタジオ・ジャパン (平成27年2月現在、本体価格) DVD価格：1,429円

お薦めの理由	この作品は世界的ベストセラーになった『アンネの日記』の著者アンネ・フランクの生涯を描いています。彼女たちを見守り続けたメリッサ・ミューラーの著作『アンネの伝記』を基に、日記（1942.6.12.～44.8.1.）以前の生活や収容所での生活も描いています。胸の詰まるような悲惨なシーンもありますが、15歳の若さで亡くなった彼女が生きた時代がどのようなものであったか、記憶に刻んでほしい作品です。	スピード	3
		明瞭さ	3
		米国訛	1
		米国外訛	2
英語の特徴	全体的にスピードはゆっくりで、わかりやすい英語です。英国俳優のハナ・テイラー・ゴードンやベン・キングズレーの英語は英国英語ですが、訛りは強くはありません。ドイツ人女優のタチャーナ・ブレイシャーの英語にはやや訛りがあります。ほかにも東欧英語訛りのある俳優もいますが、さほど聞き取りづらくありません。残酷な強制収容所のシーンも暴力的な言葉や汚い表現、俗語や卑語は特にありません。	語彙	2
		専門語	2
		ジョーク	1
		スラング	1
		文法	3

授業での留意点

○ 覚えておきたいイディオム・文法事項です。
① Is there something wrong with us, the Jews ?（ユダヤ人っていけないの？）　（Chapter.4 19:45～）
"There is something wrong with～" の形で「(人・物)はどこか調子(具合)が悪い」の意味です。ここでは、ユダヤ人を取り巻く環境が悪くなっていくが気がかりなアンネがミープに尋ねた言葉です。"Something is wrong with～." も同じ意味です。Something is wrong with me.（どこか調子が悪い）やSomething is wrong with this pen.（どこかこのペンの具合がおかしい）のように、人と物、どちらでも使える表現です。
② How long will we be in hiding ?（どのくらい隠れているの？）　（Chapter.7 49:20～）
"How long～?" は「どのくらい」と期間・長さを表す疑問詞です。be in hiding は「隠れている」のイディオムでstay in hidingとも言います。隠れ家に移り住むことに決まったアンネは不安げに父に尋ねます。その質問に父は "Until the war is over."（戦争が終わるまで）と静かに答えています。be over＝「終わる」
③ When I look out, I feel better somehow.（外を眺めると心が和むわ。）　（Chapter.9 76:21～）
look out は「外を見る」feel better は「気分がよくなる」somehowは「どこか、何となく」の意味です。whenは疑問詞の意味が「いつ」接続詞の意味は「～するとき、～すると」です。ここは、後者です。
④ I long for everything. …After the war, I'm going to live."（何もかもやりたいわ。思う存分、生きるわ。）
（chapter.11 96:35～）アンネは制限された隠れ家での生活でも明るく前向きに考えようとしていました。long for は「～を切望する、あこがれる」の意味でlong for＋名詞(動名詞)の形で使います。
⑤ Make ourselves useful, stick it out.（人の役に立ち、耐えよう。）　（Chapter.16 134:00～）
「Make＋(人)＋形容詞」の形で「(人)を形容詞にさせる」です。makeは使役動詞です。収容所に着いたとき、父が家族のみんなに力強く言ったセリフです。stick out＝「最後まで続ける、我慢する、耐える」
⑥ It's my turn to take care of you now.（今度は私が見る番よ。）　（Chapter.19 171:27～）
"It's my turn to～." は「～するのは私の番」take care of は「～の世話をする」の意味です。重い病気にかかり気弱になっている姉に優しく話しているアンネのセリフです。

○ 覚えておきたい語句・単語
Holland（オランダ）　Dutch（オランダ人）　Jewish（ユダヤ人）　Nazi（ナチス）　summons（出頭命令、召喚状）
curfew（門限）　attic（屋根裏）　troop（軍）　typhus（チフス）　camp（収容所）　invade（侵攻する）

映画の背景と見所

○ 第二次大戦中、当時ドイツの党首だったヒトラーはインド・ヨーロッパ語族のアーリア人を優遇し、ユダヤ人を冷遇しました。そのためユダヤ人経営の会社は安値で売却させられていきました。
○ ミープの結婚披露パーティーのシーンで『蛍の光』の曲が流れてきます。卒業式などで歌う別れの歌、というイメージが強いですが、実はこの曲はスコットランドが原曲で、西欧では結婚式や新年に歌われるお祝いの歌です。
○ 強制収容所から生還したのはアンネの父オットーだけでした。彼はミープからアンネが大切にしていた日記や書き残した物を渡されます。そして、1947年彼はオランダ語で『アンネの日記』を初出版しました。
○ アンネたちを支援したミープはイスラエルのエルサレムにあるヤド・ヴァシェム博物館から最高の栄誉を授かりました。また、オランダのベアトリクス女王（2013年から退位して王女）からもナイトの称号を授かりました。
○ アンネたち8人が住んでいた隠れ家は博物館「アンネ・フランクの家」として一般公開しています。1960年に開館し、アンネ・フランク財団（父オットーが1957年設立）が管理運営をしています。
○ 1997年『アンネの日記』はユネスコの世界記憶遺産（Memory of the World）に登録しました。これにより、人類が長い間記憶して後世に伝える価値のある記録物と認定されました。

スタッフ	監　督：ロバート・ドーンヘルム 原　作：メリッサ・ミューラー 製　作：カーク・エリス、ディヴィッド・カップス 脚　本：カーク・エリス 音　楽：グレーム・レヴェル	キャスト	アンネ・フランク　　　：ハナ・テイラー・ゴードン オットー・フランク(父)：ベン・キングズレー マルゴー・フランク(姉)：ジェシカ・マンレイ エディット・フランク(母)：タチャーナ・ブレイシャー ミープ・ヒース　　　　：リリ・テイラー

インナースペース	Innerspace	（執筆）松葉　明

セリフ紹介

この映画を特徴づけるセリフを紹介します。　　　　　　　　　　　　　（Chap：チャプター番号と時間）

○ Voice : Minus ten, nine, eight, seven, six, five, four, three, two, one. Ignition.　　　　（Chap.6 18:44〜）
　「10秒前、9、8、7、6、5、4、3、2、1。点火。」
タックが探査艇に乗り込んで、いよいよミクロ化への秒読みが始まります。「〜前」は'minus（マイナス）'を使います。

○ Tuck : This can't be. I'm in a man. I'm in a strange man.　　　　（Chap.11 34:31〜）
　「これはあり得ない。　俺は人の中にいる。知らない男の中にいるんだ。」
ウサギの体内にいると思っていたタックが、見知らぬ男ジャックの中にいることを知ったときのセリフです。

○ Jack : Somebody help me ! I'm possessed !!「誰か助けてくれ！悪霊に取り憑かれた！！」（Chap.12 38:27〜）
内耳を通して聞こえてくるタックの声におびえるジャックのセリフです。笑える場面です。

○ Pod Voice : Oxygen reserve at sixty percent. 「酸素残量60%です。」　　　　（Chap.20 71:15〜）
この後、40%（Chap.27 91:26〜）、20%（Chap.30 101:34〜）、15%（Chap.30 102:28〜）となっていきます。

○ Margaret : Miniaturization works on a dual-chip system.　　　　（Chap.24 83:38〜）
　「ミニチュア化は二枚のチップで効果があるの。」
チップが二枚必要なので、それを巡ってドタバタが起こるのです。

学習ポイント

よく使われる中学生レベルの表現を覚えましょう。

○ Greenbush : The most important thing for you, right now, is no excitement.　　　　（Chap.4 11:14〜）
　「君にとって最も今大切なことは興奮しないということなんだ。」
気弱なジャックに、医師のグリーンブッシュがアドバイスします。しかし、実際はこんなことをしていては何も解決しません。むしろ、思い切って取り組むことが大切なのです。

○ Margaret : Mr. Igoe, stop him. We need that syringe.　　　　（Chap.7 22:29〜）
　「アイゴさん、彼を捕まえて。　私たちはあの注射器が必要なの。」
ミクロ化したタックの探査艇が入った注射器を、産業スパイの一団に奪われまいと、オジーが注射器を持って逃げます。一味のマーガレットが殺し屋アイゴにトランシーバーで言います。'injection / shot'「注射する」は知っていても、'syringe'「注射器」を知っている人は少ないはず。注射が嫌いな人も覚えてみてはどうでしょう。

○ Tuck : Would you talk to me, please ? Who are you ? What's your name ?　　　　（Chap.12 37:27〜）
　「俺に話してくれないか、お願いだ。　君は誰なんだ？　名前は何だ？」
ジャックの体内に入ったタックが、やっとジャックと交信できるようになったときのセリフです。中学2年レベルの英語です。

○ Tuck : Never mind. It's none of your business. 「気にするな。君には関係のないことだ。」（Chap.20 70:35〜）
ジャックがリディアとの関係を聞こうとしたときのタックのセリフです。"Never mind."は「気にするな。」の決まり文句です。日本語で使う「ドンマイ」"Don't mind."とは言わないので注意しましょう。また、"It's none of your business."「君には関係のないことだ。」も頻出の表現です。これもそのまま覚えてしまいましょう。

○ Tuck : Lydia. I'm in Lydia. Oh, Lydia ! I'm a dad !　　　　（Chap.27 92:55〜）
　「リディア。俺はリディアの中にいる。　あぁ、リディア。俺はパパなんだ。」
ジャックがリディアとキスしたことで、ジャックの体内にいたタックがリディアの体内へと移動します。そこで見た胎児の姿を見たときのタックのセリフです。とてもきれいで感動の場面です。

○ Lydia : Let...him...go.「彼を…放し…なさい。」　　　　（Chap.28 95:29〜）
銃を構えたリディアが、捕まったジャックを解放するように産業スパイの一味に言います。ゆっくりと間をおいて言うので、とても聞き取りやすくなっています。

あらすじ

　米国サンフランシスコにある科学研究施設で、ミクロ化した特殊な探査艇に乗ってウサギの体内に入るという実験が行われようとしていました。探査艇に乗り込むのは、元戦闘機パイロットの豪放磊落なタックで、注射器内にセッティング完了したところに産業スパイの一団が乱入します。研究所長のオジーは、とっさにその注射器を持って逃げ、こともあろうに気弱なスーパーの店員ジャックのお尻に注射して息絶えます。
　自分が人体に入ったことに、モニターを通して見た外の様子からようやく気づいたタックと、自分の体内に探査艇が入ったことを中耳を通して知ったジャックの二人の珍コンビのドタバタが始まります。探査艇の許容酸素量は24時間分しかないのです。
　一方、スパイの一団は一枚のマイクロ・チップを手に入れたものの、もう一枚が必要で、それが探査艇にあることを知って、殺し屋アイゴがジャックを執拗に追いかけてきます。彼は自らをミクロ化してジャックの体内に入り、タックとの一騎打ちとなるのでした。はたしてタックは無事に元に戻ることができるのでしょうか。
　性格の全く違うタックとジャックの掛け合いが面白いです。タックからハッパをかけられて人生を前向きに考えるようになっていくジャックの変化と、ジョークを連発するタックがおもしろく描かれています。

映画情報

製 作 年：1987年（昭和62年）
製 作 国：米国
配給会社：ワーナー・ブラザーズ
言　　語：英語
第60回アカデミー賞視覚効果賞受賞

公開情報

公 開 日：1987年 7月 1日（米国）
　　　　　1987年12月19日（日本）
上映時間：121分
MPAA（上映制限）：PG
音　声：英・日・仏語　　字　幕：日・英・仏語 他5言語

薦	○小学生 ●中学生 ●高校生 ●大学生 ●社会人	リスニング難易表	発売元：ワーナー・ブラザース・ホームエンターテイメント（平成27年2月現在、本体価格）DVD価格：1,429円

お薦めの理由	最も身近でありながら、未知の世界といえば体内のことではないでしょうか。『ミクロの決死圏（1966年）』で興味をそそられた方には、その後の科学の進歩によって、よりリアルな映像となっています。NHKスペシャル『驚異の小宇宙 人体』は、この映画が撮影されたころに放映されました。 　この映画からは、まじめ一辺倒ではなく、コメディの要素が多いので、笑いながら学べるところが多いです。	スピード	3
		明瞭さ	3
		米国訛	1
		米国外訛	3
英語の特徴	ミクロ化した特殊な探査艇に乗って人体を駆け巡る物語なので、医学用語、航空技術用語がふんだんに登場し、その点に関してはかなり難易度の高いものとなっています。しかし、日常生活で頻繁に出てくる表現や、豪放磊落なタックと気弱なジャックという、性格の全く異なる主人公二人のやりとりからは、笑いながら学べるところも多いです。専門用語は、辞書を引いて確認してみましょう。	語彙	3
		専門語	4
		ジョーク	3
		スラング	3
		文法	2

授業での留意点

中学生にはまだまだ難しいかもしれませんが、授業できっと生徒にうけるセリフを中心に集めてみました。

○ Tuck : Mission control, come in. Do you read me ? I think I blacked out.　　　　（Chap.10 28:55〜）
「管制センター、応答してくれ。　聞こえるか？　ちょっと意識を失ったようだ。」
ジャックの体内に入ってしまったタックのセリフです。自分がウサギではなく、人体に入ったことに気づいていません。'black out' は「（一時的に）気を失う」という意味で使います。

○ Tuck : All right, careful, careful, this isn't a Honda.　　　　（Chap.14 49:37〜）
「いいか、注意しろ、これは本田じゃない。」
タックが自分の愛車ムスタングをジャックに貸すときに言うセリフです。このあとにムスタングが500馬力あるとも言います。日本車がそんなに馬力があるのではないと言ったジョークです。

○ Tuck : Nam-myo-ho-ren-ge-kyo ! Nam-myo-ho-ren-ge-kyo ! Nam-myo-ho-ren-ge-kyo ! Can you do it, Jack ?!　Can you see it, Jack ?! Can you see it ?!　　　　（Chap.19 65:39〜）
「南無妙法蓮華経！　南無妙法蓮華経！　南無妙法蓮華経！　ジャック、やるんだ！　わかったか、ジャック！」
怖じ気づいて尻込みしているジャックに、タックが激をとばします。「南無妙法蓮華経」は、日蓮宗の題目です。米国にも信者はいますが、ここでは気合いを入れるために使っているようです。

○ Tuck : Jack, repeat to Lydia exactly what I say.　　　　（Chap.26 88:24〜）
「ジャック、俺の言ったとおりにリディアに繰り返して言ってくれ。」
ジャックの体内にタックがいることを信じないリディアに対して、タックがジャックに指示するセリフです。この後、"I don't blame you for walking out on me that morning."「あの朝、君が俺を見捨てたことは責めないよ。」と、"But it was my heart that was broken and not my toe."「でも痛かったのは心でつま先ではなかった。」の同じセリフが、タックとジャックの口から出てきます。2回ずつ聞くことができるので、聞き取りにはよい場面です。

○ Tuck : Jack, it worked. You just digested the bad guy.　　　　（Chap.30 106:08〜）
「ジャック、うまくいった。あの悪い奴を消化したぞ。」
アイゴを、ジャックの胃の中に突き落としたときのセリフです。このあとジャックがゲップをするのが笑えます。

○ Jack : Jack Putter to the rescue !「ジャック・パターが助けに行くで！」　　　　（Chap.33 115:16〜）
すっかり元気になったジャックが、自らタックとリディアの救出に向かうときのセリフです。

映画の背景と見所

○ ミクロになって人の体内に入っていくことで、『ミクロの決死圏：Fantastic Voyage（1966年）』を連想した人もいるのではないでしょうか。この作品もお薦めの1本です。
○ この作品は『プレデター』を押さえてアカデミー賞視覚効果賞を受賞しました。人体内部での美しい映像と、ジャックの顔が変化するところ（Chap.23 79:08〜）＆（Chap.25 85:42〜）が見所です。
○ 日本語字幕は、本学会顧問の戸田奈津子氏が担当されましたが、ビデオ版ではビートたけし氏が監修にあたったそうです。コメディ作品ですから、どのように日本語に訳されているのかを確かめてみましょう。
○ 映画の舞台となったのは米国西部の都市サンフランシスコです。坂が多いこと（Chap.29 100:19〜）と、その通りを走るケーブル・カーで有名です。また、'the Golden Gate Bridge'「ゴールデン・ゲート・ブリッジ」（Chap.18 62:00〜）は絶景の観光名所です。
○ 映画の最後でタック（デニス・クエイド）とリディア（メグ・ライアン）は結婚します。実は、実際に二人はこの後結婚しました。また、監督のジョー・ダンテがカメオ出演しています。産業スパイの一団に最初に倒される研究所員（Chap.7 20:47）のところです。

| スタッフ | 監督　　　：ジョー・ダンテ
製作総指揮：スティーヴン・スピルバーグ
視覚効果　：デニス・ミューレン
撮影　　　：アンドリュー・ラズロ
音楽　　　：ジェリー・ゴールドスミス | キャスト | タック・ペンドルトン　：デニス・クエイド
リディア・マックスウェル：メグ・ライアン
ジャック・パター　　　：マーティン・ショート
スクリームショウ　　　：ケヴィン・マッカーシー
マーガレット　　　　　：フィオナ・ルイス |

インビクタス／負けざる者たち	**Invictus**		（執筆）齊藤　省二

セリフ紹介

　"INVICTUS" はラテン語で「征服されない」「屈服しない」を意味する語です。このタイトルは大統領が刑務所に入っていた頃に読んだ、英国の詩人ウィリアム・アーネスト・ヘンリーの詩「インビクタス」から来ており、その一節が映画の中で引用されています。
　この映画はネルソン・マンデラが釈放されるシーンから始まります。それぞれが仕切られた黒人居住区と白人居住区から見える護衛される車を見ながら、白人教師と生徒の会話が当時のアパルトヘイトを象徴する会話で、とても印象的なかいわです。
Student: Who is it, sir?　　　　　　　　　　　　　　「誰なんですか」
Teacher: It is that terrorist, Mandela. They let him out.　「テロリストのマンデラだよ。釈放されたんだよ」
　　　　Remember this day, boys.　　　　　　　　「今日と言う日を覚えておきなさい」
　　　　This is the day our country went to the dogs.　「今日がこの国が落ちぶれていく始まりの日だ」
　このように始まった新しい南アフリカの歴史は民族の垣根を越えて歓喜に包まれた国民の様子で終わります。その中でマンデラ大統領が思い起こす "INVICTUS" の一部で終わっています。
　　I thank whatever gods may be 「どんな神であれ感謝する」　For my unconquerable soul.「我が負けざる魂に」
　　I am the master of my fate　「私は我が人生の支配者」　　I am the captain of my soul.「我が人生の指揮官」
この映画のすべてを語っている言葉であると言っても過言ではないでしょう。

学習ポイント

　ネルソンマンデラが、大統領に就任し、執務へ初登庁した大統領が目にしたのは、荷物をまとめる白人職員の姿でした。黒人大統領の下で働けない職員、黒人への差別をしてきたために黒人大統領にクビにされると考えて荷物をまとめる職員でした。それを見た大統領は職員全員を集め話をします。
　仮定法が多く出てくるので、学習の参考になるでしょう。その他の中学校での学習事項が含まれているので一緒に確認するとよいでしょう。
　Now, of course, **if** you **want to** leave, that is your right. （仮定法、want to）
「もちろん、もしあなた方がやめたいと思うなら、それもよいでしょう。」
　And **if** you **feel in your heart that** you cannnot work with our new government, then **it is better that** you do leave. Right away. （仮定法、feel in your heart ,that節, it — that節）
「もし私たちの新しい政府と働けないと心底感じるのであれば、すぐにやめた方がいいでしょう。今すぐに。」
　But if you are packing up **because** you fear that your language or the color of your skin or who you worked for before disqualifies you from working here... （仮定法、because節、that節）
「しかし、もし言語や肌の色の違いを恐れていのであったり、前政権の職員出会ったからクビだと思うなら、」
　I am here to tell you, have **no such fear**. 「そのような恐れは必要ないと言おう。」
「あなたたちに言う為にここにいる」と話者の強い意志を感じることができます。また、ここでは"don't have"より"no such fear" が一般的であり、強く否定されています。
　If you **would like to** stay, you would be doing your country a great service. （仮定法、would like to）
「もし残ることを望んでくれるなら、祖国に多大な貢献をすることになるだろう。」
　All I ask is that you do your work to the best of your abilities and with good heart. （接触節、that節）
「私が頼みたいことはあなた方の全力を尽くし真心をこめて仕事をする事です。」
"I ask" ではなく "all I ask" とすることで頼みたいことがとても強い気持ちであることがよく分かります。
　I promised to do the same.　「私も同様に働くことを約束します。」
　If we can manage that, **our country will be** a shining light in the world. （仮定法）
「もし私たちがそれをやり遂げることができれば,私たちの国は世界で輝ける光となるでしょう。」
　　　if節は未来形にせず、従属節が未来形となる典型的な仮定法の英文にななっています。

あらすじ

　ネルソン・マンデラが釈放される場面からこの映画は始まります。警察に護衛された車がフェンスで区切られた白人居住区と黒人居住区の間の道を通り過ぎていきます。黒人少年たちは歓喜の声をあげ、白人少年たちは困惑の色を表しています。4年後、南アフリカ共和国に黒人大統領が誕生します。ネルソン・マンデラ大統領でした。30年近くテロリストとして刑務所へ入れられた彼は、人種の融合に取り組み、新しい南アフリカを創り上げていきます。彼は、その一環として、自国で行われるラグビー・ワールドカップに目をつけ、スポーツの力でを国を一つにしようと考えました。当時弱小であった白人中心のナショナルチーム・ボグスのキャプテンであるピナールを官邸へ招き、国を変えていくためにラグビーでの貢献を依頼します。その後ボグスは、猛練習とともに黒人居住区でのラグビー教室を開くなど、広報活動も行い、人種を越えた愛国心が徐々に浸透していきます。その多忙な中でチームは、大統領がかつて収容されていた刑務所を訪れました。ピエールはそこで大統領の意思を感じました。ワールドカップが開幕し、南アフリカは予想に反し、勝ち続け決勝戦へと駒を進めました。相手は世界最強のニュージーランドのオール・ブラックス。この試合を全国民が一つになり応援し、大会初の延長戦の接戦を制し、南アフリカが優勝しました。国中が人種を越え歓喜に沸き返りました。その中で車で官邸へ戻る途中、"インビクタス" が大統領の脳裏に浮かびます。

映画情報

製作年：2009年
製作国：米国
製作費：6,000万ドル
配給会社：ワーナー・ブラザーズ
製作会社：イマジン・エンターテイメント

公開情報

公　開：2009年12月11日（米国）
　　　　2010年 2月 5日（日本）
興行収入：1億2,200万ドル
上映時間：132分
音　声：英語・日本語　　　字　幕：日本語・英語

薦	○小学生　●中学生　●高校生　●大学生　●社会人	リスニング難易表		発売元：ワーナー・ブラザース・ホームエンターテイメント（平成27年2月現在、本体価格）DVD価格：1,429円　ブルーレイ価格：2,381円
お薦めの理由	アパルトヘイトという問題を長年抱えてきた南アフリカ共和国が、ネルソン・マンデラという新しい指導者によって苦しみながらも、少しずつ新しい国を作っていきます。同時期に南アフリカでラグビー・ワールドカップが開催されました。マンデラの国を愛する気持ちとスポーツの力で国民の意識が変わり新しい南アジアアフリカ共和国が創り上げられていきました。マンデラ大統領の生き方を見てください。	スピード	3	
		明瞭さ	2	
		米国訛	1	
		米国外訛	4	
英語の特徴	アフリカ訛りの強い英語です。イントネーションに特徴が有るので気をつけて聴き取りましょう。また、マンデラ大統領の言葉は、政治家の言葉なので難しい語彙も多く出てきます。また、言葉を言い換えたり、慎重に話している場面がありますが、注意して聞くことで十分に聞き取れます。現地の言葉も数語出てきますが、よい意味でインパクトがある場面での使用になっています。	語彙	4	
		専門語	4	
		ジョーク	2	
		スラング	3	
		文法	3	

授業での留意点

歴史的背景をもとにネルソン・マンデラという人物がいかなる人物であったかを、彼の言葉を通してしり、その言葉について生徒に考えさせてほしいと思います。マンデラ大統領は、若くして反アパルトヘイト運動に身を投じ、1964年に国家反逆罪で終身刑の判決を受け、27年間に及ぶ獄中生活の後、1990年に釈放されました。1993年にノーベル平和賞を受賞。1994年、黒人として初めて南アフリカ大統領に就任しました。

大統領就任前の内戦に誓い混沌とした国内状態の中、マンデラは国民（黒人）に呼びかけます。
Take your knives and your guns and your pangas...and throw them into the sea.
「あなた方のナイフ・銃・バンガ刀を持って行って、海へ捨てなさい」

大統領の護衛官に前政府の白人を登用すると、黒人護衛官がアパルトヘイトの中で黒人を大勢殺してきた白人をなぜ登用するのかと大統領に迫ります。それに対して大統領は次のように言います。

Reconcilliation starts here.　　　　　　　　　　　　「和解の（これが）第一歩だ」
Forgiveness starts here too.　　　　　　　　　　　　「赦しの（これが）第一歩だ」
Forgiveness liberates the soul.　　　　　　　　　　「赦しが魂を自由にする」
It removes fear. that is why it is such a powerfulweapon.「赦しが恐れを取り除く最強の武器なのだ」

ワールドカップ決勝戦前夜にピナールは妻に明日の試合を心配してるのかと聞かれ、そうではないと答えています。
It was thinking about how spend 30 years ina tiny cell...「考えてたんだどうしたら30年も狭い監獄に入れられ
and come out ready to forgive the people who put you there.　それでも彼を牢へ入れた人を赦せるのかを」
中学生でも十分に理解できる英語である。文法的説明をしてもよいですが、推測可能でしょう。
大統領の就任演説の一部です。

Never, never and never again　　　　　　　　　　「何があろうと絶対に　もう二度と再び」
shall it be that this beautiful land will again.　　　「この美しい国において
experience the oppression of one by another　　人が人を抑圧することが繰り返されてはならず
and suffer the indignity of being the skunk of the world. 世界の恥さらしとしての屈辱に苦しんではいけません」

最初の部分は倒置され話者の意思がとても強く強調されています。他の部分は単語の意味を押さえれば内容は把握できると思います。ここでは"being the skunk of the world"に着目し、人種差別の愚かしさを強く訴えかけているように伝えたい。(oppression：圧迫、suffer：こうむる、indignity：侮蔑、skunk：卑劣で軽蔑すべきやつ)

映画の背景と見所

映画の舞台は1990年代の南アフリカ共和国になっています。当時はアパルトヘイト（人種隔離政策）がとられていました。映画の冒頭でその現実が垣間見られます。きれいなフェンスで仕切られ、芝が敷き詰められたきれいなグランドでラグビーの練習をする白人少年たちと金網で仕切られ、むき出しの荒れた地面でサッカーに興じる黒人少年たちの様子からこの映画が始まっています。ネルソンの釈放とともに内線に発展しようとする紛争が続く中、話し合いの末、国民投票によってマンデラが大統領に就任しました。その後、民族の融合をはかり、アパルトヘイトの廃止を実現にいたりました。人種差別という大きな問題を抱えた国が変わり、新しい国が生まれた激動の時代がこの映画の背景となっています。

この映画の見所は、ナショナルチーム・ボグスが、ラグビーだけではなく、マンデラ大統領とともに新しい国を創ろうとする、真のナショナルチームに変わってく様と、優勝へ勝ち進む中で、人種の壁に雪解けを感じさせ、優勝した瞬間にその壁が取り払われたと思わせるシーンです。黒人と白人が抱き合い、白人の警察官が黒人の少年を抱き上げるシーンはその象徴でしょう。それに加え、随所でのマンデラ大統領の言葉は、心に響き、常に未来を感じさせてくれ、見ている者に勇気を与えてくれます。

スタッフ	監督：クリント・イーストウッド 原作・脚本：アンソニー・ベッカム、他 製作：ロバート・ロレンツ、他 撮影：トム・スターン 音楽：マイケル・スティーブンス、他	キャスト	ネルソン・マンデラ：モーガン・フリーマン フランソワ・ピナール：マット・デイモン ジェイソン・シャバララ：トニー・キゴロギ リンガ・ムーンサミ：パトリック・モフォケン ヘンドリック：マット・スターン

ウエスト・サイド物語　WEST SIDE STORY　　　（執筆）松葉　明

この物語は現代版『ロミオとジュリエット』と言われています。ここでは特に印象に残るものを紹介します。
　　　　　　　　　　　　　　　　　　　　　　　　　　　　　　　　（Chap：チャプター番号と時間）

セリフ紹介

○ "Maria. The most beautiful sound I ever had."「マリア。今までに聞いた一番美しい音。」（Chap.13 44:13～）
トニーがマリアと出会い、彼女の名を知った後、高らかに歌い上げる最初の言葉です。

○ "She has given up Puerto Rico, and now she's queer for Uncle Sam."「彼女はプエルトリコを諦めて、今やアンクル・サムにご執心だ。」（Chap.14 49:30）
このセリフは、シャーク団の団長であり、マリアの兄でもあるベルナルドが恋人のアニタを指してこう言います。このアンクル・サムとは、米国人の総称としてよく用いられます。そしてこの後、このミュージカルのハイライトともいえる "America" が、シャーク団の男女によって歌われます。

○ "Tonight the world is wild and bright."「今夜世界は素晴らしく、光り輝く。」（Chap.15 59:39）
ここでの 'wild' は「素晴らしい」という意味で、口語ではよく用いられます。このセリフは名曲 "Tonight" の中に出てきます。

○ "Beat it !"「失せろ！」（Chap.3 10:42他多数）。汚い言葉ですが、不良少年が使う言葉として、この作品の冒頭から繰り返し出てきます。自分は使わなくても、意味は覚えておきたいものです。"Get out of here !"「ここから出て行け！」も同じ様な意味として何回も出てきます。

学習ポイント

○ スペイン語学習！
日本人がよく訪れる、メキシコに近いカリフォルニア州（ロサンゼルス他）や、ニューヨークを歩いているとよく耳にするスペイン語。プエルトリコ出身のヒスパニック系シャーク団がよく使う簡単なスペイン語に触れてみましょう。発音はローマ字読みでOKです。
"Vamanos." = "Let's go."、"Por favor" = "Please"、"si" = "yes"、"Como esta ?" = "How are you ?"、"Mucho gusto." = "My pleasure."、"Buenos noches." = "Good night."、"Te adoro." = "I love you."、etc.

○ 呼び名（愛称）の確認！
Maria : Tony ! What does Tony stand for ?　「トニー！トニーは何を表しているの？」
Tony　: Anton.「アントンだよ。」　　　　　　　　　　　　　　　　　　　　（Chap.15 61:56）
"stand for ～" は「～を表す、意味する」で、省略されたもの等を説明する時に用います。((ex) USA stands for United States of America. USAはアメリカ合衆国を表しています。) この直前には、マリアが父親に 'Maruca' と呼ばれて、"His pet name for me."「父の私への愛称なの。」（Chap.15 57:16）とトニーに説明しています。また、マリアの兄のベルナルド（Bernardo）が「ナルド」と他から呼ばれていることも出てきます。本名と愛称を調べてみてはどうでしょう。

○ 命令文！　　　　　　　　　　　　　　　　　　　　　　　　　　　（Chap.5 17:41～）
"Go play in the park!"「公園で遊べ！」、"Keep off of the grass!"「芝生に入るな！」、"Get out of the house!"「家から出て行け！」、"Keep off the block!"「この地区に来るんじゃない！」、"Get out of here!"「ここから出て行け！」、"Keep off the world!"「この世界に近づくな！」シャーク団との諍いの後、シュランク警部補から脅しをかけられ、ジェット団のメンバーがいきり立って言う場面です。動詞で始まる命令文は、この映画にはたくさん出てきます。

○ 依頼文！（Will you ～?）
"Will you go to Doc's store for me ?"「私の代わりにドクの店に行ってくれないかしら？」（Chap.32 129:52～）
シュランク警部につかまって、トニーと連絡を取りたいマリアが、アニタに頼む場面で出てきます。この後すぐに "Will you go for me, Anita ?" と繰り返し使っています。未来の文なのか、依頼の文なのか迷うことがありますが、後ろに 'for ～' がつけば、依頼の文であることが容易にわかります。

あらすじ

ニューヨークの下町ウエスト・サイドに、2つの不良グループが対立していました。それは共に社会的に偏見をもったイタリア系移民のジェット団と、プエルトリコ出身のヒスパニック系シャーク団です。そんな折も折、体育館でのダンスパーティで2つのグループは鉢合わせしてしまいます。シャーク団団長のベルナルドは、妹のマリアを自分の腹心であるチノに嫁がせようとしていたのですが、マリアはジェット団元リーダーで、今はドラッグ・ストアのドクの店で真面目に働くトニーと恋仲になってしまうのでした。

その夜、高架下でジェット団とシャーク団は対決します。マリアの願いでケンカを止めに来たはずのトニーでしたが、親友であるジェット団団長のリフがベルナルドに刺されて逆上し、トニーはベルナルドを殺してしまいます。そこに警察が駆けつけ、皆は逃げ出します。兄を殺され、初めはトニーのことを憎むマリアでしたが、トニーへの愛を確信し、兄の恋人のアニタにことづけを頼むのでした。しかし、ジェット団の嫌がらせを受けたアニタは、マリアがチノに殺されたと嘘を言ってしまいます。絶望したトニーは、チノに自分も撃ち殺してくれと叫びます。その声を聞いたマリアはトニーのもとへかけようとしますが、一瞬遅くチノがトニーを撃ってしまいます。マリアの腕の中で息を引き取るトニー。トニーの亡きがらは、ジェット団とシャーク団の手で運ばれるのでした。

映画情報
製　作　年：1961年（昭和36年）
製　作　国：米国
言　　　語：英語、スペイン語
配給会社：ユナイテッド・アーティスツ
第34回アカデミー賞作品賞他10部門受賞

公開情報
公　開　日：1961年10月18日（米国）
　　　　　　1961年12月23日（日本）
上映時間：152分
MPAA（上映制限）：G
音　声：英語・日本語　　字　幕：日本語・英語

薦	○小学生　●中学生　●高校生　●大学生　●社会人	リスニング難易表		発売元：20世紀 フォックス ホーム エンターテイメント ジャパン （平成27年2月現在、本体価格） DVD価格：1,419円　ブルーレイ価格：1,905円
お薦めの理由	アカデミー賞なんと10部門受賞作品！これは11部門受賞の『ベン・ハー(1959年)』『タイタニック(1997年)』『ロード・オブ・ザ・リング 王の帰還(2003年)』に次ぐ快挙です。そしてミュージカル映画としては、いまだにこれを上回る作品はありません。ニューヨークの下町を舞台に、画面いっぱいに繰り広げられる躍動感ある数々の名曲を心ゆくまで楽しめる作品です。	スピード	4	
		明瞭さ	4	
		米国訛	2	
		米国外訛	3	
		語　彙	2	
英語の特徴	2つのグループジェット団とシャーク団とも標準英語とは異なっています。ジェット団はイタリア系で、その発音はニューヨークや南部にみられ、かつては黒人特有とされていたものに近いものです。一方、シャーク団はプエルトリコ出身のヒスパニックですので、スペイン語がセリフに出てくるだけでなく、発音も大きく影響されています。文法的にも間違って使われていることも多いので、注意してください。	専門語	2	
		ジョーク	2	
		スラング	3	
		文　法	3	

授業での留意点

○ "America" 「米国」は自由な国のはずの米国の長所と短所を歌い上げています。歌いながら内容を確認させましょう。女性陣は肯定的で、男性陣は否定的となっています。
　　　　　　　　　　　　　　　　　　　　　　　　　　　　　　　　　　　　　（Chap.14 49:35～）

Girls　　　: I like to be in America! Okay by me in America. Everything free in America.
　　　　　　「私はアメリカにいるのが好き！　私にはアメリカはいいところ。　アメリカは何でも自由。」
Bernardo : For a small fee in America.「アメリカでは報酬は僅かしかない。」
Anita　　 : Buying on credit is so nice.「クレジットでの買い物はすてき。」
Bernardo : One look at us and they charge twice.「俺たちをひと目見て、2倍もふっかけられる。」
A girl　　 : I'll have my own washing machine.「私は自分専用の洗濯機を買うわ。」
A boy　　 : What will you have, though, to keep clean.「けど、何を洗濯するの？」
Anita　　 : Skyscrapers bloom in America.「摩天楼がそびえ立つアメリカ。」
A girl　　 : Cadillacs zoom in America.「キャデラックが突っ走るアメリカ。」
A girl　　 : Industry boom in America.「産業が急成長するアメリカ。」
Boys　　 : Twelve in a room in America.「一部屋に12人が暮らすアメリカ。」
Anita　　 : Lots of new housing with more space.「より広い空間のある新しい家がたくさんあるわ。」
Bernardo : Lots of doors slamming in our face.「俺たちの目の前で閉まるドアもたくさんな。」
Anita　　 : I'll get a terrace apartment.「私はテラスのあるアパートを手に入れるの。」
Bernardo : Better get rid of your accent.「お前の訛りをどうにかした方がいいぜ。」
Anita　　 : Life can be bright in America.「素敵な生活が送れるアメリカ。」
Boys　　 : If you can fight in America.「アメリカで戦えるなら。」
Girls　　 : Life is all right in America.「素晴らしい生活のアメリカ。」
Boys　　 : If you're all white in America.「お前たちみんなが白人ならな。」・・・

曲はまだ続きます。また、名曲が多いこの映画の歌詞は、学習教材に適しています。

○ マリアの叫び（Chap.35 142:15～）『ロミオとジュリエット』とのラストの違いを紹介しましょう。
All of you, you all killed him! And my brother and Riff. Not with bullets and guns. With hate!
「あなた達みんなが彼（トニー）を殺したのよ！　そして私の兄とリフも。弾丸や銃でなくて。憎しみで！」

映画の背景と見所

○ 冒頭のOverture（序曲）はニューヨークのマンハッタンの俯瞰図で始まり、70mmの大画面では、その迫力に圧倒されます。
○ 莫大な製作費用の殆どは、才能をもった人を集めるのに費やされ、舞台に出演中の21人のダンサーの他に、新たに150人のダンサーが募集されました。ワイズ監督自身、この映画のスターは俳優ではなく、作品自体と言っていたそうです。
○ 舞台となったウエスト・サイドはマンハッタンのセントラルパークの西側の地域West 61～65th Street で、当時は再建計画を一時中断してもらい撮影したそうです。現在はリンカーン・センターの辺りになります。
○ 『ロミオとジュリエット』は4日～6日の物語ですが、この『ウエスト・サイド物語』は、たった1日半で完結する物語です。
○ 152分の本作には、実に15曲もの曲が流れます。つまり約10分に1曲です。ミュージカルなので当然のことですが、歌を十分に楽しんでもらいたいです。
○ マリアやトニー等、主役級の歌の大部分は、実は吹き替えで行われています。

スタッフ	監　　督：ロバート・ワイズ 振　　付：ジェローム・ロビンス 音楽(作曲)：レナード・バーンスタイン 音楽(作詞)：スティーヴン・サンドハイム 舞台脚本：アーサー・ローレンツ	キャスト	マリア　　：ナタリー・ウッド トニー　　：リチャード・ベイマー アニタ　　：リタ・モレノ ベルナルド：ジョージ・チャキリス リフ　　　：ラス・タンブリン

海の上のピアニスト　The Legend of 1900

（執筆）飯田　泰弘

セリフ紹介

　主人公は、生まれて一度も船を下りたことがないピアニスト。映画ではまず、その伝説のピアニストが残した（1）の名セリフを皮切りに、彼の友人の口からその数奇な人生が語られ始めます。　　　　　（Chap: チャプター番号と時間）
(1) You're never really done for as long as you got a good story and someone to tell it to.　　　（Chap.1, 1:43)
　「いい物語があって、それを語る人がいる限り、人生は捨てたもんじゃない。」
　そのピアニストも、(2)の決意の言葉と共に下船を試みたことはありました。(3)はそれを応援する友人の言葉です。
(2) Its voice. It's like…a big cream…telling you that life is immense.　　　（Chap.25, 1:31:45)
　「海の声。それは大きな叫び声のようで、"人生は無限だ"と叫んでるんだ。」
(3) I've always wanted you to leave this ship, and play for the people on land, and marry a nice woman and have children, and all those things in life which are not immense, but are worth the effort.　　　（Chap.25, 1:32:38)
　「お前には船を下りて、陸の人たちの前で演奏してほしいんだ。いい女性と結婚し、子供も作ってほしい。それは無限の人生ではないかもしれんが、価値のある人生だぞ。」
　しかし、結局は最後まで船を下りなかった彼は、人生の終わり目前に、どこか悲しげに次の言葉を述べます。
(4) Land is ship too big for me. It's a woman too beautiful. It's a voyage too long, perfume too strong. It's music I don't know how to make.　　　（Chap.28, 1:49:50)
　「陸は僕には大きすぎる船だ。美しすぎる女性。長すぎる船旅、強すぎる香り。僕には弾けない音楽だな。」

学習ポイント

【音楽に関する表現】
　ここでは音楽特有の英語表現を学習します。まず、「〜を演奏する」という英語は「play the 楽器」となり、楽器名の前には必ず'the'をつけます。これはピアノに限らないということが、(1)のセリフから分かりますね。
(1) I play the trumpet.「私はトランペットを吹きます。」　　　（Chap.7, 27:02)
　ただ、これはあくまで「play the 楽器」という形でのルールです。なので、play以外の動詞を使う時は、'the'ではない冠詞を楽器名の前に置いても大丈夫だと、(2)のセリフが教えてくれます。
(2) He has a musette. Yes?（※musette：アコーディオンのような楽器）
　「彼はミュゼットを持ってますよね？」　　　（Chap.24, 1:27:47)
　また、music「音楽、曲」という単語にも要注意です。日本語では「一曲」「二曲」と言えるものの、英語の'music'は「数えられない名詞」とされ、'one music'や'two musics'とできないのです。どうしても曲の数を言いたいときは、'piece of 〜'を前に置き、a/one piece of music「一つの曲」やtwo pieces of music「二つの曲」のようにします。これは次のセリフでも確認できます。
(3) That is one amazing piece of music!「なんて素晴らしい曲なんだ！」　　　（Chap.22, 1:17:35)
　ほかにもこの映画には、note「楽譜」やinstrument「楽器」なども登場し、音楽関係の単語が多く学べます。

【人の名前の英語表現】
　英語では、人の名前がまったく別の意味になることがあります。(4)がまさにその例で、ここではJohn「ジョン」が「便器」の意味で使われています。単語の始めが'john'と小文字になっているのもヒントになりますね。
(4) When you stepped on land, you couldn't even piss straight in the john. It was steady. The john, I mean.
　「陸にあがると、小便が便器にまっすぐ飛ばない。静止しているのに、便器は。」　　　（Chap.2, 6:01)
　このほかにも、日本語の「猫も杓子も（＝誰も彼も）」は、英語で'every Tom, Dick and Harry'と言います。直訳すれば、「すべてのトムもディックもハリーも」ですが、欧米ではこういう名前の人が多いということでしょうか。ほかにも、Willy「ウィリー」を使った'willies'には「寒気」という意味があり、この本の別ページで紹介されている映画『アウトブレイク』では、これを使った人物名のジョークも出てきます（Chap.22, 1:08:23)。
　普段は人名を辞書で調べることはあまりないと思いますが、一度試しに、有名な名前をチェックみてください。面白い発見があるかもしれませんよ。

あらすじ

　1900年が幕を開けた頃、ヨーロッパと米国を往復する巨大客船ヴァージニアン号の中で、機関士ダニーはダンス・ホールに捨てられた赤ん坊を見つけます。その子の面倒を見ることを決め、「1900（ナインティーン・ハンドレッド）」と名付けたダニーでしたが、戸籍などの証明書を一切持たない赤ん坊、1900。この子を陸上に出せば役所に奪われると考えたダニーは、1900をこっそり船底の薄暗い機関士寮でのみ育てることにします。
　こうして、一度も陸地を踏むことなく大きくなった1900。彼は徐々にピアニストとしての才能を開花させ、船内の音楽団に入団。すると、「この世に存在しない男」が奏でる音楽は瞬く間に有名になります。しかし一方で、彼の船上での日々は、ヨーロッパと米国の往復便の乗客を、迎えては送り出す繰り返し。愛する女性ができても、港に着けばまた船上から彼女を見送るだけの人生でした。音楽団仲間のマックスの助言もあり、何度か船を下りようとチャレンジはするものの、結局は最後の一歩で決心がつかず、時だけが過ぎていくのでした。
　やがて世界は第二次世界大戦に突入し、終戦を迎えたころ、廃船となったヴァージニアン号の爆破解体が決定します。するとそれを知ったマックスは、かつての友人1900はまだ船内にいると確信し、この天才かつ不器用な「海の上のピアニスト」を連れ出すため、爆破が迫る船に乗り込むのでした。

映画情報

製　作　年：1998年（平成10年）
製　作　国：イタリア、米国
製　作　費：900万ドル
原　　　題：Novecento（伊）
ジャンル：ヒューマンドラマ

公開情報

公　開　日：1998年12月25日（米国）
　　　　　　1999年11月 2日（日本）
上映時間：125分（イタリア公開版：165分）
興行収入：25万9,127ドル（米国）
音　声：英語・日本語　　字　幕：日本語・英語

薦	○小学生　●中学生　●高校生　●大学生　●社会人	リスニング難易表		発売元：ワーナー・ブラザース・ホームエンターテイメント （平成27年2月現在、本体価格） DVD価格：1,429円
お薦めの理由	ピアノ音楽にぜひ注目してください。イタリア音楽界の巨匠モリコーネが音楽を担当し、脚本や撮影より先に音楽作成が進むという、「音楽重視」の映画製作になったそうです。トルナトーレ監督も「音楽は映画のおまけではない」と語っており、登場人物の心の動きをピアノの音色で表現する場面も多くあります。ストーリーはもちろん、俳優の演技とモリコーネ音楽の融合も楽しめる作品です。	スピード	3	
		明瞭さ	2	
		米国訛	2	
		米国外訛	4	
英語の特徴	もともとイタリアの作品の世界版であるこの映画には、巨大客船で米国に向かう移民のセリフが多くあります。そのため、幾度となく英語以外の言語も聞こえてきますし、移民たちの英語はきついヨーロッパ訛りになっています。 　　ピアノ奏者やトランペット奏者が主人公であるため、楽器や音楽に関する会話が多くありますが、高度な音楽の語彙知識が必要というわけではありません。	語彙	3	
		専門語	3	
		ジョーク	3	
		スラング	4	
		文法	3	

授業での留意点

豪華客船ヴァージニアン号には様々な階級の客が乗っており、米国への移民やダニーをはじめとする機関士たちは、非標準的な英語やかなり訛った英語を話します。そのため、主人公の1900やマックス、または米国人のキャラクターが使う英語以外は、リスニング教材には向かないと思います。一方で、興味深い英語特有の表現が多く見られ、それらの意味を生徒にクイズ形式で出題すると面白いかもしれません。その例をいくつか挙げます。

(1)【two peas in a pod：瓜二つ】　　　　Shopkeeper　：Two peas in a pod, wouldn't you say?
　　　　　　　　　　　　　　　　　　　　　　　　　　　　「そっくりな曲だと思わんかね？」　　　　　　　(Chap.2, 9:43)

(2)【toe up：死ぬ、亡くなる】　　　　　　Max　　　　：It took him three days to go toes up, old Danny.
　　　　　　　　　　　　　　　　　　　　　　　　　　　　「ダニーは3日間しぶとく生き続けた。」　　　　(Chap.5, 19:12)

(3)【sea leg：船内をよろけず歩ける力】1900　　　　：What's the matter? Lose your sea legs?
　　　　　　　　　　　　　　　　　　　　　　　　　　　　「どうした？　まっすぐ歩けないのか？」(Chap.8, 29:19)

(4)【~ is history：～は過去のもの】　　Harbor owner：Noon tomorrow, this ship is history.
　　　　　　　　　　　　　　　　　　　　　　　　　　　　「明日正午、この船は過去のものとなる。」(Chap.20, 1:13:10)

(5)【cat get one's tongue：黙る】　　　　1900　　　　：Cat got your tongue?
　　　　　　　　　　　　　　　　　　　　　　　　　　　　「なぜ黙る？」　　　　　　　　　　　　　　(Chap.25, 1:30:33)

(6)【pull one's leg：～をからかう】　　　　Max　　　　：You're pulling my leg.
　　　　　　　　　　　　　　　　　　　　　　　　　　　　「からかう気か。」　　　　　　　　　　　　(Chap.25, 1:31:00)

(7)【in one's shoes：～の立場になる】　Max　　　　：What would you have done in my shoes?
　　　　　　　　　　　　　　　　　　　　　　　　　　　　「僕の立場なら、どうしてた？」　　　　　　(Chap.29, 1:56:23)

なかでも（6）の表現は、日本語の「足を引っ張る（＝迷惑をかける）」という決まり文句にはならないので、前後の会話の流れを見せたうえで、生徒にその意味を当てさせてもいいと思います。

さらに、（「セリフ紹介」のセクションでも取り上げた）この映画のキーワードである「語られるべきいい物語」という表現。'story' とは違い、「ウソの話」という意味も出る 'tale' が(8)のセリフで登場するので、'telling stories' と 'telling tales' の微妙な違いを指摘する際に使ってもいいと思います。

(8) Harbor owner：He's so good at telling tales.　「彼は作り話がうまくて。」
　　Max　　　　　：This is no tales, sir.　　　　　　「作り話なんかじゃありません。」　　　　　　(Chap.20, 1:12:51)

映画の背景と見所

この映画はマックスが、主人公1900の言葉である「いい物語があって、それを語る人がいる限り、人生は捨てたもんじゃない。」を代弁するところから始まり、彼が「遅かれ早かれ、物語は終わる。これで俺の話も終わりだ。」と言って立ち上がるところで映画も終わりを迎えます。そのため、観客もマックスのそばで伝説のピアニストの物語を聞いている感覚を持てるという、非常にきれいな構成になっています。

原作者はイタリア人作家バリッコ。同じくイタリア人監督のトルナトーレは、5年もの歳月をかけて映画を丹念に作り上げ、これまたイタリア音楽の巨匠モリコーネの音楽は、見事に映画のストーリーに溶け込んでいます。イタリアを代表する映画製作者たちと、それを見事に演じる米国や英国出身の俳優たちは、まるでヴァージニアン号を思わせるような「大西洋をまたいだ」融合を見せています。

1900が想いを寄せる少女役のメラニー・ティエリーはフランス生まれで、当時モデルをしていた雑誌を見た関係者からの連絡で、女優400人もの面接でも探し出せずにいたこの役に抜擢されました。また1900にピアノ演奏の決闘を挑むジェリー・ロール・モートンは、実際の人物をモチーフにしており、微笑むと光るダイヤの歯までも映画では再現されています。こういった点にも注目しながらご覧になってください。

| スタッフ | 監督・脚本：ジュゼッペ・トルナトーレ
原　　作：アレッサンドロ・バリッコ
音　　楽：エンニオ・モリコーネ
撮　　影：ラヨシュ・コルタイ
美　　術：フランチェスコ・フィリジェリ | キャスト | 1900　　：ティム・ロス
マックス　：プルート・テイラー・ヴィンス
少女　　　：メラニー・ティエリー
ダニー　　：ビル・ナン
楽器店主　：ピーター・ヴォーン |

エアフォース・ワン　　Air Force One　　（執筆）飯田　泰弘

セリフ紹介

米国や米国大統領に関する印象深いセリフを取り上げてみましょう。　　（Chap：チャプター番号と時間）

(1) The dead remember, real peace is not just the absence of conflict. It's the presence of justice.　（Chap.3, 07:40）
「死者は覚えている。紛争の回避が本当の平和なのではなく、正義を行うことが平和だということを。」
暴力がない世界を積極的に目指すという、マーシャル大統領の強い決意が感じ取れます。

(2) The presidency is bigger than any one man.「大統領職というのは、人を指すものではない。」（Chap.11, 42:10）
テロリストに捕まり、人質のひとりになった米国大統領。しかし、彼を守ることで全世界に悪影響を及ぼすくらいなら、その人物の大統領職を解こうという動きが米国政府で起こります。大統領とは「役職」であり、「一個人」を指すものではないという姿勢が分かりますね。

(3) Jim: Kathryn, if you give a mouse a cookie… / Kathryn: He's gonna want a glass of milk.　（Chap.16, 01:01:22）
「キャサリン、もしネズミにクッキーを与えると…」　「…次はミルクを欲しがってくる。」
テロリストの要求は一つでものめば次々とエスカレートしてくると、たとえ話を使ってうまく伝えています。

(4) I'm counting on ya, red, white and blue.「赤、白、青。お前たちを信じてるぞ。」（Chap.18, 1:09:55）
エアフォース・ワンを着陸させるため、こっそり燃料を捨てようする大統領。何色のワイヤーを切ればいいのか分からず、米国国旗の色（赤・白・青）は避け、黄色のワイヤーを切る決断をします。このセリフは、米国国旗の色を知っていればすぐに意味がわかりますね。ちなみに、count on～は「～を頼りにする」という表現です。

学習ポイント

中学で学習する重要な英文法が登場するシーンを取り上げます。英文法には難しいものもありますが、映画で実際に話されている場面を見ながら、マスターを目指しましょう。

【否定語による倒置】
英語には、否定語が文頭に来ると全体が疑問文の語順になるというルールがあります。この倒置の文は書きことば的でかたい表現とされますが、否定語を強調する時によく見られます。大統領の演説シーンを見てみましょう。

(1) Only when our own national security was threatened did we act.　（Chap.3, 07:13）
「自国の安全が脅かされてはじめて、我々は行動に出るのです。」
onlyが倒置を引き起こすことが、文末のdid we actから分かります（本来はWe act only when our…threatened.）。only whenを前に出し、大量虐殺を他国の出来事だと見過ごしてきたことへの、大統領の後悔が伝わってきますね。

(2) Never again will I allow our political self-interest to deter us from doing what we know to be morally right.
「私は二度と政治的利益の有無では動かず、倫理的に正しいと思う行動をとります。」　（Chap.3, 07:50）
このセリフでも「二度と～ない」を強調するためnever againを文頭に出し、疑問文のようなwill I allowという語順になっています（本来はI will never allow…again.）。このように(1)(2)の両方の文で、否定語が文頭に出されると語順に影響が出ることが確認できます。さて次は、別の強調を使った表現です。

【強調、時制の一致】
(3) Jim : We did discuss it, Jack.「もうそれは話し合っただろう、ジャック。」　（Chap.4, 10:56）
　　Jack: We discussed it in private, which is where I thought it would remain.「個人的な話で、公開されないものと」
　　Jim : Well, now it's public. Now it's policy.「公の場で話した今、これは政策になったぞ。」
1文目では、動詞を強調したい時は助動詞do（やdoes / did）を前に置くというルールが見られます。これにより「すでに議論しただろう」という気持ちが現れます。そしてもちろん、この助動詞doの後ろの動詞は常に原形です。
2文目では、時制の一致というルールが働いています。whereの後の訳は「私はこれが個人的な会話で ①留まるだろう（will remain）と ②思っていた（thought）」となり、①の日本語では過去形が感じ取れません。しかし英語では、thinkが過去形thoughtになると、willをwouldに変え、2つの動詞の時制を一致させるというのがポイントです。
ちなみにこの会話では、内密だった話題がprivate（個人的）→ public（公け）→ policy（政府の方針）になる過程がうまく表現されており、流れのいい会話をするうえで真似したい表現方法と言えます。

あらすじ

カザフスタンで大量虐殺をしていたラデク将軍の逮捕を祝い、パーティを開く米国とロシア。しかしロシアを飛び立ち帰路につく米国大統領専用機エアフォース・ワンを、ロシア人テロリストがハイジャックします。大統領を守ろうと銃撃戦になる機内。その中をくぐり抜け、護衛たちは命がけで大統領の脱出艇を機外へ飛ばしますが、家族を残して、自分だけが逃げるわけにはいかない大統領は密かに機内に潜伏し、ひとり反撃のチャンスをうかがいます。

エアフォース・ワンを乗っ取ったテロリストの要求は、ラデク将軍の釈放。実現するまでは、政府高官たちをひとりずつ処刑すると宣言します。米国はテロには屈しない姿勢を固持しますが、彼らの作戦はことごとく失敗に終わり、頼みの綱は機内に残る大統領のみになります。しかし、空中給油の隙をついて人質をパラシュートで脱出させる作戦中、ついに大統領までもがテロリストに捕えられてしまいます。

家族の命を守るため、やむをえずロシアにラデク将軍の釈放を依頼した大統領。しかし、釈放成功を確信したテロリストたちは約束をやぶり、次は人質全員とこのまま自国まで帰ると言い出します。なんとかエアフォース・ワンを奪還するため、再び、機内で反撃に出る大統領とその側近たち。世界一守られ、「空飛ぶホワイトハウス」であるエアフォース・ワンの中で繰り広げられるアクションを、最後まで楽しめる作品です。

映画情報

製　作　年：1997年（平成9年）
製　作　国：米国
配　　　給：ブエナ・ビスタ・ジャパン
製　作　費：8,500万ドル
ジャンル：アクション

公開情報

公　開　日：1997年7月25日（米国）
　　　　　　1997年11月8日（日本）
上映時間：124分
興行収入：3億1,515万6,409ドル（世界）
音　声：英語・日本語　　字　幕：日本語・英語

薦	○小学生 ●中学生 ●高校生 ○大学生 ○社会人	リスニング難易表		発売元：ウォルト・ディズニー・スタジオ・ジャパン （平成27年2月現在、本体価格） DVD価格：1,429円　ブルーレイ価格：2,381円
お薦めの理由	大統領専用機以外にも、戦闘機や給油機、輸送機やヘリなど、多くの航空機が登場するのが特徴です。また、複雑な人間の葛藤が何重にも描かれます。家族を人質に、テロリストから要求を突きつけられる米国大統領。その大統領から、殺りく者の釈放を依頼されるロシア。釈放阻止のため、人質状態の大統領解任に動く米国政府。テロに屈しない大統領の奮闘と、人間ドラマを同時に楽しめるアクション映画です。	スピード	3	
^	^	明瞭さ	3	^
^	^	米国訛	2	^
^	^	米国外訛	4	^
英語の特徴	ロシア人テロリストは、米国との交渉の時以外は主にロシア語を話し、リーダー役のゲイリー・オールドマンが話す英語も強い外国なまりがあります。 それ以外のシーンでは、主に米国政府の関係者の会話になっているため、標準的、かつあまりスラングが乱発されることのないきれいな英語と思われます。専門語としては、航空用語や政治関係の表現が少し出る程度です。	語彙	2	^
^	^	専門語	3	^
^	^	ジョーク	2	^
^	^	スラング	2	^
^	^	文法	2	^

授業での留意点

　この映画では随所に米国政治や航空機に関する表現が見られ、その観点から教材に使うこともできます。
【米国憲法編】
映画では、テロリストの襲撃で大統領が行方不明になった時点から「大統領の代行は誰が行うのか」という議論が政府内で始まります。記者たちも副大統領の会見でその点を追求します。
（1）Is James Marshall still the president?「ジェームズ・マーシャルは今でも大統領ですか？」(Chap.22, 01:19:18)
　『米国合衆国憲法修正第25条第1節』によれば、大統領が「免職、死亡、辞職」の場合には副大統領が代行するとありますが、映画では大統領が機内にいるのでこれに該当しません。よって映画では「大統領の職務遂行が不可能な状態」とされ、人質となった大統領を解任するため『25条4節』が出されます。これは、本人の申告なしでも、大統領による職務が無理だと「副大統領と閣僚の過半数による通知文書」で明確にし、副大統領による代行を可能にするものです。映画では副大統領が大統領を信じて署名を拒み、事件解決後にこの文書を破棄する場面がありますが、これらのシーンを生徒に見せれば、大統領職や米国憲法に興味を持たせるきっかけが作れます。またちなみに、「エアフォース・ワン」というのは大統領が搭乗した航空機の無線用「識別番号」であり、「大統領専用機自体」の呼称ではありません。これは大統領が別の輸送機に救出された瞬間、パイロットが発するセリフからもわかります。
（2）Liberty 2-4 is changing call signs. Liberty 2-4 is now Air Force One.　　　　(Chap.34, 01:56:55)
　「リバティ2-4機はコールサインを変更します。リバティ2-4機はいま、エアフォース・ワンです。」
【乗り物編】
（3）The presidential aircraft was en route from Moscow when it began its Mayday hail.　(Chap.24, 01:17:38)
　「大統領機がモスクワからの帰路で、救難信号を発しました。」
　フランス語由来のen route「道中で」や、mayday「救難信号」は乗り物表現として紹介できます。また映画では、「スチュワーデス（stewardess：：女性客室乗務員）」の男性版、stewardが登場します。
（4）Steward! Steward, there's smoke in the cabin!「客室乗務員！キャビンから煙が出てるぞ！」　(Chap.6, 21:28)
　日本語でもスチュワーデスという表現が「キャビン（フライト）・アテンダント」になる傾向にありますが、これはいわゆるPolitical Correctness（PC）からでしょう。PCとは、「職業・性別・人種・婚姻」などの表現から生まれる偏見や差別を無くそうというもので、日本語では「保母 → 保育師」のような変化が最近見られます。授業では、steward/stewardessのようなPC表現を調べさせ、議論に使うのもいいでしょう。

映画の背景と見所

　エアフォース・ワンが舞台のこの映画の撮影は米軍の全面サポートを受け、普段は認められない施設の使用も許可されました。また、本来は極秘である実物のエアフォース・ワンの見学までもが認められ、映画で使用する747型機の内部のデザインにさらにリアリティが増したと言われています。
　スリリングなアクション映画である一方、この映画は今の現実世界を描いたものとしても観ることができます。映画のテーマは2000年代初頭から掲げられている「テロとの戦い」ですし、要注意国として挙げられるのもイラク、リビア、アルジェリア（Chap.8, 29:24）や、アフガニスタン（Chap.12, 48:28）といったアラブ系や中東の国々です。また、フセイン元大統領に関するセリフ（These are two of Saddam Hussein's Republican Guard brigades that have been moved north.「サダム・フセインのイラク共和国防衛軍の2部隊が北に移動しています。」(Chap.5, 19:28)）や、石油を介した米国とイラクの関係のセリフ（…murdered 100,000 Iraqis to save a nickel on a gallon of gas…「お前らは石油の値段をおさえるために、10万人のイラク人を殺しただろ」(Chap.17, 01:07:43)）もあります。
　ハリウッドは、少し先の未来を描いた映画を作るとも言われます。この映画は2001年の同時多発テロ以前の作品ですが、テロ以降の世界を思い返しながらご覧になると、様々なメッセージが聞こえてくるかもしれません。

| スタッフ | 監督：ウォルフガング・ペーターゼン
製作：ゲイル・カッツ、他
脚本：アンドリュー・W・マーロー
音楽：ジェリー・ゴールドスミス
撮影：ミヒャエル・バルハウス | キャスト | マーシャル大統領　：ハリソン・フォード
ベネット副大統領　：グレン・クローズ
コルシュノフ　　　：ゲイリー・オールドマン
カルドウェル軍事顧問：ウィリアム・H・メイシー
ギブス捜査官　　　：サンダー・バークレイ |

| 8 マイル | 8 Mile | （執筆）返町　岳司 |

セリフ紹介

○ Chap.6 27:05〜　Jimmy: I hear everything.（全部聞こえてるぞ。）Friends: He's a ninja now.（あいつ忍者か。）
→ 主人公ジミーが故障した車を修理しているときに、ジミーの母親と車の悪口をジミーの仲間が言っているシーンです。ジミーの耳がいいことを忍者に例えています。

○ Chap.16 1:19:45〜　Stephanie: What happened to you?（何があったの？）Jimmy: I fell.（転んだ。）
Stephanie: You fell?（転んだ？）→ 母ステファニーがジミーを見て、明らかに喧嘩をしてケガをしている様子を見て心配するシーンです。日本のドラマやアニメでも、たびたびこのようなやりとりを見ることがあり、表現方法が米国でも日本と同じであることがわかります。

○ Chap.16 1:19:56〜　Stephanie: Come in. I'll make you something to eat.（家に入りなさい。何か食べるものを作ってあげるから。）Jimmy: What?（何だって？）Stephanie: I'm your mother. I want to make you something to eat. What's the big deal?（私はあなたの母親よ。食べるものを作ってあげたいのよ。何か問題でもある？）Jimmy: I thought you wanted me out.（てっきり俺を追い出したいとばかり思っていたのに。）→ ケガをして行く当てがなくなったジミーが、仕方なく母親の元を訪ねたシーンです。普段のだらしない母親と全く逆で、この時だけは母親らしいことを言うので驚いてしまい、何かあったのだろうと母の様子を伺います。

○ Chap.16 1:21:00〜　Jimmy: I'm going to do it on my own.（デモテープは自分で録ることにした。）Stephanie: I think that's the best way.（それが一番だと思うわ。）母に励まされ、夢の実現を行動にうつす決意をします。

学習ポイント

この作品では、スラングや若者だけが使う表現が多く使われていますが、中学校の授業で学ぶ表現も見ることができます。特に、次に紹介するチャプター9や12では、1つ1つの文が短く、比較的わかりやすい表現が多いのでお奨めです。

○ Chap.4 16:45〜　友達と2人で話をしている時に、急に用事ができて別れるシーン。Jimmy: I'll talk to you later.（あとで話すよ。）Call me later.（後で電話しろよ。）→ 中学1年生で「talk to 〜（〜に話す）」、「Call me（命令文）」、2年生では「主語 will 動詞（主語が〜するつもりだ）」を学びます。

○ Chap.9 41:14〜　誰も住んでいない廃屋を仲間と共に焼き払い、燃える家を見ながらジミーと恋人のアレックスが子どもの頃の話をするシーン。Jimmy: When I was little, I wanted to live in a house like this. You know how it used to be. Do you live with your family?（子どもの頃、こんな家に住みたいと思ってた。どんなかわかるだろ。家族と暮らしているの？）Alex: I got out of there as quick as I could. I left home when I was 17. What about you?（すぐにでも親元を離れたくって。17歳のときに家を出たわ。あなたは？）Jimmy: Sort of the same.（同じようなものさ。）
→ 2年生で「When I was 〜（〜のときには）」、「I wanted to 動詞（〜したかった）」、「as 原級 as 〜（〜と同じくらい原級）」、3年生で「how ＋主語＋動詞（どれくらい主語が動詞であるか）」を学習します。
続く41:43〜 では、Alex: When you record your demo, I'd really love to be there. You're going to be great. I got a feeling about you.（あなたがデモテープを録るときそばにいたい。あなたは成功するわ。そんな気がするの。）→ 2年生で「I'd love to 動詞（ぜひ〜したい）」、「be going to 動詞（〜するでしょう）」を学習します。

○ Chap.12 1:02:08〜　Stephanie: Hey, Rabbit. Where have you been?（ちょっとラビット。あなたずっとどこにいたのよ？）Alex: Do you call him Rabbit, too?（お母さんも彼をラビットって呼んでいるの？）Stephanie: I gave him that nickname.（私が彼にそのニックネームをつけたのよ。）Alex: Stop it.（冗談でしょ。）Stephanie: I did when he was little. He had buckteeth and big ears. He was so cute like a little rabbit, right?（彼が子どものときにつけたの。彼は出っ歯で大きな耳で。子ウサギみたいにとってもかわいかったの、そうよね？）→ 1年生で、「like 名詞（〜みたいに）」、「〜, right?（〜だよね？）」、2年生で「call A B（AをBと呼ぶ）」、「give 人 物（人に物を与える）」、「when 主語 動詞（主語が動詞する時）」、3年生では「have 過去分詞（ずっと〜している）」を学びます。

あらすじ

この作品の舞台は米国のデトロイトです。自動車産業の衰退と人種暴動によって荒廃した街と化した、「8マイルロード」は、都市と郊外の境界線となり、白人と黒人の居住地の分割ラインになっていました。ジミーはラップで有名になって、デトロイトを抜け出すという夢がありました。ところが、毎週末、優秀なラッパーを決めるラップバトルが行われるヒップホップクラブ「シェルター」でステージに上がったものの、「白人がラップ？」という偏見の目にさらされた重圧で、ラップをしないままマイクを置いてしまいました。周囲に馬鹿にされることや、生活のために工場で働かなければならない生活を続けることに、次第にイライラが大きくなっていきます。

夢と現実の違いに直面し、苦しんでいる状況に追い打ちをかけるように、家の立ち退き命令が届きます。ジミーの母親はヒステリックになり、やがて母親は、まだ小さいジミーの妹リリーの世話を放棄するようになります。自暴自棄になったジミー自身も喧嘩をし、かつての仲間を傷つけます。仲間同士のいざこざにもうんざりしている中、喧嘩の逆襲を受け、身も心もボロボロになり、どん底まで落ちてしまいます。

しかし、母親や恋人のアレックスの後押しもあり、ジミーは自分自身の力で這い上がっていくことを決意します。そしてついに、彼はクラブ「シェルター」のステージに向かい、ラップバトルに立ち向かうことになるのでした。

映画情報

製作費：4,100万ドル
製作国：米国、ドイツ
ジャンル：ドラマ／ミュージック
言　語：英語
カラー映画

公開情報

公開日：2002年11月6日（米国）
　　　　2003年5月24日（日本）
上演時間：110分
オープニングウィークエンド：5,124万555ドル
興業収入：2億4,287万5,000ドル

薦	○小学生 ●中学生 ●高校生 ○大学生 ○社会人	リスニング難易表	発売元：NBCユニバーサル・エンターテイメントジャパン（平成27年2月現在、本体価格） DVD価格：1,429円 ブルーレイ価格：1,886円

お薦めの理由	人気アイドルグループまでもが、歌謡曲の中でラップする時代が日本にもやって来ました。この作品を見れば、ラップがどのようにして生まれ、いかに生活に根付いているかを知ることができ、英語ラップの魅力に気づかされます。即興で生み出されるラップはとても知的な音楽であり、自分の世界を大きく広げてくれるものだということが分かるでしょう。真似して練習すれば、英語力アップ間違いなしです。	スピード	4
		明瞭さ	2
		米国訛	4
		米国外訛	2
英語の特徴	ラップをテーマにした映画なだけに、訛りやスラングが多用されていますので、授業で使うには工夫が必要です。 様々なラップシーンが登場しますが、何度も韻が踏まれるので、リズムに合わせてチャンツで英語を言う練習をしている人には、親しみが湧くでしょう。押韻は日本語字幕でも音は分かりますが、英語字幕がおすすめです。韻は中学の国語の授業でも学習しますので、注目したいところです。	語彙	3
		専門語	4
		ジョーク	2
		スラング	4
		文法	4

授業での留意点

授業でこの作品を使うにあたって確認しておきたいことは、全体を通してスラングが多用されていることです。映像があるとは言え、英語だけで内容を理解するのは難しい場面が多いです。そのため、見せる場面は絞ると良いでしょう。以下のシーンでは、中学校で学習する内容ばかりで対話が続くためお奨めです。

○ Chap.16の1:21:40～1:32:20までの11分間を見せます。見せる前に、以前ラップバトルに出て、周りに白人が一人もいない状況からステージを降りてしまったことや、今回のラップバトル出場に、自分を励まそうとしてくれた親友のフューチャーが勝手にエントリーしたことが原因で喧嘩をしたこと。ラップバトルの相手は、地元で有名なヒップホップグループのメンバーであることを知らせます。11分の間に、主人公ジミーがラップバトルに出場するかどうかを悩み、恋人のアレックスの励ましにより出場を決意し、実際にステージに立ってラップバトルを繰り広げるシーンが見られます。未成年世代にとって、「分かってはいるけどなかなか決心がつかない」という状況に共感できますし、セリフもとてもわかりやすいです。何と言っても、ステージに再び上がる決心をつけ、ジミーのラップに観客が盛り上がる場面がとてもさわやかになっていて、生徒も共感を感じ取るでしょう。

○ 授業では、生徒にはChap.16の台本のプリントを配布しておきます。（ただし、セリフのところどころは虫食いにしておきます。）英語字幕を出しておき、場面にふさわしい日本語に変換させてみるのも良いでしょう。そういった活動をさせる時、中学校では4～6人1組ほどのグループで挑戦させると、生徒たちはグループ内でコミュニケーションを積極的に図ろうとすることが期待できます。難しい場合は、ヒントを与えるなどしてからもう一度見せるなど、映画や英語にあまり興味が持てない生徒にとっても、楽しく活動できる工夫が望ましいです。

☆ Chap.16に出てくるセリフ（お勧め対象学年別）

中学1年生：Are you all right? / Is that a problem? / No problem. / Get back to work. / What are you still doing here? / What do you want? / I'm going to New York. / I'm working overtime. / I can do that. / Look at your eye. / I'm fine. / For real? / You again? / Don't shoot. / Can I come? / Stop it. / Don't do it. / Let's do it.

中学2年生：I fell down some steps. / Someone's sick, so I'm filling in. / I'll be back. / I wanted to say goodbye. / Saving up for something special? / I was hoping to see you at the Shelter tonight. / Would you mind covering for me for a couple hours? / What happened to you? / You understand me? / I'll go first against this choke artist. / You got enough confidence. / I'll tell you something.

中学3年生：You've been doing much better here. / I need you to work tonight. / Check this out.

映画の背景と見所

○ この作品は、世間では「エミネムの半自伝映画」と言われていますが、実際には「青春」のコーナーに陳列されている店が多いようです。青春と言っても主役のジミーはもう手に職をつけた青年です。かつて世界の自動車産業の中心地として栄えたデトロイトは荒廃し、そこでの自分の複雑な生活環境にジミーは心を乱され、苦しみます。「いつ夢にあきらめを？」と葛藤しながらも、夢をあきらめずに困難に立ち向かう姿に、共感してしまいます。

○ 見所は、何と言ってもテンポの良いラップバトルです。近年、日本人同士による日本語のラップバトルが少しずつ浸透していますが、その様子はインターネットや有料BS放送でしか見られる機会はほとんどありません。まして、米国アンダーグラウンドのラップバトルを見たことがある人は、まだごく少数でしょう。この作品では魅力たっぷりのラップバトルを、何度も見ることができます。

○ 本編の最後には、アカデミー賞最優秀主題歌賞を受賞した「Lose Yourself」が使用されます。「ラップってわけが分からない音楽」と、この作品を見るまで思っていた人でも、ラップバトルに挑むまでの葛藤を見た後の「Lose Yourself」を見れば、理屈抜きでラップ音楽の格好良さに惹かれるでしょう。また、気持ち良いほど韻が踏まれるエミネムのラップ技術の素晴らしさに、言葉を失うこと間違いなしです。

スタッフ	監督／製作：カーティス・ハンソン 脚　本　：スコット・シルヴァー 製　作　：ブライアン・グレイザー 　　　　　ジミー・アイオヴィン 撮　影　：ロドリゴ・プリエト	キャスト	ジミー・スミスJr.：エミネム ステファニー　　：キム・ベイシンガー アレックス　　　：ブリタニー・マーフィ フューチャー　　：メキー・ファイファー チェダー・ボブ　：エヴァン・ジョーンズ

| エビータ | Evita | （執筆）玉野　令子 |

セリフ紹介

映画の中で特に印象深いものを紹介します。
- ホアン・ペロンが大統領に就任した時の演説場面。　　　　　　　　　　　　　　　　（Chapter.15 69:25〜）
We are all workers now.（私たちは皆今や労働者だ）Fighting against our common enemies（共通の敵に対して闘おう）poverty, social injustice,（貧困、社会不正）Foreign domination of our industries（外国による産業支配）Reaching for our common goals.（共通の目標をめざそう）Our independence, our dignity（我々の独立、我々の尊厳）Our pride（我々の誇り）Let the world know（世界に知らせよう）That our nation is awakening（我々の国家は目覚めつつあることを）
poverty（貧困）injustice（不正）domination（支配）independence（独立）dignity（尊厳）pride（誇り）など多少難しい単語もありますが、ゆっくりなので聞き取りやすいです。
- エバが"ファーストレディ"として最後の演説をする場面。　　　　　　　　　　　　　（Chapter.29 118:25〜）
I want to tell the people of Argentina（アルゼンチンの皆さんに言いたいことがあります）I've decided I should decline（辞退することに決めました）All the honors and titles（名声や称号すべてを）you've pressed me to take（あなたたちが私にくださった）For I'm contented（なぜなら私は満足しています）
演説の始めに　まずwant to tell（話したい）と切り出しています。演説はリスニングにとても良い教材です。話す速さ、抑揚、間の取り方などを真似してやってみるのもいいでしょう。

学習ポイント

本作品の中の歌から聞き取りやすく、覚えておきたい表現をまとめてみました。
- ♪Don't Cry For Me Argentina♪（泣かないで私のために、アルゼンチン）より　　　　（Chapter.16 72:25〜）
  ① 未来を表す助動詞 willの否定形 won't〜.「〜しないでしょう」
  It won't be easy.（簡単ではないでしょう。）You won't believe me.（信じないでしょう。）現在形・過去形の否定文と合わせてwillの否定文も大切です。
  ② 否定の命令文 Don't〜.「〜しないで」
  Don't cry for me, Argentina.（私のために泣かないで、アルゼンチン。）Don't keep your distance.（私から離れないで。）Don'tは禁止を表す命令文ですが、必ずしも命令口調ではありません。
  ③ have（has）to「〜しなければならない」
  過去形でI had to change.（変わらなければならなかった。）
  またAll you have to〜（しなければいけないすべては〜だ⇒〜しさえすればいい）の形もこの歌で出てきます。
  But all you have to do is look at me.（でも私を見てくれさえすればいいのです。）　　　　　（Chapter.16 76:25〜）
- ♪On This Night Of A Thousand Stars♪（千の星が輝く今宵）より　　　　　　　　（Chapter.10 42:00〜）
  ① 使役動詞let＋目的語＋動詞の原形「〜させる」
  Let me take you to Heaven's door.（君を天国の入り口に案内しよう）使役動詞let（〜させる）の意味は中学では学習しませんが、覚えておきたい動詞です。中学ではlet's〜.「〜しましょう」の形で学習します。
  ペロンが大統領に就任したときの演説（Chapter.15 69:25〜）の一節もletを使って "Let the world know."（世界に知らせよう。）と言っています。
- ♪You Must Love Me♪　　　　　　　　　　　　　　　　　　　　　　　　　　（Chapter.28 42:00〜）
  ① 助動詞must
  中学では助動詞mustは義務・命令を表す意味「〜しなければならない」で学習します。しかし、mustには意図・希望の意味もあります。このYou must love me.（私を愛して。）は、どんな状況であっても私を愛していてほしいという願いのmustです。
  ② used to「以前〜だった」
  As we used to do.（以前していたように。）過去の習慣・状態を表す表現です。

あらすじ

　1952年、アルゼンチン全土に大統領夫人エバの死が知らされます。国民は嘆き悲しみ、彼女を見送ります。ひとりの男チェがその様子を伝え、彼女の人生を回想し始めます。
　正妻の子でなかった彼女は、少女時代、父の葬儀にも参列が許されませんでした。
　1936年、15歳のとき、貧しい田舎の家を飛び出し、タンゴ歌手マガルティと旅巡業に出かけます。彼と都会ブエノス・アイレスにやってくるのですが、その彼と別れ、仕事を転々としながら苦しい生活を送っていました。ある日、写真のモデルになったのを契機にモデルやラジオの仕事が舞い込むようになり、人々の注目を得るようになりました。1943年、軍事クーデターが起こり、ペロン大佐は大統領を影で操る存在になっていました。
　その彼と1944年1月22日、あるチャリティ会場で運命の出会いをします。2人は恋におち、翌年結婚します。労働党の支持の下、1946年彼は大統領に就任します。26歳の若さで大統領夫人（ファースト・レディ）になった彼女は、政治活動にも参加し、国民の大きな支持を得ていきます。チェはそんな彼女に冷ややかな視線を投げかけます。富と名声を手に入れ、国民の心をとらえ、「聖母」エビータと言われるほど輝きを増した彼女ですが、外遊先のヨーロッパで体調を崩し、帰国します。重い病気に侵されていた彼女は人生の絶頂期に33歳の若さでこの世を去ります。

映画情報

製　作　年：1996年
製　作　費：5,500万ドル
製　作　国：米国
配給会社：ハリウッド・ピクチャーズ（米国）
ジャンル：ミュージカル　　　　言　語：英語

公開情報

公　開　日：1996年12月14日（米国）
　　　　　　1997年　1月25日（日本）
上映時間：135分
受　　　賞：1997年　アカデミー賞主題歌賞
　　　　　　ゴールデングローブ賞3部門　受賞

薦	○小学生 ●中学生 ●高校生 ●大学生 ●社会人	リスニング難易表		発売元：パラマウント ジャパン （平成27年2月現在、本体価格） DVD価格：1,429円

お薦めの理由	「エビータ」とは実在するアルゼンチンの元大統領夫人エバ・ペロンの愛称です。情熱的に生きた彼女を米国のスーパースター、マドンナが演じています。本作品は、9割が歌で構成されたミュージカル映画です。マドンナの歌声に魅せられてしまうのはもちろんですが、男優のジミー・ネイルやアントニオ・バンデラスの歌声もとても魅力的です。曲の歌詞はわかりやすく覚えやすい歌詞も多いです。	スピード	3
		明瞭さ	3
		米国訛	3
		米国外訛	3
英語の特徴	エバ・ペロンの役のマドンナは米国出身、ペロン役のジョナサン・プライスは英国出身、そして説明進行役のチェを演じたアントニオ・バンデラスはスペイン出身です。英語の発音は明瞭ですが、舞台が南米アルゼンチンなので一部にスペイン訛りの英語やスペイン語が入っています。歌の"Oh What A Circus"のコーラス部分がラテン語ですが、全体的にわかりやすい英語で、理解の妨げにはならないでしょう。	語　彙	4
		専門語	4
		ジョーク	2
		スラング	2
		文　法	3

授業での留意点

○ 覚えてすぐ使えそうな短いフレーズを紹介します。
① "I've heard so much about you."（お噂はかねがね聞いています。） (Chapter.10 45:00〜)
　エバとペロン大佐（のちに大統領）がチャリティ会場で初めて出会ったときにかわす言葉です。お互いに前から関心があって、噂を耳にしていたのでしょう。現在完了形は中学3年で学習します。
② "So am I."（私もです。） (Chapter.10 45:40〜)
　ペロンが"Are you here on your own?"（今夜はひとり？）とエバに問いかけると彼女はYesと答えます。そして、ペロンも自分も同じだと言います。Me, too. 以外の表現です。
③ "I'd be good for you."（私はあなたの役に立ちます。） (Chapter.10 77:45〜)
　I'd はI wouldの省略形です。wouldはwould like to（〜したい）の形で学習しますが、近い未来起こりうるwould be、より可能性が高い表現のcould beも覚えておくと便利です。こんなひと言を誰かに言いたいですね。
④ "This choice was mine. I was on my way."（この選択は私のもの。私は自分の道を歩いた。） (Chapter.23 113:45〜)
　エバの演説の中の一節です。be on one's wayの意味は「〜自身の道の中にいる」です。この表現は別の場面でも出てきます。"The choice was mine and mine completely（私が選んだ道、ほかの誰でもない私が選んだ道）...I saw the lights and I was on my way."（光を見つけ、自分の道を歩いた。）(Chapter.31 123:15〜) completelyは「完全に、全く」の意味で、文を強調しています。"This choice was mine."は直訳すると「この選択は私のもの。」mineは中学1年で学習する単語です。
⑤ "Scared to confess what I'm feeling."（気持ちを告げるのが怖いの。） (Chapter.28 113:45〜)
　"Frightened you'll slip away."（あなたが離れていくのが怖いの。）I'mが省略された形です。会話文ではこのように省略することが多いです。「怖い」を表す形容詞 scared, frightened そしてafraidを覚えておきましょう。また slip awayは「立ち去る」の意味です。
⑥ "For I'm contented."（なぜなら私は満足しています。） (Chapter.29 118:25〜)
　死を前にしてエバが言った言葉です。I'm contented.はI'm satisfied.と同じ意味で「満足する」です。自分の生き方に胸を張ってcontentedと言えるようになりたいですね。
○ エバが歌っている "I want to be a part of B.A. Buenos Aires, Big Apple (Chapter.6 23:43〜)
Big Appleと言えばニューヨークの愛称ですが、ここではブエノス・アイレスをBig Appleと称しています。

映画の背景と見所

○ 本作品は1940年代の南米アルゼンチンを舞台にしています。首都ブエノス・アイレスはアルゼンチン・タンゴ発祥の地で、タンゴが有名です。この映画でもエバ役のマドンナとチェ役のバンデラスが一緒にタンゴを踊り、歌います。(Chapter.26) 実際には接点のない2人ですが、エバの夢の中での幻想的なシーンです。
○ チェは、ストーリーの説明進行役として、映画館の観客、酒場のバーテン、ホテルマン、オークション会場の司会者…と実にさまざまな役で登場します。どこにいるのか彼を捜してみるのもおもしろいかもしれません。
○ 元アルゼンチン大統領夫人のエバ（1919-1952）は、死後60年余りたった今でもアルゼンチンでは、サンタ・エビータ（聖なるエビータ）と呼ばれるほど崇拝されています。首都ブエノス・アイレスにはエビータ博物館やエビータが眠るレコレタ墓地があり、有名な観光名所になっているそうです。
○ 撮影の大部分はヨーロッパのハンガリーで行われました。しかし、マドンナの強い希望で、バルコニーのシーンは実在するアルゼンチンの大統領官邸「カサ・ロサダ」で撮影が行われました。
○ マドンナの衣装や髪型などは生前のエバの姿を忠実に再現しています。映画公開時、米国では1940年代のファッションや髪型などが流行したそうです。

スタッフ	監　督：アラン・パーカー 製作・脚本・音楽：アンドルー・ロイド・ウェバー 脚　本：アラン・パーカー、オリバー・ストーン 音　楽：アンドルー・ロイド・ウェバー 撮　影：ダルウス・コンジ	キャスト	エバ・ペロン　　　　　：マドンナ チェ　　　　　　　　　：アントニオ・バンデラス ファン・ペロン　　　　：ジョナサン・プライス アグスティン・マガルティ：ジミー・ネイル ブランカ（エバの母）　：オルガ・メレデス

エラゴン／遺志を継ぐ者	Eragon	（執筆）飯田　泰弘

セリフ紹介

映画の中で主人公エラゴンの人間性を描く、印象深いセリフを紹介します。　　　（Chap：チャプター番号と時間）

(1) Uncle: You will decide for yourself the kind of life you wish to lead.
　　　「どんな人生を生きるかは、自分で決めるものだ。」　　　（Chap.3, 11:45）
いとこのローランが旅に出ると知ったエラゴンへの、叔父のセリフです。そして叔父はこう続けます。
(2) Uncle: What many men seek is often right under their nose. But for some, the unknown is too hard to resist.
　　　「たいていの者は身近なところで満足している。だが中には、未知の世界に惹かれる者もいる。」
自分の資質に気付いていないエラゴンですが、これから彼を待ち受ける壮大な旅を予感させるセリフです。
(3) Brom: I always say, "Better ask forgiveness than permission."
　　　「俺の日ごろからの考えは、"許可がなくても、やってみてから謝ればいい"だ。」　　（Chap.6, 25:11）
このセリフは元ライダーのブロムの型破りな性格をうまく描いており、後にやんちゃな少年エラゴンが受け継ぐモットーともなります。また次のブロムのセリフも、やがてエラゴンが自分の性格として認めるものです。
(4) Brom: One part brave, three parts fool.「勇気とその3倍の愚かさを持ってるやつだな。」　（Chap.8, 31:50）
一方で、エラゴンの性格をうまく抑えるサフィラの次のセリフからは、いいパートナー関係が感じられます。
(5) Saphira: It's good to be brave, but sometimes it's better to be wise.
　　　「勇気も大切だけど、時には分別も持たなければ。」　　　（Chap.14, 59:38）

学習ポイント

ここでは、英語の動詞の語彙力強化につながる2つの方法を紹介します。まずは次のセリフを見てください。
(1) When the Varden learn that the legend is real, they will be encouraged to challenge me. （Chap.5, 17:38）
　　　「ヴァーデンの者たちが伝説が本当だと知れば、私に刃向うために勢いづく。」
この文では、challengeが「〜に挑む」という動詞で使われ、また名詞 courage「勇気」に en が付くと encourage「勇気づける」という動詞になることが確認できます。この2つの点に関して、下にそれぞれまとめてみます。
【名詞に思える動詞】
(2) rule「支配する」: Since then, our land has been ruled by Galbatorix.
　　　「それ以降、この地ではガルバトリックスの支配が続いている。」　　　（Chap.1, 1:25）
(3) free「自由にする」: I'm going to free her.「彼女を自由にする。」　　　（Chap.14, 58:39）
(4) scout「偵察する」: Tell Saphira to fly above us and scout the countryside for Urgals, or worse, Ra'zacs.
　　　「サフィラに上空から、アーガルやラーザックと出会わないよう見張らせろ。」（Chap.9, 37:09）
(5) risk「危険にさらす」: Why did you risk your life for us?
　　　「なぜ危険を冒してまで僕らのために？」　　　（Chap.17, 01:10:57）
これらの語は（1）の「チャレンジ」のように、「ルール」、「フリー」、「スカウト」、「リスク」と日本語では名詞のように使われていますが、それぞれ動詞の用法もあることを知っておきましょう。
【en が付いて動詞になる語】
また、英語には、ある名詞や形容詞に en を付けるとそれが動詞になる、という現象があります。en を付ける場所は単語の前と後ろの両方のケースがあり、(1)で見た en+courage は名詞の前に en が付く例でした。形容詞の場合にも enlarge「大きくする」のような例があり、また en が後ろに付くものには widen「幅を広げる」や shorten「短くする」があります。どの動詞も元の単語の意味をほぼ引き継いでいるので、意味がイメージしやすくていいですね。この映画のセリフとしては他に、次のような動詞が登場します。
(6) en+danger「危険にさらす」: You'll endanger the whole village.「村全体がひどい目にあうぞ。」（Chap.2, 7:50）
(7) weak+en「弱くする」: This wound weakens me.「この傷が私の力を奪ってるの。」　（Chap.21, 01:28:46）
単語の知識を増やしたい時は、ただ闇雲に新語を暗記していくのではなく、このようにすでに知っている単語をうまく利用することも英語学習において非常に重要です。

あらすじ

アラゲイジア。広大な大地が広がるこの地はかつて、人間、エルフ、ドワーフ、魔法使いといった様々な種族が共存し、ドラゴンと心を交わす高潔なドラゴンライダーたちによって平和に治められていた世界でした。しかし、権力を求めるライダー族の裏切り者、ガルバトリックスの手によりドラゴンやライダー族は皆殺しにあい、それ以降、この地は彼が国王として君臨する世界へと変貌していたのでした。
国王ガラバトリックスが支配するアラゲイジアに残されたドラゴンの卵は、三つのみ。その中の一つを国王から盗みだしたエルフ族のアーリアは、追っ手に捕まる直前、魔法で卵を転送することに成功します。その卵を遠い地で偶然拾った、農民の少年エラゴン。彼は卵から生まれたサフィラというドラゴンをこっそりと育てるうちに、徐々に自分は伝説のドラゴンライダーであることに気づかされます。元ライダーのブロムと出会い、自分の運命を受け入れた彼は、まだドラゴンとしても未熟なサフィラと共にブロムからの修業を受け始めます。
国王に捕えられたアーリアを救出し、繁栄していたアラゲイジアを取り戻すべく立ち上がった、ドラゴンに選ばれし少年エラゴン。同じく、今の世界を変えようと抵抗を続けていた反乱軍ヴァーデンとも合流し、国王ガラバトリックスが差し向けた大軍との決戦の日を迎えます。

映画情報 / 公開情報

製作年：2006年（平成18年）
製作国：米国、英国、ハンガリー
製作費：1億ドル　　配給：20世紀フォックス
原　作：『エラゴン／遺志を継ぐ者』
　　　　（著：クリストファー・パオリーニ）

公開日：2006年12月15日（米国）
　　　　2006年12月16日（日本）
興行収入：2億4,943万327ドル（世界）
上映時間：104分
音　声：英語・日本語　　字　幕：日本語・英語

薦	○小学生　●中学生　●高校生　○大学生　○社会人	リスニング難易表	発売元：20世紀 フォックス ホーム エンターテイメント ジャパン （平成27年2月現在、本体価格） DVD価格：1,419円　ブルーレイ価格：2,381円

お薦めの理由	原作はクリストファー・パオリーニが10代のときに書き上げた冒険ファンタジー小説です。独創的な世界で繰り広げられる少年の大冒険を爽快に堪能できます。 　映像の美しさにも注目です。ハリウッドを代表する視覚効果のプロたちが結集し、彼らが命を吹き込んだドラゴンが画面上を飛び回る映像は、圧巻の一言です。とりわけ、最後の戦闘シーンは見ごたえがあります。	スピード	2
		明瞭さ	2
		米国訛	1
		米国外訛	3
		語彙	2
英語の特徴	児童小説を原作にした作品であるため、話される英語は非常に明瞭です。スピードも速くなく、難易度が高い語やスラング、卑猥な表現もほとんどありません。物語の舞台となる世界の地名、種族名、魔法名などさえ把握すれば、わかりやすい英語です。 　主な登場人物を演じる俳優のほとんどは英国出身であるため、話される英語の多くは英国訛りとなっています。	専門語	2
		ジョーク	2
		スラング	1
		文法	2

授業での留意点

　この映画の中には過激な暴力的・性的シーンはほとんどなく、またあからさまなスラングも発せられないため、授業で非常に使いやすい教材だと思います。話される英語も英国訛りが多少あるものの、語彙・スピード共に中学生でも十分にディクテーション等に挑戦できるものだと思います。その一例として、下のセリフがあります。
(1) Eragon: Not a stone. An egg. Well, look at you. What are you? Well, you're not a bird.
　　　「石じゃない。卵だったんだ。ほら、自分を見てみろよ。お前は何だ？うーん、鳥ではないな。」
　　　(Chap.4, 14:54)
　これはサフィラが卵からかえった瞬間に、エラゴンが不思議そうな顔で発するセリフです。ディクテーションに適した容易な単語ばかりですし、冠詞の a と an の違いも確認できます。さらに、得体の知れないものに対しては、Who are you? ではなく What are you? が使えることも知れます。また、Look at you. という、相手が予想外の恰好をしている時の定番表現ですが、これは命令文であるため文法上は Look at yourself. となるべき文です。しかしこの表現の場合は、これを発した話者の視点から「自分を見てみろ」と述べるため、you が使用可能になると考えられています。これらの点から、言葉やコミュニケーションの奥深さに気付かせるきっかけ作りをしてもよいと思います。
　また、この映画には第3文型と第4文型の例がかなり登場します。次のセリフで、bring の例を見てみます。
(2) Durza: Bring me the boy, I said.　　「あの少年を連れてこい、と私は言った。」
　　　　　Bring me his blood, I said.　　「少年の血を持ってこい、と私は言った。」
　　　　　But you, you bring me nothing.「しかしお前が持ってきた物は、ゼロだ。」　　　(Chap.14, 56:45)
(3) Durza: I'll bring the boy to me.「私の手で少年をここに連れてきてやる。」　　　(Chap.14, 57:23)
　第3文型と第4文型の違いの一つは、前者は「移動」、後者は移動後の「所有」を主に伝達する文であるという点です。よって、ダーザが部下に述べる（2）では、エラゴンを連れてきて自分が「所有」できるようにしろと述べているのに対し、作戦がことごとく失敗した後の（3）では、何とかして自分の手元まで連れてくるという「移動」に焦点が当たっていると言えます。中学英語ではこの2つの文型の書き換えを練習させますが、それに加えて、こういった意味の違いを説明してあげてもよいかもしれません。加えて、両方の目的語が代名詞である場合は第3文型のみしか作れないことは、次のセリフを使って説明することも可能です。
(4) Nasuada: My father asked me to bring you to him.「父があなたを呼んで来いと。」　(Chap.19, 01:18:10)
　　　　　　（×…bring him you.）

映画の背景と見所

　主人公エラゴンを演じているのは、新人のエド・スペリーアスです。英国出身の彼は、エラゴン役を探す世界規模のオーディションで18万人の中から選ばれた逸材ですが、さらに、映画製作者たちを30分で決断に至らせたという逸話を持っています。そんな大型新人の演技にぜひ注目してみてください。
　また原作の小説を書いたのも、大型新人のクリストファー・パオリーニです。幼い頃から読書家で、自分でも詩や短編小説を書いていた彼は、15歳の時に3部構成（今は4部作）にしたこの物語の第1部を書き始め、その後、完成品を両親に見せました。あまりの出来ばえに感動した両親は自主出版を決め、偶然その本を息子が熱心に読んでいるのを見た作家の紹介で、出版社からの発売が正式に決定。そこからまたたく間にベストセラーになったという、まさに彼自身が大冒険を経験したかのような経緯があります。映画化第1弾である本作の公開時、パオリーニは第3部を執筆中で、20世紀フォックスはこれら3作すべての映画化権を獲得したとされていましたが、残念ながら2014年現在で映画の続編の予定は聞こえてきません。そのため、この映画自体は少し消化不良な終わり方で留まっています。
　ヴァーデン軍と協力し、国王の大軍を撃退したエラゴンとサフィラ。このあとの物語は、小説で確認するもよし、パオリーニのようにみなさんの豊かな想像力の中で続けるもよし、といったところでしょうか。

スタッフ	監　督：シュテフェン・ファンマイアー 製　作：ジョン・デイヴィス、他 脚　本：ピーター・バックマン 音　楽：パトリック・ドイル 主題歌：アヴリル・ラヴィーン "Keep Holding On"	キャスト	エラゴン　　　：エド・スペリーアス ブロム　　　　：ジェレミー・アイアンズ アーリア　　　：シエナ・ギロリー サフィラ（声）：レイチェル・ワイズ ガルバトリックス：ジョン・マルコヴィッチ

黄金狂時代　THE GOLD RUSH

（執筆）松葉　明

セリフ紹介

この映画を特徴づけるセリフを紹介します。　　　　　　　　　　　　　　　　（Chap：チャプター番号と時間）

○ ビッグ・ジム：I've found it！ I've found it！ A mountain of Gold.「見つけたぞ！ 金の山だ。」（Chap.2 4:24）
「見つけた」＝日本人は過去形で表現しますが、現在完了形を使っていることがポイントです。ここでは、苦労の末にやっと「見つけた」ということがわかります。

○ ビッグ・ジム：I thought you was a chicken.「君がニワトリだと思った。」（Chap.3 19:27）
この映画の見所のひとつ、飢えたビッグ・ジムがチャップリンをニワトリと思う場面です。中学生でも文法の誤りがわかります。これは誤植ではなく、十分な教育を受けていない人によくある間違いです。こうすることによって、ビッグ・ジムが十分な学力が備わっていないことがわかります。

○ ビッグ・ジム：Take me to the cabin and I'll make you a millionaire in less than a month.「俺を山小屋へ連れて行ってくれたら、一月もしないうちにお前を百万長者にしてやる。」（Chap.8 65:15）
指名手配犯のブラック・ラーセンに殴られ、金鉱の場所の記憶を失ったビッグ・ジムは、唯一の手がかりである山小屋の場所を覚えているチャップリンに再会したときに言います。

○ ビッグ・ジム：Take it easy！ Don't move！ Don't breathe！「落ち着け！ 動くな！ 息もするな！」
（Chap.3 19:27）山小屋が吹雪で断崖絶壁まで押しやられ、今にも落ちそうな場面でビッグ・ジムがチャップリンに言うセリフです。

学習ポイント

○ 時制の一致
ビッグ・ジム：I thought you was a chicken.「君がニワトリだと思った。」（Chap.3 19:27）
上記のセリフでも紹介しましたが、飢えたビッグ・ジムがチャップリンをニワトリと思う場面です。'was' が 'were' の誤りであることを気づかせるとともに、時制の一致を指摘しましょう。

○ 命令文＋and〜
ビッグ・ジム：Take me to the cabin and I'll make you a millionaire in less than a month.「俺を山小屋へ連れて行ってくれたら、一月もしないうちにお前を百万長者にしてやる。」（Chap.8 65:15）
〈命令文＋and〜〉が「○○しなさい、そうすれば〜」の意になることが学べます。いくつか例文が作ることができたら、〈命令文＋or〜〉が、「○○しなさい、さもないと〜」となることも確認しておきましょう。

○ 現在完了形
上記の "I've found it！"「見つけたぞ！」もよい例文ですが、ジョージアの "I haven't seen you since we danced together."「一緒に踊った時以来ね。」（Chap.6 44:04〜）も、現在完了形のよい例です。お決まりの文 "I haven't seen you for a long time."「お久しぶり。」とともに覚えましょう。

○ 相手を誘う表現
ジョージア：Do you mind dancing with me？「私と踊りませんか。」（Chap.5 34:13）は、相手を誘う丁寧な表現です。'Do you mind 〜ing？' で、「〜することを気にしますか？」という意味で、OKなら "No"、断るのなら "Yes" と言って、日本語とは逆になるので注意が必要です。また、ジョージア：Why don't you invite us to dinner sometime？「いつか私たちを夕食に招待してくれますか？」（Chap.6 46:23）と、ジャック：Why don't you kiss me？「俺にキスしないか？」（Chap.8 60:16）は、'Why don't you 〜？'「〜しませんか？」のよい例文になっているので確認しておきましょう。

○ 時刻の言い方
Five minutes to Eight「8時5分前」　　　　　　　　　　　　　　　　　　　　　　　（Chap.7 50:46）
文字通りに言えば、Seven fifty-five です。しかし、日本語でも8時5分前というのが自然です。中学校では習いませんが、難しくはないので覚えておきましょう。ちなみに two to two（トゥトゥトゥ）は何時のことでしょう。そうです。2時2分前、つまり1時58分ということになります。

あらすじ

時代は19世紀後半、一攫千金の夢を追って、多くの人たちがアラスカにやってきます。その中にいつもの格好でやって来たチャーリーことチャップリン。ちょうどそのころ、ビッグ・ジムは金鉱を発見して大喜び。しかし、猛吹雪に遭遇し、指名手配犯のブラック・ラーセンのいる山小屋に3人が集まることになってしまいます。吹雪の続く中、ラーセンはくじに負けて食糧を探しに出て行き、残ったジムはチャップリンがニワトリに見えて大騒ぎ。

どうにか吹雪が収まり、ジムは金鉱へ向かいますが、一足先にジムの金鉱にたどり着いたラーセンに殴られ、記憶喪失になってしまいます。また、ラーセンは雪崩であっけなく命を落とします。一方、町にやってきたチャップリンは、踊り子のジョージアに一目惚れ。なんとかして、彼女の気を引こうとするのですが、約束したクリスマス・イブもすっぽかされて、がっかり。そんな中、ビッグ・ジムと再会し、チャップリンの案内で目印の山小屋に向かうことになります。その夜、再び猛吹雪になり、小屋ごと崖っぷちまで吹き飛ばされてしまい、明け方必死の思いで抜け出すと、なんとそこはビッグ・ジムの金鉱でした。2人は一躍大金持ちになります。

米国本土へと向かう客船の中、チャップリンはジョージアの面影を追いかけていました。すると偶然にも、その船には彼女が乗船しており、2人はめでたく結ばれるのでした。

映画情報

製作年：1925年（大正14年）
製作国：米国
配給会社：ユナイテッド・アーティスツ
言　語：英語
1947年サウンド版上映

公開情報

公開日：1925年 8月16日（米国）
　　　　1925年12月　　（日本）
MPAA（上映制限）：G
上映時間：72分
音　声：なし（サイレント）　　字　幕：日本語・英語

薦	●小学生　●中中学生　●高校生　●大学生　●社会人	※リスニング難易表	発売元：Art Station （平成27年2月現在、DVD発売なし） 中古販売店等で確認してください。
お薦めの理由	チャップリンの作品はどれも名作です。とりわけ、この作品は彼が36歳の油の乗った時期の作品で、彼自身が晩年になっても自分を語るならこの作品をと言ったほどの名作です。その証拠に、制作の20年後の1945年、音楽と自らの声でナレーションを吹き込んでいます。極寒のアラスカを舞台に、空腹のあまりドタ靴を食べる場面、断崖絶壁の山小屋での大男とのやりとりする場面などを堪能してほしいです。	スピード　－ 明　瞭　さ　－ 米　国　訛　－ 米国外訛　－ 語　　彙　－ 専　門　語　－ ジョーク　－ スラング　－ 文　　法　－	
英語の特徴	解説の部分は多少難しいですが、会話のセリフは比較的易しいものとなっています。 　ジョージアがジャックに書いたラブレター（Chap.8 62:26）に着目してみましょう。それほど学歴があるとは思えない彼女が、きれいな筆記体で書いています。今ではほとんどの米国人は書かない（書けない）筆記体だけに、時代を感じさせます。		
授業での留意点	○ ジョージア：I guess I'm bored.「私は退屈なの。」　　　　　　　　　　　　　　　　　　　　　（Chap.5 31:15） 暇をもてあましている時に使う表現です。'bored' ではなく、'boring' を使うと「自分は退屈な人間だ。」ということになってしまうので、注意が必要です。また、このすぐ後に、'I'm so tired of this place.'「この場所にはもう飽きちゃった。」と言っています。'tired'「疲れる」だけでなく、'be tired of ～'「～に飽きる」という熟語も覚えさせたいものです。 ○ 女たらしのジャック：You're pretty fresh, ain't you？「お前はまだアマちゃんだなぁ。」　　（Chap.5 33:25） ここでは本来なら 'aren't' にならなければならないですが、'am not, aren't, isn't' のどれでも使えるものになっています。文法的に誤りではありませんが、ジャックもビッグ・ジムと同じように十分に教育を受けていないか、上品な言い方をしていないことがわかります。 ○ ジョージア：I left my gloves.「手袋を忘れた。」　　　　　　　　　　　　　　　　　　　　　　（Chap.6 48:34） 「忘れる」 ＝ 'forget' と考えてしまいますが、この場面では「置いていった」と考えることが必要です。中学生は、ついつい日本語を直訳してしまうので、文脈を考えさせる習慣をつけさせたいです。 ○ ジャック：Our old friend Scotty will sing Auld Lang Syne.「旧友スコッティが蛍の光を歌う。」 （Chap.7 53:29）日本でもお馴染みの曲「蛍の光」は、スコットランド民謡で、数年前に中学校の英語の教科書に紹介されていました。習っている英語とは異なっていますが、聞かせてみるのもよいでしょう。 ○ ジョージア：That reminds me, our little friend the tramp.「それであの人を思い出した。」　（Chap.7 57:57） 'remind'「思い出させる」は、よく使われる表現で、'That reminds me of ～' の形は、「それで～のことを（私は）思い出す」の定番です。ここでは、クリスマス・イブの夜、ジョージアが皆で「蛍の光」を歌っていることで、晩の8時にチャップリンのところを訪れる約束を思い出すのです。その間に待ちくたびれたチャップリンが夢の中でジョージアに見せる「ロールパンダンス」は、この映画の見所のひとつとなっています。 ○ 刑事：If I find him I'll put him in irons.「見つけたら捕まえてやる。」　　　　　　　　　　　（Chap.9 78:03） 'put ○○ in irons' で「○○を捕まえる」です。このあとジョージアも 'Please, please, don't put him in irons. I'll pay his fare.'「彼を捕まえないで。彼の船賃は私が払います。」と言います。億万長者になったチャップリンが記念撮影に昔の姿になったところで、偶然ジョージアと再会する場面です。ジョージアはてっきりチャップリンが無賃乗車（stowaway）と思っているわけです。		
映画の背景と見所	○ この映画が作られた1925年は、4年後の世界大恐慌を前に、日本では後にいう大正デモクラシーとして、政治・社会・文化の各方面での民主主義、自由主義的な時代でした。 ○ 現代のSFX等の撮影技術から考えると、一見簡単に制作されたと思われがちですが、制作費は当時としては破格の60万ドルかかったと言われています。冒頭の探鉱者が連ねて歩く場面では、600人の浮浪者が集められたり、有名なドタ靴を食べるシーンは、60回以上も取り直しをされたりしたそうです。気になるあのドタ靴本体は、甘草や海草で、釘は飴細工、靴紐はイカ墨のスパゲッティで作られていたとか。チャップリン自身、この作品のこの場面への思い入れは相当なもので、晩年になってもこの気持ちは変わらなかったそうです。 ○ ヒロイン役のジョージアには、ジェーン・ピータース、後のクラーク・ゲーブルの妻、キャロル・ロンバートも候補にあがっていたそうです。 ○ 大金持ちになり、毛皮を着た成金のチャップリンが、甲板でタバコの吸い殻を拾おうとする場面が最後に出てきます。それこそが彼の性格の特徴であり、彼のすべてがそこに凝縮されているとチャップリンは自伝で述べています。何気ない動作が彼自身を表現しているわけです。		
スタッフ	脚本・監督　：チャールズ・チャップリン 作　　　曲　：チャールズ・チャップリン 撮　　　影　：ローランド・トザロー 作　　　曲　：チャールズ・チャップリン ナレーション：チャールズ・チャップリン	キャスト	孤独な探鉱家　：チャールズ・チャップリン ビッグ・ジム　：マック・スウェイン ジョージア　　：ジョージア・ヘイル ブラック・ラーセン：トム・マレー ジャック　　　：マルコム・ウェイト

※サイレント映画の為、評価しておりません。

	オーストラリア	**Australia**	（執筆）能勢 英明

セリフ紹介	アボリジニと白人との間に生まれた少年ナラが、アボリジニの祖父キング・ジョージに教わった最も大切なこととは何かを語るナレーションを紹介します。　　　　　　　　　　　　　　　　　　　　（Chap：チャプター番号と時間） 　○　ナラがサラとドローヴァーのもとから祖父キング・ジョージのもとへ帰っていく場面です。（Chap：25 2:34:07〜） 　Nullah：One thing I know．Why we tell story is the most important of all．That's how you keep them people 　　　　 belong you always． 　　　「僕は知っている。物語を語ることがなぜ大事なのか。自分とつながっている誰かをいつもそばに感じて 　　　　いられるからだ。」 　one thingとは、映画の始まりでナラが語る次のナレーションが伏線になっています。　　（Chap：1　01:43〜） 　Nullah：My grandfather, King George, he take me walkabout, teach me black fella way. 　　　　　Grandfather teach me most important lesson of all．Tell'em story． 　　　「おじいちゃんのキング・ジョージと僕はよく奥地へ出かけて行った。そして先住民の行き方を教わった。 　　　　おじいちゃんは何よりも大事なことを教えてくれた。物語を語ることだ。」 　英語は語順が変われば意味が変わります。One thing I knowは、knowの目的語であるone thingを先に述べることによって、伏線となったナレーションを想起させる効果があります。また、動詞や冠詞の使い方で誤りが見られますが、私たち日本人英語学習者には逆に励みになるところですね。
学習ポイント	オーストラリアの歴史について、ある程度の予備知識を持ってから鑑賞したいものです。 　○　映画の冒頭でスクリーンに次のような英語が映し出されます。　　　　　　　　　　　　（Chap：1　00:05〜） 　Aboriginal and Torres Strait Islander viewers should exercise caution when watching this film as it may contain images and voices of deceased persons． 　　　「アボリジニとトレス海峡諸島民の皆様へ。故人の映像が含まれる場合があります。」 　　オーストラリアの歴史を語る際に忘れてはならない重要なこと、それは先住民アボリジニの存在です。1770年にキャプテン・クックが現在のシドニーに上陸し、大陸の東部を英国領と宣言しました。1788年には英国からの流刑植民地として英国人の移住が始まりました。その後、自由移民も加わり、開拓が進み、1828年には全土が英国の植民地になりました。その一方で、アボリジニの土地を略奪し、迫害してきました。1851年にゴールドラッシュが始まり、金鉱をめざす中国系移民に対する排斥運動が起こります。有色人種、特にアジア人の移民を排斥した白人至上主義の政策は白豪主義と呼ばれ、1972年まで続きました。先住民に対する差別もなくなりませんでした。また、アボリジニと白人との間に生まれた子供をアボリジニの母親から奪って、白人社会に同化させようとしました。この子供たちは「盗まれた世代」と呼ばれ、この政策は70年以上も続きました。 　○　白人たちが戦火を逃れるため南に避難しようと船に乗り込む一方で、ナラが白人に捕まり、不幸な子供と決めつけられ、同化政策で近くの伝道の島へ送られようとするのを阻止しようとしたときのサラのセリフです。 　　（Chap：20 1:57:43〜） 　These are not unfortunates！　These are children！　These are no different to the children you are taking south to protect！ 　　　「不幸なんかじゃありません！　白人と同じよ！　南へ避難させる子供たちと全然違わないわ！」 　1901年にオーストラリア連邦が成立しますが、宗主国は英国です。オーストラリアは、英国王への忠誠心から、いくつかの英国の戦争に積極的に参加しました。第二次世界大戦では、オーストラリアは、旧日本軍によるダーウィン爆撃（1942年2月19日〜1943年11月12日）や特殊潜水艇のシドニー湾攻撃（1942年5月30日）を受けました。ニューギニアやボルネオでも旧日本軍と戦いました。 　ところで、このセリフの中に、日本の中学校の教科書ではなかなかお目にかかれない表現があります。それは、different to 〜 です。different from 〜 と同義です。
あらすじ	1930年代後半、ファラウェイ・ダウンズと呼ばれる広大な牧場を売ろうとオーストラリアへ渡ったまま丸1年も帰って来ない夫のもとへと、英国貴族のレディ・サラ・アシュレイは、1人でオーストラリアへ行くことを決めました。オーストラリア北部のダーウィンに着いた彼女を待っていたのは、粗野で無骨なドローヴァーでした。ドローヴァーは、サラを牧場に送り届ければ、1,500頭の牛を追う仕事を約束されていました。お互いに反感を抱きながらも、ファラウェイ・ダウンズまでの大陸横断の旅を続けて行きますが、そこでサラは衝撃の事実を知ります。生きて行くために彼女に残された道はドローヴァーに頼り、1,500頭の牛をダーウィンに連れて行き、軍に売ることでした。 　一方、牧場には、使用人の息子でアボリジニと白人との間に生まれた少年ナラがいましたが、不慮の事故で母親を失ってしまいます。アボリジニと白人の間に生まれた子供は見つかれば政府によって施設に隔離されてしまうということを知ったサラは、ナラをダーウィンへの旅に一緒に連れて行くことにしました。不器用ながらもサラに母性が芽生え、ナラに母親のように接します。ドローヴァーと反発を繰り返すサラですが、数々のトラブルを乗り越えるうちに、やがて2人は恋に落ちます。サラとドローヴァーとナラ、全く違う世界で生きてきた3人は、過酷な旅を通して、見事に変容を遂げていきます。
映画情報	製作年：2008年（平成20年） 製作国：米国・オーストラリア 製作費：1億3,000万ドル 言　語：英語 ジャンル：アクション、ドラマ、戦争	公開情報	公開日：2008年11月26日（米国・オーストラリア） 　　　　 2009年2月28日（日本） 上映時間：165分 興行収入：2億1,134万2,221ドル オープニングウィークエンド：1,480万723ドル

薦	○小学生 ●中学生 ●高校生 ●大学生 ●社会人	リスニング難易表		発売元：20世紀 フォックス ホーム エンターテイメント ジャパン （平成27年2月現在、本体価格） DVD価格：1,419円　ブルーレイ価格：2,381円

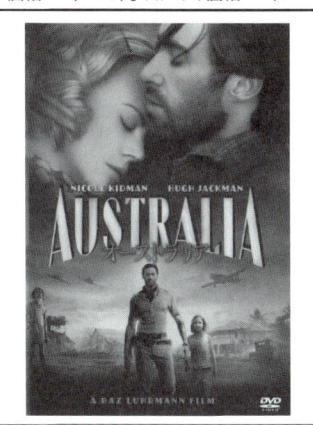

お薦めの理由	オーストラリアは、コアラとカンガルーの国というほのぼのとしたイメージが日本の中学生にはあるようです。「オーストラリアを攻撃した唯一の国はどこ？」と尋ねても「日本」と正しく答えられる中学生はほとんどいません。ブーメランは知っていてもそのルーツはアボリジニの生活にあることも知りません。日豪関係がますます強くなる現在、オーストラリアの歴史を知るきっかけとなる作品です。	スピード	3
		明瞭さ	3
		米国訛	2
		米国外訛	3
英語の特徴	英国貴族社会の英語とロンドンの労働者階級が話すコックニー訛りがもとのオーストラリア英語が楽しめます。/ai/が/oi/のように発音され、likeは「ライク」ではなく、「ロイク」のように聞こえます。また、/ei/は/ai/のように発音され、todayは「トゥデイ」ではなく、「トゥダイ」のように聞こえます。Did you come here today?をオーストラリア英語で話すとtodayはto dieとなり、恐ろしい意味になりますね。	語彙	3
		専門語	3
		ジョーク	2
		スラング	3
		文法	3

授業での留意点

この映画は、平和学習や人権学習の教材としても活用することができます。
○　冒頭でスクリーンに映し出される時代背景を説明する英語です。　　　　　　　　　　　　（Chap：1 00:59～）
After the bombing of Pearl Harbor on the 7th of December 1941, the Imperial Japanese Navy steamed south, unleashing their fire on Darwin, a city in the Northern Territory of Australia.
　「1941年12月7日の真珠湾攻撃の後、大日本帝国海軍は、オーストラリア北部の都市ダーウィンをめざし、南下していた。」
The territory was a land of crocodiles, cattle barons and warrior chiefs where adventure and romance was a way of life.
　「そこは、野生のワニと先住民の戦士、そして牧畜業で財を成した者たちが暮らす冒険とロマンに満ちあふれた土地だった。」
It was also a place where Aboriginal children of mixed-race were taken by force from their families and trained for service in white society. These children became known as the stolen generations.
　「だが、白人と先住民とのロマンスの果てに生まれた子供たちは強制的に家族から離され、白人社会で働くための教育を受けさせられた。彼らは『盗まれた世代』と呼ばれていた。」
　日本がオーストラリアを攻撃した歴史的事実は、正しく教えるべきですが、映画にあるように、旧日本軍がオーストラリアに上陸した事実はなく、フィクションです。映画の作品構成上、このようになっていることをおさえておきたいものです。
○　映画の最後にスクリーンに映し出される英語です。　　　　　　　　　　　　　　　　（Chap：25 2:37:26～）
The Government officially abandoned the assimilation policy for indigenous Australians in the Northern Territory in 1973.
　「オーストラリア政府は先住民に対する白人同化政策を1973年に撤廃した。」
In 2008, the Prime Minister of Australia offered a formal apology to the members of the stolen generations.
　「2008年、首相が盗まれた世代に対し、政府として正式に謝罪の言葉を述べた。」
　白豪主義から脱却し、多文化共生社会の構築をめざし、日本と交流し盛んに親日家が多いオーストラリアの今の姿も正しく生徒たちに伝えたいものです。

映画の背景と見所

この作品は、観れば観るほど芸術性の高さを感じます。筆者は、執筆にあたり、改めて10回程この映画を観ました。そして、この作品に魅了されました。娯楽作品やオーストラリア観光案内として観ることもできますが、作品に込められたメッセージは深いです。第二次世界大戦に巻き込まれていく1930年代後半から40年代の北部オーストラリアを舞台に、見所がたくさんあります。
　キング・ジョージの送る呪術の力に支えられ、暴走する牛を止めるナラなど、アボリジニを神秘的な存在に描いた点や、旧日本軍のダーウィン爆撃の描き方などに、バズ・ラーマン監督のメッセージを感じます。ダーウィン爆撃は、オーストラリア人の多くが知っていて、日本に憎悪感を抱く人たちが今なおいるというのに、視点を変えると、この爆撃は、天が鉄槌を下したように受け取れます。爆撃を機に、無実の罪で白人に捕らわれたキング・ジョージが牢獄から解き放たれたり、白人に連れ去られたナラが帰って来たりと、それまで白人社会が支配してきたものからの解放を暗示したかのようです。バズ・ラーマンは、この映画のテーマは「人は何ひとつ所有することができない」ということであると言っています。土地も人も、我が子でさえも所有できないが故に、人生の最後に人が持っているものは、その人のストーリーであると。また、「この映画から、人生で本当に価値のある、大切なものを知ることができる」とも。

スタッフ	監督：バズ・ラーマン 脚本：バズ・ラーマン、スチュアート・ビーティー 　　　ロナルド・ハーウッド、リチャード・フラナガン 製作：バズ・ラーマン、G.マック・ブラウン、 　　　キャサリン・ナップマン	キャスト	レディ・サラ・アシュレイ　：ニコール・キッドマン ドローヴァー　　　　　　　：ヒュー・ジャックマン ニール・フレッチャー　　　：デヴィッド・ウェンハム キング・ジョージ　　　　　：デヴィッド・ガルピリル ナラ　　　　　　　　　　　：ブランドン・ウォルターズ

オールド・ルーキー　　The Rookie　　（執筆）齊藤　省二

セリフ紹介

　この映画は、テキサスで石油を掘り当てる夢を叶えた男の話から始まります。誰も出資しなかったその男に、修道女二人が投資をしました。そのことを相談された司祭は、お金を取り戻せないことを知ると次のように言います。
　　Bless the site with rose petals,　　「その地をバラの花で清め
　　and invoke the help of Saint Rita,　　聖リタの助けにすがりなさい」
　　patron saint of impossible dreams.　　望みなきときの助け手としての聖リタに」
　そして、その男の夢は現実となり石油が出ました。その第一号の油井は"SANTA RITA No1"と命名されました。その65年後、当時石油が出るまでの間、油田の労働者たちが野球を楽しんだ油田に残されたピッチャーズプレートに触れながら、主人公であるジム・モリス少年は野球への夢を思い描きます。一度はメジャーに挑戦しプロにはなったが挫折し、高校教師となったジムは、それでも毎日練習を続け生徒の言葉をきっかけに、メジャー・リーグへ挑戦することになりました。
　35歳の高校教師ジムの挑戦は彼が監督を務めるチームの選手に激励の話をすることから始まります。生徒たちが地区優勝し、州大会に進出すれば、トライアウトをうけるという条件をのみます。
　　Student: What if we win district? Ha? What if we win district and go to state playoffs? Then?
　　Jim 　　: All I have to do is just find some kind of tryout somewhere?
　　「俺のすることはどこかの球団のトライアウトをうければいいんだな」と。

学習ポイント

　ジムが監督を務める高校の弱小チームが大敗を喫し、その後のミーティングでジムは生徒たちに話をします。少しスピードはありますが、中学生で学習する内容の文が多く出てくるので、良く聞いてみましょう。また、内容的にも心に残る内容なので原語で聞き取ってほしいと思います。
　　Anybody want to tell me **how we lost that game?**「どうやって負けたか」
　（間接疑問）疑問詞＋主語＋動詞の語順に注意をしましょう。
　　What do those numbers tell you?（擬人法）日本語と同様に無生物が主語であっても「話す、伝えるという動詞を使います。ex: The book tells you a lot of things.「その本が、あなたに多くのことを教えてくれた」
　　You quit. You quit out there. You **quit on me**, and worse, you **quit on yourselves**.
　原因は「諦めた」"quit"だと言っています。ここではquit on …「…を諦める」を覚えておくとよいでしょう。
　この後のセリフには未来を表す"be gonna to（be going to）"を使った会話が並んでいます。"will"は意志を表すので「そうするつもりだろう」となりますが、ここでは、「きっとそうなるんだろう」という内容であるので、ここでこの2つの未来形の違いを確認しましょう。
　　Look, guys, most of you, you**'re gonna（going to）** finish up school here,「君らの多くはこの学校を卒業して
　　You**'re gonna（going to）** work the rigs,
　　You**'re gonna（going to）** work at Bo's Tire Barn.　　　　　　　油田やボータイヤ店で働くだろう
　　You**'re gonna（going to）** raise a family and retire,　　　　　家族をもち、退職するだろう
　　and you**'re gonna（going to）** do all that right here in Big Lake. このビッグ・レイクでそのすべてを終えるだろう」
　ジムは、自分も含め、人生の選択として「何も間違っていないと」伝えます。この表現も覚えておくと便利でしょう。また、「それについては」のwithも一緒に覚えておくとよいでしょう。
　　And **there's nothing wrong** wiht that.　　　　　「そしてそれは何も間違ってはいない」
　間違っていないことを次のようなセリフで表現しています。現在完了形と進行形が並んでおり、現在完了形の継続用法の内容がよくわかるセリフになっています。have doneは完了で意味を取りやすいが次の進行形の文で継続の意味がはっきりとしています。
　　A lot of real good people **have done** that.（現在完了形）　I'm doing that.（現在進行形）
　「良識的な多くの人はずっとそうしてきた。僕もそうしている。」

あらすじ

　野球を愛してやまないジム・モリスは少年時代に父の転勤で何度となく転居を繰り返し、最後に行き着いたところは少年リーグのないテキサスのまちでした。その町で成長した彼は、35歳になり、妻と子たちに囲まれ、高校教師として、弱小ではあるが野球部の監督を務め、充実した生活を送っていました。あるシーズンのはじめの試合で彼のチームは大敗を喫してしまいます。彼は生徒たちに「諦めないこと」「夢」について語ります。生徒たちはジムの「夢は？」と聞き返すと、彼は「一度挑戦してもう終わっている」と答えました。しかし、ジムの選手と実力を知る彼らは、ジムにもう一度夢を追うことを勧めました。無理だと断るジムに、彼らはチームが地区優勝して州大会に進出できたら、メジャーのトライアウトを受けることを約束させました。その日からチームの快進撃が始まり、地区優勝をはたしました。優勝の盛り上がる中、選手たちは「次はあんたの番です」とジムに夢をつなぎます。そして、家族の支えをうけ、トライアウトに挑戦することになりました。
　彼は若い選手たちとともに、トライアウトに参加し、素晴らしい投球でトライアウトに合格しました。しかし、マイナーリーグからのスタートで、ジムも家族もつらい日々を送り、諦めようとしたときに、メジャーリーグへの昇格の声をかけられ、ついに彼の夢は現実となりました。メジャーリーグに、35歳の最年長ルーキーが誕生したのです。

映画情報

製　作　年：2003年
製　作　国：米国
製　作　費：2,200万ドル
配給会社：ワーナー・ブラザーズ
製作会社：ウォルト・ディズニー・ピクチャーズ

公開情報

公　　　開：2002年3月29日（米国）
　　　　　　2003年1月18日（日本）
興行収入：8,070万ドル
上映時間：128分
音　　声：英語・日本語　　字　幕：日本語・英語

薦	○小学生　●中学生　●高校生　●大学生　●社会人	リスニング難易表		発売元：ウォルト・ディズニー・スタジオ・ジャパン （平成27年2月現在、本体価格） DVD価格：1,429円　ブルーレイ価格：2,381円
お薦めの理由	35歳の高校教師が一度は諦めた野球への夢を、生徒たちの後押しと、家族の支えにより、現実のものにしていきます。そしてメジャーリーグ最年長のルーキーがマウンドに登る日がついに来ます。映画では年齢に関係なく夢を追おうとする勇気と行動力が描かれ、同時に、ジムを応援する生徒たち、夢を支える妻子、そしてお互いの関係を振り返る父たちとの気持ちも描かれ、「夢と愛」の詰まった作品です。	スピード	4	
^	^	明瞭さ	3	^
^	^	米国訛	3	^
^	^	米国外訛	1	^
英語の特徴	映画の舞台はテキサスであるため南部の英語が強いかと思われるかもしれませんが、特に強いなまりは感じられませんでした。ただ、テキサスの英語の特徴としてwaterがワラーと発音するようにtの音が消えがちであったり、語尾がaの音になりやすいことがあげられます。また、リズミカルで文や単語の前の部分にアクセントが来やすい特徴があるようです。現在では強いなまりは薄れてきているようです。	語彙	3	^
^	^	専門語	4	^
^	^	ジョーク	3	^
^	^	スラング	3	^
^	^	文法	3	^

| 授業での留意点 | 試合後の話の中で、前半部分は学習で紹介しましたが、後半部分は教師の説明も交えながらの発展が良いでしょう。ジムは生徒たちに、この町から出ず、ここで自分たちの人生を全うすることも決して間違ってはいないが、さらに何かを求めるのなら…と話しを続けています。
　But **if** you're looking for **something more** after **you're done** here,「ここで終えた後もっと何かをもとめるなら、」
　仮定法を確認しておきましょう。if節には現在形ですがここでは現在進行形が使われていることと、afterを使った前置詞節があり、if節自体が長くなっているので気を付けさせましょう。
　主説は意味がとりにくいですが、you betterはyou'd better toの少し柔らかい表現で、as toはaboutと同意であることをことを補足説明することで生徒は内容を理解しやすくなるでしょう。加えて、関節疑問文とbe going to も確認しておきましょうまた"you're done"の"done"は過去分詞ではなく、「完了した」という形容詞なので補足説明をしましょう。
　you better give some serious thought　　　　　君たちは真剣に考えるべきだ
　as to how you're gonna play out the rest this season.　どのように残りのシーズンを戦うかについて
　その言葉に生徒は次のように反論しています。
　What difference does it make?　　　　　　　　それによって何が変わるんだ
　make a differenceを確認し、口語表現と覚えさせてもいいでしょう。
　それに対してジムは試合のことではなく、人生についてであると生徒たちに強く訴えかけます。文は進行形と動名詞が使われた易しい文なので、生徒に字幕の言葉を考えさせてもよいでしょう。
　I'm talking about wanting things in life.　　　　人生で手に入れたいもののことについて話しているんだ
　I'm talking about having dreams.　　　　　　　夢をもつということについて話しているんだ
　And all that starts right here. Okay? Right here.　そのすべてがここでここから始まるんだ、ここでだ。
　ジムの言葉に、ジムはどうなのかと生徒は聞き返す。素晴らしいピッチングができるジムに対してジムの夢とは。関係代名詞whoが使われていること、wantが進行形であることに着目させたいです。
　You're the one who should be wanting something more.　もっと求めようとようとしているべき人です
　生徒に人生への夢をもたせようとしたジムは、生徒たちとの熱いやり取りの末、自分自身も人生の夢である野球への夢に、再度挑戦することとなりました。 ||||

| 映画の背景と見所 | テキサス州ビッグレイクシティーでが舞台となっています。1920年代米国では油田を掘り当て一攫千金を狙う夢をもったものたちであふれていました。当時不毛の地であったテキサスの地に油田を掘り当てるとする男と資金援助をした修道女の話からこの物語は始まっています。当時は米国でも野球が盛んで、ベーブ・ルースやルー・ゲーリックの活躍した時代で、野球の全盛期でもありました。
　ジム・モリスは、転勤の多い父の仕事の関係で、油田の夢を叶えた男たちのいたテキサスで少年時代を過ごすことことになりました。20年後、彼は野球への夢に挑戦し、挫折した後、高校教師となり野球チームの監督をしながら妻子と平凡な生活を送っていました。しかし、彼は野球を続けており、一人で練習していました。もちろんジムがメジャーリーグの夢をかなえていく姿はこの映画の見どころではありますが、妻モーリーの夫を支える愛情、父のメジャーリーグ姿を夢見るジムの息子の期待が、彼を支えられ、メジャーデビューを果たしました。試合後、子供のころからすれ違っていた父親に、初登板のボールをプレゼントするシーンは感動的です。夢と愛を描いた映画です。「不可能の聖女」と呼ばれる聖リタの多くの人々への加護を感じさせるシーンが、映画の最初と最後にあるので、それも見落とさないようにしてほしいと思います。 ||||

| スタッフ | 監督　　　：ジョン・リー・ハンコック
原作・脚本：マイク・リッチ
製作　　　：マーク・シアーディー、他
撮影　　　：ジョン・シュワルツマン
音楽　　　：カーター・バーウエル | キャスト | ジム・モリス　　　　：デニス・クエイド
ローリー・モリス　　：レイチェル・グリフィス
ジム・モリス・シニア：ブライアン・コックス
ワック　　　　　　　：ジョイ・ヘルナンデス
オリーン　　　　　　：ベス・グラント ||

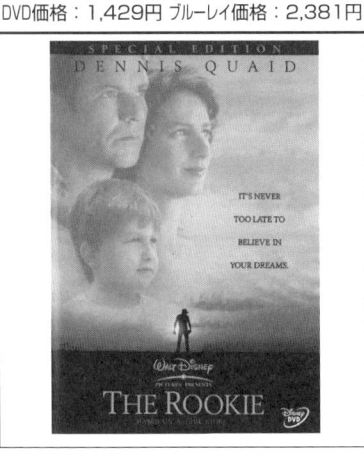

オーロラの彼方へ	Frequency	（執筆）松葉　明

セリフ紹介

この映画を特徴づけるセリフを紹介します。　　　　　　　　　　　　　（Chap：チャプター番号と時間）
○　How's my Little Chief, huh ?「チビ隊長、調子はどうだい？」　　　　　　　（Chap.2　7:02～）
　'Chief'「隊長」と父親のフランクが息子のジョンを呼びます。この愛称が30年を経ても親子の証になって、二人が父と息子であることを確信することになります。
○　Come on. Spirit and guts, okay ?「さあ。根性とガッツだ、いいかい？」　　　（Chap.2　9:14～）
　父フランクが息子のジョンに、自転車の乗り方を教えるときに言うセリフです。火災から生還した後でも使っています。（Chap.10　44:52～）また後半では、息子のジョンが父フランクに言っています。（Chap.14　78:45～）
○　When school kids study about America, they're gonna learn about three things : the Constitution, rock and roll, and baseball.　　　　　　　　　　　　　　　　　　　　　　　　　　　　　　　（Chap.4　19:42～）
　「学校の子どもはアメリカのことを学ぶときは3つのことを学ぶ。つまり、憲法とロックンロールと野球だ。」
　無線を通して、フランクとジョン親子が話します。このとき、まだ二人は30年を経て会話をしていることに気がついていません。これは父フランクのセリフです。米国では父が息子に教えるべき3つのことは、①キャッチボール、②キャンプでの火おこし、そして、③釣りの仕方がよく知られています。
○　I'M STILL HERE CHIEF「俺はまだここにいるぞ、隊長」　　　　　　　　　（Chap.10　46:31～）
　息子ジョンの情報で、火災事故で命を落とさずにすんだ父フランクが、はんだごてを使って字を刻んでいきます。

学習ポイント

○　この映画のタイトル 'frequency' は「頻度、頻発」が元々の意味ですが、この映画については、親子が無線で使っている「周波数」という意味がふさわしいでしょう。
○　無線機を通しての、30年を隔てた父と息子の会話を聞き取ってみましょう。　（Chap.10　48:58～）
John　：And you gotta be more careful, cause I can't lose you again. Not like that.
　　　　「それでもっと注意深くなってよ、二度と父さんを失いたくないんだ。あんなふうに。」
Frank：You won't, John. You won't. I swear to God, no matter what, not like that. You got it ? You hear me, Chief ?
　　　　「大丈夫だ。そんなことはない。神に誓って、そんなこと絶対にない。いいか？　隊長、聞いているのか？」
John　：I hear you.「聞いてるよ。」
Frank：So how old are you ?「それで何歳になった？」　　※ gotta = have got to（米口語）
John　：I'm thirty-six.「36歳だよ。」
Frank：Thirty-six. Well, you're all grown up. You gotta be married and everything.
　　　　「36だって。大きくなったなぁ。もうきっと結婚となんとかしてるんだろう。」
John　：No, I'm not married.「いや、結婚はしてないんだ。」
Frank：Why ? What are you, too busy playing ball ?「どうして？　野球で忙しすぎるのか？」
John　：No, uh, it didn't work out. I gave it up.「いや、あの、うまくいかなかった。あきらめたんだ。」
だいたいの内容は、解説がなくてもわかると思います。いくつになっても親から見れば息子は子どもなのです。
○　上と同様に、母と息子の会話を聞き取ってみましょう。母は息子と気づいていません。　（Chap.12　67:30～）
Frank：John, say hello to my wife, Julia.「ジョン、俺の妻のジュリアにあいさつしてくれないか。」
John　：Hi.「こんにちは。」
Julia　：Hi, John. Frank tells me you're a cop.「こんにちは、ジョン。フランクからあなたは警官と聞いてるわ。」
John　：Yeah, that's right.「ああ、その通りだよ。」
Julia　：My six-year-old keeps telling us he wants to be a policeman right after he retires from the majors. We just brought him a badge and whistle for his birthday.
　　　　「6歳の息子がメジャーを引退したら警官になるっていつも言ってるわ。バッジと笛を誕生日に買ったとこよ。」
この後ジョンは思わず "I remember..."「…覚えてるよ。」と言っているのには、思わず微笑んでしまいます。

あらすじ

　1969年のニューヨークは、太陽フレアの影響でオーロラが観測されていました。消防士のフランク・サリバンは、看護師の妻ジュリア、6歳の息子ジョンと、慎ましいながらも幸せな日々を送っていました。
　時は移り1999年のニューヨークは、同じようにオーロラを見ることができる年でした。警官になったジョンは、母とは離れて暮らし、つきあっていた女性が意見の相違から出ていき、さびしい独り暮らしになっていました。実は大好きだった父は、30年前の倉庫の火災事故で殉死していたのです。ある日、幼馴染みのゴードが子どもを連れて遊びに来ます。押し入れの中にしまってあった無線機を取り出して電源を入れると、なんと応答してきたのは30年前になくなった父フランクだったのです。なかなか自分を30年後の息子と信じない父フランクでしたが、息子のジョンが必死に訴え、翌日の倉庫火災では別のルートで脱出し、死から逃れるのでした。父の死は30年前の殉死から、10年前の肺癌へと変わっていたのです。歴史が変わったのはそれだけではありません。当時、ナイチンゲール殺人事件として、3人の看護師が犠牲になっていたのですが、父フランクが生きながらえたことにより、殺人事件の犠牲者は10人へ増えと、なんとそこには母ジュリアの名もあったのでした。フランクとジョンは、母を助けるため、無線を通して犯人を逮捕すべく行動するのですが、はたして3人の行方はどうなるのでしょうか。

映画情報

製　作　年：2000年（平成12年）
製　作　国：米国
配給会社：ニュー・ライン・シネマ
言　　　語：英語
2001年サターン・アウォーズ最優秀ファンタジー映画作品賞受賞

公開情報

公　開　日：2000年　4月28日（米国）
　　　　　　2000年12月　9日（日本）
上映時間：118分
MPAA（上映制限）：PG-13
音　声：英語・日本語　　字　幕：日本語・英語

薦	○小学生　●中学生　●高校生　●大学生　●社会人	リスニング難易表	発売元：ワーナー・ブラザース・ホームエンテイメント （平成27年2月現在、本体価格） DVD価格：1,429円

お薦めの理由	もし30年前に火災事故で亡くなった父と交信することができて、その事故から父を救うことができたなら…。そんなファンタジックであり、そこから生まれるタイムパラドックス（時間的矛盾）から起こるスリルとサスペンスに富んだ作品が、この『オーロラの彼方』です。 　娘をもつ父親には『コンタクト(1997年)』、息子をもつ父親にはこの作品が、まさにお薦めです。	スピード	2
		明瞭さ	2
		米国訛	3
		米国外訛	2
英語の特徴	出演する俳優たちは、生まれも育ちも米国なので、話される英語は標準的な米国英語です。火災の場面等、緊迫した場面での会話は聞き取りにくいですが、その他はそれほど難しくありません。特に幼い子どもが出てくる場面、そして無線を通しての会話は、比較的ゆっくり発話されるので、英語学習初心者にも向いている作品といえるでしょう。また、30年前の過去のニュースに着目してみるのもおもしろいです。	語彙	2
		専門語	2
		ジョーク	2
		スラング	2
		文法	2

授業での留意点

タイムトラベル物語ならではのセリフに着目してみましょう。
○　いきなり未来の息子からと言われても、にわかには信じられません。　　　　　　　　　（Chap.8　30:37～）
　Frank : I don't know who you are, I don't know why you're doing this, but let me tell you something, asshole, you stay away from me and my family.「お前が誰か知らないし、なぜこんなことをしているのかも知らんが、これだけは言っておくぞ馬鹿野郎、俺と家族には近づくな。」
　John : No, no, no, you gotta believe me. I don't know how this is happening, but it's me, Little Chief.「いや、いや、信じてくれよ。どうしてこんなことが起こったのか知らないけど、僕だよ、チビ隊長だよ。」
　Frank : Hey, hey, look, look, I am warning you ! If you touch my kid, I'll hunt you down 'til the day I die. You got that ?「おい、いいか警告だ。もし子どもに触れたら、俺が死ぬまで貴様を追いつめるぞ。わかったか？」
　John : But you already died !「でも父さんはもう死んでるよ！」
　Frank : What are you talking about ?「何のことを言ってるんだ？」
　John : The Buxton fire.「バクストンの火事だよ。」
　父親のフランクは、30年後の未来の息子からの無線とは信じられずに、近くにいる変質者からと思っています。
○　ちょっと前(?)までは、携帯電話の存在は考えられませんでした。　　　　　　　　　　（Chap.10　51:13～）
　Frank : You mean, like those big field radios you use in the army ?「軍隊で使うでかい無線機みたいなやつか。」
　John : No, much smaller. Works off a satellite or something. You carry it around in your pocket.
　　　　「いや、ずっと小さい。衛星か何かを使って　ポケットに入れて運べるよ。」
○　大人になったジョンが、30年前の幼馴染みのゴードに無線機で会話します。　　　　　（Chap.12　69:13～）
　John : My name is Santa Claus. And I'm going to give you the biggest present you ever had.
　　　　「私の名前はサンタクロースだ。そして君に今までで一番大きなプレゼントをあげよう。」
　Gordo : I better give you my address then.　「なら僕の住所を教えといた方がいいね。」
　John : No, no, don't worry about it, kid. Now, this is important. Something you got to remember for a long time Yahoo.「いや、それは心配しなくていい。では、これは大切だよ。ずっと覚えておくんだ、ヤフーだ！」
　大人になったゴードが、インターネットのヤフー株を買っておけばよかったと、愚痴を言っていたのを思い出したジョンが、幼いころのゴードにそっと教えてやる場面です。

映画の背景と見所

○　物語の舞台となるのは1969年と1999年のニューヨークです。1969年はこの映画にも登場するように、お荷物球団と呼ばれたニューヨーク・メッツが、ミラクルメッツとしてMLBで優勝しました。そして奇しくも、この映画が制作された2000年は、ワールド・シリーズ優勝こそ逃しましたが地区優勝をはたした年でした。またこの1969年は、アポロ11号が人類初の月面着陸を達成した年でもあります。
○　夜空を彩る美しいオーロラを、一度は見てみたいと思う人は多いでしょう。本作の主題である、太陽エネルギーによって発生するオーロラによって起こる電波のタイムトラベル理論を提唱するのは、コロンビア大学の物理学者ブレーン・グリーン教授です。映画の中のテレビの画面でその本人が登場しています。（Chap.4　17:28～）
○　オーロラは北極とか、アラスカまで行かないと見ることができないと思っている人はいませんか？実はこの映画で描かれているように、ニューヨークでも見ることができる年はあるのです。
○　エンディングに流れる曲は、ガース・ブルックスの「When You Come Back To Me Again」という曲です。この映画の主題歌だけに、歌詞が物語にふさわしいものになっています。
○　成人したゴート役のノア・エメリッヒは、本作脚本を担当したトビー・エメリッヒの実弟です。

スタッフ	監督・脚本：グレゴリー・ホブリット 脚　　本：トビー・エメリッヒ 製　　作：ホーク・コッチ　他 撮　　影：アラー・キヴィロ 衣　　装：エリザベッタ・ベラルド	キャスト	フランク・サリヴァン：デニス・クエイド ジョン・サリヴァン　：ジム・カヴィーゼル ジュリア・サリヴァン：エリザベス・ミッチェル サッチ　　　　　　　：アンドレ・ブラウワー ゴード　　　　　　　：ノア・エメリッヒ

オペラ座の怪人　The Phantom of the Opera

（執筆）玉野　令子

セリフ紹介

主人公たちの思いが伝わる印象に残るセリフを紹介します。

○　舞台を終え、亡き父の遺影の前にいるクリスティーヌは、親友メグに言います。　　（Chapter.6　23:24～）
Whenever I'd come down here alone to light a candle for my father（父にローソクを灯しにここにひとり来ると）
A voice from above... and in my dreams, he was always there（上の方から声がして…夢の中に父はいつもいるの）
When my father lay dying, he told me I would be protected by an angel , an angel of music.
（父は死の床で「天使が、音楽の天使が守ってくれるよ」と言ったの。）
"In my dreams, he was always there"（夢の中に父はいつもいる。）— 父への深い思慕が感じ取れるセリフです。

○　ファントム（オペラ座の怪人）は、クリスティーヌを地下室に連れていき、言います。
① I have needed you with me to serve me to sing for my music.　　（Chapter.10　35:05～）
（私の音楽のために私に仕え、歌ってくれ。）
serve（仕える,奉仕する）はservice（サービス）の動詞で誰かのために何かをする、という意味です。
② You alone make my song take flight.　　（Chapter.30　123:47～）
（君だけがぼくの音楽に翼を与えることができるのだ。）alone は「ただ～だけ」take flightは「飛び立つ」の意味です。使役動詞make＋物（my song）＋動詞の原形（take）の文です。①や②のセリフから、ファントムのクリスティーヌに対する熱い気持ちが伝わってきます。

学習ポイント

○　すぐ使えそうな、また覚えておいてほしい表現をまとめました。

★　親友メグのセリフから—舞台を終えたクリスティーヌに言う場面。　　（Chapter.6　22:00～）
①　"Where in the world have you been hiding?"（いったいどこに隠れていたの。）
in the world は疑問詞を強調する「一体全体」の意味です。このように疑問詞を強調するものは、ほかに ever, on earth があります。have been hidingのような「現在完了進行形」の文は中学では学習しませんが、進行形（中学1年で学習）と現在完了形（中学3年で学習）の知識を合わせれば文法的に難しくないです。
②　"Really you were perfect"（完璧だったわ。）
相手をほめるときの表現です。very well, excellent, wonderful などの表現もよく使います。
③　"I only wish I knew your secret."（あなたの秘密を知りたいだけなの。）
I wish～.は「～だといいのに」 I hope～.やI want～と同じように希望を表す表現です。仮定法「主語＋wish（that）主語＋動詞の過去形」の形は中学では学習しませんが、覚えておきたいです。

★　クリスティーヌのセリフから—ラウルの計画を聞き、彼に言う場面。　　（Chapter.25　102:40～）
①　"I'm frightened."（怖いの）怯える彼女はつぶやきます。物を主語にした"It scares me."（怖いの）も出てきます。frighten, scareは「怖がらせる、怯えさせる」の他動詞なので「怖がる、怯える」は be動詞 + 過去分詞の受け身形になります。surprise（驚かせる）please（喜ばせる）も同じです。
②　"Don't make me do this."（私にやらせないで。）
使役動詞 make + 人（me）+ 動詞の原形（do）の文の否定命令文です。Don't～. は中学1年で学習します。使役動詞を使った表現は是非習得したい表現のひとつです。

★　ファントムのセリフから
①　舞踏会に突然現れたファントムは、大勢の舞台関係者に言う場面。　　（Chapter.20　84:19～）
"No doubt she'll do her best."（彼女はまちがいなくベストを尽くすだろう。）sheとは、クリスティーヌです。No doubtは「疑いなく、まちがいなく」の意味で There is no doubt that she'll do her best. の There is と that が省略されている文です。do one's best は「ベストを尽くす」one'sは所有格が入ります。
②　クリスティーヌに自分か恋人ラウルか選択するよう迫る場面。　　（Chapter.30　125:05～）
"This is the choice."（さあ選ぶのだ）別の表現では "Make your choice."（決めろ。）です。動詞はchooseです。

あらすじ

1919年パリ・オペラ座。かつては豪華絢爛だった劇場も廃墟と化し、昔の面影を残す品々がオークションにかけられていました。オークション会場でシャンデリアが紹介され、そのベールが取り払われると時代は一気に1870年代に引き戻されます。

1870年代、オペラ座では謎の事件が続いていました。ある日、オペラ『ハンニバル』のリハーサル中、主役の身に事故が起こってしまいます。急きょ、代役を務めたのは無名の若手舞台女優クリスティーヌでした。彼女は、一躍脚光を浴びます。舞台を終えて部屋に戻った彼女は幼なじみラウルと再会します。彼との再会を喜びつつも彼女は"不思議な魅力ある声"の存在を最も大切にしていました。それは彼女が音楽の師「音楽の天使」だと思い込んでいたからです。声の主は、仮面をつけた男（＝ファントム）で鏡の中に現れ、彼女を地下室に連れていきます。そこで彼の仮面を取ってしまうクリスティーヌ。彼女は、彼の孤独と自分への憧憬を感じ取ります。

憧憬は次第に狂気化していきました。3か月後、ラウルは新作オペラの舞台初日にファントムを捕えようと計画します。計画通り、上演中にファントムが現れます。そして、彼女を無理やり地下室へ連れ去ります。狂気を増したファントムの孤独な心を癒そうとするクリスティーヌ。彼女の優しさに触れ、彼女の前から姿を消す決心をします…。

映画情報

原　　作：ガストン・ルルー　　製作費：7,000万ドル
製 作 年：2004年　　　　　　　製作国：米国・英国
配給会社：ワーナー・ブラザーズ
ジャンル：ミュージカル
言　　語：英語　　　　　　　　字　幕：英語、日本語

公開情報

公 開 日：2004年12月22日（米国）
　　　　　2005年 1月29日（日本）
上映時間：143分
受　　賞：2004年　アカデミー賞3部門
　　　　　撮影 美術賞 歌曲 受賞

薦	○小学生 ●中学生 ●高校生 ●大学生 ●社会人	リスニング難易表	発売元：ギャガ （平成27年2月現在、DVD発売なし） 中古販売店等で確認してください。

お薦めの理由	「オペラ座」という劇場を舞台にしたこの映画は、まるで劇場にいるような錯覚すら起こしてしまいます。それほど豪華なシーンが数多いのです。この映画から舞台の魅力に触れることができます。そして、何と言っても音楽が素晴らしいです。メロディーだけでなく歌詞も耳に残る歌いやすい曲がたくさんあります。ミュージック・チャプターだけでも十分楽しめる作品です。

スピード	2
明瞭さ	3
米国訛	2
米国外訛	2
語彙	3
専門語	1
ジョーク	1
スラング	1
文法	3

英語の特徴	マダム・ジリーはフランス語訛りの英語なので、やや違和感があります。ファントムやクリスティーヌの英語は聞き取りやすいでしょう。オペラの劇場では観客が演技を称賛してBravo!（男性に対して）Brava!（女性に対して）と拍手喝采します。この映画は、イタリア語が語源のSignora（夫人）やPrima donna（プリマドンナ）やフランス語のmonsieur（男性の敬称）など、英語以外の語も出てきます。

授業での留意点

○ ミュージカルの場面から、是非鑑賞してほしい曲を紹介します。
　① ♪Think of Me♪ 「私を想って」―クリスティーヌの歌―　　　　　　　　　　（Chapter.5 18:05～）
　　"Spare a thought for me."（一瞬でいいから私を想って。）
　　spareは「取っておく」の意味の動詞。thoughtは名詞で spare a thought for～で「～について思う」の意味です。私のことを考える時間を取っておいて、というニュアンスです。think of ～「～について思う」です。
　② ♪An Angel Of Music♪ 「音楽の天使」―クリスティーヌの歌―　　　　　　　（Chapter.6 24:22～）
　　"Now, as I sing, I can sense him. And I know he's here"
　　（今、私は歌を歌うと感じるの。彼がどこかにすぐ近くにいることを。）
　　接続詞 as は when と同じ「～するとき」の意味です。sense は動詞で「感知する」の意味です。
　③ ♪The Phantom Of The Opera♪ 「オペラ座の怪人」―ファントムの歌― 主題歌　（Chapter.9 30:57～）
　　"In sleep he sang to me In dreams he came That voice which calls to me And speaks my name…"
　　（眠っていると私に歌いかけ、その人は夢の中に現れる　私を呼び起こすその声　私の名をささやきかける。）
　　ドラマチックで、重々しくスローなテンポのこの曲は、聞き取りやすいでしょう。In sleep…の部分とI dreams…の部分は対です。call to～の意味は「～に声をかける」ですが、callの原義は「大声で呼ぶ、叫ぶ」です。ほかに「電話をかける、立ち寄る」など、callにはいくつかの意味があります。
　④ ♪The Night Of The Night♪ 「夜の音楽の調べ」―ファントムの歌―　　　　　（Chapter.10 34:31～）
　　"I have brought you … You have come here For one purpose and one alone"
　　（私はお前を連れてきた…お前はここに来たのだ。たった一つの目的のために。）
　　Forは理由を表す前置詞です。broughtは bring（持って来る）の過去分詞で、have+過去分詞で「現在完了形」の文です。come（来る）も同じく過去分詞です。
　⑤ ♪All I Ask Of You♪ 「望みはただそれだけ」―クリスティーヌとラウルの歌―　（Chapter.18 69:58～）
　　"That's all I ask of you."（私の望みはただそれだけ。）
　　That's all＋that＋主語＋動詞～.の形で、thatが省略。ask of～は「～に要求する」の意味です。That's all.「それだけ」That's all for today.「今日はこれで終わりです」授業の最後によく使うフレーズです。
○ ファントムとは？：邦題は「怪人」ですが、phantom の意味は「幽霊、幻影」です。

映画の背景と見所

○ フランスの作家ガストン・ルルーが発表したオペラ座(歌劇場)を舞台にした小説『オペラ座の怪人』を1909年に発表すると1916年早くも小説が映画化されました。この映画は9回目の映画化です。
○ オペラ座の歴史は古く、1669年にまでさかのぼります。首都パリにある現在のオペラ座は1875年に完成し、正式名称は『パリ国立オペラ座』です。オペラやバレエが上演されています。
○ オペラ座の地下には広大な奈落や地底湖もあり、過去、シャンデリアの落下事故も起きました。設立当初からいろいろ謎めいた話があったそうです。ガストンはそうした話や事件を題材に独自の世界を書き上げました。
○ 華やかな舞台と大がかりな舞台装置、そして、豪華なシャンデリアや美しい壁画。壮大な劇場は華やかさと怪しげさが漂っています。チャプター20の仮面舞踏会のシーンでは、19世紀当時の上流階級の貴婦人や貴公子の衣装や装飾品など優雅で華やかな彼らの娯楽を知ることができます。
○ 現在、パリ・オペラ座では見学ツアーを行っており、劇場の裏側も見ることができるそうです。
○ ミュージカル『オペラ座の怪人』は1986年にロンドンで初演されて以来、世界18ヶ国100都市以上で大ヒット・ロングランしました。日本でも劇団四季が、現在も断続的に上演を続けています。

スタッフ	監　　督：ジュエル・シュマッカー 製作・脚本：アンドリュー・ロイド＝ウェバー 原　　作：ガストン・ルルー 撮　　影：アンソニー・プラット 音　　楽：アンドリュー・ロイド＝ウェバー	キャスト	ファントム　　：ジュラルド・バトラー クリスティーヌ：エミー・ロッサム ラウル　　　　：パトリック・ウィルソン マダム・ジリー：ミランダ・リチャードソン メグ・ジリー　：ジェニファー・エリソン

オペラハット	**Mr. Deeds Goes to Town**	（執筆）松葉　明

セリフ紹介

この映画を特徴づけるセリフを紹介します。　　　　　　　　　　　（Chap：チャプター番号と時間）

○ Deeds : Things like that can only happen in a country like America.　（Chap.13 47:30〜）
　　　「米国のような国でのみ、そのようなことは起こりうるんだ。」
　グラント将軍の墓地で、南北戦争を経てリンカーンやグラント将軍が大統領になったことを思い出し、祖国に誇りをもっているディーズの言葉です。

○ Babe : Mabel, that guy is either the dumbest, stupidest, most imbecilic idiot in the world, or else he's the grandest thing alive. I can't make him out.　（Chap.16 55:43〜）
　　　「メイベル、あの人は世界一の大馬鹿か、並外れた大物かのどちらかよ。私にはわからないの。」
　ディーズのことを、同じ部屋に住むメイベルにベイブが打ち明けます。人を疑うことを知らない、純真なディーズにベイブの心が惹かれているのがわかります。

○ Judge May : But in the opinion of the court, you are not only sane, but you're the sanest man that ever walked into this courtroom! Case dismissed!　（Chap.28 113:49〜）
　　　「しかし本法廷は、あなたが正気であるばかりでなく、この法廷の中で最も正常な人物であると判定する。本件は棄却！」
　法廷での判事の結審です。最後の最後に逆転判決が下されます。米国の良心が出ているよい場面ですね。

学習ポイント

この映画のハイライトで、しかも笑える場面です。長いですが、セリフの面白さを理解するようにしましょう。

○ Deeds : Now, uh, Jane, a little while ago you said I was pixilated. Do you still think so?（Chap.27 108:46〜）
　　　「ところでジェーン、ちょっと前に私のことを変奇人と言ったね。今でもそう思ってる？」
　　[*Jane whispers to Amy; Amy whispers back*]（ジェーンはエイミーに、エイミーはジェーンにささやく）
Jane : Why, you've always been pixilated, Longfellow.「ええ、あなたはずっと変奇人よ、ロングフェロー。」
Amy : Always.「いつもよ。」
Deeds : That's fine, hm, I guess maybe I am. And now tell me something, Jane. Who else in Mandrake Falls is pixilated?「ああそうか、そうかもしれない。ところで、ジェーン教えてくれないか。マンドレーク・フォールズで他に変奇人はいるのかい？」
Jane : Why, everybody in Mandrake Falls is pixilated, except us.
　　　「ええ、マンドレーク・フォールズの人は、みんな変奇人よ、私たち以外は。」
Amy : Mm-hmm.「うふ。(頷く)」　　[*general laughter*]（みなが笑う）
Deeds : No, just one more question. You see the judge here. He's a nice man, isn't he?
　　　「いや、もうひとつだけ質問。あそこに裁判長がいるだろう。彼はいい人だよね。」
Jane & Amy : Mm-hmm.「うふ。(頷く)」
Deeds : Do you think he's pixilated?「彼は変奇人だと思うかね？」
Jane : Oh, yes.「ええ、そうね。」　Amy : Yes, indeed.「本当にそう。」　[*general laughter*]（みなが笑う）

ここでの面白さは、主人公ディーズの故郷から裁判に召喚されてきたジェーンとエイミーの老姉妹が、とてもいい味を出しています。よく考えられた脚本とは思いませんか？
ところで、裁判長自らが、姉妹の使う 'pixilated'「変奇人」という語を知りません。判事側のメンバーの一人がこんな風に説明していました。

Board member : The word 'pixilated' is an early American expression derived from the word 'pixies,' meaning elves. They would say the pixies had got him. As we nowadays would say, a man is 'barmy.'
　　　（注：米では 'balmy' とも）「'pixilated' という語は、初期米国の表現で妖精から来ています。妖精に取り憑かれた者をいい、今では頭がおかしい者を言うのです。」

あらすじ

　舞台は世界恐慌の風が吹き抜ける中、マンドレーク・フォールズの田舎町に住む青年ロングフェロー・ディーズに、交通事故で亡くなった富豪の莫大な遺産が受け継がれることから始まります。富豪の顧問弁護士のシーダーは、供を連れてそのことを知らせ、遺産相続をするために彼をニューヨークへと迎えにやってきます。しかし、当の本人は遺産のことは意に介さず、自分がいなくなったら、町のバンドの後任のチューバ奏者の心配をするのでした。
　経理で不正を働いていたシーダー一味は、最初ディーズを御しやすいと考えていたのですが、筋を通さないと首を縦に振らない彼に、次第に警戒心を強めていきます。
　一方のディーズは、財界の相手に嫌気がさしてきています。そんな折、新聞記者のベイブは、貧しい身のふりをして億万長者になったディーズに近づくことに成功し、彼を揶揄する記事を書いているのでした。そんなことをつゆ知らず、ディーズは彼女を愛するようになっていきます。そして、ベイブもまた、純粋なディーズに心惹かれるようになるのでした。しかし、ベイブが自分を記事にするために近づいた記者と知ったディーズは、人間不信となり、遺産すべてを不況に苦しむ人々に救済することに使おうと決心します。すると、ディーズの行動が遺産相続者としてふさわしくないと、シーダー一味が訴訟を起こし、全米が注目する中裁判が行われるのでした。

映画情報

製　作　年：1936年（昭和11年）
製　作　国：米国
配給会社：コロンビア映画
言　　　語：英語
第9回アカデミー賞監督賞受賞

公開情報

公　開　日：1936年4月12日（米国）
　　　　　　1936年5月21日（日本）
上映時間：115分
MPAA（上映制限）：G
音　声：英語　　　字　幕：日本語・英語

薦	○小学生　●中学生　●高校生　●大学生　●社会人	リスニング難易表		発売元：ソニー・ピクチャーズ エンタテインメント （平成27年2月現在、本体価格） DVD価格：1,410円
お薦めの理由	白黒映画は、古くさいと思われがちですが、意外と今の子どもたちには新鮮に感じられると思います。 　舞台となる1930年代は、1929年に米国で始まった世界恐慌で、世界は暗澹たるものだったそうです。そんな中、莫大な遺産を受け取った一人の青年が、社会のためにそれを投げ出そうとする美しい心に、周りの人たちも影響を受けていきます。人の善意の美しさが味わえる、貴重な作品です。	スピード	2	
		明瞭さ	2	
		米国訛	2	
		米国外訛	2	
英語の特徴	標準的な米国英語ですが、1936年の作品なので使われる言い回しに古さを感じさせます。しかし、刺激的な表現がほとんど出てこないので、家族で安心して観ることができます。それにもまして脚本がすばらしいので、物語の展開にどんどん引き込まれていきます。中学生には、少々長く感じられる英文も、難解な表現はなく、十分に理解できる範囲ですので、ぜひとも挑戦してほしい作品の一本です。	語　彙	3	
		専門語	2	
		ジョーク	3	
		スラング	2	
		文　法	2	

授業での留意点

　裁判でのもうひとつのハイライトの場面を見てみましょう。　　　　　　　　　　　　　　　（Chap.27 104:30～）

○　Deeds : About my playing the tuba. It seems like a lot of fuss has been made about that. If, if a man's crazy just because he plays the tuba, then somebody'd better look into it, because there are a lot of tube players running around loose. 'Course, I don't see any harm in it. I play mine whenever I want to concentrate. That may sound funny to some people, but everybody does something silly when they're thinking. For instance, the judge here is, is an O-filler.
　　「私のチューバ演奏のことについて。そのことが大きな問題となっているようだ。もし、チューバを演奏することが変だというなら、辺りを見てみるといい。多くのチューバ演奏者がいるが何も害をなしていない。私は集中するときチューバを吹く。変かもしれないけれど、誰もが考え事をするときおかしなことをしている。例えば、ここにいる判事は丸つぶしをする人だ。」

Judge : A what ?「えっ、何ですって？」

Deeds : An O-filler. You fill in all the spaces in the O's with your pencil. I was watching him.
　　「丸つぶしです。鉛筆ですべての丸を塗りつぶしています。私は見ていましたよ。」
　　　　［*general laughter*］（みなが笑う）

Deeds : That may make you look a little crazy, your Honor, just, just sitting around filling in O's, but I don't see anything wrong, 'cause that helps you think. Other people are doodlers.
　　「そんなことをすると変な気がしますが、私にはちっとも変とは思えません。なぜなら考えることに役立っているからです。他には落書きをする人がいます。」
　　　　・・・・・・・・・・（中略）・・・・・・・・・・

Deeds : So you see, everybody does silly things to help them think. Well, I play the tuba.
　　「だからおわかりの通り、人は考えるためにおかしなことをするのです。で、私はチューバを吹きます。」

　人の癖を表す単語は、他にも 'Ear-puller'「耳を引っ張る人」'Nail-biter'「爪をかむ人」'Nose-twitcher'「鼻をぴくぴく動かす人」、そして 'Knuckle-cracker'「指をポキポキ鳴らす人」等、続々出てきます。少々文が長いですが、文法的には難しくありませんので、中学生でも理解できる範囲です。そして、人の善意を問うディーズの力強い言葉が、この後続きます（Chap.27 111:47～）のでそこもぜひ観てほしいです。

映画の背景と見所

○　原題 'Mr. Deeds Goes to Town'（ディーズ氏、町へ行く）からは、'Deeds are better than words.'（「実行は言葉にまさる。」ことわざより）を想起させ、映画の内容も、まるで善意がすさんだ都会に向かって行くようです。ち 'オペラハット' は広辞苑によると「シルクハットの一つ。ばねじかけで、クラウン（山部）を平らに折り畳めるもの」だそうです。また、同監督の『スミス都へ行く（Mr. Smith Goes to Washington）（1939年）』もお薦めです。

○　この映画のハイライトシーンは、なんといってもラストの裁判です。しかし、それ以外にも純真で素朴なディーズが、自分の豪邸の階段の手すりを子どもみたいに滑り降りたり（Chap.8 27:00～）、自分を騙しているとも知らず、公園でベイブと「スワニーリバー」を即興で演奏したり（Chap.15 52:00～）、また、執事たちと屋内でのこだま（echo）を楽しんだり（Chap.17 57:09～）する場面も、この映画の名場面といえるでしょう。

○　'Cinderella Man（シンデレマン）' は、この映画では揶揄として扱われていますが、映画『シンデレラマン（2005年）』では、希望の星のイメージとして表されています。両作品とも、舞台は同年代です。

○　2002年にリメイクされた作品は、タイトルが『Mr. Deeds』で、ディーズ役にアダム・サンドラー、ベイブ役にウィノナ・ライダーが演じています。96分という短い作品です。

スタッフ	監督・製作：フランク・キャプラ 脚　　本：ロバート・リスキン 原　　案：クラレンス・バディントン・ケラード 撮　　影：ジョゼフ・ウォーカー 音　　楽：ハワード・ジャクソン	キャスト	ロングフェロー・ディーズ：ゲイリー・クーパー ベイブ・ベネット　　　　：ジーン・アーサー マクウェイド（編集長）　：ジョージ・バンクロフト コーネリアス・コップ　　：ライオネル・スタンダー ジョン・シーダー　　　　：ダグラス・ダンブリル

オリエント急行殺人事件	Murder on the Orient Express	（執筆）福井　一馬

セリフ紹介

この映画を特徴づけるセリフをいくつか紹介します。この映画の魅力を支える登場人物たちの個性がよく出ている表現を集めてみました。
- Ratchett: I just wanted to say that in my country … I want you to take a job on for me.　（Chapter 4, 27:06～）
「わが国でも、すぐに要件に入るんだって言いたくてね。一つ、仕事を引き受けてもらいたい」
事件の被害者になるラチェットのセリフです。この後に続く会話を聴いていても、ポワロがこの人物の話し方をあまり快く感じていないことがわかります。
- Bianchi : With your eyes closed?「目を閉じて？」　（Chapter 6, 42:26～）
  Mrs. Hubbard : That helped.　「その方がよくわかるのよ」
暗闇の中で恐怖に目を閉じていながら、自分の寝台に男がいたと主張するハバード夫人に対し、どうしてそれがわかるのかビアンキが尋ねた時に彼女が言い放った言葉です。映画を通して、おしゃべり好きで騒がしい彼女のキャラクターがよく出ています。
- MacQueen : Let's get just a couple of things straight first, Mr. Poirot.　（Chapter 6, 43:18～）
「ポワロさん、最初にいくつかのことをはっきりさせておきましょう」
殺害されたラチェットの秘書兼翻訳家のヘクター・マックウィンが、ポワロの事情聴取に一番初めに呼ばれた時に発するセリフです。ポワロが何者か知らないヘクターが何を聞かれるのか、警戒感をあらわにしている表現です。

学習ポイント

ミステリー映画ですので、事件解決へのカギになるような表現を集めてみました。
- ARMSTRONG BABY KIDNAPPED　（Chapter 1, 03:06～）
「アームストロング家の赤ん坊、誘拐さる」
  ARMSTRONG HOUSEHOLD TURMOIL-STAFF WAKENED BUT HELPLESS
「アームストロング家は騒然―家の者たちは起きていたが、何もできなかった」
  AN INSIDE JOB? COULD THEY HAVE DONE IT WITHOUT INSIDE HELP?
「内部による犯行か？賊は内部の者の手引きなしに犯行に及ぶことはできたのか？」
これは、セリフではなく、映画の冒頭に出てくる新聞記事の内容です。しかしながら、オリエント急行内で起こる殺人事件のきっかけとなる大事な伏線になるもので、見逃すとあとの話に対する理解度が全く変わってきます。
- Poirot : Merely that when a man is in a position to have, as you say, enemies, it does not usually resolve itself into one enemy only.　（Chapter 4, 27:40～）
「お立場のある方に敵がいるとおっしゃるのなら、それはたいてい一人ではすまない、ということですよ」
嫌味なラチェットにポワロが切り返すセリフですが、この時点でポワロも気づいていない真実が含まれています。
- Bianche : He did it. He murdered Cassetti.　（Chapter 7, 55:53～）
「彼がやったんだ。やつがカセッティを殺したに違いない」
ポワロと共に乗客一人ひとりの聴取を行っていたビアンキが、その聴き取りが終わるたびに言うセリフのひとつです。彼は事情聴取の度にあいつが犯人だ、と疑うのですが、事実これが結末の意外な伏線にもなっています。
- Poirot : You counted a dozen?「傷は全部で12かね？」　（Chapter 6, 45:25～）
  Constantin : Yes.　「ああ、そうだ」
ヘクターの事情聴取後、ポワロは殺害現場に戻ります。そこで検死を行っていた医師のコンスタンティンに話しかける場面です。傷の深さの違いから、犯人は男女2人か、捜査を撹乱するために複数に見せているのではないかと考えます。映画の中でこの12という数字がいろいろな場面で出てきます。
- Poirot : It means we know the true identity of Mr. Ratchett. And why...　（Chapter 6, 48:05～）
「ということは、ラチェット氏の本当の正体がわかったということだ。なぜアメリカを出たかも…」
ここからいよいよラチェットが殺害された動機や人物が浮かび上がってきます。

あらすじ

　1935年、世に名の知れた探偵のエルキュール・ポワロは、中東での仕事を終えイスタンブール発のオリエント急行に乗り、ヨーロッパへの帰途につきます。ポアロの乗った一等車両には、様々な職業・国の出身者が乗り合わせていますが、そのうちの一人、米国人のサミュエル・ラチェットがポアロに話しかけてきます。彼が主張するには、彼は何者かにより脅迫状を受け取っていて身の危険を感じており、ポアロに護衛を依頼したいというのでした。しかし、ポアロはこの依頼を断ります。
　その翌朝、深い雪のために停車を余儀なくされた列車の中で、寝室に横たわる変わり果てた姿のラチェットが発見されます。12か所にわたり全身を刃物で刺され殺害されたラチェットは、実はかつて起こったデイジー・アームストロング女児誘拐事件の犯人だったことが、捜査の中で判明します。
　友人のビアンキや医師のコンスタンティンと共にポワロはすべての乗客を一人ひとり事情聴取しますが、彼らのアリバイはどれも完璧に一致しています。
　複雑な人間関係を紐解き、オリエント急行で起こった殺人事件の真相へとたどり着くポワロでしたが、ポワロが下した結論は意外なものでした…。

映画情報

製作年：1974年（昭和49年）
製作国：英国
配給会社：EMIフィルム（英）パラマウント映画（米）
言　語：英語
アカデミー賞6部門ノミネート、助演女優賞受賞作品

公開情報

公開日：1974年11月24日（米国）
　　　　1975年 5月17日（日本）
上映時間：128分
音　声：英語・日本語
字　幕：日本語・英語

薦	○小学生　●中学生　●高校生　●大学生　●社会人	リスニング難易表		発売元：パラマウント ジャパン （平成27年2月現在、本体価格） DVD価格：1,429円
お薦めの理由	英国を代表するミステリー作家・アガサ・クリスティーが1934年に発表した、実際に起こった事件などをもとにした長編推理小説を映画化したもので、ショーン・コネリーなど当時主役級の役者ばかりをそろえた豪華キャストで彩った公開当時の話題作です。ミステリーとしての魅力だけでなく、役者たちの演技のすばらしさも際立っており、何度見ても新たな発見をさせてくれる不朽の名作です。	スピード	3	
^	^	明瞭さ	3	
^	^	米国訛	1	
^	^	米国外訛	4	
英語の特徴	英国英語に加え、ドイツ語・フランス語・イタリア語・ロシア語が見られ、また、それぞれの出身による訛りの強い英語がセリフの中にちりばめられています。初めは聞き取りにくいと感じる方もいらっしゃるかもしれませんが、バラエティーに富んだ個性あふれる登場人物たちはこの訛りによってより一層印象深く際立つものになり、なくてはならない演出の一つになっています。	語　彙	4	
^	^	専門語	3	
^	^	ジョーク	3	
^	^	スラング	1	
^	^	文　法	4	

授業での留意点

オリエント急行に乗り合わせた主な登場人物たちの複雑な相関関係図を作るのもおススメです。

Samuel Edward Ratchett	Hector MacQueen	Count Andrenyi	Pierre Paul Michel
- wealthy American male - victim of the case	- American male - Ratchtt's secretary and translator	- Hungarian male - Countess Andrenyi's husband - an aristocratic diplomat	- French male - conductor of the sleeping car
Edward Henry Beddoes	**Hildegarde Schmidt**	**Countess Andrenyi**	**Bianchi**
- British male - Ratchtt's butler	- German female - princess's personal maid	- Hungarian female - Count Andrenyi's beautiful wife	- Belgian male - a train company director - Poirot's friend
Mary Debenham	**Mrs. Hubbard**	**Cyrus Hardman**	**Dr. Constantine**
- British female - returning to England after working in Baghdad	- American female - fussy and very talkative - widow of two husband	- American male - Pinkerton's detective (talent agent)	- Greek male - a doctor
Princess Dragomiroff	**Greta Ohlsson**	**Antonio Foscarelli**	**Colonel Arbuthnott**
- Russian French - an elderly Russian royal	- Swedish female - missionary returning to Europe	- Italian American - car salesman from Chicago	- British male - a British officer in the British Indian Army returning to England
Hercule Poirot			
- Belgian male - famous private detective			

　この登場人物の相関関係は、表向きのものと、ポワロの謎解きから判明する裏の関係との2種類があります。この映画を使って複数名で学習される場合は、それぞれに相関関係を書いて見せ合ったりするのも面白いかもしれません。

映画の背景と見所

【背　景】
　初の大西洋単独無着陸飛行に成功したことで有名な飛行士チャールズ・リンドバーグの息子が誘拐され、殺された実在の事件（リンドバーグ誘拐事件、1932年）に着想を得て、アガサ・クリスティーはこの映画の原作を書いたといわれています。確かに、リンドバーグ事件を取り扱った当時の新聞記事と映画の冒頭に出てくるそれは酷似しており、関連性があることを示唆しているように見えます。この実在した誘拐事件と、これまた実在したオリエント急行が大雪のために立ち往生をしたことを組み合わせて小説書いてしまうあたりにクリスティーの才能が表れているとする評論もあります。

【見　所】
　見所としては、やはり、ポワロが容疑者一人ひとりに聴き取り調査をしている場面でしょう。ポワロのそれぞれに対するアプローチの方法が異なるところ、特にハバード夫人とのやり取りが見ものです。そして、何よりも、事件の謎ときとして、ポワロが全員を集め、「単純な」推理と「より複雑な」推理の2つの推理を披露する場面でしょう。事件の幕切れを知ったとき、鑑賞者の心には何とも言えない余韻が残ることでしょう。

| スタッフ | 監　督：シドニー・ルメット
脚　本：ポール・デーン
製　作：ジョン・ブラボーン　他
音　楽：リチャード・ロドニー・ベネット
撮　影：ジェフリー・アンスワース | キャスト | エルキュール・ポワロ　：アルバート・フィニー
サミュエル・ラチェット：リチャード・ウィドマーク
アーバスノット大佐　：ショーン・コネリー
グレタ・オルソン　　　：イングリッド・バーグマン
ビアンキ　　　　　　　：マーティン・バルサム |

オリバー・ツイスト	Oliver Twist	（執筆）一月　正充

セリフ紹介

物語には主人公であるオリバー・ツイストを助けてくれる善良な登場人物が多く出てきます。孤児で物乞いをしているような少年を、なぜ多くの人々が助けてくれたのでしょう？実はそこには作者が持つ当時の政策への批判も込められているのですが、オリバーを取り巻く大人たちの台詞を含めたキーフレーズを挙げてみました。

○ Oliver: Please, sir. I want some more.「お願いです。もっと下さい。」(Chap.3 07:55)
この一言によりオリバーは孤児院を追い出され、その人生を運命に委ねる生活が始まります。

○ Sowerberry: There's an expression of melancholy in his face.「悲しそうな陰のある表情をする。」(Chap.6 18:08)
彼の表情には他の人の心を動かす何かがあり、それは彼の運命を左右する要因の一つとなります。

○ Nancy: A lovely little boy. Lovely manners. Gentle as falling snow.
「かわいい子です。行儀がよく、舞い降りる雪のように優しい男の子です。」(Chap.14 53:04)
オリバーの行方を捜すナンシーが、オリバーを描写する際の台詞です。ロンドンという人口の多い場所でありながら、この説明を聞いた役人はどの少年がオリバーであるかすぐに理解します。

○ Brownlow: There's something in him… that touched my heart, Mrs. Bedwin. Can't explain it.
「この子の何かが私の心を打つんだ。うまく説明できないんだが。」(Chap.15 55:25)
Maid : I feel the same.「私も同じ気持ちです。」
彼を助ける人々が共通して持つ感情がここで説明されています。

学習ポイント

英語独特の少し変わった表現を中心に集めてみました。授業で日本語の意味を考えてみてはいかがでしょうか？

○ Bumble: As you are to meet your new master, pull that cap off your eyes. Hold your head up, sir. Dry your eyes, sir.「新しいご主人に会うんだ。帽子を取れ。頭を上げろ。涙を拭け。」(Chap.5 12:11)
日本では涙は拭くものですが、英語では目を乾かすことが転じて涙を拭くことを意味します。もちろん「wipe away the tears」のように言うことも可能です。

○ Sowberry: Is that you, Bumble?「バンブルさんかね？」(Chap.5 12:30)
Bumble : No one else, Mr. Sowerberry.「いかにも、サワベリーさん。」
「他の誰でもありません」という言葉が、返事として使われています。面白い返し方ですね。

○ Fagin: Now then, Oliver, what you must have is a hot gin and water. Warms the cockles.
「さあオリバー、これをお飲み。ジンと湯だ。体が温まる。」(Chap.10 33:02)
ザルガイ（cockles）の形がハート形であるから、またはラテン語が起源であるなど諸説ありますが、「ハートが温まる」ことが転じて「心から幸せになる、喜ぶ」といった意味合いで使用さるフレーズです。

○ Fagin: I hope you've been at work this morning, my dears.「ひと働きしてきたかな？」(Chap.11 37:47)
Boys : Hard. As nails.「もちろん。」
Hard as nailsはその意味の通り「非常に硬い」ことを表しますが、それが転じて「（肉体が）強靭な、（人の心が硬く）無慈悲な」という意味も持っています。ここではHardで一度文を終えることでhardとas nailsを2つに分け、hardはその前文の質問に対する答えとして（We worked hard）、そしてas nailsはhardを強調するために使用されています。本作には他にも「I'm weak as water」（弱りきってる。Chap.20 1:24:37）や「You look as good as new」（すっかり元気になったな。Chap.21 1:30:27）など、asを使った比較がたくさん使われています。

○ Dodger: There's a good fellow. You may start by japanning my trotter-cases. In plain English, clean my boots.
「じゃ、手始めに"足入れ袋"を黒くしろ。ブーツを磨けってこと。」(Chap.17 1:09:58)
なんと、japanが動名詞として使用されていますね。日本の漆細工を真似た仕上げのことを、17世紀のヨーロッパではjapanningと表現していました。trotter-casesも面白い言い回しです。

○ Bill: Don't make such a row. Show us a glim, Toby.「わめくな、トビー。明かりをくれ」(Chap.18 1:14:46)
一見、意味が分からない難しい表現です。glimは独特のスラングで、「明かり」を意味します。

あらすじ

救貧院で暮らす孤児オリバーの物語です。大人たちは美味しいものをたくさん食べているにもかかわらず、孤児たちは少ない食事で労働を強いられ、常に腹を空かせていました。ある日、孤児たちによるクジ引きで選ばれたオリバーは、皆の代表として粥のおかわりをお願いするのですが、これによりオリバーは救貧院の大人たちに問題児と見なされ、幼いながら院を出て葬儀屋で働くことになります。しかし葬儀屋での扱いはひどく、自分の親を悪く言う他の従業員と喧嘩をしたオリバーは店を抜け出し、一人ロンドンへ向かいます。

ろくに食べるものもないまま7日間歩き続け、どうにかロンドンへたどり着いたものの、すっかり弱り切っていたオリバーに声をかけてきたのは、ユダヤ人フェイギンが率いる窃盗団一員、ドジャーでした。オリバーの顔立ちや振る舞いに可能性を感じたフェイギンは、オリバーを窃盗団に引き入れ、盗みをするように仕込みます。しかし、他の仲間がスリをする現場を見ていたオリバーは犯人と勘違いされ、さらに逃げ遅れた彼は警察に捕まってしまいます。スリの被害にあった紳士ブラウンローは、熱を出して倒れたオリバーを自分の家に連れ帰り、オリバーはブラウンローの家に温かく迎え入れられ共に暮らすようになるのですが…。本作はオリバーを守ろうとする者、そしてオリバーを使って悪巧みを企む者の間で翻弄される幼い少年、オリバー・ツイストの人生を描いた物語です。

映画情報

製作年：2005年（平成17年）
製作国：英国・チェコ・フランス・イタリア
配給会社：ワーナー・ブラザーズ
製作会社：Runteam II Ltd.
製作費：6,000万ドル

公開情報

公開日：2005年9月30日（米国）
　　　　2006年1月28日（日本）
上映時間：128分
MPAA：PG-13
音　声：英語・日本語　　字　幕：日本語・英語

薦	○小学生　●中学生　●高校生　●大学生　●社会人	リスニング難易表		発売元：ポニーキャニオン（平成27年2月現在、DVD発売なし）中古販売店等で確認してください。
お薦めの理由	オリバー・ツイストは40年ほど前にも一度映画化されていますが、本作は『戦場のピアニスト』でも有名なロマン・ポランスキーが監督をし、英国を代表する一流キャストが脇を固めています。19世紀のロンドンの様子が独特な色使いでリアルに再現されており、物語の世界観を見事に作り出しています。細部までこだわった当時の街並みや服装、市場の様子など、各場面に見どころが詰まっています。	スピード	3	
^	^	明瞭さ	2	
^	^	米国訛	1	
^	^	米国外訛	4	
^	^	語彙	3	
英語の特徴	役者は主に英国人俳優で固められており、作中の英語はすべて英国英語です。基本的にあまり難しい表現は使われていませんが、英国独特の言葉使いが多用されています。また、いわゆるクイーンズ・イングリッシュよりも労働者階級の人々による英語が大半を占めるため、英国英語に不慣れな方は登場人物によっては非常に聞き取りにくいと感じる場面があるかもしれません。	専門語	3	
^	^	ジョーク	3	
^	^	スラング	4	
^	^	文法	2	

授業での留意点

簡単な単語を使用した英語独特の表現です。自由な発想で言葉を学ぶきっかけになればと思います。

○ welcomeのさらに上（Chap.8 26:22）
Woman: I haven't much, but you are more than welcome to it. Be careful, it's hot.
　　「大したものはないけど、遠慮せず食べてね。気を付けて、熱いわよ。」
welcomeという言葉はよく知られていますが、more than welcomeで大歓迎といった意味合いになります。very welcomeとも言いますが、more thanはその表現を超えたものを感じさせます。

○ forgetとforgot（Chap.13 49:05）
Magistrate: Why didn't you come before?　　「なぜ今頃来たんだ？」
Bookseller: I hadn't a soul to mind the shop.　　「店番がいなくて。」
Magistrate: Reading, you say? A book I suppose.　　「立ち読みだと？店の本だな？」
Bookseller: Yes, the very one he has in his hand.　　「いかにも。彼の手にあるあの本です。」
Brownlow : Oh, dear me, I forgot all about it.　　「何てことだ。すっかり忘れてた。」
forgetは「忘れる」と訳すより「思い出せない」と訳すほうが、その用法を間違えずに済みます。例えば「電話番号を忘れた」を英訳する際、「忘れた」の部分を過去形のforgotを使って訳すと、「忘れていたのは過去であって、今は思い出している」という意味になってしまいます。この場面でも、指摘を受けたブラウンローは本を持ったまま店を出てきたことを思い出したため、過去形が使われています。

○ 落として去る（Chap.13 50:33）
Bookseller: Will you drop me off, sir?「送って頂けますか？」
offには離れていくイメージがありますね。drop offで（車等で）「送る」という表現は今でも使用されています。

○ 水のように弱い（Chap.20 1:24:32）
Fagin: You are not well, are you, Bill? How do you feel today?「具合が悪そうだな。気分はどうだ？」
Bill : I'm as weak as water.「弱りきっている」
お馴染みの比喩表現です。ここでは体が弱いことを指していますが、なぜ水は「弱い」のでしょう？水の流れは岩などの周囲の影響を受けやすいことから弱いという意味もあります。また、ウイスキーなどの強い酒はstrong、ビールはweaker、そして水はアルコールを含まないので一番弱いweakという考え方もあります。

映画の背景と見所

独特の色づかいで描かれた19世紀のロンドンの下町風景は物語の世界観を見事に作り出しています。これらの撮影のために、巨額の費用を費やしてロンドンの街並みを再現したセットが建設されました。そのセットがあまりに巨大だったため、監督はスクーターを使ってセット内を移動していたそうです。

ディケンズの原作には、1834年に改正された英国の新救貧法に対する批判がテーマとして含まれています。作中でオリバーが「もっと下さい」と粥のおかわりを請う場面はそれを象徴的に表しており、下層階級の想いと、その下層階級を見下し酷使する中層階級の姿を描き出しています。

映画では監督自ら、もしくは監督の家族などが脇役として登場することが少なくありません。本作でオリバーがロンドンへ向かう途中、食べ物を求めてある農家を訪ねます。そこで対応をしてくれる少女は実は監督の娘です。さらに、オリバーが初めてロンドンを出歩く路上の場面でフープを持って遊んでいる男の子が出てきますが、なんとこちらは監督の息子だそうです。

この映画で一番印象に残る役は、おそらくフェイギンではないでしょうか。演じたのは『ガンジー（1982年）』でも有名なベン・キングスレーですが、撮影時以外でもフェイギンになりきって生活していたそうです。

| スタッフ | 監　督：ロマン・ポランスキー
製　作：ロマン・ポランスキー
原　案：チャールズ・ディケンズ
脚　本：ロナルド・ハーウッド
撮　影：パヴェル・エデルマン | キャスト | オリバー・ツイスト　　：バーニー・クラーク
フェイギン　　　　　　：ベン・キングズレー
ブラウンロー　　　　　：エドワード・ハードウィック
アートフル・ドジャー　：ハリー・イーデン
ナンシー　　　　　　　：リアン・ロウ |

| | キッド | The Kid | （執筆）松葉　明 |

<table>
<tr>
<td>セリフ紹介</td>
<td>

この映画は無声映画ですから、字幕に出る有名な英語を紹介します。　　　　　　　　　　※（　）内は時間
○　A picture with a smile – and perhaps, a tear.「この映画をほほえみと一粒の涙とともにご覧になるでしょう。」（00:37〜）映画の冒頭で、いきなり有名な文が出てきます。この一文がこの映画「キッド」をすべて表しているといえるでしょう。
○　The woman – whose sin was motherhood.「女―その罪は母であることだった。」(00:58〜)この英文も、この映画を象徴しています。男性にとっては皮肉なものとなっていますが、母であることの重大な意味は、今も昔も変わっていません。
○　Please love and care for this orphan child.「この親のいない子をよろしくお願いします。」(09:14〜)この英文は筆記体で出てきます。今では学校で覚えなくてもよくなった筆記体ですが、昔の映画の中にはよく登場します。実は生徒の中には、筆記体を書けるようになりたいと思っている生徒は、教師側が思うよりも多くいます。書けなくても、読めるようにはなりたいですね。
○　This child needs proper care and attention.「この子は適切な世話と配慮を必要としている。」(38:00〜)病気になった子どものことについて、町医者がチャップリンに言う言葉です。この映画に使われる'proper'は、「適切な」という意味ですが、皮肉を込めて使われています。映画を観れば本当の意味での「適切な」とはどういうことか、考えさせられます。

</td>
</tr>
<tr>
<td>学習ポイント</td>
<td>

○　A picture with a smile – and perhaps, a tear.「この映画をほほえみと一粒の涙とともにご覧になるでしょう。」(00:37〜)いきなり登場するこの一文から、学ぶことが多いです。ここでは前置詞としてよく登場する'with'を学びましょう。'with'の代表的な例は「〜と、〜といっしょに」ですが、実は中学１年で４つの使い方を習います。
①【相手】「〜と」　Let's talk with Ken.（ケンと話しをしましょう。）
②【付随・所有・属性】「〜のある、〜を身につけて」
　　Do you know that girl with long hair ?　（あの長い髪をした女の子を知ってる？）
③【関連】「〜に関して、〜について」
　　Can you help me with my homework ?（私の宿題を手伝ってくれない？）
④【同伴】「〜といっしょに」
　　Can you play tennis with me ?　（私といっしょにテニスをしてくれませんか？）
①〜④のどれだと思いますか。答えは②です。この用法の'with'は、次の映画でも登場します。
A：'May the force be with you !'　（フォースとともにあらんことを：【スター・ウォーズ】より）
B：'From Russia with Love'　　　（ロシアより愛をこめて：【007】の題名より）
○　The woman – whose sin was motherhood.「女―その罪は母であることだった。」(00:58〜)続いて登場するこの英文からは、関係代名詞の所有格'whose'を学べます。今では中学校では習いません。しかし、実際の英文や歌詞の中では使われることもあるので、中学３年で関係代名詞を習うときに、まとめて覚えておくとよいと思います。また、これを使った英文は、次の例文のように上記の'with'を使って書き換えることができます。
（例）Do you know that girl whose hair is long ?（あの長い髪をした女の子を知ってる？）
　　＝ Do you know that girl with long hair ?
さらに、この文の中には'motherhood'という単語が出てきます。これは「母であること」とか「母性愛」を意味します。'mother'は習っても接尾語の'－hood'の使い方は中学では習いませんので、ちょっとアドバイス！
'－hood'は【性質・状態・集団・時期】等を表す名詞を作る接尾語です。代表的な例をあげますので、覚えてしまいましょう。'fatherhood'は「父であること」、'brotherhood'は「兄弟愛、同胞愛」、'neighborhood'は「近所、近所の人々」、そして'childhood'は「子ども時代」を指します。'hood'を辞書で引くと、'－hood'で出てきます。他にも何があるか調べてみましょう。

</td>
</tr>
<tr>
<td>あらすじ</td>
<td>

　慈善病院から赤ん坊を抱いた一人の女が出てきます。その女は迷ったあげく、豪邸の前に止めてあった車の座席に赤ん坊をよろしく頼む旨の手紙と共に置き去りにします。ところがそこに泥棒が現れてその車を盗んでしまい、女はすぐに後悔して車のところに戻りますが、すでに時遅しでした。一方、泥棒は後部座席にいた赤ん坊に驚いて、赤ん坊を道に捨ててしまいました。その後に通りがかったチャップリンが、最初は当惑しながらも赤ん坊を連れて帰り、育てることを決意するのでした。
　それから5年の月日が流れ、赤ん坊は愛嬌たっぷりの元気な男の子に育ち、チャップリンは相変わらずの貧しい生活を送っていました。そんな中でも2人は幸せでした。一方、子どもを捨てた母親は、今や売れっ子のオペラ歌手となり、裕福な生活を送っていましたが、時折貧しい町を訪れ、子どもたちにおもちゃを贈っているのでした。
　ある日、子ども同士のケンカで、ケンカには勝ったものの、男の子が熱を出し、医者を呼ぶことになります。その医者に男の子が捨て子であることを知られ、孤児院に連れて行かれることになり、一度は男の子を奪い返すのですが、知らぬ間に警察の手に渡ってしまいます。気力を失ったチャップリンは、警察官に捕まり、牢獄に連れていかれるだろうと思っていると、連れていかれたところは男の子のいる豪邸だったのでした。

</td>
</tr>
<tr>
<td>映画情報</td>
<td>

製作年：1921年（大正10年）
製作国：米国
配給会社：ファースト・ナショナル
言　語：英語
オリジナル版：68分

</td>
<td>公開情報</td>
<td>

公開日：1921年1月21日（米国）
　　　　1921年7月　　　（日本）
上映時間：56分（1971年サウンド版）
上映制限（MPAA）：NR（制限なし）
音　声：なし（サイレント）　字　幕：日本語・英語

</td>
</tr>
</table>

薦	●小学生　●中学生　●高校生　○大学生　○社会人	※リスニング難易表	発売元：KADOKAWA（平成27年2月現在、本体価格）DVD価格：3,800円

お薦めの理由	数あるチャップリンの作品の中で、珠玉の名作！という言葉がピッタリの作品です。感動作であると同時に、時間が短いのも魅力です。この作品はドタバタ喜劇であることと、涙を誘う映画として有名ですが、それだけではなく、権力者（警察官・医師・役人）を痛烈に諷刺していることも見所のひとつです。もちろん、チャップリンの子どもに注ぐ愛情は本物で、時代を越えて人々の琴線に触れると思います。	スピード	―
		明瞭さ	―
		米国訛	―
		米国外訛	―
英語の特徴	英語字幕はいたって平易です。中学生には学校で未習の語が若干出てきますが、辞書を使えば日本語字幕に頼らなくても理解できるでしょう。　チャップリンと近所の女性の会話で、"Is that yours ?"や、"What's its name ?"と、赤ちゃんを物のように扱う場面には、驚くかもしれませんが、字幕を意識することで、語彙力は知らず知らずのうちに身についていくでしょう。	語　彙	―
		専門語	―
		ジョーク	―
		スラング	―
		文　法	―

授業での留意点

○ 子どもを孤児院へ連れて行くためにやってきた偉そうに振る舞う役人と、チャップリンとのやりとりには、中学3年で習う間接疑問文が登場します。（39:35～39:50）
　① 'Ask him where the kid is.'　「彼に子どもはどこにいるか聞け。」
　② 'Ask him if he's got any belongings.'　「彼に所持品があるかどうか聞け。」
　③ 'Tell him it's none of his business.'　「彼におまえには関係ないって言ってくれ。」
これと並行して、'ask 人 to 不定詞'（人に～するように頼む）と 'tell 人 to 不定詞'（人に～するように言う）も同時に解説すると効果的です。

○ この映画に出てくる英文には、中学生には難しい単語も出てきますが、動詞は中学で習う基本的なものばかりです。次にあげますので、（　　）内の語を確認させましょう。
　① 'Pardon me, you (dropped) something.'「失礼ですが、何か落としましたよ。」(07:04)
　② '(Is) that yours ?'「あんたの子かい。」(10:55)
　③ '(Put) the quarter in the gas meter.'「ガスメーターに25セントを入れなさい。」(15:02)
　④ 'This child is ill. (Get) the doctor at once.'「お子さんが大変よ。お医者様を呼んだ方がいいわ。」(35:23)
　⑤ 'I must go now, but I'll (return).'「もう行かなくては。また戻って参ります。」(35:31)
　⑥ '(Are) you the child of this child ?'「あんたがこの子の父親かい。」(37:10)
　⑦ '(Explain) yourself.'「説明したまえ。」(37:19)
　⑧ 'This child (needs) proper care and attention.'「この子にきちんとした養育が必要だ。」(38:00)
　⑨ 'The troubles (begins).'「騒ぎが始まった。」(53:06)
　⑩ 'Her sweetheart (arrives).'「彼女の恋人が登場。」(53:55)
映画視聴の前に穴埋めさせるのも、効果的です。

○ 英語で「子ども」を表す言葉には、'kid'や'child'の他にもいろいろあります。
①（一般的な）赤ちゃんは'baby'ですが、②（はいはいする）赤ちゃんは'toddler'、③（よちよち歩きの）赤ちゃんは'crawler'で、④（2～3歳の）幼児は'infant'、そして⑤（行儀の悪い）子供のことを'brat'といいます。また、ちなみに映画にも登場するベビー・カーやベビー・ベッドは、実は英語ではありません。英語ではそれぞれ'stroller'、'crib'と言います。和製英語と、その他子どもにまつわる単語を紹介しましょう。

映画の背景と見所

○ この映画は、チャップリン初の長編作品です。56分の作品となっていますが、当時としては格段に長く、しかも、撮影したフィルムは28万フィート（約50時間）にもなったのです。
○ チャップリンは当時、妻（ミルドレッド・ハリス）との離婚訴訟絡みの差し押さえを逃れるため、日本人秘書の高野虎市さんらを伴って、ユタ州ソルトレイクシティへ雲隠れをしながら、安アパートの中で、チャップリン一人で編集したそうです。編集中のチャップリンの写真が残っています。
○ 名場面のひとつの、ジャッキーがパン・ケーキを焼いてチャップリンに朝食の用意ができて二人で食べるシーンに、実はチャップリンは5日間を要しました。
○ 1921（大正10）年2月6日にニューヨークで封切られたこの作品は、大ヒットを記録し、その後の3年間でこの作品が上映されていない国は、当時のソ連、ユーゴスラビア、コロンビアぐらいしかなかったそうです。
○ 子役の大スターとなり、わずか8歳で週給2万ドルのジャッキーでしたが、母親がマネージャーと再婚し、ギャンブルなどでそれまでにジャッキーが稼いだ1千万ドルをすべて使い果たしてしまいました。これを機に1939年子供の財産権を守る《クーガン法》が制定されたのです。

スタッフ	監　督：チャールズ・チャップリン脚　本：チャールズ・チャップリン製　作：チャールズ・チャップリン撮　影：ローランド・トザロー音　楽：チャールズ・チャップリン	キャスト	浮浪者：チャールズ・チャップリンキッド：ジャッキー・クーガン母　親：エドナ・パービアンス画　家：カール・ミラー天　使：リタ・グレイ

※サイレント映画の為、評価しておりません。

	きっと忘れない	With Honors	(執筆) 吉本 仁信

セリフ紹介

セリフの一つ一つが本当に心に響きます。　　　　　　　　　　　　　　　　　　（Chap: チャプター番号と時間）
○ Monty : Why did you say that I was a loser?「なぜ、ぼくのことを敗者と言ったんだ。」　（Chap.10 29:58〜）
　Simon : I'm not a loser Harvard, I'm a quitter. You try too hard. Winners forget that they are in the race. They just love to run.
「ハーバード、おれは敗者じゃない。君はやりすぎる。勝者はレースにいることを忘れてしまうのだ。ただ走りつづけてしまうんだ。」中学生に目的をもって様々な活動に取り組ませることは大切です。しかし、我々教師だけではなく、生徒たちも「なぜ活動するのか」といった本当の目的を忘れてしまうことはよくあることです。その都度、目的を確認させ、活動が充実するようにしたいものです。
○ Monty : Simon wrote his own obituary, and he asked me to read it. (中略) Montgomery Kessler, who will graduate life with honor, and without regret.　　　　　　　　　　　　　　　（Chap.29 1:33:00〜）
「サイモンが自分の死亡者記事を書いて、僕に読んでほしいって言ってたんだ。（中略）モンゴメリー・ケスラーは、人生に誇りをもち卒業するだろう、後悔せずに。」映画の最後にモンティがサイモンのobituary（死亡者記事）を読み上げます。海外では、このような記事が新聞にのることがあります。個人で載せたり、家族がその人を愛しんで載せたりします。日本でも、新聞に小さく取り上げられることがありますが、海外のものと比べると寂しいものです。ぜひ、この習慣を覚えておきましょう。

学習ポイント

主人公が大学生ということもあり少々難しいかもしれませんが、中学校を卒業する前に見ておきたいです。
○ Coutney: Very funny, Monty!「ふざけすぎよ、モンティ！」　　　　　　　　　　　　（Chap.1 2:21〜）
部活動のトレーニング中にモンティがふざけていたところをあざ笑うかのようなセリフで使われています。形容詞をうまくつかうとはこういうことですね。
○ Everett: Feeling confident?「自信あり？」　　　　　　　　　　　　　　　　　　　　（Chap. 2 3:30〜）
　Monty : Feeling Nauseous.「めまいがするよ。」
ここでも形容詞をうまく使っていますね。命令文でも自分の状態を説明することができるのですね。
○ Simon : Wait a minute, Harvard. Let me show you my life.　　　　　　　　　　　　（Chap13 36:45〜）
「ちょっと待てよ、ハーバード。俺の人生を見せてやるよ。」
モンティが大切にしている論文が彼の人生だと言われたとき、サイモンは自分が大切にしてきた石を見せます。
○ Simon's Friend: "You shall no longer take things at second or third hand, nor look through the eyes of the dead, nor feed on the spectres in books. You shall not look through my eyes either, nor take things from me, you shall listen to all sides and filter them from yourself."　（Chap18 59:00〜）
「今後はだれからもものを受け取らるべからず、死人の目から見るべからず、または、本の幽霊から得るべからず。私の目から得るべきでもなければ、受け取るべきでもない。自分自身を通して、いろいろな意見を聞くべきだ。」
急に訪れたサイモンの友達がモンティに残りの卒業論文を渡す場面でのセリフです。このときは、すでにモンティの中に今までなかった感情や考えが芽生えていました。
○ Simon : Finders keepers loosers weepers「見付けた人がもらえる人で、無くした人は泣く人さ。」
　　　　　　　　　　　　　　　　　　　　　　　　　　　　　　　　　　　　　　　（Chap. 4 10:48〜）
○ Simon: Sing a song every day. Keep your voices high and gay. If everybody sings a song. Never a world or world will go wrong.　　　　　　　　　　　　　　　　　　　　　　　　　　　　（Chap.22 1:08:30〜）
「毎日歌を歌え、自分の声は高く明るく。もしみんなが歌を歌えば、世界は決して間違ったりはしない。」英語特有のrhyme（韻）を使っています。英語の歌詞は、必ず韻を踏むようになっています。これは、昔からある詩を書くときのルールとなっています。ぜひ、韻を確認させるとともに、生徒たちにも、似ている発音の言葉を見つけさせる活動につなげたいです。

あらすじ

モンティは、将来政府に関わる仕事をし、世界を変えたいと考えているハーバード大学の4年生。ふだんは、3人の友達とルームシェアをしながら大学生活を送っていました。卒業論文を期限内に仕上げ、「優秀賞」を取り、卒業することが彼の目標になっていたのです。ある日、コンピュータが故障し、書きかけの卒論のデータが消えてしまいました。焦ったモンティは、今持っている印刷されたものをコピーしようと家を出ました。雪が積もっている道を走っていたため、自転車置き場の足に躓きコピーを大学の図書館の地下にあるボイラー室に落としてしまいます。友達コートニーの力を借りて夜中の図書館に忍び込むも、そこにはホームレスのサイモンがいたのです。サイモンは、卒業論文を読んでは一枚ずつボイラーの焼却炉に燃やそうとしており、あわてて止めようとしたモンティは、サイモンから条件を言い渡されます。一つの行為に対して、1ページを交換すると言われた。納得いかなくなったモンティは後日大学の警備員に追放し、サイモンは大学の地下から追い出されることになってしまいます。しかし、そこにあるはずの卒論のコピーはなく、困ったモンティはサイモンの保釈金まで払ってしまうのでした。ここから、変わった浮浪者サイモンと4人の大学生との共同生活が始まります。将来有望とされているモンティがサイモンとの出会いをきっかけに今までの自分の考えを非難されつつも、人と関わることで大切なことは何かを学んでいく感動の物語です。

映画情報

製 作 年：1994年（平成6年）
製 作 国：米国
配給会社：ワーナー・ブラザーズ
言　　語：英語
ジャンル：ドラマ

公開情報

公 開 日：1994年4月29日（米国）
　　　　：1994年10月15日（日本）
上映時間：101分
音　　声：英語・日本語
字　　幕：日本語・英語　　　MPAA：PG-13

薦	○小学生　●中学生　●高校生　●大学生　○社会人	リスニング難易表	発売元：ワーナー・ブラザース・ホームエンターテイメント （平成27年2月現在、DVD発売なし） 中古販売店等で確認してください。

お薦めの理由	中学生にとって、自分の進路を決めることは大切です。目標をもって取り組める人もいれば、自分が将来やりたいことが分からずに進路決定の時期を迎えてしまう人もいます。この映画を見ることで、「自分の夢を実現するために必要なこととは何か」や「どのようにして決めるべきか」を感じることができます。また、たくさんの人の支えによってその夢が実現できることを再確認できると思います。

スピード	3
明瞭さ	1
米国訛	2
米国外訛	2
語彙	3
専門語	3
ジョーク	3
スラング	3
文法	3

英語の特徴	設定が大学生活のため、主人公が所属する学部の専門用語から日常生活で用いられるスラングも多く取り入れられています。日常生活の場面では、中学校で学習する文法事項が多く使われているため、分かりやすい部分もありますが、会話の早さがネイティブのため、聞き取ることは難しいかもしれません。また、専門用語については、当時の米国の社会問題に関する言葉が多く出てきます。

授業での留意点

　米国合衆国の本質を考えさせられました。先祖が創り上げものものすばらしさ、そして、その弱さにも触れられています。

○　Simon: Crude? No, sir. Our "founding parents" were pompous, middle-aged white farmers, but they were also great men. Because they knew one thing that all great men should know: that they didn't know everything. They knew they were gonna make mistakes, but they made sure to leave a way to correct them. They didn't think of themselves as leaders. （中略） The president isn't an "elected king," no matter how many bombs he can drop. Because the "crude" Constitution doesn't trust him. He's a servant of the people. He's a bum, okay Mr. Pitkannan? He's just a bum. The only bliss that he is searching for is freedom and justice. 　　　　　　　　　　　　　　　　　　　　　（Chap.14 45:23～）

「欠陥？そうじゃない。私たちの建国の両親たちは豪然で中年白人の農民であったが、偉大な人々だった。なぜなら彼らは偉大な人なら知っておくべきことを知っていたからだ。それは、全てのことは知らないということだ。彼はいつかは間違えることを知っていた。でも彼らはそれを直す術を残したんだ。彼らは自分たちをリーダーと考えていなかった。（中略）大統領は選出された王様ではない。たとえ何個も爆弾を落とせたとしても。なぜなら欠陥となる憲法が彼を信用していないからだ。彼は人々の使用人でしかないんだ。彼はろくでなしさ。いいかい。ピッカナン先生。彼はろくでなしさ。彼は探している幸せとは、自由と正義だけだよ。」

　偶然にも、モンティが受けている講義を聞いている中、モンティの卒業論文の担当であるピカナン教授と口論になるシーンで見られる台詞です。米国とはどのような姿であるべきかをサイモンが熱く語っています。この後で、講義を受けていたハーバードの学生たちが拍手をする姿も米国の国民性が出ています。

○　Simon：What did your father do to you that was so bad?　「おまえの父は何をそんなに悪いことをしたんだ。」
　　Monty：What did he do? He abandoned my mother.　　「なにをしたかって？母親を見捨てたんだよ。」
　　・・・・・・・・・・・（中略）・・・・・・・・・・・
　　Simon：Harvard. You've be surprised how different the view is on the way out than on the way in
　　「ハーバード、おまえも驚くよ。出て行く時の景色と入っていくときの景色の違いに。」　（Chap.25 1:17:01～）
「父親はなぜ自分を捨てたのか」、満足できる答えではありませんでした。このとき、サイモンはモンティにとって父親のような存在になっていたのかもしれません。

映画の背景と見所

○　世界でもっとも有名な大学の一つであるハーバード大学が舞台になっています。子どもたちでも、名前を聞いたことがあると思います。まずは、この米国の大学生活を見ることが出来ます。大学生の生活、大学の図書館をはじめ大学の講義まで見ることができるため、日本との学生生活の比較をすることができると思います。海外留学を考えている子どもがいるとイメージをもたせることもできるのではないでしょうか。

○　この映画を語るに避けて通れないのは、当時の米国の社会福祉問題についてです。日本と同じように高度経済成長期を終え、格差社会が進む米国では、当時からホームレスが社会問題になっていました。特に、家族の基を離れて出稼ぎに出る人が多かったようです。多くが幸せになるために米国政府が打ち出すべき法律や理想とする社会についてを主人公を通じて知ることができます。

○　この映画から、主演のブレンドン・フレイザーが様々な映画に主演します。日本でも人気のある映画「ハムナプトラ」や「センター・オブ・ジ・アース」の主演を務めることになる前の彼の姿はすばらしいものです。また、友達役のパトリック・デンプシー今ではたくさんの映画に出ています。彼らの初々しい演技をぜひ、一度子どもたちに見せてあげてください。

スタッフ	監　　督：アレック・ケシシアン 製作総指揮：ジョン・ピーターズ 脚　　本：ウィリアム・マストロシモーネ 制　　作：ポーラ・ワインスタイン 音　　楽：パトリック・レナード	キャスト	サイモン・ワイルダー　：ジョー・ペシ モントゴメリー・ケスラー：ブレンドン・フレイザー コートニー・ブルメンサル：モイラ・ケリー エヴァレット・カロウェイ：パトリック・デンプシー ジェフリー・ハークス　：ジョッシュ・ハミルトン

キンダガートン・コップ　　Kindergarten Cop　　（執筆）齊藤　省二

セリフ紹介

　　この映画での見所は、アクションシーンもありますが、キンブルが最初は圧倒されていた園児たちに、キンブルらしい方法で園児たちの心をつかみ、キンブル自身も彼らを愛するようになっていくのと同時に、成長していく園児たちの様子でした。しかし、そこには、相棒のフィービー・オハラの励ましの言葉がありました。
　　キンブルはある夜、子どもたちの扱いに悩み、オハラに相談します。（Chapter.7 46:52）
Kimble : They're pushing me around.「奴らは俺をコケにするんだ」
Phoebe : Who?　　　　　　　　　　「誰が？」
Kimble : The kids.　　　　　　　　「ガキどもだよ」
　　　　　They're walking all over me.「奴らは俺の上を歩き回るんだ」
　それに対してオハラは、警察の仕事と同じで、強気で行けば大丈夫と励まします。
Phoebe : Listen, Kimble　　　　　　「あのね、キンブル」
　　　　　You got to handle this like any other police situation.「警察での他の任務と同じように扱わないとだめ」
　　　　　You walk into it showing fear, you're dead, and those kids know you're scared.
　　　　　「弱みを見せながら突っ込めば死ぬだけ、子どもたちは貴方が畏れていることに気が付いているのよ。」
Kimble : No fear.「強気で押すんだ」　　　Phoebe : No fear.「強気で押すのよ」
　この言葉に力を得たキンブルと園児たちの関係は、翌日から変わっていきます。

学習ポイント

　　初日の授業が終わり、疲れ果てながらも教室の片付けをしているところへ、それを見かねた園児の一人であるドミニクが近づいてきて、どうしようもないと言わんばかりに首を振ったので。これに対してキンブルが質問します。
Kimble : What's that supposed to mean?「それ（その仕草）は何をどういう意味なんだ」
この場面では"What does that mean?"と聞くのがとても普通ですが、キンブルは、いらだっている時にさらにだめ出しをされそうな雰囲気を察し、be supposed to ～ を使い、強い表現で質問しています。これに対して、ドミニクはとても冷静に観察して、他の先生の方が良いと数名の先生と比較していきます。good の比較級 better を何度も使いながら話すので比較表現の学習にとても参考になります。（Chapter.5 31:50～）
Dominic : Mrs. Hagley is **a lot better** than you.
　　　　　My mom's a teacher in this school, and she's **a lot better than** you, too.
　　　　　On Monday nights, my mom tutors and Mrs. Quinn takes care of me.　She's **better than** you, too.
　　　　　And Frankie, my swimming teacher, and Gus, my T-ball coach, are **better than** you, too.
　比較表現だけではなく、同格（Frankie, my swimming teacher / Gus, my T-ball coach）や後置修飾（a teacher in this school）なども一緒に押さえることができるので確認しておきましょう。また、同格や後置修飾、並列によって主語がつかみにくくなっているのでしっかりとつかみましょう。また、中学校では、比較級を強めるときは、much を学習しますが、この台詞にある a lot や far を使っても構いません。ちなみに T-ball は野球のことで、まだ肩に負担が大きくかかる児童の行う、ピッチャーのいない野球です。
　　2日目 "Who is your daddy?" を行いますが、中学校で学習する内容が詰まっています。（Chapter.5 37:42～）
My dad repairs cars driven by women who are pinheads.「馬鹿な女性に運転された車」過去分詞によって cars が修飾され、関係代名詞によって women が修飾されており二重の後置修飾となっています。
My dad gives money to people that doesn't have money「お金を持っていない人たち」関係代名詞 that（主格）によって people が修飾されています。
his head is so big that he can't wear any hats...「彼の頭は大きすぎて帽子がかぶれない」so - that - の文です。
I know what my dad does.「父が何をしているか知っている」間接疑問文になっています。
I haven't seen him in a long time.「長い間彼に会っていない」現在完了形の継続用法。否定文は状況にあった例文を見ることが多くないので、使用場面の分かりやすい文になっています。

あらすじ

　　麻薬密売組織のボスのクリスプを追っている刑事のキンブルは、殺人容疑でクリスプを追い詰めましたが、逃げられてしまいます。麻薬密売の証人として、クリスプの息子とともに姿を消したその妻に法廷で証言をさせる計画を立てます。しかし、その妻は子供とボストン近郊の住宅地に住んでいるという事だけで、名前も顔も分かりません。子供が通っている幼稚園だけは判明したため、潜入捜査のため女性刑事オハラとその町へ向かいました。しかし幼稚園の先生として潜入する予定であったオハラが急性の食中毒になってしまったため、代わりにキンブル自ら幼稚園の先生として潜入しました。さすがの凄腕刑事も30人の幼稚園児のパワーには翻弄されます。だが、彼の同僚のオハラに励まされ園児たちと交流を深めていきました。潜入捜査を知りながら危なっかしく思っていた園長のミス・シュロウスキーも、警察学校方式の園児のしつけや徐々に深まる園児との信頼関係を、彼を叱りながらも温かく見守ってくれます。捜査の中でドミニクという園児の母がクリスプの妻であることを突き止めます。捜査を進める中でキンブルとクリスプの妻ジョイスは愛し合うようになります。しかし、落ち着いた日々は続かず、出所したクリスプとその母親がドミニクを取り返すために、学校に火をつけ、その間に息子を連れ去ろうとします。しかし、キンブルとオハラの活躍によりドミニクは守られました。キンブルはけがを負いますが、その後幼稚園へ戻り、ジョイスと結ばれます。

映画情報

製　作　年：1990年
製　作　国：米国
製　作　費：1,500万ドル
配給会社：ユニバーサル映画
製作会社：イマージン・エンターテイメント

公開情報

公　　　開：1990年12月21日（米国）
　　　　　　1991年　6月29日（日本）
興行収入：2億200万ドル
上映時間：111分
字　　幕：日本語・英語　　　音　声：英語・日本語

薦	○小学生　●中学生　●高校生　●大学生　●社会人	リスニング難易表	発売元：NBCユニバーサル・エンターテイメントジャパン （平成27年2月現在、本体価格） DVD価格：1,429円

お薦めの理由	アーノルド・シュワルツネガーのイメージ通り冒頭はハードボイルドに始まりますが、実にハートフルなヒューマン・コメディーな作品です。現在日本の子どもたちが抱えている問題となっている離婚による母子家庭や幼児虐待の問題などをさりげなく盛り込んであります。また、通学の様子や教室が幼稚園児の教室であることや、避難訓練など日本の学校とは異なる様子も知ることのできる作品です。	スピード	3
		明瞭さ	3
		米国訛	3
		米国外訛	3
		語　彙	3
英語の特徴	全般的に標準的な米国英語です。序盤は大人の会話ですが、子どもの映画であるためスラングはほぼ出てこず、幼稚園に潜入以降は、幼稚園児との会話が多くなり、スピードも落ちて聞き取りやすくなっています。また、中学生が学習している内容がふんだんに使われており、十分に聞き取れる場面が多く、英語学習に適しています。また、コミカルなストーリー展開のため楽しく取り組めます。	専門語	2
		ジョーク	2
		スラング	1
		文　法	2

授業での留意点

　園長先生がキンブルを生徒に紹介するシーンです。紹介の際の表現に加え、園長先生の生徒とのやりとりが教師と生徒らものになっています。場面の表現や慣用表現、文法事項等も確認しておきましょう。（Chapter.5 25:30～）

Miss Schlowsk : Your teachere,Mrs.Hagly had to go on an important trip.（**have to , go on a trip**）
Student A : Where'd（Where did）she go?　　Miss Schlowsk : **That doesn't matter.**「それはどうでもいいのよ」
Student B : Did she die?　　　　　　　　　　Miss Schlowsk : No, Lowell. She went to see someone.（go to see）
Student B : Did they die?　　　　　　　　　　　　　　　　　「いいえ、ロウエル。彼女は人に会いに行ったのよ」
Miss Schlowsk : No, Lowell.　Student B: Everyone dies, you know.「みんな死ぬよね」（**everyone　単数扱い**）
Miss Schlowsk: I know, but not for a long, long time.「そうよ、でもずっとずっと先のことよ」（for a long time）
Now, untill Mrs. Hagley comes back, we have someone special to help.（**someone special to help** 語順）
Thsi is Mr. Kimble, your new kindergarten teacher.（**This is 人**）

　学校の授業始まりが国家への誓いで始まっています。米国らしく幼稚園から自国への誇りと自由の精神をもたせる教育が行われていることがうかがえます。（Chapter.6 36:22～）

I pledge allegiance to the flag of the United States of America,「アメリカ合衆国旗へ忠誠を誓います。」
and to the puublic for which it stands,「そしてそのもとに集まる仲間たちへ」（**前置詞を伴う関係代名詞**）
one nation, under God,indivisible with liberty and justice for all.
「神の下に、すべての人の自由と正義が守られ一つの国家となる」

　園児たちが学園祭でリンカーンのスピーチの一部を全員で暗唱発表します。

Fourscore and seven years ago「84年前」　our forefathers brought forth on this continent「私たちの祖先はこの大陸で実を結んだ」 a new nation conceived in liberty「新しい国家は自由のもとに考え」 and dedicated to the proposition that all men are created equal「すべての人々が平等に創造されたという定理に身を捧げた」 and that government of the people, by the people, and for the people shall not perish from this earth.「そして、人民の、人民による、人民のための政治は、この世界から絶対になくなることはない」

　有名なリンカーンの言葉とともに自由を愛し米国という国を創り上げてきた祖先を敬うこの演説を、幼稚園児に暗唱させる米国人の自国への誇りを感じる場面です。
　これらの他に、お昼寝の前のキンブルと園児たちの会話もできれば押さえてほしいです。（Chapter.8 52:58～）

映画の背景と見所

　映画の冒頭はロサンゼルスのショッピングモールから始まります。25年近く前の作品ですが、近年の日本のようです。米国で起こっていることが10年後に日本にやってくると言われますが、その要素が見られます。幼稚園が舞台であるため、当時子どもを取り巻く米国社会が抱えている問題が盛り込まれています。死別や離婚による母子・父子家庭、離婚による親権のトラブル、離婚と再婚を繰り返す親、児童虐待、DVなど近年の日本で問題となっていることばかりです。コメディーですが社会問題もちりばめながらのヒューマン・コメディーになっています。
　見所は何と言っても、子ども嫌いのキンブルと園児たちが徐々に心を通わせ、お互いの愛情が育っていく場面であります。またそれと平行して、ドミニクの母親でもありクリスプの妻であるジョイスとの恋も、大人の恋らしく静かに育まれていきます。もちろんアクションシーンもありますが、ハートを揺さぶる数々のシーンが印象に残る作品です。そこへ、一味加えているのが、要所となるシーンでアドバイスをキンブルに与えたり、またキューピッド役ともなったりした相棒のオハラの活躍は見逃せません。事件が解決し、入院中のキンブルに彼女は「自分の結婚式の招待状はどこへ送ればいい？」と意味深に尋ねます。そしてラストシーンでは、退院した彼は幼稚園の子どもたちのところへ戻り、ジョイスと結ばれハッピーエンドとなります。

スタッフ	監　　督：アイヴァン・ライトマン 原作・脚本：マーレイ・セーレム、他 制　　作：アイヴァン・ライトマン、他 撮　　影：マイケル・チャップマン 音　　楽：ランディ・エデルマン	キャスト	ジョン・キンブル　：アーノルド・シュワルツネガー ジョイス・パルミ　：ペネロープ・アン・ミラー フィービー・オハラ：パメラ・リード シュロウスキー　　：リンダ・ハント クリスプ　　　　　：リチャード・タイソン

グラン・トリノ	Gran Torino	（執筆）松葉　明

セリフ紹介

この映画を特徴づけるセリフを紹介します。　　　　　　　　　　　　（Chap：チャプター番号と時間）
○　Walt：Get off my lawn！「俺の芝生から出ていけ！」　　　　　　　（Chap.7 25:39～）
　　モン族のチンピラが、タオを連れ去ろうともめていたときに、ウォルトがライフルを突きつけて言います。このセリフは何回も出てきます。
○　Walt：God, I've got more in common with these gooks than I do my own spoilt rotten family.（Chap.12 48:06～）
　　　　「あぁ、甘やかされた家族より、この東洋人たちの方に共感を覚えるとはな。」
　　始めは隣のモン族を忌み嫌っていたウォルトでしたが、スーを通して打ち解けてきた様子がわかるセリフです。
○　Walt：I worked in the Ford factory for 50 years and he's out selling Japanese cars.　　（Chap.18 71:36～）
　　　　「俺は50年間フォードの工場で働き、やつ（息子）は日本車を売っている。」
　　ウォルトがタオに向かって言います。彼はさらに自慢の車を指して "I put the steering column in this Gran Torino in 1972, right on the line." 「俺はこのグラン・トリノのステアリング・コラムを1972年に取り付けていた。」と言っています。息子が日本のトヨタ車ランド・クルーザー（Chap.3 9:16～）に乗っているのが気に入らないのです。
○　Walt：You know, Thao and Sue are never gonna find peace in this world as long as that gang's around.
　　　　「タオとスーはあのギャングどもがいる限り、決して安らぐことはないんだ。」　　（Chap.23 90:49～）
　　ウォルトが神父に語ります。彼がスーたちを守ろうとする気持ちがわかるセリフとなっています。

学習ポイント

中学生レベルの英語表現を集めてみました。
○　Sue　：Hey, Walt. What are you up to？ We're having a barbecue. You wanna come over？
　　　　　「こんちは、ウォルト。何してるの？ バーベキューやるの。あなたも来ない？」　（Chap.11 42:35～）
　　Walt：What do you think？「どう思うかね？」
　　Sue　：There's tons of food.「ごちそうがいっぱいよ。」
　　Walt：Yeah, just keep your hands off my dog.「そうか、俺の犬には手を出すなよ。」
　　Sue　：No worries, we only eats cats.「心配いらないわ、私たちは猫しか食べないもの。」
　　Walt：Really？「本当か？」
　　Sue　：No, I'm kidding, you moron. Come on, you can be my special guest.　　※ 'moron'「馬鹿、まぬけ」
　　　　　「バカね、冗談よ。さあ来て、あなたは特別なゲストだから。」
　　この後、ウォルトが今日は自分の誕生日と言うと、スーが "Happy birthday, Wally！" と言います。するとウォルトは "Don't call me Wally."「ウォーリーと呼ぶな。」と言い返します。神父さんがウォルトと呼ぶことをなかなか許さなかったことを思えば、スーには甘いウォルトの一面がうかがえます。その神父さんにも最後には "Call me Walt."「ウォルトでいいよ。」（Chap.23 92:51～）と言って、彼の心の変化がわかります。
○　Walt　：All right. What are you good at？「わかった。何が得意なんだ？」　　（Chap.14 56:12～）
　　Thao：Like what？「例えば？」
　　Walt　：Well, that's what I'm asking.「ああ、それが俺が尋ねていることだ。」
　　罪の償いに奉仕にやってきたときの会話です。'be good at ～'「～が得意である」は大切な熟語です。
○　Father：What can I do for you, Mr. Kowalski？「何かご用ですか、コワルスキーさん。」（Chap.25 96:28～）
　　Walt　　：I'm here for a confession.「懺悔に来た。」　　※ 'confession'「告白、懺悔」
　　Father：Oh, Lord, Jesus. What have you done？「あぁ、何てことだ。何をしたんですか？」
　　Walt　　：Nothing. You just take it easy, now.「何もしやしない。落ち着いてくれ。」
　　Father：What are you up to？「何をしようとしているんですか？」
　　Walt　　：Are you gonna give me a confession or not？「懺悔をさせるのか、させないのかどっちだ？」
　　今までにさんざん懺悔（confession）を勧めていただけに、少し笑える会話です。この後の内容も同様です。

あらすじ

　かつては自動車産業で栄えたデトロイトに一人で住むウォルト・コワルスキーは、元フォード自動車で働く機械工でした。自慢は愛車グラン・トリノと美しい妻。しかし、今日はそんな妻の葬式の日だったのです。元軍人で一刻な彼は、二人の息子夫婦と孫たちともそりが合わず、式が終わるとすぐに別れてしまいます。長男が日本車のセールスの仕事に就いているのも気に入りません。米国の自動車産業が斜陽になり、町が廃れていき周りに住むのは東洋人ばかりで、隣家にもモン族の家族が引っ越してくるのでした。
　ある晩、その隣家の少年タオが、自分の愛車グラン・トリノを盗みに来ます。しかし、ライフルを手にしたウォルトを見て、あわてて逃げ出すのでした。実はタオは真面目な少年で、モン族のギャング団の一人である従兄に脅されてやっただけでした。そんなタオにギャング団は再度やってきて、嫌がるタオを無理矢理連れて行こうとします。そして、ウォルトの敷地に足を踏み入れると、そこにはライフルを構えたウォルトがいて、結果的にタオを助けることになるのでした。ウォルトは一躍近所の中で英雄となり、タオの姉スーを助けることもあって、彼らと少しずつ心を通じ合わせるようになります。そんな中、ギャング団が真面目に働こうとするタオをリンチにかけ、その制裁をウォルトがしたことで、スーまでがひどい暴行を受けることになります。怒り心頭に発したウォルトがとった行為とは…。

映画情報

製　作　年：2008年（平成20年）
製　作　国：米国
配給会社：ワーナー・ブラザーズ
言　　　語：英語、モン語
2010年日本映画館大賞受賞作品

公開情報

公　開　日：2008年12月12日（米国）
　　　　　　　2009年 4月25日（日本）
上映時間：117分
MPAA（上映制限）：R
音　　　声：英語・日本語　　　字　　　幕：日本語・英語

薦	○小学生　●中学生　●高校生　●大学生　●社会人	リスニング難易表		発売元：ワーナー・ブラザース・ホームエンターテイメント（平成27年2月現在、本体価格）DVD価格：1,429円　ブルーレイ価格：2,381円

お薦めの理由	かつては自動車産業の一大都市であったデトロイト。今や斜陽産業となったその都市の衰退と、妻を亡くし、家族と離れてその寂れた町で暮らす独居老人の話です。 人種偏見に満ち、朝鮮戦争で人を殺した暗い過去をもちながら、頑なな生き方しかできない主人公ウォルトが、モン族の若い二人と心を通わせながら次第に変化していく感動の作品です。

リスニング難易表	
スピード	2
明瞭さ	4
米国訛	3
米国外訛	3
語彙	3
専門語	3
ジョーク	2
スラング	3
文法	2

英語の特徴	主人公ウォルトの人種偏見に満ちたセリフや、チンピラの汚い言葉には閉口させられます。しかし、こんな言い方はしないようにという視点で観ると非常に参考になります。 クリント・イーストウッドの声はこもっていて、多少聞き取りにくく、モン族のスーとタオの訛りは独特ですが、多様な英語に触れる機会として捉えれば、物語の展開はすばらしいので英語学習にも適した作品といえるでしょう。

授業での留意点	主人公のウォルトとモン族のスーとのやりとりです。少し長めで難しいですが、挑戦してみましょう。 ○　モン族が米国に来た理由について　　　　　　　　　　　　　　　　　　　　　　（Chap.10 36:59～） Sue　：Hmong people come from different parts of Laos, Thailand, and China. 　　　「モン族の人々はラオス、タイ、そして中国の異なった地域からやってきているの。」 Walt：Yeah. Well, how did you end up in my neighborhood, then? Why didn't you stay there? 　　　「そうか。で、それからどうして私の近くに来ることになったんだ？どうしてそこにいなかったんだ？」 Sue　：It's a Vietnam thing. We fought on your side. And when Americans quit, the Communists started killing all the Hmong. So we came over here.「ヴェトナム問題よ。私たちは米国側で戦ったの。それで米国が撤退したら、共産主義者たちがモン族をすべて殺し始めたの。それでここまで来たってわけ。」 ○　モン族の習慣について　　　　　　　　　　　　　　　　　　　　　　　　　　（Chap.12 44:30～） Sue　：All the people in this house are very traditional. Number one: never touch a Hmong person on the head. Not even a child. Hmong people believe that the soul resides on the head, so don't do that. 　　　「この家の人々はみな伝統を重んじているの。一つ目、モン族の人々の頭を触ってはダメ。子どもでもよ。モン族の人々は魂が頭に存在していると信じているの。だから触っちゃダメ。」 Walt：Well, sounds dumb, but fine.「あぁ、ばかばかしいが、いいだろ。」 Sue　：Yeah, and a lot of Hmong people consider looking someone in the eye to be very rude! That's why they look away when you look at them.「そうなの、そして多くのモン族の人たちは、目と目を合わせるのはとても無礼と思っているの。だからあなたが自分たちを見ると目をそらすの。」 Walt：Yeah. Anything else?「ああわかった。他には？」 Sue　：Yeah, some Hmong people tend to smile or grin, when they're yelled at. It's a cultural thing. It expresses embarrassment or insecurity. It's not that they're laughing at you or anything. 　　　「ええ、モン族の人たちは怒鳴られると、ニヤッと笑う傾向があるの。文化的なことで、困惑や不安をあらわしているの。あなたを笑ったりしているわけじゃないの。」 Walt：Yeah, you people are nuts.「あぁ、お前えたちは変なやつらだな。」 民族の文化には、なかなか理解できないところがあります。しかし、理解し合うことは大切なことです。

映画の背景と見所	○　この映画のタイトルになっている'グラン・トリノ（Gran Torino）'は、1972～76年にかけて生産された米国フォードの車種です。映画に登場する車も実物です。以前は自動車産業の3大メジャーといえば、GM、フォードそしてクライスラーでしたが、今やトヨタ、VWそしてGMと変遷しています。この映画の舞台となっている米国デトロイトの衰退は、如実にそれをあらわしています。 ○　主人公ウォルトの隣家に越してきたタオ、スーを始めとするモン族の人々。彼らはラオス、ヴェトナム、タイなどアジア各地に居住しています。とりわけラオスに住んでいたモン族は、ヴェトナム戦争で米軍に協力したことで、戦後は米国に亡命しなければならなかったそうです。モン族の慣習についても、スーがウォルトに説明しています。（Chap.10 36:59～、Chap12 44:30～：「授業での留意点」を参照してください。） ○　映画といえば、その背後に流れるBGMに注目がいくことが多々ありますが、この映画についていえばほとんど流れていません。それだけに特に後半の音楽が流れる場面は注目に値します。 ○　クリント・イーストウッドは、西部劇と『ダーティ・ハリー』シリーズで有名です。それで意外に思えますが、彼はこの映画で初めて撃たれて死ぬ役を演じました。

スタッフ	監督・製作：クリント・イーストウッド 脚　　本：ニック・シェンク 原　　案：デイブ・ヨハンソン／ニック・シェンク 撮　　影：トム・スターン，AFC, ASC 音　　楽：カイル・イーストウッド他	キャスト	ウォルト・コワルスキー：クリント・イーストウッド タオ・ロー　　　　　：ビー・バン スー・ロー　　　　　：アーニー・ハー ヤノビッチ神父　　　：クリストファー・カーリー ミッチ・コワルスキー：ブライアン・ヘイリー

グリーンマイル　The Green Mile

(執筆) 松葉　明

セリフ紹介

この映画を特徴づけるセリフを紹介します。　　　　　　　　　　　　　　（Chap：チャプター番号と時間）

○ Brutal : He's paid what he owed. He's square with the house again, so keep your goddamn hands off him!
「奴は負った罪を償った。もう何も借りはない。だからその忌まわしい手をひっこめろ！」（Chap.13 46:07〜）
卑劣な新米看守パーシーが、電気椅子で処刑された遺体に対して、頬をつねったり、暴言を吐いたりするのを見かねた同僚のブルータルが、パーシーを叱責する場面でのセリフです。刑務所といっても、死刑執行を待つばかりの囚人たちが集まった刑務所ならではの意味深長なセリフとなっています。

○ Paul : What happens on the Mile, stays on the Mile. Always has.　　　　　　　　　（Chap.23 86:57〜）
「マイルで起こったことはマイル内にとどまる。いつもそうだ。」
パーシーが囚人のワイルド・ビルに脅され、恐怖のあまりお漏らしをしてしまい、このことを皆にばらしたらクビにすると言ったときに、看守主任ポールがそれに答えたときのセリフです。ポールのグリーンマイルでの強い気持ちがわかります。同僚のブルータルも、後にまったく同じセリフを言います。　　　　　　　　（Chap.40 144:51〜）

○ Paul : I don't think that's going to happen. In fact, I don't think he did it at all.　（Chap.32 118:43〜）
「それは起こらないと思う。実のところ、彼は殺人を犯していないと思ってるんだ。」
コーフィを刑務所から連れ出し、所長の奥さんの病を治そうとポールが提案したときに、殺人犯を外に出したら新たな罪を犯すのではないかと同僚が心配して言ったときに答えたセリフです。

学習ポイント

ここでは、日常使える表現を聞いて覚えてしまいましょう。

○ Paul : Just walk. I like to walk.「ただ歩いているんだ。歩くのが好きなんでね。」　（Chap.2 3:50〜）
老人ホームで、雑役係のヘクターが毎日丘の上で何をしているんだい？」という質問を受けての答えです。「〜するのが好き」の 'like to 不定詞' は、'like 動名詞' と併せて覚えましょう。

○ Hal : She is scared to death.「彼女は死ぬほどおびえている。」　　　　　　　　（Chap.7 22:38〜）
刑務所長のハルが、妻の容態を看守主任のポールに伝えるセリフの一部です。'be scared' で「怖がる」、'to death' で「死ぬほど」という意味になります。'I'm starving to death.' といえば「腹減って死にそう。」です。

○ Paul : This is not a good time. John Coffey, not a good time at all.　　　　　　　（Chap.18 61:56〜）
「今はだめだ。ジョン・コーフィ、絶対だめだ。」
都合が良いか悪いかを言い方です。易しい表現ですので使えるようにしましょう。'not 〜 at all' で全否定を表す言い方は中学校で習います。これは尿路感染症で苦しむポールが、凶悪犯ウィリアム・ウォートンことビリーに股間を蹴られ苦しんでいるときに、ジョンが「こっちに来てくれ。」と言った後のセリフです。この後、ジョンが行う最初の奇跡が起こります。

○ Paul : The man is mean, careless, and stupid, and that's a bad combination in a place like this. Sooner or later, he's going to get somebody hurt or worse.　　　　　　　　　　　　　　　　　　　（Chap.7 23:45〜）
「あいつは卑劣で、軽率で、愚かで、ここのような場所では悪い組み合わせです。遅かれ早かれ、あいつは誰かに怪我をさせます、あるいはもっとひどいことを。」
看守主任ポールが、刑務所長のハルに新任のパーシーのことをこう表します。実はパーシーは、州知事の妻の甥にあたり、コネを使って赴任したのです。所長もパーシーを持て余しています。単語を置き換えれば、人を褒める言い方にも使えます。

○ John : Can I give Del and Mr. Jingles some？「デルとミスター・ジングルスにやっていいかな？」（Chap.20 75:28〜）
　Paul : Well, it's yours, John. You can do with it as you please.「君のものだ、ジョン。好きにしていいよ。」
ポールが病を治してくれたお礼に、妻が焼いてくれたコーン・ブレッドをジョンに渡します。同じ囚人のデルがほしがるので、ポールに許可を求める場面のセリフです。許可を求める 'Can I 〜 ?'「〜してもいいか。」、2つの目的語をもつ動詞 'give'「与える」の使い方を確認しましょう。また、所有代名詞も確認しておきましょう。

あらすじ

物語は大恐慌時代の1935年、米国南部ジョージア州の刑務所で死刑囚が最後に歩く緑色のリノリウムの廊下、通称グリーンマイルのある獄舎の看守主任ポールの回想形式で進んでいきます。

ある日、双子の少女を殺した罪で一人の大男が送られてきました。彼の名はジョン・コーフィ。その罪状や風貌からは信じられないほどおとなしく、純粋で繊細な心をもっていました。

ある日、彼は尿路感染症で苦しむポールを、不思議な力で治してしまいます。それだけではありません。瀕死のネズミを元気に回復させたり、脳腫瘍を患った刑務所長の妻を治癒させたりします。そんな中、ポールはジョンが決して殺人を犯していないと思うようになります。そして、それを確信する出来事がおこります。新たに送られてきた凶悪犯、通称ワイルド・ビルことウィリアム・ウォートンがジョンの腕をつかんだとき、ジョンはワイルド・ビルこそが双子の少女の犯人であることを知り、ジョンはポールの手を取って、その殺人現場を見せるのでした。しかしながら、彼の冤罪を覆すことはできず、また、ジョンも自ら死を選び刑は執行されるのでした。

その後もポールは108歳になっても元気なままで生きています。ミスター・ジングルズこと、あのネズミも60年経っても元気なまま。あたかもジョンを処刑したことで、神から与えられた罰のように長生きをするのでした。

映画情報

製作年：1999年（平成11年）
製作国：米国
配給会社：ワーナー・ブラザーズ
言語：英語
アカデミー音響・脚本・作品・助演男優賞ノミネート

公開情報

公開日：1999年12月10日（米国）
　　　　2000年 3月25日（日本）
上映時間：188分
MPAA（上映制限）：PG-12
音声：英語・日本語　　字幕：日本語・英語

薦	○小学生　●中学生　●高校生　●大学生　●社会人	リスニング難易表	発売元：ポニーキャニオン（平成27年2月現在、本体価格）DVD価格：1,429円 ブルーレイ価格：1,886円

お薦めの理由	原作がスティーヴン・キングといえば、ホラーものを思い浮かべる人は少なくないでしょう。しかし、この映画は刑務所を舞台としてダラボン監督とタッグを組んで制作した『ショーシャンクの空に（1994年）』と並ぶ名作です。イエス・キリストのように慈悲深く、周りに奇跡をもたらすジョン・コーフィの物語の展開に、3時間を超える時間も決して長くは感じられないでしょう。	スピード	3
		明瞭さ	4
		米国訛	5
		米国外訛	2
		語　　彙	3
英語の特徴	舞台が南部の州ルイジアナ州なので、南部訛りの英語が特徴です。義務（〜すべき）を表す助動詞が'should'ではなく'ought to'を使っているのも南部米国英語の特徴のひとつです。 子どもがほとんど出てきません。大人の、しかも刑務所内での会話がほとんどなので特殊なものが多く、英語はかなり難しいですが、米国南部英語に触れる機会としましょう。	専門語	3
		ジョーク	3
		スラング	3
		文　　法	3

授業での留意点

○　セリフ紹介では紹介しきれなかった、この映画の核となるセリフをものに焦点を当ててみました。s
Paul : On the day of my judgment, when I stand before God, and He asks me why did I, did I kill one of His true miracles, what am I going to say ? That it was my job ? It's my job. （Chap.45 160:23〜）
「私の（最後の）審判のとき、神の前に立つと神は私にお尋ねになる。"なぜお前は殺した？真の奇跡を行う私の使いを殺したのだ？"と。私はどう答えたらいい？それが私の仕事だから？職務だった。」
John : You tell God the Father it was a kindness you done. I know you're hurting and worrying. I can feel it on you. But you ought to quit on it now. I want it to be over and done with. I do.
「あなたは父なる神に親切な行為をしたと答えればいい。あなたは心を痛め苦しんでいる。それを感じる。でも、もうやめるべきだ。なぜなら私はもう終わってほしいと思っているんだ。本当だよ。」
　目前に迫ってきたジョン・コーフィの死刑に対して、無罪の彼の執行をしたくないポールが、ジョンに語りかけ、ジョンもポールをかばうかのようにこう答えています。義務を表す'ought to 〜'は「〜すべき」で、'should'を中学校では習います。そしてこの後、ジョンは続けてこうも言います。
John : I'm tired, boss. Tired of being on the road, lonely as a sparrow in the rain…. （Chap.45 161:14〜）
「俺は疲れたよ、ボス。雨の中の一羽の雀のような一人旅に疲れた・・・。」
Mostly, I'm tired of people being ugly to each other. I'm tired of all the pain I feel and hear in the world every day. There's too much of it. 「たいがい、醜いことをやりあう人間に疲れた。毎日この世界で感じたり聞いたりする痛みに疲れた。もうたくさんだよ。」（ジョンは'dog-tired'「へとへと」もよく使っています。）
○　慣用表現や諺を紹介してみましょう。
①　Paul : Mind your business, Del. 「構わないでくれ、デル。」（Chap.18 62:33〜）
　ジョンがポールの病を治そうとしたときに、死刑囚のデルが看守主任のポールを心配したときに発した言葉です。これは"None of your business."と同様によく使われます。「おまえの知ったことではない。／余計なことはするな。」という意味です。"Mind your own business."とも言います。
②　Paul : Let bygones be bygones. 「過去のことは水に流せ。」（Chap.40 144:39〜）
　卑劣な看守パーシーを拘束した後、縄を解くときにポールが彼に語りかけたときに発した言葉です。諺ですからこのまま紹介しましょう。

映画の背景と見所

○　奇跡を行うジョン・コーフィの表情がとてもいいです。その力に奢ることなく申し訳ないという表情です。戦後を生き延びた日本人が、自分だけが生き残って申し訳ないという感じがして、日本人には共感を呼ぶのではないでしょうか。ちなみに、ジョン・コーフィの頭文字はJCです。そう、イエス・キリスト（Jesus Christ）と同じなのは単なる偶然ではないでしょう。
○　フレッド・アステア＆ジンジャー・ロジャースのミュージカル映画『トップ・ハット（1935年）』が、効果的に登場しています。（Chap.3 6:31〜）（Chap.46 162:27〜）この映画を引用するため、時代背景が原作では1932年だったのに対し、映画は1935年になっています。
○　ネズミのミスター・ジングルスは、当初CGで30%位は補う予定でした。しかし、アニマル・トレイナーのブーン・ナールと視覚効果を担当したチャールズ・ギブソンの演技指導がすばらしくよかったため、なんと99%が本物のネズミを使っての演技となっています。
○　マイケル・クラーク・ダンカンはどのくらいの大男なのでしょう。実は彼は身長約196cmで、デヴィッド・モースは約193cm、ジェームズ・クロムウェルは約201cmです。カメラアングル等の工夫で大男に見せているのです。

| スタッフ | 監督・脚本・製作：フランク・ダラボン
原　　作：スティーヴン・キング
視覚効果：チャールズ・ギブソン
撮　　影：デヴィッド・タッターサル
音　　楽：トーマス・ニューマン | キャスト | ポール・エッジコム　：トム・ハンクス
ジョン・コーフィ　　：マイケル・クラーク・ダンカン
ブルータル・ハウエル：デヴィッド・モース
ディーン・スタントン：バリー・ペッパー
ハル・ムーアズ所長　：ジェームズ・クロムウェル |

クリスマス・キャロル	Scrooge （執筆）松葉　明

セリフ紹介

勧善懲悪の物語であるので、覚えてためになるセリフがたくさん出てきます。　（Chap：チャプター番号と時間）

○ スクルージが昔の恋人だったイザベラのことをこう尋ねられます。
　Chap.4　48:15〜　　過去の精霊：You were going to marry her, weren't you？
　　　　　　　　　　　スクルージ：Yes.

○ 亡霊のマーレイが、スクルージにこれからのことをこう説明します。
　Chap.5　36:25〜　　マーレイ　：The first will appear tonight when the bell tolls at one.

○ 陽気な現在の精霊がスクルージとの別れでこう諭します。
　Chap.10　78:48〜　現在の精霊：Remember Scrooge, time is short, and suddenly, you're not here anymore.

○ すっかり心を入れ替えたスクルージに、甥の妻がスクルージを家に招待しようと声をかけます。
　Chap.14　103:24〜　甥の妻　　：Christmas lunch is sharp at three. May we expect you？
　　　　　　　　　　　スクルージ：Yes, you may.

○ 自宅の玄関のドアノブに向かって言うスクルージの最後のセリフです。
　Chap.14　112:30〜　スクルージ：I'm going to have Christmas dinner with my family.

どうです。中学生にも十分理解できるセリフですね。'toll'「鐘が鳴る」、'sharp'「（時刻などが）ちょうど、きっかり」は辞書で確認しましょう。

学習ポイント

歌詞から学ぶことの多い映画ですが、次のような何気ない場面からも学習できます。

○ Chap.2　10:53 〜（子どもたちが、おもちゃ屋さんの窓越しにのぞいているところにパパのクラチットさんが現れます）
　ボブ・クラチット　　（父）：Well, my loves, which one do you like best, eh？
　キャシー・クラチット　（娘）：I like the dolly in the corner.
　ティム・クラチット　（息子）：I like all of them.
　ボブ・クラチット　　（父）：Good Boy？ And why not one in particular？
　ティム・クラチット　（息子）：Well… you said I can't have none of them, so I might as well like them all.

貧しい家庭事情があり、なおかつ足が不自由なティムは、悲観的なことを言います。それに対して、父親のボブ・クラチットさんは、あくまで明るく振る舞うことで心優しい父親をよく表している場面です。

○ Chap.6　39:45 〜（過去の精霊の登場の場面です。）ゆっくり発音されるので、十分に聞き取れます。
　スクルージ：Who are you？
　過去の精霊：I am the spirit whose coming was foretold to you.
　スクルージ：You don't look like a ghost.
　過去の精霊：Thank you.　　　　　　　ゆっくり発音されるので、十分に聞き取れます。

○ Chap.12　91:25 〜（地獄に堕ちてきたスクルージを、彼の唯一の友人マーレイが出迎えて言います）
　マーレイ　：I heard you were coming down today. So I thought I come to greet you, show you to your new quarters, nobody else wanted to…

この地獄のセットは作り物そのものですが、当時としては斬新なものでした。そして、ここでは名優サー・アレック・ギネスのセリフを楽しみましょう。

○ Chap.14　106:55 〜（心を入れ替え、サンタクロースに扮したスクルージは、プレゼントを山のようにかかえ、クラチット家を訪れます。そして、ティムがほしがっていたおもちゃのメリー・ゴーランドを渡します。）
　ティム　　：You didn't steal it , did you？
　スクルージ：No, I didn't steal it. It's a present for you to keep.

さあ、ここからいよいよクライマックスへと進んでいきます。

あらすじ

舞台は19世紀半ばのロンドン。町はクリスマス・イヴを迎える温かで賑やかな雰囲気に包まれていました。しかし、ケチで思いやりの気持ちのひとかけらもない高利貸しのスクルージは、そんな世間の様子には関心を示さず、事務所の使用人クラチットにたった一日しかクリスマス休暇を許可していませんでした。それどころか、今は亡き妹の、たった一人の忘れ形見である甥のクリスマスパーティの誘いも断り、年末の寄付を頼みにやってきた紳士たちに耳も傾けず、自分に借金のある町の人々に、借金の取り立てを容赦なく行うありさまでした。

ところがその夜、スクルージの前に、死んだ同僚のマーレイが現れ、これから3人の精霊がやってくると彼に言い残します。そして「過去」「現在」「未来」のクリスマスの精霊が次々と現れ、スクルージを不思議な時空の旅へと連れ出すのでした。スクルージはそこで真の自分自身のあわれな姿を見せられ、人生で本当に大切なことを初めて悟り、これからの人生をやり直そうと決意します。彼がとった行動は、甥とその妻に今までの非礼を謝り、快く彼らのクリスマスパーティに伺うこと。町の人々の借金を返済しなくてもよいとすること。寄付を頼みにやってきた紳士たちに、彼らが驚くような寄付金をすること。そして、使用人のクラチット家の人々に、温かい態度で接すること。特に足の不自由なちっちゃなティムには、十分な看護を約束するのでした。

映画情報

製作年：1970年（昭和45年）
製作国：英国
配給会社：パラマウント・ホームエンタテインメント・ジャパン
言語：英語
第28回ゴールデングローブ賞最優秀主演男優受賞

公開情報

公開日：1970年11月 5日（米国）
　　　　1970年12月19日（日本）
上映時間：113分
MPAA（上映制限）：G
音　声：英語・日本語　　字　幕：日本語・英語

薦	●小学生 ●中学生 ●高校生 ○大学生 ○社会人	リスニング難易表		発売元：パラマウント ジャパン（平成27年2月現在、本体価格）DVD価格：1,429円　ブルーレイ価格：2,838円
お薦めの理由	日本でいえば『忠臣蔵』のように多くの作品が存在します。しかし、多くの『クリスマス・キャロル』の中でも、この作品が中学生にはぜひともお薦めです。とにかく、ミュージカルとしての曲目が素晴らしいこと。それぞれの曲目のさびとなる部分からは、中学校で学ぶ英語の多くを学ぶことができるからです。また、原作者のディケンズは、シェークスピアと並ぶ世界的に有名な英国の作家です。	スピード	2	
		明瞭さ	2	
		米国訛	2	
		米国外訛	2	
英語の特徴	すべて英国人俳優が演じているので、英国英語が中心となっています。そして、児童文学が基になっているので汚い言葉は出てきません。強いていえば、スクルージが強欲で人間が嫌いの場面で、少し出てくるに過ぎません。対をなす歌 "I hate people" と "I like life" の歌詞では、使用される単語を比べてみるとおもしろいですし、子どもたちのセリフはゆっくりと発音されるので、聞き取りやすくなっています。	語彙	2	
		専門語	2	
		ジョーク	2	
		スラング	1	
		文法	2	

授業での留意点

ここでは素晴らしい曲目のそれぞれの出だしを紹介します。気に入った曲を紹介してみましょう。全編を通して見終えた後が効果的です。

Chap.2 11:25 ～　歌『Christmas Children(クリスマスの子どもたち)』心優しいクラチットさんが歌います。
　　Christmas children peep into Christmas windows, see a world as pretty as a dream....
Chap.3 17:45 ～　歌『I hate people（人間は大嫌い）』寄付金を断ったスクルージが歌います。
　　I hate people. I hate people. People are despicable creatures....
Chap.3 21:25 ～　歌『Father Christmas（サンタクロース）』貧しい子どもたちが歌います。
　　Father Christmas. Father Christmas. He's the meanest man in the whole wide world....
Chap.5 34:23 ～　歌『See the Phantoms（亡霊を見よ）』スクルージの唯一の友人だったマーレイが歌います。
　　See the Phantoms, filling the sky around you....
Chap.6 44:42 ～　歌『December the Twenty-fifth（12月25日）』スクルージの昔の主人たちが歌います。
　　Of all the days in all the year that I'm familiar with, there's only one that's really fun December the 25th....
クリスマスの日付は、この曲を口ずさめば間違うことはありません。
Chap.7 49:37 ～　歌『Happiness（幸福）』スクルージのかつての恋人イザベルが歌います。
　　They say happiness is a thing you can't see....
Chap.8 62:37 ～　歌『I like life（人生が好き）』現在の精霊がスクルージにワインを飲ませながら歌います。
　　I like life. Life likes me. Life and I fairly fully agree....
三人称単数現在形の'～s'はこれでばっちり覚えられます。
Chap.9 69:58 ～　歌『The Beautiful Day（素晴らしい日）』貧しいけど幸せなクラチット家のティムが歌います。
　　On a beautiful day that I dream about, in a world I would love to see....
Chap.11 83:51 ～　歌『Thank you very much（サンキューベリーマッチ）』スープ屋のトムが歌います。
　　Thank you very much, thank you very much. That's the nicest thing that anyone's ever done for me....
"Thank you very much."「どうもありがとう。」幼い子でも知っているこの短い言葉が、これほど印象的で楽しくさせてくれるのは、この作品のすばらしさです。
これらの曲の中には、中学では未習の語がたくさん出てきます。辞書で調べさせてみましょう。

映画の背景と見所

○　1860年のロンドンといえば、大英帝国として世界に君臨し、さぞ国民は裕福な生活をしていたのではと思われるかもしれません。しかし、実際にはそんな富裕階級は今以上にごく一部に限られており、通りを一歩裏へ入れば、餓死者も出る様な貧民窟があったそうです。これについては、中学校の歴史の教科書にもロンドンのスラムとして紹介されています。また、今でこそクリスマスは盛大に祝われていますが、当時は清教徒革命やら、産業革命やらで、クリスマスを祝う習慣がすたれていたそうです。しかし、このクリスマス・キャロルという児童向け作品が出版され、人々に読まれるようになるのを契機として、クリスマスを祝う習慣が再び広まっていったとか。それゆえ、この物語はとても意義深いものなのです。

○　この映画には英国の重鎮と言われる名優達が演じています。スクルージを演じるアルバート・フィニーは、撮影当時はまだ30代半ばだったのです。彼はこの4年後『オリエント急行殺人事件（1974年）』で、あの名探偵エルキュール・ポワロを演じており、まさに変装の名人でしょう。また、マーレイを演じるサーの称号をもつアレック・ギネスは「千の顔を持つ男」として知られ、『戦場にかける橋（1957年）』のイギリス人将校役で見せる名演技で、アカデミー主演男優賞を受賞しています。

| スタッフ | 監督：ロナルド・ニーム
原作：チャールズ・ディケンズ
製作：ロバート・H・ソロ
撮影：オズワルド・モリス
脚本・脚色・作詞・作曲：レスリー・ブリッカス | キャスト | スクルージ：アルバート・フィニー
マーレイ　：アレック・ギネス
過去の精霊：エディス・エヴァンス
現在の精霊：ケネス・モア
未来の精霊：パディー・ストーン |

| コクーン | Cocoon | （執筆）松葉　明 |

セリフ紹介

この映画を特徴づけるセリフを紹介します。　　　　　　　　　　　　　　　（Chap：チャプター番号と時間）
- Trouble with you is, you think too much, and that's when a guy gets scared. （Chap.2 16:45～）
「お前の問題はだ、考えすぎて、それで人は臆病になるんだ。」
ベンが孫のデイヴィッドに語るセリフです。おじいちゃん子の孫は同世代の友人に馴染めず、いつも祖父ベンのところに来ています。デイヴィッド役の少年は『ネバー・エンディング・ストーリー(1984年)』のバスチアンです。
- We don't know what forever means.「我々は永遠が何なのか知らない。」 （Chap.11 85:07～）
ウォルターがベンに他の老人たちと彼らの星に行って余生を送らないかと誘うと、ベンは"Forever ?"と聞いた時のベンのセリフです。不老不死の彼らの星には、「永遠」の言葉は要らないのです。
- Men should be explorers, no matter how old they are. I don't know about anybody else, but I'm going.「人間はいくつになっても冒険者であるべきだ。他の奴らは知らんが、わしは行くぞ。」 （Chap.12 92:36～）
エイリアンのリーダー、ウォルターに誘われ、不老不死の惑星アンタレアに行くか行かないか迷っているときに、老人の一人アートは言います。何歳になっても、挑戦する気概はもちたいです。
- May the Force be with you.「フォース（理力）とともにあらんことを。」 （Chap.14 109:04～）
異星人との交流の後、帰っていく彼らを見送ったジャックのセリフです。これは『スター・ウォーズ(1977年)』のハン・ソロが、レイア姫救出に向かうルークにかける言葉として、あまりにも有名なセリフです。

学習ポイント

教科書に出てくるような中学生レベルの表現を集めてみました。
- Kitty : We'd like to rent your boat.「あなたの船をお借りしたいのです。」 （Chap.2 10:16～）
エイリアンのキティが、港にやってきて船長のジャックに声をかけます。ジャックの"What ?"「何だって？」に対してもう一度、同伴したウォルターも同じセリフを言い、最後に"For twenty-seven days."「27日間。」も付け足します。3回全く同じセリフが聞けます。'would like to～'は'want to～'「～したい」の丁寧な言い方です。
- Susan : You guys wanna go out to dinner ?「二人とも夕食は外食でいい？」 （Chap.2 16:20～）
  David : Yeah!「いいよ！」
  Ben : No Italian food. Makes me fart!「イタリア料理はだめだ。屁がでるからな。」
デイヴィッドの母スーザンが、一緒にいる父ベンと息子デイヴィッドに声をかける場面です。'fart'「おなら」は学校では習いませんよね。
- Ben : I feel great.「気分爽快だ。」　　　Joe : Me too.「俺もだ。」 （Chap.3 21:07～）
  Ben : You wouldn't bullshit me ?「俺をかついでるんじゃないだろうな？」
  Joe : My God, I'm telling the truth!「とんでもない、本当のことを言ってるんだ！」
  Art : Why shouldn't he feel good ? I feel tremendous! I'm ready to take on the world!
「奴は気分がいいだって？　俺はもう最高だ！　世界を相手にだってできる！」
忍び込んだプールに飛び込んで泳ぐベンたちの第一声がこれです。'bullshit'「だます」、'tremendous'「すばらしい」です。この後、老人たちはプールで大はしゃぎします。
- Kitty : *Nerita peleronta*.「ネリータ・ペロンタ。」　　Jack : Ner... what ?「ネー、何だって？」（Chap.4 29:22～）
  Kitty : *Nerita peleronta*.「ネリータ・ペロンタ。」　　Jack : What is that ?「それって何なの？」
  Kitty : They're giant snail shells.「巨大な貝殻のことよ。」　　キティはコクーンの秘密をはぐらかしています。
- Walter : Now Jack, I want you to listen to me very carefully. We're Antareans. We come from a planet called Antarea. （Chap.6 41:42～）
「なあジャック、私の言うことを注意して聞いてほしい。我々はアンタレア星人なんだ。アンタレアと呼ばれる惑星からやってきた。」
自己紹介で使えそうな例文です。はっきりと発音されているので、とても聞き取りやすいです。

あらすじ

ジャック・ボナーはフロリダに住む、しがない小型客船の船長で、顧客に恵まれずに苦心していました。そんなある日、ウォルターと名乗る男が、若い男女3人を連れてやってきて27日間貸し切りで船を借りたいと申し出てきました。また、ウォルターは近くのプール付きの空き家も同じように借りるのでした。彼らは翌日から船で遠洋へと出かけては深海へと潜って、大きな丸い岩のようなものをいくつも持ち帰り、借りたプールへと運び入れるのでした。
　ところで、近くの老人ホームで暮らす老人たちのうちのアート、ベン、ジョーの3人は、こっそりと忍び込んでプールに入るのを日課のようにしており、岩が運び込まれてもそれは続いていました。すると、3人の体に若返りの変化が起こります。病気の進行が止まったり、ダンス・パーティでは見事な踊りを見せるのでした。
　ある晩、ジャックはたまたま彼らの仲間の女性キティの着替えを見てしまい、彼女が光り輝く物体へと変化するのに驚きます。実は、彼らは一万年前のアトランティス大陸沈没の際に取り残された仲間を救いに来た異星人だったのです。仲間は岩のような繭（コクーン）の中で迎えを待っていたのです。一方、老人たちは他の仲間も連れだってプールで若返りを楽しんでいると、生命力を奪われたコクーンは死んでしまいます。ウォルターは仲間を連れて帰るのをあきらめ、代わりにベンたちに一緒に不老不死の惑星アンタレア星に来ないかと誘うことになるのですが・・・。

映画情報

製作年：1985年（昭和60年）
製作国：米国　　　　　言　語：英語
配給会社：20世紀フォックス
第58回アカデミー賞助演男優賞・視覚効果賞受賞
次回作『コクーン2／遙かなる地球(1988年)』

公開情報

公開日：1985年 6月25日（米国）
　　　　1985年12月14日（日本）
上映時間：117分
MPAA（上映制限）：PG-13
音　声：英語・日本語　　　字　幕：日本語・英語

薦	●小学生　●中学生　●高校生　●大学生　●社会人	リスニング難易表		発売元：20世紀 フォックス ホーム エンターテイメント ジャパン（平成27年2月現在、DVD発売なし）中古販売店等で確認してください。
お薦めの理由	一万年前のアトランティス大陸沈没で、地球から故郷に戻れなくなった仲間を救いにやってきた異星人との心の触れあいを描いたファンタジックな作品です。 　物語の根底には、人間が永遠に避けては通れない老化、病気、そして死という問題があります。しかし、映画の中には悪人が一人として出てこないので、家族で鑑賞して、ほのぼのした気分にさせられる秀作です。	スピード	2	
^	^	明瞭さ	2	
^	^	米国訛	2	
^	^	米国外訛	2	
英語の特徴	ロンドン生まれの俳優もいますが、話される英語は標準的な米国英語が主流です。大人同士の会話が中心ですので、英語初心者には難しく感じられますが、老人の会話が多いので話す速度は比較的ゆっくりです。また、全体的には平易な表現が用いられており、中学生にはベンと孫のデイヴィッドのやりとりが参考になります。エイリアン役の俳優が話す英語もわかりやすいです。	語　彙	2	
^	^	専門語	2	
^	^	ジョーク	2	
^	^	スラング	2	
^	^	文　法	2	

授業での留意点

中学生にはちょっと難しいですが、ためになる表現に触れてみましょう。
○ Art : Club house is closed, boys.「諸君、クラブハウスは閉鎖されたぞ。」　　　　　(Chap.2 13:15～)
　Joe : Well, maybe they could give us permission to use the pool. We could offer to pay something.
　　　「まあ、多分プールを使う許可をくれるだろう。何かを支払う申し出をするかな。」
　Art : (It) Wouldn't be fun if we had permission.「許可があったらおもしろくない。→ 忍び込んでこそ楽しい。」
　忍び込んでは使っていたプールのあった家に、借り主が訪れるのをみた老人たちのセリフです。冒険好きなアートの性格がよくわかるセリフです。
○ Walter : Yeah, it's a brand-new development.「そうだ、それは開発されたばかりのものだ。」(Chap.2 14:08～)
　Jack : The Japanese have this.「日本人がこれをもっている。」
　Walter : Yeah, that's right, Jack. The Japanese developed it.「その通りだ、ジャック。日本人が開発した。」
　海底地図を見ながらの会話です。日本の技術力は世界的に有名なのです。
○ Joe : Do you think there's cocaine in that pool ?「プールにコカインが入ってると思うか？」(Chap.4 26:33～)
　Ben : Might be.「おそらくな。」
　Joe : What if we O.D. ?「使いすぎはどうなる？」　　※OD = overdose「(薬・麻薬を) 飲み過ぎる」
　Ben : Well, we'll keep an eye on each other. I'll watch him, you watch him, you watch me.
　　　「まあ、お互いに目を見張っていよう。俺は彼を見て、お前は彼を見て、お前は俺を見る。」
　Art : Perfect.「完璧だ。」
　2回目にプールにやってきた老人たちの会話です。元気の源は、麻薬と思っているところがおもしろいです。
○ Walter : Every ten or eleven thousand years or so, I make a terrible mistake.　　　(Chap.7 52:08～)
　　　「一万年か一万一千年ごとに、私はひどい過ちをする。」
　ベンが、ウォルターにプール使用の許可を求めに来たときの、ウォルターのセリフです。以前の過ちは、一万年前のアトランティス大陸沈没のとき、仲間を置き去りにした失敗のことを言っているのです。
○ Ben : When we get where we're going, we'll never be sick, we won't get any older, and we won't ever die.
　　　「わたしたちが行くところは、決して病気にならず、老いもせず、そして死なないんだ。」(Chap.12 85:58～)
　ベンの孫へのセリフです。祖父のベンが、それとなく孫に別れを告げます。ホロリとさせられる場面です。

映画の背景と見所

○ 監督のロン・ハワードは、この映画制作当時は若干31歳です。この後の『ビューティフル・マインド（2001年）』で、アカデミー賞監督賞・作品賞を受賞しました。
○ この映画の大きな見所のひとつは、往年の名俳優たちの共演です。キャストに紹介できなかったグエン・バードン、ヒューム・クローニン、ジェシカ・タンディ、モーリン・ステイプルトンなどです。
○ ジョーを演じるヒューム・クローニンは元ボクサーなので、映画の中で若者にパンチを浴びせると、本当に相手をノックアウトしてしまいました。　　　　　　　　　　　　　　　　　　　　　　　　　　(Chap.9 70:30～)
　また、妻アルマを演じるジェシカ・タンディとは実生活でも夫婦です。
○ 孫をこよなく愛するベンを演じるウィルフォード・ブリムリーは、当時まだ50歳だったので、老け役作りのために髪を灰色に染めています。彼の孫とのやりとりは、ほのぼのしたものになっています。　(Chap.12 85:30～)
○ ロン・ハワード監督の兄弟、両親、そして妻も映画に登場しています。特に妻は看護婦の受付嬢役で、当時双子の姉妹を妊娠していたため、机でその事実を隠していたそうです。　　　　　　　　　　　　(Chap.7 47:53～)
○ 海を泳ぐイルカの場面は、アニマトロニクス（自然な動きをするロボット）を使っています。

スタッフ／キャスト

スタッフ		キャスト	
監　督：ロン・ハワード		ジャック・ボナー：スティーヴ・グッテンバーグ	
脚　本：トム・ベネデク		キティ：ターニー・ウェルチ	
製　作：リチャード・D・ザナック　他		ウォルター：ブライアン・デネヒー	
撮　影：ドン・ピーターマン		アート：ドン・アメチー	
視覚効果：ミッチ・サスキン		ベン：ウィルフォード・ブリムリー	

コレリ大尉のマンドリン　Captain Corelli's Mandolin　　　　（執筆）松葉　明

セリフ紹介

この映画を特徴づけるセリフを紹介します。　　　　　　　　　　　　　　（Chap：チャプター番号と時間）

○ Bella bambina at two o'clock. Attention, right！「2時の方向に可愛い子ちゃん。右に注目！」（Chap.4 20:50）
'bella''bambina'はイタリア語で、英語ではそれぞれ'pretty''girl'にあたる語です。進駐軍の指揮官としてギリシアの美しい島ケファロニア島にやってきたコレリ大尉の第一声がこれです。銃の代わりにマンドリンを背負った姿とこのセリフに、コレリ大尉のすべてが表れています。

○ Weber : Heil Hitler.「ハイル・ヒトラー。」　　Corelli : Heil Puccini.「ハイル・プッチーニ。」　（Chap.7 42:56）
ドイツ軍人のウェーバー大尉が、ビーチで遊んでいるイタリア兵を見かけ、コレリ大尉に声をかけたときの第一声がこれです。生真面目に挨拶をしたドイツ人に対し、'Mussolini(ムッソリーニ)'と言わず、'Puccini(イタリアの歌劇作曲家)'と言い返すところが笑えます。この後、ヒトラーが崇拝するドイツの作曲家ワグナーを痛烈に批判するセリフも出てきます。

○ I wrote you that song because I love you. I don't care if the world knows it.　　　　（Chap.10 66:32～）
「君を愛しているからあの曲を書いた。世界中の人がそのことを知ったってかまうもんか。」
コレリ大尉がマンドリンで自作した曲を演奏し、ウェーバー大尉に "That's beautiful. What is it ?" と言われ、コレリは "It's Pelagia's song." と答えた後、ペラギアに向かって愛の告白をする場面でのセリフです。コレリ大尉に扮するニコラス・ケイジが、実際にマンドリンを演奏している場面（Chap.10 63:38～）から見てみましょう。

学習ポイント

○ マンドラスがペラギアに愛の告白をします。　　　　　　　　　　　　　　　　　　　　（Chap.3 13:45～）
Mandras : I don't know how to say what I feel inside, I don't know how to tell you what is in here. But I think…I know… Pelagia, I love you.「僕は心の中の気持ちをどう言っていいのかわからない。この胸の中をどう君に伝えたらいいかわからない。でも思うんだ、わかるんだ。ペラギア、君を愛している。」
訛りのある発音ですが、はっきりとした口調で言っているので聞き取り易いです。'how to ～'「～の仕方」や、間接疑問文の典型的な例となっています。一方のペラギアも、"I don't know how to describe my feelings."「気持ちをどう表現したらいいかわからない。」（Chap.3 18:10～）と言っています。

○ 戦場に行ったマンドラスに、幾度も手紙を書いたペラギアでしたが、マンドラスからの返事は一通もありませんでした。手紙の束を抱えて戻ってきたマンドラスはこう答えます。　　　　　　　　　　　　　（Chap.4 28:15～）
Mandras : I never learned to read or write.「僕は読み書きを習ったことはないんだよ。」
当時は読み書きができない人がいたのは、そんなに珍しいことではなかったのです。

○ ジープに乗ってペラギアの家にやってきたコレリ大尉が、ペラギアに声をかけます。　　　　（Chap.5 29:58～）
Corelli : Bella bambina. Forgive me. Forgive me. I don't mean to embarrass you.
「可愛い子ちゃん。ごめん。ごめん。君をからかうつもりはないんだ。」
'I don't mean to ～'で「～するつもりはない。」の決まり文句です。'embarrass'「恥ずかしい思いをする」も覚えたい語です。"I'm so embarrassed."「とても恥ずかしい。」でよく使われます。

○ コレリがペラギアの部屋を使うことになった場面でのやりとりです。　　　　　　　　（Chap.5 30:52～）
Iannis　　: In my daughter's room.「私の娘の部屋だ。」
Corelli　 : But where will your daughter sleep ?「でも君の娘さんはどこで寝るんだい？」
Pelagia　: It's none of your business where I sleep.「私がどこで寝ようがあなたには関係ないわ。」
"It's none of your business." は、「あなたには関係のないこと。」という意味で、このまま使える表現です。

○ 不発弾の処理でケガをしたコレリに向かってペラギアはこう言います。　　　　　　　（Chap.9 58:25～）
Pelagia : You must be one of the most stupid people I've ever met.
「あなたって私が今までに会った中で一番馬鹿な人の一人だわ。」
'must be ～'「～にちがいない」、'one of + 最上級'等、中学校で習う英文法の総まとめのような文です。

あらすじ

　舞台となったのは第二次世界大戦下の1941年、ギリシア・イオニア諸島最大の島ケファロニア島です。ギリシア軍はアルバニアでの戦いで、自軍を上回る戦力のイタリア軍を破ったのですが、ドイツ軍の援護によってギリシアは降伏します。占領軍の司令官としてやってきたのは、銃の代わりにマンドリンを背負ったコレリ大尉でした。初めは敵意を丸出しにしたケファロニア島の人々でしたが、コレリ大尉を中心に、屈託のないイタリア軍の兵隊たちに次第に心を許していくことになります。その中には、地元の漁師マンドラスと婚約をしていたイアンニス医師の娘ペラギアの姿もありました。ペラギアは、自分に心を寄せるコレリに自らも心惹かれ、コレリが自分のために作ったマンドリンの曲「ペラギアの歌」を演奏したとき、その気持ちは揺るぎないものになったのでした。
　そんな幸せも束の間、1943年ムッソリーニが失脚し、イタリア軍は連合国に降伏します。ドイツ軍はイタリア軍の武器がパルチザンに渡るのを恐れ、武器の放棄を要求します。コレリは武器をパルチザンに渡し、共にドイツ軍と戦うことを決意します。しかし、物量に勝るドイツ軍によって打ち負かされ、人里離れた場所で部下共々処刑されてしまいます。そんな彼を部下の一人カルロが身を盾にして救い、コレリは一命を取りとめ、イアンニス医師のもとで介護された後、帰国します。そして戦争が終わった数年後、ペラギアのもとにひとつの小包が届くのでした。

映画情報

製　作　年：2001年（平成13年）
製　作　国：米国、英国、フランス
配給会社：ミラマックス
言　　　語：英語、ギリシア語、独語、イタリア語
原作は1995年コモンウェルス賞受賞

公開情報

公　開　日：2001年7月17日（米国）
　　　　　　 2001年9月22日（日本）
上映時間：131分
MPAA（上映制限）：R
音　声：英語・日本語　　　字　幕：日本語・英語

薦	○小学生　●中学生　●高校生　●大学生　●社会人	リスニング難易表	発売元：ワーナー・ブラザース・ホームエンタテイメント （平成27年2月現在、本体価格） DVD価格：1,429円　ブルーレイ価格：2,381円

お薦めの理由	第二次世界大戦の悲劇は、ヨーロッパ戦線についてはアウシュビッツ等でのユダヤ人について、カチンの森でのポーランド人については有名です。しかし、ギリシアでのイタリア人の悲劇は、この物語で初めて知った日本人は多いのではないでしょうか。ギリシアのイオニア海に浮かぶ美しいケファロニア島での美しく悲しい物語を通して、戦争の悲劇が学べる秀作です。	スピード	2
		明瞭さ	2
		米国訛	1
		米国外訛	4
英語の特徴	いわゆる一般的な英語ではありません。イタリア人、ギリシア人、ドイツ人が話す英語なので、それぞれのお国訛りの発音が際だった英語です。しかし、それで聞き取りにくいかというと、はっきりとした口調で、しかも使われている表現のほとんどが中学生レベルの語彙でのものとなっているので心配は不要です。国際レベルでの英語を考慮すると、ヨーロッパに向けての英会話の練習にピッタリといえます。	語彙	2
		専門語	2
		ジョーク	2
		スラング	2
		文法	2

授業での留意点

○ コレリが彼のもとに赴任してきたカルロに、自分の隊の掟を説明します。　　　　(Chap.4 25:38〜)

Corelli : Everyone in our battery is a member of the opera society. These are the rules of engagement. One : All those called to regular musical fatigues shall be obliged to play a musical instrument. Uh, spoons, the helmet, comb, paper, and so on and so on. Two : Anyone who says that Donizetti is better than Verdi shall be required to sing "Funiculi Funicula" and other songs about railways. Three ….

「この砲兵中隊の誰もがオペラ同好会のメンバーだ。入会規則は次の通りだ。1つ、定例音楽会に参加するものは、楽器の演奏をしなければならない。まあ、スプーンとかヘルメット、櫛、紙などだ。2つ、ドニゼッティがヴェルディよりいいという者は、「フニクリ・フニクラ」と他の鉄道を歌わなくてはならない。3つ・・・。」

アルバニアの前線で戦ってきたカルロは、冗談を言いあったり、歌ってばかりいるコレリ大尉の兵隊たちに、面くらう場面となっています。'be obliged to 〜'は、「〜する義務がある」という改まった表現です。歌はイタリア語で歌われますが、メロディで曲はわかります。

○ 娘のペラギアが、コレリに心が傾いているのかを察知した父イアンニスの言葉です。　　(Chap.10 70:01〜)

Iannis : When you fall in love, it is a temporary madness. It erupts like an earthquake, and then it subsides. And when it subsides you have to make a decision. You have to work out whether your roots have become so entwined together that it is inconceivable that you should ever part. Because this is what love is. Love is not breathlessness, it is not excitement, it's not the desire to mate every second of the day, ….

「恋に落ちるのは、一時的な狂乱状態なものだ。それは地震のように突然起こり、やがて収まる。そして収まったら決心しなければならない。2人の根がそんなにも絡みあっていたとしたら、もう離ればなれになることはできない。なぜならそれが愛というものだからだ。愛は息をすることもできないほど恋い焦がれるものではないし、興奮さめやらぬものでも、一日中一緒にいたいと願うものでもない・・・。」

父親の娘を想う気持ちがよく出ています。文法的にはそれほど難しくはありませんが、'temporary'「一時的な」、'erupt'「爆発する」、'subside'「収まる」等、辞書で確認させましょう。また、文中の"this is what love is."は、「これが愛というものだ」という言い方です。'love'を'life'に置き換えると「人生とは・・・」というように使えます。

映画の背景と見所

○ 舞台となったのはギリシアの西海岸イオニア海のケファロニア島です。実際の撮影もこの島で行われました。ドイツ軍によるイタリア人虐殺は歴史上の史実です。9,000人以上が処刑され、コレリ大尉のように運良く生き残ることができたのは、わずか34人でした。

○ 映画と同名の原作は、ルイ・ド・ベルニエールによって1994年に発刊され、英国では20人に1人は読んだと言われるベストセラーです。20世紀の100冊にも選ばれました。映画『ノッティングヒルの恋人(1999年)』では、主人公のヒュー・グラントが読んでいる本として紹介されていました。

○ 原作と映画の違いはどこにあるのでしょう。いろいろな点で違いがあるのは映画制作上仕方のないことですが、一番大きな違いは、コレリとペラギアの再会の場面です。映画では戦後数年の後となっていますが、原作では2人がお爺さんとお婆さんになってからとなっています。

○ 「ペラギアの歌」は、ポップスからアリアまで歌いこなす英国人歌手のラッセル・ワトソンが、エンド・クレジットで歌っています。DVD & BDには特典映像のミュージック・クリップで見ることができます。もちろん、猛特訓の末に実際にマンドリンを演奏しているニコラス・ケイジは見逃せません。　　(Chap.10 63:38〜)

スタッフ	監　督：ジョン・マッデン 脚　本：ショーン・スロボ 原　作：ルイ・ド・ベルニエール 撮　影：ジョン・トール 音　楽：スティーブン・ウォーベック	キャスト	アントニオ・コレリ：ニコラス・ケイジ ペラギア　　　　：ペネロペ・クルス イアンニス　　　：ジョン・ハート マンドラス　　　：クリスチャン・ベール ウェーバー　　　：デビッド・モリシー

コンタクト	CONTACT	（執筆）松葉　明

セリフ紹介

この映画の有名なセリフを中心に紹介します。　　　　　　　　　　（Chap：チャプター番号と時間）

○ "CQ, this is W9GFO. This is W9GFO here. Come back?"　　　　（Chap.2 4:08〜）
　はるか彼方の宇宙から始まる、美しい映像の冒頭から女の子に移動します。幼いエリーが、一所懸命に無線機を使っている場面です。冒頭の宇宙の無限の広がりと、少女エリーの小さな瞳が印象的です。

○ ベッドに寝かされる直前での父と娘の会話です。　　　　　　　　　　　　（Chap.2 6:35〜）
Ellie : Hey, Dad. Do you think there's people on other planets?「パパ、ほかの星にも人はいるの？」
Ted : I don't know, Sparks. But I guess I'd say if it is just us, it seems like an awful waste of space.
　「わからないな、通信士さん。でも、もし私たちだけだったら、宇宙がすごくもったいないよね。」
'a waste of space'「宇宙がもったいない」のセリフは、何度もこの映画に出てきます。

○ エリーが自分の仕事の魅力をパーマーに語ります。　　　　　　　　　　（Chap.6 17:17〜）
Ellie : You know, there are four hundred billion stars out there, just in our galaxy alone. If only one out of a million of those planets, and just one out of a million of those had life, and just one out of a million of those had intelligent life, there would be literally millions of civilizations out there.「この銀河系だけで4,000億もの星があるの。もし星の100万にひとつが惑星をもち、惑星の100万にひとつが生命をもって、その生命の100万にひとつが知的生命であるなら、文字通り数百万の文明があることになるの。」

学習ポイント

○ 宇宙から送られてくる電波が、何であるかにエリーが気づく場面です。　　（Chap.11 42:10〜）
"Those are primes! 2, 3, 5, 7, those are all prime numbers and there's no way that's a natural phenomenon!"
「素数だわ。2、3、5、7、すべて素数だわ。自然現象では絶対ないわ。」
'prime'が「素数」を指す単語であることを知るだけでもためになります。英語で数学を表現するきっかけになるのではないでしょうか。ちなみに1974年に、本作でも登場するプエルトリコのアレシボ天文台で、素数の暗号を使って宇宙に発信しています。

○ ポッド（宇宙間移動装置）に乗って異星人とコンタクトを取ることについて、宗教学者の合衆国のアドバイザーで、なおかつ恋人でもあったパーマーとエリーの会話です。　　　　　　　　　　　　　（Chap.24 81:28〜）
Palmer : By doing this, you're willing to give your life, you're willing to die for it. Why?
「こうすることで、君は命をかけようとしている、そのためには死んでもいいと。なぜ？」
Ellie : From as long as I can remember, I've been searching for something, some reason why we're here. What are we doing here? Who are we? If this is a chance to find out even just a little part of that answer. I don't know, I think it's worth a human life. Don't you?
「私は物心がついたころからずっと探し求めていたの。なぜ私たちはここにいるのか。ここで何をしているのか。私たちは一体何ものなのか。もしその答えの一部でも見つけ出すことができれば、命をかけてみる価値があると。そう思わない？」
エリーの気概を感じることができる場面です。使われている英語も容易に理解できます。

○ 子どもたちの宇宙人はいるのかという質問にエリーが答える場面です。　　（Chap.42 139:32〜）
Ellie : The most important thing is that you all keep searching for your own answers. I'll tell you one thing about the universe, though. The universe is a pretty big place. It's bigger than anything anyone has ever dreamed of before. So if it's just us, it seems like an awful waste of space. Right?「一番大切なことは、君たちみんなが自分たち自身の答えを探し求め続けることなのよ。でも、ひとつだけ宇宙について言っておくわね。宇宙はとてつもなく大きいの。だれもが夢見ているよりも。だから私たちだけだったら、宇宙がもったいないでしょ。」エリー自身が、幼いころに父親から聞いた言葉であることがわかります。子どもたちに贈るメッセージには最高です。

あらすじ

生後まもなく母を亡くしたエリーは、大好きな父親とアマチュア無線や星の観察で楽しんでいました。しかし、彼女が9歳の時に父親も心臓発作で亡くなってしまいます。

成長したエリーは、科学に没頭するようになっていました。彼女の研究テーマは、地球外生命体からのメッセージを探求すること。周りからの嘲笑にもめげずに、黙々と探査を行っているある日、26光年離れたヴェガからメッセージは送られてくるのでした。当初は、電波信号は単に素数の羅列かと思われましたが、実は人を宇宙へと運ぶことができるポッド（宇宙間移動装置）の設計図が含まれていたのでした。

このポッドを建造すべきか否か、全世界を巻き込む論争が繰り広げられます。そして、かつての恋人で、今や国際的に影響力をもつ宗教学者のパーマー、大富豪のハデンの援助もあってポッドは建造されました。乗員を誰にするかでエリーは敗北してしまいましたが、カルト宗教家の自爆テロでポッドは破壊されてしまうのでした。しかし、失意のエリーのもとにハデンから連絡が入り、もうひとつのポッドが秘密裏に北海道に作られ、その乗員にはエリーが指名されるのでした。世界中が注目する中、ワームホールを経由しヴェガに到着します。そこには驚くべき真実があったのです。本当にエリーはヴェガに辿り着いたのでしょうか。

映画情報

製作年：1997年（平成9年）
製作国：米国
配給会社：ワーナー・ブラザーズ
言　語：英語
第70回アカデミー賞音響賞ノミネート

公開情報

公開日：1997年7月11日（米国）
　　　　1997年9月13日（日本）
上映時間：150分
MPAA（上映制限）：PG
音　声：英語・日本語　　字　幕：日本語・英語

薦	○小学生　●中学生　●高校生　●大学生　●社会人	リスニング難易表		発売元：ワーナー・ブラザース・ホームエンターテイメント（平成27年2月現在、本体価格） DVD価格：1,429円　ブルーレイ価格：2,381円
お薦めの理由	地球外生命体とのコンタクト（接触）というと、SFのアクション作品を想像してしまいます。しかし、この作品はサイエンス・フィクションというより、サイエンス・ファクト（科学的事実）と米国ではマスコミで評判になったように、その物語の内容に引き込まれます。 　また、父と娘の深い心の絆に、思わずホロッとさせられます。女生徒に、特にお薦めの作品です。	スピード	3	
		明瞭さ	3	
		米国訛	3	
		米国外訛	3	
英語の特徴	話される英語は、標準的な米国英語です。エリーが子ども時代に父親と交わす言葉や、最後の子どもたちとエリーとの対話は、比較的容易に理解できます。しかし、その他は科学、政治、宗教に関しての大人同士の会話が多いので、英語が難しく感じられると思います。とはいえ、宇宙についての夢をエリーが熱く語るセリフは、知的好奇心を喚起し、子どもたちの科学への扉を開いてくれるでしょう。	語彙	4	
		専門語	4	
		ジョーク	2	
		スラング	2	
		文法	2	

授業での留意点

○ エリーとパーマーの初対面での会話です。ジョークを理解できるとおもしろい場面です。　　　（Chap.4 12:04〜）
Palmer　：What are you studying up there ?「そこで何を勉強してるんだい？」
Ellie　　：Oh, the usual. Nebulae, quasars, pulsars, stuff like that. What are you writing ?
　　　　　「ああ、いつものこと。星雲やクェイサーやパルサーとかなんとか。何を書いているの？」
Palmer　：The usual. Nouns, adverbs, adjective here and there.「いつものこと。名詞や副詞や形容詞を所々に。」

○ 元上司であり、エリーの功績を横取りしたドラムリンがエリーに対して言います。　　（Chap.26 90:10〜）
Drumlin　：I know you must think this is all very unfair. Maybe that's an understatement. What you don't know
　　　　　is I agree. I wish the world was a place where fair was the bottom line, where the kind of idealism
　　　　　you showed at the hearing was rewarded, not taken advantage of. Unfortunately, we don't live in that
　　　　　world.「私は君がきっと不公平と思っていることを知っているよ。多分、控えめな言い方だが。君が知
　　　　　らないことも認める。世界が公平な場であればとも思う。君がヒアリングで示した理想が報われ、利用
　　　　　されないことも。不幸なことに我々はそんな世界にはいないんだ。」
エリーを出し抜いたことで、少なからずドラムリンは後ろめたさを感じていたことがわかります。

○ ポッドが破壊され、エリーは意気消沈して帰宅すると、PCがセットされています。　　（Chap.29 100:30〜）
Hadden　：I wanna show you something. Hokkaido island.「君に見せたいものがある。北海道だ。」
Ellie　　：The systems integration site.「システム事業団の基地ね。」
Hadden　：Look closer. First rule in government spending : why built one when you can have two at twice
　　　　　the price　Only this one can be kept secret. Controlled by Americans, built by the Japanese
　　　　　subcontractors. Who also happen to be recently acquired, wholly-owned subsidiaries…
　　　　　「もっと近くに。財政支出の第1原則：2倍のお金があるなら、もう1つ作れ。ただし、こちらは秘密裏
　　　　　で。米国の管理のもと、建造は日本の下請け業者で。最近全額出資で傘下に入った。」
Ellie　　：of Hadden industries.「ハデン事業団の。」
Hadden　：They still want an American to go. Doctor. Wanna take a ride ?
　　　　　「彼らはアメリカ人の乗員をほしがっているんだよ、ドクター。乗ってみたいかい？」　英語は難しいですが、日本の北海道が写し出されるので、生徒たちには大いに興味がそそられる場面です。

映画の背景と見所

○ 原作者のカール・セーガンは、世界で最も有名な科学者です。セリフの中に、セーガン博士の引用が多く含まれているので、英語学習のみならず、科学についても学べる作品となっています。
○ 映画の制作中、その完成を見ることなく、セーガン博士は亡くなりましたが、妻のアン・ドルーヤンは、夫とともにこの映画の原案を提供し、映画中のCNNの番組にはカメオ出演もしています。
○ ロケ地とひとつとなったのは、プエルトリコ（アメリカ合衆国領）にあるアレシボ天文台です。また、映画に登場するSETI（セティ、セチ）と呼ばれる地球外知的生命体探査（Search for Extra-Terrestrial Intelligence）のプロジェクトも実際に行われています。最近（2014年4月）、太陽系から約500光年の地点で、地球とよく似た惑星がNASAによって発見されました。
○ エリーの父親が、娘のことを 'Sparks' と呼んでいます。字幕では「通信士さん」と出ています。'Sparks' は初期の通信士につけられるあだ名です。ヴェガで再会したときにも呼んでいたのに気づいたでしょうか？
○ 北海道にある、建造されたもうひとつのポッドは、日本の下請け業者が作ったとされています。NASA等、多くのロケットの部品は日本の中小企業によるものなので、日本人としては誇らしく思えるところです。

| スタッフ | 監　督：ロバート・ゼメキス
原　作：カール・セーガン
脚　本：マイケル・ゴールデンバーグ他
製　作：スティーブ・スターキー他
撮　影：ドン・バージス | キャスト | エリー・アロウェイ：ジョディ・フォスター
パーマー・ジョス　：マシュー・マコノヒー
S・R・ハデン　　　：ジョン・ハート
マイケル・キッツ　：ジェイムズ・ウッズ
テッド・アロウェイ：デイビッド・モース |

サウンド・オブ・ミュージック　The Sound of Music　　　　　（執筆）松葉　明

セリフ紹介

ここでは、この映画の登場人物の印象に残るセリフを紹介します。　　　　　（Chap：チャプター番号と時間）
○ 初めての夕食の席で、子どもたちのいたずらの歓迎を受けたことに対してマリアは、　（Chap.12 33:35～）
　Maria　　　：I'd like to thank each and every one of you for the precious gift you left in my pocket earlier today.
○ 大佐が子どもたちを笛で呼ぶことに反感を抱いたマリアは、大佐を呼ぶ笛の合図を尋ねると、（Chap.10 29:30～）
　Captain　　：You may call me …Captain.
○ 最初、家庭教師なんてもういらないと言っていた長女のリーズルは、　　（Chap.16 47:32～）
　Liesl　　　：I told you today I didn't need a governess. Well, maybe I do.
○ 歌と花束の歓迎を受けた男爵夫人は、　　　　　　　　　　　　　　　（Chap.20 77:13～）
　Baroness　 ：Edelweiss! Oh! You never told me how enchanting your children are.
○ 大佐の親友のマックスは、自分がいつも最後になると言う末娘のグレーテルに対して、（Chap.46 141:35～）
　Max　　　 ：Because you are the most important.
○ 修道院長は、恋にゆれるマリアを励まして言います。　　　　　　　　（Chap.39 115:05～）
　Mother Abbess：Maria, these walls were not built to shut out problems. You have to face them. You have to live the life you were born to live.　そして、「すべての山に登れ」を歌います。
もちろん、有名なミュージカルですので、どの曲の歌詞が最も印象に残るセリフといえるでしょう。

学習ポイント

子供たちがマリアに自己紹介する場面を学習しましょう。マリアとのやりとりも学べるところが多いです。
○ 長女リーズルは、　　　　　　　　　　　　　　　　　　　　　　（Chap.11 29:55 ～ 31:11）
　Liesl　　　：I'm Liesl. I'm sixteen years old, and I don't need a governess.
　Maria　　　：Well, I'm glad you told me, Liesl. We'll just be good friends.
○ 長男のフリードリヒは、Friedrich：I'm Friedrich. I'm fourteen. I'm impossshible.
○ 次女のルイーザは "I'm Brigitta." と嘘をついたので、3女のブリギッタが答えます。
　Brigitta　　：I'm Brigitta. She's Louisa. She's thirteen years old, and you are smart. I'm ten, and I think your dress
　　　　　　　is the ugliest one I ever saw.
○ 次男のクルトは、Kurt：I'm Kurt. I'm eleven. I'm incorrigible.
○ 4女のマルタは、Marta：I'm Marta, and I'm going to be seven on Tuesday, and I'd like a pink parasol.
○ 5女のグレーテルは、まだ話せないのかジェスチャーで語りかけ、マリアがそれに答えます。
　Maria　　　：Yes, you're Gretl. And you're five years old ? My, you're practically a lady.
マリアとのやりとりの中で、子どもたちはマリアと仲良くやっていけるものを感じとるのでした。
○ この映画の代表曲のひとつである「ド・レ・ミの歌」が始まる直前のマリアと子どもたちのやりとりは、ちょうど中学2年程度の内容になっています。　　　　　　　　　　　　　　　　　　　（Chap.19 56:52～）
　Maria　　　：Let's think of something to sing for the Baroness when she comes.
　Marta　　　：Father doesn't like us to sing.
　Maria　　　：Well, perhaps we can change his mind. Now, what songs do you know ?
　Friedrich：We don't know any songs.　Maria：Not any ?　Louisa：We don't even know how to sing.
　Liesl　　　：No.　Maria：Well, let's not lose any time. You must learn.　Gretl：But how ?
　Maria　　　：Let's start at the very beginning. A very good place to start. When you read you begin with
　Gretl　　　：A-B-C　Maria：When you sing you begin with do-re-mi　Children：Do – re – mi ?
　Maria　　　：Do-re-mi The first three notes just happen to be Do-re-mi　Children：Do-re-mi
　Maria　　　：Do-re-mi-fa-so-la-ti Oh, let's see if I can make it easier.
ここから日本語でもおなじみの「ドレミの歌」が始まっていきます。

あらすじ

　第2次世界大戦前のオーストリアのザルツブルク郊外、尼僧のマリアはいつも修道院を抜け出しては近くの山で歌を歌って過ごしていました。ある日、修道院長はそんなマリアにトラップ大佐の7人の子どもたちの家庭教師をするように勧めます。自らを励ましてトラップ家へ向かうと、待っていたのは軍隊的に厳しく躾をするオーストリア海軍退役大佐と、そんな父親に反発しつつも、父が大好きでいたずら好きな子どもたちでした。子どもたちのいたずらに悲鳴をあげながらも、朗らかに応えるマリアに、子どもたちはすぐに懐き、歌を通してマリアと子どもたちの心は急速につながっていきます。ところが、マリアと子どもたちが川遊びをして帰ったところを、男爵夫人を伴って帰宅した大佐は激高し、マリアを解雇しようとします。けれども、子どもたちの美しい歌声に、自らも長年忘れていた歌を歌います。大佐は、自分の教育方針の誤りを悟り、マリアに家庭教師として留まるように頼みます。やがて2人は子どもたちと修道女たちに祝福され結婚し、新婚旅行へと出かけます。しかし、旅行から帰った大佐のもとに、第3帝国海軍から出頭命令が下ります。そこで亡命を決意して、屋敷を出たところ、ナチスに見つかり、歌のコンクールに出場することでその場をごまかします。コンクールに出場した彼らは「ドレミの歌」「エーデルワイス」等で見事1等賞を獲得します。表彰式のどさくさに紛れ会場を脱出し、修道女たちに助けられ亡命に成功するのでした。

映画情報

製 作 年：1965年（昭和40年）
製 作 国：米国
配給会社：20世紀フォックス
言　　語：英語
第38回アカデミー賞　作品賞をはじめ5部門受賞

公開情報

公 開 日：1965年3月2日（米国）
　　　　　1965年6月19日（日本）
上映時間：174分
MPAA（上映制限）：G
音　声：英語・日本語　　　字　幕：日本語・英語

薦	●小学生　●中学生　●高校生　○大学生　○社会人	リスニング難易表			発売元：20世紀 フォックス ホーム エンターテイメント ジャパン（平成27年5月発売予定、本体価格）DVD価格：3,990円　ブルーレイ価格：5,980円
お薦めの理由	かつては5月5日の子どもの日の前後で、何度もテレビ放映されていた子ども向けミュージカルの代表作です。「ドレミの歌」「私のお気に入り」「もうすぐ17歳」等、知らない日本人はいないくらい日本では有名です。それゆえ、「エーデルワイス」がオーストリアの国歌であると誤解している人もいるようです。何はともあれ、初期の英語学習者にとって必見の名画であることは間違いなしです。	スピード	2		
^	^	明瞭さ	1		
^	^	米国訛	1		
^	^	米国外訛	2		
^	^	語　彙	2		
英語の特徴	マリアと子どもたち、マリアと大佐、そしてマリアの修道院でのやりとりは、難解な言葉はなく、とても聞き取りやすいです。米国映画ではありますが、発音は英国英語が主流で、全体的にはっきり発音されています。また、汚い語は一切使われていないので、安心して家族で鑑賞できる作品です。数々の美しい曲の歌詞も、平易な英語が多く、歌いやすいので、口ずさみながら英語を覚えられます。	専門語	1		
^	^	ジョーク	1		
^	^	スラング	1		
^	^	文　法	2		

授業での留意点

マリアと大佐の大人同士の会話をみてみましょう。
○　初対面のマリアに、子どもたちを笛の合図で呼ぶように指示されたことに反発したマリアは、（Chap.10 28:30～）

Captain : Now let's see how well you listened.
Maria　 : Well, I, I, I won't need to whistle for them, Reverend Captain. I mean, um, I'll use their names. They're such lovely names.
Captain : Fraulein, this is a large house, the grounds are very extensive, and I will not have anyone shouting. You will take this, please, and learn to use it. The children will help you.（笛を渡して）Now, when I want you, this is what you will hear.
Maria　 : Oh, no, sir, I'm sorry, sir. I could never answer to a whistle. Whistles are for dogs and cats and other animals, but not for children and definitely not for me. It would be too…humiliating.
Captain : Fraulein, were you this much trouble at the Abbey ?
Maria　 : Oh, much more sir….

口論は、コミュニケーションを取るには貴重な練習になります。

○　マリアを解雇しようとした大佐でしたが、子どもたちの歌声に自分の過ちを認めます。　　　　（Chap.26 77:37～）

Captain : Fraulein, I…behaved badly. I apologize.
Maria　 : No, I'm, I'm far too outspoken. It's one of my worst faults.
Captain : You were right. I don't know my children.
Maria　 : There's still time, Captain. They want so much to be close to you.
Captain : And you've brought music back into the house. I'd forgotten. Fraulein, I want you to stay….

自分の過ちは素直に認め、そしてそうされたら相手を許すことは大切です。

○　中学2年の英語の教科書には、この映画『サウンド・オブ・ミュージック』が紹介されているところがあります。以前は「私のお気に入り」（Chap.17 49:36～）が取り上げられていました。また、JR東海のコマーシャル・ソングにもなっていました。実は歌われている単語は難しいものばかりです。しかし、メロディはリズミカルで楽しいものなので、辞書を引いて、単語力をつけましょう。
（ex）:copper, strudel, schnitzel, satin, sash, pussy willow, bunny rabbit, whisker…etc.

映画の背景と見所

音楽の都と言えば、誰もがオーストリアの首都ウィーンを思い浮かべるでしょう。この映画は、もうひとつの都ザルツブルグが舞台となっています。そして、この映画は実話をもとに作られていることはあえて言うまでもないかもしれません。1930年代の後半、ナチス・ドイツの絶頂期であり、オーストリアは併合されるという時代が背景になっています。ヨーロッパの暗黒の時代ではあるのですが、映画はその一端を見せてはいるものの、きわめて家庭的で温かいものとなっています。

さて、この映画の見どころは、全編にわたって流れるすばらしい数々の曲ですが、それに加えて、なんといってもアルプスの山々と、ザルツブルグの町並みの美しさではないでしょうか。冒頭のマリアが自然の美しさを歌う「ザ・サウンド・オブ・ミュージック」に始まって、「ドレミの歌」の背後を彩るオーストリア・ザルツブルグの町並みに、その自然と人工の調和の美しさに憧れる気持ちを押さえることはできないと思います。この映画を観て、いつかここを訪れたいという気持ちが芽生えた人は多いでしょう。ご当地では、現在でもこの映画にちなんだツアーが盛んで、運がいいとリーズルを演じたシャーミアン・カー自身の解説を直に聞けるかもしれません。DVDのファミリーバージョンでは、この映画40周年を記念して、子役たちの40年後の同窓会が収録されています。

スタッフ	監　督：ロバート・ワイズ　　脚　本：アーネスト・レーマン　　音　楽：リチャード・ロジャース　　　　 〃 　　オスカー・ハマースタイン二世　　撮　影：テッド・マッコード	キャスト	マリア　　　：ジュリー・アンドリュース　　トラップ大佐：クリストファー・プラマー　　男爵夫人　　：エリノア・パーカー　　リーズル　　：シャーミアン・カー　　マックス　　：リチャード・ヘイドン

34丁目の奇跡　Miracle on 34th Street

（執筆）松葉　明

セリフ紹介

　この映画は、クリスマスにちなんだ表現がたくさん出てきます。'Merry Christmas'「メリー・クリスマス」と言われただけで、ほのぼのとする西洋の雰囲気にどっぷりと浸かってほしいです。　　　（Chap：チャプター番号と時間）

○ "What do you want for Christmas?"「クリスマスに何がほしい？」の基本表現を変化させて、Chap.6 18:44 では "Do you know what you want for Christmas?" を、Chap.9 34:25 では "what would you like for Christmas?" をサンタクロースのクリスが使っています。

○ 支配人のドナルドが、'Chin-chin' と別れ際に使っているセリフに気づきましたか。これは、中国語の「請請」に由来するもので、「こんにちは、さようなら、乾杯」を意味しています。もちろん、ここでは別れ際なので「さようなら」として何度も使っています。

○ 裁判の勝利の後、女の子のスーザンが弁護士のブライアンに向かって、"Way to go, Bryan." と言っています。この 'Way to go' は「やった！」というときのお決まりのフレーズです。ぜひ使ってみたいものです。

○ サンタに扮したクリスがソリにのってトナカイに向かって鞭をふるうシーンでは、　　　（Chap.3 8:09～）
"Now, Dasher. Now, Dancer. Now, Prancer, and Vixen."
"Now, Comet! Now, Cupid! Now, Dancer and Blitzen! Hey!"
サンタのトナカイは何頭いるのか知っていましたか。全部で8頭いるのです。名前もすべてついていますし、配置の位置も決まっています。日本で多くの人が知っている赤鼻のルドルフは、実は9頭目に数えるのです。

学習ポイント

○ 映画の冒頭でいきなり、学習ポイントが出てきます。そして、これは映画の後半、裁判での場面の伏線にもなっています。
Chap.1 2:10～　裁判官のヘンリー　　　　：Uh, I'm sorry. He, uh... he thinks you're Santa Claus.
　　　　　　　クリス（笑いながら男の子に向かって）：I am.
　　　　　　　裁判官の孫（クリスと別れてから）：Nuts. I should have got his autograph.
日本語の「そうだよ。」に相当する "I am." は、理屈では分かっていても、なかなかとっさには出てきません。また、英語では有名人のサインを 'autograph' と言いますので覚えましょう。'should have ＋過去分詞'「～しておけばよかった」は、高校生レベルの文法ですが、中学で習う文法の応用と考えれば理解はできるはずです。

○ 酔っぱらいのサンタを解雇して、その代役をドリーがクリスに頼みます。
Chap.3 6:39～　ドリー：Would you be our Santa Claus?　「私たちのサンタになってくれませんか。」
　　　　　　　クリス：Uh, me?　　　　　　　　　　　「えっ、私が。」
　　　　　　　ドリー：Well, do you have any experience?「ええ、経験がおありなの。」
　　　　　　　クリス：Well, just a little.　　　　　　「ええ、少しなら。」
　　　　　　　ドリー：Great, you'll be fine.　　　　　「それならぴったりだわ。」

○ にぎやかなパレードを、マンションの部屋から冷ややかな目で見るスーザン。
Chap.4 10:13～　スーザン：Do you know how much it costs to make this parade?
ブライアンが「サンタはいろんな願い事をかなえてくれる」と言うと、スーザンは真顔で、
11:01～　　　　スーザン　：Bryan, you know what? I know.「ブライアン、知ってる？ 私は知ってるの。」
　　　　　　　ブライアン：Know what?「何を知ってるって？」
　　　　　　　スーザン　：The secret.「秘密を。」
　　　　　　　ブライアン：What secret?「どんな秘密？」
　　　　　　　スーザン　：Santa Claus. I've known for a long time. He's not real.
　　　　　　　　　　　　　「サンタクロース。ずっと前から知ってるわ。サンタは実在しないの。」
　　　　　　　ブライアン：Says who?「誰が言ってるの？」
　　　　　　　スーザン　：My mom.「私のママ。」

あらすじ

　舞台はクリスマスシーズンまっただ中のニューヨーク。キャリアウーマンの独身ママ（ドリー・ウォーカー）と、小生意気な娘（スーザン・ウォーカー）の前に、自分は本物のサンタクロースだというクリス・クリングルが現れます。ひょんなことで、ドリーが勤めるデパートのおもちゃ部門のサンタとして雇われることになったクリスは、子どもの扱いに長け、デパートの売り上げよりも、人々の喜びを大切にすることで人気者になり、デパートの売り上げも急上昇します。しかし、ライバルデパートからの引き抜きを断ったことで陰謀にはまり、警察に逮捕されることになってしまいます。クリングルはただの狂った老人なのでしょうか？それとも本物のサンタクロースなのでしょうか？全米中を巻き込んで、前代未聞の裁判が始まっていきます。

　また、一度の結婚に失敗し、自分に好意を寄せる心優しい弁護士のブライアンにも心を開けないドリー。そんな母に育てられたスーザンも、サンタクロースの存在を素直に信じられないのでした。しかし、スーザンは、クリスのことをいつしか本物のサンタではないかと思うようになり、ある晩自分の願いクリスに伝えます。それは「郊外に大きな家をもつこと」、「新しいパパを迎えて家族をもつこと」、そして、「新しい家族の一員として弟をもつこと」でした。スーザンの夢は、はたして叶うのでしょうか。

映画情報

製 作 年：1994年（平成6年）
製 作 国：米国
配給会社：20世紀フォックス
言　　語：英語、米国手話
『三十四丁目の奇蹟（1947年）』のリメイク

公開情報

公 開 日：1994年11月18日（米国）
　　　　　1994年12月10日（日本）
上映時間：114分
MPAA（上映制限）：PG
音　声：英語・日本語　　字　幕：日本語・英語

薦	●小学生　●中学生　●高校生　○大学生　○社会人	リスニング難易表	発売元：20世紀 フォックス ホーム エンターテイメント ジャパン （平成27年2月現在、本体価格） DVD価格：1,419円　ブルーレイ価格：2,381円

お薦めの理由	米国人の子どもなら、誰もが知っているクリスマスのお話です。過去に何回も映画化されており、アカデミー賞を3部門で受賞した1947年のものと比較されることが多いです。一般の評価は過去のものを高くしていますが、私はこちらをお薦めします。理由はカラーだからという訳ではありません。全体的に現代にマッチしている感があるからです。家族で見終えて心温まる作品となっています。	スピード	2
		明瞭さ	2
		米国訛	1
		米国外訛	1
英語の特徴	子ども向けの作品そのものですから、酔っぱらいの偽物サンタが登場する場面以外、汚い言葉はほとんど出てきません。おしゃまな少女のスーザンが、サンタのクリスと母親の恋人のブライアンに対して、大人ぶったしゃべり方をするのは笑えます。サンタのクリスが子どもたちに話しかける場面は、当然のことながら平易で聞き取りやすく、中学英語の教科書に出てくるような文が数多く登場し、格好の学習教材です。	語　彙	2
		専門語	2
		ジョーク	1
		スラング	1
		文　法	2

授業での留意点

○ 英語の 'Sign Language' 「手話」を習ってみましょう。
Chap.9　33::07 ～ 35:00　博識なサンタ
クリス　：Hello, little one. How are you ?
母親　　：She's deaf. You don't have to talk to her. She wanted to see you. Thank you.
　　クリスは女の子を見てほほ笑みながら、
クリス　：（手話を使いながら）You are a very beautiful young lady.
サミ　　：（手話で 'Thank you.'）
クリス　：（手話を使いながら）What's your name ?
サミ　　：（手話で 'ＳＡＭＩ'）
クリス　：（手話を使いながら）Sami. That's a beautiful name.
サミ　　：（手話で 'Thank you.'）
クリス　：（手話を使いながら）Now I tell you what. Do you know 'Jingle Bells'?
　　サミが手話で、クリスが手話と声で歌います。聾唖（deaf）の女の子に、クリスが手話で語りかけた後、
クリス　：Darling, what would you like for Christmas ? A doll, and a bear ? Well, you shall have them, Sami.
　　　　　I wish you a merry Christmas.
母親　　：Thank you. Thank you.
クリス　：Bye-bye.
母とサミ：Bye.　　　　　・・・何回見ても思わずホロリとする場面です。
　ちなみに、1947年度版では、サンタがオランダ語を話すことになっています。

※
○　手話の英語での 'Thank you.' は右手を口にあてて前にたおします。
○　手話の日本語での「ありがとう」は、左手の甲を上にして右手を軽くあて、右手をはねるように上げます。

○ なぜ笑える問答になっているかわかりますか。
Chap.19　83:57 ～　裁判所に来たトナカイ
　84:44 ～ クリス　　　　：Well, I would greatly like to oblige, Mr. Cllins but I cannot make this reindeer fly.
　　　　　コリンズ検事　：I didn't think so.
　　　　　クリス　　　　：He only flies on Christmas Eve.
使役動詞としての 'make' は高校で習いますが、なんとなく意味はわかりそうですね。

映画の背景と見所

○　クリスマスは、もちろんイエス・キリストの誕生を祝う日です。しかし、起源は聖ニコラウス伝説とされます。これは4世紀ころの東ローマ帝国の小アジアの司教ニコラウスが、3人の娘を結婚させるお金のない父親の嘆きを聞き、それを気の毒に思って夜にその家に金塊を3つ投げ込んだところ、それが靴下の中に入ったという逸話となっているのです。この聖ニコラウスをオランダ語でシンタークラース（Sinterklaas）となり、それが米国に渡ってサンタクロースの語源となりました。
○　元々は12月6日の聖ニコラウスの命日を「シンタクラース祭」としていたのですが、英国にはファーザー・クリスマス（Father Christmas）が、クリスマスの日に子どもたちにプレゼントを持ってくるという習慣がありました。それが合わさって12月24日のクリスマス・イブに移動し、サンタクロースがそのプレゼント役になったのは、19世紀のニューヨークだと考えられています。ともあれ、12月25日を祝うようになったのは、キリストの死後、300年以上もたってからなのです。
○　この映画の中には、ナタリー・コール、レイ・チャールズ、エルビス・プレスリー等の有名な歌手のクリスマス・ソングでいっぱい出てきます。それを楽しむのもいいものですね。

スタッフ	監　督：レス・メイフィールド 原　作：ヴァレンタイン・デイビス 脚　本：ジョン・ヒューズ 製作総指揮：ウィリアム・S・ビーズレイ 　　〃　　　ウィリアム・ライアン	キャスト	クリス・クリングル　：リチャード・アッテンボロー ドリー・ウォーカー　：エリザベス・パーキンス スーザン・ウォーカー：マーラ・ウィルソン ブライアン　　　　　：ディラン・マクダーモット ヘンリー・ハーパー　：ロバート・プロスキー

縞模様のパジャマの少年	The Boy in the Striped Pyjamas	（執筆）松葉　明

セリフ紹介

この映画を特徴づけるセリフを紹介します。　　　　　　　　　　　（Chap：チャプター番号と時間）
○ Can I ask you something ? Why do you people wear pyjamas all day ?　（Chap.7 39 09〜）
　　「ちょっと聞いていい？　どうして君たちみんな一日中パジャマを着ているの？」
この映画のタイトルにもなっています。子どもの目から見ると、囚人服がパジャマのように見えるのでしょう。シュムールはもちろん "They're not pyjamas."「パジャマじゃないよ。」と答えます。
○ I think, Bruno, if you ever found a nice Jew, you would be the best explorer in the world. （Chap.8 44:40〜）
　　「ブルーノ、もし君が良いユダヤ人を見つけたら、君はこの世で一番の探検家になるだろうな。」
これはブルーノが家庭教師のリスト先生に "There is such thing as a nice Jew, though, isn't there ?"「けど、良いユダヤ人はいるんじゃない？」と尋ねたときの答えです。偏見に満ちた考えを十分に表しています。
○ I saw a film about the camp and it looked so nice.　　　　　　　　（Chap.11 65:15〜）
　　「収容所の映画を見たけどとてもよかったよ。」
ナチスの宣伝映画を観たブルーノが、ナチスの軍人に殴られて顔が腫れたシュムールに語りかけるセリフです。
○ No, it's just a shower.「いや、ただのシャワーだ。」　　　　　　　（Chap.14 85:40〜）
服を脱がされ、シャワー室へと追いやられたユダヤ人たちの中から、恐怖と不安を打ち消そうとユダヤ人の一人が言います。しかし、この直後に防毒マスクを付けた軍人が天井から毒を投げ込みます。

学習ポイント

主人公のブルーノとシュムールの二人の会話を中心に学びましょう。
○ Bruno　 : I'm Bruno.　　　　「僕はブルーノ。」　　　　　　　　　（Chap.6 33:31〜）
　 Shmuel : Shmuel.　　　　　　「シュムール。」
　 Bruno　 : Sorry ?　　　　　　「何だって？」
　 Shmuel : I'm Shmuel.　　　　「僕はシュムール。」
　 Bruno　 : That's your name ? I've never heard of anyone called that before.
　　　　　　　　　　　　　　　　「それって君の名前？　今までに聞いたことないよ。」
　 Shmuel : I've never heard of anyone called Bruno.「僕はブルーノって初めて聞いたよ。」
　 Bruno　 : Shmuel ? No one's called Shmuel.　「シュムール？　シュムールなんて名前はないよ。」
電気が流れる有刺鉄線をはさんで、初対面のブルーノとシュムールの会話です。文法的には中学3年生レベルのもの も出ています。
○ Shmuel : I wish you'd remembered the chocolate.「チョコのこと覚えててほしかった。」 （Chap.7 40:48〜）
　 Bruno　 : Yes, I'm sorry. I know ! Perhaps you can come and have supper with us sometime.
　　　　　　　　　　　　　　　　「うん、ごめん。そうだ！　たぶんいつか夕飯を食べに来られるよ。」
　 Shmuel : I can't, can I ? Because of this.　　　　「行けないよ。　だってこれ。」
　 Bruno　 : But that's to stop the animals getting out, isn't it ?「でもそれって動物が出ていかないためのだろ？」
　 Shmuel : Animals ? No, it's to stop people getting out.　「動物？　違うよ、人間が出ていくのを止めるんだ。」
　 Bruno　 : Are you not allowed out ? Why ? What have you done ?
　　　　　　　　　　　　　　　　「外出ができないの？　どうしてさ？　何をしたんだよ？」
　 Shmuel : I'm a Jew.「僕はユダヤ人なんだ。」
まだ8歳のブルーノには、ユダヤ人迫害のことがわかっていないのでした。
○ Bruno : We're not supposed to be friends, you and me. We're meant to be enemies. Did you know that ?
　　　「君と僕は友だちになれないんだ。もともと敵なんだよ。そのことを知ってた？」（Chap.10 58:18〜）
ブルーノの家に手伝いをするために連れて来られたシュムールに、ブルーノがこのように語りかけます。家庭教師のリスト先生から教えられたことが、このような成果（？）となってしまいます。

あらすじ

　舞台は第二次大戦下のベルリン、8歳の少年ブルーノは、いつものように友だちと無邪気に遊んで過ごしていました。しかし、父親の昇進祝いのパーティが自宅で催され、大事な任務に就くことで友だちと別れて田舎町に引っ越さなければならなくなるのでした。
　引っ越したところは、周りに何もない田舎で、同年代の子どもはおろか近所には誰も住んでいないようなところでした。探検が大好きなブルーノは、ある日窓から見える建物の農場に'縞模様のパジャマ'を着た人々を発見します。母親からは、絶対に近づいてはいけないと言われますが、自宅にもかつては医者だったというジャガイモの皮をむいている同じパジャマを着た初老の召使いがいます。好奇心にかられ農場に行くと、同い年の少年シュムールがフェンスの向こう側にいるのでした。彼もまた不思議な'縞模様のパジャマ'を着ているのでした。
　久々に友だちができたと喜ぶブルーノは、ユダヤ人は悪い人間と家庭教師から教わっても十分に納得することができません。そして、夫が残酷な行為をしていることに我慢がならない母親は、夫とは別々に暮らすことを決めます。引っ越しの日、ブルーノはシュムールから彼の父親がいなくなったことを聞き、あのパジャマを着て収容所に潜り込んで一緒に探します。すると他のユダヤ人たちと一緒にシャワー室へと追いやられてしまうのでした。

映画情報

製　作　年：2008年（平成20年）
製　作　国：米国・英国
配　給　会　社：ミラマックス／ウォルト・ディズニー
言　　　　語：英語
ユダヤ人迫害の史実を子どもたちへ

公開情報

公　開　日：2008年11月7日（米国）
　　　　　　2009年8月8日（日本）
上映時間：94分
MPAA（上映制限）：PG-12
音　　声：英語・日本語　　　字　幕：日本語・英語

薦	●小学生　●中学生　●高校生　●大学生　○社会人	リスニング難易表	発売元：ワーナー・ブラザース・ホームエンターテイメント （平成27年2月現在、本体価格） DVD価格：1,429円　ブルーレイ価格：2,381円

お薦めの理由	純真な子どもが、第二次大戦下のドイツに起こったユダヤ人の虐待・ホロコーストという差別を知る物語です。この映画はPG-12と指定されています。これは、決して12歳以下は保護者なしでは観てはいけないということではなく、同伴した保護者がしっかりと子どもに説明する必要があるとして捉えてほしいです。そして、悲劇から目をそらすことなく、家族でしっかりと観てほしい作品です。	スピード	2
		明瞭さ	2
		米国訛	2
		米国外訛	2
英語の特徴	映画のほとんどの場面に、8歳の少年ブルーノが登場しているので、全体的に易しい英語が使われています。そしてブルーノと同い年のシュムールも、英国出身なので、彼らの会話からは標準的な英国英語が聞かれるでしょう。 ところで、タイトルの'パジャマ'が英国では'pyjamas'、米国では'pajamas'と表記が変わることを知っていましたか？	語彙	2
		専門語	2
		ジョーク	2
		スラング	2
		文法	2

授業での留意点	ユダヤ人の迫害の悲しい事実がわかる会話を中心に集めてみました。 ○ Childhood is measured out by sounds and smells and sights, before the dark hour of reason grows. 「子ども時代とは、分別という暗い世界を知る前に、音と匂いと自分の目で事物を確かめる時代である。」 これは映画の冒頭での字幕です。英国の詩人ジョン・ベチェマン（John Betjeman）からの引用です。8歳の少年ブルーノが、映画を通してこのことを証明してくれます。 ○ Pavel : I practiced as a doctor. Before I, before I came here.　　　　　　　　　　（Chap.5 26:54～） 　　　　　「医者として診療していたんだ。ここに、ここに来るまでは。」 　　Bruno : You couldn't have been much good then, if you had to practice. 　　　　　「練習しなくちゃならなかったってことは、あまり上手じゃなかったんだね。」 かつては医者のパヴェルは、今では召使として芋の皮むきをしています。屈託のないブルーノの言い方に、涙を浮かべながら微笑むパヴェルに胸がつまる場面です。 ○ Kotler : How dare you talk to people in the house ? How dare you ! Are you eating ? Have you been stealing 　　　　　food ? Answer me !　　　　　　　　　　　　　　　　　　　　　　　　　　　（Chap.10 59:09～） 　　　　　「どうしてこの家の人と話してる？　なんて奴だ！　食ってるのか？　盗んだのか？　答えろ！」 　　Shmuel : No, sir. He gave it to me. He's my friend.「いえ違います。彼がくれたんです。友だちです。」 　　Kotler : What ? Little man, do you know this Jew ? Do you know this Jew ? 　　　　　「何？　どうなの、このユダヤ人を知っているの？　知っているのかと聞いているんです？」 　　Bruno : No, I just walked in, and he was helping himself. I've never seen him before in my life. 　　　　　「知らない、入ってみたら勝手に食べてたんだ。　彼のこと今までに見たことなんかないです。」 　　Kotler : You, finish cleaning the glasses. When I come back, we'll have a little chat about what happens to 　　　　　rats who steal. Come away.「お前、グラスを磨き終わらせろ。　戻ってきたら盗みを働いたネズミが 　　　　　　　　　　　　　　　　　　　　　　　　　　　　　どうなるかを教えてやる。　行きましょう。」 ナチスのコトラー中尉の激しい詰問に、シュムールをかばえずに、思わず嘘をついてしまうブルーノでした。 ○ Kotler : They smell worse when they burn, don't they ?「奴ら燃やすと余計くさいですね。」（Chap.9 48:18～） 　　Mother : What ?「えっ？」　　　　　　　　　　　　ブルーノの母親が初めてユダヤ人虐殺の真実を知る場面です。

映画の背景と見所	○　この映画はフィクション、つまり作り話ですが当事者の家族が虐殺の事実を知らなかったということはあったそうです。代表的なのは有名なアウシュビッツ収容所長のルドルフ・ヘスの妻は、ユダヤ人虐殺の実態を把握していなかったそうです。一般の多くの人たちは、単なる強制労働と思っていたのです。 ○　ナチス親衛隊の軍服などは、徹底した調査により、細部にいたるまで実物と同じものとなっています。 ○　舞台は1940年代のベルリンですが、撮影はハンガリーの首都ブダペストで行われました。 ○　タイトルの縞模様（stripe）は、全編を通して意識的に使われています。パジャマ（ユダヤ人の着用服）、背景、階段の手すり、そして木々です。また、BGMの美しい音色が、悲劇をより効果的に表現しています。 ○　ナチスによる収容所のプロパガンダ（宣伝）は'Chap.10 61:55～'に出てきます。純粋なブルーノは、それをまともに信じてしまい、シュムールにカフェはあるのかを尋ねる場面（Chap.14 81:25～）があります。このように、偽りの広告によってナチスの行為が正当化されてしまうことは多々ありました。 ○　ユダヤ人をおとしめる文章を子どもに読ませる場面（Chap.8 44:05～）は、教育が子どもたち人与える影響力の大きさを考えさせられます。

スタッフ	監督・脚本・製作総指揮：マーク・ハーマン 原　　作　：ジョン・ボイン 製　　作　：デヴィッド・ハイマン 撮　　影　：ブノワ・ドゥローム 音　　楽　：ジェームズ・ホーナー	キャスト	ブルーノ　：エイサ・バターフィールド シュムール：ジャック・スキャンロン グレテル　：アンバー・ビーティ 父　　　　：デヴィッド・シューリス 母　　　　：ヴェラ・ファーミガ

	シャーロック・ホームズ	Sherlock Holmes	（執筆）一月　正充

セリフ紹介	映画では、そのストーリーもさることながら、ワトスンを頼れる相棒として一緒に行動したいホームズと、心の奥ではホームズと同じ気持ちでありながら、妻となるメアリーとの新しい生活のためにホームズとの冒険を終わりにしようとするワトスンによる絶妙な駆け引きも見どころの一つです。 ○ It was our last case together and I wanted to see it through to the end. （Chap.2 10:04～） 　「君との最後の事件だったからね。終わりまで見届けたくて。」 　ワトスンはこのように、ホームズとの冒険は終わりであると伝えますが… ○ Holmes: It is not my reputation that's at stake here.「私ではなく、君の信用問題では？」（Chap.8 36:41～） 　ホームズは事あるごとにワトスンへ対して意味深な発言をし、ワトスンの気を引こうとします。 ○ Not us, you.「違う、君だけだ」（Chap.19 1:17:05～） 　決定的な一言をもらいますが、ホームズは諦めません。意図的に忘れ物をして、ワトスンに協力してもらえるような策をめぐらします。 ○ Well, I'm…I'm just so…very glad that you're…well…with us. （Chap.23 1:32:00～） 　「ともかく、とても…嬉しいよ。君が一緒で。」 　追い詰められたホームズは、協力者であるワトスンへ対し感謝の意を述べます。相手の目を見ずに会話することで、素直になれないホームズの内面がうまく表現されていますね。

学習ポイント	早口で話すシーンも多いのですが、捉えやすいセリフもたくさん使われています。「You seem surprised.」（驚いたかね）というまったく同じセリフが、開始早々にブラックウッド卿を捕まえた際（Chap.1 05:26～）と、終盤にブラックウッド卿が再度現れた際（Chap.25 1:42:40～）の二度使われています。 　日本人に耳慣れた表現も多数あります。冒頭でホームズとワトスンが出会う際の「Always nice to see you, Watson.」（Chap.1 03:42）、写真撮影の際にはCheese. （Chap.1 06:38）などです。「Always nice to see you, Watson.」は「ご苦労、ワトスン君。」と訳されており、微妙なニュアンスの違いを感じ取ることができます。写真撮影時の「チーズ！」は、撮影される側の歯が見えるように発声してもらうのが正しい使い方ですね。 　その他、聞き取りやすい個所をいくつかピックアップしてみました。 ○ Adler : I need your help. I need you to find someone.「助けがいるの。ある人を探して。」（Chap.7 29:58～） 　needの基本的用法ですが、二つを組み合わせることで具体的な説明に変化しています。 ○ Adler ： You made the front page.「一面トップよ。」（Chap.23 1:31:27～） 　 Holmes : Only a name and no picture.「名前だけで顔写真がない。」 　makeなどの基本単語には多くの意味があることを学ぶことができます。makeの他の用法と併せて、takeやdoを使った表現を挙げてみるのもいいですね。 ○ Adler : I've never seen anything like it. Look at this.「こんなの初めてよ。見て。」（Chap.25 1:43:12～） 　今までに見たことのない画期的な発明品を目にして、思わず口にした一言です。現在完了形の表現として、これ以上ないお手本のような例ではないでしょうか。 ○ Adler : We don't actually have to disarm the device. We just have to remove the cylinders. （Chap.26 1:43:59～） 　「装置全体を止める必要はないわ。ただシリンダーを外せばいいのよ。」 　文法項目で外すことのできないnot have toとhave to の違いですが、副詞による補足情報によって自然な会話の流れができています。 ○ Holmes : Can you manage?「一人で大丈夫か？」（Chap.26 1:46:51～） 　 Watson : Of course I can. Relax. I'm a doctor.「任せろ。安心しろ。私は医者だ。」 　医者が締め技をかけ、さらに自分は医者だから安心しろと言うこの場面では、いかにも英国らしいユーモアを垣間見ることができます。

あらすじ	1890年のロンドンが舞台。探偵シャーロック・ホームズ（ロバート・ダウニー・Jr）と相棒のジョン・ワトスン博士（ジュード・ロウ）によるサスペンスアクション映画です。 　ホームズとワトスンは、5人の女性を儀式で殺害したブラックウッド卿（マーク・ストロング）による新たな殺人を阻止します。しかし、絞首刑になったはずのブラックウッド卿は生きていました。その後もブラックウッド卿の予言どおり、殺人事件が続きますが、ホームズはそれを食い止めることができません。しかし残された証拠品などからブラックウッド卿の最終目的は議会であると推理します。 　議会室に現れたブラックウッドは事前に自分の支持者にのみ解毒剤を飲ませ、「自分の味方にならない者は全員死ぬだろう」と宣言します。ホームズとワトスンは地下に毒ガス装置が設置されていることを嗅ぎ付け、何とか装置を破壊。殺害は未遂に終わり、ブラックウッド卿も最後を迎えます。しかし、一連の事件はある人物の壮大な計画の一部にすぎませんでした。後日、ホームズは毒ガス装置の近くで巡査の死体が発見されたと知らされます。犯人は大学教授のモリアーティ。彼は装置の核であり、使い方次第で脅威となりえる電波装置を盗み出していたのです。ホームズは宿敵モリアーティが引き起こす新たなる事件の解明へと動き出ことになります。　（続編へ続く）

映画情報	製　作　年：2009年（平成21年） 製　作　国：英国・米国・オーストラリア 配 給 会 社：ワーナー・ブラザーズ 製 作 会 社：シルバー・ピクチャーズ 次　回　作：シャーロック・ホームズ シャドウゲーム	公開情報	公　開　日：2009年12月25日（米国） 　　　　　　12月26日（英国） 　　　　　　2010年 3月12日（日本） 上映時間：128分　　MPAA（上映制限）：PG-13 音　声：英語・日本語　　字　幕：日本語・英語

薦	○小学生　●中学生　●高校生　●大学生　●社会人	リスニング難易表		発売元：ワーナー・ブラザース・ホームエンターテイメント （平成27年2月現在、本体価格） DVD価格：1,429円　ブルーレイ価格：2,381円
お薦めの理由	シャーロックホームズの物語といえば、誰もがご存知のことでしょう。コナン・ドイルの小説というだけでワクワクしてしまいますね。世界中で読まれている身近な小説を題材にアレンジされた映画ですが、そこには今までのホームズのイメージにはなかった臨場感とアクションの要素が詰まっています。18世紀の英国の風景や、建設中のロンドンブリッジなど、細部にわたる細かな描写も見所の一つです。	スピード	3	
		明瞭さ	3	
		米国訛	2	
		米国外訛	4	
英語の特徴	英国英語が多くを占めていますが、主人公のホームズやアドラーは北米の俳優です。ホームズの話し方はそのキャラクター故に早口で、多少聞き取りにくく感じるかもしれませんが、他のキャラもイメージに合わせた話し方をしており、自分に合った分かりやすい発音を見つけることができるでしょう。英国独特のイントネーションや、ホームズとワトスンによる息の合った会話も真似てみたいところです。	語彙	3	
		専門語	3	
		ジョーク	3	
		スラング	2	
		文法	3	

授業での留意点

授業で使用できそうな内容をいくつか挙げてみました。
○　ワトスンによるイギリス人らしい振る舞い（Chap.7 0:30～）
Adler : Hold the door. Thanks, doctor.「閉めないで。ありがとう、先生。」
英国男性と言えば紳士というイメージがありますが、このシーンにおけるワトスンのちょっとした振る舞いは紳士を彷彿させます。女性がテーブルから立ち上がるときには男性も立ち上がる、といった他のマナーについて調べてみるのもいいでしょう。
○　リズミカルな会話英語の例です。省略された表現を補ってみるのも面白いかも。（Chap.2 11:09～）
Watson : So, you're free this evening?「今夜は？」　　　　Holmes : Absolutely.「何も。」
Watson : Dinner?「夕食は？」　　　　　　　　　　　　Holmes : Wonderful.「いいね。」
Watson : Royale?「ロイヤルは？」　　　　　　　　　　Holmes : My favorite.「好きだ。」
Watson : Mary's coming.「メアリーも来る。」　　　　Holmes : Not available.「先約が。」
Watson : You're meeting her, Holmes.「彼女に会え。」　Holmes : Have you proposed yet?「プロポーズは？」
Watson : No, I haven't found the right ring.「指輪がまだだ。」 Holmes : Then it's not official.「婚約と言えん。」
Watson : It's happening, whether you like it or not. 8:30, the Royal. Wear a jacket.
　　　　「だが、いずれ結婚する。では8時半に。上着を忘れるなよ。」
Holmes. You wear a jacket.「君が着ろ。」
ホームズとワトスンによるテンポのいい会話です。仲のいい二人だからこそ成り立つ会話なので、まずは文章として足りない単語等を補って、会話を完成させてみてはいかがでしょうか？
○　考えるための食べ物＝思考の糧
Holmes : Food for thought.「お忘れなく。」（Chap.15 1:03:03～）
簡単な単語の組み合わせによる言い回しです。イメージなどを加えてどんな意味になるのかを考えてみましょう。
○　英語でも比喩表現（Chap.17 1:09:43～）
Holmes : Data, data, data. I cannot make bricks without clay.「データがいる。粘土なしでレンガはできない。」
簡単な単語でも比喩を駆使することで表現の幅を無限に広げることができます。Food for thoughtと併せて授業で考えてみると面白いかもしれませんね。

映画の背景と見所

○　言わずと知れた名探偵シャーロック・ホームズと助手ワトスンによる冒険物語ですが、この映画では原作におけるホームズという人物像に焦点を当て、それが随所に映し出されているところも見所の一つです。ホームズと言えば鹿撃ち帽に丈の短いコートを身にまとい、パイプを咥えているというイメージがありますが、これは原作にはなく、演劇などで作られたイメージです。コナン・ドイル原作のホームズは武術に長けており、ボクサーでもあります。また、興味を持てる事件がないと退屈して薬におぼれてしまうなど、変わった一面も持ち合わせています。推理サスペンスよりも本作のようなアクション映画の主役に向いているのかもしれませんね。
○　本作は2011年公開の続編へと続きます。小説における宿敵モリアーティとの決戦時にホームズは帰らぬ人となります（後に生還します）が、当時の読者の反響は凄まじく、同作が掲載されていた雑誌の購読者のうち約2万人が定期購読を解約。コナン・ドイル氏には非難や中傷の手紙が多数届いたそうです。
○　BBCは2010年より現代版のシャーロック・ホームズを描いた「シャーロック」をテレビドラマとして製作、放映しています。舞台は21世紀の英国。コナン・ドイルの原作は現代にも通じる部分があるということが伺え、一味違ったホームズの冒険を楽しむことができます。

| スタッフ | 監　督：ガイ・リッチー
製　作：ジョエル・シルバー
原　案：ライオネル・ウィグラム
脚　本：マイケル・ロバート・ジョンソン
撮　影：フィリップ・ルースロ | キャスト | シャーロック・ホームズ：ロバート・ダウニー・Jr
ジョン・ワトスン　　　：ジュード・ロウ
アイリーン・アドラー　：レイチェル・マクアダムス
ブラックウッド卿　　　：マーク・ストロング
メアリー・モースタン　：ケリーライリー |

シャル・ウィ・ダンス？	Shall We Dance ?	（執筆）玉野　令子

セリフ紹介

この映画を特徴づける、印象的なセリフを紹介します。
○ 主人公ジョン・クラークのセリフから　　　　　　　　　　　　　　　（Chapter.10 90:05～）
① The one thing I am proudest of in my whole life is that you are happy with me.
　（僕がこの世に生きてただ1つ誇りに思うのは、君が幸せなこと。）
　妻の幸せが自分の幸せであり、誇りだと感じている、と妻に言うセリフです
② If I couldn't…if I couldn't tell you that I was unhappy sometimes…it was because I didn't want to risk hurting the one person I treasure most.
　（心の空白を君に打ち明けなかったのは、一番大切な君を傷つけたくなかったから。）
　パーフェクトな人生のはずなのに自分につきまとう"心の空しさ" ― そんな気持ちを打ち明けることができなかったのは、妻への思いやりからでした。しかし、そのことが妻を傷つけていたことに気づき、謝ります。
○ ジョンが妻ビヴァリーにダンスを申し込むセリフから（Chapter.⑦ 51:05～）
　　Because we need a witness to our lives. … You're saying, "Your life will not go unnoticed, because I will notice it." "Your life will not go unwitnessed, because I will be your witness."
　（生きた証[あかし]を残すため … 「あなたが生きた人生、私が証人になると。」）
　結婚の目的は、お互いが生きてきたという証を証明する証人になるため、と彼女は自分の結婚観を話します。

学習ポイント

○ 覚えてすぐ使える短い表現
(1) Is that it, then ?（それで終わり？）　　　　　　　　　　　　　　　（Chapter.1 1:33～）
　ここでは、"That's it." は「それで終わり。それだけだよ。以上。」の意味です。別の意味もあります。
　① 励ましたり、ほめたりする「いいぞ。その調子だ」の意味で。
　　"That's it ! That's it !"（Chapter.1 3:16～）"That's it ,John."　　　（Chapter.4 34:00～）
　② 賛成・賛同して「そうそう（そう言いたかった）。その通り。」
　　"That's it."（Chapter.3 22:20～）「ほらね、その通りでしょ」の意味で。
(2) Make a wish.（願い事をして。）　　　　　　　　　　　　　　　　　（Chapter.1 1:58～）
　ジョンが、バースディケーキの火を消そうとするとき、妻が言ったセリフです。願い事をするの「する」の動詞はmakeです。
(3) May I help you ?（何でしょう？）　　　　　　　　　　　　　　　　（Chapter.2 9:05～）
　ダンス・スクールの教師ポリーナが、教室に来たジョンに話しかけたときのセリフです。
　"May I help you ?" は用件を尋ねるときの決まり文句のひとつで、"How can I help you ?" とも言います。
　お店の店員、電話での応答など、用件を尋ねる場面でよく出てくる表現です。
(4) No offense.（勘弁して。）　　　　　　　　　　　　　　　　　　　（Chapter.4 34:10～）
　「悪気はない、悪く取らないで」という意味です。"No offense , but …." と続けることもよくあります。
(5) I mean it.（本気よ。）　　　　　　　　　　　　　　　　　　　　　（Chapter.8 61:16～）
　「本気で言っているのよ。冗談じゃないのよ。」という意味です。
(6) It's not your fault.（君は悪くない。）　　　　　　　　　　　　　　（Chapter.8 61:16～）
　名詞faultは「責任、過ち」の意味です。"You are not wrong." と同じ意味です。
(7) I would love to.（喜んで。）　　　　　　　　　　　　　　　　　　（Chapter.11 96:43～）
　"Shall we dance , Mr. Clark?"（踊りましょうか、クラークさん。）と聞かれ、答えている場面です。誘われたとき「喜んで。もちろん。是非。」と肯定を表す表現です。短縮形は I'd love to. です。
○ 覚えておきたい語句・単語
　"Feel Free to watch"（見学無料／自由）　prom（卒業パーティ）　going-away party（お別れパーティ）

あらすじ

　シカゴに住む弁護士ジョン・クラークは仕事も家庭にも恵まれた生活を送っていましたが、何か物足りなさを感じていました。彼は毎晩、帰宅する電車からダンス教室の窓から外を見ている美しい女性ポリーナを見ていました。
　ある夜、ジョンはその女性がどうしても気になって、電車を飛び降り、教室に向かいます。見学のつもりで行ったのですが、ポリーナに直接会うとそのまま入会の手続きをし、その日からレッスンを始めます。それほど興味があって始めたわけではなかったのですが、ジョンは次第に踊るのが楽しくなっていきました。
　夫ジョンの帰宅時間が遅くなり、今までと違う様子に気づいた妻ビヴァリーは彼を疑って、探偵事務所に調査を依頼し、真相を突き止めようとします。
　一方、ジョンは、シカゴ最大のダンス競技会出場に向けてさらにレッスンに励みます。しかし、家族には内緒にしたままでした。競技会当日、順調に踊っていたのですが、会場から聞こえた娘の声援に動揺し、大失敗します。それ以降ダンスもやめてしまいます。ある日、ダンス仲間が、ポリーナの送別会を知らせに彼の家に来ます。ようやくもう一度、踊ることを決意した彼は、妻の仕事場に1本のバラを持って、ダンスのパートナーになってくれるよう、申し込みに行きます。

映画情報

原　作：周防正行　　　製作費：5,000万ドル
製作年：2004年　　　　製作国：米国
言　語：英語　　　　　字　幕：日本語
配給会社：ミラマックス（米国）、ギャガ（日本）
ジャンル：ラブロマンス

公開情報

公開日：2004年10月15日（米国）
　　　　2005年 4月23日（日本）
上映時間：106分
音　声：英語・日本語
字　幕：日本語

薦	○小学生　●中学生　●高校生　●大学生　●社会人	リスニング難易表		発売元：東宝　（平成27年2月現在、本体価格）DVD価格：3,800円
お薦めの理由	1996年製作、日本映画『Shall we ダンス？』（周防正行監督）のリメイク作品です。リチャード・ギアは撮影当時58歳ですが（1946年生まれ）"ダンディ"な父であり夫です。若きダンス教師ジェニファー・ロペスとタンゴを踊るシーンやバラを1本手にして妻の前に現れるシーンで、そのダンディさを披露しています。踊る楽しさ、何かに夢中になる楽しさに気づかせてくれる映画です。	スピード	3	
^	^	明瞭さ	3	^
^	^	米国訛	3	^
^	^	米国外訛	2	^
英語の特徴	標準的な米国英語が中心です。会話では、省略したり短縮したりして話すのが、ごく普通なので、会話が速く感じるかもしれません。そのため、英語学習初心者には聞き取りづらく、難しいと思うかもしれません。しかし、そうした会話の特徴に気づくと、聞き取りも楽しくなっていきます。この作品には、中学で学習する表現もたくさん出てきます。　　社交ダンスは英語でballroom dance（dancing）です。	語彙	2	
^	^	専門語	2	^
^	^	ジョーク	1	^
^	^	スラング	1	^
^	^	文法	3	^

授業での留意点

○　覚えておきたいイディオム・文法事項です。
① The rest is up to you.（あとはあなた次第です。）　　　　　　　　　　　　　　（Chapter.1 1:40～）
"be up to＋（人）～"の形で「（人～）次第である」よく出てくる表現です。rest は ここでは「残り（のもの）後のこと」の意味ですが、ほかに「休憩」の意味もあります。動詞でも使います。

② He seems happier lately.（最近幸せそうみたい。）　　　　　　　　　　　　　　（Chapter.1 6:40～）
父ジョンの最近の様子を見て娘が言ったセリフです。happy の比較級 happier の単語１語だけで「以前に比べてもっと…」ということがわかります。seem はlook と同じ「～に見える」の意味です。"He seems（＝looks）happier than before."（以前に比べて幸せに見える。）と同じです。

③ The sooner I know, the better.（早い方がいいわ。）
競技会に向けて練習するなら早い方がいい、と先生が言った時のセリフです。
"The sooner, the better."は決まり文句で、「早ければ早いほど良い」という意味です。主語＋動詞～。のにすると "The sooner is the better."です。それに I know が挿入しています。決まり文句では、be動詞 がしばしば省略されます。
The＋比較級～、the＋比較級…の形で「～すればするほど、それだけますます…だ」という意味です。

④ I'm in the same boat ,aren't I ?（僕も同族だよ。）　　　　　　　　　　　　　（Chapter.3 24:44～）
ダンスのことは会社に内緒にしておいてほしい、と言う同僚に自分も同じだよ、とジョンが言ったときのセリフです。ジョンもダンスのことは誰にも言っていませんでした。
"be in the same boat"は「同じ立場・状況である」という意味のイディオムです。
文末の "aren't I?" は付加疑問で、「～だよね」の意味です。I am の否定疑問の形 aren't I です。

⑤ Why don't we call it a night ?（今夜はこれでやめましょうか。）　　　　　　　（Chapter.8 60:13～）
夜遅くまでダンスの練習に熱が入りすぎてバテ気味のジョンです。そんなジョンに、パートナーのボビーが言ったセリフです。"call it a day"は、今日はこれで「お開きにする」、仕事をそろそろ切り上げる、という意味の口語表現です。夜もふけて遅くなった場合は "call it a night"と言えます。"Why don't we ～?"は「～しましょうか」と提案する表現です。その前に "I'll tell you what."（こうしましょう。）と言っています。字幕に日本語訳はありませんが、自分の意見や考えを提案するときの前置き表現です。

映画の背景と見所

○　日本で大ヒットした作品『Shall we ダンス？』（周防正行監督）をリメイクした作品です。ほぼ原作通りですが、テーマについて、ピーター・チェルソム監督は来日記者会見で、異なったフィルター（つまり米国の文化）を通した点とパーフェクトな人生でも物足りないと感じている点に力点を置いた―とテーマの違いについて話しました。
○　同席したリチャード・ギアも、オリジナル版との違いについて、リメイク版はより主人公の結婚生活に焦点を当てて描いている、と強調しました。
○　リチャードは、ダンスについても、撮影に入る前に3か月間、撮影中も特訓を重ね、計約5か月間、ほぼ毎日3～4時間練習をしてパーフェクトなダンスをめざしたことを明かしました。
○　(Chapter.4 33:00～)で、ミュージカル映画『王様と私』（1956年）の主題歌が流れます。懐かしい曲にミス・ミッツィー先生は喜びます。"At last a song I know. Oh, I love this song."（やっと私の知っている曲だわ。この曲、大好き）と言って歌いながら踊り出します。『王様と私』の主演男優ユル・ブリンナーや主演女優デボラ・カーの名前も飛び出します。作曲者はリチャード・ロジャースです。タイトルはこの主題歌から来ています。

| スタッフ | 製　作：サイモン・フィールズ
監　督：ピーター・チェルソム
脚　本：オードリー・ウェルズ
音　楽：ジョン・アルトマン
撮　影：ジョン・ド・ボルマン | キャスト | ジョン・クラーク　　　　　：リチャード・ギア
ポリーナ（ダンス教師）：ジェニファー・ロペス
ビバリー・クラーク　　　：スーザン・サランドン
リンク・ピーターソン　　：スタンリー・トゥイッチ
ボビー　　　　　　　　　：リサ・アン・ウォルター |

ジュノ	JUNO	（執筆）松葉　明

セリフ紹介

この映画を特徴づけるセリフを紹介します。　　　　　　　　　　　　　　　（Chap：チャプター番号と時間）
- "I'm pregnant."「私妊娠しちゃった。」　　　　　　　　　　　　　　　　　　　（Chap.4 10:26〜）
  ジュノが妊娠相手のポーリーに打ち明ける場面のセリフです。'pregnant'「妊娠している」はそのままの単語です。直球型のジュノらしい言い回しです。婉曲的には'expecting'を使います。この時点でのジュノは、まだ軽い気持ちで中絶を考えています。
- "All babies want to get borned."「すべての赤ちゃんは生まれてきたがっています。」　　（Chap.7 16:34〜）
  ジュノのクラスメートのスー・チンが、中絶を行っているクリニックの前で中絶に抗議している場面です。聞いてわかりますが、'bear - bore - borne'と活用するので、明らかに'borned'は文法的に間違っています。3回繰り返しますので、聞き取りは容易です。
- "You know I'll always be there to love you and support you no matter what kind of pickle you're in."
  「私はいつもそばにいてお前を愛しているし、どんなことでも困った時は助けるつもりだ。」（Chap.23 80:34〜）
  出産を前に不安を隠しきれない娘ジュノに向かって言う、父親マックのセリフです。どんな時でも父親は娘が可愛くて仕方がないことがよく出ています。
- "Thundercats are go！"「生まれる！」　　　　　　　　　　　　　　　　　　　（Chap.25 84:01〜）
  ジュノがいよいよ赤ちゃんが生まれると父親にヘルプするときのセリフです。米国アニメからの引用です。

学習ポイント

中学生でも十分聞き取れて理解できる部分はたくさんあります。
- Juno　　：Hey, Su-Chin.「やあ、スー・チン」　　　　　　　　　　　　　　　（Chap.7 16:44〜）
  Su-Chin：Oh. Hi, Juno. How are you？「あら。こんにちは、ジュノ。元気？」
  ジュノが中絶反対の抗議をしているスー・チンに出会ったときの場面です。
- Carol　：Juno MacGuff called while you were out running today. You know how I feel about her.（Chap.8 22:18〜）
  　　　　「ジュノ・マクガフからあなたがランニングに出ている時に電話があったわ。彼女のことどう私が思っているか知ってるわね。」
  Paulie：Yeah, yeah, you mentioned it a couple times.「ああ、何回か言ってたよね。」
  Carol　：She's just... different.「彼女、ちょっと変わってるわね。」
  Paulie：I know.「わかってるよ。」
  ポーリー親子の会話です。直接的に"I don't like her."と言わなくても、ポーリーの母親がジュノを嫌っていることがわかります。ジュノも彼女を"Bleeker's mom was possibly attractive once, but now she looks like a hobbit. You know the fat one that was in The Goonies？"「ブリーカーの母親はかつては魅力的だったけど、今はホビットのように見える。『グーニーズ』に出てた太ったやつ、知ってる？」（Chap.16 51:58〜）と言っています。
- Vanessa：Hi. I'm Vanessa. You must be Juno. Mr. MacGuff, hi. Vanessa Loring.　　（Chap.10 28:02〜）
  　　　　「こんにちは。ヴァネッサです。ジュノね。マクガフさん、こんにちは。ヴァネッサ・ローリングです。」
  Mac　　：Hi.「こんにちは。」
  Juno　　：It's, uh, Vanessa, right？ Is that...「えっと、ヴァネッサだよね？　あの…」
  Mac　　：Thanks for having me and my irresponsible child over to your house.
  　　　　「私と頼りない子どもをご自宅まで招いていただきありがとう。」
  初対面でのやりとりです。'irresponsible'「責任能力のない→頼りない」以外は理解できる内容です。この後、夫のマークも加わります。　　　　　　　　　　　　　　　　　　　　　　　　　　　　　（Chap.10 28:31〜）
  Mark：Hi. Mark Loring. I'm the husband.　　Mac　　：How you doin'？ Mac MacGuff.
  Mark：Nice to meet you. Hi.　　　　　　　Vanessa：This is Gerta Rauss, our, um, attorney.
  'attorney'は「弁護士」です。'lawyer'とともに覚えておきましょう。弁護士登場とは米国らしい設定です。

あらすじ

どこにでもいるような16歳の高校生ジュノは、バンド仲間の同級生ポーリーとたった一度のセックスで妊娠してしまいます。短絡的に中絶をしようと病院近くまで行くのですが、中絶反対の抗議をしている同級生に出会い、お腹の赤ちゃんにはもう爪まで生えていると言われ、出産を決意して里親を探すことにします。新聞広告の記事で読んだヴァネッサとマークのローリング夫妻は理想を絵に描いたような夫婦で、彼らの家庭に父親のマックとともに訪れたジュノは、早速契約を交わすことに決めたのでした。
　お腹が大きくなるのも構わず、ジュノは高校生活を続けます。そして赤ちゃんのエコーの写真を見せにローリング家を訪れたり、ヴァネッサにお腹の赤ちゃんの様子を感じさせるために、直にお腹を触らせたりするのでした。無邪気に赤ちゃんグッズを買い込んだり、赤ちゃんの部屋の模様替えをしたりするヴァネッサでしたが、夫マークには心境に変化が起こります。マークには、ヴァネッサと別れる気持ちが生じていたのです。
　ジュノは二人の離婚に反対するのですが、結局二人は離婚します。ジュノは悩んだあげく、決断します。それは二人が離婚するしないにかかわらず、ヴァネッサとの契約はそのままでいいということでした。そして、ジュノは無事男の子を出産し、ヴァネッサは念願の母親になり、ジュノはまた、もとの高校生活に戻るのでした。

映画情報

製 作 年：2007年（平成19年）
製 作 国：米国
配給会社：20世紀フォックス
言　　語：英語
第80回アカデミー賞脚本賞受賞

公開情報

公開日：2007年12月5日（米国）
　　　　2008年6月14日（日本）
上映時間：92分
MPAA（上映制限）：PG-13
音　声：英語・日本語　　字　幕：日本語・英語

薦	○小学生 ●中学生 ●高校生 ●大学生 ●社会人	リスニング難易表	発売元：20世紀 フォックス ホーム エンターテイメント ジャパン （平成27年2月現在、本体価格） DVD価格：1,419円　ブルーレイ価格：1,905円

お薦めの理由	未成年の妊娠の物語というと、とりわけ敬遠してしまうことが多いですが、この映画からはいやらしさはほとんど感じられません。予期せぬことで妊娠してしまった16歳の女子高生の、出産までにいたる心温まる物語です。米国の里親制度を垣間見ることもできます。 　映画脚本初担当のディアブロ・コディは、見事本作でアカデミー脚本賞を受賞しました。	スピード	4
		明瞭さ	2
		米国訛	2
		米国外訛	1
英語の特徴	標準的な米国英語ですが、若者が話す場面の会話は、早口で聞き取りにくく、かつ、話題が米国の大衆文化やジョークが多く登場するので、その知識がないと理解しづらいと思われます。しかし、この映画には主人公ジュノの好みのポップスが流れ、それも映画同様にヒットしたので、若者英語と米国ポップス文化を学ぶには、最高のテキストといえるでしょう。よく喋るジュノは現代版赤毛のアンのようです。	語彙	3
		専門語	2
		ジョーク	5
		スラング	5
		文法	3

授業での留意点

少々難しいけれど、この映画に関連するセリフを選んでみました。

○ Juno : I'm pregnant.「私妊娠してるの。」　　　　　　　　　　　　　　　　　　　　　（Chap.9 23:35〜）
　Bren : Oh, God.「まあ、なんてことを。」
　Juno : Yeah, but I'm gonna give it up for adoption. And I already found the perfect couple. They're gonna pay for the medical expenses and everything. And, and… what, thirty, er, odd weeks, we can just pretend that this never happened?
　　「うん、でも養子に出すつもり。ぴったりの夫婦を見つけたの。医療費やすべてを払ってくれるの。そして、30週かそこらでこんなことは起こらなかったってふりができるの。」
　Mac : You're pregnant?「お前が妊娠してる?」

ジュノが妊娠していることを両親に告げる場面です。'adoption'「養子縁組」はこの映画の重要テーマのひとつです。辞書で確認させましょう。

○ Juno : No… you see, my dad went through this huge obsession with Roman and Greek mythology. So he decided to name me after Zeus's wife.「いえ、ね、パパがローマとギリシャの神話にすっごくはまっちゃったの。それでゼウスの奥さんの名前を私につけたわけ。」　（Chap.13 46:39〜）
　Mark : I got it.「なるほど。」
　Juno : Zeus, like, he had tons of lays, but I'm pretty sure Juno was his only wife. And she was supposed to be, like, really beautiful, but really mean. Like Diana Ross.
　　「ゼウスは、女はたくさんいたんだけど、確かジュノはただ一人の妻だった。本当に美人ということだけど、これまた本当に意地悪だった。ダイアナ・ロスみたいに。」
　Mark : That suits you.「その名前君に合ってるよ。」
　Juno : Thanks?「それって褒めてるの?」
　Mark : You are something else.「君は目立ってるよ。」

ジュノが里親になるマークに、自分の名前の由来を話します。神話（mythology）に興味がある人にはおもしろいところです。'go through'「経験する」、'suit'「〜に似合う」、'something else'「人をはっとさせるもの」の他にも未習の語がいくつか出てきますので、辞書で引かせましょう。

映画の背景と見所

○ 低予算で制作されたこの映画は、最初全米7館で上映されたのに過ぎませんでしたが、評判が口コミで広まり、結局2,500館以上での上映となりました。そしてその年のアカデミー賞では、作品賞、監督賞、主演女優賞、脚本賞の4部門でノミネートされ、最優秀脚本賞を受賞しました。また、背景に流れる主な音楽は、キミヤ・ドーソンとモルディ・ピーチズで、ジュノを演じたエレン・ペイジが提案し、これも大ヒットとなりました。

○ 'Juno'という名前は、ローマ神話では主神ユーピテル（ジュピター）の妻で、呼び方が「ユノ」とか「ジュノン」とか、言語によって異なります。また、ギリシャ神話では、ジュノは全知全能の神ゼウスの妻で、「ヘラ」となります。名前の由来については映画の中でも本人が話しており、「授業での留意点」を参照してください。

○ 主人公のジュノは16歳です。しかし、車を普通に運転しています。日本と違い米国では高校生で車の運転免許がとれるのです。ちなみに車はトヨタのプレヴィア（日本ではエスティマ）です。

○ チャプター20 66:48〜のところでは、日本のコミック本が出てきます。タイトルは'Most Fruitful Yuki'「最も多産なユキ」で、セーラー服を着て日本刀を振り回している女の子が表紙に描かれています。こんなところにも、日本のアニメ文化が登場しているのです。もちろん、このコミックは架空のものです。

スタッフ	監　督：ジェイソン・ライトマン 脚　本：ディアブロ・コディ 製　作：ジョン・マルコヴィッチ他 音　楽：マテオ・メッシーナ 撮　影：エリック・スティールバーグ	キャスト	ジュノ・マクガフ　　　：エレン・ペイジ ポーリー・ブリーカー　：マイケル・セラ ヴァネッサ・ローリング：ジェニファー・ガーナー マーク・ローリング　　：ジェイソン・ベントマン マック・マクガフ　　　：J.K.シモンズ

| ジュラシック・パーク | Jurassic Park | （執筆）松葉　明 |

セリフ紹介

この映画を特徴づけるセリフを紹介します。　　　　　　　　　　　　　　　（Chap：チャプター番号と時間）

○　Hammond : Everyone in the world's has the right to enjoy these animals.
　　　　　　　「世界中の誰もがこの動物たちを楽しむ権利があるんだ。」　　　　　　（Chap.7 34:42〜）
　ジュラシック・パークを目の当たりにした弁護士のジェナーロが、これは大儲けできると言ったときに、所有者のハモンド氏がそれに答えたセリフです。お金儲けだけではなく、人々に貢献できる心は大切です。

○　Grant : Life found a way.「生命は道を探し出した。」　　　　　　　　　　　（Chap.13 91:24）
　これはグラント博士が、恐竜たちが自然繁殖した卵の殻を見つけたときに言うセリフです。実はジュラシック・パークの所員が、パーク内の恐竜はすべて雌に調整されているので、自然増殖するはずがないと言ったときに、マルコム博士が "I'm simply saying that life finds a way."「私はただ生命ってのは道を探すものだと言ってるんだよ。」（Chap.6 31:06）と言っていました。自然界での性の変異は、高校の生物の授業で詳しく習います。

○　Malcolm : But if the Pirates of the Caribbean breaks down, the pirates don't eat the tourists.（Chap.14 96:10〜）
　　　　　　　「でも、もしカリブの海賊が故障しても、海賊たちは観光客を食べたりはしないよ。」
　停電状態から復旧できないときに、ハモンドが「大きなテーマ・パークは遅延がつきものだ」と、1956年にオープンしたディズニー・ランドを例にとって言ったことに対してのマルコムのセリフです。もちろんジョークですが、実際に食べられた被害者がいるので、笑えない返答かもしれません。

学習ポイント

日常会話で使える易しい表現を押さえておきましょう。表現力と語彙力がアップします。

○　A kid : That doesn't look very scary.　More like a six-foot turkey.
　　　　　　「あまり怖そうに見えないな。6フィート（約180cm）の七面鳥のようだ。」　（Chap.2 7:31〜）
　グラント博士が発掘している恐竜（ヴェロキラプトル）の化石の映像を見せたときに、一人の子どもが思わず言ったセリフです。'look 〜'「〜に見える」、'six-foot'「6フィートの」（形容詞になったときは feet のように複数形にならない）を確実に覚えておきましょう。　　※他の例：'a six-year-old boy'「6歳の少年」

○　Grant 　　：How'd you do this ?「これをどうやったんですか？」　　　　　　（Chap.5 22:42〜）
　　Hammond : I'll show you.「ご覧に入れよう。」
　生きた恐竜たちを目の当たりにしたグラント博士と、創設者のハモンド氏との対話です。何かを尋ねられたときに、説明するより実際に見せた方がいいと思ったときには、"I'll show you." を使いましょう。そしてこの後のビジター・センターでの解説（Chap.6 23:46〜）は、DNA（デオキシリボ核酸）の説明等、生物の授業の英語版となっています。とても興味深く必見ものです。

○　Lex : What is that ?　Where's the goat ?「あれは何なの？ あの山羊はどこ？」　（Chap.11 62:35〜）
　中学1年生レベルの英語です。教室では近くのものを 'this'、離れたものを 'that' で練習します。この場面では車のダッシュボードに置いたコップの水が、振動によって同心円を描いているのに対して、レックスが "What is that ?" と言っています。このような使い方も覚えておきましょう。

○　Tim : God bless you.「お大事に。」　　　　　　　　　　　　　　　　　　　（Chap.13 89:58〜）
　グラント、レックスとティムの3人が、木の上で草食恐竜ブラキオサウルスと触れ合う場面で、ブラキオサウルスがくしゃみをしたときのティムのセリフです。西洋ではくしゃみをした相手に、"God bless you. / Bless you." と言うのが一般的です。そして言われた側は、"Thank you." と答えるのが普通です。ここではもちろん恐竜は答えていません。また、くしゃみをまともに受けた姉のレックスは "Yuck !" と言います。これは、「ゲゲッ！／オエッ！」の意味で、きれいな言葉ではありませんが、実際子どもはよく使います。

○　Lex : That's not funny.「おもしろくないわ。」　　Tim : That was great.「最高だ。」　（Chap.15 100:25〜）
　電気の通っていないケーブルをつかんで、グラント博士が冗談で悲鳴をあげた後の会話です。『ローマの休日（1953年）』の「真実の口」での場面を連想させます。どんなときでもユーモアの精神は忘れたくないです。

あらすじ

　恐竜の化石を発掘調査しているグラント博士とサトラー博士のもとに、実業家の大金持ちジョン・ハモンド氏が訪れてきます。2人は、コスタリカ沖に氏が購入した島の視察に同行するよう要請されます。乗り気でないグラント博士でしたが、さらなる資金援助が提示され、マルコム博士、顧問弁護士、そしてハモンド氏の2人の孫とともに、島のツアーに参加することになるのでした。
　訪れた島には、ハモンド氏が潤沢な資金を投入し、化石となった琥珀中の蚊の血液から恐竜のDNAを取り出して恐竜を誕生させ、「ジュラシック・パーク」なるテーマ・パークを創り出していたのでした。化石ではない、生きた恐竜たちを目の当たりにして、一行は驚くばかりでした。そんな彼らに、ハモンド氏は自信満々にその誕生の過程を説明するのでした。そこには、孵化したばかりの赤ちゃん恐竜もいます。恐竜たちは遺伝子操作によって、すべて雌ばかりということでした。
　2台の車で園内ツアーが始まりましたが、突然の雷雨で停電し、電子制御の車は停止してしまいます。そんな中、恐竜たちは本来の野生の姿を現し、ティラノサウルス、ヴェロキラプトル、ディロフォサウルスが人間を襲い始めるのでした。そして、自然に増殖も始まっていたのです。

映画情報

製　作　年：1993年（平成5年）
製　作　国：米国
配給会社：ユニバーサル・ピクチャーズ
言　　　語：英語
第66回アカデミー賞特殊視覚効果賞他3部門受賞

公開情報

公　開　日：1993年 6月11日（米国）
　　　　　　1993年 7月17日（日本）
上映時間：127分
MPAA（上映制限）：PG-13
音　声：英語・日本語　　字　幕：日本語・英語

薦	○小学生　●中学生　●高校生　●大学生　●社会人	リスニング難易表		発売元：NBCユニバーサル・エンターテイメントジャパン（平成27年2月現在、本体価格） DVD価格：1,429円　ブルーレイ価格：1,886円
お薦めの理由	CGをふんだんに使った特撮で、おそらくその映像を初めて観た人はあっと驚くでしょう。しかし、ただ単に映像のすばらしさだけでなく、遺伝子操作の方法論（Chap.6 23:46～）により、この映画に現実味を与えています。 　人類が誕生するはるか昔（約6500万年前以前）の、恐竜が地球に存在していたジュラ紀と白亜紀に、生徒たちが目を向けるきっかけになる壮大な作品といえるでしょう。	スピード	2	
^	^	明瞭さ	2	^
^	^	米国訛	2	^
^	^	米国外訛	2	^
^	^	語彙	3	^
英語の特徴	子どもから大人まで楽しめる作品ですので、全体的にはわかりやすい英語となっています。DNA操作で恐竜たちを誕生させる解説は、専門語が多く出てきますが、アニメーション等の使用で、大意はつかみやすくなっています。 　米国英語が中心です。サム・ニール扮するグラント博士が話す英語は、ニュージーランド訛りがあるなど、特徴は多少ありますが、特に問題はありません。	専門語	3	^
^	^	ジョーク	2	^
^	^	スラング	2	^
^	^	文法	2	^

授業での留意点

学校では未習の中学生には難しいけれど、使っておもしろい表現を紹介しましょう。
① 'Spared no expense.'「出費を全く節約しなかった。→ 金を惜しまなかった。」
　実業家で大金持ち、ジュラシック・パークの持ち主のハモンドが、何度も口にする言葉です。（Chap.3 11:28～）、（Chap.7 34:29）、（Chap.9 42:00～）、（Chap.13 88:20）大金持ちならともかく、庶民の我々が言うと、単なるジョークになるでしょう。
② 言葉遊び・・・英語のジョークがわかりますか？　　　　　　　　　　　　　　　　　　　（Chap.13 83:56～）
　Tim　 : What do you call a blind dinosaur ?「目の見えない恐竜を何て呼ぶ？」
　Grant : I don't know. What do you call a blind dinosaur ?「分からないな。目の見えない恐竜を何て呼ぶんだい？」
　Tim　 : A do-you-think-he saurus.「キミハワレワレヲミタノカナ・サウルスだよ。」
　　　　　What do you call a blind dinosaur's dog ?「目の見えない恐竜の犬は何て呼ぶ？」
　Grant : You got me.「分からない、降参だ。」
　Tim　 : A do-you-think-he saurus' Rex.「キミハワレワレヲミタノカナ・サウルス・レックスだよ。」
　このジョークは、恐竜の末尾につく'saurus'が'saw us'と発音が似ていることがわかれば、理解できます。また、'Rex'がティラノサウルスを通称T－レックスと呼び、'Rex'が犬によくつけられる名前であることを知っていればわかります。ちなみに、映画の字幕、吹き替えでは別の解釈をそれぞれしています。
③「オタク」って何て言う？　　　　　　　　　　　　　　　　　　　　　　　　　　　　　（Chap.13 90:12～）
　Lex : I'm a hacker.「私はハッカーよ。」
　Tim : That's what I said. You're a nerd.「そう言ってるよ。姉ちゃんはオタクだって。」
　Lex : I am not a computer nerd. I prefer to be called a hacker.
　　「コンピュータ・オタクじゃない。ハッカーと呼ばれたいの。」
　'hacker'はコンピュータ関連の犯罪者のように日本では捉えられていますが、元々は「コンピュータの達人」という意味です。'nerd'は「専門的な知識は豊富だが、世事に疎い人」、いわゆる「オタク」に相当します。
④ フリーズと言われたらどうする？　　　　　　　　　　　　　　　　　　　　　　　　　（Chap.11 67:15　）
　Grant : Ian, freeze ! Get rid of the flare !「イアン、動くな！　その火を消せ！」
　'freeze'は元々は「凍る」という意味ですが、この場合「動くな」という強い命令になります。

映画の背景と見所

○　なんといっても恐竜の迫力がすごいです。この迫力の映像は、ライヴ・アクションとコンピュータ・グラフィックスを使ったことによって生み出されました。『ターミネーター2（1991年）』のスタッフが結集した成果が、アカデミー賞特殊視覚効果賞受賞となりました。
○　1992年8月、ハワイのカウアイ島で撮影が開始されました。ちょうどその時期に、ユタ州で人間よりも大きなヴェロキラプトルの化石が発見されたそうです。
○　ビジター・センターに掲げてある垂れ幕'WHEN DINOSAURS RULED THE EARTH'（恐竜が地球を支配したとき）は、1969年の映画『恐竜時代』の原題で、その作品へのオマージュとなっています。チャプター18 117:55 のラストシーンで、その垂れ幕が落ちてきます。
○　公開20周年にあたる2013年（平成25年）には、米国で3D版に変換され再上映されました。日本では残念ながら未公開です。
○　最初は子ども嫌いに描かれていたグラント博士は、次第にレックス、ティムと親子のようになっていきます。これはスピルバーグ監督の親子の絆を描く手法のひとつといわれています。

| スタッフ | 監　督　：スティーヴン・スピルバーグ
原作・脚本：マイケル・クライトン
製　作　：キャスリーン・ケネディ他
撮　影　：ディーン・カンディ
音　楽　：ジョン・ウィリアムズ | キャスト | アラン・グラント　　：サム・ニール
エリー・サトラー　　：ローラ・ダーン
イアン・マルコム　　：ジェフ・ゴールドブラム
ジョン・ハモンド　　：リチャード・アッテンボロー
ロバート・マルドゥーン：ボブ・ペック |

シンデレラマン　　Cinderella Man　　(執筆) 松葉　明

セリフ紹介

この映画を特徴づけるセリフを紹介します。　　　　　　　　　　　　(Chap：チャプター番号と時間)
○ "In all the history of the boxing game you find no human interest story to compare with the life narrative of James J.Braddock..." - Damon Runyon.　　　　　　　　　　　　　　　　　　　　　　(Chap.1 1:19～)
「ボクシングの歴史の中で、ジェームズ・J・ブラドックほど興味深い人生を送った人はいない。デイモン・ラニアン。」　これは冒頭の字幕に出てきます。当時の有名な新聞記者であり、作家でもあったデイモン・ラニアンは、ブラドックを表して 'Cinderella Man「シンデレラマン」'(Chap.15 97:16～)と言っています。
○　子どもが盗みをしたときに、父親のジムが言い聞かせます。　　　　　　　　　　　(Chap.2 15:45～)
Jim : That's stealin', right? We don't steal. No matter what happens, we don't steal. Not ever. You got me?
　「それは盗みだ、そうだろ？　私たちは盗まない。何があってもだ。今後一切だめだ。わかったか？」
そして子どもが "I promise."「約束する。」と言うと、こう言います。
Jim : And I promise you we will never send you away.「では私も約束する。お前たちをよそにやったりしない。」
　(Chap.2 16:10～) 父親の子どもへの愛情と同時に、子どもに誇りをもたせようとする場面です。
○ "Milk."「ミルクだ。」　　　　　　　　　　　　　　　　　　　　　　　　　　　(Chap.14 90:52)
マックス・ベア戦を前の記者会見で、「何のために戦っているのか？」との問いにジムが答えたセリフです。ミルク、すなわち生活のためと言っていますが、この時代を反映していて卑しさは全く感じられません。

学習ポイント

中学生でも理解しやすい表現を集めてみました。
○　Jay : Daddy, did we win?「パパ、勝ったの？」　　　　　　　　　　　　　　　　(Chap.1 4:42～)
　　Jim : Oh, hey. Yeah, we won!「ああ、そうだ、勝ったぞ！」
試合後に帰宅して、父親ジムが子どもたちと言葉を交わす場面です。主語が 'we' になっている点に注目です。家族で「勝った」と言っているわけです。'win' の過去形 'won' も確認しておきましょう。過去形の発音は 'one' と同じです。
○　Mae : I'm not half as tough as you are.「私はあなたの半分ほども強くないの。」　　(Chap.1 5:25～)
ジムが妻メイに、"You could come and watch."「試合を観に来てもいいよ。」と言ったことに対してのメイのセリフです。'as ～ as …'「…と同じくらい～」の否定形で、half がついているので、「半分ほども」の意が加わります。中学2年生の文法の発展形です。
○　Mae : Oh, Jimmy, I'm so proud of you. I'm so proud of you.　　　　　　　　　　(Chap.1 6:24～)
　「ああ、ジミー。私はあなたをとても誇りにしているわ。本当に誇りにしているわよ。」
妻メイの夫に対する気持ちがよく表れています。'be proud of ～'「～を誇りにする」は褒め言葉でよく使われますので、使えるようにしましょう。親子間でもしばしば登場します。
○　Jim　　：I won.「勝ったぞ。」　　　　　　　　　　　　　　　　　　　　　　　(Chap.9 62:24～)
　　Jay　　：Hooray, he won!「やった、勝ったんだ！」
　　Howard：I knew you'd win! I knew you'd win!「僕は勝つと知ってたよ！　勝つとわかってたんだ！」
　　Jay　　：He won, he won, he won, he won!「パパが勝った、勝った、勝った、勝ったんだ！」
Chap.1では主語が複数形になっていましたが、ここでは単数形です。子どもが成長したことがわかります。また日本語で応援するときの「フレー、フレー」は、この 'hooray' に由来しています。
○　Mae　　：I came to pray for Jim.「ジムのために祈りに来ました。」　　　　　　　(Chap.17 107:34～)
　　Father ：So did they. Yeah.「彼らも同じです。ほら。」
試合前に、神に祈るつもりで教会にやってきたメイは、神父さんにそのことを告げる場面です。'pray'「祈る」と 'play' を混同しないようにしましょう。また、'So do I.'「私もです。」の言い方を変化させた "So did they."「彼らも同じです。」は理解できるようにしましょう。会話では、いろいろと変化した形でよく登場します。

あらすじ

　未来の世界チャンピオンと将来を嘱望されたボクサー、ジム・ブラドックは、妻と3人の子どもたちと幸せな生活を送っていました。しかし、右手の故障が引き金となって勝利から遠ざかり、1929年の大恐慌も重なってどん底の生活を余儀なくされます。さらに無理を強いて臨んだ試合で右手を骨折し、ライセンスさえも剥奪されるのでした。
　あてもなく、港湾労働者としての仕事も不規則で、十分な生活費を得ることもできず、救済資金やボクシング協会の援助に頼るという屈辱の生活が続きます。そんなある日、対戦相手のキャンセルによって、一日限りの試合の機会が、友人のジョーからもたらされます。勝つどころか、数ラウンドもてばいいといった大方の予想を裏切り、肉体労働で鍛えた拳で相手をノックアウトしてしまうのでした。
　その後も勝利を重ね、その姿はどん底生活にあえぐ人々には、希望の灯りのように映り、彼は「シンデレラマン」と呼ばれるようになります。そして、ついに無敵の王者マックス・ベアとの世界タイトル戦に挑むことになるのでした。生命の危険を心配する妻でしたが、「人生を自分で変えられることを信じたい」と、夫として、父親として、家族のために戦うことを決意します。そして、運命の1935年6月13日、3万5,000人の観衆で埋まったマディソン・スクエア・ガーデンでの試合が始まるのでした。因みに、DVDには実際の試合も収録されています。

映画情報

製　作　年：2005年（平成17年）
製　作　国：米国
配給会社：ユニバーサル・ピクチャーズ
言　　語：英語
第78回アカデミー賞助演男優賞他3部門ノミネート

公開情報

公　開　日：2005年6月3日（米国）
　　　　　　2005年9月17日（日本）
上映時間：144分
MPAA（上映制限）：PG-13
音　声：英語・日本語　　字　幕：日本語・英語

薦	○小学生 ●中学生 ●高校生 ●大学生 ●社会人	リスニング難易表	発売元：ウォルト・ディズニー・スタジオ・ジャパン（平成27年2月現在、本体価格） DVD価格：1,429円　ブルーレイ価格：2,381円

お薦めの理由	1930年初期の米国は、大恐慌時代のまっただ中でした。そんな中で、愛する妻のため、幼い3人の子どもたちのために戦う男の姿を描き出しています。生活の、お金のために戦うというと、卑しい気持ちを抱いてしまいます。しかし、この映画の主人公ジム・ブラドックは、あたかも恐慌の暗い世界を相手に奮戦しているように思えてきます。心温まる家族愛に富んだ、実話に基づく感動の作品です。	スピード	2
		明瞭さ	2
		米国訛	3
		米国外訛	2
英語の特徴	ボクシング用語が多くみられますが、全体的には理解しやすい語彙になっています。特に、父親のジムが幼い子どもたちに語りかける言葉は、平易なものが多く、英語入門者にも聞き取り易いです。 主人公のジムが話す英語は、ニュージャージー訛りが強いとされていますが、それほど気にする必要はないでしょう。1930年代の米国を知るよい作品といえるでしょう。	語　彙	2
		専門語	3
		ジョーク	2
		スラング	2
		文　法	2

授業での留意点

「セリフの紹介」では取り上げきれなかったセリフを紹介します。
○ Mae : This is a lovely apartment.「ここはすてきなアパートね。」　　　　　　　　　　　　(Chap.10 70:12～)
　Lucille : Thank you.「ありがとう。」　ジムの妻メイは、マネージャーのジョーはてっきり裕福な生活をしていると思って、無茶な試合をもちかけたジョーに文句を言いに彼のアパートにやって来ました。そこで見たのは、家具を売り尽くし何もない部屋でした。ジョーの妻ルシールと、2人で紅茶を飲んでいるときのしみじみとした会話です。
○ "It's unanimous! Winner, and the new world heavyweight champion, James J. Braddock!"　(Chap.19 134:57～)
「全員一致です！　勝者は、そして新ヘビー級チャンピオンは、ジェームズ・J・ブラドック！」
　感動的な瞬間です。なかなか勝者の判定が発表されずにじらされた後、名前の発表を待たずに'new'で勝者がわかるので、ここで一気に歓声が上がります。'unanimous'「全員一致の」は (Chap.12 82:37) でも出ています。
○ Jim : I believe we live in a great country. A country that's great enough to help a man financially when he's in
　　　　trouble. But lately I have had some good fortune and I'm back in the black. And I just thought I should
　　　　return it.　　　　　　　　　　　　　　　　　　　　　　　　　　　　　　　　　　(Chap.14 89:29～)
「我々はすばらしい国に住んでいると信じています。国は困難なときに金銭的援助をしてくれるすてきな国です。でも最近、私は幸運に恵まれ黒字に戻った。だから返そうと思いました。」
　新聞記者に救済金（relief money）を先日返金した理由を聞かれたときのジムの答えです。自主独立の精神を貴ぶ米国では、政府の援助を受け取ること (Chap.6 39:20～) は屈辱です。だからジムは返金するときには、本当に嬉しそうな顔をしています。(Chap.13 84:10～) そして、次のやりとりへと続きます。
○ A reporter : Listen, what's the first thing you're gonna do if you make world champion?　(Chap.14 89:49～)
「いいですか、もし世界チャンピオンになったら最初に何をしたいですか？」
　Jim　　　　: First thing, I'm gonna have to go and buy some turtles.「まず亀を買いにいかなければなりません。」
　A reporter : What's that? Turtles?「何ですって？　亀だって？」
　Jim　　　　: Yeah, well, I said to the kids when I was leaving the house this morning that I was gonna bring back
　　　　　　　the title, and they thought I said 'turtle'「ええ、今朝家を出るときに、アパカカに々タイトルを持ち
　　　　　　　帰ってくるって言ったんですが、子どもたちはタートル（亀）と思ったようです。」
　'title' と 'turtle' を発音させてみましょう。最後の場面で亀と遊ぶ子どもたちがいます。　　　(Chap.19 137:11～)

映画の背景と見所

○ この映画をよりよく理解するためには、米国のローリング・トゥエンティ（Roaring 20's）と呼ばれる1920年代初頭の隆盛を極めた黄金期と、1929年10月24日の株価大暴落、暗黒の木曜日（ブラック・サーズディ）の世界恐慌発端となった歴史を学んでおく必要があります。日本の平成不況とは格段の違いがあります。
○ この時代、テレビはまだないので、庶民は映画以外の娯楽はラジオで観戦を楽しむのが一般的でした。それもラジオ1台が月収の4〜5倍でしたので、この映画で描かれているように、酒場か教会で皆で観戦する光景がよくみられました。
○ 映画に登場するフーヴァーズ・ヴィル（Hooverville）は、当時の大統領ハーバート・フーヴァーに因んでつけられた大都市の空き地やゴミ捨て場などに設置された全米何千箇所にあった仮設住宅のことです。これは大統領の恐慌対策に無能ぶりを批判してつけられた名前です。最大のものはニューヨークのセントラルパークにありました。
○ 「シンデラマン」といえば、フランク・キャプラ監督の『オペラ・ハット（1936年）:Mr. Deeds goes to town』では、主人公を揶揄する言葉として使われていました。同年代のお話ですが、ここでは逆の「希望の星」のイメージで登場しています。

スタッフ	監　督：ロン・ハワード 脚　本：クリフ・ホリングワース他 製　作：ブライアン・グレイザー他 撮　影：サルヴァトーレ・トチノ 音　楽：トーマス・ニューマン	キャスト	ジム・ブラドック　　：ラッセル・クロウ メイ・ブラドック　　：レネー・ゼルウィガー ジョー・ゴールド　　：ポール・ジアマッティ マックス・ベア　　　：クレイグ・ビアーコ ジミー・ジョンストン：ブルース・マッギル

スターダスト　Stardust

（執筆）一月　正充

セリフ紹介

冒頭とエンディングは、典型的な物語調となっています。
- A philosopher once asked, "Are we humans because we gaze at the stars, or do we gaze at them because we are humans?" Pointless, really. Do the stars gaze back? Now, that's a question.「かつて賢者が問いかけた。"我々が人間なのは星を眺めるからか？" それとも "星を眺めるから人間なのか？" ムダな問いだ。"星も人間を眺めるのか？" それが重要なのだ。」(Chap.1 00:37～)

'Once upon a time, there lived…' や 'Long, long ago' のような「昔々あるところに…」という始まり方もよく耳にします。日本の物語でもお馴染みですね。
- This is the story of how Tristan Thorn becomes a man, a much greater challenge altogether. For to achieve it, he must win the heart of his one true love.「これはトリスタン・ソーンが大人になる物語だ。彼は試練に挑み、それを乗り越え、真実の愛を手に入れるに違いない。」(Chap.1 07:10～)

また、冒頭では上記のように物語が端的に説明されており、映画の世界に入っていきやすい構成になっています。
- When their children and grandchildren were grown, it was time to light the Babylon candle. And they still live happily ever after.「その後、王国は子孫に受け継がれ、やがてロウソクに火をともす時が訪れた。2人は夜空で、今も幸せに輝いている…。」(Chap.18 2:00:13～)

そして物語の終わりは 'happily ever after'「幸せに暮らしましたとさ」で終わります。これも典型的な言い方ですね。

学習ポイント

英語は全体的に聞き取り易いですが、その中でも便利な表現をピックアップしてみました。
- Dunstan : Why, may I ask, were you trying to cross the wall?「なぜ壁を越えようとした？」(Chap.4 24:49～)
  Tristan : I might ask you the same thing.「お父さんこそ、なぜ？」

mightは可能性を表す「かもしれない」に知識が偏りがちですが、別の用法の参考になる会話です。
- Tristan: Thank you. That's so kind, thank you very much. My name's Tristan. What's yours?
  「ありがとう。親切だね。僕はトリスタン。君の名前は？」(Chap.8 54:01～)

初めて会った人に対して笑顔で会話をしています。最初に名前を訪ねることが一般的であることがわかります。
- Shakespeare: Your emotions give you away, Yvaine. You must learn to control them. You've been glowing more brightly every day, and I think you know why.
  「感情に支配されず抑えることを学べ。君の輝きが日ごとにどんどん増すな。」(Chap.11 1:14:53～)

星であるイヴェインは喜びを感じると輝きだします。短い会話ですが、助動詞や副詞の比較級、現在完了形など、中学校で学ぶ文法項目がたくさん使用されています。
- Tristan : You know, you sort of glitter sometimes. I just noticed it. Is it normal?（Chap.12 1:23:32～）
  「気づいたんだけど、君はキラキラ輝くことがあるね。それって普通？」

シェイクスピアは輝くイヴェインをglowという単語で表現しているのに対し、トリスタンはglitterと表現をしています。光り方によって使用する単語が違うことがわかりますね。
- Yvaine : How long will that take?「あと、どのくらい？」(Chap.12 1:24:01～)
  Tristan : Maybe two days.「2日かな。」
  Yvaine : But we don't have two days. Victoria's birthday is tomorrow.「ヴィクトリアの誕生日は明日よ。」

道標には60マイルとあり、60マイルを歩くと2日ほどということになります。ヤード・ポンド法について調べてみるのもいいかもしれません。
- Yvaine : Are you sure?「本当なの？」(Chap.14 1:35:55～)
  Inn Keeper : I'm positive.「間違いない。」

I am positive.という表現はI am sure.より強く、間違える余地がない印象を与えます。YesやNo以外にもいろいろな返答の仕方があることがわかりますね。

あらすじ

　イングランドの外れにある小さな村ウォール。その村の端には決して越えてはならない壁があります。ある夜、主人公の父ダンストンがまだ若かりしころ、彼は壁を越え、魔法の世界で恋をしました。それから十数年後、ダンストンの息子トリスタンは、村一番の美女ヴィクトリアのために、壁の向こうに落ちた流れ星を愛の証としてプレゼントすると約束します。そして父と同じく壁の向こう側に広がる魔法の国 "ストームホールド" へと旅立つのですが…。その流れ星を狙っていたのはトリスタンだけではありませんでした。トリスタンと星であるイヴェインは、星に宿る力で若返ろうとする残虐な魔女の三姉妹に追われ、さらにはストームホールド王国の跡継ぎ争いに図らずも巻き込まれてしまいます。

　旅の途中でトリスタンは空飛ぶ海賊のキャプテン・シェイクスピアや実の母、そしてイマジネーション溢れるユニークなキャラクター達の助けなどを受けながら心身ともに成長し、真実の愛が何であるかを悟ります。そしてその愛を守るため、魔女達との死闘を繰り広げるのですが…。

　本作は1998年に発表された同名のファンタジー小説を原作とする映画で、年齢を問わず楽しむことができる内容になっています。

映画情報

- 製作年：2007年（平成19年）
- 製作国：米国・英国
- 配給会社：メジャースタジオ
- 製作会社：パラマウント
- 製作費：7,000万ドル

公開情報

- 公開日：2007年 8月10日（米国）
  2007年10月27日（日本）
- 上映時間：128分
- MPAA（上映制限）：PG-13
- 音声：英語・日本語　字幕：日本語・英語

薦	○小学生　●中学生　●高校生　○大学生　○社会人	リスニング難易表		発売元：パラマウント ジャパン（平成27年2月現在、本体価格）DVD価格：1,429円
お薦めの理由	ニール・ゲイマンによるファンタジー小説が原作となっており、主人公であるトリスタンが冒険を通じて大人に成長していくというストーリーです。シリーズで続く大作ファンタジーもいいですが、「スターダスト」はストーリーや登場人物が分かりやすく、ところどころにパロディーの要素も含んでいます。短編のファンタジー映画として、大人から子どもまで気楽に楽しむことができます。	スピード	3	（ジャケット画像）STARDUST スターダスト
		明瞭さ	3	
		米国訛	2	
		米国外訛	4	
英語の特徴	主に英国英語で、時に英国独特な訛りも含まれていますが、全体的に難しい表現は少なく、口語英語を基準としているために中学生でも聞き取ることができる箇所が多くあります。主人公のトリスタンは、多少早口ではありますが分かりやすい表現で話しますし、口ごもったり言い直したりする話し方からは、文法的ではない英語の「生の会話」らしさを感じることができます。	語彙	2	
		専門語	2	
		ジョーク	2	
		スラング	2	
		文法	3	

授業での留意点

授業で使えそうな場面をピックアップしました。

○ 買い物（Chap.2 09:27〜）
Victoria : Pound of sugar, please.「お砂糖を。」
Tristan : Yes.「すぐに。」
Victoria : Let's see, a bag of flour, a dozen eggs. - I also need a sack of potatoes and some chocolate, please.
「それから、小麦粉と卵1ダースも。あと、ジャガイモ1袋とチョコレートもお願い。」
買い物で使われる表現です。加算名詞と不加算名詞、ヤード・ポンド法などと併せて練習することができます。

○ chanceとslimの関係（Chap.11 1:16:02〜）
Lamia : What are the chances of getting Babylon candle?「バビロンのロウソクは手に入る？」
Ferdy : That one's slim.「あれは難しいな。」
slimには「ほっそりした」以外にも使い方があります。同様にbookのような意味の異なる使い方がある単語を挙げてみるのもいいでしょう。

○ お別れのあいさつ（Chap.11 1:17:35〜）
Shakespeare: Good luck on your journey home, Yvaine, wherever that may be. And good luck to you, Tristan, with your Victoria.「イヴェイン、旅の無事を祈っているよ。トリスタン、ヴィクトリアと幸せにな。」
Tristan : Oh, how can we ever thank you enough for your kindness?「心からお礼を。」
別れの挨拶にはたくさんの言い方がありますが、同時に返し方も考えてみることができますね。

○ できるだけ多くの質問を作ってみよう（Chap.14 1:37:13〜）
Tristan : Happy birthday.「誕生日おめでとう？」
Victoria : Tristan. What happen to you?「トリスタン、何があったの？」
Tristan : I found the star.「"星"を見つけたんだ。」
Victoria: I can't believe you did it. Where is my star? Can I see it? Is it beautiful?
「信じられない。私の星はどこ？ 見せて。きれい？」
ひとつの事柄について、簡単でいいのでたくさんの質問文を作ってみてはどうでしょう？疑問詞を使った疑問文とyes-no疑問文を駆使してどれだけの質問を考えることができるか、またそれに対する回答も会話の練習になります。

映画の背景と見所

○ 原作である小説と映画では異なる部分もありますが、現実の世界と妖精の国が隣り合わせに存在し、交流も行われているというのは、いかにも英国らしい設定です。それを映像で表現するために、作中には英国に今も残る中世の風景が使われています。ロケーション撮影はスコットランド高地のウェスター・ロスやスカイ島、ノリッジのエルム・ヒルなどで行われました。ノリッジはチューダー様式と11世紀風の建物が現存しており、その古い建築物が魔法の国の雰囲気を巧く醸し出しています。

○ 映画には幽霊や魔女が登場します。魔女はおどろおどろしく描写されていますが、どこか人間らしさを感じさせる一面も持ち合わせています。また、たびたび登場する幽霊にはパロディーの要素を感じずにはいられません。実は武術の達人である壁の番人など、登場する一人ひとりがとても個性にあふれています。

○ ロバート・デ・ニーロの演技幅の広さも面白いですね。表向きは名の知れた凶悪な海賊のキャプテンであるシェイクスピアですが、実は現実の世界を愛し、剣術だけではなく音楽やダンスにも精通しています。さらには女装の趣味もあるという難しい役柄を見事に演じており、現実の世界と妖精の国の橋渡し役として本作における重要なキャラクターとなっています。

スタッフ・キャスト

スタッフ		キャスト	
監　督	マシュー・ヴォーン	トリスタン・ソーン	チャーリー・コックス
製　作	マシュー・ヴォーン	イヴェイン	クレア・デインズ
原　案	ニール・ゲイマン	魔女ラミア	ミシェル・ファイファー
脚　本	マシュー・ヴォーン	C・シェイクスピア	ロバート・デ・ニーロ
撮　影	ベン・デイヴィス	ヴィクトリア・フォレスター	シエナ・ミラー

スタンド・バイ・ミー　Stand By Me

（執筆）松葉　明

セリフ紹介

この映画の印象深いセリフを紹介します。　　　　　　　　　　　　　　　　　（Chap：チャプター番号と時間）

○ "I was twelve, going on thirteen, the first time I saw a dead human being. It happened in the summer of 1959, a long time ago, but only if you measure in terms of years. I was living in a small town in Oregon called Castle Rock. There were only twelve hundred and eighty-one people. But to me, it was the whole world."（Chap.1 1:31～）「私が初めて死んだ人間を見たのは13歳になろうとした12歳の時だった。1959年の夏のことで、年の点でいえばずいぶん昔のことのように思える。私はキャッスルロックと呼ばれるオレゴン州の小さな町に住んでいた。人口1,281人の小さな町だったが、私にとってはそれが全世界だった。」

停めた車中で、主人公のゴーディが、「弁護士クリス・チャンバースが刺殺される」という記事に目をやる場面からこの映画が始まります。中学では未習の語がいくつか出てきますが、大意はつかめると思います。

○ "I never had any friends later on like the ones I had when I was twelve. Jesus, does anyone ?"
「あの12歳の時のような友だちはもうできない。誰だって同じ？」　　　　　　　　（Chap.28 83:38～）

このセリフは、作家となった主人公ゴーディが、映画の最後の最後にタイプライターで打つ言葉です。この映画の主題が凝縮されていますので、とても印象に残るものといえるでしょう。このセリフの前の部分は、授業での留意点で紹介しますので、そこもぜひ見てほしいです。損得抜きでつきあえる、子どものころの友人との思い出は、誰にでもあるのではないでしょうか。

学習ポイント

4人組といっても、主人公のゴーディにとっては、クリスが一番の親友です。2人がお互いに慰め合う場面が、この映画では、中学生にとって共感をもって学習できる場面です。

○ クリスは学校の給食費（ミルク代）を盗んだことで、3日間の停学をくらいました。その件の真実をゴーディに打ち明けます。クリスは泣きながら言います。　　　　　　　　　　　　（Chap.18 58:30～）

Chris　：I just never thought a teacher…. Oh, who gives a fuck anyway ? I just wish… that I could go some place where nobody knows me. I guess I'm just pussy, huh ?
「まさか先生が・・・。もういいさ。僕はただ、誰も僕のことを知らないとこに行って。女々しいだろ。」
Gordie：No way. No way.「そんなことない。そんなことないよ。」

'pussy' は「女々しい」という意味で何度もこの映画の中で出てきます。

○ 冒険に出かけ、野宿をして眠っていると、ゴーディは悪夢で目を覚まします。それは、兄デニーの葬式で、父が自分に対して "It should have been you, Gordon."「お前ならよかったのに、ゴードン。」（Chap.17 55:04）と夢の中で言ったからでした。クリスはゴーディを慰めます。　　　　　　　　　　　（Chap.25 72:17～）

Gordie：Why did he have to die, Chris ? Why did Denny have to die ?　Why ?
「なぜ、彼は死ななくちゃならなかったの、クリス？　なぜデニーは死ななくちゃならなかったの？」
Chris　：I don't know.「わからないよ。」
Gordie：It should've been me.「ぼくならよかったのに。」
Chris　：Don't say that, man !「そんなこと言うなよ。」
Gordie：I'm no good. My dad said it. I'm no good.「僕はダメな奴さ。父は言うよ。僕はくずだ。」
Chris　：He doesn't know you.「親父さんはおまえのことをわかってないんだよ。」
Gordie：He hates me.「父は僕を嫌ってるんだ。」　　　Chris：He doesn't hate you.「嫌ってなんかいないよ。」
Gordie：He hates me !「僕を憎んでるよ。」　　　Chris：No ! He just doesn't know you.「違う！知らないだけだ。」

そしてクリスはゴーディの肩をさすりながら、

Chris　：You're gonna be a great writer someday, Gordie. You might even write about us guys, if you ever get hard up for material.「お前はいつか偉い作家になるよ。書く材料に困ったら、俺等のことを書けばいい。」
Gordie：Guess, I'd have to be pretty hard up, huh !「わかった、きっと材料に困るから。」

あらすじ

一人の男性が停めた車の中で、新聞の記事を読んで12歳のころを思い出します。彼は、オレゴン州の小さな町に生まれ育ったのでした。

いつも隠れ家で遊んでいる4人組は、それぞれが心のうちに悩みを抱えていました。主人公のゴーディは、事故でなくなった優秀な兄にコンプレックスをもち、親友のクリスはアル中の父と不良の兄に悩み、テディはノルマンディ上陸の英雄だったはずの父が、今では病んでいる状態に、自身の心も屈折しているのです。

そんなある日、ぐずでのろまなため、いつもからかわれている4人組のもうひとりのバーンが、耳寄りの情報をもたらします。それは、ブルーベリーを摘みに出かけ、列車にはねられた少年の死体が野ざらしになっていることでした。死体を見つければ英雄になれると、キャンプの用意をして4人は出かけます。線路伝いに歩きながら、橋では汽車に追いかけられたり、沼にはまってヒルに喰いつかれたり、はたまた野犬等に怯えながら一夜を過ごしながら、お互いに心の内を話すのでした。そしてとうとう死体を見つけ出します。ところが、そこに不良グループが現れ、死体を横取りしようとします。不良のナイフがクリスに向けられたとき、敢然と立ち向かったのは銃を手にしたゴーディでした。死体を警察に届けた4人は、それぞれの思いを胸に家路へと向かうのでした。

映画情報

製作年：1986年（昭和61年）
製作国：米国
配給会社：コロンビア
言　　語：英語
第59回アカデミー賞脚色賞ノミネート

公開情報

公開日：1986年8月8日（米国）
　　　　1987年4月18日（日本）
上映時間：89分
MPAA（上映制限）：PG12
音　声：英語・日本語　　　字　幕：日本語・英語

薦	○小学生　●中学生　●高校生　●大学生　●社会人	リスニング難易表		発売元：ソニー・ピクチャーズ エンタテインメント （平成27年2月現在、本体価格） DVD価格：1,410円　ブルーレイ価格：2,381円
お薦めの理由	「あのきらめくような時を、あの時のような友だちをもつことは、2度とないだろう」。少年時代を振り返って、大人になったとき、誰しも一度は思ったことがあるのではないでしょうか。タイトルになっている主題歌は、中学校の英語の教科書の定番でもあり、本作はノスタルジックな雰囲気に浸ることのできる感動作です。男子生徒には、共感できるぜひ見てほしいお薦めの作品です。	スピード	3	
		明瞭さ	3	
		米国訛	3	
		米国外訛	2	
英語の特徴	話される英語は、一般的な米国英語で、映画の中心は12歳の少年グループの会話となっています。同年代の少年が話しているので、中学生、特に男子生徒には格好の英語学習教材といえます。また、映画のタイトルでもあり、主題歌の「スタンド・バイ・ミー」は平易な歌詞なので、すぐにそらで歌えるようになるでしょう。リチャード・ドレイファス演じる、作家となった主人公が語るセリフも明瞭です。	語彙	3	
		専門語	2	
		ジョーク	2	
		スラング	2	
		文法	3	

授業での留意点

○　ひと夏の冒険が終わり4人はそれぞれ帰ります。ゴーディとクリスとの別れの場面です。　　　　（Chap.27 81:39～）
　Chris　：I'm never gonna get out of this town, am I, Gordie ?「僕はこの町から出られないかな、ゴーディ。」
　Gordie：You can do anything you want, man.「君ならやりたいこと何だってやれるよ。」
　Chris　：Yeah. Sure. Give me some skin.「ああ。そうだな。　握手しようぜ。」
　Gordie：I'll see you.「またね。」
　Chris　：Not if I see you first.「またなんてないぜ。」
　クリスの最後のセリフは、「自分が先に相手を見つけたときは、こちらからは言わないよ。」という意味で、冗談っぽくおどけて言う場合に使われます。
　そして最後のチャプターに移ります。途中から、PCの画面上の文になっていきます。　　　　（Chap.28 82:17～）
　Gordie：Chris did get out. He enrolled in the college courses with me, and although it was hard, he gutted it out, like he always did. He went on to college, and eventually became a lawyer. Last week he entered a fast-food restaurant. Just ahead of him, two men got into an argument. One of them pulled a knife. Chris, who had always made the best peace, tried to break it up. He was stabbed in the throat. He died almost instantly. Although I hadn't seen him in more than ten years, I know I'll miss him forever.
　「クリスは町を出た。僕と共に進学組に進み彼らしくとても努力した。そして大学へ行き、弁護士になった。先週彼がレストランに入ると、前にいた2人がケンカを始め、ナイフを出した。クリスはそれを止めようとした。そしてノドを刺され即死した。クリスとはもう10年以上会っていなかった。だが、永遠に彼を忘れはしないだろう。」
　Sons　：Dad, can we go now ? You ready?「パパ、出かけようよ。準備は？」　　Gordie：Yeah.「ああ。」
　Sons　：We've been ready for an hour.「1時間も待ってるよ。」
　Gordie：Okay, I'll be right there.「オッケー、すぐ行くよ。」
　Sons　：He said that a half hour ago. Yeah. My dad's weird. He gets like that when he's writing.
　　「30分前にも言ったよ。うん。パパには困ったもんだ。書き始めるといつもこうだ。」
　息子たちが父親のゴーディのことを 'weird'「変だ」と言っています。子どものころのゴーディが、クリスに向かって "Do you think I'm weird?"（Chap.13 33:58）と言っていたので笑えます。そして最後のセリフへと移ります。

映画の背景と見所

○　原作はホラー小説界の巨匠スティーブン・キングの短編 'The Body(死体)' です。これは彼自らの少年時代を回想して書かれたと言われています。
○　ロケ地となったのは、映画ではオレゴン州のキャッスルロック(Castle Rock)となっていますが、実はブラウンズビル(Brownsville)という町です。まず、地図でオレゴン州の位置を確認しておきましょう。西海岸の北部です。
○　少年たちが、かつては誰もが経験したように秘密の隠れ家に集まります。その時にも喫煙していますが、実はそのタバコはキャベツの葉で作られたものです。
○　全編に流れる曲は、1950年代のヒット曲です。その中でも主題歌の「スタンド・バイ・ミー」は、素晴らしく、中学校の英語の教科書に何度も掲載されていますので、歌えることができるようになってほしい曲です。
○　彼らの所持金は全部で $2.37（Chap.6 16:23）ですが、買い物をして $1.50 です。当時の物価がわかります。
○　この映画のハイライトシーンは、4人が汽車に追いかけられる線路の場面（Chap.14 39:43～）、ゴーディがおもしろおかしく創作の話をするパイ喰い競争の場面（Chap.15 44:00～）、そして沼にはまってヒル（leeches）に吸いつかれる場面（Chap.22 64:15～）です。

スタッフ	監　督：ロブ・ライナー 原　作：スティーブン・キング 脚　本：レイノルド・ギデオン他 製　作：アンドリュー・シャインマン他 撮　影：トーマス・デル・ルース	キャスト	ゴーディ　　　　：ウィル・ウィートン クリス　　　　　：リバー・フェニックス テディ　　　　　：コーリー・フェルドマン バーン　　　　　：ジェリー・オコネル 作家（ゴーディ）：リチャード・ドレイファス

スパイ・ゲーム	Spy Game	（執筆）松葉　明

セリフ紹介

この映画の2人の主人公（ミュアーとビショップ）のセリフを紹介します。　　（Chap：チャプター番号と時間）
○　ドイツのバーでの2人の会話です。　　　　　　　　　　　　　　　　　（Chap.6 39:08～）
　Bishop : I thought spies drank martinis.「スパイはマティーニを飲むと思ってました。」
　Muir　 : Scotch. Never less than twelve years old.「スコッチだ。絶対に12年以上のものだよ。」
　Bishop : Is that right ? Agency rules ?「本当ですか？　CIAのルールです？」　Muir : My rules.「私のだ。」
　ビショップは007のジェームズ・ボンドがマティーニを飲んでいたことから、そう思ったのでしょう。ウェイターが注ぎ足すお酒はグレンリベットの18年物です。そして、後になってベイルートのバーでビショップがミュアーを見かけたとき、ウェイターに "Would you get him a double of your cheapest Scotch ?「彼に一番安いスコッチをダブルでお願いします。"（Chap.13 76:18～）と皮肉っているのは笑えます。
○　2人の考え方がわかる場面です。　　　　　　　　　　　　　　　　　（Chap.8 48:48～、49:59～）
　Bishop : Oh, Jesus Christ ! You just …you don't just trade these people like they're baseball cards.
　　　　　「あぁ、なんてこった！　あなたはただ、この人たちを野球のカードみたいに交換しないでくれよ。」
　Muir　 : If you had pulled some stunt over there, if you had gotten nabbed, I wouldn't come after you. You go
　　　　　 off the reservation, I will not come after you.「もし君があそこで馬鹿をしても、もし君が捕まったとしても、私は君の後を追わない。君が保護区を離れたとしても、私は追いかけはしない。」

学習ポイント

○　初対面での挨拶です。会話の基本中の基本です。
　①　上官に呼ばれたビショップが、ミュアーのもとにやってきます。　　　（Chap.4 20:57～）
　Bishop : Yes, sir ?　Muir : Bishop ?　Bishop : That's correct, sir.　Muir : Where are you from ?
　Bishop : Hemet, California, sir.　Muir : Here, have a seat.
　日本語にしなくてもわかる場面です。いかにも軍隊という感じがします。
　②　ビショップがミュアーにエリザベスを紹介します。　　　　　　　　　（Chap.13 76:49～）
　Bishop : Uh, Elizabeth Hadley, Nathan Muir.　Muir : Pleased meet you.　Elizabeth : Nice to meet you.
　Muir　 : What you probably don't know is that he mentioned you at the embassy. He said he'd met a beautiful
　　　　　 girl, and he wanted to extend his stay. Now that's … that's gotta be you, right ?「多分あなたはご存じないと思いますが、大使館で彼があなたのことを話してました。美しい女性に出会ったので、滞在を延ばしたいと。それはあなたのことでしょう。」
　Elizabeth : Well, you never know.「まあ、それはどうかしら。」
　Bishop　 : You want to join us ?「私たちと一緒にどうです？」
　Muir　　 : Ah, well, maybe just for a minute. I don't want to be a third wheel.
　　　　　　「あー、じゃあ少しだけ。お邪魔はしたくないから。」
　'third wheel' は「役立たず、厄介者、（親密な2人の間の）邪魔者」で、このままの文でよく使われます。
○　ビショップのスパイ訓練が始まります。　　　　　　　　　　　　　　　（Chap.6 36:11～）
　Muir : The next day we started his tradecraft.「次の日、我々は彼のスパイ活動のノウハウを教え始めた。」
　Muir : You know the technology gets better every day, and that's fine. But most of the time all you need is a stick
　　　　 of gum, a pocketknife and a smile.「技術は毎日良くなっているし、それはいいことだ。しかし、ほとんどの場合必要なのはガム一枚、ポケットナイフ、そして笑顔だ。」
　Bishop: That's disappointing.「つまんないな。」
　'disappointing' は「失望させる」という意味です。中学校では 'disappointed'「失望した」で習います。使い方に注意が必要です。
　訓練の指導は続きます。日本のかつてのスパイ養成所、陸軍中野学校を連想させてくれます。

あらすじ

　舞台はベルリンの壁崩壊の2年後、1991年の中国蘇州の刑務所。CIAのトム・ビショップは救急隊員に変装し、捕らわれた仲間を救出しようとしますが、あと一歩のところで自身も捕らえられてしまうのでした。
　場面は変わりワシントン, D.C.のCIA本部で、本日停年退職となるネイサン・ミュアーのもとに、「ビショップ捕まる」の連絡が入ります。ビショップはミュアーが育てたかつての部下だったのです。
　ミュアーとビショップが出会ったのは1975年のベトナムでした。ビショップのスパイとしての素質を見い出したミュアーは、ビショップを自分の右腕として共に活動するようになります。いつしかビショップは、ミュアーを師としてだけではなく、親のように慕うようになりますが、大義のためには犠牲が伴うことを厭わない非情なやり方についていけなくなり、ミュアーのもとを去ったのでした。
　捕らわれたビショップをどうするか。ミュアーは、CIA上層部が大統領の訪中が迫っているという政治的な理由でビショップを見殺しにしようとしていることを悟ります。男には大義を捨ててでも守るものがあると考えたミュアーは、引退後に蓄えたお金で、ビショップを救うことを決意し、24時間以内の救出作戦に、プロとしての誇りと男の友情を賭けて、単独で組織に挑みます。果たしてビショップは助かるのでしょうか。

映画情報

製　作　年：2001年（平成13年）
製　作　国：ドイツ・米国・日本・フランス
配給会社：東宝東和
言　　　語：英語、ドイツ語、アラビア語他
日本国内2001年洋画興行収入ランキング1位

公開情報

公　開　日：2001年11月21日（米国）
　　　　　　2001年12月15日（日本）
上映時間：126分
MPAA（上映制限）：R
音　　声：英語・日本語　　字　幕：日本語・英語

薦	○小学生　●中学生　●高校生　●大学生　●社会人	リスニング難易表		発売元：東宝 （平成27年2月現在、本体価格） DVD価格：6,000円
お薦めの理由	CIA、そしてスパイ映画といえば、派手なアクションシーン満載ものと思われがちですが、この作品は違います。思索的な大人の男のアクション映画と言えます。確かに、銃撃戦や爆発の場面は登場しますが、あくまでそれは付随的なものです。中心は会議室での言葉の駆け引きで、頭脳と経験だけで自分の全財産を捨てて部下を救おうとする男と男の絆の知的サスペンスとなっています。	スピード	3	
		明瞭さ	3	
		米国訛	3	
		米国外訛	3	
		語　彙	3	
英語の特徴	話される英語は一般的な米国英語ですが、子どもはほとんど出てきません。大人の、しかもCIA上層部とのやりとりや、緊迫した場面での交渉する英語が多いです。つまり、政治用語や軍事関連の用語が頻繁に登場するので、難易度の高いものになっています。しかし、実際のニュースや英字新聞に出てくる語が多いので、将来の英語学習には必ず役に立つといえます。	専門語	4	
		ジョーク	3	
		スラング	3	
		文　法	3	

授業での留意点	ウィットの効いた大人の会話を楽しんでみましょう。 ○ ビショップに関するデータの提出を求められたミュアーは、危険を察知して秘書のグラディスに焼却処分用の袋に入れて手渡します。　　　　　　　　　　　　　　　　　　　　　　　　　　　　　　　　　　（Chap.3 14:12～） 　Gladys : We feeling a little paranoid on our last day？「最後の日なのに少し被害妄想じゃないですか？」 　Muir　 : When did Noah build the ark, Gladys？ Before the rain. Before the rain. 　　　　　「ノアはいつ方舟を作ったかな、グラディス。雨の前だよ。雨の前。」 　この後、CIA職員がミュアーの職場をかき回したのでグラディスは、"You were right. It rained.「正しかったです。雨は降りました。」"（Chap.5 30:33～）と言っています。 ○ ビショップ救出作戦の一環として、上司の部屋に故意にタバコを忘れたときの、上司の秘書とのやりとりです。 　Muir　　　 : Forgot my smokes.「タバコを忘れてしまった。」　　　　　　　　　　　　　　（Chap.19 99:45～） 　A secretary : I'll get them, sir. You're aware this is now a non-smoking facility, sir. 　　　　　　「私が取ってきます。　施設は今では禁煙となっています。」 　Muir　　　 : Feels good to break a rule now and then.「決まりを時々破るのは気分がいいもんだ。」 　'feels good'「気分がいい」は、'sounds good'「いいねぇ。」と関連させて覚えさせたいです。 ○ 'Operation Dinner Out'「ディナー・アウト作戦」：2人の心の繋がりを表す言葉です。 　① ミュアーの誕生日にプレゼント（金属製の携帯用酒瓶）を贈ったときのやりとりです。　（Chap.12 71:04～） 　Bishop : We got a new racket goin' on here. Operation Dinner Out. 　　　　　「我々はここで新商売をやっています。ディナー・アウト作戦です。」 　Muir　 : Dinner Out. I'll remember that.「ディナー・アウト。覚えておこう。」 　② ビショップを救出したパイロットとのやりとりです。　　　　　　　　　　　　　　　　（Chap.21 119:22～） 　Bishop : What did you say？「何て言った？」 　A pilot : Nothing. Just that we're on our way home, sir.「別に。ただ我々は帰還中だと言っただけです。」 　Bishop : No, Operation what？「違う。何作戦だって？」　　A pilot : Dinner Out, sir.「ディナー・アウトです。」 　ビショップは救出作戦の実行者が誰であるかを悟り、涙を流します。感動の場面です。 ○ 4人の妻がいると言っていたミュアーですが、実は・・・。「Chap.21 119:21～」で確認しましょう。

映画の背景と見所	○ 物語の背景となっているCIA（Central Intelligence Agency：米国中央情報局）にどんな印象がありますか。シドニー・ポラック監督、本作でも主演のロバート・レッドフォードの名作『コンドル（Three Days of the Condor）』（1975年）をはじめに、最近では2012年のアカデミー作品賞を受賞した『アルゴ（Argo）』を参考にしてはどうでしょう。 ○ ベルリンでのヘリコプターの場面では、プロデューサーがヘリコプターの使用を許可しなかったため、スコット監督は自分のお金でヘリコプターを借りたそうです。 ○ エンドクレジットの最初に出てくる "Dedicated to the memory of Elizabeth Jean Scott「エリザベス・ジーン・スコットに捧げる」" は、この年に監督の実母が亡くなったためのものです。 ○ 往年と現代の2枚目俳優ロバート・レッドフォード（当時64歳）とブラッド・ピット（同36歳）の組み合わせは、女性ファンにはたまらないものといえるのではないでしょうか。 ○ 冒頭の中国刑務所はイギリスのオックスフォードにある廃墟となった刑務所で、ドイツのシーンはハンガリーのブダペストで、ベイルートとベトナムの場面はモロッコで撮影されました。

スタッフ	監　督：トニー・スコット 脚　本：マイケル・フロスト・ベックナー他 製　作：ダグラス・ウィック 　〃　　マーク・エイブラハム 撮　影：ダン・ミンデル	キャスト	ネイサン・ミュアー　　：ロバート・レッドフォード トム・ビショップ　　　：ブラッド・ピット エリザベス・ハドレー　：キャサリーン・マコーマック チャールズ・ハーカー　：スティーブン・ディレン グラディス・ジェニップ：マリアンヌ・ジャン＝バティスタ

| すべては愛のために | **Beyond Borders** | （執筆）松葉　明 |

セリフ紹介

この映画を特徴づけるセリフを紹介します。　　　　　　　　　　　　　　　（Chap：チャプター番号と時間）

○ "I wonder, do we all know where we belong ? And if we do, in our hearts, why do we so often do nothing about it ? There must be more to this life, a purpose for us all, a place to belong. You were my home. I knew from the moment I met you, that night, so many years ago."　　　　　　　　　　　　　　（Chap.1 01:22～）

「私たちはみな自分の居場所を知っているのかしら。もし知っているのなら、心密かに、なぜそれに対して何もしないでいられるのでしょう。この人生よりも、目的や、いるべき場所よりももっと大切なものがあるのに。あなたは私の心の家。初めて会ったときからわかってたわ、何年も前のあの晩から。」

映画の冒頭の場面です。主人公サラの言葉です。何不自由なく育った主人公サラに、これから運命の出会いがあることを暗示しています。

○ "You have always been with me. Your courage, your smile, your damn stubbornness. There has never been any distance between us, and there never will be. I love you, Nick. I love you."　（Chap.27 116:34～）

「あなたはずっと私と一緒だった。あなたの勇気と微笑み、そして頑固なところ。私たちの間を隔てるものはずっとなかったわ。そしてこれからも。愛してるわ、ニック。愛してる。」

サラが、世界で最も危険な地域と言われるチェチェンにいるニックに宛てた手紙の最後の部分です。この後、無事に生還したニックが、サラの忘れ形見で、自分の娘でもあるアンナを窓越しに見ながら映画が終わります。

学習ポイント

難解な英語が多い中、中学生レベルの英語も多く出てきます。

○ Sarah : You speak English very well. 「あなた英語がお上手ね。」　　　　　　　　　（Chap.6 19:32～）

エチオピアの女性トラック運転手が、主人公のサラに今の状況をいろいろと説明した後にサラがこう言います。中学1年レベルの、しかも初期の英語です。

○ Nick : You are wearing perfume in the middle of the fucking desert.　　　　　　（Chap.7 30:20～）

「君はこの砂漠のど真ん中で香水をつけているんだ。」

エチオピアで救済活動を行っている医師のニックが、ロンドンからやってきたサラにこう言います。'wear' は衣類だけでなく、'perfume'「香水」にも使えます。また、'in the middle of ～'「～の真ん中」も覚えましょう。

当初は、サラの行動は興味半分でしかないと思っていたニックでしたが、真剣に取り組む姿を見るにつれ、カンボジアで再会したときには、"You're not wearing perfume."「香水はつけていないな。」（Chap.16 65:34～）と、微笑みながら語りかけています。

○ Charlotte : Chechyna's a very dangerous place. 「チェチェンはとても危険な地域よ。」　（Chap.21 92:26～）

サラが姉のシャーロットに、ニックを助けにチェチェンに行くと言ったときのシャーロットのセリフです。

○ Sarah : And the Prince and the Princess lived happily ever after.　　　　　　　（Chap.21 93:20～）

「そして王子様とお姫様は幸せにくらしましたとさ。」

サラが娘アンナにベッドタイム・ストーリーで読み聞かせをします。昔話の定番の終わりです。

○ Sarah : I'm looking for Nick Callahan. The English doctor.　　　　　　　　　（Chap.25 107:13～）

「ニック・キャラハンを探してるの。英国人の医者よ。」

チェチェンにやってきたサラが、ゲリラのボスにお金を渡してキャラハンの居場所を聞き出そうとします。相手が外国人なので、簡単な英語を使って、はっきりと発音しますので、とても聞き取り易いです。

○ Sarah : Nick, remember…remember I wrote to you. And I told you, you have a daughter. Anna. Remember ? You're a dad. And she needs you….　　　　　　　　　　　　　　　　（Chap.25 109:27～）

「ニック、覚えてる？あなたに手紙を書いたでしょ。あなたには娘がいるの。アンナよ。思い出して。あなたはパパなの。彼女にはあなたが必要なの･･･。」

ゲリラの小屋での会話です。意識がもうろうとするニックに、サラが語ります。

あらすじ

英国の裕福な家庭に育ったサラは、何不自由ない家庭に育ち、幸せな生活を送っていました。しかし、義父の主催する慈善活動の功績を称えるパーティで、エチオピア難民の男の子を連れてきた英国人医師のニックに出会い、強い衝撃を受けます。そして自らの意志で私財をなげうって、単身エチオピアに向かいますが、そこでは自分の考える以上の悲惨な現実が待ち受けているのでした。そんな中、懸命に救助活動を行うニックに、サラは心を打たれます。一方のニックは、当初サラの行動は単なる自己満足ではないかと懐疑的でしたが、純粋な彼女の心に、次第に惹かれるようになります。しかし、二人は心を通わせることのないまま、サラはロンドンに戻りました。

5年後、ロンドンの国連難民高等弁務官事務所（UNHCR）で働くようになったサラのもとに、ニックと共に救済活動に携わっていたエリオットがやってきます。彼から、カンボジアで活動しているニックが援助を必要としている旨を聞き、サラは再び救済活動に加わる決心をして単身向かうのでした。そこには更なる危険と、過酷な運命が待っており、その後、舞台はチェチェンへと移動することになります。

2000年に『トゥームレイダー』の撮影でカンボジアを訪れて、難民や貧困の実態に触れて以来、積極的に救済活動に携わるアンジェリーナ・ジョリーの渾身の力を注いだ作品といえるでしょう。

映画情報

製　作　年：2003年（平成15年）
製　作　国：米国
配　給　社：パラマウント・ピクチャーズ
言　　　語：英語、アムハラ語、クメール語、チェチェン語他
ジャンル：ドラマ、ロマンス、戦争

公開情報

公　開　日：2003年10月24日（米国）
　　　　　　2003年12月20日（日本）
上映時間：127分
MPAA（上映制限）：R
音　声：英語・日本語　　字　幕：日本語・英語

薦	○小学生　●中学生　●高校生　●大学生　●社会人	リスニング難易表		発売元：KADOKAWA（平成27年2月現在、本体価格） DVD価格：3,800円
お薦めの理由	私たちの日本は、なんて平和で幸せなんだろうと、映画を見終えた後、つくづく思えてきます。そして、平和は自然発生的なものではなく、自ら動いて勝ち取るものではないかと考えさせられます。多くの日本人は、映画の冒頭での英国のパーティのように、世界の問題は他人事のようにしか考えていないのではないでしょうか。そんな我々に、この映画は世界の悲惨な現実と、平和のありがたさを教えてくれます。	スピード	3	
		明瞭さ	3	
		米国訛	2	
		米国外訛	4	
英語の特徴	子どもがほとんど出演しないこと、そして題材が飢餓問題、内戦問題なので、使われる英語には偏りがあります。さらに、世界各地域の言語が出てきて、また、その地域特有の訛りのある英語が出てきますので、聞き取りにくいところが多いです。しかし、世界共通語となりつつある英語と考えれば、いろいろな英語が登場し、それに慣れることは必要でしょう。多様な英語に慣れる絶好の機会といえるでしょう。	語　彙	4	
		専門語	4	
		ジョーク	2	
		スラング	2	
		文　法	3	

授業での留意点	世界の飢餓の問題、難民、紛争を描いた衝撃作なので、難解な表現が多いですが理解できる部分もあります。 ○ Nick : He was so hungry he was trying to eat his own tongue.　　　　　　　　　　　　（Chap.3 7:18～） 　「彼はとてもお腹が空いていて、自分の舌を食べようとしていたんだ。」 　ロンドンで開かれた慈善のチャリティパーティに、エチオピア難民の男の子を連れてきてニックは全体にこう言います。'so ～ (that)…'「とても～なので…」は頻出の構文です。また、そんな場面で二人に向かってバナナが投げ込まれ、ニックは"He'll do whatever you want."「この子は何でもするぞ。」（Chap.3 9:49～）とも言います。 ○ Elliot : Yekenelay. It means thank you. And you say genzebka which means you're welcome. 　　　（Chap.12 50:24～） 　「ユーケネレイ。それはありがとう。そして、ゲンゼブカはどういたしましてを意味する。」 　エチオピアでの滞在が終わり、サラがロンドンに戻るときになります。お世話になったサラが、エリオットから簡単な現地の言葉を教わります。現地の言葉は少しは覚えるといいですね。エリオットは最後に、"Keep in touch !"「連絡してね！」とも言います。これはそのままの形で覚えましょう。そして後になって、ロンドンで再会したときにエリオットは、"Oh, my God ! Look at you !"「やっと会えた！」（Chap.14 57:41～）といって喜びます。 ○ Young driver : You never forget that sound. First thing you hear is click. It's your foot priming the landmine. 　　　　　　　　　Soon as you hear it it's over…. You hear click, big-bye-bye.　　　（Chap.16 64:09～） 　「あの音は決して忘れない。最初に聞くカチッという音。地雷を踏んだ音です。その音を聞いたらもう終わり…。カチッと聞いたら、バイバイね。」 　トラックの助手席に座ったサラが、若い運転手の青年の片足が義足なので、その理由を尋ねます。すると、こんな風に青年は笑って答えるのでした。よもやサラ自身が（Chap.26 114:23～）・・・。 ○ "This film is dedicated to all relief workers and the millions of people who are victims of war and persecution. They continue to inspire us all with their courage and will to survive."　（Chap.28 117:53～） 　「この映画をすべての救済活動に携わる人々と、戦争と迫害の犠牲者となった何百万もの人々に捧げる。彼らは我々みなを彼らの勇気と生き残る意志で鼓舞してくれる。」 　エンドロールで流れる字幕です。世界では生死にかかわる様々な問題が起きています。その中で、我が身を犠牲にしても尽くしている人々がいることを知らなければならないと考えさせられます。

映画の背景と見所	○　この物語は1984年～1995年にかけて世界で最も危険な地域で起きた事件を背景に制作されました。舞台となっているのは、エチオピア、カンボジア、そしてチェチェンです。エチオピアの場面はアフリカのナミビアで、カンボジアはタイのチェンマイで、そしてチェチェンはカナダのケベックで撮影されました。 ○　この物語の背景は、決して架空のものではありません。1984年～1985年のエチオピア飢饉では、約100万人が餓死したとされ、カンボジアでの自国民大虐殺を行ったクメール・ルージュは、100万人以上を殺害したとされています。また、チェチェン紛争はいまだ解決されたとはいえないのが実態であり、これらの問題は世界のどこかで現在進行中なのです。場所については、地図で確認しておきましょう。 ○　キャンベル監督は、事前に脚本を国連のアナン総長に送り、事実との相違がないことを確認したそうです。 ○　やせ細った少年（Chap.6 20:22～）は、実はCG処理が施されて撮影されました。 ○　シューマンのピアノ曲『トロイメライ』が、何度も効果的に映画に流れます。弾いているのはサラことアンジェリーナ・ジョリー自身です。2001年からUNHCR（国連難民高等弁務官事務所）を通じて、支援活動に積極的に参加している彼女から、この作品にかける思いも十分に伝わってくるのではないでしょうか。

スタッフ	監　督：マーティン・キャンベル 脚　本：キャスピアン・トレッドウェル＝オーウェン 製　作：ダン・ハルステッド他 撮　影：フィル・メビュー 音　楽：ジェームズ・ホーナー	キャスト	サラ・ボーフォード　　　：アンジェリーナ・ジョリー ニック・キャラハン　　　：クライヴ・オーウェン シャーロット・ジョーダン：テリー・ポロ ヘンリー・ボーフォード　：ライナス・ローチ エリオット・ハウザー　　：ノア・エメリッヒ

スラムドッグ・ミリオネア　Slumdog Millionaire

(執筆) 松葉　明

セリフ紹介

この映画の印象深いセリフを紹介します。　　　　　　　　　　　　(Chap：チャプター番号と時間)

○ クイズ・ミリオネアの始まる前の決まり文句です。ここではもちろんインド版です。　(Chap.1 1:19～)
"Good evening. Namaskar (ヒンディー語). Welcome to 'Who Wants To Be A Millionaire ?'"
「こんばんは。こんばんは。ようこそ「クイズ＄ミリオネア」へ。」

○ 司会が解答者を紹介する言い回しです。　　　　　　　　　　　　　　　　(Chap.1 3:08～)
"Well, ladies and gentlemen, Jamal Malik, Chai-wallah from Mumbai, let's play 'Who Wants To Be A Millionaire ?'"
「さあ、皆さん、ムンバイ出身のお茶くみ、ジャマール・マリクです。『クイズ＄ミリオネア』を始めましょう。

○ 司会者が解答者に答えを促す決まり文句「ファイナル・アンサー 'final answer'」は何度も出てきます。
"Is that your final answer ?" (Chap.4 10:13)、 "Final answer ?" (Chap.6 19:45) etc.

○ 弟のジャマールとラティカに対して、ひどいことばかりをしてきた兄サリームは、最後に2人を結ばせようと決心してラティカに言うセリフです。改心した気持ちがわかります。　　　　　　(Chap.24 97:53～)
"There won't be another chance.「もう二度とチャンスはないぞ。」" "I'll take care of him.「やつのことは俺に任せておけ。」" "For God's sake, hold on to this.「頼むからこれを離すんじゃないぞ。」" "After what I've done, please forgive me.「俺のしたことを許してくれ。」" "Have a good life !「幸せになれよ。」"

最後のセリフは 'Have a good day !'「よい一日を !、行ってらっしゃい!」を変えた言い方です。

学習ポイント

○ 米国の100ドル札には誰の肖像が載っているのでしょう。　　　　　　　　　(Chap.13 47:47～)
Prem : On an American one hundred dollar bill, there is a portrait of which American statesman ?　A : George Washington ; B : Franklin Roosevelt ; C : Benjamin Franklin ; D : Abraham Lincoln. Pay or play, Jamal ? You decide. 「アメリカの100ドル札には、アメリカの政治家のどの肖像が載っていますか。A：ジョージ・ワシントン、B：フランクリン・ルーズベルト、C：ベンジャミン・フランクリン、D：アブラハム・リンカーン。お金を受け取るかね、それとも続けるか。君が決めるんだ。」

中学1年の授業で、お札の肖像画を使って"Who is this ?"をやったことはありませんか？紙幣に載った人物を知ることは、英語の学習だけでなく、その国の歴史と文化をも学ぶことができます。

この後、司会のプレームは次のように言ってジャマールをからかいますが、ジャマールも負けてはいません。
Prem : Jamal ? Get a lot of hundred dollar bills in your line work ?
「ジャマール？　君の仕事では100ドル札をたくさんもらうのかね？」
Jamal : Minimum tip for my services. 「僕の仕事への最低額のチップです。」
司会のプレームも負けじとばかり、言い返します。
Prem : Oh. Now I know why my cell phone bills are so high. They tip the chai-wallah with hundred dollar bills.
「ああ。だから私の携帯電話の請求書が高いんだ。お茶くみに100ドル札でチップをやるんだ。」
ジャマールが正解を答えた後、場面は警察の取調室に移り、警部がジャマールに質問します。
Inspector : Who's on a thousand rupee note ?「1,000ルピーには誰が載ってるんだ？」
Jamal　　 : I don't know.「知らない。」 Inspector : You don't know ? Gandhi-ji.「知らない？　ガンジーだ。」
Jamal　　 : Oh, I've heard of him.「ああ、彼のことなら聞いたことがある。」

この後の物語を見れば、1,000ルピーのガンジーを知らないジャマールが、なぜ米国の100ドル札のことを知っていたのかがわかります。また、映画「ナショナル・トレジャー (2004年)」のチャプター18 72:48～では、100ドル札の裏面に描かれた、独立記念館の時計台の時刻が話題になっていますので、興味があれば見てみましょう。

○ 他の質問にも挑戦してみましょう。質問の意味が理解できれば上出来です。
"Who invented the revolver ?"「リボルバー拳銃を発明したのはだれですか？」　(Chap.15 58:16～)
"What was the name of the third musketeer ?"「3人目の銃士の名前は何？」　(Chap.26 103:07～)

あらすじ

舞台は2006年のデリーと並ぶインド最大の都市ムンバイ。スラム育ちのジャマールは、インド中が注目する人気番組の「クイズ＄ミリオネア」に出演し、学がないはずなのに難問に正解し続けます。それを司会者はおもしろくなく、1日目の収録後に警察に通報し、警察は不正を行ったのではないかと尋問し、拷問まで加えます。そこでジャマールはどうして答えを知っていたのか、驚くべき過去を話すのでした。

スラム育ちの兄弟サリームとジャマールは、幼いころに宗教の対立で、目の前で母を殺され孤児となってしまいます。それでも2人たくましく生きていました。ある日、同じように一人で雨のなかに佇むラティカと名乗る一人の女の子を見つけて招きいれます。しかし、孤児たちを取り込んで儲けようとする大人から逃げ出すときに、ラティカとは離ればなれになってしまうのでした。

サリームとジャマールは、不正を行いながらも生き延びていきます。次第に金と権力におぼれていく兄とは対照的に、ジャマールは誠実さを失わず、ラティカを探すのでした。

ラティカを見つけ出すには、インドの人気番組「クイズ＄ミリオネア」に出て、彼女が自分に気づいてくれることを期待したジャマールは、次々に正解を出します。そしてついに、最終問題へと進んでいくのでした。

映画情報

製作年：2008年（平成20年）
製作国：英国
配給会社：ギャガ・コミュニケーションズ
言　語：英語、ヒンディー語
第81回アカデミー賞作品賞他8部門受賞

公開情報

公開日：2008年11月12日（米国）
　　　　2009年 4月18日（日本）
上映時間：120分
MPAA（上映制限）：PG-12
音　声：英語・日本語　　字　幕：日本語・英語

| 薦 | ○小学生 ●中学生 ●高校生 ●大学生 ●社会人 | リスニング難易表 | 発売元：メディアファクトリー（平成27年2月現在、本体価格）DVD価格：3,800円 ブルーレイ価格：4,700円 |

お薦めの理由	インドという国は、インダス文明等で社会の時間に習っていますが、現代のインドについては、日本の子どもたちは知らないのではないでしょうか。この映画は、そんな日本の子どもたちに、日本でも人気のあった同名のクイズ番組を中心に、わかりやすく教えてくれます。アカデミー賞を独占して当然といえる質の高い物語に、ハリウッドに代わるボリウッドのパワーを感じさせてくれる作品です。	スピード	2
		明瞭さ	4
		米国訛	1
		米国外訛	5
英語の特徴	かつて大英帝国の植民地であったインドが舞台で、主人公のジャマール以外はすべてインド人なので、インド訛りの英語です。さらに、ヒンディー語も混ざって会話がされるので、戸惑うことが多いと思います。しかし、次第に慣れてくると、難易度の高い英語はあまり使用されておらず、語数の少ない表現が多いので聞き取りやすいです。また、英国英語基調のインド英語を学ぶ貴重な経験ができます。	語彙	4
		専門語	3
		ジョーク	1
		スラング	2
		文法	3

授業での留意点

ヒンディー語が多く登場する中、英語もたくさん出てきます。しかも、日常会話の中でも基本的で短い言い回しが多く出てきますので、そのいくつかを紹介します。

① インドが誇る世界遺産タージ・マハル（The Taj Mahal）にやってきたサリームとジャマールの会話です。
　Jamal　 : Is this heaven ?「ここは天国なの？」　　　　　　　　　　　　　　（Chap.12 41:07 ～）
　Salim　 : You're not dead, Jamal.「お前は死んでなんかいないよ、ジャマール。」
　Jamal　 : What is it ? It's a motel, huh ?「あれは何？ モーテルなの？」
そこにガイドが来て、外国人向けに案内をしています。
　A guide : The Taj Mahal is considered the finest example of Mughal architecture.
　　　　　「タージ・マハルはムガル建築の最も素晴らしい例として考えられています。」
この後も、案内は続きます。そして2人は聞いて覚えた知識を使って、偽ガイドと観光客から盗んだ靴でひと儲けします。

② 他にも2人は、外国人観光客を案内する間に、彼らが乗ってきた高級車ベンツの部品を、子分の子どもたちを使って盗ませますが、それがばれて運転手に殴られてしまいます。　　　　　　（Chap.12 45:47～）
　Jamal　 : You wanted to see a bit of real India. Here it is !
　　　　　「本当のインドの一端を見たかったでしょ。これだよ。」　　A driver : Oi !「このっ！」
　A man　 : Alright.「もういいから。」
　A woman : Well, here is a bit of the real America, son.「じゃあ、本当のアメリカの一端を見せるわね。」
と言って、男性の方にお金を渡すように目配せします。ここで手に入れたのが100ドル札です。

③ すべてのクイズ問題が終わり、駅のホームでジャマールとラティカが再会します。（Chap.27 111:35 ～）
　Jamal　 : I knew you'd be watching.「君が見てくれていることはわかっていたよ。」
　Latika　 : I thought we'd be together again only in death.「私はまた一緒になれるのは死んでからと思ってた。」
　Jamal　 : This is our destiny.「これが僕たちの運命だ。」　　Latika : Kiss me.「キスして。」
ここで画面上に、映画の冒頭の質問 A : He cheated.（彼はインチキをした。）; B : He's lucky（彼は運がよかった。）; C : He's a genius.（彼は天才だった。）, D . It is written.（それは運命だった。）の答えが出てきます。その解答は映画を見てのお楽しみです。そして2人は大勢のダンサーたちの前で皆と一緒に踊ります。

映画の背景と見所

○ この映画はアカデミー賞の主要8部門（作品賞・監督賞・脚色賞・撮影賞・編集賞・録音賞・作曲賞・主題歌賞）を総なめにしました。そしてこの年は、日本の「おくりびと」が外国映画賞を受賞した年でもあります。
○ 幼少期ジャマールの憧れのスターであるアミターブ・バッチャンは、実在の人物であり、インド版クイズ＄ミリオネアの初代司会者でした。日本ではご存じのように、みのもんた氏が司会者でした。
○ このクイズ番組 'Who Wants To Be A Millionaire' は、1998年に始まったイギリス発祥の世界的番組で、その名のごとく、最高賞金は100万ポンド、100万ドル、100万ユーロで、日本円に換算すると1億円を超えます。この番組のように、インドでも2,000万ルピー（約3,600万円）なので、日本の最高金額の1,000万円は少ない感じがします。
○ クイズの答えに窮した時のライフラインは①フィフティ・フィフティ（4択を2択に）、②テレフォン（電話で知人に30秒間相談）、③オーディエンス（観客に問う）等があります。
○ 映画の舞台となったムンバイ（Mumbai）は、1995年にボンベイ（Bombay）から名称が変更になりました。映画の中でジャマールが "Bombay had turned into Mumbai." と言っています。　　　　　（Chap.13 49:46）

スタッフ / キャスト

スタッフ		キャスト	
監　督	ダニー・ボイル	ジャマール・マリク	デーブ・パテール
原　作	ヴィカス・スワラップ	サリーム・マリク	マドゥル・ミッタル
脚　本	サイモン・ビューホイ	ラティカ	フリーダ・ピント
撮　影	アンソニー・ドッド・マントル	プレーム・クマール	アニル・カプール
音　楽	A・R・ラフマーン	警部	イルファーン・カーン

世界最速のインディアン　The World's Fastest Indian

(執筆) 松葉　明

セリフ紹介

この映画を特徴づけるセリフを紹介します。　　　　　　　　　　　　　　(Chap：チャプター番号と時間)

○ If you don't go when you want to go when you do go, you'll find you're gone.　(Chap.6 31:41～)
「もし行きたいときに行かないなら、後悔することを知ることになる。」
映画の字幕通りにいえば「やる時はやるっきゃない。」です。この映画の主人公バートの心意気そのものです。

○ I always figured a man's like a blade of grass, he grows up in the spring, strong and healthy and green and then he reaches middle age and he ripens as it were and in the autumn they, like a blade of grass he finishes just fades away and he never comes back. Huh, just like a blade of grass. I think when you're dead, you're dead.
「私はいつも人の一生は草に似ていると思っている。春には強く健やかに成長し、中年になって実り、秋になって枯れてしまうと、もう二度と戻ることはない。はっ、草のようなものさ。死んだらそれで終わりさ。」
オートバイを牽引する車両が壊れ、バートが老婆のエイダが住む農村の一軒家に一夜の宿を借りてそれを修繕した後、エイダと外で風景を見ながら語るセリフです。人生に挑戦し続けるバートの考えがわかります。
この後、バートは人生で初めて体験するガラガラ蛇に咬まれそうになります。　　(Chap.13 67:17～)

○ I did it, Tom！ She's the World's Fastest Indian！　　　　　　　　(Chap.24 117:48～)
「トム、俺はやったぞ！ あのバイクは世界最速のインディアンだ！」
コレクトコールの電話で、バートが隣家の少年トムに向かって言います。この映画のタイトルです。

学習ポイント

主人公バートが隣家の子どもトムと交わすセリフには、中学生でもわかる内容がたくさんあります。

○ Burt : You know where they are. Help yourself.　　　　　　　　　　(Chap.2 5:10～)
「どこにあるか知ってるだろ。自由にしていいぞ。」
バートがいつものようにバイクの手入れをしていると、隣家の少年トムがやってきて興味深そうにバートのすることを見ています。昔の日本でもこのように、少年が近くの老人の家に遊びにいく場面はよくあったものです。ここでは、トムがバートにクッキーをねだるときのバートのセリフです。間接疑問文と熟語 'help yourself'「ご自由に」を確認しましょう。

○ Tom : Burt, what's wrong with you？「バート、どうしたの？」　　　　　(Chap.4 20:51～)
　　Burt : I'll be all right. Don't worry about me.「私は大丈夫だ。私のことは心配しなくていい。」
　　Tom : Are you sure？「本当に？」　　Burt : Yeah.「ああ。」
'What's wrong？'「どうしたの？」は相手の様子を気遣う定番表現です。'with you' を省略した形が学校の教科書にはよく載っています。他の表現も中学2年レベルの表現です。

○ Tom : Aren't you scared you'll kill yourself if you crash？「クラッシュして死ぬの怖くない？」(Chap.5 25:45～)
　　Burt : No. You live more in five minutes on a bike like this going flat out than some people live in a lifetime and ah, yeah, more in five minutes.
「怖くない。こんなバイクに乗って全速力での5分間は、人の一生に勝る、価値ある5分間だ。」
'flat out'「全速力で」です。確かに物理的な長さより、中身の濃い人生を歩みたいものですね。

○ Burt : Danger is the spice of life and you've got to take a risk every now and again. You know that's what makes like worthwhile.　　　　　　　　　　　　　　(Chap.5 26:15～)
「危険は人生のスパイスで、つねに危険を伴っている。それが生きる価値があるってもんだ。」
何事も恐れていてはできません。"○○ is a spice of ～"「○○は～のスパイスだ」は使える文例です。

○ Burt : If you don't follow through your dreams, you might as well be a vegetable.　(Chap.6 30:31～)
「もし、夢を追うことがないなら、野菜と同じだぞ。」
　　Tom : What type of vegetable？「どんな野菜？」　Burt : I don't know. Cabbage？「知らん。キャベツかな？」
'might as well ～'「～と同じくらい」を表す高校1年レベルの熟語です。

あらすじ

　ニュージーランドの最南端の町インバカーギルで独り暮らしの年金生活者バート・マンローは、今日も早朝より近所迷惑なのもおかまいなしにバイクの調整に余念がありません。旧式のバイク（インディアン・スカウト）を自ら改良して、これまで国内の数々のスピード記録を樹立してきた彼の夢は、米国ユタ州にあるボンヌヴィル塩平原で世界記録を立てること。彼の一番の理解者は隣家の少年トムでした。
　そんなバートにある日狭心症の発作が訪れ、挑戦するなら今しかないと思い立ちます。貯金はほとんどなく、友人たちからのカンパでは渡航費用には不十分で、自宅を抵当に銀行からの借金でようやく旅立つことになります。
　渡航費用を浮かすために、貨物船にコックとして乗り込み、米国に渡ってからも中古車を最安値で買い、牽引トレーラーは自分で作ります。道中、その牽引トレーラーが故障したり、持病の心臓発作に悩まされたり、彼の苦労は続きます。しかし、持ち前のユーモアの精神とその人柄から知り合った人々から助けを得て、どうにかボンヌヴィル塩平原会場へと辿り着きます。
　ところが、出場するには事前の登録が必要であり、おまけに彼のバイクは安全性のかけらもないことから、出場がなかなか認められません。果たして彼の夢は叶うのでしょうか。

映画情報

製　作　年：2005年（平成17年）
製　作　国：ニュージーランド、米国
配給会社：ソニー・ピクチャーズ
言　　　語：英語
ニュージーランド映画

公開情報

公　開　日：2005年12月7日（米国）
　　　　　　2007年 2月 3日（日本）
上映時間：127分
MPAA（上映制限）：PG-13
音　声：英語・日本語　　字　幕：日本語のみ

薦	●小学生　●中学生　●高校生　●大学生　●社会人	リスニング難易表		発売元：ハピネット（平成27年2月現在、本体価格）DVD価格：1,886円
お薦めの理由	63歳になってから、オートバイのスピード最高記録を樹立する。しかもどこから見ても旧式のバイクで、はるか離れた地域から単独でやってくる。どう考えても作り話でしか考えられないですが、これは実話なのです。悪人がまったく出て来ず、行く先々の人々に好かれるバートからは、人は支え合って生きていくものだと改めて考えさせられます。また、夢を決して諦めないことの大切さがわかる秀作です。	スピード	2	
^	^	明瞭さ	2	
^	^	米国訛	2	
^	^	米国外訛	4	
^	^	語　彙	2	
英語の特徴	舞台がニュージーランドで始まり、主人公のバートは生粋のニュージーランド人ですので、ニュージーランド英語を話します。発音は英国英語に準拠していますが、独特のイントネーションがあり、オーストラリアのオージーイングリッシュに対して、キーウィイングリッシュ（Kiwi English）とも言われています。[e]が[i]、[ei]が[ai]等と、ふだん聞いている英語とは違うのが興味深いです。	専門語	3	
^	^	ジョーク	2	
^	^	スラング	2	
^	^	文　法	2	

授業での留意点	長年生きてきたバートだからこそ、意味深長なセリフが多く出ています。 ○ A neighbour : Do you know what time it is ?「何時だか知ってるのか？」　　　　　　　　　（Chap.1 3:42～） 　 Burt　　　　：Sorry. … You know what they say the early bird catches the worm. 　　　　　　　　「すまんな。（中略）"早起きは三文の徳"と言うだろ。」 いつものように早朝からバイクの爆音を聞かせられて、隣家の主人がバートに声をかけます。間接疑問文の代表例と英語の諺が学べます。 ○ A gang boy : Show 'em Kiwis can fly, huh ?　　　　　　　　　　　　　　　　　　　　　（Chap.6 33:46～） 　　　　　　　　「ニュージーランドの意地を見せてこいよ、な？」 　 Burt　　　　：Yeah. I'll bring you back the Statue of Liberty !「ああ。自由の女神を持って帰ってきてやる。」 不良少年の一人が、米国へと旅立つバートに餞別を渡し、声をかけます。一度はバートに敵対心を燃やしていた彼らですが、バートの走りをみてからは、彼に尊敬の念をもつようになったのでした。 ○ Burt : Invercargill, I-N-V-E-R-C-A-R-G-I-L-L. I spell it with one 'L' sometimes to save ink.　（Chap.14 72:00～） 　　　　「インバカーギル、I,N,V,E,R,C,A,R,G,I,L,L。時々インク節約で私はLをひとつしか書かない。」 立ち寄ったカフェでバートが出身地を説明します。日本では、よほど名の知れた地名はともかくとして、どのような漢字でその地名を書くのかを説明するようなものですね。 ○ Burt : I may have this saggy skin on the outside, but on the inside I'm still 18 years old.　（Chap.18 91:06～） 　　　　「外見にはしわがあっても、心は今でも18歳だ。」 日本でも、東海道新幹線を作った元国鉄総裁の十河信二が、その設計者の島秀雄を鼓舞するときに、「二十歳でも夢のない奴はおいぼれだ。百歳でも夢を追う奴は若者だ」と言います。心意気に国境はありませんね。 ○ Burt never gave up making his bike go faster. He returned to Bonneville nine times setting numerous land speed records. Burt's 1967 record for streamlined motorcycles under 1000cc's still stands.　（Chap.24 119:37～） 　　「バートは自分のバイクをより速く走らせることを諦めなかった。彼はボンヌヴィルに9回戻り、何度も記録を打ち立てた。1,000cc以下の流線型モーターサイクルのバートの1967年の記録は今も健在である。」 エンディングロールの字幕です。この粋な流れなら日本語訳は必要ないのでは？　ともあれ、63歳で初のボンヌヴィルということは、一体何歳までスピード記録に挑戦し続けたのか。まさに驚きです。

映画の背景と見所	○ 主人公バート・マンローは、ニュージーランド最南端の町インバカーギル（Invercargill）の出身です。そこを出発して貨物船で米国ロサンゼルスに渡り、中古車で一路ユタ州のボンヌヴィルへと向かいます。ソルトレイクシティの近くにあります。地図帳でその行程をたどってみましょう。 ○ ボンヌヴィルは、塩湖が干上がってできた約260km²に及ぶ平原で、映画の中では「ボンヌヴィル・ソルト・フラッツ（Bonneville Salt Flats）」と出てきています。バートは何度も「地球の裏側からはるばるやってきた」と言っていますが、確かに苦労して辿り着いたときは万感の思いがあったことでしょう。そして、最後の記録に挑む場面の走り（Chap.23 111:57～）の4分間は、まさに手に汗握る迫力あるものとなっています。 ○ バート・マンロー（1899～1978年）は実在の人物です。彼のバイクは1920年型のもので、時速80km程度しかでないものでしたが、独自の方法で改良を重ね、時速288kmの世界記録を達成しました。オイルキャップを軽量化のためにブランデーのコルクを使ったり（Chap.18 89:05～）、高速用のタイヤがないため隣家から借りた肉切りナイフで溝を削ったりして（Chap.2 8:10～）いる場面が本作にも登場しています。 ○ 人との繋がりがいかに大切かが、本作の主人公バートが多くの人々と関わっていく過程でわかります。

スタッフ	監督・脚本・製作：ロジャー・ドナルドソン 製　　作：ゲイリー・ハナム 製作総指揮：深沢恵、井関愃、稲葉正治　他 撮　　影：デイヴィッド・グリブル 音　　楽：J・ピーター・ロビンソン	キャスト	バート・マンロー　　　：アンソニー・ホプキンス トム（少年）　　　　　：アーロン・マーフィー ティナ（フロント係）　：クリス・ウィリアムズ ジム（カーレーサー）　：クリス・ローフォード エイダ（未亡人）　　　：ダイアン・ラッド

戦火の勇気　Courage Under Fire

（執筆）飯田　泰弘

セリフ紹介

戦争の光と闇を描いたこの映画で、印象に残るセリフを取り上げます。（Chap：チャプター番号と時間）
　この映画では、戦場でウォールデン大尉（メグ・ライアン）がどのような死を遂げたかを巡り、当事者たちの意見が大きく食い違います。何かが隠されていると感じたサーリング中佐（デンゼル・ワシントン）が、彼女の元部下のイラリオを問いただすと、彼は敵に囲まれた状況を次のように述べます。

○ Ilario: We knew they were out there, sneaking up on us.　（Chap.8, 40:25）
　「我々は敵が近づいてきているのを感じてました。」
　　But we also knew at first light they were going to attack.
　「やつらが日の出とともに攻撃してくることもわかってました。」
　　　I don't know why people think only good things happen when the sun comes up.
　「人が思うほど、陽の光はいつも良いことばかりを運んではきません。」

最後の発言からは、戦場では「日の出」はその日の「戦闘開始」を意味し、良いものではないということが語られています。それと同時に、この映画のストーリー上重要となる「どのようにウォールデンは命を落としたのか」という謎に関して、その場に居合わせた彼が真実を明るみに出すべきではないと言っているようにも思えます。戦争は綺麗ごとばかりではありません。「明るみには出さず、外部の人間は知らないほうがいい悲劇もある」、というこの映画のメッセージを述べているようにもとれます。

学習ポイント

ここでは形容詞に関して学びましょう。形容詞とは主に名詞を修飾や限定するもので、中学英語でもbigやsmall、longやshortなど、多くの形容詞が登場します。そして、この形容詞には次のような2つの用法があります。
（1）【限定用法】・・・名詞に直接付ける → I have a [big car].「私は大きな車を持っている。」
（2）【叙述用法】・・・動詞の補語にする → That car is [big].「あの車は大きい。」
　（1）の場合は、2つ以上の形容詞を同時に付けることも可能で、これは（3）のセリフからも確認できます。ここでは、最後の名詞'truth'に3つの形容詞が付いています。
(3) We have to tell the truth, General, about what happened over there. The whole, hard, cold truth.
　「戦場で何が起きたか、閣下、我々は真実を言うべきです。全ての、辛く、酷い真実を。」　（Chap.23, 01:42:29）
　中学英語で学ぶ形容詞では、（1）と（2）の両方が可能な場合が多いのですが、どちらか一方の用法しか許されない形容詞も存在します。映画のセリフを使い、それぞれのタイプを確認しましょう。
【限定用法のみの形容詞】
　名詞に直接付けなければならないタイプとして、この映画ではonly「唯一の」が出てきます。この場合、（4）のように'only regret'と名詞に付ければ大丈夫ですが、単独でMy regret is only.のようにはできません。
(4) My only regret will be to never see you two again.
　「私が唯一残念なことは、お二人に二度と会えなくなることです。」　（Chap.25, 01:47:54）
【叙述用法のみの形容詞】
　このタイプの代表例には、aで始まる形容詞があります。映画では、alive「生きている」、alone「一人の」、awake「起きている」、afraid「恐れる」などが登場しますが、どれも名詞に付加できないことがポイントです。
(5) Let them know we're still alive.「やつらに我々がまだ生きていると教えてやれ。」　（Chap.8, 39:46）
(6) I'm going to leave you alone for a while.「しばらく一人にしといてやるよ。」　（Chap.16, 01:10:20）
(7) He's never awake very long with all the pain.「彼は激痛で長時間は起きてられないよ。」（Chap.19, 01:17:44）
(8) What I'm really afraid of is that I might let my people down, my crew.
　「私が本当に恐れるのは、自分の部下たちを危険にさらすことなの。」　（Chap.25, 01:48:04）
　また、形容詞の中にはpresentのように（1）と（2）の用法によって意味が変わるタイプもあり、（1）の場合は「現在の」、（2）の場合は「出席している」となります。様々なタイプの形容詞を正確に使えるようになりましょう。

あらすじ

湾岸戦争中のイラク。陸上戦で戦車団を率いていたサーリングは、敵軍の奇襲による混乱の中で、誤って味方の戦車を砲撃してしまいます。親友の命をも奪ってしまったこの友軍誤射を、米軍は「戦争では仕方ないこと」として隠し、サーリングは真実を話せず一人苦しみます。そんな彼が新しく受けた任務は、「戦場で命を落とした女性軍人、ウォールデン大尉を調査せよ」というものでした。これには、彼女に女性初の名誉勲章を与えて宣伝効果を期待する政府の思惑があり、政府は本当に彼女が勲章にふさわしい人物かを最終確認しようとしていたのです。
　軍の医療ヘリのパイロットだったウォールデンが、どのような名誉の死を遂げたのかを知るため、彼女の元部隊の生存者たちに聞き込みを始めるサーリング。しかし、彼らの証言には不可解な点が続出。ヘリが敵のど真ん中に不時着したあと、彼らの武器が弾切れになった時間は大きく食い違い、戦死した彼女を勇敢だったと述べる者、臆病者だと呼ぶ者、さらには証言を拒んで姿を消す者までが出始めます。
　彼女の死には隠された何かがあると感じ始めたサーリングは、どうしても授与式を行いたい政府の圧力や、自分の辛い過去に苦しみながらも調査を進め、徐々に真相へと近づいていきます。するとそこには、戦場における彼女の紛れもない勇気と、戦争が生んだ悲劇があったのです。

映画情報

製　作　年：1996年（平成8年）
製　作　国：米国
製　作　費：4,600万ドル
配給会社：20世紀フォックス
ジャンル：戦争、ヒューマンドラマ

公開情報

公　開　日：1996年 7月12日（米国）
　　　　　　1996年11月 2日（日本）
上映時間：117分
興行収入：1億86万818ドル（世界）
音　声：英語・日本語　　字　幕：日本語・英語

薦	○小学生 ●中学生 ●高校生 ●大学生 ●社会人	リスニング難易表	発売元：20世紀 フォックス ホーム エンターテイメント ジャパン（平成27年2月現在、本体価格） DVD価格：1,419円 ブルーレイ価格：2,381円

お薦めの理由	湾岸戦争時の「砂漠の嵐」作戦がテーマとなっていますが、その焦点はイラク軍との戦闘ではなく、むしろ米軍内部における誇りや勇気、怒りや葛藤などに当てられています。友軍誤射の過去に苦しみながらもウォールデンの死を調べるサーリングが、当事者の証言をもとに彼女の人物像をつなぎ合わせ、最終的には彼女のおかげで新しい一歩を踏み出す勇気をもらうストーリー展開は秀逸です。	スピード	4
		明瞭さ	2
		米国訛	3
		米国外訛	2
英語の特徴	軍人同士の荒い会話がほとんどなので、かなりのスラングが発せられます。また短縮表現などの非標準的な英文も多く、戦闘中や相手を威圧するシーンでの会話スピードは速めです。いくつかの米軍の乗り物や武器の名前は登場しますが、軍事的な語彙知識は不要です。また主人公の一人のウォールデン大尉はテキサス出身であるため、彼女の英語には訛りがあります。	語彙	4
		専門語	4
		ジョーク	3
		スラング	4
		文法	4

授業での留意点

　授業で使う際には、スラングや銃撃戦のシーンが多く含まれている点に注意が必要です。それを踏まえたうえでここでは、英語における主語の大事さを指摘できるシーンを紹介します。

　日本語の場合、明確な主語はあえて言う必要はなく、「昨日名古屋駅に行ったら、偶然先生に会って、アイスをおごってくれたんだ。」のような「主語無し文」でも成立します。そのため、英語でも主語無し文を書く中学生も多く、英語の文では必ず主語を書くよう徹底させなければなりません。（命令文もyouが欠落しているだけですね。）

　映画には、次のようなシーンがあります。ここでは、ヘリが墜落してから翌朝に救助が来るまでの間、いつM-16銃が弾切れになったかをサーリングが問いただしていますが、イラリオは曖昧な返事しかしていません。

(1) Ilario　：I guess, uh... I guess it ran out of ammo some time during the morning. Um... Or, no, sometime during the night... I don't know. 「あれは…弾が切れたのは朝のいつか…いや、夜かも。覚えてません。」
　　Serling: See, the Blackhawk crew said they heard M-16 fire during the rescue that morning.
　　　　　　「いいか。ブラックホーク機のクルー達が、あの朝の救助中にM-16銃の音を聞いたと言っている。」
　　Ilario　：Did they? 「彼らが？」
　　Serling: That's right. 「そうだ。」　　　　　　　　　　　　　　　　　　　　　　　　　　(Chap.9, 44:25)
　　Ilario　：Must've been wrong, then. 「じゃあ、間違ったんですよ。」
　　Serling: Them or you? Who, them or you? 「彼らが、君が？　誰のことなんだ、彼らか君か？」
　　Ilario　：Oh, them. Them, yeah. No, they must have been wrong. 「あ、彼らです。彼らが間違ったんです。」

イラリオは秘密がバレないよう話を合わせますが、"Must've been wrong."には主語がなく、誰のことを指しているのかをサーリングが聞き直しています。また別の場面には、友軍誤射の全責任を感じるサーリングが主語を'we'で言いかけたあと'I'に訂正する(2)のような例もあり、英語では主語を明確にする重要性を示せます。

(2) Serling: We thought... I... I thought that, uh, Tom's tank was an enemy tank.
　　　　　　「我々は…いや、私は、トムの戦車を敵軍だと勘違いしました。」　　　(Chap.24, 01:45:03)

最後に、「There構文」に関する2つの重要ポイント、①場所のthere「そこ」も共起できる、②主語位置のthereは常に弱く発音しなければならない、を示せる(3)のような例もあります。

(3) Mr. Walden: There was a helicopter there. 「そこにはヘリコプターがあったんだ。」　　(Chap.10, 45:40)
このように様々な主語の特性を示し、「仮主語のit」や「無生物主語」への導入に使うのも良いと思います。

映画の背景と見所

　この映画には軍用ヘリなど様々な米軍の乗り物が登場しますが、中でも冒頭の戦車の戦闘シーンは迫力があります。しかし、撮影で使われた戦車は外国から輸入されたものを急きょ、米軍の戦車そっくりに改造したものだそうです。「友軍誤射」や「仲間の裏切り」をテーマとしているため、米軍の協力があまり得られなかった影響がここにはあるのかもしれませんが、本物の退役軍人たちの助けもあり、リアリティのあるシーンに仕上がっています。

　またこの映画は、「女性兵士の戦争参加」や「帰還兵の心の傷」といった点にも光を当てています。映画では政府がこのような戦争の側面を前向きに見せようとしますが、一方で軍人たちは「単なるパフォーマンスだ」と軽蔑しており、その距離感は小さくありません。「女性初の名誉勲章」という宣伝効果を狙う政府広報官との会話には、
○　Bruno　：If Captain Walden wins this medal... 「もしウォールデン大尉がこのメダルを勝ち取れば…」
　　Serling: You don't win it. You, uh, receive it. It's not a contest.
　　「メダルは勝ち取るものじゃない。授与されるものだ。コンテストじゃないんだぞ。」　(Chap.3, 19:43)
というやりとりがあり、両者の戦争に対する温度差が感じ取れます。複数の証言をヒントに謎を解明していく展開は、黒沢明監督の『羅生門』を彷彿とさせるとも言われ、そういった観点からも楽しめる作品です。

| スタッフ | 監　督：エドワード・ズィック
製　作：ジョン・デイビス、他
脚　本：パトリック・シャーン・ダンカン
撮　影：ロジャー・ディーキンス
音　楽：ジェイムズ・ホーナー | キャスト | ナット・サーリング　：デンゼル・ワシントン
カレン・ウォールデン：メグ・ライアン
トニー・ガードナー　：スコット・グレン
イラリオ　　　　　　：マット・デイモン
モンフリーズ　　　　：ルー・ダイヤモンド・フィリップス |

| 戦場のアリア | JOYEUX NOËL | （執筆）松葉　明 |

セリフ紹介

この映画の鍵となるセリフに着目しました。　　　　　　　　　　　　（Chap：チャプター番号と時間）

○ 映画の冒頭では、フランス、英国、そしてドイツの男の子が、自分の受けた教育で愛国心を語ります。背景が1914年であることを理解したうえで聞いてみると理解できます。ここでは、2番目に登場する英国人の男の子が朗読するセリフです。　　　　　　　　　　　　　　　　　　　　　　　　　　（Chap.1 2:10～）

"To rid the map of every trace of Germany and of the Hun, we must exterminate that race. We must not leave a single one, heed not their children's cries best stay all now, the women, too or else someday again, they'll rise which if they're dead, they cannot do."「ドイツやドイツ兵のいかなる痕跡を地図から消し去るために、私たちは根絶やしにしなければならない。子どもも女も1人も残してはならない。二度と再び栄えることのないよう命を奪うのだ。」

そしてカメラはスコットランド北部のハイランド地方を俯瞰し、田舎の教会に着きます。一人の若者が鐘をならして、叫びます。

"This is it！ War has been declared！"「いよいよだ！　戦争が宣告された！」　　　　　（Chap.1 4:26）

この青年はウィリアムで、弟のジョナサンとともに、2日後にスコットランドの首都グラスゴーに向かうと言います。ここでは意気軒昂としていますが、あっけなく兄ウィリアムは最初の戦いで命を落としてしまいます。実は、英国軍といっても、前線の英国兵は、大半がスコットランドの貧しい農村地帯の若者だったのです。

学習ポイント

この映画の舞台はフランスであり、フランス語を中心に、英語とドイツ語が話されてます。ときに、共通語として英語が使われたり、お互いに母語で挨拶を交わしたりしています。英語だけの場面は限られていますが、英語以外の言葉に触れる機会としても捉えてほしいです。

○ 兄を亡くしたジョナサンが、泣いて神父に言います。　　　　　　　　　　　　（Chap.3 13:56～）
Jonathan : I let him die, all alone.「僕が兄さんを死なせてしまった、たった一人で。」
Father　　: You had no choice. 「他に選択はなかったんだ。」

'let'、'all alone'、'no choice' の意味と使い方を覚えましょう。そして、戦争は勇ましく、格好のよいものではないことがよくわかる場面です。

○ 塹壕（ざんごう）の中で、負傷兵の手当てをしているときに、声が聞こえてきます。　（Chap.3 15:00）
"Father, eight feet."「神父さん、2m半なんです。」

塹壕での戦いは、ほんの目先での戦いであったことがわかります。'feet' は 'foot' の複数形で、1 foot は約30.5cmです。世界の標準はcmですが、西洋では今でもフィートも使われます。因みに12inches が1foot で、1inch は約 2.54cm です。

○ ジョナサンが母親に手紙を書く場面です。兄の死を隠していることがわかります。　（Chap.5 23:55～）
"Mother, thanks for the mittens and the mufflers. It's so cold here and the most welcome…. Thanks for the cake, too…. Your two sons. We love you."「母さん、手袋とマフラーをありがとう。ここはとても寒いので大変助かっています。・・・ケーキもありがとう。2人の息子より。愛しています。」

主語が複数形になっているところに注目です。

○ この映画のハイライトの場面を鑑賞しましょう。歌声はドイツ語ですが、『きよしこの夜』は世界的に有名ですので、解説はいらないでしょう。以前は中学2年生用に、"The Story of Silent Night" として紹介されていた英語の教科書がありました。　　　　　　　　　　　　　　　　　　　　　　　　　　（Chap.7 45:50～）

まず、スコットランド兵の陣地からバグパイプの演奏による曲が流れ、ドイツ軍の陣地からは多くのクリスマス・ツリーが現れます。それを見た、偵察中のフランス兵が何事かと慌てるところは笑えます。『きよしこの夜』が終わったあと、次の曲はバグパイプの伴奏により歌われ（47:35～）、テノール歌手のニコラウスがツリーを掲げて姿を現し、両軍の大きな歓声に包まれます。感動の場面です。

あらすじ

愛国心をたたき込まれた3人の少年が、それぞれフランス、英国、そしてドイツの言い分を朗読するところから物語が始まります。そして、スコットランドの青年が息せき切って教会の鐘を鳴らして、戦争の始まりを知らせます。一方、ドイツのオペラ劇場では、舞台の開演途中で軍人が登壇し、皇帝ウィルヘルムの勅旨を読み上げ、開戦を知らせるのでした。

戦争の舞台となったのは、クリスマスが近づいたフランス北部の最前線です。激しい戦闘の繰り返される中、デンマーク出身のアナが、ドイツ皇帝陛下のために御前演奏を申し出て、夫のニコラウスと共に歌います。そして、ドイツ軍の塹壕に何万本ものクリスマス・ツリーが届けられ、スコットランドの陣地からは、バグパイプの音色が響いてくるのでした。塹壕で歌っていたニコラウスは、思わずクリスマス・ツリーを手に、バグパイプに合わせて歌いながら歩み出します。すると、敵陣からも兵士たちが現れ、クリスマス限りの休戦協定を決め、シャンパンで乾杯したり、チョコレートを分け合ったり、家族の写真を見せ合ったりして親交を深めるのでした。

しかし、そういった行為は軍司令部の知ることになり、裏切り行為として厳しい処分を受けることになってしまいます。特にドイツ兵たちは、過酷なロシア戦線に送り込まれることになるのでした。

映画情報

製作年：2005年（平成17年）
製作国：仏・独・英合作
配給会社：角川ヘラルド映画
言語：フランス語、ドイツ語、英語、ラテン語
2006年度フランス映画祭 "観客賞" 受賞作品

公開情報

公開日：2005年11月9日（仏国）
　　　　2006年4月29日（日本）
上映時間：115分
MPAA（上映制限）：PG-13
音　声：仏・独・英語・日本語　　字　幕：日本語

薦	○小学生　●中学生　●高校生　●大学生　●社会人	リスニング難易表		発売元：KADOKAWA（平成27年2月現在、本体価格） DVD価格：1,800円
お薦めの理由	第１次世界大戦は1914年に始まった、人類史上初めての世界戦争で、開戦当初はその年のクリスマスには終結すると思われていたそうです。しかし、現実は５年も続き、35ヶ国を巻き込んで、死者の数は兵士だけでも900万人という結果になりました。そんな中、この映画のクリスマスの休戦の出来事は奇蹟の史実です。また、挿入歌を担当したナタリー・デセイと、ロランド・ヴィラゾンの歌も秀逸です。	スピード	3	
^	^	明瞭さ	4	
^	^	米国訛	3	
^	^	米国外訛	5	
^	^	語　彙	5	
英語の特徴	舞台の中心となっているのは、フランス北部の最前線にあるノーマンズ・ランド（中間地帯）です。フランス軍、ドイツ軍と、英国（スコットランド）軍の中でのやりとりなので、話される言語は仏語、ドイツ語、英語です。英語での会話の場面は限られています。しかし、そんな中での共通語としてのやりとりは英語が使われています。そこに注目してみると面白いでしょう。	専門語	3	
^	^	ジョーク	2	
^	^	スラング	2	
^	^	文　法	3	

授業での留意点	○　休戦協定を提案する場面です。　　　　　　　　　　　　　　　　　　　　　　　　　　（Chap.8 51:45～） Gordon（Scottish）: Good evening! Do you speak English?「今晩は。英語話しますか？」 Audebert（French）: Yes, a little.「はい、少しなら。」 Gordon（Scottish）: Wonderful. We are talking about a cease-fire(休戦), for Christmas Eve. What do you think? The outcome of this war won't be decided tonight. I don't think anyone would criticize us for laying down our riffles on Christmas Eve.「そいつはいい。私たちは休戦について話をしていたところです。クリスマス・イブなので。どうですか？今宵で戦況は決まらないです。クリスマス・イブにライフルを置いても批判はされないでしょう。」 Horstmayer（German）: Don't worry. There's just for moment.「心配しないで。ほんの少しの間だけです。」 そして、フランス人のオードベール中尉がワインを持ってきて乾杯して、それぞれの言葉でメリー・クリスマスと言います。英：Merry Christmas! 仏：Joyeux Noel! 独：Frohliche Weihnachten! この後、お互い家族の写真を見せながら、少しの間語らいます。 ○　束の間の休戦も終わり、また悲惨な戦争が開始されます。しかし、一度相手と親交を結んだ後に、相手を撃つことはためらわれます。英国少佐は怒鳴ってばかりいる場面です。　　　　　　　　　　（Chap.14 98:30～） A major : Everyone to their posts!「全員持ち場につけ！」Gordon : Every man to his post!「持ち場につけ！」 A major : Quickly! Well, what the hell are you doing! Shoot the bloody Kraut! 　　　　「急げ！何をやってるんだ。いまいましいドイツ野郎を撃て！」 A major : What are you waiting for? Shoot him, God damn it! Holidays are over. 　　　　「何を待ってるんだ。奴を撃て！休日は終わったんだぞ。」 A major : What the hell do you think you're playing at? Shoot him! 　　　　「お前ら一体何のつもりなんだ。奴を撃つんだ！」 A major : Stand down from your posts. Shame on you, Gordon. Shame on you. 　　　　「その場から降りろ。情けないぞ、ゴードン。　恥を知れ。」 ほとんどが少佐の言葉で、同じことの繰り返しになっています。相手を知り合った以上、撃つことはできません。この場面、スコットランド兵のとった行動については映画で確認しましょう。

映画の背景と見所	○　第一次世界大戦の前線では、塹壕（ざんごう）掘りから始まりました。チャップリンの『担え銃（1918年）』、レマルク原作の『西部戦線異状なし（1930年）』、ドルトン・トランボの『ジョニーは戦場に行った(1971年)』、そして最近では『戦火の馬（2011年）』でも描かれています。どれも名作です。 ○　映画に華を咲かせる美しいソプラノとテノールの歌声は、世界的に著名なナタリー・デセイと、ロランド・ヴィラゾンが担当しています。ナタリー・デセイが出演を依頼されたとき、彼女は日本で公演中だったそうです。 ○　映画では、ダイアン・クルーガー演ずる女性歌手も戦地に登場しますが、本当の話では男性のテノールしか歌われていません。その歌声のモデルとなったのは、ドイツのテノール歌手のヴァルター・キルヒホフです。 ○　ドイツといえばナチスのイメージが強く、戦争ものでは悪役で描かれることが多いですが、この映画で表されているように、何万本ものクリスマス・ツリーが前線に送られ、休戦等の友好行為の発端はドイツ側から出ていたのです。今年（2014年）は、ちょうど開戦100年目にあたります。歴史の確認をしましょう。 ○　この話は、三省堂の中学校英語の教科書"New Crown 3 A Moment of Peace"で扱われていますので、それもぜひ、中学生には読んで欲しいです。

スタッフ	監　督：クリスチャン・カリオン 製　作：クリストフ・ロシニョン 音　楽：フィリップ・ロンビ 脚　本：クリスチャン・カリオン 撮　影：ウォルター・ヴァンデン・エンデ	キャスト	アナ・ソレンセン　　　　：ダイアン・クルーガー ニコラウス・シュプリンク：ベンノ・フユルマン オードゥベール中尉　　　：ギヨーム・カネ ホルストマイヤー中尉　　：ダニエル・ブリュール パーマー牧師　　　　　　：ゲイリー・ルイス

タイムマシン　The Time Machine

(執筆) 松葉　明

セリフ紹介

この映画を特徴づけるセリフを紹介します。　　　　　　　　　　　　（Chap：チャプター番号と時間）

○ David　　　: Nothing can change what happened.「起きてしまったことは変えられない。」（Chap.4 14:30〜）
　Alexander : No, you're wrong. Because I will change it.「いや、君は間違っている。僕が変えてみせる。」
恋人のエマを失って、悲しみにくれるアレクサンダーを慰めようとやってきた、友人のデイヴィッド博士との会話です。このときアレクサンダーは、密かにタイムマシンの開発を行っていたのです。

○ Alexander : My question is why can't one change the past ?　　　　　　　　　（Chap.10 31:45〜）
　　　　　　　「私の質問は、なぜ人は過去を変えることができないのかということなんだ。」
　Vox　　　: Because one cannot travel into the past.「なぜなら人は過去に旅することはできないからです。」
未来の博物館でのホログラム人格、ヴォックスとの会話です。アレクサンダーのタイムマシンは、歴史上の記録には残っていなかったわけです。この後SFとしてのタイムマシンのことがヴォックスから語られます。

○ Uber : We all have our time machines, don't we ? Those that take us back are memories. And those that carry us forward, are dreams.　　　　　　　　　　　　　　　　　　　　　　　　　　（Chap.23 78:43〜）
「我々は皆自分のタイムマシンをもっているだろう。　過去に戻るものを記憶という。そして未来へ連れていくものを夢という。」
ウーバーが最後にアレクサンダーに言うセリフです。意味深長な言葉と思いませんか？

学習ポイント

中学生でも理解できる部分を集めてみました。

○ Alexander : I could come back a thousand times, and see her die a thousand ways.　（Chap.8 33:59〜）
　　　　　　　「僕が千回戻ったら、彼女が千回もの死に方をするのを見るのか。」
４年もの歳月をかけて作ったタイムマシンで過去に戻り、恋人のエマを救ったと思ったとたん、別の死を迎えた彼女を見たときのアレクサンダーの言葉です。

○ A woman　: Hey.「こんにちは。」　Alexander : Hello.「こんにちは。」　　　　　（Chap.9 28:40〜）
　A woman　: Nice suit. Very retro.「いいスーツね。とてもレトロ。」
　Alexander : Thank you.「ありがとう。」
　A woman　: Bet that makes a hell of a cappuccino. The thing.「大きいカプチーノを作るやつでしょ。あれ。」
２０３０年の未来にやってきたアレクサンダーに対し、ジョギング姿の女性が声をかけます。'I bet'「〜に違いないと思う」、'a hell of a 〜'「すごい〜（良い意味でも、悪い意味でも）」です。約130年前の服装と、タイムマシンの機械を見てのやりとりです。

○ A teacher : Tommy, if you do that again, I will re-sequence your DNA.　　　　（Chap.10 29:55〜）
　　　　　　　「トミー、もし今度やったら、あなたのDNAを組みかえるわよ。」
図書館で指示に従わない男の子に、引率の先生がこう言います。're-sequence'「並べ直す、組み立て直す」は難しい単語です。はたしてこんな叱り方は未来にはあるのでしょうか？

○ Alexander : Is he all right ?「彼（ケイレン）は大丈夫か？」　　　　　　　　　（Chap.14 47:27〜）
　Mara　　　: He had a dream.「夢をみたの。」　Alexander : So did I.「僕もだ。」
マーラの息子ケイレンがモーロックの夢にうなされ、アレクサンダーも悪夢をみて目覚めたときの会話です。「私も」を表す 'So do I. / So am I.' を使えるようにしましょう。'Me too.' だけではさみしいですね。

○ Mara : There are things better left not said.「言わないでおいた方がいいこともあるのよ。」（Chap.15 50:19〜）
80万年後の世界には、年配の人がなぜかいません。アレクサンダーが、そのことを尋ねたときのマーラのセリフです。中学3年で習う、形容詞句の後置修飾のよい例です。

○ Uber : Come a little closer. I don't bite.「もっと近くに来たまえ。噛みつかないから。」（Chap.21 71:50〜）
地底の支配者ウーバーが、地底にやってきたアレクサンダーに語りかけるセリフです。

あらすじ

　1899年のニューヨーク。若き科学者アレクサンダーは、精力的に研究に励みながらも特別な一日を迎えようとしていました。それは、恋人のエマにプロポーズをする日だったのです。一方のエマも、そんなアレクサンダーの申し出を喜び、二人は幸せになるはずでした。ところが、そこに強盗が現れ、結婚指輪を渡すのを嫌がったエマが、ピストルで胸を撃たれて死んでしまいます。
　その日から、アレクサンダーは何かに取り憑かれたように研究に没頭し、４年後にひとつの機械を作り上げます。それは、あの日に戻ってエマの命を救うためのタイムマシンでした。そして、あの日に戻って場所を変え、強盗に会わないようにしたのですが、今度は馬車の事故でエマは命を落としてしまうのでした。過去に戻っても運命を変えられないのなら、いっそ未来へ行ってその謎を解こうと考えたアレクサンダーは、2030年に向かい、科学博物館で答えを探そうとします。しかし、その答えは得られません。そして、その7年後の2037年にやってくると、そこでは状況は一変し、町は廃墟と化していたのでした。慌てて過去に戻ろうとするのですが、頭を打って意識を失った彼は、気がつくと一人の女性マーラに助けられているのでした。そこは、なんと80万年後の世界、80万2071年だったのです。しかも、その周りの様子はとても未来とは思えないような異様な世界だったのでした。

映画情報

製　作　年：2002年（平成14年）
製　作　国：米国
配給会社：ワーナー・ブラザーズ
言　　　語：英語
第75回アカデミー賞メイクアップ賞ノミネート

公開情報

公　開　日：2002年 3月 4日（米国）
　　　　　　2002年 7月20日（日本）
上映時間：96分
MPAA（上映制限）：PG-13
音　声：英語・日本語　　字　幕：日本語・英語

薦	○小学生 ●中学生 ●高校生 ●大学生 ●社会人	リスニング難易表	発売元：ワーナー・ブラザース・ホームエンターテイメント （平成27年2月現在、本体価格） DVD価格：1,429円

お薦めの理由	人は誰しもタイムトラベルを思い描いたことが、少なくとも一度はあるのではないでしょうか。そんなお話の原点が、英国の作家H・G・ウェルズが1895年に発表した、この『タイムマシン』です。 　時代は1899年、1903年、2030年、2037年、そして80万2071年へと移ります。その時の地球はどうなっているのでしょう。この映画を通して、想像してみませんか。	スピード：2　明瞭さ：2　米国訛：2　米国外訛：2　語彙：3　専門語：3　ジョーク：2　スラング：2　文法：2
英語の特徴	原作では主人公はロンドンに住む英国人ですが、映画ではニューヨークに住む米国人となっています。しかし、特に英国英語と米国英語にこだわる必要性は感じられません。主人公アレクサンダーの発音は明瞭で、聞き取りやすいです。また、マーラやウーバーとのやりとりは、全体的に早口になっていないので、わかりやすいです。過去と未来への思いを考えさせられるセリフにも注目させたいです。	

授業での留意点

少しがんばって、長めの会話に挑戦してみましょう。
○ David　　　: A professor Columbia University should not be corresponding with a crazy German bookkeeper.
　　　　　　　「コロンビア大学の教授が、いかれたドイツの帳簿係と連絡を取り合うべきじゃない。」（Chap.1 4:44～）
　Alexander : He's a patent clerk, not a bookkeeper, and I think Mister Einstein deserves all the support I can give him.
　　　　　　　「彼は特許事務所の職員で、帳簿係じゃない。そして、アインシュタイン氏は援助に値する人物だ。」
'correspond with ～'「～と文通する」です。アインシュタイン氏とは、もちろんわかりますよね。
○ Alexander : That's impossible. What happened ?「ありえないな。何が起きたんだ。」　（Chap.11 34:04～）
　A soldier　: What ? You('ve) living under a rock ?「何だって？　山奥にでも暮らしていたのか？」
　Alexander : Yes, I've been living under a rock ! Now tell me.「そうさ、ずっとな。　さあ、教えてくれ。」
'live under a rock'「岩の下で生活する　→　文明社会から離れて暮らす」の意味となります。
○ Mara　　　 : Why have you come here ? Why have you traveled through time ?　　（Chap.15 49:17～）
　　　　　　　「なぜここに来たの？　なぜ時を超えてまでして来たの？」
　Alexander : To have a question answered.「質問の答えを見つけるためさ。」
　Mara　　　 : A question ?「質問って？」
　Alexander : Yes. Why can't I change the past ?「ああ。過去を変えられないのはなぜか？」
　Mara　　　 : Why would you want to ? You've lost someone. Someone you loved very much.
　　　　　　　「なぜそうしたいの？　誰かを失ったのね。　あなたがとっても愛した人を。」
はるか昔からやって来たことを知ったマーラが、アレクサンダーに尋ねます。過去を変えたい理由は、相手の表情でわかってしまうものですね。'travel through time'「時を超えて過去（未来）へいく」となります。
○ David　　 : I'm glad he's gone. Maybe he's finally found some place where he can be happy.（Chap.26 88:35～）
　　　　　　　「彼が行ってしまってよかった。　多分彼は幸せになれる場所を見つけたんだ。」
　Alexander : This was my home.「ここが我が家だった。」
最後の場面です。画面左に過去の、右側に未来の映像が現れて、とても美しい場面です。デイヴィッド博士はウォチット夫人に、アレクサンダーはマーラに言っているセリフとなります。

映画の背景と見所

○ 原作者の英国人H・G・ウェルズは、フランス人のジュール・ベルヌと並びSFの父とされています。監督のサイモン・ウェルズは、実はH・G・ウェルズの曾孫になるそうです。H・G・ウェルズの小説は、映像化された作品が多く、『宇宙戦争：The War of the Worlds（2003年）』が記憶に新しいです。また、H・G・ウェルズの写真が、主人公アレクサンダーの部屋に飾ってあります。
○ アレクサンダーの身の回りの世話をする家政婦ウォチット夫人を演じているのは、名女優エマ・トンプソンの実母、フィリーダ・ロウです。
○ 主人公アレクサンダーが意識を失って、80万年後の世界へ移動する場面（Chap.11 34:43～）は、VFX（視覚効果）を駆使して、とても美しい映像となっています。また、2030年の世界に移動する場面（Chap.8 26:27～）は、マネキンの服装が時代を反映するように変わり、高層ビルが建ち並び、飛行機が飛び、さらに人工衛星、スペースシャトルへと移り、月に居住地ができる場面へと変わっていきます。
○ タイムマシンを扱った作品でもっとも人気のあるのは『バック・トゥ・ザ・フューチャー：Back to the Future（1985年）』シリーズのデロリアンでしょう。この作品も、英語学習にはお薦めです。

スタッフ／キャスト

監　督：サイモン・ウェルズ
原　作：H・G・ウェルズ
脚　本：ジョン・ローガン
製　作：ウォルター・F・パークス他
撮　影：ドナルド・M・マカルピン

アレクサンダー　：ガイ・ピアース
マーラ　　　　　：サマンサ・マンバ
ウーバー　　　　：ジェレミー・アイアンズ
ヴォックス　　　：オーランド・ジョーンズ
デイヴィッド博士：マーク・アディ

タイムライン　　Timeline

(執筆) 松葉　明

セリフ紹介

この映画を特徴づけるセリフを紹介します。　　　　　　　　　　(Chap：チャプター番号と時間)

- "This guy looks like a paper doll that got cut up and pasted back together."　(Chap.1 2:18〜)
「この男は、切り刻まれて糊で貼り戻した紙人形のようだ。」
映画の冒頭で、いきなり路上で倒れた男が病院に担ぎ込まれ、その男を担当した医師のセリフがこれです。実はこれは'転送エラー'によるものだったのです。

- "Bifocals weren't invented until the mid seventeen-hundreds."　(Chap.3 15:19〜)
「遠近両用は、17世紀の中期まで発明されなかった。」
遺跡の中から眼鏡のレンズを発見し、それを見てのスターンのセリフです。受動態過去形の否定文です。

- Kate : If Marek had come home with us, what would be written here ?　(Chap.16 106:20〜)
「もしマレクが私たちと戻ってきていたら、ここには何と刻まれていたのでしょう。」
現在に戻るよりも、愛したレディ・クレアと中世に留まることを望んだマレクでした。仮定法過去完了の文です。

- Prof. Johnston : Died 1382.「1382年死亡。」　(Chap.16 107:07〜)
  Kate　　　　　 : Born 1971.「1971年生まれ。」
1971年に生まれて、1382年に亡くなる。もちろん、タイムトラベルならではのことです。これは、映画の最後に遺跡に刻まれた文字を見ながらの、ジョンストン教授とその弟子ケイトとの会話です。

学習ポイント

中学生レベルの日常会話を中心に集めてみました。

- Kate : What are you interested in then ?「それなら何に興味があるの？」　(Chap.2 8:25〜)
ケイトに夢中のクリスに向かって言うセリフです。'be interested in 〜'「〜に興味がある」は中学2年レベルで習う大切な表現です。必ず覚えましょう。ところで、クリスはこれに対してどのように答えたのでしょう。実は、目でケイトに訴えているのです。

- Chris : You make your own history.「歴史は自分でつくるもの。」　(Chap.3 11:55〜)
クリスが兄貴分と慕うマレクとのやりとりの中で、クリスがいつもマレクから聞いている言葉を言います。このセリフは、"They made their own history, together."「彼らは二人で歴史を作った。」(Chap.16 107:17〜)と言う、クリスの最後のセリフの伏線になっています。ここの二人とは、マレクとレディ・クレアになります。

- Gordon : Why do we need him ?「なぜ彼が必要なんだ？」　(Chap.5 24:45〜)
  Marek　: Because he speaks French fluently.「彼はフランス語が流暢なんだ。」
14世紀に向かうメンバーを選ぶときに、なぜフランソワが必要と聞くゴードンに対してマレクが答えます。中学1年レベルの英語です。'fluently'「流暢に」は漢字の方が難しいのでは？上級語として覚えましょう。ところで、フランス語が堪能という理由でフランソワを選ぶことが、後に悲劇を生むことになります。

- Francois : Here are the fifty bucks I owe you.「君に借りている50ドルだよ。」　(Chap.5 25:37〜)
旅立つ前に、フランソワがスターンに借金の清算をします。'buck'はドル紙幣を指します。口語ではよく用いられますので覚えましょう。'owe'は「金銭の借りがある」ときに用いる動詞です。

- Stern　 : How do you know it's only going to take five hours and twenty-seven minutes ?　(Chap.7 38:42〜)
「どうして5時間27分かかるってわかるんですか？」
  Doniger : 'Cause that's all the time we have.「それが残りの時間全部だからだ。」
事故によって時空間転送装置の機械が壊れ、急いで機械を修理することになったときの会話です。中世に行ったメンバーが、現在に戻ってくることのできるタイムリミットが、修理にかけることのできる時間ということです。

- Marek : I wish we'd met at another time.「別の時代にお目にかかれればよかったです。」　(Chap.11 66:07〜)
マレクが、レディ・クレアに対して言うセリフです。'I wish ＋ 過去形'で、現在において実現できない願望を表します。この仮定法は高校生レベルとなりますが、頻出の表現なので余裕があれば覚えましょう。

あらすじ

米国ニューメキシコ州の荒野をさまよっていた一人の男が、病院へと運ばれ亡くなります。検視では、体内の臓器や骨格などがずれた状態だったことがわかります。その亡くなった男は、巨大ハイテク企業ITCに勤める物理学者で、検視を行った医師たちにはわかるはずもない、'転送エラー'によるものだったのです。

一方、同じころのフランス南西部にある遺跡発掘現場では、14世紀のものとは思えない遠近両用レンズと、数日前に行方不明となった教授からの助けを求めるメモ (Help Me E.A. Johnston 1357/4/2) が発見されるのでした。

これらの事件は、ハイテク企業ITCが極秘裏に開発した時空間転送装置によるものであることがわかり、教授を助けに向かおうとする息子のクリス、助教授のマレクらを中心に7人のメンバーが、転送装置で1357年の百年戦争まっただ中のフランスに降り立ちます。いきなり襲いかかるイングランド軍の騎馬隊に、ばらばらになって逃げる7人でしたが、矢を受けた一人が手榴弾を投げようしたまま転送装置で現代に戻り、その瞬間に爆発が起こって、転送装置が破損してしまうのでした。

教授を救うために英仏の戦闘のまっただ中のクリスたちは、限られた時間内での転送装置の復旧作業が続く中、はたして救出作戦は成功して、無事に現代へと帰還できるのでしょうか。

映画情報

製　作　年：2003年（平成15年）
製　作　国：米国
配給会社：パラマウント・ピクチャーズ
言　　　語：英語、フランス語
ジャンル：SF、アドベンチャー、ファンタジー

公開情報

公　開　日：2003年11月26日（米国）
　　　　　　 2004年1月17日（日本）
上映時間：117分
MPAA（上映制限）：PG-13
音　声：英語・日本語　　字　幕：日本語・英語

薦	○小学生　●中学生　●高校生　●大学生　●社会人	リスニング難易表		発売元：アミューズソフトエンタテインメント （平成27年2月現在、本体価格） DVD価格：3,800円
お薦めの理由	古代の遺跡から、なんと現代の学者から助けを求める文字が見つかりました。一体何が起こったのでしょう。 　「タイムマシン」ではないタイムトラベルが、もし可能になったら、どんなことになるのでしょう。この作品は、量子力学と量子テレポーテーションの観点からそれを描いています。舞台は中世ヨーロッパの有名な百年戦争のまっただ中なので、当時の歴史を学ぶきっかけとなります。	スピード	2	
^	^	明瞭さ	3	
^	^	米国訛	2	
^	^	米国外訛	4	
英語の特徴	舞台が14世紀半ばのフランスなので、本来ならば話される言葉は中世のフランス語となります。しかし、イングランド軍の侵攻中ということで、中心の言語は英語です。マレクがクレアとの会話の中で、同じ言葉を使っていても、意図が伝わらないという場面（Chap.10 60:21）がありますが、実際には理解できない古い英語は使われていません。それより、時折使われるフランス語に触れてみてはどうでしょう。	語彙	4	
^	^	専門語	4	
^	^	ジョーク	2	
^	^	スラング	3	
^	^	文法	2	

授業での留意点

この映画『タイムライン』の要点となる場面のセリフです。中学生には発展的な内容のセリフになります。

○ Marek : So, the fortress of La Roque fell in one night because of the death of one woman, Lady Claire.
　　　　「それで、ラ・ロックの要塞は一人の女性レディ・クレアの死によって一夜で陥落した。」（Chap.2 5:02～）
'fortress'「要塞」は未習語ですが、'because of ～'「～の理由で」は中学3年レベルの熟語です。確実に覚えましょう。マレクはこのように学生たちに解説します。後に、これは重要な意味をもつことになります。

○ Steven : I know it sounds crazy, but it would put FedEx and UPS out of business.　　　　（Chap.4 18:34～）
　　　　「変に聞こえるかもしれないけど、国際宅配便が必要でなくなるでしょう。」
量子テレポーテーションの説明をする、スティーヴンのセリフのひとつです。'put ～ out of business'「～を廃業させる」です。'FedEx'「米国最大手の航空貨物宅配会社」、'UPS'「米国最大の小口貨物輸送会社」のことです。米国映画のセリフには、こういった固有名詞がしばしば登場します。
スティーヴンはさらに次のように続けます。

○ Steven : No, Mr. Stern, we accidentally discovered a wormhole. A wormhole that seems to be locked to a
　　　　single time and place, in the past 1357, Castlegard.　　　　（Chap.4 19:55～）
　　　　「いや、スターン君、我々は偶然ワームホールを見つけた。常に過去の同じ場所に行くようなワームホールだ。1357年のカステルガードに。」
'wormhole'は元々は「虫食い穴」のことですが、ここでは「時空間の穴」を指します。'カステルガード'はちょうど遺跡の探索をしている場所になります。学者たちは興味を引かれることになるわけです。
さらに、装置を開発したITCの社長デヴィッドが続けます。

○ David : You can't fit a piece of paper through a telephone wire.「電話線に紙は通せない。」（Chap.4 20:31～）
　　Steven : But you can send a fax.「しかし、ファックスは送れる。」
つまり、人も情報に変換して、ファックスのように転送することができるというわけです。

○ Marek : We're speaking the same language, but you don't understand anything I'm saying, do you?
　　　　「同じ言葉を話しているのに、俺の言ってることは全く理解できないんだな。」　　（Chap.10 60:21～）
これは、マレクが救い出したあの"レディ・クレア"との会話の中で、"Are you with anyone?"「誰かと一緒にいる？→誰かとつきあっている？」を、クレアが文字通りに"I am with you."と答えているところからきています。

映画の背景と見所

○ 原作者のマイケル・クライトンは、その作品が映像化されたものが多く、『アンドロメダ（1971年）』、『ジュラシック・パーク（1993年）』、『ツイスター（1996年）』等が有名です。
○ 百年戦争はどのようなものだったでしょう。それは1339年～1453年に、イングランドとフランスの間で行われた戦争です。戦場となったのはすべてフランスで、最終的にフランス軍がカレー以外のすべて領土を回復して終結しました。この映画では、クリスたちは1357年にタイムスリップすることになっています。有名なジャンヌ・ダルク登場するのは1428年です。詳しくは世界史を調べてみましょう。
○ 当初、舞台の撮影は英国のウェールズで始まりましたが、狂牛病の問題が発生して頓挫し、急遽ドイツへと。しかし、9.11の同時多発テロで、それも中止となり、最終的にカナダのモントリオール周辺での撮影となりました。
○ お城のセットは、CGを用いずにフルサイズのセットを建てることになりました。これにはドナー監督の深いこだわりがあったそうです。投石機も実物を造って実際に使っています。
○ この映画の中心にある量子力学に量子テレポーテーション。一部のテレポーテーションは可能になった現在、将来この映画の中に出てくることは、現実のものになっているかもしれません。

スタッフ・キャスト

スタッフ		キャスト	
監　督：リチャード・ドナー		クリス・ジョンストン：ポール・ウォーカー	
原　作：マイケル・クライトン		ケイト・エリクソン　：フランシス・オコナー	
脚　本：ジェフ・マグワイア & ジョージ・ノルフィ		アンドレ・マレク　　：ジェラルド・バトラー	
製　作：ローレン・シュラー・ドナー他		ジョンストン教授　　：ビリー・コノリー	
撮　影：カレブ・デシャネル		フランク・ゴードン　：ニール・マクドノー	

大陸横断超特急　Silver Streak　　　　（執筆）松葉　明

セリフ紹介

この映画を特徴づけるセリフを紹介します。　　　　　　　　　（Chap：チャプター番号と時間）

○ Bob : We leave Los Angeles and we go right up there to Nevada, into Colorado, across the Rockies, up to Kansas City, Kansas. Right in here's a town called Ashland, Missouri. Cross the big Mississippi, two-and-a-half days, we're up there in Chicago, Illinois. That's some trip, huh ?　　　（Chap.2 4:20〜）
「ロサンゼルスを発ってネバダを抜けてコロラドに入り、ロッキー山脈を越えて、カンザス・シティに。ここミズーリ州のアシュランドを通る。ミシシッピ川を渡って、二日半かけてイリノイ州のシカゴに到着。たいした旅だろ？」
映画の冒頭で、ジョージが列車内で知り合ったビタミン剤のセールスマンのボブ（実はFBI）から、この映画のタイトルになっているシルバー・ストリーク号（Silver Streak）の行程を地図で指しながら説明しています。ロサンゼルスから2日半かけてシカゴまでの旅です。実際に地図で確かめてみましょう。

○ George : I'm not jumping ! I've left the train twice already.　　　　　　　（Chap.18 88:04〜）
「僕は飛び降りないぞ！もう2回も列車から放り出されたんだ。」
列車内で銃撃戦となり、このままでは命が危ないとグルーバーが列車から飛び降りようとジョージに言います。そのときのジョージのセリフです。今回が3回目になることがわかります。ただ、1回目と2回目と違って、今回は自分の意志で飛び降りることになります。

学習ポイント

中学生レベルの表現がたくさん出てきます。しっかりと確認しましょう。

○ George : Actually, this is the first time I've ever taken a train.　　　　　（Chap.2 5:17〜）
「実を言うと、列車の旅は初めてなんです。」　「〜は初めてです。」を表す言い方が学べます。

○ George : What do you do for a living ?「仕事は何をしているの？」　　　　（Chap.3 9:30〜）
　Hilly　 : I'm a secretary.「私は秘書なの。」
'What do you do ?' だけでも、相手の職業を尋ねる表現ですが、'for a living'「生活のために」を加えることによって、よりはっきりします。

○ George : I feel dizzy.「めまいがする。」　　　　　　　　　　　　　　　　（Chap.4 21:00〜）
車窓から死体が落ちていくのを見たジョージのセリフです。気分が悪いときの決まり文句です。

○ George : I've never milked a cow before.「僕は乳搾りをやったことがない。」　（Chap.6 29:19〜）
農場でのセリフです。中学3年生で習う現在完了形の「経験」を表す文の一例です。

○ Grover : What do you think this is ? A western ?「西部劇だとでも思ってるのか？」　（Chap.18 87:51〜）
列車内で銃撃戦になったとき、ジョージがはでに撃ちまくって、すぐに弾が切れてしまったときのグルーバーがジョージに言ったセリフです。

○ George : What did you come back here for ?「何しに戻ってきたんだ？」　　（Chap.20 97:02〜）
　Grover　: You forgot your wallet.「財布を忘れてただろう。」
　George : Oh, some thief you are.「あぁ、なんて泥棒なんだ。」
泥棒のはずのグルーバーが、わざわざ貸した財布を返しに戻ってきたときの会話です。泥棒とはいえ、グルーバーの人の良さが出ている場面です。ここでの 'some' は「たいした、なかなかの」という意味で使われています。

○ Hilly　 : How about Grover ?「グルーバーは大丈夫なの？」　　　　　　（Chap.21 100:29〜）
　George : Are you alright ?「大丈夫か？」
　Grover　: Is it over ?「もう終わった？」
　George : Shit !「なんだ！」
銃撃戦の中、倒れているグルーバーは、実は死んだふりをしていただけだった場面のやりとりです。英語について解説の必要はないですよね。

あらすじ

　ジョージ・コールドウェルは出版社に勤めるごく普通のサラリーマン。ロサンゼルスからシカゴまで、飛行機ではなく、あえて列車を選んだのは、のんびりと読書でもしながら旅を楽しむためでした。1等のコンパートメントに乗ると、隣には美術史家の教授秘書ヒリー・バーンズという女性客がいたのでした。2人はすぐに意気投合し、食事を一緒にします。教授の仕事はレンブラントに関する著書を出版し、その記念講演をすることでした。食事後、車窓に頭を撃たれて死んだ男が宙吊りになって落ちていくのをジョージは目撃します。しかも、なんとその男はヒリーの教授だったのです。
　列車内にはギャングの親玉のデブローー味が乗っていました。彼はレンブラントの贋作を売りつけては大儲けをしており、教授はレンブラントの手紙から贋作の証拠を握っているので殺害されたことがわかります。ジョージは、そのことを知ったので、デブローー味から命を狙われ、3回も列車から車外へと放り出されることになります。そんな中、農場のおばさんに助けられたり、車泥棒のグルーバーの力を借りたりして、なんとか列車に戻ることができるのでした。一方のヒリーは、人質としてデブローー味に捕らえられていました。果たしてジョージは無事に彼女を救出できるのでしょうか。

映画情報

製　作　年：1976年（昭和51年）
製　作　国：米国
配給会社：20世紀フォックス
言　　　語：英語
第34回ゴールデングローブ賞主演男優賞ノミネート

公開情報

公　開　日：1976年12月 3日（米国）
　　　　　　1977年 4月16日（日本）
上映時間：114分
MPAA（上映制限）：PG
音　声：英語・日本語　　　字　幕：日本語・英語

薦	○小学生　●中学生　●高校生　●大学生　●社会人	リスニング難易表	発売元：20世紀 フォックス ホーム エンターテイメント ジャパン （平成27年2月現在、本体価格） DVD価格：1,419円

お薦めの理由	列車を舞台にした作品は、古くは『バルカン超特急（1938年）』『オリエント急行殺人事件（1974年）』『カサンドラ・クロス（1976年）』、最近では『アンストッパブル（2010年）』があります。しかし、この作品はアクションもさることながら、コメディの要素がふんだんに盛り込まれており、110分の時間、決して飽きさせることのない、アクション・コメディの傑作といえます。	スピード	2
		明瞭さ	2
		米国訛	2
		米国外訛	2
英語の特徴	標準的な米国英語です。子どもが全く出てこないので、一見難しい英語が使われているように思いますが、実は中学生レベルの英語が多く使われており、全体的に明瞭に発音されるので、とても聞き取り易い場面が多いです。 　また、ユーモア溢れるセリフがいたるところに出てきていて、その意味を理解できれば、心の底から笑いながら英語を学べる作品です。	語彙	2
		専門語	2
		ジョーク	2
		スラング	2
		文法	2

授業での留意点

　この映画はコメディの傑作なので、そのセリフのやりとりに挑戦してみましょう。
○　George : Son of a bitch !「くそったれ！」　　　（Chap.5 26:07～、Chap.11 54:37～、Chap.18 88:16～）
　汚い言葉で、使ってほしくない代表的なものですが、実際によく使われる言い回しです。理解はしておきましょう。これは、列車から車外に放り出された主人公ジョージが、地団駄を踏んで悔しがるときに使っています。3回もこんな目に遭うと、思わず言いたくなりますよね。
○　Sheriff : Is he with the feds ?「彼はFBIと一緒なのか？」　　　　　　　　　　　（Chap.12 58:46～）
　　George : Who ?「誰のこと？」
　　Sheriff : This guy Rembrandt.「この男レンブラントのことだ。」
　　George : Rembrandt is dead.「レンブラントは死んでますよ。」
　　Sheriff : Dead ? That makes four….「死んでるって？　なら4人になるじゃないか…。」
　おそらくこの映画の中で、最も笑える場面です。保安官事務所に殺人事件を報告するためにやってきたジョージと、西部劇マニアの保安官のセリフです。ジョージが、列車内での殺人事件を説明するのですが、保安官は理解できないでいます。極めつけがこのやりとりです。有名なオランダの画家レンブラント（1606～69）を知らないので、トンチンカンな会話になっているわけです。'fed' はFBI捜査官を指します。
○　George : You know, these disguises are getting expensive.「この変装は金がかかるな。」（Chap.16 78:16～）
　　Grover : Crime costs. Where's it at ?「犯罪は高くつくもんだ。で、場所はどこ？」
　車泥棒のはずのグローバーのセリフだけに笑えるセリフです。'disguise'「変装」、'crime'「犯罪」、'cost'「（費用が）高くつく」です。
○　Hilly : You've got shoe polish behind your ear.「首の後ろに靴墨がついているわ。」　（Chap.16 81:09～）
　　George : I'll explain that to you later.「そのことは後で君に説明するよ。」
　一見何てこともない会話です。しかし、靴墨がなぜ首元についているのかを知っていると笑えます。この後、どんな説明をジョージは彼女にするのでしょう。　（※ 実は、ジョージは黒人に変装していたのです。）
○　Devereau : You ignorant nigger !「まぬけな黒んぼ！」　　　　　　　　　　　　　　（Chap.17 85:24～）
　デブローが、コーヒーをこぼしたことで腹を立て、給仕に扮したグローバーに言うセリフです。
　黒人に言ってはいけない差別用語 'nigger' を覚えておきましょう。

映画の背景と見所

○　クライマックスは最後の15分間の列車の爆走場面です。特に列車がシカゴ駅構内に突っ込む14秒間だけで当時のお金で約50万ドル（約1億5,000万円）かかったそうです。ミニチュアのセットや、CGではありません。
○　撮影はカナディアン・パシフィックの全面的な協力で行われました。映画の中での行程は、米国西海岸ロサンゼルスを出発し、終点シカゴへと向かうものとなっています。米国の地図を開いて、たどってみましょう。
○　主人公のジョージは、3回列車から外へ放り出されます。飛行機で農場のおばさんに駅まで送ってもらうとき羊の群れを追う場面（Chap.7 33:00～）等、米国の広さが体感できると思います。
○　この映画がコメディの秀作といわれる所以は、脚本の出来にかかっています。つまり、観客の意表をつく展開が多いのです。特に、主人公ジョージが1回目の列車から落とされて、田舎のおばさんに駅まで送ってもらうことになると、てっきりポンコツ車でと思っていると、さにあらず。物語の意外な展開は、映画を観てのお楽しみです。
○　映画の背景に流れる音楽は、『グレン・ミラー物語（The Glenn Miller Story）1953年』をきっかけに映画音楽に着手するようになったヘンリー・マンシーニです。彼の音楽は『ティファニーで朝食を（Breakfast at Tiffany's）1961年』）でもわかりますが、都会派の洗練された音楽で有名です。

スタッフ	監　督：アーサー・ヒラー 脚　本：コリン・ヒギンズ 製　作：エドワード・K・ミルキス 撮　影：デイヴィッド・M・ウォルシュ 音　楽：ヘンリー・マンシーニ	キャスト	ジョージ・コールドウェル　：ジーン・ワイルダー ヒリー・バーンズ　　　　　：ジル・クレイバーグ グローバー　　　　　　　　：リチャード・プライアー デブロー　　　　　　　　　：パトリック・マクグーハン ミスター・ワイニー　　　　：レイ・ウォルストン

地球が静止する日　The Day the Earth Stood Still

（執筆）飯田　泰弘

セリフ紹介

地球にとって人類の存在は害であると述べる、宇宙からやってきたクラトゥ。人類を厳しく責める彼と、人類にも最後のチャンスが欲しいと申し出るノーベル賞学者の間の、興味深いやり取りを取り上げてみます。

（Chap：チャプター番号と時間）

(1) Your problem is not technology. 「君たちの問題はテクノロジーではない。」　　　（Chap.20, 1:11:30）
The problem is you. You lack the will to change. 「君たち自身だ。変わろうという意志がない。」

クラトゥたちの人智を超えたテクノロジーを使い、人類を助けてほしいと依頼するバーンハート教授を、クラトゥが冷静にも厳しく突き返すセリフです。この後さらに、人類が変わるための手助けが欲しいと求める教授に対しても「本質自体は変えられない」と言い放つ彼の態度からは、人間を信用できないという姿勢がうかがえます。

(2) It's only on the brink that people find the will to change. 「危機に瀕してこそ、人は変わろうという意志を持つ。」
Only at the precipice do we evolve. 「窮地に立ってこそ、我々は進化するのだよ。」　　　（Chap.20, 1:12:05）
This is our moment. Don't take it from us. 「我々はいまその段階なんだ。チャンスを奪わないでくれ。」

クラトゥたちも絶滅の危機になってから進化したと聞いた教授は、どのような文明も危機に瀕してはじめて進化を遂げられるのだ、と食い下がります。これは私たちの日常生活でも当てはまることで、ピンチに陥ったとき、そこでなにか自分を「変えよう」と思えるかどうか、それを行動に移せるかどうか、そこが次への成功につながる大きな鍵ですね。

学習ポイント

ここでは惑星の英語の名前について学習しましょう。地球に未知の生物がやってくるこの映画。未確認物体が地球に接近していると判明した当初、政府の施設に集められた科学者たちは次のような説明を受けます。

(1) Object 07/493 was first spotted just beyond Jupiter's orbit by the Spaceguard program.
「物体07/493は最初、木星軌道の外側で、スペースガード・プログラムにより確認された。」（Chap.3, 13:11）

Jupiter「木星」は歌のタイトルでも有名になりましたが、ここではそれ以外の惑星名も確認します。我々がよく知るのは、太陽系の惑星を覚える際、太陽から近い順に「水（すい）金（きん）地（ち）火（か）木（もく）土（ど）天（てん）海（かい）冥（めい）」というリズムに乗せた語呂合わせです（※最後で触れますが、冥王星は2006年に惑星から除外されました）。これを英語では、次のような英文を使う暗記方法があります。

(2) My very educated (eager) mother just served us nine pizzas.
「私のとても教養のある（熱心な）母は、ちょうど私たちに9つのピザを配ってくれた。」

この文の、各単語の頭文字に注目してみてください。すると、英語の惑星名の頭文字にうまく対応していることに気付くと思います。英語の惑星名は、次のようになります。

my・・・・・Mercury（水星）	served・・・Saturn（土星）
very・・・・Venus（金星）	us・・・・・Uranus（天王星）
educated・・・Earth（地球）	nine・・・・Neptune（海王星）
mother・・・Mars（火星）	pizzas・・・Pluto（冥王星）
just・・・・Jupiter（木星）	

つまり(2)の英文を覚えておくと、日本語の「すい、きん、ち、…」と同じ順番で、惑星名が覚えられるということです。普段聞きなれない惑星名も、これをうまく活用して覚えてしまいましょう。

ちなみに余談ですが、日本では毎年「流行語大賞」が発表されますが、海外にも「ワード・オブ・ザ・イヤー」という、その年を代表する言葉を選ぶ賞があります。毎年さまざまな団体が話題になった言葉を発表していますが、米国方言協会の2006年の大賞はplutoedになりました（あくまで造語です）。これは2006年に冥王星が惑星から除外されたことから、その年に「降格させる・価値を低くする」という意味で流行った言葉です。あえて日本語にすれば、「冥王星化される」といったところでしょうか。言葉は時代の流れによって姿を変えます。その時代に何が流行り、どんな言葉が流行したかを英語でチェックしてみるのも面白いですよ。

あらすじ

突如、宇宙から地球に向けて高速で未確認物体が接近していることが判明。しかし直撃の瞬間、ニューヨークの公園に出現したのは巨大な球体でした。全人類が注目する中、球体から現れたクラトゥと名乗る生物は人間の姿に変身。自分たちの目的は「地球を救う」ことであり、地球外文明の代表として国連で話をしたいと求めます。

突然の訪問者に慌てる米国政府。彼らは文明が劣る自分たちが不利な状況にあると考え、国連での話はおろか、クラトゥを軍の施設で尋問にかけることを決めます。しかし、政府の対応に疑問を持つ宇宙生物学者のヘレンの助けもあり、クラトゥは難なく施設から脱出。その後彼は、以前から地球で調査をしていた仲間から「地球人は破壊的である」という報告を受け、人類を滅ぼす計画に移ります。そう、彼らの真の目的は、破壊されていく地球を「人類から救う」ことであり、そのためには人類が滅亡すべきだと考えていたのです。

軍の攻撃など通用するわけもなく、人類の滅亡が目前に迫るなかで必死に説得を試みるヘレンたち。彼女たちから、絶滅に瀕した今こそ人類は変われる、そして進化することができる、と食い下がられたクラトゥも、少しずつ、人間が持つ優しさや温かさに心を動かされ始めます。人間にかすかな希望を見出したクラトゥが、人類に最後のチャンスを与えるべく、巨大球体の前でとったのは意外な行動でした。

映画情報

製作年：2008年（平成20年）
製作国：米国
製作費：8,000万ドル
配給：20世紀フォックス
ジャンル：SF

公開情報

公開日：2008年12月12日（米国）
　　　　2008年12月19日（日本）
上映時間：104分
興行収入：7,936万6,978ドル（米国）
音声：英語・日本語　　字幕：日本語・英語

薦	○小学生 ●中学生 ●高校生 ○大学生 ○社会人	リスニング難易表		発売元：20世紀 フォックス ホーム エンターテイメント ジャパン（平成27年2月現在、本体価格）DVD価格：1,419円　ブルーレイ価格：2,381円
お薦めの理由	ロバート・ワイズ監督の1951年の『地球の静止する日』をリメイクした本作品。オリジナル版に比べ、クラトゥが無表情で冷たい印象になったり、ボディーガード・ロボットのゴートが高層ビル並みの大きさになるなど、2作品の違いを見比べてみるのも面白いと思います。宇宙人が人類の敵でも味方でもなく、地球を守るために飛来するという、斬新なアイディアのSF作品です。	スピード	3	
^	^	明瞭さ	4	^
^	^	米国訛	3	^
^	^	米国外訛	2	^
英語の特徴	未知の生物を分析するために集められた科学者たちは、生物学をはじめとした専門用語を使い、またノーベル賞学者は高度な理論的内容を話します。さらに米国政府関係者は、政府の情報や軍特有の武器などを話す際に特殊な専門用語を使うため、語彙のレベルは高めです。宇宙人のクラトゥが話す英語はゆっくりで、彼と会話する人間も自然とそうなるため、比較的スピードは遅めです。	語　彙	4	^
^	^	専門語	4	^
^	^	ジョーク	2	^
^	^	スラング	2	^
^	^	文　法	3	^

授業での留意点

　地球外文明代表のクラトゥが人類代表のヘレンに自分の真の目的を述べるシーンで、次のセリフがあります。
（1）Klaatu : If the Earth dies, you die.　　「もし地球が死ねば、人類も死ぬ。」
　　　　　　If you die, the Earth survives.「人類が死ねば、地球は生き延びるんだ。」　　　（Chap.18, 1:02:15）
これは接続詞ifの用法が端的にわかり、生徒に例示するのによいシーンだと思います。またこの前後約60秒間の会話には、間接疑問（I need to know what's happening.）、進行形（The human race is killing it.）、現在完了形と不定詞（So you've come here to help us.）、There構文と関係代名詞（There are only a handful of planets in the cosmos that are capable of supporting complex life.）といった、中学英語の文法事項が盛りだくさんです。話すスピードもゆっくりなので、リスニング教材としても適しているシーンだと思います。
　また、英語の「略語」のシステムを学習できるシーンもあります。オリジナル版とリメイク版の両方に登場する、クラトゥのボディーガード・ロボットの「ゴート」。このロボットに関して、次のような会話があります。
（2）Soldier : It seems to be some sort of silicon-based hybrid.「シリコンベースの合成物のようです。」
　　　　　　We're calling it GORT,　　　　　　　　　　「ここではゴートと呼んでいて、」
　　　　　　Genetically Organized Robotic Technology.　「"遺伝子的有機性ロボット"の略称です。」
　　John　 : The military and their acronyms.　　　　　「軍人お得意の略称か。」　　　　　（Chap.19, 1:09:28）
最後のacronym「頭字語」。これは頭文字を並べた略語のことで、長い組織名や病名等によく見られます。FBI（Federal Bureau of Investigation）などが日本でも有名ですが、この頭字語は厳密には2種類に分けられます。
【イニシャリズム（Initialism）：アルファベットをそのまま発音するもの】
　・ATM　（Automated Teller (Telling) Machine）→ エー・ティー・エム
　・MVP　（Most Valuable Player）→ エム・ブイ・ピー
【アクロニム（acronym）：頭文字を新しい単語として発音するもの】
　・AIDS　（Acquired Immune (Immunological) Deficiency Syndrome）→ エイズ
　・NASA　（National Aeronautics and Space Administration）→ ナサ
　他にも、レーザービームの「レーザー（laser: light amplification by (of) stimulated emission of radiation）」やペットボトルの「ペット（PET: polyethylene terephthalate）」のように、略語の方が逆に有名になった単語もあります。こういった頭文字の表現を生徒に調べさせても、様々な発見があって面白いと思います。

映画の背景と見所

　オリジナルの『地球の静止する日』が公開されたのは1951年で、米国とソ連による冷戦の真っただ中の時代でした。そのため、オリジナル版で地球に現れたクラトゥが人類に警告を発するのは、戦争や核兵器の脅威と言えます。一方、それから約半世紀後の2008年に製作されたリメイク版では、人類が「お咎め」を受ける対象に環境破壊が加わったと考えられます。実際にリメイク版には、クラトゥが人間に You treat the world as you treat each other.「人類は地球に対して暴力的だ。」（Chap.20, 1:11:40）と述べるシーンがあります。
　皮肉なことにリメイク版では、70年前から中国人に化けて偵察していた仲間がクラトゥに、「人類は破滅的な種で、説得しても無駄だ」と報告した後、The tragedy is, they know what's going to become of them. They sense it. But they can't seem to do anything about it.「悲劇なのは、人類は地球に何が起こるかを悟っているのに、何も出来ないでいることだ」（Chap.15, 52:28）と述べます（※音声は中国語です）。これは変わりゆく環境の変化に気づきながらも、抜本的な改革に踏み出せないでいる今の現実世界に、鋭く突き刺さるメッセージに聞こえます。
　地球という惑星にとっては人類が「敵」、宇宙人が「味方」であると告げらえた時、我々はどのような行動を起こすのでしょうか。最近の異常気象などとも照らし合わせながら鑑賞したい作品です。

スタッフ	監　督：スコット・デリクソン 製　作：アーウィン・ストフ、他 脚　本：デイヴィッド・スカルパ 音　楽：タイラー・ベイツ 原　作：『地球の静止する日』（1951年公開）	キャスト	クラトゥ　　　　　　：キアヌ・リーブス ヘレン・ベンソン　　：ジェニファー・コネリー ジェイコブ・ベンソン：ジェイデン・スミス ジャクソン国防長官　：キャシー・ベイツ バーンハート教授　　：ジョン・クリーズ

チップス先生さようなら　GOODBYE, MR. CHIPS

(執筆)松葉　明

セリフ紹介

『チップス先生さようなら』の物語は、一教師の物語といえます。その中でも特に印象に残るものを紹介します。
(Chap：チャプター番号と時間)

○ 'It doesn't seem fair, does it, that as me get older, they stay the same age.' (Chap.29 102:31)
「私は年を取っていくのに、子どもたちはいつまでも同じ年（年を取らない）のは不公平ですね。」
このセリフは、校長先生が退職をする時に、チップス夫人（キャサリン）に話しかけるときに使われています。自分は毎年年を取っていくのに、相手の生徒たちは12歳～15歳のまま（当然といえばそれまでですが）なのです。これは長く教員をやっていると誰もが実感するものでしょう。

○ 'Shame！'「残念！」 (Chap.39 139:56)
チップス先生が退職することを集会で述べたとき、先生のことが大好きな生徒のファーレイが、大きな声で叫びます。教師冥利につきる言葉ではないでしょうか。

○ 'Well, I suppose we did teach them one thing : How to behave to each other. And is there anything more important to teach people than that, is there ?' (Chap.41 149:46)
「あぁ、私はひとつだけ彼らに教えた。礼儀作法だ。それより他に人に教える大切なものはあるのかな。」
最後にチップス先生は、自分のラテン語が生徒にとって役に立っていたのだろうかと、述懐する時にこのセリフを言います。礼儀正しい英国のパブリック・スクールならではのものではないでしょうか。

学習ポイント

○ チップス先生が友人のマックスとの会話です。 (Chap.3 10:55～)
Max   : What do they call you ?「生徒たちは君を何と呼んでいる？」
Chips : Ditchie.「でっかち。」
Max   : Ditchie ? That's not too bad.「でっかち？　それほど悪くないじゃないか。」
Chips : It's short for "ditchwater," and short is a simile for "dull."「頭でっかちを縮めたもので退屈の揶揄だよ。」
学校ならではの会話です。先生をどんなあだ名で呼ぶかは、古今東西変わりません。

○ チップス先生が、旅行先のイタリアのポンペイ遺跡でキャサリンと運命の再会をします。 (Chap.9 31:45～)
Katherine : Are you a guide ?「あなたはガイドさんなの？」
Chips   : Do I look a guide ?「ガイドに見えますか？」
Katherine : I don't know. I haven't got my field glasses with me. What are you ?
「わからないわ。双眼鏡を持ってくるのを忘れちゃったの。　ではあなたは何なの？」
Chips   : A schoolmaster.「学校の教師です。」
古代の劇場跡で、2人が遠く離れた場所での会話です。遺跡の見物にもなる場面ですので、地図で場所を確認しましょう。ポンペイのヴェスヴィオ火山噴火（AD79年）は有名です。

○ キャサリン（チップス夫人）が、校長先生から次期校長の打診を受ける場面で・・・。 (Chap.29 103:08～)
The Headmaster : How long have you been married ?「結婚して何年になるのかね？」
Katherine   : It's our 15th anniversary today.「今日が15回目の記念日です。」
この場面では、次期校長への道は残念ながら流れてしまいます。さて、知り合って結婚したのが1924年なら15年後は1939年。いよいよ第2次世界大戦の陰が色濃くなってきます。

○ チップス先生は校長への昇進がだめになったとき落胆しますが、妻キャサリンの落胆は更に大きく、チップス先生は妻にこう言います。 (Chap.33 116:55～)
The milk is spilt. Don't let's cry. Go and change.「悔やんでも仕方ない。泣かないで。行って着替えておいで。」
中学校で習う英語の諺の中で、'It is no use crying over spilt milk.' があります。日本語では「覆水盆に返らず。」にあたります。日本語では「水」が、英語では「ミルク」になっていることが面白いです。この諺を知っていれば、チップス先生の言葉の意味がよく分かります。

あらすじ

舞台は1924年、英国の田舎町ブルックフィールドに始まります。上流階級の子弟が学ぶ中等学校に赴任しているチップス先生（ピーター・オトゥール）は教育熱心ですが、厳格なために生徒たちにもうひとつ人気がありませんでした。今日も自分の教えるラテン語の出来が悪いと、夏休み前の最後の授業で延長授業を実施し、テニスの大会の決勝戦に出場する生徒の早退許可を認めない始末。校長にも融通を利かせないかと言われるのですが、頑として自分の信念を曲げません。そのチップス先生が、イタリアのポンペイ遺跡で再会したロンドンで歌手をしているキャサリン（ペトラ・クラーク）と結婚したのです。学校は破天荒なキャサリンに苦い顔をしましたが、生徒たちはこの出来事をきっかけにチップス先生と次第に心を通わせるようになってゆくのでした。

15年の年月が経ち、やがて第2次大戦が始まってチップス先生は紆余曲折の末、次期校長に選ばれます。その喜びをキャサリンに知らせようとしたのですが、彼女は空軍慰問の公演に出かけることになり、ドイツ軍の爆撃によってその知らせを聞かぬまま還らぬ人となってしまうのでした。

戦争も終わり、チップス先生は退職します。しかし、この思い出深い町ブルックフィールドを去りがたくここで余生を送り、時折訪れる教え子たちを迎えるのでした。

映画情報

製作年：1969年（昭和44年）
製作国：米国
配給会社：MGM
言　語：英語
第42回アカデミー主演男優賞・ミュージカル映画音楽賞ノミネート

公開情報

公開日：1969年11月 5日（米国）
　　　　1969年12月20日（日本）
上映時間：155分
MPAA（上映制限）：G
音　声：英語・日本語　　　字　幕：日本語・英語

薦	○小学生　●中学生　●高校生　●大学生　●社会人	リスニング難易表	発売元：ワーナー・ブラザース・ホームエンターテイメント（平成27年2月現在、本体価格）DVD：1,429円

お薦めの理由	映画「チップス先生さようなら」(1969)は、英国の著名な作家ジェームス・ヒルトン(1900-1954)の同名の小説を、ミュージカルとして新しくよみがえらせた作品です。「アラビアのロレンス」(1962)を始め、数々の名作に出演している名優ピーター・オトゥールと、ジュリー・アンドリュースよりも3歳年上の英国出身の歌手ペトゥラ・クラークで、見事なミュージカルとなっています。	スピード	2
		明瞭さ	3
		米国訛	2
		米国外訛	2
英語の特徴	舞台が英国で、演じる俳優人が英国人となれば、使われている英語は正に英国英語です。使われる用語では「先生」が'schoolteacher'ではなく'schoolmaster'、「校長」が'principal'ではなく'headmaster'が使われています。歴史と伝統のある英国のパブリック・スクール（私立中等学校）を意識してこの映画を鑑賞すると、米国英語に慣れた私たちには意外な発見ができると思います。	語彙	3
		専門語	3
		ジョーク	2
		スラング	2
		文法	3

授業での留意点

○　学校といえば「校歌：school song」はなくてはならないものです。映画の冒頭での集会の場面や、この作品のハイライトのひとつである、結婚した直後の集会で、チップス先生の妻のキャサリンが、得意の歌を披露します。
"In the morning of my life I shall to the sunrise. And the moment in my life when the world is new. And the blessing I shall ask is adorned with loving. To be brave and strong and true. And to fill the world with love my whole life through. And to fill the world with love…"　　　　　　　　　　　　　　　　　　　　　　　　　　(Chap.20 73:15～)
「人生の朝は空の日の出。世界は生まれたばかり。我々に賜えと神に願うのは、勇気と力と真実。世界を愛で満たすため、そのために我が生涯はある・・・。」
　校長夫人がキャサリンに負けじとばかりに、音痴なのに大きな声で歌う場面は笑えます。また、晩年のチップス先生が、自分の人生を振り返り、呟くように歌う場面でも登場します。(Chap.41　150:15～) 何回も聞かせていけば、生徒は自然に歌えるようになります。この曲名は'Fill the world with love'「愛で世界を満たす」です。

○　チップス先生がキャサリンを初めて見るのは、彼女が舞台で演じているところです。その中で歌う「ロンドンはロンドン：London is London」では、英国の首都ロンドンの町並みを垣間見ることができます。
　　(Chap.7 22:30～約3分間)
"Eros stands in Piccadilly Circus, Nelson stands in Trafalgar Square. Big Ben stands by the River Thames. And will as long as the Thames is there. London is a strange, unchanging town. And take my word whatever you've heard London Bridge has no intention of falling down. Hah London is London…"
「ピカデリー・サーカスにあるエロス像の噴水、トラファルガー広場に立つネルソン像。テムズ河畔に立ち続けるビッグベン。ロンドンは変わらぬ町。内緒で教えるわ。ロンドン橋は絶対に落ちはしない。ああ、ロンドンはロンドン・・・。」
　ロンドンに興味をもつ生徒は多いです。この曲には他の地名（パリ、ベニス等）も出てきますので、地図帳を使って見せるのも効果的です。

○　チップス先生に自分はふさわしくないと、一度は身を隠すキャサリンですが、チップス先生は必死に捜し出し、得意の学者らしい話し方でキャサリンを説得します。　　　　　　　　　　　　　　　　　(Chap.26 00:40)
"Which is only in Webster, mind you, not in the Oxford, or is it?" 「それ（相性が悪い）はウェブスターには載っているかもしれないが、オックスフォードにはないだろ。」・・・字幕には辞書名が載らないのが残念です。

映画の背景と見所

○　舞台は英国のパブリック・スクール。パブリック・スクールは、米国では公立学校を指しますが、英国では伝統的な私立学校です。イートン校（1440年設立）、ハーロー校（1572年設立）、ラグビー校（1567年設立）が日本でも有名で、2006年に愛知県蒲郡市にできた海陽学園は、イートン校をモデルにして開校したと言われています。

○　生徒が先生に出会ったら、どうしますか？この映画では、①帽子を取る、②席を立つ、③返答には'sir'をつけるなど、何か格式を感じます。現代にはそぐわないかもしれませんが、教師と生徒があたかも友達同士のような関係は、本当にいいことなのかと考えさせられます。

○　いかにも英国だなぁと思わせるのが、クリケットの試合が行われている場面です。野球の起源ともいわれているこのスポーツを、調べてみてはどうでしょうか。　　　　　　　　　　　　　　　　　　(Chap.27 93:10～)

○　第2次世界大戦の様子が、店頭での買い物で、チップス夫人と主婦らしき女性との会話の中でも登場します。
'I prefer to believe in Mr. Chamberlain and peace in our time.' (Chap.29 101:19) チェンバレン英首相がヒトラーにとった宥和政策は、後に批判されることで有名です。

スタッフ	監　　督：ハーバート・ロス 原　　作：ジェームズ・ヒルトン 音　　楽：ジョン・ウィリアムズ 作詞作曲：レスリー・ブリッカス 脚　　本：テレンス・ラティガン	キャスト	チップス先生　：ピーター・オトゥール キャサリン　　：ペトラ・クラーク 校　　　長　　：マイケル・レッドグレーヴ サタウィック卿：ジョージ・ベイカー マックス　　　：マイケル・ブライアント

ツイスター	Twister	（執筆）松葉　明

この映画を特徴づける会話を中心に紹介します。　　　　　　　　　　　　　　　（Chap：チャプター番号と時間）

セリフ紹介

○ Bill : It's gone. It's gone.　「（竜巻は）行ってしまった。もう大丈夫だ。」　　（Chap.11 33:29～）
　Jo : Where's my truck ?　「私のトラックはどこ？」
　Melissa : Aah !　「あ～っ！」
　Jo : There it is.　「そこね。」
自分の乗っていたトラックは竜巻に吹き飛ばされ、橋桁にしがみついて命拾いをしたジョーとビルの会話です。メリッサの運転する車の前にトラックが落ちてくるのでした。

○ Jo : Cow. Another cow.　「牛よ。　別の牛かも。」　　（Chap.13 42:24～）
　Bill : Actually I think that was the same one.「実のところ同じやつだと思う。」
この映画の見所のひとつ、牛が竜巻によって舞い上がる場面での会話です。

○ Dusty : I've never seen anything like this.「こんなの見たことがない。」　　（Chap.30 96:18～）
最大級の竜巻ができつつある場面でのダスティのセリフです。何かとてつもないものを初めて見たときに使える表現です。そして、ついにドロシーが竜巻によって舞い上がっていくと、次のセリフが出てきます。

○ Dusty : Dorothy's flying ! Baby, she's flying, man.　　（Chap.30 97:51～）
　「ドロシーが飛んだ！　やった、飛んでいるぞ。」

学習ポイント

この映画には、意外かもしれませんが、日常生活で使える表現がたくさん出てきます。

○ Dusty : Well, there's some good news, it did fly. What was it like ?　（Chap.11 34:32～）
　「まあ、グッドニュースだった、飛んだんだから。　どんな感じだった？」
　Jo : It was windy.　「風が強かった。」
　Dusty : Windy. That's intense.「強風か。　そりゃすごい。」
竜巻によってトラックごと飛ばされ、ドロシー（竜巻観測機）を竜巻な中に取り込むことは失敗に終わります。やけになったジョーが、チームのダスティにこのように皮肉をこめて言います。'windy' は強風の日に使います。

○ Jo : Hold on ! We're almost there ! We're almost there !　　（Chap.18 60:38～）
　「待って！　もう少し！　もう少し近くまで！」
竜巻の中心まであと少しというところで、少しでも近づきたいと思っているジョーのセリフです。'almost'「あと少し」の意味で、相手を励ますときによく使われます。ここでは 'there'「そこに」が付くので、場所を示すことになります。

○ Dusty : Jo, Bill, it's coming ! It's headed right for us !　　（Chap.21 70:21～）
　「ジョー、ビル、（竜巻が）来るぞ！　我々に向かって直撃だ！」
　Bill : It's already here ! Everybody underground now !「もう来ている！　みんな今すぐ地下室へ！」
巨大竜巻が発生したときのやりとりです。緊急時には単語を並べれば十分意味は伝わります。

○ Jo : I know how to make Dorothy fly. 「ドロシーを飛ばす方法がわかったわ。」　（Chap.25 85:05～）
ジョーの叔母メグの家が竜巻によって崩壊し、その前で呆然とするジョー。しかし、彼女は家の前の飾り物からヒントを得て、ドロシー（竜巻観測機）を飛ばす方法を思いつくのでした。'how to ～'「～の仕方」、使役動詞としての 'make' の使い方がわかる文です。

○ Dusty : Jo ! Bill ! Did you see that explosion ?「ジョー！　ビル！　あの爆発見た？」　（Chap.28 91:17～）
　Jo : Yeah, we saw it.「ええ、見たわ。」　　脳天気なダスティに、あきれた調子でジョーが答えています。

○ Allan : Hey, Jo and Bill, check out that sky !「ねえ、ジョーとビル、あの空見てよ。」　（Chap.33 105:18～）
　Jo : You know what ? I think we've seen enough.「あのね、私たちはもう十分に見たわ。」
この映画の最後のセリフです。"You know what ?" は相手に注意を引き出すときによく用いられます。

あらすじ

　1969年の米国オクラホマ州で、巨大な竜巻が幼い少女ジョーの家を襲い、家族全員で地下室に避難するものの、あまりの凄まじさに、父親は犠牲となってしまうのでした。
　そして現在、すっかり大人になったジョーは、竜巻による被害を最小限にするためにそのメカニズムを研究し、ストーム・チェイサー（竜巻追跡者）のリーダーとなっていました。
　ある日、ジョーのもとに夫のビルが彼女メリッサを連れてやってきます。ビルはジョーに離婚届のサインをもらいにやってきたのでした。しかし、ビルはジョーに 'ドロシー' と名付けられた竜巻観測機を見せられると、離婚のサインのことは忘れ、ジョーたちのチームに再び同行してしまいます。実は 'ドロシー' という機械は、カプセル状の金属球体を竜巻の中心に放出して内部のデータを得るもので、ビルは志半ばであきらめていたものだったのです。
　ライバルのジョーナス率いるストーム・チェイサーと対抗しつつ、ドロシーを竜巻に放出することの失敗を繰り返すジョーとビル。しかし、叔母メグの家が竜巻によって壊され、救援に駆けつけた二人は、'ドロシー' をうまく飛ばすヒントをその場で得るのでした。そして 'ドロシー4号' を車に搭載した二人は、スケールF5という最大級の竜巻にチームと共に向かって行きます。はたして二人はドロシーを飛ばすことができるのでしょうか。

映画情報
製 作 年：1996年（平成8年）
製 作 国：米国
配給会社：ユニバーサル＆ワーナー・ブラザーズ
言　　語：英語
参考映画：Into the Storm（イントゥ・ザ・ストーム：2014年）

公開情報
公 開 日：1996年5月10日（米国）
　　　　　1996年7月6日（日本）
上映時間：113分
MPAA（上映制限）：PG-13
音　声：英語・日本語　　　字　幕：日本語・英語

薦	○小学生　●中学生　●高校生　●大学生　●社会人	リスニング難易表		発売元：NBCユニバーサル・エンターテイメントジャパン （平成27年2月現在、本体価格） DVD価格：1,429円　ブルーレイ価格：1,886円
お薦めの理由	自然災害を扱った映画といえば、単なるディザスター（大災害）もののパニック映画と思われがちですが、この映画は違います。これは、米国中西部で途方もない規模で災害をもたらす竜巻の謎を解き明かすため、自らその渦中に向かって飛び込んでいくストーム・チェイサー（竜巻追跡者）たちの物語です。日本でも毎年竜巻で被害を被っていますので、決して他人事ではありませんね。	スピード	3	
		明瞭さ	3	
		米国訛	3	
		米国外訛	2	
英語の特徴	子どもが出る場面は、冒頭の幼少時代のジョーが出てくるだけで、その他は大人の会話だけになっています。また、会話のスピードも速めで、気象に関する専門語が出てくる場面も多いので、中学生には難しく感じられるでしょう。しかし、日常でもよく使われる表現も多く出てくるので、学習できる場面も少なくありません。そして、自然科学に関する言葉の学習の参考となる作品といえるでしょう。	語彙	3	
		専門語	3	
		ジョーク	2	
		スラング	3	
		文法	2	

授業での留意点

気象学入門！　竜巻を中心に、気象に関するセリフを学習しましょう。

○ Jo : My aunt Meg used to call him a human barometer. 　　　　　　　　　　（Chap.7 23:23〜）
　　　「私の叔母のメグは、彼のことを人間気圧計と呼んでいたものだった。」
　ジョーがビルのことを例えてこう言います。'barometer'「バロメーター」は「尺度」として日本語にもなっていますが、ここでは「気圧計、晴雨計」の意味で使われています。

○ Jo 　　　: No, that was a good size twister. What was it, an F3 ?　　　（Chap.15 49:41〜）
　　　　　　　　　　　　　　　　　　　　　　「いや、ちょうどいいツイスターだった。どうかな、F3か？」
　Bill 　　: Solid F2.　　　　　　　　　「F2だ。」
　Melissa : See, now you've lost me again.「ほら、またわからないこと言って。」
　Bill 　　: It's the Fujita scale. It measures the intensity of a tornado, by how much it eats.
　　　　　　　　　　　　　　　　　　　　「フジタ指標さ。竜巻の規模を表す、どれだけ食いつぶすか。」
　Melissa : Eats ?　　　　　　　　　　　「食いつぶす？」
　Bill 　　: Destroys.　　　　　　　　　「破壊すること。」
　・・・・・・・・・・（中略）・・・・・・・・・・
　Bill 　　: 4 is good. 4 will relocate your house fairly efficiently.「4はすごい。4は家をそっくり動かす。」
　Melissa : Is there an F5 ? What would that be like ?　　「F5はあるの？　どんなものなのかしら？」
　Jason 　: The finger of God.　　　　　「神の領域だ。」
　Melissa : None of you has ever seen an F5 ?　　　　　「だれもF5を見たことないの？」
　Bill 　　: Just one of us.　　　　　　　「一人だけだ。」
　竜巻の規模を表す表現が出てきます。F0〜F5まであります。詳しくは下の「映画の背景と見所」と、気象庁のホームページを参照してください。

○ Bill : OK, we got hail.「よし、雹が降ってきた。」　　　　　　　　　　　　　　　（Chap.17 58:14〜）
　天候が急激に変化して、空から'hail'「雹（ひょう）」が降ってきたときに発せられるセリフです。英語では霰（あられ）も'hail'で表します。広辞苑によると、直径5mmを境にして、雹と霰の区別を日本ではしているようです。隣にいるジョーも無線で同じことを繰り返して言いますから、しっかり聞き取れます。

映画の背景と見所

○ 竜巻の規模を表す指標の簡単な説明は、チャプター15 49:41〜のところで出てきます。Fスケール（藤田スケール）というのは1971年に、シカゴ大学の藤田哲也氏によって考案されました。これはF0〜F5まであり、F0は17〜32m/sで、「テレビのアンテナなどの弱い構造物が倒れる。小枝が折れ、根の浅い木が傾くことがある。非住家が壊れるかもしれない。」そしてF5は117〜142m/sで、「住家は跡形もなく吹き飛ばされるし、立木の皮がはぎ取られてしまったりする。自動車、列車などが持ち上げられて飛行しとんでもないところまで飛ばされる。」となっています。日本では今までF4以上の竜巻は観測されていません。　　　　　　　　　　　　　　（気象庁HPより）

○ 本作の中で、竜巻の仕組みを詳しく調べるために開発されたセンサー・システムの'ドロシー'。これはもちろん、『オズの魔法使い』の主人公から名をとったものです。そしてカプセルに描かれた主人公ドロシーを演じたジュディ・ガーランドの肖像（Chap.4 13:18〜）の使用許可を得るために、三ヶ月も要したそうです。

○ チャプター20 65:40〜のドライヴ・イン・シアターで上映される映画は、米国のホラー映画の傑作『シャイニング（The Shining:1980年）』で、ちょうど双子の姉妹が登場する場面が出ています。この場面の直前に双子の竜巻が登場していることにあてているわけです。

| スタッフ | 監　　督　：ヤン・デ・ボン
製　　作　：キャスリーン・ケネディ　他
脚　　本　：マイケル・クライトン　他
製作総指揮：スティーヴン・スピルバーグ　他
撮　　影　：ジャック・N・グリーン | キャスト | ジョー・ハーディング：ヘレン・ハント
ビル・ハーディング　：ビル・パクストン
メリッサ・リーブス　：ジェイミー・ガーツ
ジョナス・ミラー　　：ケイリー・エルウィス
ダスティ・デイビス　：フィリップ・ホフマン |

| 綴り字のシーズン | Bee Season | （執筆）松葉　明 |

セリフ紹介

この映画の鍵となるセリフに着目しました。　　　　　　　　　　　　　　（Chap：チャプター番号と時間）

○ "Number 14. Eliza Naumann, Oakland Tribune, Oakland, California. 'Oppidan'".　　（Chap.1 00:48〜）
この映画の冒頭では、スペリング・ビーの全米大会の場面から始まります。イライザは'Oppidan（住民）'と言って、その綴りを言おうとするわけです。因みに、この単語は普通の英和辞典には載っていません。いかに難易度の高い語であるかがわかります。

○ 食卓で、大学教授の父親（ソール・ナウマン）が言葉の大切さを娘に言います。　　　　（Chap.4 14:49〜）
"You know, there are people who believe that letters are an expression of a very special primal energy and when they combine to make words they hold all the secrets of the universe. Remember the Vikings ? [Takes a green apple] Ok, Vikings called this 'aepli'. Now, when they took it across the sea in their ships it became 'apfel'. Crossed another border, it became 'appel'. By the time it got to us, it was 'apple'. A-P-P-L-E. Its spelling contains all of that. It holds its history inside it."
「文字は人間の根源的なエネルギーの表現とされている。文字を組み合わせた言葉には、宇宙の神秘が宿っているんだ。ヴァイキングを覚えているよね。（りんごを手にとり）ヴァイキングたちはこれを'エプリ'と呼んだ。彼らが船で海を渡ると'アプフェル'に変わった。さらに国境を越えて'アッペル'になり、私たちに届いた頃には'アップル'。その綴りにすべてが含まれている。その中にその歴史も。」

学習ポイント

○ 父親の期待を一身に背負った娘イライザを心配した母ミリアムは、自分の母親の形見の万華鏡をイライザに手渡します。　　　　　　　　　　　　　　　　　　　　　　　　　　　　　　　　　　　　　　（Chap.6 20:35〜）
Eliza　：What is it ?　　　　Miriam：It's a kaleidoscope.
学校では手に持った物が何であるかを尋ねるときは、'What is this ?'で習いますが、このように'it'で言うことも多々あります。また、万華鏡を語彙力アップに覚えてみてはどうでしょう。'〜scope'で、他の単語も調べてみましょう。

○ 家族4人でバーベキューという、米国ではよく行われる風景です。ごく普通で幸せそうな場面です。使われる語句も平易で聞き取りやすいです。　　　　　　　　　　　　　　　　　　　　　　　　　　　（Chap.13 52:30〜）
Miriam : We only need three. That's perfect. Thanks. I'd like to meet your friend.
　　　　「3個要るの。それでいいわ。ありがと。友だちに会わせてね。」
Aaron　 : Maybe next time.「多分次回ね。」
Eliza　 : There's a girl at the gate.「門のところに女の子が来てる。」
Saul　 : Aaron, introduce your guest here. Hi, I'm Aaron's dad.「アーロン、お客さんを紹介しろよ。父です。」
Aaron　 : That's Chali.「チャーリだよ。」　　　Miriam : Hi. Nice to meet you.「こんにちは。初めまして。」
Saul　 : Want some chicken before you go ? I'm famous for the sauce.
　　　　「行く前にチキンを食べないか。ソースが自慢なんだ。」
Aaron　 : She doesn't want any.「彼女は食べないよ。」
Saul　 : No, let her answer for herself.「いや、彼女に答えてもらいたいんだ。」
Chali　 : Actually, I don't eat chicken.「実は、チキンは食べないんです。」　　Eliza : Why not ?「どうして？」
Chali　 : Because I'm a vegetarian.「私はベジタリアンなの。」
Saul　 : Interesting. I was a vegetarian once.「おもしろいな。私も昔そうだった。」
Chali　 : It was nice to meet you all.「皆さんにお会いできてよかったわ。」
Saul　 : Come again. I grill a mean tofu.「またおいでよ。豆腐を料理するから。」

○ いよいよ最後のハイライトの場面です。'origami'のリハーサル（Chap.20 74:04〜）と、決勝問題ともいえる「唯我論」'solipsism'の語の後、「折り紙」をイライザが答えます。　　　　　　　　　　（Chap.22 95:11〜）

あらすじ

宗教学者の父、科学者の母、ヘブライ語を勉強している兄と、語彙力に長けている妹の4人家族。食事の支度を父は率先して行い、夕食後、父と兄はバイオリンとチェロの合奏を楽しむといった、一見幸せそうにみえる家族がナウマン家でした。
初めは父親の関心は、娘よりも優秀な長男に向いていたのですが、"Spelling Bee"の地区大会で妹のイライザが優勝したことから、父親の関心は一気にイライザのみに注がれるようになります。イライザには、単に暗記能力があるのではなく、目を閉じると読まれた単語が形となって現れてくるという、超越的な力が潜んでおり、父のソールはユダヤ神秘主義'カバラ'にますます傾倒していくのでした。
一方、幼い頃に両親を事故でなくした妻ミリアムは、いまだ心の傷を抱えており、夫と娘の中に入れず、夜ごと上流階級の屋敷に忍び込んでは、ちょっとした装身具のようなものを盗むことを繰り返していました。また、長男アーロンは、父親の愛情を失った反抗心から、ユダヤ教を捨て、ヒンドゥー教へ改宗しようとします。
家族が崩壊の危機に陥っていることに気づいたイライザは、家族の絆修復の鍵を握っているのは自分であると確信し、決勝大会でとった行動とは・・・。

映画情報

製　作　年：2005年（平成17年）
製　作　国：米国
配給会社：フォックス・サーチライト・ピクチャーズ
製作会社：Bee Season Productions Inc.
言　　　語：英語、ヘブライ語

公開情報

公　開　日：2005年11月11日（米国）
　　　　　　2005年12月23日（日本）
上映時間：104分
MPAA（上映制限）：PG-13
音　　声：英語・日本語　　　字　幕：日本語・英語

薦	●小学生　●中学生　●高校生　○大学生　○社会人	リスニング難易表	発売元：20世紀 フォックス ホーム エンターテイメント ジャパン （平成27年2月現在、DVD発売なし） 中古販売店等で確認してください。

お薦めの理由	日本には漢検や日本語検定があるように、米国にはこの映画の題材になるように、'Spelling Bee'いわゆる「全米スペリングコンテスト」があります。米国人なら誰でも知っているこの大会を、日本の英語の先生で知っている人は、実は少数です。9歳から15歳まで参加できるこの大会の雰囲気を、英語学習者と英語教育に携わる人にはぜひ知ってもらいたいです。	スピード	3
		明瞭さ	3
		米国訛	3
		米国外訛	4
英語の特徴	11歳の少女が主人公の物語とはいえ、大会に出題される語は、どれも難問ばかりです。身近にある英語辞典には載っていないものもかなりあるので、わからなくても心配は要りません。そして、ユダヤ教神秘主義のカバラ（Kabbalah）や、世界の復元を意味するティクン・オラム（Tikkun Olam）といったヘブライ語にも難しさを感じますが、家族の日常会話の英語は普通のレベルです。	語　彙	4
		専門語	4
		ジョーク	2
		スラング	2
		文　法	3

授業での留意点

○　スペリング・ビーでは、意味のわからない単語を言われた場合、それについて聞くことができます。そんなやりとりは、授業でのやりとりにも参考になります。
　　　（Chap.11 45:42～）

A pronouncer : 'cotyledon'「子葉」
Eliza　　　　 : May I have a definition, please？「言葉の定義を教えてください。」
A pronouncer : A cotyledon is the primary or embryonic leaf or leaves of a seedling.
　　　　　　　「'子葉'は種子植物に出る最初の葉、または実生の葉のことです。」
Eliza　　　　 : What is the derivation, please？「語源を教えてください。」
A pronouncer : Cotyledon comes to us from the Greek.「'カタリドゥン'はギリシア語に由来します。」

イライザが目を閉じて答えようとすると、イライザの体から'cotyledon'「子葉」が出てきて正解を言います。意味のわからない語でも正解を答えることができる娘を見て、不思議な力をもっていることを確信する父の表情がわかる場面です。

○　盗癖が常習化した母ミリアムが捕まり、貸し倉庫にあるおびただしい数の彼女が盗んだ飾り物を見た後での、療養所での夫婦の会話です。チャプター18の冒頭のところです。
　　　（Chap.18 74:15～）

Miriam : Did you see it？「あれ見た？」　　　Saul　 : Yes.「ああ。」
Miriam : It's beautiful, isn't it？「きれいだったでしょ。」
Saul　 : I've never seen anything like it.「あんなの見たことないよ。」

盗んだことを悪びれもしない、心の病んだ妻との会話は、見ていてつらいものですが、話される英語は聞き取り易いものとなっています。

○　わざと解答を間違えたイライザでしたが、父と兄が抱き合う姿を見て、微笑みながら会場を後にします。療養所でテレビを見ていた母も、微笑みます。
　　　（Chap.23 98:44～）

Eliza : My father told me once that I could reach the ear of God. That words and letters would guide me to reach beyond myself. To know the world as whole again. Asnd like the ancient mystics, God will flow through me. And we would be together.「父はかつて言っていた。私は神の耳に到達できると。言葉と文字に導かれ、自分を超えられると。世界は完全に復元され、古代の神秘主義者のように神が全身に満ちると。そして、私たちは一体となる。」　　テレビで見ていた母は涙を流してほほえみ、映画は終わります。

映画の背景と見所

○　この映画が制作される2年前の2003年に、ドキュメンタリー映画『チャレンジ・キッズ-未来に架けるこどもたち（Spellbound）』が作られ、それはアカデミー賞長編ドキュメンタリー賞にノミネートされました。

○　大会の場面では、'origami'を除けば、他はほとんど馴染みのない難しい語ばかりが出てきます。因みに2013年の最終問題は、'knaidel'でした。（クネィドォー）と発音するこの語はユダヤ料理らしいです。しかし、この語の前に出題された語は'tokonoma'「床の間」だったそうです。日本文化を表すものが出題されるのは、嬉しいですね。

○　大会の正式名の"Spelling Bee"はどうして'Bee'というのでしょう。一説によれば、子供たちが単語の綴りで最初に戸惑うのが'b''be''bee'だからとか、'bee'（蜜蜂）が社会的な勤労活動を行うことから、昔から社会的なグループを指していたからといろいろ諸説があります。

○　第1回大会（1925年）の最終問題は'gladiolus'（グラジオラス〈花の名〉）でした。第2回は'abrogate'（廃止する、取り消す）、そして第3回は'luxuriance'（豊富、華麗さ）です。1943年～1945年は戦争で実施されませんでした。歴代の他の最終問題を調べてみるとおもしろいでしょう。

スタッフ	監　督：スコット・マクギー 　　　　デヴィッド・シーゲル 脚　本：ナオミ・フォナー・ギレンホール 原　作：マイラ・ゴールドバーグ 製　作：アルバート・バーガー他	キャスト	ソール・ナウマン　：リチャード・ギア ミリアム・ナウマン：ジュリエット・ビノシュ イライザ・ナウマン：フローラ・クロス アーロン・ナウマン：マックス・ミンゲラ チャーリ　　　　　：ケイト・ボワース

デイ・アフター・トゥモロー　The Day After Tomorrow

（執筆）飯田　泰弘

セリフ紹介

地球規模の大災害を描くこの映画の中で、印象深いセリフを紹介します。　　　（Chap：チャプター番号と時間）
まずは、気象学者のジャックが国連会議で、いつ地球に危機が訪れるかを聞かれたときのセリフです。

(1) I don't know. Maybe in 100 years, maybe in 1000. But what I do know is that if we do not act soon, it is our children and our grandchildren who will have to pay the price.「わかりません。百年後か千年後かもしれません。確かなのは、早急に手を打たないと、子供や孫にツケを回すことになるということです。」　　　（Chap.3, 07:23）

このセリフは、映画の中盤で地球が壊滅的な状態になり、脱出が手遅れになった研究者達が死を目前に述べる次のセリフと繋がっているように思えます。

(2) Simon : I just wish I could have seen him grow up, you know?「できれば、息子が成長するのを見たかったな。」
　　Terry : The important thing is he will grow up.「大事なのは、彼が無事生き残ることさ。」　　（Chap.18, 01:07:47）

人類が目先の利益優先で環境破壊を続けてしまったことを嘆き、もはやあとは若い世代が生き残ってくれればいいと祈る研究者たちの姿が感慨深いです。また、地球滅亡の危機を乗り越えたあと、米国大統領が行う演説の中にもいろいろと考えさせられる点が含まれています。

(3) For years, we operated under the belief that we could continue consuming our planet's natural resources without consequence. We were wrong. I was wrong.「長い間、私たちは地球の資源は限りなく、いくらでも使えばいいと思って生きてきました。そんな私たちは間違っていました。私も同じです。」　　（Chap.30, 01:52:26）

学習ポイント

世界を襲う異常気象の恐怖を描いたこの映画では、様々な気候や災害に関する英単語が出てきます。普段なじみのある雨（rain）や雪（snow）など以外にも、この映画に登場する次のような表現を覚えておきましょう。

(1)【嵐：storm】The president's motorcade got caught in the storm.
　　「大統領車が嵐につかまった。」　　（Chap.25, 01:29:17）
(2)【災害：disaster】The White House has ordered the following national disaster alert for all Northern states.
　　「ホワイトハウスは北部の全州に以下の災害警報を発令しました。」　　（Chap.22, 01:17:48）
(3)【雹（ひょう）：hail、トルネード：tornado】The hail, the tornados, it all fits.
　　「雹に竜巻、全ての説明がつくわ。」　　（Chap.11, 33:36）
(4)【洪水：flooding, flood】Widespread flooding has slowed transportation and caused numerous closures, including the Lincoln and Holland Tunnels.　　（Chap.11, 35:56）
　　「洪水で通行止めが多数起こり、リンカーンとホーランドのトンネルが封鎖です。」
(5)【高潮：storm surge】We could see a wind-driven storm surge that could threaten the entire Eastern Seaboard.「米国東海岸全域が強風による高潮に見舞われるでしょう。」　　（Chap.13, 44:26）
(6)【竜巻・つむじ風：twister】Yes, a twister in Los Angeles.「そう、L.A.で竜巻の発生です。」　　（Chap.10, 28:52）

ちなみに（1）のstormという単語は、別の単語を前に付けてより具体的な種類を述べることが可能です。例としてはrainstorm「暴風雨」、snowstorm「吹雪」、thunderstorm「雷雨」、sandstorm「砂嵐」などがあります。
また「熱帯低気圧」には、その勢力や発生した海域によってhurricane、typhoon、cycloneといった複数の英語があり、これらすべての表現が登場することからも、この映画は地球規模の異常気象を描いていることがわかります。

(7)【台風：typhoon】And Australia just saw the strongest typhoon ever recorded.
　　「そしてオーストラリアは、史上最強の台風に見舞われました。」　　（Chap.11, 31:49）
(8)【猛吹雪：blizzard、ハリケーン：hurricane】It's gonna turn into a massive blizzard with an eye in the center of it, just like a huge hurricane.「巨大ハリケーンのように"目"を中心に持つ、猛吹雪へと発達するぞ。」（Chap.16, 57:57）
(9)【低気圧：low-pressure、サイクロン：cyclone】A low-pressure system moving along the California coastline is creating a cyclonic system across the L.A. Basin.「カリフォルニア沿岸を移動中だった低気圧が、L.A.辺りで竜巻を伴う暴風に成長しています。」　　（Chap.10, 25:31）

あらすじ

気象学者のジャックは南極での調査中、巨大な棚氷が崩落するのを目の当たりにします。地球の異変を感じた彼は温暖化が地球環境のバランスを崩すことで「新氷河期」が到来するという説を国連で発表しますが、米国でさえ経済への影響を心配して相手にしてくれません。唯一、彼の話に耳を貸したのは、英国の海流学者ランプトン教授。彼らは連携し合って、地球環境の変化を注視することを約束します。

数日後、突然ジャックのもとにランプトン教授から「北大西洋で奇妙な海面温度の低下がある」と連絡が入ると、それを口火に世界各地で次々とハリケーンや津波などの超異常気象が発生。そう、それはジャックが恐れていた世界の到来を意味していたのです。またたく間に世界を覆った寒気は氷河期さながらの景色をもたらし、ジャックは一刻も早く米国民を暖かさが残る南方に避難させるよう政府に進言します。彼にはまもなく、人間を一瞬で凍死させる大寒波が米国を襲うことがわかっていたのです。

時を同じくして、避難さえ手遅れのニューヨークで間一髪、大津波から逃れて図書館に身を寄せていた息子サム。彼に絶対に外には出ず、可能な限りの暖をとって大寒波を乗り越えろと伝えたジャックは、政府がようやく自分の指示に従ったのを見届けると、使い慣れた雪山装備を片手に、ニューヨークへ向けて北上する決意をするのでした。

映画情報

製作年：2004年（平成16年）
製作国：米国
製作費：1億2,500万ドル
配給会社：20世紀フォックス
ジャンル：SF、パニック

公開情報

公開日：2004年5月24日（米国）
　　　　2004年6月　5日（日本）
興行収入：5億4,427万2,402ドル（世界）
上映時間：124分
音　声：英語・日本語　字　幕：日本語・英語

薦	○小学生　●中学生　●高校生　○大学生　○社会人	リスニング難易表	発売元：20世紀 フォックス ホーム エンターテイメント ジャパン（平成27年2月現在、本体価格） DVD価格：1,419円　ブルーレイ価格：2,381円

お薦めの理由	VFXを駆使した映画が得意のエメリッヒ監督らしい、大迫力のパニック映画になっています。世界各地に発生する大災害のシーンにはかなりのリアリティがあり、ハリケーンや大津波のシーンは観客をくぎ付けにします。 　地球温暖化をはじめとした環境問題のみならず、先進国と新興国の間にある政治的対立も描かれており、我々が考えるべき様々な課題が示されています。	スピード	3
		明瞭さ	3
		米国訛	3
		米国外訛	2
		語　彙	3
英語の特徴	世界の異常気象をテーマにしているので、地名や気象に関する単語が多く登場します。また、主人公の父親は気象学者なので、会議などでは専門的な話もします。英国のシーンはあるものの、全体的には標準的な米国英語です。 　映画中盤からは地球上が大寒波に襲われるため、猛吹雪の中や、寒さに震える声で話されるセリフも増えますが、聞き取りにくいレベルではありません。	専門語	4
		ジョーク	2
		スラング	2
		文　法	4

授業での留意点

ここでは世界の地域名と、英語で丁寧さを付加した表現を指導できる例を取り上げてみます。

【注意が必要な地域名】

Germanyと「ドイツ」の違いほどではないものの、日本語と英語で微妙に発音が異なるものに「アジア」や「ロシア」がありますが、この映画では「ヨーロッパ」「インド」「シベリア」の発音の違いを示すことができます。

(1) Europe is buried under 15 feet of snow.「ヨーロッパは15フィートの雪に埋まってる。」(Chap.21, 01:17:24)
(2) How was India?「インドはどうでした？」(Chap.4, 10:37)
(3) In Siberia, there's a low-pressure system unlike anything we've before seen. (Chap.11, 31:44)
　「シベリアでは見たこともないような低気圧がある。」

またこの映画では、国や地域名以外にも、北半球（North Hemisphere）、大西洋（Atlantic）、赤道（equator）、極の（polar）、北極（Arctic）といった単語も登場することが、(4)や(5)のセリフからわかります。これらを足掛かりに、世界地図や地球儀を使って、地球に関する英語表現を確認するのも良いでしょう。

(4) The Northern Hemisphere owes its temperate climate to the North Atlantic Current.
　　Heat from the sun arrives at the equator and is carried north by the ocean.
　　But, global warming is melting the polar ice caps and disrupting this flow. (Chap.3, 6:52)
(5) The Canadians are reporting tremendous circulation moving from the Arctic. (Chap.11, 31:42)

【丁寧さを加える表現】

さらにこの映画では、丁寧さを加える表現が確認できます。敬称のsirやma'amを付加する、"This is very urgent, sir."「これは緊急なんです。」(Chap.11, 37:16) や、"If you stay calm, ma'am, I'll get you out."「落ち着いて。出してあげますから。」(Chap.13, 47:47) のような例は随所にあり、より大きな単位が文頭や文末に付く(6)や(7)の文も登場します。英語学習の初期には、「英語に敬語があるのか」という疑問を持つ中学生も多いと思います。過去形などを使う比較的高度なものより、まずは付加するだけで目に見えやすいタイプを示すのもよいでしょう。

(6) With all due respect, Mr. Vice President, the cost of doing nothing could be even higher.
　「恐れながら、副大統領、何も行動を起こさない方が高くつきます。」(Chap.3, 07:37)
(7) What's this forecast model you're building, if you don't mind my asking?
　「伺ってよろしければ、どのような予報モデルを作るんですか？」(Chap.10, 26:35)

映画の背景と見所

映画のタイトルは「明後日」という意味ですが、エメリッヒ監督はここに、すぐに地球温暖化（global warming）対策をしなければ、映画のような天変地異が明日や明後日にも起こるかもしれない、というメッセージを込めたと言います。この考えは映画で "global warming" を何度も口にする主人公ジャックが代弁しており、国連では "Our climate is fragile."「環境は実にもろいのです。」(Chap.3, 07:43) と訴えますが、米国政府が "And who's going to pay the price of the Kyoto Accord?"「京都議定書の代償は誰が払うんだ？」(Chap.3, 07:26) と返す場面では、先進国が抱える問題が浮き彫りになっています。また、寒気から逃れようと南へ移動する大量の米国民が、国境を封鎖したメキシコに違法になだれ込むシーンは、現実世界と真逆で実に皮肉的です。下の地球滅亡を回避したあとの大統領の演説からは現在の世界のパワーバランスを念頭に、人類へ向けたもう一つのメッセージが聞こえてくるようです。

"Not only Americans but people all around the globe are now guests in the nations we once called The Third World. In our time of need, they have taken us in and sheltered us. And I am deeply grateful for their hospitality."
「米国民を含む世界中の人々が、我々がかつて途上国と呼んでいた国々の世話になっています。彼らは我々の救援要請に救いの手を差し伸べてくれた。迎え入れてくれことに感謝します。」(Chap.30, 01:52:26)

スタッフ	監　督：ローランド・エメリッヒ 製　作：マーク・ゴードン、他 脚　本：ジョセフリー・ナクマノフ、他 音　楽：ハラルド・クルーサー 撮　影：ユーリ・ステイガー	キャスト	ジャック・ホール：デニス・クエイド サム・ホール　　：ジェイク・ギレンホール テリー・ラプトン：イアン・ホルム ローラ　　　　　：エミー・ロッサム ルーシー　　　　：セラ・ウォード

ディープ・インパクト		Deep Impact	（執筆）飯田　泰弘

セリフ紹介

　この映画のキーワードとなっているセリフを紹介します。　　　　　　　　（Chap：チャプター番号と時間）
　地球滅亡を目前にした人々の人間模様を描いたこの映画では、Life goes on.という言葉が2度登場します。1回目は、父親の再婚に反対するジェニーに対し、再婚相手の女性が言う次のセリフです。
(1) Chloe: Jenny, I know that you hate me. I know that you have terrible things that you wanna say to me. You have to get over it. Life goes on.「ジェニー、私が嫌いなのはわかる。言いたいこともたくさんあると思う。でも、乗り越えていかないと。人生は続くのよ。」　　　　　　　　　　　　　　　　　　　（Chap.7, 24:21）
　ここでのlifeは「人生」と解釈できます。再婚相手のこの言葉をバカバカしいと笑い飛ばすジェニーですが、その後、記者会見で彼女が大統領に「彗星の爆破計画は失敗するのでは？」と尋ねると、大統領はこう返します。
(2) Beck: Now, I can promise you this, Ms. Lerner, all of you, everyone in this room and everyone listening to my voice, that at some point over the next 10 months, all of us will entertain our worst fears and concerns. But I can also promise you this. Life will go on. We will prevail.「ラーナーさん、この部屋にいる全員、そしてこの声を聞いている全ての人に約束できます。10か月先のいつか、我々は人類史上最大の恐怖と不安に襲われます。しかし、これもまた約束できます。命は続く。我々は勝つのです。」（Chap.8, 32:50）
　この2回目のlifeは「生命」の意味で使われていると思われます。(1)の「個人」におけるlife、そして(2)の「人類」におけるlife。どんな困難があろうと、これらは共に続いていくものだというメッセージに聞こえます。

学習ポイント

　ここでは、中学英語の初期に習う動詞go「行く」とcome「来る」の使い方のコツを学びましょう。ポイントは、これらの動詞は「ある地点」に対する逆の移動方向を表し、goは「ある地点から離れる」、comeは「ある地点に近づく」という意味を持っているということです。「行く」と「来る」だけでは訳しきれない例を見てみましょう。
　まず(1)のシーンでは、彗星衝突の前に地下シェルターに向かう途中、リオが家族に対し、愛するサラを残して自分だけ逃げることはできないと告げています。
(1) Leo　　：I'm not coming.　　　　「僕は行かない。」　　　　　　　　　　　　　（Chap.20, 01:24:35）
　　 Mother：Leo, come with us right now.「リオ、はやく一緒に来なさい。」
　　 Leo　　：I have to go back for Sarah.「サラのために戻らなきゃ。」
　　 Mother：Leo…　　　　　　　　　　　「リオ・・・」
　　 Leo　　：Mom, I'm going.　　　　「母さん、僕戻るよ。」
　はじめのリオの"I'm not coming."を、「僕は来ない。」と訳しては意味が分かりません。このcomeでは、地下シェルターを「移動」の基準となる「地点」に設定し、そこへは「近づかない（not come）＝行かない」という意味が表されています。一方で、最後の"I'm going."というセリフでは、家族のもとという「地点」から「離れていく（go）＝立ち去る」という移動方向が表現されています。このような、ある「地点」からの移動方向を表すという点は、(2)のセリフでも確認できます。ここでは、宇宙船で核爆弾の準備をしている仲間に、その作業状況を尋ねています。
(2) Oren：Hey, how's it coming?「どんな調子だ？」　　　　　　　　　　　　　　　（Chap.10, 42:41）
　英語にはgoを使った、"How's it going?"「調子はどう？」という、相手の様子を尋ねる表現があります。しかし、(2)ではcomeを選択し、爆弾の「準備完了」という「目標（＝目指す地点）」に向けて「うまく近づいてるか」を聞いています。みなさんもこういったcomeの特性をいかし、「定期試験でいい点を取る！」や「部活の試合でいい成績を残す！」という目標設定をした友達には、"How's it coming?"と聞いてあげましょう。
　最後に余談ですが、この映画の中では父親の再婚をよく思っていないジェニーが、再婚相手から贈り物を渡されるものの、それを開けようとしないシーンがあります。すると父親が、"Are you not going to open it?"「開けないのか？」（Chap.7, 23:21）と尋ねます。米国などでは、渡されたプレゼントは相手の目の前で開封し、中身を見ることがエチケットとされています。日本では贈り物をその場ですぐ開けると失礼と感じるかもしれませんが、米国でもらったプレゼントは遠慮せず開封し、喜ぶ顔を直接相手に見せてあげましょう。

あらすじ

　高校の天文部のリオ・ビーダーマンは、ある夜、望遠鏡越しに見慣れない輝きを放つ星を発見。天文学者のウルフに調査を依頼すると、それは地球に向けて進む彗星であることが判明します。「ウルフ・ビーダーマン彗星」と名付けられたこの巨大彗星が地球に衝突すれば、人類が滅亡するのは明らか。米国はロシアと共に核爆弾で破壊する作戦を試みますが、結果はパワー不足のため彗星を2つに割っただけ。大小2つになった彗星は地球への針路を変えず、作戦に向かった宇宙船メサイア号からの交信も途絶えてしまいます。
　地球滅亡が目前に迫り、世界中は大混乱。あきらめムードの米国政府は、密かに建設していた地下シェルターへ国民を非難させ始めますが、収容できるのは抽選で選ばれた100万人のみ。選ばれなかった人々が地上で息を飲む中、無情にもまずは小さいほうの彗星が地球に衝突。直後に発生した大津波で多くの都市は壊滅状態になります。そして依然、地球に向かう2つ目の巨大彗星。世界中で人々が互いに別れの言葉を交わし、最期を覚悟したその時、突如メサイア号から「地球を救うイチかバチかの作戦がある」との無線が入ります。しかしそれは、自分たちが犠牲になり、メサイア号もろとも彗星の中で核爆弾を爆破するというものだったのです。いよいよ地球の上空にもまばゆく光る彗星が確認された時、地球の未来を信じ、メサイア号はその迫りくる巨大な光に向けて突入するのでした。

映画情報

製 作 年：1998年（平成10年）
製 作 国：米国
製 作 費：7,500万ドル
配給会社：パラマウント、ドリームワークス
ジャンル：SF、パニック

公開情報

公 開 日：1998年5月 8日（米国）
　　　　　1998年6月10日（日本）
興行収入：3億4,946万4,664ドル（世界）
上映時間：120分
音　声：英語・日本語　　字　幕：日本語・英語

薦	○小学生　●中学生　●高校生　○大学生　○社会人	リスニング難易表		発売元：パラマウント ジャパン （平成27年2月現在、本体価格） DVD価格：1,429円
お薦めの理由	数々の映画を手掛けてきた視覚効果のスペシャリスト集団 I.L.M.が見せる彗星衝突のシーンは、大迫力で見応えがあります。また、地球滅亡の危機を迎えるというテーマではありますが、この映画では人類が混乱して逃げ惑う様子よりも、地球最後の日に人はいかに互いを想えるか、という点が描かれています。素晴らしい映像と、人間ドラマの両方を楽しめる作品です。	スピード	3	
		明瞭さ	3	
		米国訛	3	
		米国外訛	2	
		語彙	3	
英語の特徴	全体的に標準的な米国英語です。主な登場人物では、ロシア人宇宙飛行士やジェニーの父親の英語は外国訛りがありますが、さほどきついものではありません。また、多くの登場人物が政府関係者や報道関係者、またはNASA関係者ということで、明瞭で綺麗な英語が話されています。映画では彗星爆破計画が行われますが、ストーリー展開に影響する宇宙用語はなく、宇宙や星に関する知識は特に不要です。	専門語	3	
		ジョーク	3	
		スラング	3	
		文法	3	

授業での留意点

中学英語で出てくる助動詞の用法が学べるシーンを紹介します。次の会話は、巨大彗星の存在に気付きそうな記者のジェニーを強制連行し、その報道を2日間だけ待ってほしいとベック大統領が依頼するシーンのものです。

Beck : Give us two days, Ms. Lerner. You'll get second-row center at the White House press conference. Now, from what I know of your career, that's a promotion.「2日だけ待ってくれ、ラーナー君。代わりにホワイトハウスでの会見で2列目中央の席を用意しよう。君のキャリアにも役立つだろう。」

Jenny : I want exclusivity.「独占取材を求めます。」

Beck : Now, listen, young lady. This is a presidential favor.「いいかお嬢さん。大統領の好意で言ってるんだ。」
　　　I'm letting you go because I don't want another headache.
　　　「これ以上の面倒はうんざりだから、私は君をほっておくこともできる。」
　　　And I'm trusting you because I know what this can do for your career.
　　　「君を信じ、君のキャリアのためを思って言ってるんだ。」
　　　It might seem that we have each other over same barrel, Ms. Lerner, but it just seems that way.
　　　「君は我々の立場を対等だと思っているかもしれないが、ラーナー君、それは誤解だぞ。」

Jenny : I want…「私が求めるのは・・・」

Beck : Want?「求める？」

Jenny : May I…May I have the first question?「よ、よろしければ、最初の質問を私にいただけませんか。」

Beck : We'll see you Tuesday, Ms. Lerner.「では火曜の会見で会おう、ラーナー君。」　　　(Chap.6, 20:27)

最初の交換条件に納得できないジェニーから独占取材を要求された大統領は、自分たちの立場は対等ではなく、身の程をわきまえろとその態度を正しています。それを察したジェニーは、会見での第一質問権を求めようとしますが、また'I want 〜'の表現で始めたため、大統領が再び警告しています。その後彼女は緊張した表情で'May I 〜?'の文に変えるため、このシーンを使えば助動詞'may'の「許可」の用法を効果的に示せると思います。相手が米国大統領であることからも、親しい仲で使われる「許可」の'Can I 〜?'との違いも指摘できます。
　また、状態動詞の'trust'が進行形で使われている点にも注目できます。動作を表さない状態動詞は基本的には進行形にせず、たとえば「知っている」も"I'm knowing him."にしない現実と同化します。しかしここは、初対面のジェニーを大統領が信じようとしている一時的な状態を表すため、'trusting you'という表現となっています。

映画の背景と見所

この映画の企画は20年以上前からあり、『地球最後の日』(1951年)のリメイクを考えていたプロデューサー達とスティーブン・スピルバーグが手を組んだことで、ついに映画化が実現したと言われています。VFXの専門家集団 I.L.M.のスタッフによる映像美は言うまでもなく、『タイタニック』(1997年)でオスカーを受賞したジェームズ・ホーナーの音楽や、ベテラン俳優が脇を固めるキャスティングからは、この映画が単なる地球滅亡のパニック映画ではなく、世界の終わりを迎えようとした人々の人間ドラマを描いていることがわかります。

さらに注目すべきは、おそらく近代のハリウッド大作では初めて、黒人の米国大統領がこの映画には登場するという点です。これは1997年の公開時には衝撃を持って迎えられましたが、ご存じのとおり、約10年後の2009年にオバマ大統領が誕生したことで、この映画が描く新しい大統領像は現実のものとなりました。ハリウッド映画には、「もしかしたらこんな未来が来るかも？」という絶妙な観点を盛り込ませるストーリーも多いので、1997年当時に「巨大彗星の飛来」と「黒人の米国大統領」という2つが並べられているのは実に興味深いです。この映画の監督は女性のミミ・レダー。白人男性の大統領しかいなかった当時、彼女はもしかしたら近い将来、黒人や女性が米国大統領になる時代がやってくるかもしれない、というメッセージを込めたかったのかもしれません。

スタッフ	監督：ミミ・レダー 脚本：マイケル・トルキン、他 製作総指揮：スティーブン・スピルバーグ、他 撮影：ディートリッヒ・ローマン 音楽：ジェームズ・ホーナー	キャスト	リオ・ビーダーマン　：イライジャ・ウッド ジェニー・ラーナー　：ティア・レオーニ スパージェン・タナー：ロバート・デュバル ベック大統領　　　　：モーガン・フリーマン リッテンハウス長官　：ジェームズ・クロムウェル

天使のくれた時間　The Family Man　　　（執筆）松葉　明

セリフ紹介

この映画のハイライトとなり、心にセリフを紹介します。　　　　　　　　　　　（Chap：チャプター番号と時間）

○ One year in London is not gonna change that. A hundred years couldn't change that.
「ロンドンでの1年はそれを変えることはない。100年でもそれを変えることはできない。」　　（Chap.1 2:55）
'that'はこの直前にお互いに言い合った'I love you'を指しています。ジャックはこう言った後、13年の月日が経ってしまいます。

○ You brought this on yourself. Merry Christmas.「これは君自身が招いたことだ。メリー・クリスマス。」（Chap.3 16:18）
ジャックの身に、これから起こる不思議な出来事は、雪の降る晩、コンビニで出会ったキャッシュのこの一言の後に訪れることになります。

○ A glimpse, by definition, is an impermanent thing, Jack.「一瞬は定義通りつかの間のことだろ、ジャック。」
（Chap.15 99:36）ジャックがスーパーのレジでキャッシュと再会し、今の平凡な世界に居続けたいと言ったときのキャッシュの返事の言葉がこれです。この後、ジャックはもとの世界に戻って行くのです。

○ If you could take a dump sometime in this century, then we could go home where it's warm.「今世紀中にウンコしてくれよな、そしたら温かい家に帰れる。」　　　　　　　　　　　　　　　　　　　　　（Chap.5 38:50）
ジャックが寝る前に犬の散歩を妻のケイトに頼まれ、暗い夜道をトボトボと歩いているときに、犬に向かって言うセリフです。夜に犬と散歩したことがある人には理解できる、笑えるセリフです。

学習ポイント

初めてのおむつ替えの場面です。アニーは、どうやらパパが本物ではないと疑っています。　　（Chap.6 40:10〜）

Jack : All right. Holy mother of God !「よし。なんてこった。」
Annie : You are not really my dad, are you ?「あなたは本当のパパじゃないでしょ。」
Jack : No, I'm not. I work on Wall Street, you know, with the big buildings. I live in an apartment with a doorman. And I can buy almost anything I want. This isn't my life. It's just a glimpse.
「ああ、違うよ。私はウォール街で働いている、ほら高いビルがたくさんあるところだ。ドアマンのいるマンションに住んで、ほしいものはほとんど何でも買えるんだ。これは僕の生活じゃない。ただの一瞬なんだ。」
Annie : Where is my real dad ?「本当のパパはどこにいるの ?」
Jack : I don't know. But don't worry, he loves you, and I'm sure he'll be back very soon. What are you doing ?
「わからない。でも心配しないで、パパは君のことを愛しているからすぐに戻るよ。何してるんだい。」
Annie : They did a pretty good job.「とっても上手につくったわね。」
Jack : Who did ?「だれのことを言ってるんだい。」
Annie : The aliens in the mother ship. You look just like him.「宇宙船のエイリアンよ。あなたパパにそっくりよ。」
Jack : Oh, thanks. Slightly better looking though, right ?「あぁ、ありがと。でも、私の方が少しハンサムだろ。」
Oh, no, you're not gonna start crying, are you ? I don't think I could deal with that right now.
「頼むよ、泣き出さないでくれよ。今はもう手一杯なんだ。」
Annie : Do you like kids ?「子どもは好き ?」　　　Jack : On a case by case, basis.「ケースバイケースだな。」
Annie : Do you know how to make chocolate milk ?「チョコレートミルクの作り方知ってる ?」
Jack : I think I could figure it out.「できると思うよ。」
Annie : Promise you won't kidnap me and my brother and plant stuff in our brains ?
「私と弟を誘拐して、頭に機械を埋め込まないって約束して。」　　Jack : Sure.「もちろんだよ。」
Annie : Welcome to earth.「地球へようこそ。」

約3分間の場面です。学習ポイントがたくさん出ているのがわかるでしょう。最後のセリフを言うアニーの表情がとても可愛いです。パパが本物のエイリアンと思っているのです。そして後半、別れを告げるために、眠っているアニーに向かってジャックは、"I'm going back to the mother ship." と言っています。　　　　　　　　（Chap.15 101:10）

あらすじ

1987年、ニューヨークのケネディ空港で、2人の男女が旅立ちの別れをしようとしていました。男の名はジャック。ロンドンでの1年間の金融関係の研修へ行こうとしているのです。出発直前に恋人のケイトは、思い留まるように頼むのですが、1年間で心変わりしないと言ってジャックは旅立っていきました。

13年後、ジャックは事業に成功し、ニューヨークのペントハウスに住み、フェラーリを乗り回し、優雅な独身生活を送っていました。ところが雪の舞うクリスマス・イブの晩に、コンビニで知り合ったキャッシュと名乗る黒人の若者に、これから起こることは自分自身が招いたことだと言われます。

翌朝ジャックが目覚めたベッドには、別れたはずのケイトが寝ていて、6歳の娘アニーと18ヶ月の息子ジョシュもいるのでした。家はジャージーの一般家庭で、仕事はタイヤのセールスマン。保育園の送り迎えやオムツの交換、犬の散歩もあり、そして自家用車はミニバン。今までの優雅な生活とは一変します。しかし、愛する妻と可愛い子どもたちに囲まれて、次第に本当の幸せを実感していくことになります。そう思うようになった時に、コンビニでキャッシュに再会し、もとの生活に戻らなければならなくなります。そこでジャックは、今やり手の弁護士として働いているケイトのもとへ駆けつけ、パリに転居する彼女と空港でじっくりと話をしようとするのでした。

映画情報

製 作 年：2000年（平成12年）
製 作 国：米国
配給会社：ギャガ・ヒューマックス
サターンファンタジー映画賞主演女優賞受賞
言　　語：英語

公開情報

公 開 日：2000年12月12日（米国）
　　　　　2001年 4月28日（日本）
上映時間：125分
MPAA（上映制限）：PG-13
音　声：英語・日本語　　　字　幕：日本語・英語

薦	○小学生　●中学生　●高校生　●大学生　●社会人	リスニング難易表	発売元：NBCユニバーサル・エンターテイメントジャパン（平成27年2月現在、DVD発売なし）中古販売店等で確認してください。
お薦めの理由	もし、あの時別の選択をしていたら・・・？そんなことは年齢に関係なく誰しも考えたことがあるでしょう。 　ニューヨークの超高級マンションの最上階に住み、車はフェラーリ。そんな生活から一転してごく普通の庶民の生活へと変化してしまいますが、実はそんな普通の生活が本当の幸せということに気づかされます。クリスマス・イブの夜に起きる不思議なファンタジーを十分に楽しめる作品です。	スピード　3 明瞭さ　3 米国訛　2 米国外訛　3 語彙　3	
英語の特徴	全体にわたって話されるのは、一般的な米国英語で、大人同士の会話は速く、俗語も出てきて難しく感じますが、子どもとの会話の英語は容易で、教科書で習う表現も多々使われており、理解しやすくなっています。 　また、夫婦間でのやりとりは、日常生活に欠かせない言い回しが多く含まれているので、その点でも英語学習に向いているといえます。	専門語　2 ジョーク　2 スラング　3 文法　3	天使のくれた時間 デラックス版

授業での留意点

○ 'What if ... ?'「もし〜なら？」を使って次のような文を紹介してみましょう。
　① What if you made different choices ? 「もし、別の選択をしていたら？」
　② What if you said yes instead of no ? 「もし、ノーではなくイエスと言っていたら？」
　③ What if you got a second chance ? 「もし、選び直せるなら？」
この3つは、この映画のテーマとも言えます。'What if ... ?'は中学では習いませんが、発展学習として生徒たちに分岐点となった時のことを考えさせてみてはどうでしょう。日本語訳は書かなくても理解できると思います。

○ この映画を観ると、男の子はきっとケイトみたいな女性に憧れるのではないでしょうか。ケイトの心のこもったセリフに焦点を当ててみましょう。
　① "And then I realize I've just erased all the things in my life that I'm sure about, you and the kids."
　「すると今の私にとって確かなものがすべて消えてしまうことがわかるの、あなたと子どもたち。」
これは、「結婚しないで自分のキャリアを磨いていくことを考えたことがあるのか」とジャックに言われ、考えたことがあると答えた後のセリフです。田舎で公共のために無給で働く弁護士のケイトは、贅沢な暮らしよりも、愛するジャックと子どもたちを選んだということがわかります。　　　　　　　　　　　　　　　　　　　　　（Chap.12 79:27）
　② "That's all I wanted to hear."「それが聞きたかったのよ。」
結婚記念日を忘れたジャックは、誠意をこめてホテルで食事をし、部屋でシャンペンを開け、ジャックの"All the time, I never stopped loving you."「ずっと君を愛すのを止めたことはなかったよ。」の言葉を受けてのセリフです。'hear'を他の語に置き換えれば、用途は多いです。　　　　　　　　　　　　　　　　　　　　　　（Chap.12 81:25）
　③ "If you need this, Jack, if you really need this. I will take these kids from the life they love and I'll take myself from the only home we've ever shared together and I'll move wherever you need to go. I'll do that because I love you. I love you. And that's more important to me than our address. I choose us."
　「ジャック、もし、これが本当に必要なら。私は子供たちを大好きな場所から引き離して、私自身も一緒に暮らしてきた家を離れて、あなたが必要なところへあなたについていくわ。だってあなたを愛してるから。本当よ。それが住所よりも大切なの。私は自分たち2人を選ぶわ。」　　　　　　　　　　（Chap.14 96:15〜）
長い文章なので、大意をつかむことができれば十分です。大意がわかったところで、セリフをすべて示し、難解な語は出ていないことを確認させましょう。献身的なケイトならではのセリフです。

映画の背景と見所

○ ニューヨークのウォール街で成功し、超高級マンションのペントハウスに居を構える主人公のジャックが、歌を口ずさみながら着替える場面の曲はヴェルディの歌劇「リゴレット」です。
○ ニコラス・ケイジ扮する主人公のジャックが乗るフェラーリは、実は本当にニコラス・ケイジが所有していた車だったそうです。
○ クリスマス・イブの晩に訪れる不思議な出来事といえば、チャールズ・ディケンズの『クリスマス・キャロル』が有名です。この作品のように、今の主人公の立場を、天使が舞い降りて別の世界を主人公に見せて人生の意義を悟らせるフランク・キャプラ監督の『素晴らしき哉、人生！(It's a beautiful life 1946年)』や、『天使のくれた時間』の逆を行く、ありふれた生活から一転して夢のような日々を送る『Mr.デスティニー(Mr. Destiny 1990年)』を鑑賞してはどうでしょう。
○ ジャックがおしめを替える場面で、ジョシュがおしっこをしてしまうところは、脚本にはありませんでした。
○ 天使のような赤ん坊のジョシュと、お茶目で可愛らしい娘のアニーはどうなってしまったのだろう。と、誰もが考えてしまうのではないでしょうか。本当は実在しない子どもたちと思うと、悲しくなりますね。

| スタッフ | 監督　：ブレット・ラトナー
製作　：マーク・エイブラハム他
脚本　：デヴィッド・ダイアモンド
　〃　　デヴィッド・ワイスマン
製作総指揮：アーミアン・バーンスタイン他 | キャスト | ジャック　：ニコラス・ケイジ
ケイト　：ティア・レオーニ
キャッシュ：ドン・チードル
アーニー　：ジェレミー・ピヴェン
アニー　：マッケンジー・ヴェガ |

| トランスフォーマー | Transformers | （執筆）一月　正充 |

セリフ紹介

　子どものころに夢中になって遊んだ方も多いかと思います。元々は日本発である玩具が米国で人気を博し、アニメ化。逆輸入されたアニメは日本でも大人気となり、ついには映画になって帰ってきました。映画の台詞にはそんな経緯を感じさせるものが要所に盛り込まれています。

○　Bobby: Let me tell you something, son. A driver don't pick the car. The car'll pick the driver. It's a mystical bond between man and machine.
　　「乗る人が車を選ぶんじゃない。車が人を選ぶんだ。人と機械の神秘的な絆だな。」（Chap.3 13:20）
　サムとバンブルビーが出会う場面です。半ば強引ではありますが、サムは確かに車に選ばれています。

○　Mikaela: What is it?「あれ何？」（Chap.10 55:09）
　　Sam　　: It's a robot. But like a, like a different, you know, like a super-advanced robot. It's probably Japanese. Yeah, it's definitely Japanese.
　　「ロボットだ。だけど、超最先端のロボットだよ。たぶん日本製だ。日本製に決まってる。」
　日本＝先端技術というイメージと、この作品の原点が日本にあるという2つの意味が込められていますね。

○　Simmons: Nokias are real nasty. You've got to respect the Japanese. They know the way of the Samurai.
　　「ノキアのが一番凶暴だ。日本の製品はスゴい。さすがはサムライの国だ。」（Chap.17 1:40:20）
　ノキアはフィンランドのメーカーですが、ここでも海外が持つ日本製品のイメージが色濃く表現されています。

学習ポイント

　英語らしい便利な表現方法や中学で学ぶ内容などをまとめてみました。

○　Sam: Very famous explorer. In fact, he was one of the first to explore the Arctic Circle, which is a big deal.
　　「探検家で、最初に北極圏を探検した一人だ。」（Chap.3 09:26）
　日本人が使いこなすには慣れが必要ですが、情報を追加するwhichの用法です。英語では頻繁に使用されます。

○　Mom: Ron, this one is uneven.「ロン、これデコボコよ。」（Chap.4 18:09）
　　Dad : Yeah. Probably.「うん。そうかもな。」
　　Mom: This one is wobbly.「こっちはぐらついてる。」
　　Dad : Yeah. I'll take care of that real soon.「うん。すぐに直すよ。」
　特に難しい文法や単語は存在しませんが、代名詞oneの使い方としてとても分かりやすいものになっていますね。

○　Sam: So, listen, I was wondering if I could ride you home. I mean, give you a ride home in my car, to your house.
　　「よければ家まで乗ってくよ。いや、そうじゃなくて、家まで乗せてくよ。」（Chap.5 22:01）
　語順を間違えると、まったく意味が変わってしまうことがあります。I was wondering if…という遠回しな提案の仕方や、簡単な単語の組み合わせによる表現 'give someone a ride home' も覚えておきたいですね。

○　Sam: Look, I can't be any clearer than how crystal clear I am being. It just stood up.
　　「さっきから話してるのに何で分からないの？立ちあがったんだよ。」（Chap.7 38:00）
　はっきりしている（不透明ではなく、透明である）ことを強調するためにcrystal clear（クリスタルのように透明）という表現を使用しています。英語ではしばしば使われる比喩の一種です。

○　Girl: Excuse me, are you the tooth fairy?「ねえ、あなたが歯の妖精さん？」（Chap.11 1:01:07）
　乳歯が抜けたとき、日本でも地中に埋めるなど地域によっていろいろな風習が存在します。古く西洋では、抜けた歯を枕の下に置いておくと、眠っている間に歯の妖精が現れてその歯を引き取り、代わりにコイン（お金）を置いていくという言い伝えがあります。

○　Optimus: We've learned Earth's languages through the World Wide Web.
　　「地球の言葉はインターネットで学んだ。」（Chap.11 1:03:20）
　ロボットはそれぞれ特徴的な話し方をします。その理由はインターネットで言葉を学んだからなのですが、オプティマスの英語はとても落ち着いていて聞き取り易いです。Webの発音などは特に注目です。

あらすじ

　全ては1897年、探検家のアーチボルト・ウィットウィッキーが南極でクレバスに落下し、未知の生命体を発見したことから始まります。彼が発見したのは、惑星サイバトロンから「オールスパーク」という物質を追って地球にやってきた金属生命体でした。「オールスパーク」はあらゆる金属に生命を与えることのできる奇跡の物質であり、悪の軍団ディセプティコンのリーダーであるメガトロンは、この「オールスパーク」を使って軍団の兵を増やそうと企んでいました。しかし惑星サイバトロンには悪の軍団に立ち向かう「オートボット」達がおり、金属生命体の運命を握る戦いの舞台は「オールスパーク」が墜落した地球へと移ることとなります。そしてアーチボルトの子孫であるサム・ウィットウィッキーは訳も分からず彼らの戦いに巻き込まれていきます。
　サムは冴えない16歳の高校生。車を買うお金のために祖先の遺品をインターネットオークションにかけるのですが、そこから身元が割れ、メガトロンの手先に狙われることになります。そしてオートボットや地球の運命が彼の手に委ねられることになるのですが…
　本作は2009年発表の「トランスフォーマー・リベンジ」へと続きます。第2作では大学生になったサムを巻き込んだ物語が全世界を舞台に、更に大きなスケールで展開されます。

映画情報

製 作 年：2007年（平成19年）
製 作 国：米国
配給会社：パラマウント映画
製作会社：ドリームワークス
製 作 費：1億5,000万ドル

公開情報

公 開 日：2007年7月3日（米国）
　　　　　2007年8月4日（日本）
上映時間：143分
MPAA：PG-13
音　声：英語・日本語　　字　幕：日本語・英語

薦	○小学生 ●中学生 ●高校生 ●大学生 ●社会人	リスニング難易表		発売元：パラマウント ジャパン（平成27年2月現在、本体価格）DVD価格：1,429円　ブルーレイ価格：2,381円

お薦めの理由	日本でも有名なアニメシリーズの映画版です。長く実写は不可能とされてきましたが、最新のCG技術等により細部までリアルに作られ、「もし自分の車がこうだったら…」と、観るものを映画の世界に引き込んでいきます。子どもの頃にトランスフォーマーに夢中になった大人から、今まさに夢中になっている子どもまで、幅広い年齢層の方々に楽しんでもらえる作品となっています。	スピード	2
		明瞭さ	3
		米国訛	3
		米国外訛	2
英語の特徴	主人公のサムは若干早口ですが、発音は比較的聞き取り易いと思います。それに比べ、ロボットたちは全員が一定の速度で話し、発音も明確なものが多いので、中学生でも容易に耳に入ってくるのではないでしょうか。Optimus: Sorry. My bad.「私が悪かった。」(Chap.12 1:10:28)のように、すぐに日常で使用できる口語表現も含まれており、全体的に難しい文法等は少ないです。	語彙	3
		専門語	2
		ジョーク	3
		スラング	2
		文法	2

授業での留意点	以下、授業において使用できそうな内容を挙げてみました。 ○ 単語の構成を考える！（Chap.4 15:55） 　Man : Guys, that's the secretary of Defense.「みんな、あれは国防長官だぞ。」 　Man2: I am so underdressed.「オレ、こんな服で…」 　underとdressという簡単な単語を組み合わせることで別の単語が出来上がります。単語のスペルと意味を丸暗記するのではなく、その構成にも興味をもってもらうきっかけになればいいですね。 ○ 日本語だって英語で使われています。（Chap.9 45:36） 　Maggie: I am sorry to bother you.「ちょっといい？」　　Glen: Maggie?「マギー？」 　Maggie: Listen, I need your help.「あなたの助けが必要なの。」 　Glen : No! This is my private area, my place of Zen and peace.「だめ！ここはオレの禅と平安の空間だ。」 　「禅」という言葉は見合う英訳がなく、英語でもそのままzenとして取り入れられています。Rickshaw（人力車）や最近のものではanime、karaokeなど、日本語由来の英語や外国語由来の日本語について調べてみるのもいいでしょう。 ○ 新しい英語表現を自分で作る！（Chap.9 46:25） 　Glen : How classified?「どの程度機密だ？」 　Maggie: Like "I will go to jail for the rest of my life for showing you" classified. 　　　　　「"人に見せたら一生刑務所暮らし"級の機密よ。」 　英語は言語であり、言語は常に変化を続けています。英語では上記のように文章と単語をつなげることで自分なりの表現を簡単に作り上げることができます。classifiedの部分をimportantやsorryなどの単語に入れ替えて、自分の大切なものや反省の度合いなどを自分なりの言葉で説明すると面白いのではないでしょうか？ ○ 二つの動詞を並べて使う、動詞goの用法（Chap.10 57:07） 　Sam : Why don't you go sit in that seat, there?「運転席に座ったら？」 　Mikaela: I'm not going to sit in that seat. He's driving.「だめよ。"彼"が運転してるじゃない。」 　今いる場所から移動して（go）何かをする（do）ときには、上記のようにgo sitという表現が可能です。go watchやgo getなどですね。本来はandが間にあるのですが、現在形や未来形（will、be going to）の場合はandを省略することができます。ただし、過去形ではwent and watchedのように省略できません。

映画の背景と見所	過去に何度か実写化は企画されましたが、映像面の問題や物語の展開が困難であるなど、様々な理由から実現することはありませんでした。しかし実写化を望む声は根強く、映画会社の強い希望もあり、2007年にようやく映画化されました。元々は日本のタカラトミーが1980年代前半に発売した変形ロボットを米国の玩具メーカーであるハズブロが「Transformers」として米国で展開。人気を博した同玩具は他社の変形ロボットと共に「トランスフォーマー」として日本に逆輸入され、日本でも人気となりました。そのため映画のキャラクター作りはタカラトミーが間接的に協力をし、総勢20人ほどのデザイナーによってオリジナルにできるだけ忠実なキャラが作成されました。 　ロボットの変形時には多くの部品が動きますが、この映像を手掛けたのは日本人の3DCGアーティストである山口圭二氏です。あまりにも複雑な動きを一度に行うため、作成当初は300台のパソコンが負荷に耐えられずに一斉停止してしまったこともあるそうです。 　トランスフォーマーシリーズは本作を皮切りに、『トランスフォーマー・リベンジ（2009年）』、『トランスフォーマー・ダークサイド・ムーン（2011年）』、そして『トランスフォーマー・ロストエイジ（2014年）』の計4作品がこれまでに発表され、世界中にトランスフォーマー旋風を巻き起こしています。

スタッフ	監　督：マイケル・ベイ 製　作：ドン・マーフィー 原　案：アレックス・カーツマン 脚　本：アレックス・カーツマン 撮　影：ルーカス・エリントン	キャスト	サム・W　　：シャイア・ラブーフ ミカエラ　　：ミーガン・フォックス ロン・W　　：ケヴィン・ダン ジュディ・W：ジュリー・ホワイト ジョン・ケラー：ジョン・ヴォイト

ナイト ミュージアム / Night at the Museum

(執筆) 松葉　明

セリフ紹介

テディこと、セオドア・ルーズベルトの意味深長なセリフを紹介します。　　（Chap：チャプター番号と時間）

○ "Nothing impossible. If it can be dreamed, it can be done."　　　　　　　（Chap.8 37:45～）
「不可能なものは何もない。もし夢に描けば、それは実現されるのだ。」
博物館の展示物が蘇り、主人公のラリーが弱音を吐いたときに彼を鼓舞しようとしたときのセリフです。

○ "Some men are born great. Others have greatness trust upon them. For you, this is that very moment."
「ある者は生まれながらに偉大である。またある者は偉大であることを強いられる。君にはまさにその時だ。」
自信のなさそうなラリーに、テディーがこう語ります。'Some ○○, others ××.' は、（Chap.8 39:20～）
「ある者は○○で、またある者は××。」という熟語です。また、'Some men are ・・・ upon them.' の部分はシェークスピアの『十二夜』「生まれながらに偉大な人もいれば、偉大さを勝ち取った人、また、偉大であることを強いられた人もいる。」からの引用です。教養のある人は、シェークスピアを引用することが多いです。

○ "Every great journey begins with a single footstep." 「あらゆる偉大な旅は一歩から始まる。」（Chap.14 64:40）
諺の「千里の道も一歩から」を連想させる言葉です。

○ "With great victory comes great sacrifice." 「偉大な勝利には多大の犠牲がつきものだ。」　（Chap.22 97:52）
皆の協力で石版を取り戻したものの、犠牲となった２人を悲しんだラリーに向けてのセリフです。強調のために倒置法が用いられています。

学習ポイント

○ お猿のデクスターとケンカばかりしているラリーに、テディーがお手本を示します。　（Chap.14 63:52～）
Teddy : You have to deal with this creature with love and respect. (To Dexter) May I have the keys, dear friend ?
「この生き物には愛と尊敬の念をもって接しないといかん。鍵をくれないかな、親愛なる友よ。」
この直前に、ラリーとお猿のデクスターがお互いに平手打ちをする場面は、おもしろい場面のひとつです。

○ イースター島のモアイ像が、騒いでいる群衆を一喝します。　　　（Chap.19 84:53～85:05）
Easter Island Head : Qui-i-i-i-e-e-e-e-et !　「しーずーかーにー！」
英語と日本語の表記を比べてもおもしろいです。ひとつの単語を約10秒間にわたって大きな声で叫ぶとこんな感じです。

○ ラリーがレベッカに、テディとサカジャウィアを紹介する場面です。　　（Chap.22 96:41～）
Larry　　　　: Excuse me. President Roosevelt, this is my friend, Rebecca.
　　　　　　　「失礼します。ルーズベルト大統領閣下、こちらは私の友人のレベッカです。」
Teddy　　　 : An honor.「光栄です。」
Rebecca　　 : Hi.「こんにちは。」
Larry　　　　: And this is Sacaja-waya.「そしてこちらがサカジャ ウェアです。」
Teddy & Rebecca : -wea.「ウィア。」
Larry　　　　: -wea. I think, uh, she has a few questions she wants to ask you.
　　　　　　　「ウィア。えっと、レベッカが君にいくつか尋ねたいことがあるそうだ。」
Rebecca　　 : You rock. I am a big fan !「すっごい！　私あなたの大ファンなの。」
Sacajawea　 : What would you like to know ?「何がお聞きになりたいのかしら？」
Rebecca　　 : Well, I mean, I don't know where to start, but, ah,...
　　　　　　　「えぇっと、どこから始めたらいいのかわからないわ、でも・・・。」
中学１年の始めに「人を紹介する」文を、中学３年では丁寧な表現 'would you like to' や、'where to ～' のような、疑問詞＋to 不定詞を習います。

○ この映画には、初対面で挨拶を交わす場面が多く出てきます。それぞれではどんなことを言っているのか、注目しましょう。

あらすじ

　ラリー・デリーはいつも仕事が長続きしないダメ男でした。離婚した妻エリカとの間の10歳になる一人息子のニッキーとは、月に数回しか一緒に過ごすことができません。しかも、エリカに安定した職に就くまでは会うことはできないと言われてしまい、職業安定所の紹介で博物館の夜警の仕事に就きます。ラリーが行くと、そこで働いている意味ありげな老警備員は、鍵束、懐中電灯、警備のマニュアルを彼に渡すと、さっさと帰ってしまうのでした。
　その夜、居眠りから目覚めたラリーが警備を始めると、なんとティラノサウルスの骨格模型が給水器で水を飲んでいるではありませんか。そればかりではありません。展示されている歴史上の人物たち、剥製の動物たち、そしてジオラマの人形たちまで動き出す始末です。そんな窮地に陥ったとき、助けてくれたのはテディこと、アメリカ第26代大統領セオドア・ルーズベルトの蝋人形でした。そのテディから、博物館内の展示物はみな、夜になると命を授けられ、動き出すということを知るのでした。
　早速、歴史について勉強し、対策を考えて２日目の晩を迎えるのですが、館内は大混乱になってしまいました。なんとかクビを免れたラリーでしたが、息子のニッキーを呼んで夜の博物館を案内しようとします。ところが展示物は動き出そうとしません。そこには老警備員たちの企みがあったのです。

映画情報

製　作　年：2006年（平成18年）
製　作　国：米国
配給会社：20世紀フォックス
言　　　語：英語
第33回サターン賞ファンタジー賞ノミネート

公開情報

公　開　日：2006年12月22日（米国）
　　　　　　2007年　3月17日（日本）
上映時間：108分
MPAA（上映制限）：PG
音　声：英語・日本語　　字　幕：日本語・英語

薦	●小学生　●中学生　●高校生　○大学生　○社会人	リスニング難易表		発売元：20世紀 フォックス ホーム エンターテイメント ジャパン （平成27年3月発売予定、本体価格） DVD価格：1,419円　ブルーレイ価格：1,905円
お薦めの理由	博物館は学びの宝庫といえます。ニューヨークの米国自然史博物館を舞台に、過去から現在まで楽しみながら歴史を学べる題材に溢れています。 　子どもたちにとっては、恐竜のティラノサウルスや、デクスターことノドジロオマキザルに目が行きがちですが、テディことセオドア・ルーズベルトや、サカジャウィアはどんな人物だったかに、目を向けさせたいものです。	スピード	2	
		明瞭さ	1	
		米国訛	1	
		米国外訛	2	
英語の特徴	生まれも育ちもニューヨークの主人公、ラリーが話す英語は、標準的な米国英語で、非常にカジュアルです。一方、テディの話す英語は年代からいっても対照的な格調高いもの、訓戒めいたものになっているので、比較してみると興味深いものとなります。 　また、ラリーが恐竜や猿に語りかける英語は、特に平易なので、英語学習初心者に適しています。	語　彙	2	
		専門語	2	
		ジョーク	1	
		スラング	2	
		文　法	3	

授業での留意点	○　中学校では習わない、けれど役に立ちそうな、短い単語、決まり文句に注目してみましょう。 ①　'He's the one.'「彼はうってつけだ。」(Chap.3 14:14) セシルが同僚のレジナルドに、ラリーのことを表現したセリフがこれです。これは映画『マトリックス（Matrix）1999年』で、モーフィアスが主人公ネオのことを指して「彼こそが選ばれし者だ。」と言うときに使っていました。 ②　'Moving on.'「行くぞ。」(Chap.4 16:02) これは、老警備員の一人のセシルの口癖です。ここを初出に、この映画全般に繰り返し出てきます。 ③　'Neat.'「かっこいい。」(Chap.4 16:18) ラリーがセシルに館内のエジプトの墓石を案内してもらったときに、言っています。中学校で習う 'Cool' や、会話によく使われる 'Awesome' と併せて覚えましょう。 ④　'Fetch.'「行って取ってくる。」(Chap.5 24:04〜) 犬などのペットに飼い主が行う遊びのひとつに 'Play fetch.'(Chap.5 24:10) があります。ちなみに「キャッチ・ボール」は 'play catch' と言います。 ⑤　'No way.'「まさか、うそだろ、ありえない等々」(Chap.6 24:34) ここではマンモスが歩いていたり、鷲が飛んでいたりするなど、信じられないことを見たときに思わずラリーがもらす言葉として使われています。また、強い否定や拒否（嫌だよ等）を表すときにも、よく使われる言い方です。 ⑥　'Say hello to your little friend !'「これでもくらえ！」(Chap.8 40:07) 'say hello to 〜' は、「〜によろしく言ってください」という中学で習う熟語です。しかし、これはブライアン・デ・パルマ監督作品の映画『スカーフェイス（Scarface）1983年』に出てくる決まり文句の引用で、相手に銃を撃つときに用いられていました。ここではラリーに指でつまみ上げられたジオラマ人形のジェデダイアが使っています。 ⑦　'handsome woman'「きりっとした女性、凛々しい女性」(Chap.12 56:35) テディがサカジャウィアのことを表す言い方です。'handsome'（ハンサム）は、日本では顔立ちのよい男性にしか用いられませんが、英語では女性に対しても「知性や品性が備わったとき」に用いられます。ちなみに、「ハンサム・ウーマン」として、同志社大学創立者である新島襄の妻、新島八重に使われていました。 ⑧　'Duck!'「伏せろ！」(Chap.8 40:42) ジェデダイアがラリーに向かって、Chap.17 79:19のところでは、ラリーが息子のニッキーに言っています。'duck' といえば、もちろん「アヒル」を指しますが、水にもぐるときの様子から、そんな動作も表すわけです。しかし、大きな声で「ダッ！」と言われたときは、瞬時に身を伏せることが必要です。'Freeze!'（動くな！）と同様、命に関わることなので、海外に行く生徒には熟知させたいです。

映画の背景と見所	○　この映画の舞台となった米国自然史博物館（American Museum of National History）は、ニューヨークのセントラルパーク西側に位置する4階建ての建物で、標本や模型の総数は3,400万点以上あり、その2％程度が展示されているといわれます。 ○　この映画の準主役となるテディことセオドア・ルーズベルトは、第26代アメリカ大統領です。大の日本びいきで、新渡戸稲造の『武士道』を愛読し、日露戦争のポーツマス条約締結に尽力したことで有名です。また、ぬいぐるみのテディベアは、彼の名前からつけられ、10月27日の彼の誕生日はテディベアの日になっています。 ○　サカジャウィアの名は、日本ではこの映画で知られるようになったと思います。ポカホンタスと並び、有名な米国先住民の女性です。1805年、当時の第3代アメリカ大統領トーマス・ジェファーソンの命により、北米大陸西部を調査探検したルイス＆クラークを助けました。 ○　年代は様々ですが、他の登場人物を調べてみましょう。主人公のラリーもこの映画のChap.10 48:45〜のところで、一所懸命に勉強している様子が描かれています。 ○　Chap.3での職業安定所のコンサルタント役の女性デビーは、ベン・スティラーの実母です。

スタッフ	監　督：ショーン・レヴィ 原　作：ミラン・トレンク 製　作：クリス・コロンバス他 脚　本：ロバート・ベン・ガラント 撮　影：ギレルモ・ナヴァロ	キャスト	ラリー　　：ベン・スティラー テディ　　：ロビン・ウィリアムズ セシル　　：ディック・ヴァン・ダイク レベッカ　：カーラ・グギーノ セシル　　：ディック・ヴァン・ダイク

ナイト ミュージアム 2 Night at the Museum: Battle of the Smithsonian

（執筆）松葉　明

セリフ紹介

主人公ラリーと、テディことセオドア・ルーズベルトの会話です。　　　　　　　（Chap：チャプター番号と時間）
○ "Sometimes it's more noble to tell a small lie than deliver a painful truth."　　　　（Chap.4 13:41）
「時には残酷な現実を伝えるより、小さな嘘を言うことの方がよいことである。」
これは、テディこと第26代アメリカ大統領のセオドア・ルーズベルトがラリーに語ります。日本でも「嘘も方便」という諺があります。因みに、「罪のない嘘」は'white lie'、「悪意のある嘘」は'black lie'と言います。
○ "The key to happiness, to true happiness, is " 「幸せ、本当の幸せへの鍵は…」　　（Chap.4 14:40）
テディがラリーに語りかけ、日本からの携帯電話で中断してしまいます。この後、場面がニューヨークからワシントンに移り、事件を解決し、無事に戻ってきたラリーが次のように言います。　　　（Chap.23 93:45～）
"The key to happiness is, I think I got it figured out. It's doing what you love, isn't it ? With people you love."
「幸せへの鍵は、僕はわかった。それは大好きなことをするってことだろ。それも大好きな人と。」
これに対してテディはそっけなく、こう答えています。
"Actually, I was going to say 'physical exercise', but the love thing's good, too."
「実は'適度な運動'と言うつもりだったんだが、大好きなことっていうのもいいな。」
ラリーは今回の事件で経験したことから、意味深いことを言いますが、実はテディはそこまで考えていなかったというところがおもしろいです。

学習ポイント

この映画を表しつつ、英語入門期の生徒でもわかる箇所を紹介します。
○ Larry　：Where's that ?「そこはどこ？」　　　　　　　　　　　　　　　　　　（Chap.3 8:15）
　Dr. McPhee：Washington, D.C. The Smithsonian.「ワシントン,D.C.だ。スミソニアンだよ。」
中学1年生の1学期に習う表現です。地図で場所を確認しましょう。
○ Nick : The Smithsonian is actually 19 different museums.「スミソニアンは19もの異なった博物館だよ。」
ラリーが息子のニックに、スミソニアンの情報を聞いたときの返答です。スミソニアンが、　（Chap.5 16:58）
いかに大きな博物館群であることがわかります。
○ Custer : We're Americans ! We don't plan, we do ! Act first, think later ! Works every time !（Chap.9 32:35）
　　　　　「我々はアメリカ人だ！　作戦などない、行動あるのみ！　まず行動し、後で考える！　いつもそうだ！」
無謀で、リーダーとして不適格だったカスター将軍自身がわかるセリフです。
○ Amelia : I was the first woman to fly the Atlantic !「私が大西洋を飛んだ初めての女性なのよ。」（Chap.9 33:39）
中学3生用の基本文型ともいえる一文です。単語を置き換えると、「私が〇〇をした初めての××と表現できます。因みに'woman'を'man'に置き換えるとリンドバーグ(Lindbergh)を表す文になります。
○ Lincoln : I must be honest.「私は常に正直である。」I never lie !「決して嘘はつかない。」
　　　　　　　　　　　　　　　　　　　　　　　　　　　　　　　　　　（Chap.16 62:00,62:52）
今でも歴代大統領の中で、人気の高いリンカーンならではのセリフではないでしょうか。
○ Einstein : That's an easy one. The answer's in the question.「それは簡単じゃ。答えは質問の中にある。」
ラリーとアメリアが、石版の秘密を聞きにきたときのセリフです。20世紀を代表する天才アインシュタインをよく表しています。　　　　　　　　　　　　　　　　　　　　　　　　　　　　　　　（Chap.18 65:58～）
○ Larry : Are you all right ?「大丈夫？」　　Amelia : Never better.「最高だわ。」（Chap.22 86:00～）
乱闘の末、なんとか石版を守ったラリーとアメリアの会話です。'never better'は、体の調子を尋ねられたときに使う'I have never felt better.'「今までになく元気だ、最高だ。」を短くした表現です。
○ Easter Island Head : Hey, you Dum-Dums bring me Gum Gum ?　　　　　　　　（Chap.23 96:04～）
　　　　　　　　「おい、そこのボケボケ、おれにガムガムをくれないか？」
前作でも登場するモアイ像はガムが大好きです。

あらすじ

ニューヨークの米国自然史博物館での騒動から2年後、ラリーは発明品の会社を興し、順調に売り上げを伸ばしていました。一方、ハイテクの時代を迎え、米国自然史博物館の展示物はホログラム化され、不要になった展示物はワシントン,D.C.のスミソニアン博物館の地下倉庫に輸送されることになります。そんなある日、ミニチュアのジェデダイアからラリーに助けを求める電話が入ります。あの不思議な力をもつ石版も地下倉庫に移され、そこのあらゆる展示物が生き返ってしまったからでした。
急いでスミソニアンに向かったラリーは、地下倉庫で3000年の眠りから蘇った古代エジプト王カームンラーの、世界征服の野望を知ることになります。カームンラーには、ナポレオン、イワン雷帝、ギャングのアル・カポネ等がその傘下に入ります。それに対しラリー側には、女性で初めて大西洋を飛行機で横断したエミリア・ハート、ネイティブ・アメリカン征伐で悪名の高いカスター将軍等が味方になり、スミソニアン博物館を舞台に大乱闘を繰り広げます。リンカーン、ダイオウイカ等の助太刀でラリーたちの勝利に終わり、無事ニューヨークに戻ることになります。自分にとって天職は博物館のガードマンであることを悟り、米国自然史博物館で仕事を再開します。すると、そこに意外な人物と運命の再会をすることになるのでした。　　　　　　　　　　　　　　　　　　　　　　　　　　　（Chap.23 97:38～）

映画情報

製作年：2009年（平成21年）
製作国：米国
配給会社：20世紀フォックス
ナイトミュージアム(2006年)の続編
日本国内2009年洋画興行収入ランキング1位

公開情報

公開日：2009年5月22日（米国）
　　　　2007年8月12日（日本）
上映時間：105分
MPAA（上映制限）：G
音　声：英語・日本語　　　字　幕：日本語・英語

薦	○小学生 ●中学生 ●高校生 ●大学生 ○社会人	リスニング難易表			発売元：20世紀 フォックス ホーム エンターテイメント ジャパン （平成27年3月発売予定、本体価格） DVD価格：1,419円 ブルーレイ価格：1,905円

お薦めの理由	前作の米国自然史博物館に続き、今回は世界一の規模を誇るスミソニアン博物館が舞台となっています。それを聞いただけでもわくわくしてきます。 　舞台の中心は、国立航空宇宙博物館で、歴史の浅い米国にとって、そこが誇れるものの中心であるのは当然のことでしょう。また、様々な登場人物が遊び心でいろいろな場面に現れるので、大人も十分に楽しめる作品となっています。	スピード	2
		明瞭さ	2
		米国訛	1
		米国外訛	2
英語の特徴	前作同様ラリーが話す英語は、標準的な米国英語で、非常にカジュアルです。アメリアの話す英語は年代的に古い言い回しはありますが、これも標準的な米国英語です。他のカームンラー等の話す英語は、外国人のはずですが、時に違和感なく理解しやすいです。 　相変わらずのテディと、今回登場のリンカーンの英語は、前作同様に格調高いものになっています。	語彙	2
		専門語	2
		ジョーク	2
		スラング	2
		文法	2

授業での留意点

ここでは少し長めの会話を学習しましょう。
○　カームンラー、アル・カポネ、イワン雷帝、そしてナポレオンたちの会話です。　　　　　　　　(Chap.12 40:29～)
Kah Mun Rah: Are there any questions？「何か質問は？」
Al Capone　　: Yeah, I got one. How come you're wearin' a dress?「ああ、1つある。なぜドレスを着てるんだ。」
Kah Mun Rah: This is not a dress. This is a tunic. It was the height of fashion 3000 years ago, I assure you. Are there any questions？「これはドレスではない。チュニックだ。3000年前の最新流行だぞ。他に質問は？」
Ivan the Terrible : Da. This-a dress you're wearing, do we have to wear one of these, too？
　　　　　　　　「ああ、君が着ているドレスだが、我々も着なくちゃいけないのか？」
Kah Mun Rah 　: Were you not listening？ I just told Mr. Capone here that this not a dress....
　　　　　　　　「聞いてなかったのか。ここにいるカポン氏に言ったようにこれはドレスじゃない…」
辞書で説明する点がいくつかありますが、いかつい4人のトンチンカンな会話が笑えます。
○　カスター将軍(General Custer)とラリー　　　　　　　　　　　　　　　　　　　　　　(Chap.22 81:46～)
Custer : I'm a failure.「私は落伍者なんだ。」　　　Larry : No, you're not.「いや、君は違うよ。」
Custer : Did you lead 208 Americans to their deaths in the Battle of Little Bighorn？
　　　　「君がリトルビッグホーンの戦いで208人のアメリカ人を死に追いやったのか？」
Larry :　 No.「いや。」
Custer: No not good, not good at all.「違う、よくない、全然よくない。」
Larry:　 That's not good.「よくないな。」
Custer:　Sure, I talk in a good game. But the truth of matter is I don't deserve these stars. I will always be famous for my biggest failure.「確かに、俺は口ではうまいことを言う。しかし、実のところ俺はこの星のバッジの資格はない。俺はいつまでも大失敗をしたことで有名であり続ける。」
南北戦争での英雄カスター将軍は、ネイティブ・アメリカン（昔でいうインディアン）との戦いでは功を焦るあまり、自軍を全滅させ、自らも絶命されたことで有名です。無謀な作戦の敢行は、この映画でもギャグになって表されています。

映画の背景と見所

○　前作がニューヨークの米国自然史博物館で、今回は首都ワシントン,D.C.のスミソニアン博物館です。スミソニアンは、合計19の博物館、美術館、動物園からなる世界一の博物館群で、日本人の感覚ではおそらく理解できないです。所蔵されているものは1億4,000万点を超えるともいわれ、そのうちの約2％が展示されています。しかも入館料はすべて無料で、一週間かけても十分に鑑賞することはできないと言われています。この映画では、地下室も見ることができるので、その点でも楽しめる作品です。
○　世界征服を企むカームンラー役のハンク・アザリアが、リンカーンと考える人も演じています。
○　3人の天使が歌う曲はビー・ジーズの『サタデー・ナイト・フィーバー』'More than a woman'とセリーヌ・ディオンの『タイタニック』'My heart will go on'です。聞いただけでわかった人は、映画通です。(Chap.12&14)
○　ラリーとアメリアが飛び込んでいく写真は、「勝利のキス 'Kissing on V-J Day'」です。ニューヨークのタイムズスクエアで、1945年8月14日（日本時間は15日）に撮影されました。　　　　　　　　(Chap.11 37:02～)
○　登場人物をより詳しく知るために、ぜひいろいろな資料と本で調べてみましょう。きっとこの映画を、前作も含めて何倍も楽しむことができるでしょう。

スタッフ	監　　督　：ショーン・レヴィ 製　　作　：クリス・コロンバス他 製作総指揮：ジョシュ・マクラグレン他 脚　　本　：トーマス・レノン 撮影監督　：ジョン・シュワルツマン	キャスト	ラリー　　　：ベン・スティラー アメリア　　：エイミー・アダムス テディ　　　：ロビン・ウィリアムズ ジェデダイア：オーエン・ウィルソン カームンラー：ハンク・アザリア

| ナショナル・トレジャー | National Treasure | （執筆）松葉　明 |

セリフ紹介

この映画の鍵となるセリフに着目しました。　　　　　　　　　　　　　（Chap：チャプター番号と時間）
○ The Secret lies with Sharlotte.「秘密はシャーロットとともに眠る。」　　　　　　（Chap.1 4:40）
　独立宣言文書に最後に署名したチャールズ・キャロルが、ベンの子孫トーマス・ゲイツに託した秘密の言葉です。ここから宝探し（トレジャー・ハント）が始まります。
○ The legend writ. The stain effected. The key in Silence undetected. Fifty-five in iron pen. Mr. Matlack can't offend.
　「伝説は書かれ、染みは浮き出て、沈黙の鍵は人目を逃れ、鉄のペンで書き込まれた55。マトラック氏は触れることができない。」　　　　　　　　　　　　　　　　　　　　　　　　　　　　　　　　（Chap.2 13:49～）
　シャーロット号の船内で発見した不思議なパイプに記された謎の言葉です。天才的な頭脳で、ベンはこのなぞなぞ（riddle）を解きます。どうしてこれが独立宣言文書（The Declaration of Independence）に辿りつくのでしょうか。詳しくは本編を観てください。
○ It means, if there's something wrong, those who have the ability to take action have the responsibility to take action.
　「それは、何かが間違っているとき、その間違いを正せる力をもつ者が正さなくてはいけないっていう意味だ。」
　　（Chap.3 27:30）
　主人公のベンが国立公文書館で独立宣言文書を声を出して読み、仲間のライリーがその意味がわからないと言ったときのセリフです。宣言文書には古い言い回しが使ってあることがわかります。

学習ポイント

中学生にも十分聞き取れる箇所を順に紹介します。
○ Ben Gates　：Grandpa！「おじいちゃん！」　　　　　　　　　　　　　　　　　　（Chap.1 1:28～）
　John Gates：You're not supposed to be up here, looking at that.「ここに来ちゃいかん、そんなのを見おって。」
　Ben Gates　：I just wanted to know.「僕はただ知りたかっただけなんだ。」
　映画の冒頭で、好奇心旺盛な子どものベンが屋根裏で何かを見つけたときに、背後に現れた祖父との会話です。
○ Abigail：You're treasure hunters, aren't you？「あなたたちはトレジャー・ハンターでしょ。」　（Chap.3 25:20）
　Ben　　：We're more like treasure protectors.「我々はどちらかといえばトレジャー・プロテクターだよ。」
　公文書館の管理責任者のアビゲイルに、独立宣言文書が危険であることを伝えたときの会話です。'aren't you' は最も基本的な付加疑問文です。
○ Ben　：I'm gonna steal the Declaration of Independence.「私が独立宣言文書を盗む。」（Chap.3 27:50）
　公文書館で独立宣言文書の素晴らしさを痛感したベンは、イアン一味が盗む前に自分の手で奪うことを決意したときのセリフです。'going to' は会話では 'gonna' となることが多いです。
○ Clerk：Are you trying to steal that？「盗むつもり？」　　Ben：Oh！Umm…？「あぁ。」　（Chap.6 45:02～）
　Clerk：It's thirty-five dollars.「35ドルよ。」　　Ben：For this？「これが？」
　Clerk：Yeah.「ええ。」　　Ben：That's a lot.「高いなぁ。」
　Clerk：Hey, I don't make the prices.「ねえ、私が値段をつけたわけじゃないわよ。」
　Ben　：That's umm…thirty-two…fifty-seven？「じゃあ、32ドルと57セント。」
　Clerk：We take visa.「ビザも扱ってます。」
　なんとか独立宣言文書を盗み出したベンですが、土産売り場でそれをレプリカと勘違いした店員に咎められる場面です。買い物での会話の練習になります。また、米国では現金を多く持ち合わせないことと、カード社会になっていることがわかります。このとき、カードを使ったことでベンの身元がわかる伏線になっています。
○ Kid：Is this real？「これって本物？」　　　　　　　　　　　　　　　　　　　　　（Chap.10 73:42）
　Ian：Just tell me what you told my friend.「私の友人に何を言ったかを教えてくれ。」
　ライリーが子どもを使って暗号の解読を行ったことに気づいたイアンが、その子に100ドル札をやって聞き出そうとしたときのセリフです。一般に、高額の100ドル札は日常使われていないので、日本とは違いますね。

あらすじ

　物語は1974年に遡ります。少年のベン・ゲイツは、屋根裏部屋で祖父から聞いたテンプル騎士団秘宝の話を、目を輝かせて聞くのでした。
　そして現在、大人になったベンは、富豪のパトロンであるイアンたちと、難破したと思われるシャーロット号を北極圏で発見します。そこに記された謎のメッセージから、宝の地図は独立宣言文書の裏に書いてあることを知るのでした。その文書を盗むというイアンの考えに反対したベンは、ラリーとともに殺されそうになりますが、なんとか窮地を脱します。
　ワシントンに戻ったベンは、独立宣言文書を守るためにイアン一味より先に盗み出し、財宝の在処を見つけだすために、ライリー、公文書館の管理責任者アビゲイルとともに奔走することになります。謎を解くヒントがまたヒントおよび、FBIも捜査に乗り出し一進一退の攻防が繰り広げられる展開となっています。
　舞台となるのは首都ワシントン,D.C.の国立公文書館とリンカーン記念館、フィラデルフィアの独立記念館、そしてニューヨークのトリニティ教会で、いずれも米国東部の町です。歴史の浅い米国ですが、その建国の歴史の一端に触れることができます。

映画情報

製　作　年：2004年（平成16年）
製　作　国：米国
配給会社：ブエナ・ビスタ
製作会社：ジェリー・ブラッカイマー・フィルムズ
次回作：ナショナルトレジャー2／リンカーン暗殺者の日記（2007年）

公開情報

公　開　日：2004年11月19日（米国）
　　　　　　2005年　3月19日（日本）
制　作　費：1億ドル
上映時間：131分　　　　MPAA（上映制限）：PG
音　声：英語・日本語　　字　幕：日本語・英語

薦	○小学生　●中学生　●高校生　●大学生　●社会人	リスニング難易表		発売元：ウォルト・ディズニー・スタジオ・ジャパン（平成27年2月現在、本体価格） DVD価格：1,429円　ブルーレイ価格：2,381円
お薦めの理由	1ドル札に記されたピラミッドとその上の目は何を表しているのでしょう？そして100ドル札の裏に描かれた時計塔の時刻は何時を指しているのでしょうか？ 　また、米国独立宣言文書、テンプル騎士団の秘宝、リンカーン記念館、独立記念館、そしてトリニティー教会と、米国国家成立の歴史を興味深く学べ、英語学習のネタを十分に堪能できる作品です。	スピード	3	
		明瞭さ	3	
		米国訛	2	
		米国外訛	2	
英語の特徴	全般的に標準的な米国英語です。大人中心の会話であり、謎解きの部分や、独立宣言文書の内容そのものは難しいです。しかし、登場人物のユーモア溢れる会話は楽しく、テンポよく進むストーリー展開に、思わず英語を学習している意識はなくなってしまうかもしれません。 　英語学習初心者には一見難しく思われますが、決まり文句を中心に聞き取れる部分は意外に多いです。	語彙	3	
		専門語	3	
		ジョーク	2	
		スラング	2	
		文法	3	

授業での留意点

生徒たちが喜びそうな話題の提供となる場面を取り上げてみましょう。
○　100ドル札の裏に描かれた独立記念館の時計は何時を指している？　　　　　　　　　　　　（Chap.10 72:48〜）

Abigail : What do you see?「何が見える？」　　　Ben : Two twenty-two.「2時22分だ。」
Abigail : What time is it now?「今何時？」　　　Clerk : Almost three.「もうじき3時。」
Abigail : We missed it.「遅かったわ。」
Riley　 : No, we didn't. We didn't miss it because… you don't know this? I know something about history that you don't know.「いや、違う。手遅れではない。だって…知らないの？　君たちが知らない歴史を僕が知ってるの？」
Ben　　 : I'd be very excited to learn about it, Riley.「はやく教えてほしいんだ, ライリー。」
Riley　 : Hold on one second, let me just take in this moment. This is … this is cool. Is this how you feel all the time? Because, you know, well except for now, of course.「ちょっと待ってよ。この瞬間。これっていい気分。君たちはいつもこんなふうなの？　だってもちろん今を別として。」
Abigail : Riley!「ライリー！」
Riley　 : All right. What I know is that daylight savings wasn't established until World War Ⅰ. If it's 3 p.m. now, OK, that means that in 1776 it would be 2 p.m.「わかったよ。僕が知ってるのは、サマータイム制度は第1次世界大戦まで制定されなかったってこと。もし今が午後3時とすると、1776年では午後2時になるってことだよ。」
Abigail : Let's go.「行きましょ。」　　　Ben : Riley, you're a genius.「ライリー、君は天才だ。」

100ドル札に描かれている人物は誰かを知っていても、その裏面の時計塔が何時を示しているかを知っている人は、ほとんどいないでしょう。授業でクイズにしてもおもしろいです。

○　サマータイム制度を最初に提案した人は誰でしょう。　　　　　　　　　　　　　　　　　　（Chap.10 73:35）

Riley　 : Do you actually know who the first person to suggest daylight savings was?
　　　　　「サマータイム制度を最初に提案したのは誰だか知ってる？」
Abigail & Ben : Benjamin Franklin.「ベンジャミン　フランクリン。」

ベンジャミン・フランクリンについて、いろいろ調べさせてみましょう。

映画の背景と見所

○　冒頭の北極圏を除いて、映画の舞台は首都ワシントンD.C.（Chap.3 22:18〜）、フィラデルフィア（Chap.10 66:58〜）、そしてニューヨーク（Chap.13 88:15〜）となっており、切り替えでチャプターの冒頭から場所を移動できるので、頭出しが簡単にできます。そして、実は後者のフィラデルフィアとニューヨークも、ともにかつて合衆国の首都となったことがあります。西海岸のロサンゼルス、サンフランシスコと異なり、米国建国の歴史を学ぶことができます。

○　映画の冒頭に、独立宣言書に署名した最後の生き残りのチャールズ・キャロルが、重要な手がかりを伝える場面があります。実はこの映画の撮影の最中、チャールズ・キャロルの直系の子孫、チャールズ・キャロル・カーターが撮影現場に来たそうです。

○　トレジャー・ハント（宝探し）の魅力は、古くはスティーブンソンの『宝島（1883年）』に始まるといえるでしょう。映画では『インディ・ジョーンズ』シリーズが有名です。しかし、実際に世界では「ナポレオンの秘宝」、「ロマノフ王朝の秘宝」、「ナチスの財宝」や「山下財宝」。日本国内でも「秀吉の埋蔵金」等、いつの時代になってもそこには夢とロマンが満ちているのですね。

スタッフ・キャスト

スタッフ		キャスト	
監督	：ジョン・タートルトーブ	ベン・ゲイツ	：ニコラス・ケイジ
製作	：ジェリー・ブラッカイマー	アビゲイル・チェイス	：ダイアン・クルーガー
原案	：ジム・カウフ他	ライリー・プール	：ジャスティン・バーサ
脚本	：コーマック・ウィバーリー他	イアン・ハウ	：ショーン・ビーン
撮影	：キャレブ・デシャネル	パトリック・ゲイツ	：ジョン・ボイト

ナショナル・トレジャー 2 リンカーン暗殺者の日記	National Treasure: Book of Secrets	(執筆) 松葉　明

セリフ紹介

この映画を特徴づけるセリフに焦点をあててみました。　　　　　　　　　　　（Chap：チャプター番号と時間）
○ 米国の歴史をベンがこんなふうに語っています。　　　　　　　　　　　　　　（Chap.10 58:55～）
Before the Civil War, the states were all separate. People used to say "United States are." Wasn't until the war ended, people started saying "The United States is." Under Lincoln, we became one nation.
「南北戦争以前は、国はばらばらに別れていた。人々は "アメリカの国々" と言ったものだった。戦争が終わってからは、人々は "我が祖国は" と言い始めた。リンカーンのもと、我々はひとつの国家になったのだ。」
第15代アメリカ大統領のリンカーンが奴隷解放を掲げ、南北戦争が始まったのを知らない人はいないでしょう。しかし、'United States' を単数形で捉えるか、複数形にするかを意識している人は少ないのではないでしょうか。
○ 自由の女神についてこんな会話がなされます。　　　　　　　　　　　　　　（Chap.4 21:46～）
Patrick Gates : Which Statue of Liberty ? 「どの自由の女神だって？」
Riley Poole　　: Exactly. Is there more than one ? 「確かに。ひとつ以上あるの？」
Patrick Gates : There are three, actually, Riley. 「3つあるんだ、本当に、ライリー。」
ここでは、ニューヨークの他に、フランスに2つ（リュクスブール公園とセーヌ河畔のグルネル橋）あることになっていますが、実はフランスにはまだまだあります。日本人なら「東京のお台場にもあるよ。」と言いたいところですね。

学習ポイント

一見難しそうなセリフばかりに思えますが、英語学習初心者でも理解できる部分はたくさんあります。
○ Excuse me. I have a question I'd like to ask. 「すみません。お尋ねしたいことがあります。」　（Chap.2 5:42)
リンカーン暗殺について、ベンが講演を終えた後に、謎めいた男のミッチ・ウィルキンソンがこう話しかけます。丁寧な言い方ですが、この後米国の歴史をゆるがす爆弾発言が出てきます。
○ Emily : You're a treasure hunter. 「あなたはトレジャー・ハンターでしょ。」　　　（Chap.13 80:40)
　 Mitch : I'm just a man, trying to make his mark on history. 「私はただ歴史に名を残したいんだ。」
エミリーのセリフは、前作の『ナショナル・トレジャー』では、ダイアン・クルーガー演じるアビゲイルが使っていました。
○ Riley : I'll drive. 「僕が運転する。」　　　　　　　　　　　　　　　　　　　（Chap.7 37: 58)
　 Ben : We're in England. 「我々はイギリスにいるんだ。」
颯爽と車に乗り込んだライリーは、ハンドルがないことに気がつきます。英国は米国は逆で、日本同様に運転席が左ではなく、右側にあることがわかる場面です。
○ A college girl : I hate her. 「彼女なんか大っ嫌い。」　　　　　　　　　　　　 （Chap.8 45:47)
　 Patrick Gates : We're in the right place. 「この場所でいいようだ。」
ベンの父母のパトリックとエミリーは。かつては夫婦でした。大げんかの別れた訳ですが。古代文字解読のため。専門家であるヴァージニア大学の彼女のもとを訪れたときのセリフです。彼女の研究室から怒って出てきた女子大生のセリフで。エミリーの研究室に間違いないという元夫のセリフに笑えます。
○ What is going on with the education in America ? 「アメリカの教育はどうなっているんだ。」（Chap.9 51:00)
リンカーン暗殺について。子どもがベンの祖先を非難した後で彼がこうつぶやきます。一方的に子どもに言い負かされたベンを。アビゲイルはにやにや笑っているところが笑えるセリフとなっています。
○ Emily 　 : That's probably a horrible trap. 「おそらく恐ろしい罠だわ。」　　（Chap.14 79:20～)
　 Patrick : It could be a horrible trap. 「恐ろしい罠がありそうだぞ。」
　 Ben 　　: I'm sorry. I couldn't resist. 「ごめん、押さえきれなくて。」
ベンが岩に手を突っ込んで嘘の悲鳴をあげた後、こう言います。『ローマの休日』の真実の口での場面を思い出した人が多いのでは？

あらすじ

舞台は南北戦争が終結した5日後の1865年4月14日のワシントンにあるフォード劇場で、今まさにリンカーン大統領がジョン・ウィルクス・ブースに暗殺されようとしていたときから物語は始まります。
そして現代、前作でテンプル騎士団の秘宝を発見し、一躍時の人となったベン・ゲイツでしたが、彼の先祖がリンカーン暗殺の首謀者である疑惑が、謎の男ウィルキンソンからもたれます。祖先の名誉を挽回するには、暗殺者の日記には財宝の在処が記されており、それを証明するしかないとベンは考えるのでした。
元恋人のアビゲイルの協力で、日記の一部から暗号を読み取り、それが自由の女神像の立案者、ラブレーであることがわかると、フランスへと旅立ち、そしてそこからは英国のビクトリア女王の2つのレゾリュート・デスクへと話は展開していきます。バッキンガム宮殿と、ホワイト・ハウスの大統領の執務室のレゾリュート・デスクから、議会図書館にある大統領だけに引き継がれるという一冊の本にたどり着きます。その暗号を母エミリーの協力で解読したベンは、4人の大統領の彫像で有名なラシュモア山に向かうことになります。そして最後の謎の解読をベンが見つけ、岩の切れ間の門を引くと、謎の洞窟の入り口が現れるのでした。そしてそこには黄金の都市があったのです。しかし、からくりによって入り口は塞がれてしまいます。果たしてそこから脱出できるのでしょうか。

映画情報

製作年：2007年（平成19年）
製作国：米国
配給会社：ウォルト・ディズニー・スタジオ
製作会社：ジェリー・ブラッカイマー・フィルムズ
前　作：ナショナル・トレジャー（2004年）

公開情報

公開日：2007年12月21日（米国）
　　　　2007年12月21日（日本）
　　　　2008年 2月 8日（英国）
上映時間：124分　　　MPAA（上映制限）：PG
音　声：英語・日本語　　字　幕：日本語・英語

薦	○小学生 ●中学生 ●高校生 ●大学生 ●社会人	リスニング難易表	発売元：ウォルト・ディズニー・スタジオ・ジャパン（平成27年2月現在、本体価格）DVD価格：1,800円 ブルーレイ価格：2,381円
お薦めの理由	前作に続き米国近代史の学習に非常に興味をそそられる作品です。米国大統領の中では、最も敬愛され、それ故に最も映画に取り上げられることの多いリンカーン大統領の暗殺の背景が描かれます。主犯とされるジョン・ウィルクス・ブース、北部転覆を謀るゴールデン・サークル騎士団の財宝をめぐる冒険は、米国、フランス、英国にまたがって、進んでいきます。	スピード 3 明瞭さ 3 米国訛 2 米国外訛 2	
英語の特徴	これも前作同様に、標準的な米国英語です。子どもが登場する場面がほとんどなく、大人の会話ばかりなので英語学習初級者には難しい箇所が多いです。しかし、ユーモアに溢れる会話と、アカデミー賞受賞の経歴をもつ名優たちの会話には、ぜひ触れてほしいです。 また、難しい英語の中にも日常よく使われる表現も多く登場するので、そこにも着目してほしいです。	語　彙 3 専門語 2 ジョーク 2 スラング 2 文　法 3	

授業での留意点	○ 映画の冒頭（Chap.1 1:04）でいきなり '5 DAYS AFTER THE END OF THE CIVIL WAR'「南北戦争終結から5日後」と出てきます。これが何年を指すのかを生徒に推測させてみてはどうでしょう。正解は1865年4月14日です。おおよその年代は知っておくとよいでしょう。日本では幕末で、この南北戦争終結で不要になった武器が、日本に伝わってくるのです。 ○ 推理ものにはよく出てくる表現に注目してみましょう。　　　　　　　　　　　　　　（Chap.17 112:37） Sadusky : Ben, we are just talking about you. Ready to turn yourself in ? 　　　　「ベン、ちょうど君のことを話していたところだ。自首する気になったのかい。」 Ben　　　: Not quite. We found the City of Gold.「そうでもない。我々は金の都市を発見したんだ。」 前作に続き、違法な行動をとるベンを追いかけつつも、彼を陰で支えるFBI捜査官セダスキー演じるハーヴェイ・カイテルとベンの会話です。"turn oneself in"で「自首する」の意味があります。刑事ドラマにはよく登場する成句なので覚えておくといいでしょう。因みに"turn in"は「提出する」という意味でよく使われ、宿題や課題、作品等を提出する表現で使えます。 ○ ちょっと大人の会話に挑戦してみましょう。ベン（ニコラス・ケイジ）とアビゲイル（ダイアン・クルーガー）とのやりとりです。　　　　　　　　　　　　　　　　　　　　　　　　　　　　　　　　　　　（Chap.17 115:38～） Abigail : So, the tea tables ?「それで、ティー・テーブルのことだけど。」 Ben　　　: Yes, I am going to have the movers bring them to you next week. 　　　　「ああ、来週業者にそれを運ばせようと思ってるんだ。」 Abigail : Actually, I was going to say you can keep them. And maybe you could come and move back in with me ? 　　　　「本当のところは、それをもっていてほしいの。そしてまた私と一緒に暮らさないかなと思って。」 Ben　　　: No, you used the word "so."「でも、君は"それで"を使っただろ。」 Abigail : So ?「それで？」 Ben　　　: So when you say "so" it means you're angry.「だって君が"それで"を使うときは怒ってるはずだ。」 Abigail : Sometimes. And then sometimes it doesn't. It's sort of like a puzzle. And you're so good at puzzles I'm sure you'll figure it out. So.「時にはね。そして時には違うの。謎解きのようなものね。あなたは謎解きが得意だからわかるでしょ。それで。」　そしてハッピーエンドとなります。

映画の背景と見所	○ この映画は、DVDのチャプターでの切替で、映画の背景となる都市が変わり、その特色がよく出ている建物等が出てくるので、地理の学習にもなります。 ○ チャプター5は、フランスのパリです。エッフェル塔やセーヌ川を背景に、グルネル橋付近の自由の女神像で、自転車のお巡りさんとのやりとりを聞くことができます。 ○ チャプター6は、英国のロンドンです。バッキンガム宮殿の中の女王陛下のレゾリュート・デスクが出てきます。また、36:10で、ライリーの"God save the Queen"「女王陛下万歳」の言葉も出てきます。 ○ チャプター8は、米国のワシントン,D.C.です。ホワイト・ハウスの執務室で、もうひとつのレゾリュート・デスクの大統領のものが出てきます。また、セダスキー捜査官が所属するFBI（米国連邦捜査局）も、ここに本部があります。 ○ そしてチャプター14は、米国のサウスダコタ州にあるラシュモア山です。4人の大統領は、ジョージ・ワシントン、トーマス・ジェファーソン、セオドア・ルーズベルト、そしてエイブラハム・リンカーンです。ヒッチコック監督の『北北西に進路を取れ』等でも有名ですので、誰の彫像なのかを覚えておくといいでしょう。

スタッフ	監　督：ジョン・タートルトーブ 製　作：ジェリー・ブラッカイマー 原　案：ジム・カウフ他 脚　本：ザ・ウィバーリー他 撮　影：ジョン・シュワルツマン他	キャスト	ベン・ゲイツ　　　　　：ニコラス・ケイジ アビゲイル・チェイス　：ダイアン・クルーガー ライリー・プール　　　：ジャスティン・バーサ ミッチ・ウィルキンソン：エド・ハリス パトリック・ゲイツ　　：ジョン・ヴォイト

| 7つの贈り物 | Seven Pounds | （執筆）伊藤明希良 |

セリフ紹介

○ 「神は7日間で世界を創造した。僕は7秒間で、人生を叩き壊した。」この映画の日本語のキャッチコピーです。英語では次のように書かれています。
"In seven days, God created the world. And in seven seconds…I shattered mine."

○ 映画のラストシーンの鍵を握る、ベンがホテルの部屋で飼っているクラゲを説明する場面では、以下のような説明をしています。
"The first time I ever saw a box jellyfish…I was 12. Our father took us to the Monterey Bay Aquarium. I never forgot when he said…that it was the most deadly creature on earth. To me it was just…the most beautiful thing I'd ever seen."
「ハブクラゲを初めて見たのは…12歳の時だ。モントレー・ベイ水族館に父と一緒に行った。その時、父がこう言った。これは地球で最も強い毒を持った生物だ…だが、僕には…世界一美しいものだった。」
音声のみで聞くと少し難しい台詞ですが、文字化すると中学生でも理解しやすいものになっています。本作品の多くの台詞は、簡単な文法や単語を組み合わせたものになっているので学習には最適です。

○ ネイティブスピーカーの扱う語彙の中には、中学校の教科書では習わない意味のものも多くあります。
Chop-chop.「ほら、早く。」、look「ねえ、いいかい」、相手が言ったことに対して、No, you didn't.「まさか」以上のものは、あくまでも一例です。この映画からは、多くの語彙や言い回しを学習することができるでしょう。

学習ポイント

○ 本作品には、初対面のあいさつと簡単な自己紹介をする場面が多く登場します。中学校の教科書に載っている英語で十分に理解できるものがほとんどです。例えば、"Can I help you?" を使用し、何通りもの会話練習ができると考えられます。例えば、①ベン・トーマスとエミリーの隣人があいさつをするシーン。②病院の看護師が、ベン・トーマスに何か用か聞くシーン。③ホテルの受付が、ベン・トーマスが部屋を借りに、ホテルの受付と話すシーン。などが挙げられます。

① Neighbor: Hi, can I help you?「お隣にご用？」 Ben: Yes. Hello, I'm looking for Emily.「ええ、どうも、エミリーに会いに来たんですが。」 Neighbor: You're a friend of hers?「エミリーのお友達？」
  Ben: Yes, ma'am.「はい、そうです。」 Neihbor: She's not home.「今、お留守よ。」 Ben: Oh, goodness.「留守？」

② Nurse: Can I help you?「何かご用？」 Ben:Yes. Good evening. I'm here to see Emily Posa.「ええ、はい、どうも。エミリー・ポーサさんのお見舞いに。」

③ Reception: Can I help you?「ご用件は？」 Ben: I need a room.「部屋はある？」 Reception: How many hours?「何時間？」 Ben: About two weeks.「2週間ほど。」

以上のように、中学1年生で習う "Can I help you?" を使い、その後に続く言葉の語彙や文法を替えるだけで、中学3年生までが、それぞれのレベルに合わせて会話の練習をすることができます。また、教師が様々な場面を準備することで、より実践的な会話練習に生徒の意欲は上がることでしょう。

○ 次に学習のポイントとして挙げるものは、言い換えの表現による練習です。ベンがエミリーの家に尋ねた際の一文です。
"I can't remember the last time I cooked." 「もう長いこと料理なんてしてないわ。（最後に〜したのがいつだったか思い出せない。ずっと〜していない。）」という表現が出てきます。下線部を別の文に変えるだけで、何通りもの文章ができ、会話練習にもなると考えられます。例えば、"I can't remember the last time we met."「最後に私たちが会ったのがいつだったか思い出せない。」や "I can't remember the last time I played tennis."「最後にテニスをしたのがいつだったか思い出せない。」などを作ることができます。クラスの実態に合わせて、生徒の興味関心を惹くような文脈を作ると、より楽しんで学習ができることと思います。

あらすじ

○ 過去の事件により、心に大きな傷を負った主人公ベン・トーマス（ウィル・スミス）はある計画を立てます。その計画とは、7人の他人に、彼らの人生が一変するような贈り物をするというものだった。一つ目の贈り物は肺、二つ目は肝臓、三つ目は腎臓、四つ目は骨髄液、五つ目は住宅、六つ目は眼球、そして、七つ目は心臓です。ベン・トーマスはなぜ、他人にここまで自分を犠牲にできるのでしょうか。また、なぜその7人だったのでしょうか。そこには、その7人でなくてはならない特別な理由が存在していました。

○ 「7つの贈り物」は、温かいタイトルとは裏腹に、主人公が自殺を試みるという、衝撃的なシーンから始まります。ラストシーンもショッキングな映像でまとめられており、観るものを惹きつけます。
注目すべきポイントは以下です。
ベン・トーマスが贈り物をわたす相手の選び方
ベン・トーマスとエミリーの恋の行方
ベン・トーマスと親友ダンの計画
ベン・トーマスの飼っているクラゲの意味

映画情報

原　　作：Seven Pounds
ジャンル：ヒューマンドラマ
配　　給：コロンビア大学
製 作 年：2008年
言　　語：英語

公開情報

公 開 日：2008年12月19日（米国、カナダ）
　　　　　2009年2月21日（日本）
上映時間：123分
興行収入：1億6,848万2,448ドル
音　声：英語・日本語　　字　幕：日本語・英語

薦	○小学生　●中学生　○高校生　○大学生　○社会人	リスニング難易表		発売元：ソニー・ピクチャーズ エンタテインメント （平成27年2月現在、本体価格） DVD価格：1,410円　ブルーレイ価格：2,381円
お薦めの理由	早口になる場面や泣きながら話す場面があり、少々聞き取りづらい部分があるかもしれませんが、決まり文句や日常生活で使う言葉が多いです。 　英語音声のみで聞いた後に、日本語音声に英語字幕で鑑賞をすると、こんなにも簡単な言葉で話していたんだと驚かされるシーンが多いと思います。発展学習として、英語音声に英語字幕で観るのも、良い学習になると思われます。	スピード	3	
^	^	明瞭さ	2	
^	^	米国訛	3	
^	^	米国外訛	2	
英語の特徴	米国を代表する俳優であるウィル・スミスが話す英語は、聞き取りに差し障りのある訛りもなく、比較的聞き取りやすいです。口論するシーン、独り言のシーン、泣きながら話すシーンなどは、確かに早いし、はっきりと話さないので聞き取りに注意が必要です。 　主人公とヒロインが会話をするシーンの多くは、遠慮をしあった英語なので、そこに着目してみるのも面白いです。	語　彙	4	
^	^	専門語	4	
^	^	ジョーク	3	
^	^	スラング	4	
^	^	文　法	3	

授業での留意点

発展学習としては、英語作文や日本語翻訳などの勉強として取り入れることができます。中学生には、少々大人な会話かもしれませんが、意欲的に取り組むことができると思います。

○　①の文は、現在形→過去形→現在形と時制が次々と入れ替わります。②の文は、現在進行形、仮定法、助動詞、現在形の否定文など中学で習う文法を一挙に復習することができます。教師が音読をし、生徒がそれを英語作文するというのはよい発展学習になると思われます。

① Look, Ben. I don't really know anything about you or where you came from…but you keepshowing up. And I'm glad. Okay.
「ベン、私はあなたのことを何も知らない、どこから来たのかも…でも、ここに来てくれることが嬉しい。」

② Ben ：I'm going to get you something. If you want something else, I can get you something else.
Emily: Would you stay? I'd really like it if you stayed.
「ベン：何か買ってこようか。もし他のものがよければ、他で買ってくる。エミリー：ここにいて。あなたに一緒にいてほしい。」

○　③の文は、ベンとエミリーの電話での表現です。この文は中学校の教科書に載っている英文をよりも、比較的砕けているので、日本語翻訳では、意欲的に作業できると考えられます。その際、"I tried calling you a couple times."から、会話の雰囲気が変わるところにも気付かせたいです。また、この会話の続きの文章を作成することも英語作文の授業では良いかもしれません。

Ben ：Hello?　　　　　　　　　「もしもし。」
Emily: Hey, it's Emily. Are you sleep?「エミリーよ。眠ってた。」
Ben ：Yes, No. Is everything Okay? 「ああ、いや、ああ。体は大丈夫。」
Emily: Yeah, I'm fine. My sister came over for a couple of days last week with the kids… And it was really great.
「ええ、どこも何ともない。うちの姉が先週子どもたちを連れて遊びに来てね、とっても楽しかった。」
I tried calling you a couple times. How are you doing?
「実は、何度かあなたに電話したのよ。元気にしてる？」

映画の背景と見所

○　映画の題名に注目してみましょう。"Seven Pounds（7ポンド）"の原題は何を意味しているのでしょうか。シェークスピアの「ヴェニスの商人」の有名なセリフの一部に "a pound of Anthonio's flesh"「アントニオの肉1ポンド」というものがあります。これが同じ"pound"なら、人の肉のことを意味していると思われます。主人公ベン・トーマスが提供する臓器は全部で6つです。「肺、肝臓、腎臓、骨髄液、眼球、心臓」です。このすべての臓器の重さを足すと、約3,000g。ポンドに直すと約seven poundsになります。日本人にとっては、少しわかりづらいですが、英語圏ですと共通の理解があるのかもしれません。日本語の題名は「7つの贈り物」という温かいものになっていますが、原題の意味を理解するだけで、本作品の背景や観る視点が変わることでしょう。

○　この映画は、主人公ベン・トーマスが救急車を呼ぶシーンから始まります。"I need an ambulance. There's been a suicide. I am."「救急車を頼む。自殺者がいる。ぼくだ。」と告げます。このことから、本作品は、主人公が自殺をするということがわかります。ここから、どのように自殺の理由や目的を解明していくのかが見所のひとつです。映画のラストシーンには、自殺の理由と目的と手段が明かされて画面に釘付けになること間違いなしです。最後まで、目が離せない映画です。

スタッフ / キャスト

スタッフ		キャスト	
監　督：ガブリエレ・ムッチーノ		ベン・トーマス	：ウィル・スミス
制　作：ウィル・スミス　他		エミリー	：ロザリオ・ドーソン
脚　本：グラント・ニーポート		エズラ	：ウディ・ハレルソン
撮影監督：フィリップ・ル・スール		ダン	：バリー・ペッパー
音　楽：アンジェロ・ミリ		ベン・トーマスの弟	：マイケル・エリー

ノウイング　Knowing　　（執筆）松葉　明

セリフ紹介

この映画を特徴づけるセリフを紹介します。　　　　　　　　　　　　　　（Chap：チャプター番号と時間）
○ 飛行機事故を目の当たりにしたジョンが言うセリフです。　　　　　　　　　　（Chap.7 44:02）
John : It wasn't coincidence.「偶然なんかじゃない。」 'coincidence'「偶然」は覚えたい語です。道端で偶然に知り合いと出会ったときに、"What a coincidence !"「何という偶然でしょう！」はよく使います。
○ この映画の鍵を握る人物ルシンダの娘ダイアナの言うセリフです。　　　　　　（Chap.10 64:48～）
Diana : You said October 19th？ My mother used to talk about that day all the time. She said it was the day I was going to die.「10月19日と言ったわよね。母がいつもその日のことを言っていた。私が死ぬ日だと。」
自分に意識的に近づいてきたジョンに対して、最初は警戒するダイアナでしたが、彼が言っていたニューヨークの事故（地下鉄）が現実に起こったことで、母親のルシンダが自殺した場所を一緒に訪れたときに話した言葉です。
○ 数字の羅列にしかみえなかったメモの最後の「ヨヨ」に気づく場面です。　　　　（Chap.11 68:22～）
Diana : What's this？ Have you seen this？ Abby used to do this sometimes, write things backwards. And that last number, I don't think it's 33. It's EE.「これは何？ これ見たことがある？ アビーは時々これをやっていたわ、後ろから書くの。だから最後の文字は33じゃないわ。EEよ。」
そして同行したジョンが、ルシンダのベッドの裏に書かれた文字からEEの意味を知るのでした。
John : EE isn't just one person.（Everyone else）「EEは一人だけじゃない。」（他の全員）

学習ポイント

○ 小学校らしい授業風景での一コマです。　　　　　　　　　　　　　　　　　　（Chap.1 2:46～）
A boy　　　　: What's a time capsule？「タイムカプセルって何ですか。」
Miss Taylor：（実物を見せて）This is a time capsule.「これがタイム・カプセルです。」
そしてこれから何をするのか、テイラー先生は説明します。　　　　　　　　　（〃 3:02～）
Miss Taylor : Now I need you to put your thinking caps on. Because I want each of you to draw what you think the future is going to look like.「さあ、みんなは考える帽子をかぶってください。未来がどのようになっているのかを考えて絵を描いててね。」
'thinking cap' とは「よく考えること、熟考」を意味して、'put one's thinking cap on' で「じっくり考えを巡らせる」という成句です。この場面は小学校なので、先生も児童も帽子をかぶるまねをしています。
○ ジョンが自分の部屋でルシンダの死について調べていると、妹のグレースが背後から彼を驚かせます。どこの家庭でもよくある場面です。　　　　　　　　　　　　　　　　　　　　　　　　　　（Chap.5 33:10～）
John : At what age do we learn to knock？「何歳になったらドアをノックできるようになるんだ？」
Grace: I said I was going to drop by on my way to graveyard shift, remember？
「深夜勤務に行く途中に、立ち寄るって言ったわ。」
'learn to ～' で「（学んで）～するようになる」を表す大切な熟語です。また、'graveyard shift' は「（三交代制の）深夜勤務（午前0時～8時）」のことです。ちなみに、'day shift'、'swing shift' を調べてみましょう。
○ 親子の会話の定番表現を聞き取ってみましょう。
① 夜、庭でバーベキューの準備をしながら、父親のジョンが空を見ながら息子のケイレブに言います。
John : Take a look at this.「これを見てごらん。」　　Caleb : What is it？「何なの？」　　（Chap.2 8:42～）
学校では "Look at this." の言い方でしか習いませんが、'look' を名詞として扱う言い方も覚えましょう。
② 耳が不自由な（雑音が聞こえる）息子を寝かしつけながら手話を使ってのやりとりです。（Chap.2 11:08～）
John : Hey. You and me, together.　　　John & Caleb : Forever.
John : I love you.　　Caleb : I love you, too.
日本語訳はつけなくても容易に理解でき、聞き取れます。そしてこの 'Together Forever（共に永遠に）' は、決して開けることのなかった妻からのプレゼントのペンダントに刻まれた言葉です。これは最後に登場します。

あらすじ

舞台は1959年マサチューセッツ州レキシントンにある小学校で、創立記念式典の一環としてタイムカプセルに入れる絵を子どもたちが描いていました。そんな中でルシンダという女の子は絵を描かずに、数字の羅列ともいえるようなものを無心に書き続けていました。
そして50年後の2009年、1年前に火災で妻を亡くした大学教授のジョンは、一人息子のケイレブと2人暮らしをしていました。ある日、ケイレブは50年前に埋めたタイムカプセルを開ける記念式典で、あのルシンダの紙を受け取ります。家に持ち帰ったその紙に、父親のジョンがウィスキーのグラスで濡らしたところが、911012996のところでした。それはあの同時多発テロの日付と犠牲者数を示すものだったのです。すぐさま他の数字を調べてみると、それらは過去50年間の大惨事の日付と犠牲者数でした。そこには、妻が亡くなった火災事故も含まれているのでした。しかし、過去のものだけではありません。それにはこれから起こる大惨事の3つが記されているのでした。その1つ目は明日の81人。その当日、渋滞に出くわしたジョンは、日付と犠牲者数の周りにある数字が、緯度と経度による場所を示すことに気づきます。それはちょうど今、自分がいる地点だったのです。すると旅客機が目の前に墜落するのでした。2つ目の大惨事も防ぐことができずに実際に起こり、そして運命の3つ目が迫っていました。

映画情報

製 作 年：2009年（平成21年）
製 作 国：米国
配給会社：東宝東和
言　　語：英語
第36回サターン賞SF映画賞ノミネート

公開情報

公 開 日：2009年3月20日（米国）
　　　　　2009年7月10日（日本）
上映時間：121分
MPAA（上映制限）：G
音　声：英語・日本語　　　字　幕：日本語・英語

薦	○小学生 ●中学生 ●高校生 ●大学生 ●社会人	リスニング難易表	発売元：ポニーキャニオン （平成27年2月現在、本体価格） DVD価格：3,800円　ブルーレイ価格：4,700円

お薦めの理由	世紀末を描いたディザスター（災害）映画は数多くあります。そんな中で、この作品は太陽のスーパーフレアがもたらす地球の滅亡を描いており、真実味がより感じられます。 主人公のMIT（マサチューセッツ工科大学）教授のジョンが語る、宇宙における決定論（すべての出来事にはその理由がある）と、ランダム理論（単なる科学的な偶然、あるいは突然変異の産物）に、今の生活を考えさせられます。	スピード	3
		明瞭さ	3
		米国訛	3
		米国外訛	2
		語彙	3
英語の特徴	話される英語は、一般的な米国英語で、宇宙物理学に関する専門用語が出てくる以外は、それほど難易度の高いものではありません。特に、父親のジョンと息子のケイレブとの会話は聞き取りやすく、普通の日常会話のやりとりになっているので、学ぶところが多いです。また、母親のダイアナと、娘のアビーを交えた会話の部分も、容易に聞き取れる箇所が多くなっています。	専門語	3
		ジョーク	2
		スラング	2
		文法	3

授業での留意点

○　大学教授のジョンが講義で語るところを見てみましょう。宇宙物理学の講義なので、専門用語が出てきてかなり難しいですが、MIT（マサチューセッツ工科大学）といえば、ボストンにある世界的に有名な大学です。そんな雰囲気に浸ってみましょう。　　　　　　　　　　　　　　　　　　　　　　　　　　　　　　　　　　　　（Chap.2 12:33〜）

John　　　：It's the subject of randomness versus determinism in the universe. Who's jumping in ? Jessica ?
　　　「それは（課題のテーマ）宇宙における決定論対ランダム理論だ。意見のある人は？　ジェシカ？」

Jessica：Determinism says that occurrences in nature are causally decided by preceding events or natural laws, that everything leading up to this point has happened for a reason.
　　　「決定論は、どの出来事も前に起こった出来事や、自然の法則によってのみ決定されることです。すべての出来事には理由があるということです。」

John　　　：Everything has a purpose, an order to it, is determined. But then there's the other side of argument, the theory of randomness, which says it's all simply coincidence. The very fact we exist is nothing but the result of a complex, yet inevitable string of chemical accidents, and biological mutations. There is no grand meaning. There is no purpose.　　　　　　　（Chap.2 13:50〜）
　　　「すべてのものは確定していて、起こるべくして起きる。しかし、反対の議論もある。ランダム理論だ。つまり、すべては偶然の産物ということだ。我々の存在は無意味であり、一連の化学的偶然が幾度も重なったのと、生物学的突然変異の結果だということ。　たいした意味はない。　目的もない。」

このやりとりの間に、ジョンが太陽と地球の絶妙な距離が、地球に生命をもたらしたという解説が入ります。その部分も確認させてみましょう。難易度の高い語と語句が出てきます。辞書を引かせて大意を理解させれば十分です。

○　ジョンが提案を受けたとき、婉曲に断る表現です。親友や息子は、ジョンの乗り気がないことがわかります。
I'll think about it !「考えておく！」（Chap.3 16:06）では、婚活をすすめる親友の誘いに対して、（Chap.3 19:55）では、友人宅へボートに乗りに行きたいと、息子の願いに対して使っています。息子のケイレブは、"That means no."「つまりダメだってことか。」と、そのあとすぐに言っています。

○　省略形（abbreviation）で単語力アップ！　　　　　　　　　　　　　　　　　　　　（Chap.6 37:45　）
　カナビの画面で、大惨事の日付と犠牲者数を示すいくつの数字が、何を示すのかに気になる場面より。
　　　LAT42.41 LON71.20　→　LAT = latitude（緯度）・LON = longitude（経度）

映画の背景と見所

○　舞台となっているマサチューセッツ州レキシントンは、米国独立戦争が始まった地として有名です。米国東海岸ボストン北西の郊外に位置します。地図で確認しましょう。

○　ジョンが不思議な数字の組み合わせを検証する場面で、チャプター4（24:46）では「1/17/95/6434」の数字が出てきます。阪神・淡路大震災の犠牲者数です。

○　『エゼキエル書』の絵（Chap.11 61:13）が重要な意味をもって登場します。『エゼキエル書』は旧約聖書の三大預言書のひとつで48章から構成されています。

○　映画の中でベートーベンの「交響曲第七番 イ長調 第二楽章」が流れます。繰り返し流れる旋律に、曲の美しさの中に、これからやってくる自然の驚異がひしひしと伝わってきます。　（Chap.2 11:30〜、17 110:56〜）

○　太陽のスーパーフレアが、この映画での人類滅亡の原因になっています。普通のフレアの大きさは通常数万kmとされており、その威力は水素爆弾10万個〜1億個と同等といわれています。今までの観測史上最大のものは、1859年の「キャリントン・フレア」といわれ、もし現代の地球に直撃したら大停電が予想され、我々の生活は大混乱に陥るおそれがあるとされています。

スタッフ	監督　　　：アレックス・プロヤス 脚本　　　：ライン・ダグラス・ピアソン他 製作　　　：トッド・ブラック他 製作総指揮：スティーブン・ジョーンズ他 撮影　　　：サイモン・ダガン	キャスト	ジョン・ケストラー　　：ニコラス・ケイジ ケイレブ・ケストラー　：チャンドラー・カンタベリー ダイアナ・ウェイランド：ローズ・バーン ルシンダ／アビー　　　：ララ・ロビンソン フィル・ベックマン　　：ベン・メンデルソーン

パーシー・ジャクソンと オリンポスの神々	Percy Jackson & Olympians: The Lightning Thief	（執筆）松葉　明

セリフ紹介

この映画を特徴づけるセリフを紹介します。　　　　　　　　　　（Chap：チャプター番号と時間）

○ Zeus' bolt is the most powerful weapon ever created. And if it's not returned by the summer solstice in ten days, there will be a war.　　　　　　　　　　　　　　　　　　　　　　　（Chap.7 28:23〜）
「ゼウスの稲妻は今までに作られた中で最強の武器だ。そして10日後の夏至までに戻さなければ戦争が起こる。」
ケイロン先生が主人公のパーシーに今の状況を話します。パーシーは稲妻を盗んでないし、自分には関係ないと言います。しかし、世界が破滅すると聞いて、身の潔白を証明しようとゼウスのもとへ行くことを決心します。

○ Go to the water. The water will give you power.　　　　　　　　　　　　　（Chap.9 34:23〜）
「水のところへ行け。水がお前に力を与えてくれる。」
訓練所での「旗取り合戦」で、パーシーはライバルのアナベスに一度は敗れて傷つきますが、この声（父ポセイドン）に導かれて力を得ることになります。川の水が傷を癒していく場面は、見所のひとつといえます。海神ポセイドンの血を引くパーシーの出生がわかります。

○ First rule of battle strategy. Don't ever let your opponent distract you.　　　　　（Chap.27 111:16〜）
「戦術の第1ルールよ。決して敵に気をそらさないこと。」
訓練所に戻ってきたパーシーと剣を交えるときのアナベスのセリフです。'opponent'「相手、敵」以外にも未習語はありますが、ゲーム等に出てくる語ではないでしょうか。

学習ポイント

主人公パーシーや、その周りを取り巻く若い人たちの英語は中学生でも十分理解できる範囲の内容です。

○ Mr. Brunner : Percy, take this to defend yourself. It's a powerful weapon. Guard it well. Only use it in times of severe distress.　　　　　　　　　　　　　　　　　　　　　　　　　　　　（Chap.4 14:27〜）
「パーシー、これで身を守れ。　強力な武器だ。よく守ってくれる。大変なときにだけ使え。」
Percy　　：This is a pen. This is a pen.「これはペンだよ。ただのペンだよ。」
ブルナー先生のセリフは、命令文の例題のような文が続きます。難しい語もありますが、辞書で確認しましょう。'severe'「大変な」、'distress'「困難」です。それに応えるパーシーは、中学1年生の教科書で最初に習う文を使っています。"This is a pen."「これはペンです。」は、場面によってこんな使い方があるのです。

○ Medusa　：We get so lonely here. Don't we ? That's why I created my statues. They're my only company, Daughter of Athena.　　　　　　　　　　　　　　　　　　　　　　（Chap.14 50:17〜）
「ここはとても寂しい場所。でしょう？　だから石像を創ったの。それだけが友達なの、アテナの娘！」
Annabeth : How do you know me ?「どうして私を知ってるの？」
Medusa　：You have such beautiful hair. I once had hair like that. I was courted, desired by many suitors. But that all changed, because of your mother, the woman who cursed me, who turned me into THIS.
「そんなきれいな髪をしてるでしょ。私もかつてはそうだった。私は求愛され、多くの男に結婚を申し込まれた。だがすべてが変わった。お前の母が私に呪いをかけてこんな姿にしてしまったのよ。」
目を見ただけで人を石に変えてしまうメドゥーサは、髪を自慢したことでアテナの怒りを買い怪物にされました。

○ Percy　　：How old was I when you left ?「父さんが出てったとき、僕はいくつだった？」（Chap.26 105:43〜）
Poseidon : Seven months.「七ヶ月だった。」
・・・・・・・・・・・・（中略）・・・・・・・・・・・・

○ Poseidon : I know I'm not the father you always wanted. But if you even need me, I'll be there for you. In your thoughts, in your dreams.　　　　　　　　　　　　　　　　　　　　（Chap.26 106:56〜）
「私はお前が望んでいる父親でないことはわかっている。でも、もしお前が私を必要とするなら、そばにいる。お前の頭の中や、夢の中に。」
ゼウスに許しを得て初めて父ポセイドンが息子のパーシーと会話をします。中学生でも十分理解できる内容です。

あらすじ

　難読症に悩む17歳のパーシー・ジャクソンは、水中だけが落ち着ける場所であり、彼を理解できるのは唯一の親友グローバーと母親だけでした。
　ある日、ギリシア・ローマ博物館で課外授業を受けていたとき、怪物に変身した引率のドッズ先生から「ゼウスの稲妻」を返せと言われ、襲われるのでした。そこにブルナー先生とグローバーが駆けつけ、パーシーは間一髪のところで難を逃れます。
　ブルナー先生の勧めでデミゴット（半神半人）の訓練所へと向かいます。実はパーシーはポセイドンの息子で、しかもゼウスの最強の武器「ゼウスの稲妻」を盗んだ疑いがかけられていたのです。その訓練所にはブルナー先生ごと神々の指導者、半人半馬のケイロン、そしてグローバーごとパーシーの守護者であり、森の精サテュロスたちがいたのでした。
　訓練の途中、母親が冥界の王ハデスに捕らえられていることを知ったパーシーは、仲間のルークから武器を借り、アテナの娘アナベスとサテュロスを伴い、冥界へ行く決意をします。そして、冥界から戻るにはハデスの妻ペルセポネの真珠の玉が必要で、それを手にするためにニュージャージー、ナッシュビル、ラスベガスへと向かうのでした。

映画情報 / 公開情報

映画情報	公開情報
製　作　年：2010年（平成22年） 製　作　国：米国 配給会社：20世紀フォックス 言　　　語：英語 次　　　作：パーシー・ジャクソンとオリンポスの神々／魔の海	公　開　日：2010年2月12日（米国） 　　　　　　　2010年2月26日（日本） 上映時間：121分 MPAA（上映制限）：G 音　声：英語・日本語　　字　幕：日本語・英語

薦	●小学生　●中学生　●高校生　○大学生　○社会人	リスニング難易表	発売元：20世紀 フォックス ホーム エンターテイメント ジャパン （平成27年2月現在、本体価格） DVD価格：1,419円　ブルーレイ価格：1,905円

お薦めの理由	ギリシア神話に興味がある小・中学生は少なくないでしょう。本作品はそのギリシア神話の物語が、随所にちりばめられています。登場人物を覚えるだけでもとてもためになります。また、舞台はギリシアではなく、ニューヨーク、神々が集うオリンポス山はエンパイア・ステート・ビル、そして冥界はハリウッドと、米国を横断する旅も楽しめます。冒険、ファンタジー、そして家族の物語として楽しめる作品です。	スピード	2
		明瞭さ	2
		米国訛	2
		米国外訛	3
英語の特徴	標準的な米国英語が中心です。会話の速度はそれほど速くなく、語彙についても難解なものはありません。主人公パーシーを演じるローガン・ラーマンは、ブルックリン訛りを意識して使っていたそうですが、気になることはありません。中学生レベルで理解できる場面が多く、かつ、ギリシア神話を紹介するセリフも多いので、楽しみながら学べる語学教材に適した作品です。	語彙	2
		専門語	3
		ジョーク	3
		スラング	2
		文法	2

授業での留意点

ギリシア神話にちなんだ内容のセリフに焦点を当ててみました。
○ Percy : You were there, too, but you were some weird hybrid, man-goat THING, woah!　（Chap.6 21:24～）
「お前もそこにいたけど、お前は何か不思議な人とヤギが合体したような、わっ！」
Grover : Yeah. The politically correct term is satyr.「そうだ。正式な名称はサテュロスだ。」
デミゴッド（半神半人）の訓練所に命からがらやってきたパーシーは、3日間眠りについていました。そして、目を覚ましたときのグローバーとのやりとりです。親友と思っていたグローバーは、パーシーの守護者だったのです。
ギリシア神話では、サテュロスは酒神ディオニュソス（ローマ神話ではバッカス）の従者で、森の精。女性の誘惑に弱く、映画の中にもそんな場面（Chap.7 25:53～）が登場します。
○ Percy : Mr. Brunner？「ブルナー先生ですか？」　　　　　　　　　　　　　　　　（Chap.7 25:15～）
Chiron : In my world, I'm known as Chiron.「この世界では、ケイロンとして知られている。」
車椅子のブルナー先生は、実は上半身が人間で、下半身が馬のケンタウロスだったのです。ケイロンはその中でも不死の神様で、穏やかな賢者とされています。
○ Percy : I get sense that you don't like me very much.　（Chap.9 38:21～）
「僕のことがあまり好きじゃないようだけど。」
Annabeth : It's possible. I mean, our parents hate each other.
「そうかもね。私たちの両親が憎み合っているもの。」
Percy : Wait. They do？「ちょっと待って。そうなの？」
Annabeth : Mm-hmm. I definitely have strong feelings for you. I just haven't decided if they're positive or negative yet.「うん。私はあなたに対して強い感情を抱いているわ。それが好意なのか敵意なのか、今はまだわからないの。」
Percy : Well, you let me know when you figure it out.「ああ、決まったら教えてくれよ。」
Annabeth : You'll be the first.「一番に教えるわ。」
「旗取り合戦」の試合の後、パーシーがアナベスに語りかける場面の会話です。アナベスの母アテナは知恵と戦術の女神で、ギリシアの首都アテネの守護神を巡ってポセイドンと競い、アテナが勝者となりました。この確執を意味していることになります。そして、この会話の直後に冥界の王ハデスが二人の前に現れます。

映画の背景と見所

この映画をよく知るために、ギリシア神話を少しは理解しておきましょう。
○ ギリシア神話とは、一言でいうと古代ギリシアから伝わる伝承文化であり、決して超人的なものではなく、多くの神々が登場し、人間と同じように感情や欲望を伴った愛憎劇の物語です。
○ オリンポス12神とは、ゼウス（主神）、ヘラ（ゼウスの妻）、アテナ（知恵と戦術の女神）、ポセイドン（海神）、アポロン（音楽の女神）、アフロディテ（愛と美の女神）、アルテミス（狩猟の女神）、アレス（軍神）、ヘルメス（伝令神）、デメテル（豊穣の女神）、ヘパイストス（火と鍛冶の神）、そしてディオニュソス（酒の神）と言われています。この映画では、これに加えてハデス（冥界の王）とペルセポネ（冥界の王妃）も登場しています。
○ ユマ・サーマン演じるメドゥーサは、蛇の髪の毛を持ち、その瞳を見ると相手を一瞬のうちに石に変えてしまう怪物です。ギリシア神話ではゴーゴン三姉妹の末娘で、映画の中で語られるように（Chap.14 50:17～）、アナベスの母アテナによって怪物にされたのです。美しい髪を自慢したことでアテナの怒りを買ったそうです。また、怪物ヒドラ（Chap.17 66:45～）は5つの首になっていますが、神話では9つともいわれています。

スタッフ	監督：クリス・コロンバス 製作総指揮：トーマス・M・ハメル　他 脚本：クレイグ・ティトリー 原作：リック・リオーダン 音楽：クリストフ・ベック	キャスト	パーシー・ジャクソン：ローガン・ラーマン グローバー：ブランドン・T・ジャクソン アナベス・チェイス：アレクサンドラ・ダダリオ ゼウス：ショーン・ビーン ブルナー／ケイロン：ピアース・ブロスナン

| パーフェクト ストーム | The Perfect Storm | （執筆）飯田　泰弘 |

セリフ紹介

　実際に発生した巨大嵐の、異常な規模を表すセリフをまずは紹介します。
（Chap：チャプター番号と時間）
(1) Linda : You're steaming into a bomb! Turn around, for chrissake!　　　(Chap.22, 1:19:18)
　　「あなたは爆弾に突っ込もうとしてるのよ！引き返して！」
(2) Linda : You're headed right for the middle of the monster!　　　　　　(Chap.22, 1:19:28)
　　「あなたは怪物のど真ん中に向かってるのよ！」
(3) Pilot : Jesus. That's straight into hell.　　　　　　　　　　　　　　(Chap.23, 1:20:33)
　　「信じられん。やつらまっすぐ地獄に向かってる。」
　また、次の（4）は、遭難したヨットの救助に向かった空軍ヘリの隊員のセリフです。海に投げ出された遭難者を救うべく、ヘリから飛び降り、荒波を泳ぎ切ったあと、海の中で大波にもまれながら発した第一声です。
(4) Jeremy : Good afternoon, madam!　　「こんにちは、皆さん！」　　　（Chap.22, 1:16:00）
　　　　　 I'm Sergeant Jeremy Mitchell.　「ジェレミー・ミッチェル軍曹です。」
　　　　　 I'll be your para-rescue jumper today.「今日の皆さんの救助を担当します。」
　　　　　 How are you?　　　　　　　「ご機嫌はいかがですか？」
　荒波の中を漂う人に"How are you?"とは、何とも緊張感がないように聞こえますが、ここはもちろん隊員にとっても危険な状況です。この言葉からは、少しでも遭難者を落ち着かせようというプロ根性が伝わってきます。

学習ポイント

　この映画を使って、'fish' という単語を使う際のポイントを押さえましょう。まずは次のセリフで、2種類の 'fish' を確認してください。
(1) Billy : I'll bring you more fish than you ever dream of. Next time, I fish the Grand Banks.　(Chap.3, 10:12)
　　「腰を抜かすほどの魚をとってきてやる。次はグランドバンクスで漁をするんだ。」
　ここでは 'fish' が、一つ目は名詞で「魚」、二つ目は動詞で「釣りをする」という、別の用法で使われていることがわかりますね。動詞の 'fish' には慣れてない人も多いかもしれませんが、映画では他にも登場します。
(2) Bobby : Then again, I love to fish.　　　　　　　　　　　　　　　　　(Chap.10, 36:27)
　　「また言うけど、魚をとるのが好きなんだ。」
　また名詞の 'fish' の場合は、単数でも複数でも形が変わらない（a fishやtwo fish）という点に要注意です。次の（3）や（4）のセリフからは、いずれの場合も 'fish' が同じ形で使われていることが確認できます。
(3) Murph : Sullivan! I gotta hit you with a fish again to get you to work?　(Chap.15, 51:32)
　　「サリバン！　仕事をしねぇと、また魚でぶん殴るぞ？」
(4) Billy　 : That's where the fish are.　　　　　　　　　　　　　　　　　(Chap.17, 1:00:26)
　　「そこには魚たちがいるからだ。」
　こうした名詞は「単複同形（たんぷくどうけい）」と呼ばれ、群れを成す動物（deer「羊」やsheep「鹿」）や、魚類に多く見られます。この映画では他にも、cod「タラ」やmenhaden「ニシン（の一種）」が出てきます。
(5) Christina : Go back to what you did before. Pack cod, repair tackle.　　(Chap.5, 16:21)
　　　　「昔の仕事に戻ってよ。タラを詰めて、漁具を修理して。」
(6) Sully　　 : I was working menhaden in Annisquam.　　　　　　　　　　(Chap.8, 24:10)
　　　　「アニスクアムでニシンの漁に出てたんだ。」
　また 'fish' に関連する単語では、fishing「釣り、漁」やfisherman「漁師」などが映画の中で登場するので、一緒に確認しておきましょう。
(7) Billy　 : Let's go fishing.「さぁ、漁を始めよう。」　　　　　　　　　　（Chap.11, 38:48）
(8) Bugsy : Come on, Sully! What are you, a fisherman or a farmer?　　　（Chap.15, 51:48）
　　「しっかりしろ、サリー！　漁師か農民か、お前はどっちなんだ？」

あらすじ

　愛する家族や友人にしばしの別れを告げ、大海原へと旅立つ男たち。カジキ漁船のアンドレア・ゲイル号の漁師たちもそういった光景を繰り返す海の男たちでしたが、最近は思うような漁獲量をあげられていません。そこで船長のビリーは１９９１年１０月、より上質な漁場を求め、はるか遠くの海域フレミッシュ・キャップまで向かうことを決断します。
　フレミッシュ・キャップでの漁は絶好調。船の上は最高の雰囲気に包まれます。しかし、大量の魚を積み込み、いざ家族が待つ港へ帰ろうとしたその時、船に一通の天気図がFAXで届きます。それは、港への帰路のど真ん中に嵐が発生したことを告げるものでした。漁師たちに突き付けられた選択肢は、嵐を避け非難し、船内の魚を腐らせるか、それとも危険を承知で嵐の中を突っ切るか・・・。向こう見ずでガッツだけは誰にも負けない漁師たちが選んだのは、もちろん後者でした。
　荒れ狂う海。吹き付ける風。唸る空。そんな中を必死で突き進むアンドレア・ゲイル号の漁師たちは、普通の嵐ならば平気でやってのける男たちです。しかし、この日彼らを待っていたのは、3つの嵐がぶつかり合って生まれた超巨大嵐「パーフェクト ストーム」。海を知りつくす男たちに、嵐を超えた嵐が襲いかかります。

映画情報

製　作　年：2000年（平成12年）
製　作　国：米国
製　作　費：1億4,000万ドル
原　　　作：セバスチャン・ユンガー著
　　　　　　『パーフェクト ストーム』（1997年）

公開情報

公　開　日：2000年6月30日（米国）
　　　　　　2000年7月29日（日本）
上映時間：130分
興行収入：3億2,871万8,434ドル（世界）
音　声：英語・日本語　　字　幕：日本語・英語

薦	○小学生 ●中学生 ●高校生 ○大学生 ○社会人	リスニング難易表	発売元：ワーナー・ブラザース・ホームエンターテイメント （平成27年2月現在、本体価格） DVD価格：1,429円　ブルーレイ価格：2,381円

お薦めの理由	1991年に発生した巨大嵐と、それに遭遇した漁師たちの実話に基づく物語です。3つの嵐が集合してできた巨大嵐は、視覚効果の専門集団ILMの見事な映像で復活。悪魔のようにうねる海の姿からは自然の恐ろしさが伝わってきます。 大嵐を乗り越えようと奮闘する漁師たち。港で無事を祈る家族。危険を承知で遭難者のもとへ向かう救助ヘリの隊員たち。さまざまな人間ドラマも楽しめます。

スピード	4
明瞭さ	2
米国訛	3
米国外訛	2
語彙	3
専門語	4
ジョーク	3
スラング	4
文法	3

英語の特徴	荒くれ者の漁師たちの会話が多いので、彼らの英語には訛りや非標準的な英語、またはスラングが多く見られます。一方で、沿岸警備隊の隊員たちの英語は標準的な米国英語です。しかし、映画のほとんどが緊迫したシーンなので、会話スピードは速めです。 また魚類や海関係の単語がよく出てきますが、ストーリーを理解する上で大きな支障はありません。

授業での留意点	この映画の会話には、気性が荒い漁師の会話が多いため、あまりリスニングには適さないかもしれません。その一方で、海や漁に関する英語表現が多くあるので、生き物が好きな生徒たちにはいい作品だと思います。この映画を授業で取り上げる際に役に立ちそうなポイントを、下にいくつか挙げます。 【船の代名詞】 　仏語の女性名詞の影響とも言われますが、shipの代名詞がsheで受けられることを確認できるセリフがあります。 (1) Billy : Back her down slow. 　「船をゆっくり後退させろ。」　　　　　　　　　　（Chap.15, 53:08） (2) Bobby : I think she's a hell of a boat.「こいつはタフな船だ。」　　　　　　　　　（Chap.24, 1:23:51） (3) Billy : I can't hold her! 　「船を持ちこたえられない！」　　　　　　　　　　　（Chap.28, 1:35:54） 【boardが付く単語】 　中学英語では、乗り物でのWelcome aboard.「ご乗車ありがとうございます。」が出てきますが、この映画には'board'を使った表現のonboardとoverboardが出てきます。'on'が「乗っている」状態、'over'が「（船外に）投げ出される」状態を表しているので、前置詞のイメージがうまく出ている表現として紹介できます。 (4) Linda : I lost Ben Pully. He passed away onboard.「ベンが死んだわ。船の上で。」（Chap.2, 5:29） (5) Bobby : Cap, man overboard! 　　　　　　　　「船長！ひとり船から落ちた！」（Chap.15, 52:39） 【移動の表現】 　'go to ~ on foot'は'walk to ~'に、'go to ~ by car'は'drive to ~'に、'go to ~ by plane'は'fly to ~'に書き換えられるように、by/on句の移動手段は動詞一つで表現することが可能です。この映画では「（蒸気）船で行く」を'steam to ~'で表現しているので、'sail to ~'などと一緒に紹介できます。 (6) Murph : Why don't we steam to Portugal while we're at it? 　　　　　　　（Chap.17, 59:52） 　　　　　「いっそのこと、ポルトガルまで行ったらどうだい？」 【ハリケーンの名前】 　日本では台風の名前を「台風○号」のように数字で表しますが、米国のハリケーンには人名が付きます。またこの名前は、「アルファベット順」かつ「男女の名前を交互」につけるという面白いシステムがあり、映画にはHurricane Grace「グレイス（女性名）」が登場します。米国海洋大気庁（NOAA）などが定期的に、向こう6年分ほどの新しいハリケーン名を発表しているので、どんな名前がこれから使われるのかを生徒に調べさせてもいいかもしれません。

映画の背景と見所	この映画の見所は、なんといっても荒れ狂う海の映像です。漁船や大型タンカーを木の葉のようにもてあそぶ恐ろしい海を描いたのは、最高の映像美を誇るVFX専門家集団のILMです。彼らはこの映画に、SF映画以外では考えられないほどの人数をかけて取り組んだそうです。 　映画の中で発生する巨大嵐は、1991年に大西洋上で実際に発生した嵐を題材にしており、映画の冒頭にも「実話に基づく物語」という文字が出ます。この嵐に不運にも巻き込まれてしまう「アンドレア・ゲイル号」や、映画のキャラクターも実在する人物です。 　当時発生した嵐は、波の高さ30メートル、10階建てのビルに匹敵するものだったと言われています。こんな奇跡的な嵐が発生した要因は、①ハリケーン・グレイス、②カナダ付近の寒冷高気圧、③五大湖付近の爆弾低気圧、の3つが激突したことにありました。しかし専門家によれば、そもそもこの3つ（ハリケーン、寒冷高気圧、爆弾低気圧）の発生時期はそれぞれ、①夏、②冬、③春か秋、と異なるそうです。また、複数の嵐が衝突することはあっても、たいていは片方が消滅するとのこと。それゆえここからも、3つの嵐が「合体」して生まれたこの大嵐が「起こるはずのない嵐」と伝説になったことが分かります。船に乗り、ビルの10階から一気に落とされるような臨場感は圧巻です。

スタッフ	監督・製作：ウォルフガング・ペーターゼン 製　　作：ゲイル・カッツ、他 脚　　本：ビル・ウィットフ 撮　　影：ジョン・シール 音　　楽：ジェイムズ・ホーナー	キャスト	ビリー　　　：ジョージ・クルーニー ボビー　　　：マーク・ウォールバーグ マーフ　　　：ジョン・C・ライリー サリー　　　：ウィリアム・フィッチナー クリスティーナ：ダイアン・レイン

	バットマン ビギンズ	Batman Begins	（執筆）松葉　明

セリフ紹介

この映画を特徴づけるセリフを紹介します。　　　　　　　　　　　　　　（Chap：チャプター番号と時間）
○ Finders keepers.「見つけた人が持ち主だ。」　　　　　　　　　　　　　　　　　（Chap.1 0:57〜）
　幼い頃のブルースとレイチェルが、庭で遊んでいるときに、古い矢じりのようなものを取り合いするときにレイチェルが言います。この後、大人になったときにブルースの誕生日プレゼント（Chap.25 82:00〜）に、その文字とともに贈られてきます。実はこれは諺で、'Finders keepers, losers weepers.'「拾った者が持ち主で、落とした者は泣きをみる。」という遺失物等に対する考え方を表します。
○ And why do we fall, Bruce？ So we can learn to pick ourselves up.　　　　　（Chap.3 10:40〜）
　「それでブルース、なぜ私たちは落ちると思う？　だから私たちは這い上がり方を学ぶんだ。」
　幼いブルースが井戸に落ちたとき、彼を助け出した父親がブルースに向かって言います。人生に失敗はつきものなので、それを克服する精神を鍛えることの大切さを表しています。このセリフは、屋敷が焼け落ちたとき、忠実な執事のアルフレッドがブルースを鼓舞するとき（Chap.32 111:06〜）にも使っています。
○ It's not who you are underneath, it's what you do that defines you.　　　　　（Chap.21 71:04〜）
　「あなたが本当は誰かじゃなくて、あなたの行いがあなたを決めるのよ。」
　ブルースの幼馴染みであり恋人のレイチェルが、豪遊しているブルースをたしなめるときに使うセリフです。この映画の根幹をなすセリフと言えます。後半では（Chap.34 117:34〜）、バットマンがレイチェルに言っています。

学習ポイント

中学生レベルの会話を中心に集めてみました。
○ Thomas : The bats again？ You know why they attacked you, don't you？ They were afraid of you.
　　　　「またコウモリか？　どうしてコウモリはお前を襲ったかわかるか？　お前が恐れているんだ。」
　Bruce　 : Afraid of me？　　　　　　「ぼくを恐れてる？」　　　　　　　　　　　（Chap.3 11:00〜）
　Thomas : All creatures feel fear.　　「すべての生き物は恐怖を感じるんだ。」
　Bruce　 : Even the scary ones？　　「どう猛なものでも？」
　Thomas : Especially the scary ones.「どう猛なものは特にだ。」
　コウモリの夢にうなされたブルースをいたわる父と息子の会話です。'be afraid of 〜'「〜を恐がる」は中3レベルの熟語です。他にも若干難しい語が出ていますので辞書で確認しましょう。
○ Ducard : You know how to fight six men. We can teach you how to engage six hundred. You know how to
　　　　　disappear. We can teach you to become truly invisible.　　　（Chap.5 17:20〜）
　　　　「6人との戦い方を知っているなら、600人を扱う仕方を教えてあげよう。消えてしまう方法を知っているなら、本当に姿を消すことを教えてあげよう。」
　Bruce : Invisible？「姿を消すだって？」
　中学3年生で習う'how to 〜'「〜の仕方」の表現です。デュカードがブルースに戦い方を伝授する場面です。
○ A gang : Where are you？　　　　「どこにいる？」　　　　　　　　　　　　　　　（Chap.18 62:21〜）
　Batman : Here.　　　　　　　　　　　「ここだ。」
　Falcone : What the hell are you？「いったいお前は何なんだ？」　　　　　　　　　（Chap.18 63:07〜）
　Batman : I'm Batman.　　　　　　　　「バットマンだ。」　・・・特に解説はいらないですね。
○ Valet : Nice car.　　　　　　　　　「すごい車だ。」　　　　　　　　　　　　　　（Chap.21 68:40〜）
　Bruce : You should see my other one.「別のを見た方がいいな。→ 普段用だ。」
　ホテルに美女を連れてスーパーカーで乗りつけたブルースが、従業員と交わすやりとりです。
○ Rachel : What are you doing？「何するの？」　　　　　　　　　　　　　　　　　　（Chap.28 93:48〜）
　Bruce　: Short cut.　　　　　　　「近道だ。」
　毒を嗅がされたレイチェルを救うために、ブルースがバットモービルを疾走させながら交わすセリフです。

あらすじ

　優しい両親に囲まれ、何不自由のない裕福な家庭に育ったブルース・ウェインは、幼い頃に井戸に落ち、コウモリに襲われるという恐怖を体験していました。それがトラウマとなり、両親との観劇会の帰り道、泥棒が両親を射殺するという悲劇に遭う一因になります。そして大人になったブルースは、犯人に復讐しようとしますが、別の人間が犯人を射殺してしまいます。黒幕のボス、ファルコーニに会いに行くのですが一蹴され、腐敗しきった都市ゴッサム・シティでは、正義と個人の力は通じないと痛感するのでした。
　家を捨て世界中を放浪して逞しく成長したブルースは、デュカードと名乗る人物に出会い、ヒマラヤの奥地の影の軍団を率いるラーズ・アル・グールという謎の人物のもとへと導かれて修行を積みます。しかし、情け容赦なく人の命を奪う考え方にはついてゆけず、決裂してゴッサム・シティに戻るのでした。
　強靭な肉体と固い意志をもったブルースは、忠実な執事アルフレッド、ウェイン企業の応用科学部で働くルーシャス・フォックス、唯一の清廉潔白な警官ゴードン、そして幼馴染みのレイチェル検事の協力を得て、自らを恐怖の象徴バットマンとなって街の犯罪に立ち向かうことを決心します。ところが、死んだと思っていたラーズ・アル・グールが現れ、ゴッサム・シティは崩壊の危機に陥るのでした。

映画情報

製 作 年：2005年（平成17年）	公 開 日：2005年6月15日（米国）
製 作 国：米国	2005年6月18日（日本）
配給会社：ワーナー・ブラザーズ	上映時間：140分
言　　語：英語	MPAA（上映制限）：PG-13
第78回アカデミー賞撮影賞ノミネート	音　声：英語・日本語　　字　幕：日本語・英語

薦	○小学生　●中学生　●高校生　●大学生　●社会人	リスニング難易表	発売元：ワーナー・ブラザース・ホームエンターテイメント （平成27年2月現在、本体価格） DVD価格：1,429円　ブルーレイ価格：2,381円

お薦めの理由	アメコミのヒーローと言えば、「スパイダーマン」と並びこの「バットマン」が挙げられるでしょう。この作品は、そのバットマンの誕生秘話からの物語です。その壮大な物語の脇をかためる俳優陣は、サーの称号をもつマイケル・ケインをはじめ、今回キャストで紹介できなかったモーガン・フリーマン、そして日本の渡辺謙も登場しています。 　次作『ダークナイト』と共に評価が高い秀作です。	スピード	3
		明瞭さ	2
		米国訛	2
		米国外訛	2
		語　彙	2
英語の特徴	8歳の幼いときのブルース少年が、幼馴染のレイチェル、父親、そして執事のアルフレッドと交わすやりとりが、中学生にはわかりやすいです。 　全体は標準的な米国英語が基調ですが、舞台が架空の都市なので、どこの出身かわからないようなアクセントで話すように工夫したといわれるゲイリー・オールドマンに着目するのも面白いでしょう。	専門語	3
		ジョーク	2
		スラング	2
		文　法	2

授業での留意点

中学生には少し難しいですが、しゃれた表現に目を向けてみましょう。
○　ブルースと忠実な執事のアルフレッドとの粋なやりとりです。
　①　Bruce : Haven't given up on me yet ?　「まだ俺を見放さないの？」　　　　　（Chap.6 22:13～）
　　　Alfred : Never.　　　　　　　　　　　「決して。」
　②　Bruce : You still haven't given up on me ?「もう俺のこと見捨てたくなった？」　（Chap.32 111:20～）
　　　Alfred : Never.　　　　　　　　　　　「決して。」
　'give up on ～'「～に見切りをつける」です。'Never' と答えるときのアルフレッドの表情がとてもいいです。
○　Rachel : Your father would be ashamed of you.「あなたのお父様が悲しむわ。」　（Chap.7 27:49～）
　両親を殺されたことで怒りに燃え、復讐しか頭にないブルースに向かってレイチェルが言います。しかし、最後にはゴッサム・シティを守るために行動した彼に対して、"Your father would be very proud of you. Just like me."「お父様はとてもあなたを誇りに思うわ。私も同じ。」(Chap.38 128:10～) と言います。ともに高校1年レベルの仮定法の内容を含む文になっています。
○　Bruce : Well, it's a good thing I left everything to you, then.　　　　　　　　　（Chap.12 42:54～）
　　　　　「なら、すべてを君に残しておいてよかった。」
　　　Alfred : Quite so, sir. And you can borrow the Rolls if you like. Just bring it back with a full tank.
　　　　　「まさにそうです。よろしければロールス・ロイスをどうぞ。返すときは満タンにして。」
　長旅を終えたブルースを自家用ジェットで出迎えた機内でのやりとりです。'Rolls' はもちろん高級車の代名詞ともいえる'ロールス・ロイス'のことで、最後の文はレンタカーでよく使われる文です。
○　Ra's : You will never learn.「全然身につけようとしないな。→懲りない奴だな。」（Chap.35 121:05～）
　ゴッサム・シティを破壊すべくモノレールを走らせるラーズを追ってきたバットマンに対してのセリフです。バットマンはこれに対して "You never learned to mind your surroundings !"「お前は周りに気をつけることを怠ったな。」(Chap.35 123:16～) と格闘の末に言い返します。
○　Gordon : I never said thank you.　「一度も礼を言っていなかった。」　　　　　（Chap.39 130:30～）
　　　Batman : And you'll never have to.「そんなことは必要ない。」
　映画の最後のセリフです。警官のゴードンとバットマンとの間の友情関係がわかる場面です。

映画の背景と見所

○　バットマンは、1939年、アニメのキャラクターとして初めて登場しました。その作品は何話もありますが、本作『バットマン ビギンズ』は、その誕生秘話と彼が腐敗しきったゴッサム・シティの希望と正義の象徴として'闇の騎士'になるまでの物語です。そして次回作『ダークナイト（The Dark knight 2008年）』を予想させる場面が出てきます。　　　　　　　　　　　　　　　　　　　　　　　　　　　　　　　　　　（Chap.39 130:21～）
○　バットマンになるブルースにとって、幼い頃に見たコウモリは恐怖の象徴です。しかし、大人になって修行を積んだ後は、コウモリの姿となることで相手をひるませ、その恐怖心を利用し、なおかつ自分の恐怖心を克服しているのです。その解説はChap.18 59:30～のところで出てきます。
○　ラーズ・アズ・グールの影武者役の渡辺謙の話す言語はチベット語でも日本語でもありません。実は存在しない語を話しているのです。日本人には、忍者の登場も嬉しい演出ではないでしょうか。
○　バットマンの幼馴染みであり、恋人となるレイチェル・ドーズは、原作のコミックにはない唯一のメインキャラクターです。
○　街を疾走するバットモービルは、すべてのパーツが手作りであり、実際に走行しています。

スタッフ	監督・脚本：クリストファー・ノーラン 脚本・原案：デイビッド・S・ゴイヤー 製　　作：チャールズ・ローヴェン 他 撮　　影：ウォーリー・フィスター、A.S.C. 音　　楽：ハンス・ジマー 他	キャスト	ブルース・ウェイン(バットマン)：クリスチャン・ベール アルフレッド　　　　　　：マイケル・ケイン ヘンリー・デュカード　　：リーアム・ニーソン レイチェル・ドーズ　　　：ケイティ・ホームズ ジム・ゴードン　　　　　：ゲイリー・オールドマン

パトリオット　　The Patriot

（執筆）能勢　英明

セリフ紹介

何のための独立戦争なのかを語るセリフを紹介します。　　　　　　　　　　　　（Chap：チャプター番号と時間）
○ 英国軍を奇襲したある夜、ガブリエルは黒人奴隷に話しかけます。　　　　　　　（Chap：14　1:10:36～）
Gabriel : If we win this war, a lot of things will change.　「戦争に勝てばこの国は変わる。」
Slave　 : What will change?　「どう変わるんです。」
Gabriel : They call this the New World. It's not. It's the same as the old. But we'll have a chance to build a new
　　　　 world. A world where all men are created equal under God.
　　　　「ここは新世界と呼ばれてるだろう。でも、ヨーロッパと変わらない。今度こそ新世界を作るチャンスだ。
　　　　 神のもとで誰もが平等である世界だ。」
Slave　 : Equal. Sounds good.　「平等。素晴らしい。」

　漠然と「人々は」と言うとき、weまたはtheyがよく使われますが、ガブリエルはweではなくtheyを使っていることから、自分以外の「人々」のことを言っているのがわかります。自分は「新世界」と呼びたくない意識の表れです。It's notの後にはthe New Worldが省略されています。英語という言語は、省略できる語句は省略し、既出の名詞は代名詞に置き換える、という特徴があります。何が省略されているのか、また、代名詞が何を指すのかを意識することで英文がより正しく理解できるようになります。次の文のthe oldとは、黒人奴隷を道具のように扱う古いヨーロッパの体制のことで、それを打破し、新しい世界を作りたいとのガブリエルの強い思いが伝わってきます。

学習ポイント

家族の愛とは何かを考えさせられるセリフを紹介します。
○ サウスカロライナ植民地も大陸軍に参戦して英国軍と戦うか否かの投票が行われ、参戦が決まりました。参戦に反対するマーチンと入隊を志願した１８歳の長男ガブリエルとのやりとりです。　　　　　　　（Chap：2　16:25～）
Gabriel: Father, I thought you were a man of principle.　「お父さんは正義の人だと思ってた。」
Martin : When you have a family of your own, perhaps you'll understand.
　　　　　　　　　　　　　　　　　　　　　　　　　　　「それはお前も家族を持てば分かるだろう。」
Gabriel: When I have a family of my own, I won't hide behind them.　「僕なら家族のせいなんかにしません。」
この後、バーウェル大佐はマーチンに話しかけます。　　　　　　　　　　　　　　（Chap：2　16:59～）
Col. Burwell: He's as imprudent as his father was at his age.　「彼は若い頃の父親に似て利かん坊だな。」
Martin: Regrettably so.　「残念ながら。」
Col. Burwell: I'll see to it that he serves under me. Make him a clerk or quartermaster, something of that sort.
　　　　　　　　　　　　　　「私の部下にしておくよ。そうだな、事務官か補給係あたりがいいだろう。」
Martin: Good luck.　「どうかな。」

　Good luck.は使われる状況によっては否定や皮肉を含意します。この場面では、「どうせだめだろうけれど」という気持ちが含まれていることが、マーチンの表情から読み取れます。

○ しばし家族と共に過ごし、再び戦地へ旅立つマーチンたちを家族が見送る場面で、口のきけなかったスーザンがマーチンを呼び止めます。　　　　　　　　　　　　　　　　　　　　　　　　　　（Chap：21　1:55:15～）
Susan: Papa! Papa, don't go! I'll say anything. Please, Papa. I'll say anything you want. Tell me what you want
　　　 me to say. I'll say anything. I promise, Papa. Please don't go.
　　　「パパ！パパ、行かないで。わたし話すから。行かないで、パパ。何しゃべってほしいの。わたししゃべる
　　　 から。何でもしゃべれるの。お約束するから、パパ、行かないでよ。」
Martin: I promise. I'll come back. I'll come back. You believe me?　You know, you make me very happy.
　　　「約束する。帰ってくるよ。必ず。信じるかい。とっても嬉しかった。」

　I'll come back.からは、愛する人を守るために決死の覚悟で戦っているマーチンの、戦争に勝って、愛する人のために必ず帰ってくるという強い決意が読み取れます。

あらすじ

　1776年、フレンチ・インディアン戦争の勇士だったベンジャミン・マーチンは、妻を亡くしていましたが、18歳の長男のガブリエルを頭に3歳のスーザンまで7人の子供の良き父として、農夫として、サウスカロライナで平穏な生活を送っていました。
　フレンチ・インディアン戦争では手を組んでいた英国軍が、サウスカロライナの植民地支配を強めようと、迫ってきていました。住民投票の結果、独立をかけた戦争へ参加することが決まりました。戦争の残酷さを知るベンジャミンの心配をよそに、ガブリエルは自らの意志で入隊します。その2年後、負傷したガブリエルは他の兵士たちと家に戻り、看護を受けていました。そこへ、タビントン大佐率いる英国軍がやって来て、ガブリエルを連れ出します。兄の危機を察したトマスは、一瞬の隙をつこうとして、タビントン大佐に射殺されてしまいます。マーチンは、2人の息子ネイサンとサミュエルを連れて英国軍を森の中で待ち伏せて奇襲し、ガブリエルを奪還します。
　マーチンは、息子を失った悲しみと怒りから旧友バーウェル大佐を訪ね、独立戦争の兵士に志願します。こうしてガブリエルは、父の指揮下で共に戦うことになりました。残されたマーチンの子供たちの世話をしているのは、亡き妻の妹シャーロットです。このシャーロットの屋敷にも危機が及びますが…。

映画情報

製 作 年：2000年（平成12年）
製 作 国：米国
製 作 費：1億1,000万ドル
言　　語：英語
ジャンル：アクション、ドラマ、戦争

公開情報

公 開 日：2000年6月28日（米国）
　　　　　2000年9月23日（日本）
上映時間：１６５分
オープニングウィークエンド：2,241万3,710ドル
興行収入：2億1,529万4,342ドル

薦	○小学生 ●中学生 ●高校生 ●大学生 ●社会人	リスニング難易表	発売元：ソニー・ピクチャーズ エンタテインメント（平成27年2月現在、本体価格）DVD価格：1,410円 ブルーレイ価格：2,381円

リスニング難易表	
スピード	3
明瞭さ	3
米国訛	2
米国外訛	2
語彙	3
専門語	2
ジョーク	2
スラング	2
文法	2

お薦めの理由

中学生の多くは、英国からの独立に至る米国の歴史的経緯について、学校の授業で詳しく学びません。高校生以上になっても、興味がなければ深く学ぶこともありません。しかし、日本との結びつきが強い米国の歴史の一端を知っておくことはとても意義のあることです。独立戦争を背景に、家族愛と愛国心を描いたこの映画は、米国の歴史を学ぶきっかけになることでしょう。

英語の特徴

今からおよそ240年前の米国が舞台ですから、英語はその当時のものをベースに、今の私たちが理解できる工夫がなされています。父のことを話題にするときや呼びかけでは、現代はDadと言うことが多いですが、Fatherと言っているあたりに、父親の威厳と言葉の変遷が感じられます。また、英国軍が使う英語は英国の英語、米国の人たちが使う英語は米国英語、といった使い分けがなされていて興味深いです。

授業での留意点

この映画は、人間尊重の精神の学習や生命に対する畏敬の念を培う平和学習の教材としても活用することができます。いくつかのセリフを紹介します。

○　ガブリエルから弟トマスへ、戦場からの手紙です。　　　　　　　　　　　　　　（Chap：3 19:25～）

I envy you ... your youth and distance from this cruel conflict of which I am a part. But I consider myself fortunate to be serving the cause of Liberty. And though I fear death, each day in prayer I reaffirm my willingness, if necessary, to give my life in its service. Pray for me. But above all, pray for the cause.

「うらやましいよ、お前の若さと残酷な戦争を体験していないお前が。でも、自由のために戦う自分を幸せに思っている。死ぬのは怖いけれど、毎日お祈りをしながら独立のためなら命を捧げてもいいと誓っている。祈ってくれ、僕と大義のために。」

米国という新しい国家を作るために尊い命を犠牲にした人たちがたくさんいたという歴史的事実は、語り継がれるべきでしょう。ここでは、人と人が殺し合う戦争の大義とはいったい何なのかを考えたいものです。

○　ある告知が貼り出され、読むように頼まれた黒人奴隷は…。　　　　　　　　　　（Chap：15 1:17:05～）

Slave : I can't read.「字が読めない。」

Man : I can. It says, "Take notice. By order of General Washington and the Continental Congress, all bound slaves who give minimum one year service in the Continental Army will be granted freedom and be paid a bounty of five shillings for each month of service." Did you hear that? First they're gonna free them, then they're gonna pay them."

「読んでやる。『告知。ジョージ・ワシントン将軍と大陸会議の決定により、大陸軍に従軍している奴隷で1年以上兵役を務めた者には全員に自由が与えられる。そして、1ヶ月に5シリングの兵役手当が支給される。』聞いたか。自由をくれて金までくれる。」

Slave : Only another six months.　　　　　　「あと6ヶ月だ。」

Man : What in the hell are you gonna do with freedom?「自由になってどうするんだ。」

この黒人奴隷は、どんな思いでこの告知を聞いたのでしょうか。あと6ヶ月で自由になれると本当に信じたのでしょうか。差別され、しいたげられた人たちの思いはどんなものであったのかを考えるのによい場面です。独立戦争が終わり、南北戦争を経て、形式上解放されるまでの経緯を社会科歴史の授業とタイアップするのもよいでしょう。

映画の背景と見所

○　この映画の歴史的背景にあるのは、米国独立戦争です。この戦争は、1775年に始まり、1776年7月4日の独立宣言をはさみ、1783年に終わります。東海岸にある英国の13植民地と英国との戦争です。開戦とともに、大陸軍が発足しますが、それまでは正規の軍隊はなく、各植民地の民兵隊が地域防衛にあたっていました。開戦前までは英国軍がそれらの民兵隊を傘下に置いていましたが、開戦後はほぼすべての民兵隊が大陸軍に加わりました。北アメリカの覇権を英国と争ったフランスは、1778年、ルイ16世フランス国王が、ベンジャミン・フランクリンに説得され、植民地の独立を承認しました。その結果、フランス軍の協力を得た大陸軍は戦局を有利に展開することができ、1783年9月3日、パリ条約により独立戦争が終結しました。

○　家族愛と自由への戦いが壮大に描かれています。自由を求めて人々が立ち上がる場面には人間の尊厳を感じます。牧師までもが兵士となる決意の言葉が、かけことばになっています。ぜひ英語で味わいたいものです。

A shepherd must tend his flock. And, at times, fight off the wolves.　　　　　　（Chap：11 1:01:41～）

「羊飼い（牧師）は羊（信者）を守らなければならない。オオカミと戦うときもある。」

shepherdは「羊飼い」「牧師」、flockは「羊の群れ」「キリスト教徒」の意味、wolvesは「英国軍」の隠喩です。

スタッフ

監　督：ローランド・エメリッヒ
製　作：ディーン・デブリン、マーク・ゴードン、ゲリー・レビンソン
脚　本：ロバート・ロダット
音　楽：ジョン・ウィリアムズ

キャスト

ベンジャミン・マーチン　：メル・ギブソン
ガブリエル・マーチン　　：ヒース・レジャー
シャーロット　　　　　　：ジョエリー・リチャードソン
タビントン大佐　　　　　：ジェイソン・アイザックス
バーウェル大佐　　　　　：クリス・クーパー

| ハムナプトラ 失われた砂漠の都 | THE MUMMY | （執筆）返町　岳司 |

<table>
<tr><td>セリフ紹介</td><td>

Chap.3 14:12～　Evelyn: I am so very sorry, it was an accident.（本当にごめんなさい、事故だったのです。）
→ 博物館で司書をしていた女性、エブリンが博物館の書棚を一つ押し倒してしまいます。それがきっかけでドミノのように全書棚を倒してしまった直後、館長に言った謝罪の言葉です。
　Chap.3 20:01～　Evelyn: I beg your pardon!（なんですって！）→ Pardon? や Pardon me? という形で、中学校の授業では学習します。この場面では、失礼なことを言われたことに対して、エブリンが不快感を表しています。
　Chap.4 23:22～　Evelyn: Do you really think he's going to show up?（彼が現れると本当に思う？）→ 処刑台での死刑執行から何とか救った男性が、約束通り港に現れるかどうか心配して言ったセリフです。
　Chap.6 38:30～　O'Connell: So long, Beni.（あばよ、ベニ。）→さようならは中学校では Good bye. / Bye. / See you. / Have fun. / Have a nice day. / Take care. などを学習。So long. は親しい間柄で使われることが多いです。
　Chap.7 44:51～　Burns: I think we should listen to the good doctor, Henderson.（俺たちはその偉い学者さんの言うことを聞くべきだと思うぜ、ヘンダーソンよ。）Henderson: Yeah, sure. Let them open it.（ああ、そうだな。奴らにそれを開けさせるか。）→ Let ＋人＋動詞．（人に動詞をさせる。）という表現は、中学校では Let's（= Let us）動詞．という形で学習します。
　Chap.11 1:11:12～　Beni: Prince Imhotep does not like to be touched.（イムホテップ殿下は触られることが好きではないのだ。）三単現＋否定＋不定詞＋受動態と、中学校で学習する用法が詰まった文です。

</td></tr>
<tr><td>学習ポイント</td><td>

　この作品には、主に米国人と英国人の役者が登場します。英語の発音の違いだけではなく、両者の文化の違いなどに興味が持てるかもしれません。
　Chap.3 21:36～　カイロ刑務所で、主人公の米国人男性のオコーネルが絞首刑の執行を受ける場面です。幻と言われていたハムナプトラの情報が知りたかった英国人女性、エブリンは刑務所長に Evelyn: I will give you one hundred pounds to save this man's life.（この男の命を救うために、私は１００ポンド払うわ。）と言います。ポンドと言えば英国の通貨単位で、米国英語を学習する中学生にとっては、あまりなじみがないかもしれません。このセリフを通して、「なぜ英国の通貨を、エジプトのカイロで使うことができるのだろう。」という疑問が生まれます。そこで、エジプトが英国の植民地化であったことに気づきたいです。
　この作品で特に注目したいのは、１９２０年代の英国人であるジョナサンや妹のエブリンがもつ、米国人に対するイメージや偏見に関するセリフです。
　Chap.4 23:27～　オコーネルが助けられた続くシーンでは、英国人男性のジョナサンがオコーネルをこのように例えます。Jonathan: He may be a cowboy, but I know the breed.（彼はカウボーイかもしれないが、血統書付きさ。）このセリフでは、まだジョナサンはオコーネルがどのような人物かも知らない段階で、米国人男性＝カウボーイという勝手なイメージをもっていることが伝わってきます。
　Chap.5 32:08～　では、冒険家の米国人が船上で銃をまるでおもちゃのように乱射して、子どものようにはしゃぐ姿を見て、Jonathan: Americans!（まったく、米国人は！）と言います。この一言で、米国人は野蛮で無法者であるというジョナサンがもつ偏見が表れています。
　Chap.7 43:43～　米国人冒険家の集団に先を越されて、ジョナサンが悔しがるシーン。Jonathan: And when those damn Yanks go to sleep... no offense.（あのうっとうしい米国人たちが眠ったら・・・おっと失敬。）とオコーネルの目の前で、オコーネルが米国人であることを忘れて、ついつい言ってしまいます。それに対してオコーネルは、O'Connell: None taken.（=No offense was taken.）（そうは受け取ってないよ。）と返事をしますが、続くセリフで、今度はエブリンが Evelyn: If those beastly Americans haven't beaten us to it. No offense.（もしあの野蛮な米国人たちが私達の先を越していなければね。あら、失礼。）と言ってしまいます。再びオコーネルは、O'Connell: None taken. と返しますが、ジョナサンやエブリンのセリフから、時代設定の１９２０年代に、英国人が潜在的に抱いていたと思われる、米国人に対する偏見の思いが表れています。

</td></tr>
<tr><td>あらすじ</td><td>

　この作品の舞台はエジプトの名所である、テーベ、カイロ、ナイル川、サハラ砂漠です。これらの地名は社会科の授業でもおなじみです。「ハムナプトラ」とは、テーベから離れた砂漠の奥地にある「死者の都」のことです。そこは歴代の王と財宝が眠る埋葬地で、紀元前１２９０年、国王セティ１世が支配する古代エジプトから物語は始まります。国王セティの大司祭だったイムホテップと、セティの愛人であったアナクスナムンは、国王を暗殺してしまいます。しかし衛兵に囲まれたアナクスナムンは、生まれ変わってもう一度会うことを信じ、自害してしまいます。逃げたイムホテップは、アナクスナムンを蘇らせる寸前に衛兵に阻止され、「ホムダイ」という生きたままミイラにされる極刑を執行されてしまいます。ホムダイの刑に処された者が再び蘇ることがあった時は、エジプトに１０の災いをもたらし、蘇った者は無敵の力を身につけるという言い伝えがあります。
　それから約３０００年が経った、第一次世界大戦（１９１４-１８）後の１９２５年、外国人部隊の脱走兵オコーネルは、カイロ刑務所で処刑されるところを博物館司書エブリンによって命を助けられます。古代文字が読めるエブリンと勇敢なオコーネル一行は、イムホテップを蘇らせてしまい、蘇り無敵となったイムホテップと、いかにして戦うのでしょう。

</td></tr>
<tr><td>映画情報</td><td>

製　作　費：８,０００万ドル
製　作　国：米国
ジャンル：アドベンチャー
言　　語：英語
カラー映画

</td><td>公開情報</td><td>

公開日：１９９９年５月 ７日（米国）
　　　　１９９９年６月１９日（日本）
上映時間：１２５分
オープニングウィークエンド：４,３３６万９,６３５ドル
興業収入：４億１,５９３万ドル

</td></tr>
</table>

薦	○小学生　●中学生　○高校生　○大学生　○社会人	リスニング難易表		発売元：NBCユニバーサル・エンターテイメントジャパン（平成27年2月現在、本体価格）DVD価格：1,429円　ブルーレイ価格：1,886円
お薦めの理由	冒険心をくすぐる物語で、エジプトに隠された秘密がどんどん明らかになっていく様子には目が離せません。製作当時は、知名度はスターではなかったキャスティングにも関わらず、世界で高い評価を受け、続編の製作が決定したことが納得できる作品です。　内容の良さに加え、CGを駆使した迫力の映像には、日常生活では体験できないわくわく感が感じられます。	スピード	2	
^	^	明瞭さ	2	
^	^	米国訛	2	
^	^	米国外訛	3	
^	^	語　彙	2	
英語の特徴	英国英語と米国英語の対比がおもしろい。舞台は英国植民地であったエジプトで、登場人物のエブリンと兄ジョナサンは英国人です。そこに、主人公の男性オコーネルをはじめ、多くの米国人冒険家が登場します。　全編を通して、クリアで聞き取りやすいです。たびたびジョナサンが言うジョークも、ストレートな表現でわかりやすく、親しみやすいです。	専門語	3	
^	^	ジョーク	2	
^	^	スラング	2	
^	^	文　法	2	

授業での留意点

　授業でこの作品を使うに当たって確認しておきたいことは、米国英語と英国英語の両方が登場しているということです。ただ、せっかく導入するのであれば、どの役者が米国英語で、どの役者が英国英語かを考え探させると良いでしょう。Chap.2以降、「米国人は〜だ。」というセリフがいくつか出てくるので、そういったものをヒントにしても良いでしょう。また、そういった活動をさせる前に、我々日本人が持つ、外国人に対する偏見や、外国人から見た日本人に対する根拠のない漠然としたイメージなどを発表させることも、外国語学習への興味が深まるかもしれません。ただし、そのようなイメージや偏見は、あくまで偏見であり、現実は必ずしもそうであるとは限らないということを、教育者としてはっきりとさせておく必要があります。

　もし、まったく生徒がこの作品のことを知らなくても大丈夫です。そのような場合は、DVDのChap.14がお薦めです。1:30:00〜1:36:00までの6分間でそれぞれの登場人物の個性が出ていますし、セリフや状況もわかりやすいです。何と言っても、この作品の中でも最も迫力のあるCG映像が見られます。このチャプターではとても緊迫したシーンが続くため、短いセリフが続くことが特徴です。

　授業では、生徒にはChap.14の台本のプリントを配布しておきます。（ただし、セリフのところどころは虫食いにしておきます。）日本語字幕を出しておき、その意味と音声をヒントに聞き取りをさせても良いですし、もしくは、英語字幕を出しておき、場面にふさわしい日本語に変換させてみるのも良いでしょう。そういった活動をさせる時、中学校では4人〜6人1組ほどのグループで挑戦させると、生徒たちはグループ内でコミュニケーションを積極的に図ろうとすることが期待できます。難しい場合は、ヒントを与えるなどしてからもう一度見せるなど、映画や英語にあまり興味が持てない生徒にとっても楽しく活動できることが望ましいです。

Chap.14に出てくるセリフ（お薦め対象学年別）
中学1年生：Is it dangerous? / What's the challenge then? / Are you all right? / How are you doing? /
　　　　　　See that? / Oh, my God! / We're back. / Excuse me. / Here I come.
中学2年生：Do you really think so? / Do I bloody look all right? / Get off of me. / I need a new job. /
　　　　　　Pedal faster! / Hang on, men. / That's the idea. / I love the whole sand wall trick. /
　　　　　　It was beautiful. Get back. / Keep moving.
中学3年生：Well, you probably won't live through it. / I've never seen one so big. /
　　　　　　A little help would be　useful if it's not too much trouble!

映画の背景と見所

　冒険映画というと、どうしてもインディージョーンズシリーズと比較されがちですが、コメディの要素が多く含まれている作品になっているため、まったく違うジャンルと言えます。1932年公開の『ミイラ再生』（カール・フロイント監督）のリメイク作品であるこの作品は、CGなどによる特殊映像を駆使した大作です。

　本作の撮影を開始するにあたって、一流スターをキャスティングするのではなく、これから活躍するであろう、若手実力派を起用することで出演依頼料を抑え、映画製作費に十分な投資ができたようです。今でこそ3D映像が主流になり、派手なCG映像も当たり前になりつつありますが、例えば、砂漠の砂とたくさんの虫を操るシーンや、ミイラが少しずつ再生していく過程は、何度見ても目が離せないほど、驚いてしまう映像が満載です。

　また、この作品に、より親しみを与えてくれる2名の脇役（ジョナサンとベニ）が、ところどころにちりばめられている、真面目な顔をして言い放つ簡素でわかりやすいジョークに、ついつい笑ってしまいます。この作品が面白いと思うことができれば、続編『The Mummy Returns』は必見です。本作の内容や人物設定などが継承されているだけでなく、スリル感、コメディ要素、CGによる特殊映像なども引き継ぎ、迫力のあるアクションシーンなどが加えられ、作品としての深みが感じられます。

| スタッフ | 監督・脚本：スティーヴン・ソマーズ製　作：ジェームズ・ジャックス　　　　シューン・ダニエル撮　影：エイドリアン・ビドル音　楽：ジェリー・ゴールドスミス | キャスト | リック・オコーネル　：ブレンダン・フレイザーエブリン・カナハン　：レイチェル・ワイズジョナサン・カナハン：ジョン・ハナイムホテップ　　　　：アーノルド・ヴォスルーアーデス・ベイ　　　：オデッド・フェール |

| ビッグ・フィッシュ | Big Fish | （執筆）松葉　明 |

セリフ紹介

この映画を特徴づけるセリフを紹介します。　　　　　　　　　　　　　　　（Chap：チャプター番号と時間）

○ "There are some fish that cannot be caught. It's not that they are faster or stronger than other fish, they're just touched by something extra." 「決して釣ることのできない魚がいる。他の魚より速いとか強いというのではなくて、何か特別なものが備わっているんだ。」　　　　　　　　　　　　　　　　　　　　　　　　（Chap.1 00:55〜）
映画の冒頭で、若き日のエドワードが語ります。彼の18番の話で、幻の魚の話は映画の中で何度も登場します。

○ Edward : You see, most men, they'll tell you a story straight through. It won't be complicated, but it won't be interesting either.　　　　　　　　　　　　　　　　　　　　　　　　　　　　　　　　（Chap.16 66:47〜）
「たいていの人は話の用件だけ話すだろう。わかりやすいが面白くもない。」
息子の嫁ジョセフィーンに、義父エドワードが語るセリフです。彼の話のおもしろさは、こんな考えから生まれているのです。ジョセフィーンは "I like your stories."「私お義父さんの話好きよ。」と答えます。

○ "That was my father's final joke, I guess. A man tells his stories so many times that he becomes the stories. They live on after him. And in that way, he becomes immortal."　　　　　　　　　　　　（Chap.28 119:40〜）
「あれは父の最後のホラ話だったのかな。何回も繰り返し話をしているうちに、本人が物語そのものになってしまった。それで彼が死んだ後も物語は残る。そんなふうにして彼は永遠に生きるんだ。」
映画の最後のセリフです。この映画を締めくくるにふさわしいものとなっています。

学習ポイント

この映画では、中学校で習う英語を一歩発展させた表現がたくさん出てきます。確認して覚えましょう！

○ Young Edward : And all-you-can-eat buffets.「そして食べ放題のビュッフェ。」　　（Chap.6 25:24〜）
エドワードが巨人のカールに都会へ行くように勧めます。'all-you-can-eat' は「食べ放題」です。ということは、「飲み放題」はどう表現するのでしょう？　そうですね。'all-you-can-drink' です。

○ Young Jenny : Promise me you'll come back.「戻ってくると約束して。」　　　　　（Chap.9 39:05〜）
Young Edward : I promise. Someday. When I'm really supposed to.「約束する。いつかね。その時がきたら。」
そして後になってジェニーは再会したとき "You did exactly what you promised."「約束は守ってくれたわね。」（Chap.24 98:03〜）と言います。

○ Josephine : I'd like to take a picture.「写真を撮ってもいいです？」　　　　　　　（Chap.10 45:03〜）
Edward : Oh, you don't need a picture. Just look up 'handsome' in the dictionary.
「あぁ、写真なんか必要ないよ。辞書で「ハンサム」を引けば載ってるよ。」
息子の嫁にこんなユーモアのセンスで答えられるといいですね。

○ Amos : Her favorite flower is daffodils.「彼女の好きな花は水仙だ。」　　　　　　（Chap.13 55:45〜）
1ヶ月無償で働けば、一目惚れしたサンドラについての情報をひとつ教えてくれると契約し、サーカス団団長のエイモスが最初にエドワードに教えたことがこれです。これが3年間続きます。次の情報は何だったでしょうか。映画で確認しましょう。また、花の名前もひとつずつ覚えていくといいですね。

○ Sandra : He's almost a stranger, and I prefer him to you !　　　　　　　　　　（Chap.16 65:35〜）
「彼のことはほとんど知らないけど、私はあなたより彼の方を選ぶわ。」
一途に思いを込めてアタックし続けたエドワードに、サンドラも本当の愛に気づいて彼を受け入れたときのセリフです。'stranger' の語の使い方、'prefer ... to 〜'「〜よりも…を好む」を押さえましょう。

○ Edward : I'm in love with my life. And from the first day I saw her until the day I die. She's the only one.
「僕は妻を愛している。出会った日から僕が死ぬその日まで。彼女だけなんだ。」（Chap.25 101:40〜）
エドワードが、自分に好意を寄せるジェニーに向かってこう言います。こんな愛の告白ができるといいですね。エドワードは一面に水仙の花を飾ってサンドラが "You don't even know me."「私の事知らないのに。」に対しても、"I have the rest of my life to find out."「これから一生かけて知るつもり。」とも言ってます。（Chap.16 64:23〜）

あらすじ

ジャーナリストのウィルは、出産間近な妻ジョセフィーンとパリで暮らしていました。そんなある日、父エドワード・ブルームが余命わずかであるとの連絡が入ります。父エドワードは、自分の人生をまるでおとぎ話のように語ることで、周りの人たちを楽しませてきた人物でした。息子のウィルも、幼いときから父の話が好きでしたが、結婚式の日でも「息子の生まれた日に釣った大きな魚」の物語を語り、式の主役は父さんではないと口論になって、3年間母サンドラを通しての交流しかできなくなっていました。

久しぶりに故郷に戻ったウィルでしたが、ベッド生活の父から語られる話は相変わらずです。しかし、妻ジョセフィーンはそんな義父のロマンチックな話に心打たれます。ジョセフィーンは夫にもっと父親と話をするように勧めるのですが、話は平行線のまま。しかし、エドワードの部屋を片づける手伝いをする中で、父の戦死を告げる電報を発見します。「それって本当の話だったの？」とウィルは母に問いかけると、母は「父の話は、まったくの作り事ではないのよ」と答えるのでした。さらにエドワード名義の土地の信託証書が出てきて、ウィルがその場所に向かうと、寂れ果ててはいるものの、実際にその土地は存在し、ジェニーという不思議な女性が暮らしているのでした。その間にエドワードの様態は急変します。そして外に出たいという父を連れ出して、今度はウィルが物語を作って語るのでした。

映画情報

製作年：2003年（平成15年）
製作国：米国
配給会社：コロンビア・ピクチャーズ
言　語：英語
第76回アカデミー賞作曲賞ノミネート

公開情報

公開日：2003年12月10日（米国）
　　　　2004年 5月15日（日本）
上映時間：125分
MPAA（上映制限）：PG-13
音　声：英語・日本語　　　字　幕：日本語・英語

| 薦 | ○小学生 ●中学生 ●高校生 ●大学生 ●社会人 | リスニング難易表 | 発売元：ソニー・ピクチャーズ エンタテインメント（平成27年2月現在、本体価格）DVD価格：1,410円　ブルーレイ価格：2,381円 |

| お薦めの理由 | この物語は、一言でいえば父と息子の和解の話です。題名からもわかるように、'big fish' は「大きい魚、大人物」を指し、'a big fish in a little pond'「井の中の蛙」を表します。この映画では、実際の「大きな魚」が主人公エドワード・ブルームの語る物語の中で、重要な意味で登場しています。ファンタジックであり、親子の絆を描いていて、家族みなで楽しめる温かい映画です。 |

スピード	2
明瞭さ	2
米国訛	2
米国外訛	2
語彙	2
専門語	2
ジョーク	2
スラング	2
文法	2

| 英語の特徴 | 映画の多くは、若き日のエドこと、ユアン・マクレガーを中心に語られています。スコットランド出身の彼ですが、映画の舞台が米国南部のアラバマ州なので、話す英語は南部訛りが入っています。しかし、それ程意識する必要はなく、若いとき、年老いたときのエドワード・ブルームの話す物語は、時にはユーモアに富み、また時には道徳めいた教訓ありで、物語の展開が大いに楽しめる秀作です。 |

授業での留意点

人生の訓辞ともいえる、意味深長なセリフを中心に紹介しましょう。

○ Edward : I mean, you think this town is too small for you ? Well, it's too small for a man of my ambition.
「この町は君には小さ過ぎるんだろ？　大きな野心をもつ僕にも小さ過ぎる。」 (Chap.6 25:50～)
エドワードが巨人のカールに都会へ行くように勧めます。今いる町が、物理的に小さいことと、心理的に小さいことを言っているわけです。

○ Edward : I don't know if you're aware of this, Josephine, but African parrots, in their native home of the Congo, they only speak French. …. Those parrots talk about everything. Politics, movies, fashion. Everything but religion.「ジョセフィーンは知ってるかな。アフリカのコンゴのオウムはフランス語しか話せないんだ。…そのオウムは何でも話す。政治や映画、ファッションも。宗教以外は何でもだ。」
Will : Why not religion, Dad ?「父さん、なぜ宗教はだめなの？」
Edward : It's rude to talk about religion. You never know who you're gonna offend.
「宗教について話すのは失礼だ。知らないうちに感情を損ねるからな。」
Will : Josephine actually went to the Congo last year.「ジョセフィーンは昨年コンゴに行ったんだよ。」
Edward : Oh, so you know.「あぁ、それなら知ってるよね。」 (Chap.9 41:46～)
ビジネスマナーで、日本でも「宗教と政治、野球の話はするな」というのがありますが、このまことしやかなホラ話では、思わず笑ってしまいます。ジョセフィーンが黙って微笑む表情がとてもいいです。

○ Young Edward : They say when you meet the love of your life, time stops, and that's true. What they don't tell you is that when it starts again, it moves extra fast to catch up. (Chap.12 49:56～)
「人生において運命の人に出会うとき、時間が止まるというが、まさにその通りだ。そして再び動き出すと、普段以上に速く動くものだ。」
若き日のエドワードが、初めてサンドラに出会ったときのことをこう語ります。とてもロマンチックな場面です。

○ Edward : I'm sorry. Have I offended you ?「ごめんね。何か気に障った？」 (Chap.24 97:59～)
かつて村に戻ってくると少女に約束したエドワード（Chap.9 39:05～）。成長した少女は大人になって目の前にいて…。「怒らせる」は 'make ～angry' でも表せますが、'offend' も覚えましょう。'Did I offend you ?' と過去形を使ってもいいです。ここでは、今でも怒ってる様子なので現在完了形を使ったわけです。

映画の背景と見所

○ 原作のタイトルは 'BIG FISH : A Novel of Mystic Proportions' で、日本では「ビッグフィッシュ―父と息子のものがたり」で2000年に出版されました。
○ 原作者のダニエル・ウォレスがカメオ出演しています。サンドラの経済学の教授役（Chap.16 63:14～）です。ちょうどチャプター16が始まるところになります。
○ エンドロールに流れるパール・ジャム「時間のたびびと」がアカデミー賞作曲賞にノミネートされた曲です。
○ ユアン・マクレガーが、まだ名も知らぬ乙女（サンドラ）のことを想って象にもたれかかっていると、なんと象は糞をします（Chap.13 56:02～）。これは偶然の出来事だったそうです。
○ 身長約5mという大男のカールは、どのように撮影されたのでしょう。実は、台に乗ったり、ミニチュアの車を用意したりして大きく見せていたのです。
○ ロケ地は原作の舞台にほど近い、アラバマ州ウェトゥンプカという町の周辺で撮影されました。
○ 息子ウィル・ブルームの妻を演じるフランスの女優マリオン・コティヤールは、本作が米国での映画デビューとなりました。彼女は2013年「世界でもっとも美しい顔100人」の1位に選ばれました。

| スタッフ | 監督：ティム・バートン
脚本：ジョン・オーガスト
原作：ダニエル・ウォレス
製作：ブルース・コーエン他
音楽：ダニー・エルフマン | キャスト | エドワード・ブルーム（若）：ユアン・マクレガー
エドワード・ブルーム：アルバート・フィニー
ウィル・ブルーム：ビリー・クラダップ
サンドラ・ブルーム：ジェシカ・ラング
ジェニー（魔女）：ヘレナ・ボナム＝カーター |

フェノミナン	Phenomenon	（執筆）吉本　仁信

セリフ紹介

だれもが「天才」というものになりたい思ったことはあると思います。まずは、このセリフを練習しましょう。

○ Doctor: Name as many mammals as you can in 60 seconds. Ready? Go.　　　　　（Chap.11 1:05:32〜）
　George: Hmm. 60 seconds. Well, how would you like that? How about alphabetical? Aardvark,（中略）But you weren't being very specific, now, were you, Bob?

「60秒でできるだけ多くのほ乳類を述べなさい。用意、どうぞ。」「ふーん、60秒でね。じゃ、どのようにしてほしい。アルファベット順はどうだい。ツチブダ、（中略）。でも具体的ではなかったよね。そうだよね。ボブ。」

ジョージが尋問を受けているときに、動物の名前をアルファベット順に述べます。とても興味深い場面ですので、ぜひ、生徒たちに聞かせたいです。

○ George: You know, if we were to put this apple down, and leave it. It would be spoiled and gone in a few days. But, if we were to take a bite of it like this（リンゴをかじる）It would become part of us. And we could take it with us, forever.　　　　　　　　　　　　　　　　　　　　　　　　　（Chap.16 1:45:57〜）

「そうだな。もしこのリンゴを置いたとして、そのままにするとしよう。すると数日でこれは悪くなってなくなってしまうよね。でも、これをこのように噛んだとしたら、それは僕たちの一部になるんだ。そして、それを永遠に連れて行くことができるんだよ。」ジョージがレイスの子どもたち（アルとグローリ）にとても良い言葉を贈ります。映画の中でも、唯一このシーンだけ子どもたちの前で悲しい雰囲気を出します。

学習ポイント

ジョージの生活から覚えたい英語表現をまとめました。

○ George: Hold on. Hold on.　「ちょっと待ってくれ。」　　　　　　　　　　　　　（Chap.2 06:03〜）
同じ表現を2回繰り返すことで、強調して相手に伝えることができるのも英語の特徴の一つです。

○ Doc：(there is) no smoking section in heaven.　「天国には喫煙場所はないんだぞ」　　（Chap.3 10:11〜）
天国とまでは言いませんが、最近では、このようなサインが日本のレストランでも見られるようになりました。米国でも同じような表現があります。ぜひ覚えましょう。

○ Doc　　: Are you feeling OK?　　　　　　　　　「気分はどうだい？」　　　　　　　（Chap.4 12:40〜）
　Nate　 : Can you drive, George?　　　　　　　　「運転はできるのかい、ジョージ？」
　George : Yeah, I'm alright. Hey, thanks everybody.「もちろん、大丈夫だよ。あっ、みんなありがとう。」
　Nate　 : Happy birthday, buddy.　　　　　　　　「誕生日おめでとう。」
　Jimmy : Happy birthday, George.　　　　　　　　「誕生日おめでとう、ジョージ。」

どこの国でも、誕生日は特別な日だということが分かります。仲間たちから心配されながらも祝ってもらえるのはうれしいです。

○ George: You guys going home? You wanna ride?　「家に帰るかい？乗せようか？」　　（Chap.6 28:55〜）
堅い表現ではなく、友達同士でよく使われる表現です。授業で学習するwant to〜（〜したい）をwannaと省略して使う場面が映画ではよく見られます。また、日本では"you"を複数系の主語「あなたたち」と学習しますが、海外では、必ず"you"のあとに複数形を表す"guys"や"all"などを使って分かりやすく表現します。

このようなセリフが言えるような人になりたいです。

○ Doc: Really? That's too bad, Yeah. Now George has a love at his side and she is sticking with him. You know why? Because he bought her chairs. That's pretty smart to me. You ever buy Lisa's chairs?　（Chap.15 1:39:45〜）

「そうか。それは悪いな。そう。今ジョージの横には彼の好きな人がいてくれている。なぜだか分かるかい？彼は彼女のいすを買ったからだよ。私には賢いことだと思えたよ。リサのリスを買ったことはあったのかい。」ジョージのことをおもしろおかしく言い続けるかつての友達に嫌気がさしたドックがつぶやいた一言です。ジョージが死ぬ直前だと知っていたドックからすると、今まで言い切れなかったもどかしさがあったのかもしれませんね。このあと、ドックは今までに見せたことない態度で仲間を怒鳴ります。

あらすじ

主人公（ジョージ）は、小さな町に住む、車整備士でした。米国のどこにでもある田舎町に住んでいました。ある日、彼は仲間たちと誕生日を祝い、いつもと同じように、仲間たちと話をし、盛り上がるのが日課でした。しかし、その日は違っています。ジョージは、仲間を送り出すために酒場から出ると奇妙な光を目撃します。その光は、突然彼にぶつかってきたのです。人通りのない田舎町の道路の真ん中に彼は倒れました。しばらくして立ち上がったジョージが酒場に戻ると、誰一人として光を目撃していませんでした。しかし、変化は起きます。ジョージはドック（主治医）にチェスで勝ってしまいました。この日からジョージは変わっていきます。

次の日、起きると彼は天才になっていました。家庭菜園用の新しい肥料を生み出したり、ポルトガル語をわずか数十分で話せるようになったり、一日に何十冊の本を読んだりするようになります。ジョージは、その才能を生かし、地域に還元しようと試みるものの、周りの人から恐れられるようになったのです。しかし、常に新しいアイデアを考え出すジョージは眠れなくなってしまいます。また、遊び半分で幼なじみのネイトと解読した暗号は米国軍の秘密の暗号だったのです。ジョージの才能に気付いた米国政府は、彼にある実験に参加してもらおうとします。才能があるがために、愛する人たちから離れなくてはならないと気付いたジョージはある決断をするのです。

映画情報

製　作　年：1999年（平成11年）
製　作　国：米国
配　給　社：ブエナ・ビスタ・ホーム・エンターテイメント
言　　　語：英語
関 連 作 品：フェノミナン2

公開情報

公　開　日：1996年7月3日（米国）
　　　　　　1997年1月18日（日本）
上 映 時 間：124分
音　　　声：英語・日本語
字　　　幕：日本語・英語　　MPAA：PG

薦	○小学生 ●中学生 ●高校生 ●大学生 ●社会人	リスニング難易表		発売元：ウォルト・ディズニー・スタジオ・ジャパン（平成27年2月現在、本体価格）DVD価格：1,429円

お薦めの理由	「もし、自分にこんなできごとが起こったら…」と映画を見た後で感じることでしょう。また、主人公がポルトガル語を一瞬で覚えるシーンは圧巻です。 "George Malley, you learned Portuguese in 20 minutes." "Not all of it." （Chap.8 47:25～） 「ジョージ・マレー、20分でポルトガル語を覚えたの？」 「いや、全部じゃないよ。」	スピード	2
		明瞭さ	3
		米国訛	2
		米国外訛	3
英語の特徴	全体的には、日常生活の場面が多く、中学生で学習する文法でも十分理解できると思います。カリフォルニア州ということもあり様々な訛りが出てきます。特に、メキシコ系米国人が多く出てくることからメキシコ系米国人によく見られる訛りを聞くこともできます。早さも聞き取りやすく、中学生にも分かりやすいと思います。映画の途中から主人公が天才になるにつれて、専門的な単語が飛び交います。	語　彙	2
		専門語	3
		ジョーク	2
		スラング	3
		文　法	2

授業での留意点	おもしろい会話をまとめてみました。ぜひこのおもしろさを分かっていただきたいです。 ○ George: This is good, Lace. I think you're a good cook. 「おいしいよ、レース。料理上手だね。」 （Chap.7 34:39～） 　Lace　：No, I'm not. I only make two things pretty well. Pork chops and a turkey. 　「そんなことないわ。私は二つしか上手につくることができないの。ポークチョップとターキーよ。」 　George: Which is this?「これは、どっちかな。」 レースの子どもたちと一緒に食事をしているときの会話です。笑って終わったから良いですが、もし間違えると大げんかになります。気を付けましょう。 ○ Nate: CQ, CQ. This is WB6QLF. Diana, if you can hear me, I know you'll understand. I just met an angel from Portugal. Here. In my house. （Chap.10 1:02:05～） 「CQ、CQ。こちらWB6QRF。ダイアナ。もし聞こえるなら、分かってくれると思う。たった今ポルトガルから来た天使に会ったよ。ここで。僕の家で。」このセリフを言う前のジョージとネートのシーンを見てもらいたいです。ジョージがネイトのために吹き込んだポルトガル語のテープは、実はネートが知らされていたものと違う内容のものでした。外国語を操ることができればこのようなこともできると子どもたちに知らせたいです。 ○ Doc: Every woman has her chair, something she needs to put herself into, Banes.（中略）Nope. But you're right about one thing. George never changed. （Chap.15 1:40:00～） 「すべての女性はそれぞれのいすを持っているのさ。自分自身を安心させるためにな。（中略）いいや。でも一つだけあっているぞ。ジョージは変わっていない。」このようにものを使って人の感情を表すことを外国ではよくします。 主題歌の活用について ○ If I could reach the stars, Pull one down for you. Shine it on my heart so you could see the truth. That this love inside is everything it seems. But for now I find, it's only in my dreams. And I can change the world, I will be the sunlight in your universe. You would think my love was really something good. Baby, if I could change the world. （Chap.17 1:57:30～） この映画の主題歌となったエリック・クラプトンが歌う"Change the World"は大ヒットとなり、日本でもCMで使われました。従属接続詞ifを学習する場面で流すのもよいでしょう。仮定法の導入にもなります。

映画の背景と見所	○ カリフォルニア州は、太平洋に面していることからアジア系の移民を多く受け入れてきました。また、メキシコの国境が近いことから、メキシコ系米国人が住んでいます。映画の中でもスペイン語が出てきたり、移住してきたばかりの人との交流も見ることができたりもします。 ○ 映画が上映された当時、米国では、天才児や超能力をもった人たちがメディアに多く取り上げられていました。日本でも、同じく天才児や超能力者ブームがあったと思います。だれもがすごいと口ずさむ中、その反対にその能力に批判をする人も現れました。人は、自分とは違うものをもっている人にあこがれをもつと同時に自分とは違う能力をねたむこともあるのだと知ることができます。 ○ 米国の田舎町で見られる人々の生活の様子が映画のいたる場面で見られます。たとえば幼いころから一緒に育った友達との付き合い方、子どものころから面倒を見てくれている町医者、町で一つしかない車の修理屋さんなど、日本とは違い、隣の町に行くにも距離がありすぎて行けないところなどが映画前編を通して楽しめます。特に、一番印象的なのは、年一度開かれる町のお祭りです。この映画でも、町の恒例行事としてお祭りがでてきます。その地域の人たちにとって、唯一町全体が集まる行事でもあるのです。

スタッフ	監　　　督：ジョン・タートルトーブ 製作総指揮：チャールズ・ニューワース他 脚　　　本：ジェラルド・ディペゴ 制　　　作：バーバラ・ボイル、マイケル・テイラー 音　　　楽：トーマス・ニューマン	キャスト	ジョージ・マレー　　　：ジョン・トラボルタ レイス・ペンナミン　　：キーラ・セジウィック ネイト・ポープ　　　　：フォレスト・ウィテカー ブランデー先生　　　　：ロバート・デュヴァル ジョン・リンゴールド博士：ジェフリー・デマン

| フリー・ウィリー | FREE WILLY | (執筆) 松葉　明 |

セリフ紹介

この物語はシャチ版『わんぱくフリッパー』と言えます。ジェシー少年がシャチに語りかけるセリフは、聞き取りやすく、その中でも特に印象深いものを紹介します。
　　　　　　　　　　　　　　　　　　　　　　　　　　　　　　　　（Chap：チャプター番号と時間）

○　You saved my life.「君が僕の命を救ってくれた。」　　　　　　　　　　　　　（Chap.11 32:49)
ジェシーが誤って水槽に落ちて気を失い、危うく死んでしまうところをシャチのウィリーに助けられたときに言うセリフです。この前後には他のセリフが全く出てこないので、はっきりと聞き取ることが出来ます。しかし、過去形の～edの発音は、実際には聞き取れません。

○　Oh. You want me to put it in your mouth.「あぁ、僕にそれを口に入れてほしいんだな。」　（Chap.14 41:18)
ジェシーがウィリーに投げた好物の魚を、ウィリーは食べないでジェシーに返した時に言うセリフです。'want' は中学2年で、'want 人 to ～'は中学2年で習います。

○　Wow！It's your family！「わあ！　お前の家族だ！」　　　　　　　　　　　（Chap.24 80:15)
ショーに失敗したジェシーが、ウィリーに別れを告げた後、海の方角のシャチの群れを見て言うセリフです。中学1年生でも十分に聞き取れ、理解できる文です。

○　Come on, Willy. You only have to do it once. Just once, boy.
　「さあ、ウィリー。たった1回だけやればいいんだ。たった1回だけだよ。」　　　　（Chap.33 103:06)
ウィリーに防波堤を跳び越えさせるために、ジェシーが声をかける場面でいうセリフです。

学習ポイント

○　命令文、and ～「○○しなさい、そうすれば～」　　　　　　　　　　　　　（Chap.14 41:27～)
Jesse : I'll make a deal with you. Don't bite my hand off, and I'll give you a fish. Okay ?
　「君と取引をしよう。僕の手を食いちぎらなければ、君に魚をあげる。いいかい？」
'make a deal with ～'は「～と取引をする、取り決めをする」の意味でよく使われます。また、'Don't'で始まる禁止を表す表現と、目的語を2つもつ'give'の使い方に慣れましょう。

○　Can you ～ ?「～できる？、～してくれませんか？」　　　　　　　　　　（Chap.14 43:35～)
Jesse : Can you do it with the other arm ?「もう片方の腕（ヒレ）でそれができる？」
　　　 Hey, can you wave ?「ねえ、（ヒレを）振れる？」
　　　 Well, can you dance for me ? Can you groove ? Dance ?
　　　 「ねえ、僕に踊って見せてよ。上手にできる？踊ってよ。」
　　　 Can you go in circles ?「回れるかい？」
'Can you ～?'は、「～できる？」という可能の意味と、「～してくれない？」という依頼の意味があります。場面や言い方によってとらえ方が変わりますが、'for ～'「～のために」を付け加えると依頼文ということがよくわかります。

○　フリー・ウィリーの意味は？　　　　　　　　　　　　　　　　　　　　　　（Chap.25 88:27)
Jesse : Let's free Willy. We could take him down to the bay and put him back in the water.
　「ウィリーを逃がそう。僕たちで入り江に連れて行って、海に戻してやるんだ。」
'Free Willy'のタイトルを見て、初めは「自由なウィリー」と思ったのではないでしょうか。実はここに出てくるように、「ウィリーを解き放して自由にする」の意味だったのです。

○　別れの場面　　　　　　　　　　　　　　　　　　　　　　　　　　　　　（Chap.33 102:00～)
Jesse : C'mere, boy. C'mere. I miss you. Don't forget me, okay ? I won't forget you. Say hello to your mom for me, okay ? I really love you, boy, and I believe in you. You can do it. You can be free.
　「こっちにおいで。君がいなくなると寂しいよ。僕のことを忘れないでくれよな。僕も忘れないから。君のママによろしく言ってね。本当に大好きだよ。それに君のこと信じてる。君ならできる。自由になれる。」
別れの時の決まり文句が満載です。辞書を引いて確認しましょう。

あらすじ

　12歳の少年ジェシーは、幼いころに母親に捨てられて孤児院での生活を送っていましたが、規則ずくめの生活に嫌気がさし、そこを抜け出し、大人をだまして小銭をもらったり、食料を盗んだりして暮らしていました。
　ある日警察に追われ、水族館の水槽に落書きしていたところを保護され、里親に引き取られることになります。けれど、人を信じることを知らずに育ったジェシーは、里親のグリーンウッド夫妻になかなか心を開くことができないでいました。自分の書いた落書きを消すために水族館に通ううちに、調教師のレイ、雑役夫のランドルフ、そして、シャチのウィリーとの間に少しずつ友情が芽生えていきます。特にウィリーは、家族から引き離されて捕獲されたため、ジェシーとは共感できるところがあったのでしょう。
　ジェシーに懐いたウィリーは、次第に芸を覚え、そこで一儲けしようと企む水族館の経営者と支配人にウィリー・ショーが企画されることになります。しかし、ショーの当日に、水槽のガラスを叩く観客にウィリーが怯えたため、ショーは失敗してしまいます。そこで経営者たちは保険金目当てに、ウィリーを殺そうとします。その企みを知ったジェシーは、グリーンウッド夫妻にも協力を求め、ウィリーを海に帰そうとするのでした。経営者たちはそれを知って妨害しようとします。はたしてウィリーは無事に海にいる家族のもとに戻れるのでしょうか。

映画情報

製　作　年：1993年（平成5年）
製　作　国：米国　　　　　　　　言　　　語：英語
配給会社：ワーナー・ブラザーズ
主　題　歌：ウィル・ユー・ビー・ゼア（マイケル・ジャクソン）
次　　　作：フリー・ウィリー2（1995年）

公開情報

公　開　日：1993年7月16日（米国）
　　　　　　1994年3月26日（日本）
上映時間：112分　　　　MPAA（上映制限）：G
音　　　声：英語・日本語
字　　　幕：日本語・英語

薦	●小学生　●中学生　●高校生　○大学生　○社会人	リスニング難易表	発売元：ワーナー・ブラザース・ホームエンターテイメント （平成27年2月現在、本体価格） DVD価格：1,429円

お薦めの理由	動物が主人公の映画は、単なる娯楽ではなく、子どもたちに、情操教育と、動物愛護思想を広めるために有意義です。孤独な少年ジェシーと、シャチのウィリーの触れ合いには、多くの子どもたちが共感するでしょう。かつて、中学3年の英語の教科書の題材になったのもうなずけます。また、動物に語りかける言葉には、難しい語や難解な表現は出てこないので、英語学習初心者に最適と言えます。	スピード	1
		明瞭さ	2
		米国訛	2
		米国外訛	1
		語彙	1
英語の特徴	全体的に、子どもの話す英語が中心になっています。子どもなので、発音の仕方が未発達という難点はありますが、使われる語や語句は平易で、難しい訛りや専門用語はほとんどなく、標準的な米国英語が聞けます。また、会話ならではの語の省略が頻繁に起きるので速く聞こえますが、日常会話では普通のことです。純粋な子どもの、動物への慈しみの言葉が満載の英語となっています。	専門語	2
		ジョーク	1
		スラング	1
		文法	2

授業での留意点

この映画では、若い子がよく使う決まり文句（短い）がたくさん出てきます。生徒たちはきっと興味をもって取り組みます。繰り返し聞かせ、慣れさせることが大切です。

① No way.(ノウ ウェイ)「まさか。」　　　　　　　　　　　　　　　　　　　　　　　　　　　(Chap.12 33:12)
　米国口語の中でもよく使われる代表的な否定や拒否の表現です。ここでは、ジェシーがハイダ族のランドルフに先祖に偉人がいたかと問われ、「そんなはずない。」という意味で使っています。また、何か頼まれたときにこのセリフを言うと、「絶対にいや。」という意味になります。

② No sweat.(ノー スウェット)「いいってことよ。」　　　　　　　　　　　　　　　　　　　(Chap.14 39:45)
　一人警察に捕まったことで、友だちのペリーに謝られたときにジェシーが使っています。'No problem.'と言い換えることもできます。

③ Look at you!(ルッカッチュー)「すごいぞ。」　　　　　　　　　　　　　　　　　　　　　(Chap.14 44:15)
　ジェシーの言う通りにウィリーが芸を初めてしたときに言うセリフ。これは、相手のスタイル、服装がビシッと決まっていたり、逆にひどいときに使われます。'You look nice.'「いいね。」⇔ 'You look terrible.'「ひどいね。」の意味です。

④ Boo!(ブー)「バァー！」と Gotcha!(ガッチャ)「見いつけた」　　　　　　　　　　　　　(Chap.17 51:58)
　これは、ウィリーに慣れてきたジェシーが、プールで顔を隠したり、出したりしながらするときに言っています。いわゆる赤ちゃんをあやすときの"peek-a-boo"「イナイイナイバー」のときに使う決まり文句です。

⑤ There you go.(ゼアユゴウ)「よしよし。」「ほら。」　　　　　　　　　　　　　　　　　　(Chap.17 54:45)
　何かを相手に渡すときに使われます。There you are. Here you are.と同様です。また、相手の行動を褒めたりするときにも用いられます。ここでは、後者の意味で使われ、Chap.15 47:56では、前者の意味で使われています。

⑥ Check it out !(チェッキッラウト)「見ろよ、すっごーい。」　　　　　　　　　　　　　　(Chap.18 55:37)
　ジェシーが養父グレンの車を見たときに発します。同様に、ジェシーの不良仲間のペリーが、警察に追われて夜の水族館に忍び込み、倉庫の中を見たときにも使っています。　　　　　　　　　　　　　　(Chap.4 9:00)

⑦ Hang in there.(ハンギンゼア)「がんばれ。」　　　　　　　　　　　　　　　　　　　　　(Chap.31 96:58)
　ウィリーをトラックに乗せて、運んでいるときに、陸上なので弱ってきたウィリーに対してジェシーがこう言います。「がんばれ！」という言葉は、日本でもよく使われますよね。

映画の背景と見所

○ この映画の主人公のウィリーは、シャチ（鯱）です。シャチは英語で、Killer whaleまたはOrcaと呼ばれ、クジラ目ハクジラ亜目マイルカ科シャチ属に属するハクジラの一種です。オスは体長約9m、体重約10トンに及び、メスは一回り小さく、体長6～7m、体重は3～4トンです。

○ ウィリー役のシャチの名前はケイコ（Keiko）で、この映画の撮影後の10年後の2003年12月12日にノルウェーで肺炎にかかって死にました。27歳だったそうです。シャチのメスの平均寿命は50歳と言われています。
　また、映画の冒頭に出てくるシャチの映像は、著名な海洋写真家のボブ・タルボットのものです。

○ シャチは食物連鎖の頂点に位置し、人間を除けば自然界に天敵は存在しません。攻撃力は非常に強く、自分よりもはるかに大きいシロナガスクジラや、獰猛なホオジロザメですら制圧する力をもちます。しかし、人間を襲うことは稀で、捕食の対象として人間を認識し、襲ったとされる件にいたっては皆無とされています。

○ 主人公のジェシーと心通わせるハイダ族の男の名はランドルフ（Randolph）。実はハイダ族は北アメリカ北西海岸に住む一部族で、カナダ北西部のクィーン・シャーロット諸島と、米国合衆国アラスカ州の南東部に暮らす、主に漁労を生業とするネイティヴ・アメリカンのことです。映画の中に出てくる不思議な言葉が印象的ですね。

スタッフ

監　　督：サイモン・ウィンサー
製作総指揮：リチャード・ドナー
　　〃　　：アーノン・ミルチャン
脚　　本：キース・ウォーカー
音　　楽：ベイジル・ポールドゥリス

キャスト

ジェシー　：ジェイソン・ジェームズ・リクター
レイ　　　：ロリ・ペティ
グレン　　：マイケル・マドセン
アニー　　：ジェーン・アトキンソン
ランドルフ：オーガスト・シェレンバーグ

| ペイ・フォワード 可能の王国 | Pay It Forward | （執筆）松葉　明 |

セリフ紹介

この映画を特徴づけるセリフを紹介します。　　　　　　　　　　　　（Chap：チャプター番号と時間）
- "Think of an idea to change our world – and put it into ACTION."　（Chap.3 10:08〜）
  「私たちの世界を変えるためのアイディアを考え、それを実行に移す。」
  社会科担当のシモネット先生からの課題がこれです。これを受けて、トレヴァー少年は 'pay it forward' を考えることになります。この後、シモネット先生は "is your assignment." 「が君たちの宿題だ。」と続けます。
- "The realm of possibility exists where？ In each of you. Here."　（Chap.3 10:47〜）
  「可能の王国はどこにあるかな？　君たち一人ひとりの中だ。　ここにある。」と指でこめかみを指します。
- "What's paying it forward？"「ペイ・フォワードって何のこと？」　（Chap.10 32:59〜）
  母親のアーリーンが、息子のトレヴァーが家に招き入れた路上生活者の青年ジェリーに尋ねます。この映画のタイトルともなるこの説明を、この後すぐに教室で、トレヴァーが黒板に図を描きながらします。（Chap.10 33:02〜）
  "That's me. And, that's three people. And I'm going to help them. But it has to be something really big… something they can't do by themselves. So I'll do it for them. And they do it for three other people. That's nine. And I do three more…"「それが僕。そして3人がいる。そして僕はその3人を助ける。でもそれは何かとっても大きなこと、自分の力で出来ないことじゃないとだめなんだ。だから僕は彼らのためにしてあげる。そして彼らも別の3人に同じことをする。それで9人。そして更に3人を・・・。」

学習ポイント

授業の場面が多く出てきます。そこに焦点をあててみました。
- Eugene : Apparently, none of you have ever seen a new teacher before. I'm Mr. Simonet. Welcome to the seventh grade.　　　　　　　　　　　　　　　　　　　　　　　　　（Chap.2 6:26〜）
  「見たところ、誰も新しい教師にこれまで会ったことがなさそうだね。私はシモネット先生だ。中学1年にようこそ。」
  初めての授業は、生徒はもちろんのこと、教師も緊張するものです。ここでは、シモネット先生が受け持つ授業のはじめのところです。対象は 'the seventh grade' つまり日本では中学1年にあたります。
- Eugene : Now, this class is social studies. That is you and the world. Yes, there is a world out there and even if you decide you don't want to meet it, it's still going to hit you right in the face. Believe me.
  　　　　　　　　　　　　　　　　　　　　　　　　　　　　　　　　（Chap.3 7:37〜）
  「さて、この授業は社会科だ。つまり君たちと世界だ。そう、外には世界があり、それと会いたくなくても、君たちの顔面にまともにぶつかってくるんだ。本当だよ。」
- Eugene : Atrophy. If there is a word you hear that you don't understand, there's a dictionary at the front of the room – look it up.　　　　　　　　　　　　　　　　　　　　　　（Chap.3 11:12〜）
  「萎縮する。もし耳にした言葉で理解できないものがあれば、教室の前に辞書があるから、調べなさい。」
  時折難しい語を言って辞書を引かせて調べさせようとするシモネット先生。先生に聞くのではなく、自ら調べることは大切です。また、'variegated' 'utopian' 'enigma' 'quantum' を調べるように授業中に指示されます。（Chap.10 36:17〜）そして、宿題のことで抗議に行ったトレヴァーの母アーリーンは、先生に 'euphemism'「婉曲表現」の語を言われ、書店で辞書を引いて調べている（Chap.7 26:09〜）のには笑えます。
- Eugene : And anyway, for what it's worth, I'm grading you on the effort, not the result.　（Chap.23 78:49〜）
  「それにともかく、真価のほどはわからないが、その努力に点をつける、結果ではなく。」
  Trevor : I don't care about the grade. I just wanted to see if the world would really change.
  「点数はどうでもいい。　僕はただ世界が本当に変わるかどうか見たかっただけだから。」
  'grade'「成績をつける」です。'care'「気にする」で、否定形の 'don't care 〜'「〜を気にしない」もよく使います。'for what it's worth'「役に立つかどうかはわからないが」の熟語です。トレヴァーのセリフの時制に注意しましょう。

あらすじ

　家庭に立てこもった事件の取材中、報道記者のクリスの車は犯人が逃げるときにぶつけられ、廃車同様になってしまいます。すると、通りかかった見知らぬ紳士から、新車のジャガーが提供されます。不審に思うクリスに、その人物は「ペイ・フォワード」だよ。と答えるのでした。
　物語は4ヶ月前のある中学校です。中学1年生になったトレヴァー少年の前に現れた社会科担当のシモネット先生が、1年間継続する課題を提示します。それは「私たちの世界を変えるためのアイディアを考え、それを実行に移す」というものでした。そんなことが本当にできるのかと、最初はトレヴァーは不思議な気持ちになります。というのは、アル中の母親に、同じくアル中の父親は家を飛び出していったきり。学校は不良がナイフ持ち込んで、いじめがはびこっている状態。しかし、彼は真剣に考え、ひとつのアイディアを思いつきます。それが「ペイ・フォワード」だったのです。それは、人に親切にされたら、その人に恩を返すのではなく、別の3人に善意を施すということです。そうすれば、1人が3人になり、9人になっていくという幸せの連鎖を生み出すというものでした。
　彼は自分で3人を決めて、実行します。まず、近くにいる麻薬中毒のホームレス、アル中の母、そしていじめられている友人です。それは、失敗したかのようにみえますが、実は彼の知らないところで広まっているのでした。

映画情報

製　作　年：2000年（平成12年）
製　作　国：米国
配給会社：ワーナー・ブラザーズ
言　　　語：英語
撮　影　地：ラスベガス、ロサンゼルス

公開情報

公　開　日：2000年10月20日（米国）
　　　　　　2001年 2月 3日（日本）
上映時間：123分
MPAA（上映制限）：PG-13
音　　声：英語・日本語　　字　幕：日本語・英語

薦	○小学生　●中学生　●高校生　●大学生　○社会人	リスニング難易表		発売元：ワーナー・ブラザース・ホームエンターテイメント （平成27年2月現在、本体価格） DVD価格：1,429円
お薦めの理由	'pay back'といえば、「借りを返す、報復する」の熟語です。この映画のタイトル'pay it forward'は、誰かに親切にされたら、それをその人に返すのではなく、「別の人に良いことをする、先に贈る」の意味です。これは辞書に載っていない造語です。全体を見終えた後、「幸せの先贈り、幸せのお裾分け」を自分自身がやってみたくなる、不思議な作品です。	スピード	2	
		明瞭さ	2	
		米国訛	1	
		米国外訛	1	
		語　彙	2	
英語の特徴	全体的に標準的な米国英語です。シモネット先生の話す英語は、明瞭でスラングがなく、特に聞き取り易くなっています。逆に、アーリーンの話す英語はスラングや汚い言葉が出てくるので注意が必要です。 　学校が舞台の場面は、小・中・高生に大変参考になります。現代米国の抱えるアル中、ホームレス等の問題に関連する用語も出てきます。	専門語	1	
		ジョーク	1	
		スラング	2	
		文　法	2	

授業での留意点

日常使えそうなセリフを中心に集めました。
- Arlene : Would you like a cup of coffee ?「コーヒーはいかが？」　　　　　　　　　　　(Chap.10 34:51～)
  不審者だとばかり思っていたジェリーに対して、彼が息子トレヴァーと話し合っていたことに関心をもった母アーリーンが、急に丁寧な言葉で話します。中学の教科書に載っている例文のようなセリフです。
- Arlene : Don't talk to me like that !「私にそんな話し方しないでよ！」　　　　　　　(Chap.22 71:57～)
  シモネット先生の言い方が必要以上に丁寧なので、下品な言い方に慣れているアーリーンは、こう言います。ちなみに、"That's not pertinent and you know it ..."「それは適切でないし、君もそれをわかって・・・」という中の、'pertinent'「的を射た、適切な」という正式な語が使われていることがわかれば理解できます。笑える場面です。
- Trevor : Don't be a stranger.「他人行儀はやめて。」　　　　　　　　　　　　　　(Chap.24 82:42～)
  母とシモネット先生を結びつけることに成功して喜ぶトレヴァーが、慌てて帰って行く先生がまだ丁寧な言い方をするのでこう言います。その前に、トレヴァーは"Now you have to pay it forward, too... Eugene."「さあ、これで先生も'ペイ・フォワード'しないとね、ユージーン。」と言い、シモネット先生が"I think you should still call me Mr.Simonet."「まだ私のことをシモネット先生と呼ぶべきと思うがな。」(Chap.24 82:18～) も笑えます。
- Jerry : Do me a favor. Save my life.「お願いだよ。俺の命を救ってくれ。」　　　(Chap.25 85:32～)
  橋から飛び降りようとしている女性に向かって、麻薬中毒のジェリーが言うセリフです。トレヴァーの影響を受けたジェリーは、「ペイ・フォワード」することで自分が救われると考えるようになっています。'do me a favor'は教科書では"Would you do me a favor ? / May I ask you a favor ?"「お願いがあるのですが。」で出てきます。
- Trevor : Everybody makes mistakes.「誰でも間違いはするさ。」　　　　　　　　(Chap.28 96:51～)
  前の夫（ボン・ジョヴィ）を再度受け入れてしまったことを後悔して、母アーリーンが"Sorry. I think I made a mistakes."を受けてのせりふです。'Everbody ～'で文を作らせてみましょう。動詞は3単現です。
- Arlene : No, I've been weak. Well, here's the thing... I forgive you.　　　　　(Chap.30 104:17～)
  「いいえ、私は弱かったの。だから、このことを言いにきたの。母さんのことを許すって。」
  現在完了を使っている点がポイントです。日本人は現在形か過去形で表現しがちですので気をつけましょう。なお、会話では'have'が欠落することが多々あります。ここでは、「ペイ・フォワード」効果で、家庭を顧みなかった母を許すアーリーンの気持ちの変化がみられる感動の場面です。

映画の背景と見所

- 映画の最初で、報道記者クリスに新車のジャガーを贈る一流弁護士役の人物のゲイリー・ワーンツは、監督ミミ・レダーの夫です。そして喘息役の女の子は、本当に彼らの娘です。
- 学校に金属探知機（Chap.2 5:00～）や、ガレージで物音を聞いて散弾銃をかまえる（Chap.9 29:58～）アーリーンからは、米国の治安事情と銃社会を垣間見ることができます。
- 映画の中で、トレヴァーの誕生日を祝う場面があります。実際に映画の撮影の最中、ハーレイ・ジョエル・オスメントの12歳の誕生日を祝う会がありました。
- アーリーンことヘレン・ハントが、息子トレヴァーの頬を打つ場面（Chap.15 47:38）があります。ハーレイ・ジョエル・オスメントは、真実味をもたせるため、本当に叩いてほしいと頼みましたが、監督のミミ・レダーに拒否されたそうです。
- 小説では先生役は黒人だったため、デンゼル・ワシントンが候補にあがっていましたが、仕事の都合でだめになったため、白人のケヴィン・スペイシーになり、配役の名前も変わりました。
- 「親切の先贈り」は、ぜひ授業で取り上げて、生徒たちに考えさせたいテーマと思いませんか？

| スタッフ | 監　督：ミミ・レダー
脚　本：レスリー・ディクソン
原　作：キャサリン・ライアン・ハイド
製　作：ピーター・エイブラムズ他
音　楽：トーマス・ニューマン | キャスト | トレヴァー・マッキニー：ハーレイ・ジュエル・オスメント
ユージーン・シモネット：ケヴィン・スペイシー
アーリーン・マッキニー：ヘレン・ハント
クリス・チャンドラー　：ジェイ・モアー
リッキー　　　　　　　：ジョン・ボン・ジョヴィ |

| ペイチェック／消された記憶 | Paycheck | （執筆）飯田　泰弘 |

セリフ紹介

未来予知マシンが持つ危険性を述べた、印象深いセリフを集めました。　　　　（Chap：チャプター番号と時間）
(1) If you only look where you can't go, you will miss the riches below.　（Chap.10, 40:28）
　　「手の届かないところばかり探していると、足元の富を逃がすだろう。」
　マシンを使って未来を見たマイケルが、その記憶を消される前に残したメッセージです。あまり未来のことばかりを追い求めてしまうと、近くにある大事な物を忘れてしまうという教訓を述べています。
(2) If you show someone their future, they have no future.「未来を見てしまうと、未来はなくなってしまう。」
　　You take away the mystery, you take away hope.「神秘がなくなり、希望も消えてしまう。」（Chap.18, 01:25:00）
　マシンで未来を知ってしまうと、それはもはや未来ではなくなります。未来に何が起こるのだろう、といった謎や神秘やロマンは消え、そこへと向かう希望までも奪ってしまう危険性があります。
(3) Some of the best things in life are total mistake.「間違いがあるのも人生のいいとこよ。」（Chap.18, 01:22:14）
　もし破局することがわかっていたら、自分を愛さなかったか、と尋ねるマイケルにレイチェルが答えるセリフです。間違いがある人生こそ面白い、という考え方がいいですね。
(4) You know, I don't know. I kind of like it that way.「わからない。そのほうがいいんだよ。」（Chap.22, 01:51:43）
　事件解決後、二人の未来には何が待つのかと尋ねたレイチェルに、マイケルが笑顔で答えるセリフです。(3)のセリフの時とは逆に、今度はマイケルが「未来はわからないままの方がいい」と述べる興味深いシーンです。

学習ポイント

次のセリフには、英語学習に役立つ多くのポイントが含まれています。
(1) Wolfe: I'm going to need your personal belongings.「所持品はすべて預かります。」　（Chap.6, 18:28）
　　　　 Watch, wallet, anything else you're carrying.「時計、財布、何もかもです。」
　　　　 I'm afraid nothing's allowed to be brought in.「私物の一切の持ち込みが禁止です。」
　　　　 All these items will be returned to you when you pick up your paycheck.「報酬と一緒にお返しします。」
　　　　 Sorry. Those too.　　　　　　　　　　　　　　「すみません。そのサングラスもです。」
　中学英語で「所属する」として覚える動詞belongは、belongingsで「所持品・私物」という名詞になります。複数形で使われるのが普通ですので気をつけましょう。またsomethingと比較され、疑問文や否定文で使うと習うanythingも、肯定文で「何でも・どんなものでも」として使えることが、このセリフからわかりますね。
　次に、英語で「～と思います」と言うときには、I think (that) …がまず頭に浮かびますが、「思う」内容が好ましくないと伝えたい場合には、I'm afraid (that) …がよく使われます。that以下の内容をどう思っているか言及しないthinkと違い、こちらのほうが残念な気持ちを表に出すことができます。状況によりこのような使い分けができると、さらに一歩、英語の表現力がアップしますよ。
　最後に、sunglasses「サングラス」という表現に関してです。英語には、もともと複数形の形をとっている単語があり、glasses「メガネ」、scissors「ハサミ」などがその例です。そしてこのような名詞は、あくまで英語のルールを厳守し、代名詞は複数形にそろえなければいけません。つまり、たとえメガネが一個でも、代名詞はitやthisやthatではなく、theyやtheseやthoseを使うということです。次のセリフでもそれがわかります。
(2) Michael: Are these $100-million sunglasses?「これが1億ドルのサングラスか？」　（Chap.7, 27:44）
　このような名詞には対になっている衣類や器具が多く、仮に単数形だと、glass「ガラス・グラス」のように意味が変わったり、scissorという存在しない名詞になってしまいます。どうしても一個という数を述べたいときは、a pair of～「一対の」を前に置き、単語自体は複数形を維持させます（例：a pair of scissors「一丁のハサミ」）。映画のセリフでも、この表現を確認できます。
(3) Michael: He also took the last pair of sunglasses I've managed not to lose.　（Chap.6, 19:04）
　　　　　「無くさないようにしてた最後のサングラスも、彼に取られたよ。」
　他にも、jeans「ジーンズ」、pants「ズボン」などがあるので、チェックしてみてください。

あらすじ

　優秀なエンジニアであるマイケルは、ハイテク企業相手に秘密の商売を繰り返してきました。高額な報酬と引き換えに彼が失うのは、新商品を開発していた期間の記憶。発明者であるマイケルの記憶を消し去ることで、企業は最新技術が外部に漏れるのを防ぎ、新商品を独占販売できるという仕組みです。
　記憶よりもお金優先のマイケルのもとを次に訪れたのは、オールコム社を起業した元学友のジミーでした。彼は破格の報酬で、自社の長期プロジェクトへの参加をマイケルに依頼します。3年もの記憶を失うことに最初は戸惑うものの、報酬額の魅力に負けて参加を決意したマイケル。しかし、プロジェクトを成功させ、契約どおり3年分の記憶を失った彼が知ったのは、報酬の受け取りを自ら辞退しているという事実でした。驚愕するものの、記憶を消されているマイケルにはなぜ「過去の自分」がそのような行動をとったのかがわかりません。
　彼に残ったのは、封筒に入った19個のガラクタのみ。FBIやオールコム社に追われるマイケルは、徐々にこれは「オールコム社が開発する未来予知マシンを破壊せよ」という自分からのメッセージで、封筒にあるのはピンチで役に立つ「武器」であることに気づきます。消された記憶には何が隠され、自分はなぜ開発の阻止を計画したのか。近未来の世界で、ごく普通のエンジニアが国や企業の大きな陰謀に立ち向かいます。

映画情報

製　作　年：2003年（平成11年）
製　作　国：米国
製　作　費：6,000万ドル　　　配　給：UIP
ジャンル：SF、アクション
原　　　作：フィリップ・K・ディック『報酬』

公開情報

公　開　日：2003年12月25日（米国）
　　　　　　2004年　3月13日（日本）
興行収入：9,626万9,812ドル（世界）
上映時間：119分　　MPAA（上映制限）：PG-13
音　　声：英語・日本語　　字　幕：日本語・英語

薦	○小学生 ●中学生 ●高校生 ○大学生 ○社会人	リスニング難易表		発売元：パラマウント ジャパン
				（平成27年2月現在、本体価格）
				DVD価格：1,429円

お薦めの理由	SF映画をあまり好まないジョン・ウー監督が、巨匠フィリップ・K・デックのSF小説『報酬』を映画化した本作品。近未来の脅威を描いていますが、監督の意向からSF色は薄くなり、逆にアクションシーンが多く含まれています。 封筒に入った19個のガラクタから、記憶を消される直前の自分が残したメッセージを読み解いていく展開からは、SFやアクションを越えた楽しみ方も可能です。	スピード	3
		明瞭さ	3
		米国訛	2
		米国外訛	2
英語の特徴	映画の舞台は全て米国であり、極端な外国語訛りは聞かれません。SF小説を原作にし、謎解きをしていくストーリーですので、ややこしい会話をなるべく削ろうという意図が感じられますが、コンピューターやハイテク関連の用語は登場します。その他は、標準的な英語です。 スリリングな展開が多くあり、早めのスピードで話される場面があるものの、聞き取りにくいレベルではありません。	語彙	3
		専門語	4
		ジョーク	3
		スラング	2
		文法	3

授業での留意点

もし未来が予知できたら、というテーマの映画ですので、随所に仮定法の会話が見られるのがこの映画の特徴です。例をいくつか挙げて見ましょう。

(1) Michael : There is no way I get out of that extraction room without the cigarettes and the glasses.
「タバコとメガネがなかったら、あの部屋から僕は逃げ出せない。」
I would've never gotten on that bus without the bus ticket.　　(Chap.11, 47:11)
「あの切符がなかったら、バスには乗らなかった。」
If I didn't have the diamond ring, I wouldn't have followed that kid to Reddy Grant.
「もしダイヤモンドの指輪がなかったら、少年を追ってレディ・グラントのビルまで行かなかった。」
疑問文の形も登場します。
(2) Rachel : If I knew it wouldn't work out for you and I, before we were together, would I have done it?
「もし一緒になる前から破局することがわかっていたら、私は愛していた？」　　(Chap.18, 01:21:54)

これらのセリフは映画の中でも重要なシーンで話されるので、映画を楽しみながら例を提示できると思います。仮定法は中学生には難しい文法内容でもありますが、「もしも～なら」というテーマで英作文を書かせる導入に使ってみるといいかもしれません。
また、この映画のクライマックスの銃撃戦のシーンで、次のようなセリフがあります。
(3) Michael : Rachel, go for the door, OK?
「レイチェル、あのドアまでなんとか行くんだ。」　　(Chap.20, 01:37:32)

中学英語では、前置詞toはgo to～の形、forはleave for～の形でよく出てきます。同じ「～へ・～に」という方向を表す前置詞ですので、授業でtoとforの違いを生徒にすべて理解させるのは難しいかもしれませんが、このようにgo forという組み合わせがあることを例示するにはいいシーンだと思います。また、look for～「～を探す」やGo for it!「がんばれ！」と一緒に示すことで、「～を求めて」の用法のforを紹介できるので、このシーンでの「なんとかしてドアまで行く」というニュアンスも理解できていいと思います。
また、同じくforを取るboundやdepartが出てくるシーンもあり、あわせて使うのもよいでしょう。
(4) Announcement : Outbound local from Seattle to Kent departing from track five.　　(Chap.11, 43:39)
「シアトル発ケント行きの下り線は、5番線から出発します。」

映画の背景と見所

未来予知マシンの開発はなぜダメなのか。その答えの一例をこの映画は提示します。マイケルがSeeing the future will destroy us.「未来を見るのは破滅につながる。」(Chap.18, 01:24:46)と述べた理由は、次のようなものです。
The machine predicts a war, and we go to war to avert it.「マシンが戦争を予言し、それを避ける戦争が起こる。」
It predicts a plague.　　「マシンが伝染病を予言すれば、」
We herd all the sick together, create a plague.　　「病人を集めることで、新型の伝染病がうまれる。」
Whatever future this predicts, we make happen.　　「どんな未来を予言しても、結局は現実になるんだ。」
We give over control of our lives completely.　　「完全に人生をマシンにコントロールされてしまう。」

マイケルが見たのは、未来をマシンで予知できるようになった人類が、結局は同じ過ちを繰り返す世界でした。映画関係者のひとりも、未来を知る行為は「もろ刃の剣」であることを、この映画は描いていると述べています。
ちなみに、映画の中に登場する未来予知マシンには、操縦者が左手を水晶玉に置くデザインが採用されました。これは「水晶玉」や「手相」もある意味では未来予知の一種だという理由からで、マイケルの部屋のシーンでは手相占いのオブジェが何気なく置かれています。みなさんは、自分の未来を知ってみたいと思いますか？

スタッフ	監　督：ジョン・ウー 製　作：テレンス・チャン、他 脚　本：ディーン・ジョーガリス 音　楽：ジョン・パウエル、他 撮　影：ジェフリー・L・キンボール	キャスト	マイケル・ジェニングス：ベン・アフレック ジミー・レスリック　：アーロン・エッカート レイチェル・ポーター　：ユマ・サーマン ジョン・ウルフ　　　：コルム・フィオール ショーティ　　　　　：ポール・ジアマッティ

ペーパー・チェイス	The Paper Chase　　　（執筆）松葉　明

セリフ紹介

この映画を特徴づけるセリフを紹介します。
　　　　　　　　　　　　　　　　　　　　　　　　　　　　　　　（Chap：チャプター番号と時間）
○　HARVARD LAW SCHOOL　Academic Year Begins：ハーバード法科大学院　新年度始まる　（Chap.2 2:08～）
　チャプター2の冒頭に字幕で出てきます。セリフではありませんが、これから繰り広げられる講義の展開を期待させる大きな字幕となっています。法学を学ぶ学生には憧れのHLS（ハーバード法科大学院）です。
○　Kingsfield : Mr. Hart, will you recite the facts of Hawkins versus McGee ?　　　（Chap.2 2:19～）
　　「ハート君、ホーキンス・マギー事件について説明してくれたまえ。」
　上の字幕に続き、教室に入ってきたキングスフィールド教授が、挨拶も何もなしに、座席表の顔写真と名前を見ていきなり主人公のハートに向かって切り出します。初日の授業は講義の内容の説明だけと、高を括っていたハートは打ちのめされます。彼は、"I haven't read the case."「その件はまだ読んでいません。」(Chap.2 3:11～) としか答えられません。ハーバード法科大学院の厳しさが伝わってくる場面です。ハートはこの後トイレで吐きます。
○　Kingsfield : You will never find the correct, absolute, and final answer.　　　（Chap.5 11:06～）
　　「君たちは絶対的に正しくて、最終的な答えを見つけ出すことはできない。」
　ここでもキングスフィールド教授は、容赦なく学生たちに自分の教授法を述べています。いわゆるソクラテス・メソッドと言われる問答法のことで、'Questioning and answering'「質問することと答えること」、つまり教授が質問し、学生が答え、その答えについてまた教授が質問する対話形式のことです。

学習ポイント

難易度の高い会話が多い中、中学生レベルの内容を中心に集めてみました。
○　Ford : Where are you from, Hart ?「ハート、君の出身はどこだ？」　　　　　　（Chap.4 8:51～）
　　Hart : Minnesota.「ミネソタだ。」
　ハートはミネソタ州の大学の後にハーバード法科大学院にやってきたことがわかり、一方のフォードは、ハーバード大学卒で、先祖代々バリバリのハーバード生（彼は5代目）"I'm something like fifth generation Harvard." ということがわかります。さらにフォードは "After all, I'm a genius. I've got an IQ 190."「つまるところ俺は天才だ。知能指数は190ある。」(Chap.4 9:15～) と言います。ここまではっきり言えると嫌みはないですね。
○　Hart : We're gonna have to get up so early to keep up with him.　　　　　　（Chap.8 18:57～）
　　「彼（キングスフィールド）についていくにはよほど早起きしないとな。」
　ハートとフォードが早朝図書館に忍び込んでいると、キングスフィールド教授が図書館に現れ、そして出ていきます。彼の後をつけてみると教室で講義の準備をしているのでした。それを見てのハートのセリフです。'gonna' は 'going to' の口語形で、'keep up with ～'「～についていく」です。図書館に忍び込んだりする程度の冒険は、学生だと許される気がしますね。
○　Kingsfield : Personal comment is not necessary.「個人的な所感は必要ない。」　　（Chap.8 20:16～）
　学生の一人アンダーソンに、事例をあげて説明をさせたあとに、彼がジョークを交えて所感を言ったときのキングスフィールド教授の一言です。相変わらず、ニコリともしません。
○　Susan : Did you have a nice walk ? What ?「散歩はよかった？　何？」　　　　（Chap.13 35:15～）
　　Hart　: I can see the resemblance.「似ている（父親に）のがわかるよ。」
　スーザンと付き合いだしたハートが、彼女がキングスフィールド教授の娘だと知って、彼女がそのことを言わなかったことに最初は腹を立てるのですが、気を取り直して戻ってきたときの会話です。
○　Susan : Leave me alone. I don't want to see you anymore.　　　　　　　　（Chap.22 72:51～）
　　　「一人にして。　もうあなたなんかに会いたくない。」
　できれば使いたくないセリフかもしれませんが、参考までに。ケンカしたときの捨てゼリフ。このまま使えます。
○　Hart : Three left out of six.「残ったのは6人のうち3人か。」　　　　　　　　（Chap.30 99:04～）
　6人いた勉強会の3人が脱落したということです。厳しい世界です。'out of ～' の使い方を覚えましょう。

あらすじ

　舞台はハーバード法科大学院の教室で始まります。新年度を迎え、新入生は緊張の面持ちで席についています。教壇に現れたキングスフィールド教授は、自己紹介も何もなしに座席表からこの映画の主人公ハートを指名して、質問します。まだ、課題を読んでもいないハートは、教授から厳しい叱責を受け、講義終了後にはトイレで吐いてしまうのでした。その日から、ハートは勉強に没頭するようになります。同じ新入生のフォードが主催する勉強会に積極的に参加し、実力も徐々につき、キングスフィールド教授の質問にそつなく答える（Chap.10 24:42～）こともできるようにもなっていきます。しかし、いかに全米から集まった秀才といえども、厳しい講義の中で脱落していく仲間がいたり、教授に頼まれたレポートを、期限に間に合わなかった理由で無用（Chap.22 70:07～）と即答されたりするなど、学生といえどもハートは人生の厳しさを体験します。
　ホテルで泊まり込みの勉強の末、成績は最優秀のAを手にするハートでしたが、郵便で送られてきた結果を見ないで、それを紙飛行機にして飛ばして映画は終わります。これは学校を批判的に見ているのではなく、勉強の結果よりも、その過程で自分に自信を得たことで十分満足、というように思えます。試験前の教授の最後の講義で率先して拍手をし、試験に臨む意気込みにも、この映画の中心が「学ぶこと」であることがわかります。

映画情報

製　作　年：1973年（昭和48年）
製　作　国：米国
配給会社：20世紀フォックス
言　　　語：英語
第46回アカデミー助演男優賞受賞

公開情報

公　開　日：1973年10月16日（米国）
　　　　　　1974年 3月 9日（日本）
上映時間：113分
MPAA（上映制限）：PG
音　　　声：英語・日本語　　　字　　　幕：日本語・英語

薦	●小学生　●中学生　●高校生　●大学生　●社会人	リスニング難易表	発売元：20世紀 フォックス ホーム エンターテイメント ジャパン （平成27年2月現在、本体価格） DVD価格：3,800円

お薦めの理由	この映画を観ると、「大学は勉強が大変なところなんだ」ときっと思います。地味な作品ですが、周防正行監督も若いころにこの映画を観て、とても印象に残った作品とおっしゃっていました。舞台が法科大学院なので、そこに通う学生と、将来法学の道に進むことを考えている、小・中・高校の児童・生徒には必見の作品です。また、見終えた後、不思議と勉強がしたくなる（？）映画です。	スピード	2
		明瞭さ	2
		米国訛	3
		米国外訛	2
英語の特徴	話題の中心が法科大学院での授業と、それに向けての勉強会の場面なので、専門語ばかり出てくる場面は、難易度が非常に高いものとなります。法学関係の学生か、社会人対象の英語といえるでしょう。中・高生には、自分のハードルをかなり上げた英語学習になります。そして、この映画からは、英語以上に、学生のあるべき姿（学ぶべき姿勢）を学べるのではないでしょうか。	語彙	4
		専門語	4
		ジョーク	2
		スラング	2
		文法	3

授業での留意点

ハードルは高いですが、こんなところから学んでみてはどうでしょう。
○　Ford : I came to ask you to join my study group.「君に勉強会に参加を勧めに来たんだ。」　　（Chap.4 8:00～）
　　Hart : What's a study group ?「勉強会って何？」
　　Ford : It's a device. A tool. Groups of first-year students get together a couple times a week. Review the class work, the casebooks. They make outlines and then share them. It helps exam time. You interested ?
　　「戦略、手段だ。1年生のグループが一週間に数回集まるんだ。授業や事例集の復習をやる。概略をまとめてそして共有する。試験に役立つ。君、興味ないか？」
　　Hart : Yeah. I'm interested.「いやあ。興味あるね。」
　　自ら勉強会を立ち上げて取り組むなんて立派とは思いませんか。学習用語が多く出てきます。'review'「復習」と'outline'「概略」の語は中学生でも理解できる範囲です。
○　Brooks : I have a photographic memory.「私は写真のような記憶力があります。」　　（Chap.14 38:51～）
　　キングスフィールド教授の質問に困ってブルックスが自分の才能をこのように言います。キングスフィールド教授は "A photographic memory is of absolutely no use to you, Mr. Brooks, without the ability to analyze that vast mass of facts between your ears."「写真のような記憶力は君にとって全く役に立たないよ、ブルックス君。耳の間にある事実の集積を分析する能力がなければ。」と、徹底的に教授にやりこめられます。この後、ブルックスは自殺未遂をした後、大学院を去っていきます。（Chap.30 98:28～）記憶力だけではどうにもならない厳しい世界なのです。
○　Kingsfield : Mr. Hart, here is a dime. Call your mother. Tell her there is serious doubt about you ever becoming a lawyer.　　（Chap.30 96:40～）
　　「ハート君、ここに10セントある。お母さんに電話して。法律学者にはとても無理だと伝えなさい。」
　　Hart : You…are a son of a bitch, Kingsfield !「あなたは大馬鹿野郎だ、キングスフィールド！」
　　Kingsfield : Mr. Hart ! That is the most intelligent thing you've said today. You may take your seat.
　　「ハート君！　君は今日最も知的なことをいったね。席に戻ってよろしい。」
　　キングスフィールド教授の質問に答えたくないと、反発して言ったあと、教壇まで呼ばれて行ったときのやりとりです。一瞬ハートはどうなってしまうのかと心配してしまうところですが、思いもかけないキングスフィールド教授のセリフにホッとする場面です。

映画の背景と見所

○　舞台となったハーバード大学は、米国東部にある名門中の名門です。1636年創設とされ、これまでノーベル賞受賞者を多く輩出し、卒業生には世界の億万長者（資産10億ドル以上）も多数いるとされています。世界大学ランキングでは、常にトップクラスを占めているので、その名を知らない人はいないでしょう。
○　キングスフィールド教授が行う講義形式は、ソクラテス・メソッドと言われる問答形式の授業です。キングスフィールド教授が最初の講義の始めで詳しく説明（Chap.5 10:11～）しています。学生には予習の時間とストレスの負担でかなりきついものですが、実力は必ずつきそうです。この講義の様子から、NHKで放送された『ハーバード白熱教室』を連想した人は多いでしょう。
○　寮の先輩に叱咤激励され、一心不乱に勉強するハート（Chap.4 7:19～）。本に黄色のマーカーを塗っていくところが印象深く、この場面に刺激を受けて同じように勉強した人たちがいるそうです。試験勉強に取り組む大学院生を描いた青春映画の秀作といえます。
○　冷淡そうに見え、一度もにこりともしない主任教授キングスフィールドを演じたジョン・ハウスマンは、この作品でアカデミー助演男優賞を受賞しました。

スタッフ	監督・脚本：ジェームズ・ブリッジス 原　　作：ジョン・ジェイ・オスボーン・ジュニア 製　　作：ロバート・C・トンプソン他 撮　　影：ゴードン・ウィリス 音　　楽：ジョン・ウィリアムス	キャスト	ハート　　　　　　　：ティモシー・ボトムズ スーザン　　　　　　：リンゼイ・ワグナー キングスフィールド教授：ジョン・ハウスマン フォード　　　　　　：グラハム・ベケル アンダーソン　　　　：エドワード・ハーマン

ベン・ハー	BEN-HUR	（執筆）松葉　明

セリフ紹介

ベン・ハーの物語は、勧善懲悪の復讐劇といえます。その中でも特に印象に残るものを紹介します。
　　　　　　　　　　　　　　　　　　　　　　　　　　　　　　　　（Chap：チャプター番号と時間）

○　アリウス：'Your eyes are full of hate, forty-one. That's good. Hate keeps a man alive. It gives him strength'
　　　「おまえの目は憎しみに満ちておる、41番。いいことだ。憎しみは人を生かし、力を与える。」（Chap.9 69:15）
　奴隷となり、船の漕ぎ手となったベン・ハーを見た艦隊司令官のアリウスがこう声をかけます。運命的な出会いとなった場面です。

○　メッサラ：'By condemning without hesitation an old friend, I shall be feared.'　（Chap.16 56:16）
　　　「旧友をためらわずに罰すれば、私は恐れられるだろう。」
　幼なじみの友メッサラに、ベン・ハーは無罪を訴えるのですが、自分に協力しないベン・ハー家を一族もろとも有罪にするのでした。

○　ベン・ハー：'May Got grant me vengeance！ I will pray that you live till I return.'　（Chap.16 57:12）
　　　「神よ、復讐を許し給え。私が戻ってくるまで生きていろよ。」
　ガレー船に移送されることが決まったときに、ベン・ハーがメッサラに向かって復讐を誓ってこう言います。

○　バルサザール：'I have lived too long.'「私は長生きし過ぎた。」　（Disk 2 Chap.59 72:43）
　イエスが磔刑に処せられたとき、バルサザールはこう言って嘆きます。

学習ポイント

『ベン・ハー』は、イエス・キリストの物語ともいえます。それゆえ、セリフは意味深長なことが多いです。その中でも特に印象に残るものを紹介するので、音読してみましょう。比較的ゆっくりと発音されています。

○　バルサザールは、ベン・ハーを初めて見たとき彼をイエスと思います。　（Chap.29 102:42～）
　Balthasar：Forgive me, you are a stranger here. Would you be from Nazareth？
　　　　　　「許してください。この辺りの方ではないようですが。ナザレからいらしたのですか。」
　Ben-Hur　：Why do you ask？「なぜ聞くのです。」
　Balthasar：I thought…you might be the one…the one I have come back from my country to find. He would be
　　　　　　about your age.「あの方かと思って、お目にかかるために戻ったのです。あなたと同じくらいのお年です。」
　Ben-Hur　：Who？「誰です。」
　Baithasar：When I find him, I shall know him.　「お目にかかれば分かるでしょう。」

○　恨みに燃えるベン・ハーをエスターがなんとか宥めようとする場面です。　（Disk 2 Chap.55 53:56～）
　Esther　　：He is more than Balthasar's word. His voice traveled with such a still purpose. It was more than a
　　　　　　voice, a man more than a man！ He said, "Blessed are the merciful, for they shall obtain mercy.
　　　　　　Blessed are the peacemakers, for they shall be called the children of God."
　　　　　　「憐れみ深い人は幸いである。彼らは憐れみを受けよう。平和を作り出す人は幸いである。彼らは神の子と呼ばれよう。」（キリストの言葉のみ日本語にしました。）

○　最後の場面　（Disk 2 Chap.60 78:27～）
　Ben-Hur：Almost at the moment He died, I heard Him say,"Father, forgive them, for they know not what they
　　　　　do."「彼（キリスト）が息を引き取る前、"父よ、彼らを許したまえ、自分たちの行為を知らないのです"というのが聞こえた。」
　Esther　：Even then.「そのときでさえ。」
　Ben-Hur：Even then. And I felt His voice take the sword out of my hand.
　　　　　「そのときでさえ。私は彼（キリスト）の声が私の手から刀（恨み）を取り去るのを感じた。」
　他にもキリストに関するセリフはいくつか出てきます。代名詞でも大文字で始まっています。

あらすじ

　1世紀初頭、ローマが支配するユダヤの地ベツレヘムに、人々が熱望する一人の男子がマリアとヨセフの間に誕生しました。
　時は流れ、エルサレムに新司令官のメッサラが赴任してきます。彼はこの地きっての豪族であるジュダ・ベン・ハーの幼なじみで、2人は再会を喜びます。しかし、ローマに協力しろと言われたベン・ハーはそれを拒絶し、仲違いします。翌日新総督の来訪を見学していたベン・ハーの妹が、誤って瓦を落としてしまい、メッサラはベン・ハーの嘆願を聞き入れず、反逆罪でベン・ハー奴隷船へ、母と妹を牢獄へと送ってしまいます。ベン・ハーはかたく復讐を誓うのでした。
　3年の月日が経ち、ベン・ハーはローマ艦隊の司令官を助けたことでその養子になり、ローマきっての戦車御者となって、故郷に戻ります。そしてメッサラと大戦車競争で長年の復讐を果たすのでした。ところで死んだとばかり思っていた母と妹が生きていることを死ぬ間際のメッサラの口から聞きます。2人は不治の病にかかり、死の谷にいるのでした。昔は奴隷としてハー家に勤め、今はベン・ハーの妻となったエスターが止めるのにもかかわらず、ベン・ハーは2人を連れ出します。そこはイエスが磔の刑になった場所で、突然嵐となり、2人に奇跡が起こるのでした。

映画情報

製作年：1959年（昭和34年）
製作国：米国
配給会社：MGM
言語：英語
第32回アカデミー作品賞他11部門受賞

公開情報

公開日：1959年11月18日（米国）
　　　　1960年 3月30日（日本）
上映時間：222分
MPAA（上映制限）：G
音声：英語・日本語　　字幕：日本語・英語

薦	○小学生　●中学生　●高校生　●大学生　●社会人	リスニング難易表		発売元：ワーナー・ブラザース・ホームエンターテイメント （平成27年2月現在、本体価格） DVD価格：1,429円　ブルーレイ価格：2,381円
お薦めの理由	半世紀以上も前に作られたとは思えないこの超大作『ベン・ハー』は、主人公のベン・ハーと、決して顔を現さないイエス・キリストの物語です。作品賞をはじめ、アカデミー賞を11部門受賞し、上映時間が222分にも及びますが、決して長く感じられず、どうやって撮影したのかと信じられない迫力のある作品です。原作は1880年に初版され、聖書に次ぐベストセラー作品とも言われています。	スピード	2	
		明瞭さ	2	
		米国訛	3	
		米国外訛	4	
英語の特徴	セリフのある役者は多くいますが、主人公のチャールトン・ヘストンの他、数名のみが米国出身です。他はイスラエル、アイルランド、オーストラリア、英国、ノース・ウェールズ等さまざまで、それゆえグローバルな英語を聞くことができます。会話のスピードも比較的ゆっくりめで、かつ、中学生にも理解できる英語も多く、学習教材に適した作品といえるでしょう。	語彙	3	
		専門語	3	
		ジョーク	2	
		スラング	2	
		文法	3	

授業での留意点

○　プロローグで、ローマ帝国とユダヤの国について語られます。辞書を引く練習のよい機会になります。大意をつかむことができれば上々です。
　　（Chap.2 06:55～）

In the Year of our Lord, Judea – for nearly a century – had lain under the mastery of Rome. In the seventh year of the reign of Augustus Caesar, an imperial decree ordered every Judean each to return to his place of birth to be counted and taxed. The converging ways of many of them led to the gates of their capital city, Jerusalem, the troubled heart of their land. The old city was dominated by the fortress of Antonia, the seat of Roman power, and by the great golden temple, the outward sign of an inward and imperishable faith. Even while they obeyed the will of Caesar, the people clung proudly to their ancient heritage, always remembering the promise of their prophets that one day there would be born among them a redeemer to bring them salvation and perfect freedom.

「イエス・キリストの誕生の年、およそ1世紀の間、ユダヤはローマの支配下にあった。アウグストゥス・シーザーの治世の7年、皇帝はすべてのユダヤ人に登録と課税のため出生地に戻るよう命じた。多くの者が首都エルサレムを通ることとなった。その古い都市は、アントニアの要塞すなわちローマと、偉大なる黄金の神殿すなわち不滅の教義に統治されていた。ローマに従ってはいても、人々は誇りをもって祖先の教えを守り、救世主が現れるという預言を信じていた。救済と完全な自由がもたらされることを。」

○　議論の教材として、ベン・ハーとメッサラが口論します。自分の意見をはっきりと相手に伝える良い例といえるでしょう。
　　（Chap.10 34:30～）

Messala : Judah, either you help me or you oppose me, you have no other choice. You're either for me or against me. 「ジュダ、君は私に味方するか反対するか、2つに1つだ。」
Ben-Hur : If that is the choice, then I am against you. 「それが選択なら、私は君に反対する。」

ベン・ハーにとって、幼なじみの友とはいえ、メッサラの出世のために村人を裏切ることは出来ないことでした。
中学校3年生では、ディベートの基礎として、自分の考えを述べて、命題に対して賛成か反対かを答える題材があります。また、この直前に2人が言い合うセリフも、比較的容易で理解しやすい会話です。

Messala : Future ? You are a conquered people !
Ben-Hur : You may conquer the land, you may slaughter the people. But that is not the end. We will rise again.

映画の背景と見所

○　序章のミケランジェロ作『アダムの創造』に流れる荘厳な曲は、音楽を担当したミクロス・ローザが2年半以上をかけて古代ローマ・ユダヤを研究した後に作られたそうです。
○　数々の衣装もさることながら、大戦車競争が行われる巨大なセットはローマのチネチッタ・スタジオに作られ、天文学的な数字の材料が用いられました。それは4,500m³の材木、100万トンの石膏とセメント、400kmの金属パイプ、そして地中海海岸からは4万トンの白砂が運ばれたといわれています。また、スタンドは5層の耐火建築でできており、収容人員は1万5千人といわれています。
○　この映画には、「水」が命の源のようにいくつもの場面で表現されています。映画を通してご覧になれば理解できると思います。
○　日本でのこの映画のチャリティ上映には、昭和天皇・皇后も招かれ、日本映画史上初の天覧上映となりました。
○　ベン・ハーがアラブの族長イルデリムに招かれ、食事に満足していないか(Was the food not to your liking ?)と問われ、そんなことはない(Oh, indeed !)と答えますが、バルザールにゲップ(burp)を促され、そのようにすると族長イルデリムは満足します。国によって習慣の違いがわかる場面です。　　　　　　　　（Chap.29 107:30～）

スタッフ・キャスト

スタッフ		キャスト	
監　督	：ウィリアム・ワイラー	ジュダ・ベン・ハー	：チャールトン・ヘストン
原　作	：ルー・ウォーレス将軍	メッサラ	：スティーブン・ボイド
撮　影	：ロバート・L・サーティーズ	アリウス	：ジャック・ホーキンス
音　楽	：ミクロス・ローザ	エスター	：ハイヤ・ハラリート
助監督	：セルジオ・レオーネ	族長イルデリム	：ヒュー・グリフィス

星の王子さま	The Little Prince	（執筆）玉野　令子

セリフ紹介

○ 星の王子が、宇宙の旅に出たいきさつをパイロットに話す場面でのセリフです。　　　　（Chapter.5 29:26〜）
　I began to realize I didn't really understand anything.
　（自分は何もわかっていないということに気がついたんだ。）
　　realize「気がつく」　anything「何も〜ない」　decided to「〜しようと決心した」

○ 美しい夕日を見ながら、砂漠の地で王子さまが言ったセリフです。　　（Chapter.9 50:06〜）
　The stars are beautiful because of the flower I can't see.　　（Chapter.9 50:06〜）
　（花があると思うから星がきれいに見える。）

○ 別れのとき、キツネが王子さまに渡した手紙の中の一節です。　　（Chapter.12 75:15〜）
　It's only with the heart that one can see clearly what's essential is invisible to the eye.
　（ものを見る目は心の中にある。大切なものは見えない。）「大切なものは目で見えない」最も有名なセリフです。
　　essential「本質的な」　invisible「目に見えない」

○ ヘビに噛まれて自分の星に帰ろうとした王子さま。彼がかすかな声でパイロットに言う場面でのセリフです。
　I'll look as if I'm dead, but it won't be true.　　　　　　　　　　　　　　　（Chapter.13 79:11〜）
　（死ぬように見えるけど、それは本当じゃないんだ。）
　　"look like if"「まるで〜のように見える」　"won't（= will not）"のあとにdeadが省略されています。

学習ポイント

○ 依頼文
　① If you please, draw me a sheep?（よかったら羊を描いてくれる？）　　（Chapter.3 11:05〜）
　　王子さまが飛行機を修理しているパオロットに話しかけた第一声です。"If you please,"は「よろしければ」の意味で、何かを依頼するときの前置き表現です。
　② Will you draw me a sheep?（羊を描いてくれる？）　　（Chapter.3 11:24, 11:49, 12:06）
　　"Will you 〜?"は「〜してくれますか」と依頼の意味と「〜しますか」の単純未来、または「〜するつもりですか」と相手の意思を尋ねる文です。王子さまがパイロットに同じセリフを3回言っています。
　　★似た表現に"Can you 〜?"があります。可能の意味「〜できる」と依頼の意味「〜してくれますか?」です。
　③ Could you make another?（別のを描いてくれる？）　　（Chapter.10 55:36〜）
　　王子さまはパイロットに別の羊を描いて、とお願いしています。another＝「別の、ほかの」
　④ Would you play with me?（僕と遊んでくれる？）　　（Chapter.11 65:00〜）
　　このセリフが使われている場面も王子さまが初めて会ったキツネに言ったことばです。
　　③や④のように、"Would you 〜?"は"Will you 〜?"の、"Could you 〜?"は"Can you 〜?"の丁寧表現です。

○ 疑問詞のある疑問文
　How did you get here? What are you doing here? …Where did you come from?（Chapter.3 11:36〜11:46）
　（どうやってここに来たんだ？ここで何をしているんだ？…どこから来たんだ？）
　パイロットは、不思議な格好の男の子に質問攻めです。How「どうやって、どのように」 What「何」 Where「どこ」の疑問詞のほか、Who「誰」 When「いつ」 Which「どちら」など、この作品は5W1Hの文が満載です。

○ 提案文　"Why don't you 〜?"
　Why don't you rest for a little while?（少し休んだら？）　　　（Chapter.8 47:09〜）
　懸命に飛行機を修理するパイロットに王子さまがひと言。"Why don't you〜?"は「〜しませんかと」相手に提案する表現です。

○ 比較級の文
　Smaller.（もっと小さく。）　　　　　　　　　　　　　　　　　　（Chapter.5 25:26〜）
　形容詞"small"に〜erをつけた形を形容詞の比較級と言います。"get closer"は「もっと接近する」の意味です。

あらすじ

　子どもの頃、絵描きになる夢を持っていた「ぼく」は、あきらめてパイロットになります。パイロットになった「ぼく」の友達は、空と星だけでした。ある日、飛行機の故障でサハラ砂漠に不時着陸してしまいます。
　翌朝、飛行機の修理中、不思議な格好をした男の子が突如、現れ、唐突に「羊の絵を描いて」と言います。どうやって、どこからその男の子が一人で来たのか不思議でした。少しずつ、話を聞いていくと、彼は小さな星『B-612』から来た「星の王子さま」のようでした。
　やがて、王子さまはパイロットに、自分の星に残してきた美しいバラのこと、今まで訪ねたいろいろな小惑星のこと、地球で出会ったヘビやキツネの話をします。ヘビはいつか自分の役に立つと約束してくれたこと、キツネとは友達になれたこと、そして、キツネが秘密の手紙をくれたこと―そして、王子はパイロットにその手紙を見せます。
　自分の星のバラが自分にとって大切なものだった、と気づいた王子は、自分の星に帰る決意をします。そして、王子は約1年前、地球に着いたときヘビが自分に言った言葉を思い出していました。
　故障した飛行機が直った朝、パイロットは王子の姿が見えないのに気づきます。心配して探すパイロット。やっと見つけた王子は、砂漠の真ん中で倒れていました。そのかたわらにはヘビがいました…。

映画情報

製　作　年：1974年
製　作　国：米国・英国共同
配給会社：パラマウント・ジャパン
ジャンル：ミュージカル
言　　語：英語　　　字　幕：英語、日本語

公開情報

公　開　日：1974年11月7日（米国）
　　　　　　1975年7月19日（日本）
上映時間：88分
受　　賞：1975年ゴールデングローブ賞最優秀作曲賞
　　　　　　1975年アカデミー賞ノミネート

薦	○小学生　●中学生　●高校生　●大学生　●社会人	リスニング難易表		発売元：パラマウント ジャパン（平成27年2月現在、本体価格）DVD価格：1,429円

お薦めの理由	「王子さま」のあどけない表情やしぐさがとてもかわいらしいです。3Dや4D作品に比べ、この映画はとてもシンプルです。大掛かりな装置は何もありません。擬人化したヘビやキツネの姿はどちらかというと異様かもしれません。 しかし、砂漠に映る太陽、砂漠の中の水しぶき、夜空に光る無数の星など、どれも美しく輝いています。心に残る言葉がいくつもあり、静かな感動に包まれる映画です。	スピード	2
		明瞭さ	2
		米国訛	2
		米国外訛	2
英語の特徴	米国英語の発音が主流ですが、英国英語訛りも混ざっています。しかし、全体的に平易な語句が多く使われており、特に王子の会話はゆっくりでわかりやすいので、英語学習初級者にとって最適の教材と言えます。 詩的なセリフも多いです。文法的には難しくありませんので、是非、心に感じたセリフを味わってほしいと思います。 挿入されている曲の歌詞も平易な英語です。	語彙	3
		専門語	1
		ジョーク	1
		スラング	1
		文法	2

授業での留意点

○ そのまま使える2〜3語の短いフレーズを紹介します。
① Are you kidding?（冗談だろ？）　　　　　　　　　　　　　　　　（Chapter.2 5:22〜）
描いた絵を「ウワバミ」（大蛇）だと言って見せたときに言った大人のセリフです。"You are kidding."（冗談だろ）や "No kidding."（冗談じゃない）とも言います。相手が言ったことに突っ込みたくなるときの口語表現です。"kid" は名詞で「子ども」の意味です。子どもは簡単にだませる、ということから、子ども扱いする⇒だまそうとする⇒からかう、と派生してできたフレーズです。
② That doesn't matter.（どうでもいいよ。）　　　　　　　　　　　（Chapter.3 12:42〜）
羊の描き方がわからない、と言うパイロットに王子さまが言ったセリフです。描き方なんてどうでもいいよ、という意味です。"matter" は名詞で「問題」の意味です。「問題がない」つまり、「重要でない、構わない、関係ない」という意味になります。"It doesn't matter." とも言います。　　　　　　　　　　（Chapter.8 49:18〜）
③ You, too?（あなたも？）　　　　　　　　　　　　　　　　　　　（Chapter.3 13:26〜）
飛行機が故障して着陸した、と言うパイロットに言った王子さまのセリフです。例えば、"Have a nice day."（良い一日を）と相手に言われたら、"You, too."（あなたも。）というように使えます。
④ I swear it.（本当だよ。）　　　　　　　　　　　　　　　　　　　（Chapter.4 21:22〜）
君の気持ちはわかるよ、と言ったときのパイロットのセリフです。"swear" は動詞で「誓う」の意味です。
⑤ I'm not worried.（心配してないよ。）　　　　　　　　　　　　　（Chapter.8 47:26〜）
水がなくなったけど心配するな、と言うパイロットに王子が言ったセリフです。「心配するな」は "Don't worry."
⑥ Wait a minute.（ちょっと待って。）（Chapter.11 62:24〜）"Just a moment." も同じ意味です。
⑦ Let's have it.（聞こう。）　　　　　　　　　　　　　　　　　　　（Chapter.11 63:08〜）
何があったのか、相手の話を聞こうとするときの前置き表現です。パイロットが王子さまにキツネとの出会いを聞こうとして、言ったセリフです。

○ 覚えておきたいイディオム
① I'm on your side.（私は君の味方だ。）"on one's side" = 〜に味方して　　（Chapter.12 75:15〜）
② In time I'll start to feel at ease.（だんだん慣れてくる。）　　　　　　　（Chapter.12 75:15〜）
"in time" = やがて　だんだん　"feel at ease = 心がなごむ、安堵する　気持ちが安らぐ　落ち着く

映画の背景と見所

○ この作品は、フランス人の作家アントワーヌ・ド・サン＝テグジュペリが1943年に米国で出版した同名の小説を映画化しました。1935年、リビア砂漠で実際に起きた飛行機墜落事故の体験を元に小説を描いた、と原作者は随筆『人間の土地』で語っています。
○ 小説の挿絵も原作者のサン＝テグジュペリが描いています。この作品の中の映像は、―王子さまの姿やパイロットが描いたウワバミ（大蛇）など― 原作者の挿絵のイメージそのままになっています。そして、砂漠の中でオアシスを見つけ、はしゃぐパイロットと王子さま（Chapter.9）やキツネと仲良くなって踊る王子さま（Chapter.11）の笑顔はまさに美しい星から来た『王子さま』そのものです。
○ ヘビ役のボブ・フォッシーのダンス（Chapter.10）は、のちにマイケル・ジャクソン（1958-2009）のダンスに影響を与えた、と言われています。
○ 王子役のスティーブン・ワーナーは1966年英国ロンドンに生まれました。撮影当時、7〜8歳でしたが、その後はどの作品にも出ておらず、マスコミに登場していません。
○ 2015年冬、『リトルプリンス星の王子さまと私』のタイトルでアニメーション映画として日本で公開されます。

スタッフ	原作：アントワーヌ・ド・サン＝テグジュペリ 監督：スタンリー・ドーネン 脚本：アラン・ジェイ・ラーナー 撮影：クリストファー・チャリス 音楽：フレデリック・ロウ	キャスト	星の王子さま：スティーブン・ワーナー パイロット　：リチャード・カイリー バラ　　　　：ダナ・マッケニー ヘビ　　　　：ボブ・フォッシー キツネ　　　：ジーン・ワイルダー

ボディガード　THE BODYCUARD

（執筆）松葉　明

セリフ紹介

短いけれども重要であり、この映画で特に印象深いものを紹介します。　　　　　　（Chap：チャプター番号と時間）

○ "Freeze! Just freeze."「動くな！　じっとしてろ」(Chap.1　1:00) 映画が始まると同時に４発の銃声。もともとは、「水が凍る」という意味ですが、それが「固まる」となり、命令文では「動くな。動くと撃つぞ。」という意味で使われます。生死に関わる語なので、しっかり覚えておきましょう。

○ "Stay with me."「私と一緒にいて。→　しっかりして。死なないで。」(Chap.34　118:20) 自分の身代わりになって守ってくれたフランクに対して、レイチェルが叫びます。繰り返し言っているので分かりやすいです。'Don't die.' では日本語の直訳です。

○ "Nobody's perfect."「完璧な人はいない。誰でもしくじることはある。」(Chap.16　50:56) レイチェルがフランクに、「昔彼女を守れずに死なせちゃったの？」と冗談で言ったときの答えがこれです。実はこれもフランクのジョークです。これはよく使われるフレーズで、喜劇の傑作のひとつ『お熱いのがお好き/ Some Like It Hot (1959)』の最後のオチのセリフもこれでした。

○ "I can't sing."「おれは歌えないから。」(Chap.16　49:27) レイチェルがフランクに、"you're ready to die for me?"「私の代わりに死ねるの？」と尋ねたとき、"That's my job."「それが仕事だから。」と答え、"Why？" のあとのセリフです。もちろん、これはジョークのひとつです。レイチェルは、さらに "Well, his timing's good"「まあ、（ジョークの）タイミングがいいわね。」と付け加えます。ユーモアのセンスは大切ですね。

学習ポイント

難しそうな大人の映画と思われがちですが、中学生にも分かる表現はたくさん出てきます。

○ 面会を求めるときの表現：'○○ to see ××'「○○ですが××さんにお会いしたい。」　　　(Chap.3　6:00～)
Frank ： Frank Farmer to see Miss Marron.「フランク・ファーマーですが、マロンさんにお会いしたい。」
この後、警備がいい加減と判断したフランクは、聞き返されると "Alexander Graham Bell to see Miss Marron." とか、'Edison'（発明王）、'Henry Ford'（フォード自動車の創始者）と、適当に有名人を名乗っていても気づかれないところがおもしろいです。

○ 有名人のサインを求めるときの表現：'sign' ではなく 'autograph' です。　　　　(Chap.7　23:47)
A girl ： Oh, can I have your autograph？「サインをもらってもいいですか？」
警備をしているフランクは制止しようとしますが、レイチェルは 'Sure you can.'「いいわよ。」とフランクを無視します。女の子の母親は、'We're your greatest fans. Do you mind if we get a picture？'「私たちあなたの大ファンなんです。写真を撮っても構いませんか？」と言い、さらに 'She'll be so pleased. You're her favorite actress. We've seen all your movies.'「娘が喜ぶわ。あなたは大好きな女優なの。私たちあなたの映画は全部観ました。」と言います。中学３年生なら、すべて既習事項です。

○ 注意をするとき、安心させるときの表現：'Be careful.' と 'Don't worry.'　(Chap.18　55:36)(Chap.17　53:41)
フランクの部屋を訪れたレイチェルが、日本刀を抜いてそれを振ろうとするときにフランクがこう言います。
"Be careful."「注意しろよ。」中学１年の教科書にそのまま出てきます。そして、ここでは前後に他のセリフもなく、十分に聞き取れます。また、２人がレストランでダンスをしていると、近くでガラスの割れる音がします。するとレイチェルが、"Don't worry. Don't worry. I'll protect you."「心配しないで。私が守ってあげるわ。」と言います。立場が逆なのがおもしろいですね。

○ ユーモアのセンスは大切です。レイチェルとフランクの初対面の場面です。　　　　(Chap.3　10:22～)
Rachel ： Well, you don't look like a bodyguard.「ええと、あなたはボディガードには見えないわね。」
Frank ： What'd you expect？「どんなのを期待していた？」
Rachel ： Well, I don't know, maybe a tough guy.「えっと、わからないけど、タフガイかしら。」
Frank ： This is my disguise.「これは変装なんです。」もちろんフランクは変装などしていません。'disguise' を辞書で調べてみましょう。

あらすじ

かつてはシークレット・サービスの一員として、大統領の警備を担当していたフランクは、非番の日にレーガン大統領が狙撃されたことを悔やむ日々を送っていました。そんな彼に、今や世界的なスーパー・スターとなった歌手レイチェル・マロンのボディガードの任務が頼まれることとなります。しかし、当初は自由な生活が束縛されることを嫌い、彼女はフランクを疎ましく思っていました。一方のフランクも、あまりにも杜撰な警備の仕方にあきれ、レイチェルとぶつかってばかりしていたのでした。

そんなある日、舞台で歌っているさなか、熱狂したファンの中でもみくちゃになり、あわやというときにフランクの機転で救出されることになります。それからのレイチェルはフランクを信頼し、お互いにほのかな恋心も芽生えるのでした。やがて、日ごとに送りつけられる脅迫文にレイチェルも恐れ、家族と共にフランクの実家の田舎に一時避難することになります。ところがそこにも魔の手は伸びて、息子のフレッチャーも危険な目にあい、妹のニッキーは殺されてしまいました。

さて、いよいよアカデミー賞授賞式の当日、犯人はレイチェルに照準を合わせ、主演女優賞の受賞でレイチェルが舞台中央に進み出たとき、凶弾は放たれ、フランクは自らを盾にして彼女を守ろうとするのでした。

映画情報

製 作 年：1992年（平成4年）
製 作 国：米国
配給会社：ワーナー・ブラザーズ
言　　語：英語
第36回グラミー賞、最優秀アルバム賞受賞

公開情報

公 開 日：1992年11月25日（米国）
　　　　　1992年12月 5日（日本）
上映時間：130分　　　　MPAA（上映制限）：G
音　声：英語・日本語
字　幕：日本語・英語

166

薦	○小学生 ●中学生 ●高校生 ●大学生 ●社会人	リスニング難易表		発売元：ワーナー・ブラザース・ホームエンターテイメント （平成27年2月現在、本体価格） DVD価格：1,429円 ブルーレイ価格：2,381円

お薦めの理由	とにかくボディガードのケビン・コスナーがかっこいいです。自分の職務に誠実で、しかも強いとなればなおのこと。また、まるでミュージカル映画のように、全編にわたって流れるホイットニー・ヒューストンの歌声に魅せられ、映画を見終えたその足で、サウンドトラックを買ってしまった人も多かったと聞きます。曲の歌詞は明瞭で歌いやすく、中学生にも十分理解できる内容です。	スピード	2
		明瞭さ	3
		米国訛	2
		米国外訛	2
英語の特徴	標準的な米国英語が中心となっており、ショービジネスに関わるところは早口になっており、英語学習初心者には難しいです。しかし、落ち着いた場面での主人公の会話は比較的ゆっくりで、聞き取りやすいです。ジョークの箇所が理解できると、英語学習の励みになるでしょう。そして、もちろんホイットニー・ヒューストンの一流の歌声の歌詞も十二分に味わえる映画となっています。	語彙	3
		専門語	2
		ジョーク	2
		スラング	2
		文法	2

授業での留意点	○ ボディガードのフランクの男らしい決めゼリフを生徒に紹介してみましょう。 ① "Everybody's afraid of somethin'. That's how we know we care about things, when we're afraid we'll lose 'em." 「皆何かを恐れている。だから何が大切かということが分かるんだ。それをなくしたら嫌だと思うときに。」 （Chap.29 99:03）フランクの田舎の別荘で、怖い思いをして眠れずにいたレイチェルの息子のフレッチャーが、フランクに、「怖いと思ったことがある？」と尋ねたときのフランクの答えがこれです。 ② Rachel : Don't you wanna know why I behave that way ?「どうしてあんな事をしたか知りたくないの？」 　 Frank　 : I know why.「訳はわかってるよ。」　　　　　　　　　　　　　　　　　　（Chap.12 41:40） レイチェルがフランクの諌めも聞かずに無茶をして、助けられたときに言うセリフです。 ③ "I'm here to keep you alive, not to help you shop." 「俺は君を生かしておくためにここにいるのであって、買い物を手伝うためじゃない。」（Chap.8 29:52） 試着するための服を取ってと、レイチェルに頼まれたときの、毅然としたフランクのセリフです。 ④ "You cross me up this time, Rachel, I swear, I'll kill you myself." 「今度俺を裏切ったら、必ずこの手で殺してやるからな、レイチェル。」　　　　　（Chap.22 77:25） お互いに信頼関係がないと守ることができないと、フランクが怒ってレイチェルに言うセリフです。 ○ 'Do you mind if 〜?'「〜しても構いませんか？」：日本人が答え方で間違いやすい英語表現 Rachel : Do you mind if I ask ?「尋ねても構わない？」 Frank　 : Do you mind if I don't answer ?「答えなくても構わない？」　　　　　　（Chap.16 50:16） この場面では、これだけのセリフなので要領を得ませんが、 Rachel : Do you mind if I sit down ?「座ってもいいかしら？」 Frank　 : No.「ああ。」　　　　　　　　　　　　　　　　　　　　　　　　　　（Chap.30 100:55） フランクの "No." は微かにしか聞こえませんが、要するに 'Do you mind if 〜?' は、「私が〜することをあなたは気にしますか？」ということなので、了解するなら 'No'、しないなら 'Yes' というわけです。よく使われる言い回しなので、十分に注意するよう指導しましょう。 ○ エンドロールで流れる 'I Will Always Love You' はもちろんのこと、チャプター5（30:05〜）では冒頭から 'Run To You' の曲が流れます。中学生にも十分に理解でき、聞き取れて歌える曲です。

映画の背景と見所	○ 2012年2月11日ホイットニー・ヒューストンの滞在先のホテルの浴槽での急死の悲報は、世界中に衝撃を与えました。享年48歳でした。 ○ この映画のサウンドトラックCDは、世界で最も売れたとされています。その数はなんと約4,400万枚。一度でもこの映画を観れば、ホイットニー・ヒューストンの歌声に納得されるでしょう。 ○ 1992年10月、奇しくもこの映画がヒットする直前に、愛知県の高校生が米国のハロウィーンのお祭りで、射殺されるという痛ましい事件がありました。"Freeze" という語が話題になりました。 ○ チャプター16（47:32〜）では、いきなり黒澤明監督、三船敏郎主演の『用心棒（1961年）』の1シーンが出てきます。これは2人がデートで観た映画ということになっています。そして2人はフランクの部屋へ。そこには日本刀が飾られていて、ホイットニー・ヒューストンが振り回し、ケビン・コスナーがその切れ味を見せるなど、日本人には嬉しいサービスとなっています。 ○ 1992年第65回アカデミー賞主題歌唱ノミネートといえば快挙ですが、実はこの映画は同年の第13回ゴールデンラズベリー賞最低作品賞にもノミネートされています。

スタッフ	監　督：ミック・ジャクソン 製　作：ジム・ウィルソン 脚　本：ローレンス・カスダン 音　楽：アラン・シルヴェストリ 撮　影：アンドリュー・ダン	キャスト	フランク　　：ケヴィン・コスナー レイチェル：ホイットニー・ヒューストン サイ　　　　：ゲイリー・ケンプ ビル　　　　：ビル・コッブス ポートマン：トーマス・アラナ

マイ・フェア・レディ	My Fair Lady	（執筆）玉野　令子

セリフ紹介

本作品の終盤に、イライザとヒギンズ教授とのやりとりで心に残る印象的なセリフがいくつかあります。
(Chapter.45 153:45～)

○　人として扱われず、教授の実験台でしかなかった、と痛感したイライザのセリフです。
　　Apart from the things one can pick up, the difference between a lady and a flower girl is not how she behaves, but how she is treated.
　　（外見は別として、レディと花売り娘の違いはどう振る舞うかではなく、どう扱われるかなんです。）
　　I want a little kindness. I know I'm a common ignorant girl and you're a book-learned gentleman.
　　（ちょっとした優しさがほしいのよ。私は卑しい無知な娘であなたは博学のある紳士ってことはわかっているわ）
　　But I'm not dirt under your feet.（でも私はあなたの足元のゴミじゃないわ。）
　　…because we were pleasant together and I come to …. Came to care for you. But more friendly-like.
　　（一緒にいて楽しかったから、あなたを好きになったのよ。…もっと人間らしい関係を。）

○　一方、ヒギンズ教授のセリフ
　　…I shall miss you, Eliza. I've learned something from your idiotic notions. …
　　（寂しくなるよ、イライザ。君の愚かさからも学ぶところはあったんだ。）
　　相手の大切さに気づいた教授です。人とのコミュニケーションで何が大切か教えてくれる場面です。

学習ポイント

○　ヒギンズ教授がイライザにコックニー訛り直すのに使った英文を3つ紹介します。2人は真剣に取り組んでいるのですが、滑稽に思えるシーンがいくつもあります。

①The rain in Spain stays mainly in the plain.（スペインの雨は主に平野に降る。）　　(Chapter.17 64:00～)
　　二重母音の[ei]の発音を[ai]と発音するのを矯正するために考案された教材です。何度練習しても直らないイライザにヒギンズ教授もNo, Eliza, you didn't "say"（サイ）that.とsayの発音を訛ってしまい、さりげなくいい直すのですが、笑えます。字幕も教授の訛りに合わせて「言わねえ」となっています。

②In Hertford, Hereford and Hampshire, hurricanes hardly ever happen.　　(Chapter.17 65:05～)
　　（ハートフォードやハーフォード、ハンプシャーではめったにハリケーンは吹かない。）コックニー訛りでは「h」の発音を抜かしたり、逆に「h」のない単語にhをつけたりする特徴があります。イライザはeverをhever（ヘバー）と発音しています。教授が発明した機械の前で「h」の発音練習をしていると思わぬハプニングが起こります。

③How kind of you to let me come.（お招き恐れ入ります。）　　(Chapter.17 67:05～)
　　英語はリズムと強弱が大切だと教える教授は、この英語がうまく言えないイライザに "kind of you" は "cup of tea" と同じだと、そのリズムを懸命に教えます。cup, cup, cup…tea, tea, tea …と教授自ら見本を示すその様子もなんだか笑えます。この①～③の3つの英文に挑戦してみるのも楽しいかもしれません。マザー・グースの "She sells sea shells by the seashore."（彼女は海岸で貝殻を売っている）は、発音トレーニングによく使われる早口言葉のひとつですが、ほかにどんな早口言葉があるのか調べてみるのもおもしろいでしょう。

○　似た表現を繰り返す場面を紹介します。　　(Chapter.14 54:16～)
　　イライザの父がヒギンズ教授宅を訪ね、教授に向かって "I'm willing to tell you. I'm wanting to tell you. I'm waiting to tell you."（俺も話したい。言いたい。言わせてもらいたい。）will（～を成し遂げる）want（～したい）wait（～を待っている）の動詞を使い畳みかけるように話しています。聞き手を納得させる効果的な話し方の一例です。歴史に残る名スピーチには反復がよく使われます。たとえば、マーチン・ルーサー・キングジュニアの "I have a dream." はこの言葉を8回繰り返し、オバマ大統領の就任演説では "We can do it." を繰り返しましたね。

○　動詞careとmindを使って「気にしない」の意味を表現している文を紹介します。　　(Chapter.46 65:05～)
　　"I don't care how you treat me."（どう扱われても平気。）"I don't mind your swearing at me."（あなたのののしりも気にしない。）このcare, mindはふつう否定文で使われます。

あらすじ

主人公イライザは花を売っている勝気な下町娘でした。ある夜、オペラハウス前で上流階級の人たちに花を売っていると音声学者のヒギンズ教授が彼女の言葉の訛りを指摘します。教授は、「どんな人も半年で舞踏会でも通用する上流階級の貴婦人たちの話し方を身につけさせられる」と傲慢な態度で話します。

教授の言葉に興味を示したイライザは、翌日教授の家を訪ねます。そして、貴婦人（レディ）にしてほしい、と申し出たのです。彼女は教授の家に住み込み、話し方や礼儀作法など毎日厳しい特訓を受けます。4か月後、彼女はアスコット競馬場で社交界デビューします。外見は誰よりも美しいレディそのものでした。しかし、話す内容は下町娘のまま大失態してしまいます。社交界デビューは失敗でした。

再び厳しい特訓を受け、6週間後、社交界再デビューのときが来ました。トランシルヴァニア大使館の舞踏会で彼女はハンバリー王女だと言われるまでに変身したのでした。

舞踏会は大成功でした。しかし、帰宅したイライザの顔は、なぜか沈んでいます。教授はイライザの気持ちが理解できませんでした。そんな教授に腹を立て、イライザは家を飛び出してしまいます。

翌朝、ヒギンズ教授はイライザが母の家にいることを知ってやって来ます。

映画情報 / 公開情報

製作年：1964年
製作費：1,700万ドル
製作国：米国
配給会社：ワーナー・ブラザース（米国）
ジャンル：ミュージカル　　言語：英語

公開日：1964年12月26日（米国）
　　　　1964年12月 1日（日本）
上映時間：135分
受賞：1964年　第37回アカデミー賞の最優秀作品賞
　　　主演男優賞　主題歌賞など全8部門受賞

薦	○小学生　●中学生　●高校生　●大学生　●社会人	リスニング難易表	発売元：パラマウント ジャパン （平成27年2月現在、本体価格） DVD価格：1,429円　ブルーレイ価格：2,381円

お薦めの理由	貧しい下町の花売り娘は訛りの強い英語を話す、という設定なので、訛りの英語は最初、聞き取りにくいと感じるかもしれません。しかし、標準英語を身につけていく様子は、私たち英語学習者にとって"バイブル"とも言える映画です。歌もI could have danced all night（踊り明かそう）など、口ずさみたくなる曲が多いです。そして、何より、レディに変身したオードリー・ヘップバーンが美しいです！

スピード	4
明瞭さ	4
米国訛	2
米国外訛	4
語彙	4
専門語	4
ジョーク	2
スラング	3
文法	3

英語の特徴	英国のロンドンが舞台なので、英国英語が中心です。しかし、英国英語と言っても主人公のイライザはコックニー訛りの英語（ロンドンの下町）を話す下町出身者ですし、話し方指導のヒギンズ教授はクイーンズ・イングリッシュ（標準英語）を話す英国紳士です。米国英語に慣れている私たちにはやや難しく感じるかもしれませんが、英国英語を味わうひとつの良い教材です。

授業での留意点

○ 英国、ロンドンの労働者階級で話されているコックニー訛りの英語に見られる代表的な特徴を紹介します。
　①二重母音や長母音の発音：[ei]の発音は[ai]になります。dayはダイ、takeはタイク、payはパイと発音。
　②長母音の発音：[i:]の発音は[ei]になります。Eatはエイト、teachはテイチと発音。
　③hの発音：hは発音せず、haveはアヴァ、hereはイヤァと発音。また、逆にeverにhをつけてヘヴァと発音。
　④be動詞：ain'tを多用。I ain't, you ain't, he ain'tとam are isの否定形はみな同じです。
　A、E、I、O、Uの母音をイライザが発音するところがあります。　　　　　　（Chapter.19 59:40〜）
　彼女は「アイ、エイ、オウ、アウ、ウー」のように発音しています。こうした発音は歌の中でも顕著です。
　（1）♪Wouldn't it be loverly ?♪（ああ、なんてしあわせ。）（Chapter.6 14:50〜）のloverlyは lovely（愛らしい、素晴らしい）ですが、rを入れて発音しているので表記もloverlyになっています。歌も、takesをタイクス、coal（石炭）をカール、awayをアワイなどと訛って歌っています。
　（2）♪Just you wait♪（今に見てろ。）（Chapter.16 60:35〜）のwaitもワイトと発音して歌っています。
　まだ、ほかにも「あれ？」と思うような発音を発見できるのではないでしょうか。こうした言葉の違いは、日本語にももちろんあります。例えば、山の手言葉と江戸っ子言葉です。同じ東京と言っても、雰囲気が全然違う言葉遣いですね。一口に英語と言っても、発音は国や地域によって異なります。この映画は、下町訛りの英語のおもしろさに気づかせてくれるはずです。

○ イライザに猛特訓するヒギンズ教授の「英語」への思いを紹介します。　　　（Chapter.19 72:06〜）
The majesty and grandeur of the English language, it's the greatest possession we have.（格調高い英語は国民にとって最大の財産だ。）The noblest thoughts that ever flowed through the hearts of men are contained in its extraordinary, imaginative and musical mixtures of sounds（人の心を打つ想い、優れた思想それがこのたぐいまれな音楽的言語に込められている。）自国の言語を誇りに思う気持ちがよくわかるセリフです。

○ この映画には俗語も出てきます。有名な場面を紹介します。（Chapter.25 91:00〜）上流階級の人たちの社交の場アスコット競馬場の場面です。名馬ドーバーが走るシーンでイライザが思わず叫んでしまいます。
Come on, Dove! Move your blooming arse！（しっかり、ドーバー！そらケツをひっぱたけ。）
arseは英国で使われる「お尻、ケツ」という意味の品のない言葉です。bloomingも同じく俗語で、他の言葉を強調する「とてつもない」くらいの意味でしょうか。周囲の人たちは目を丸くしたことでしょう。

映画の背景と見所

○ ジョージ・バーナード・ショーの戯曲『ピグマリオン』を元に上演されたミュージカル作品の映画化です。
○ 19世紀の英国の上流社会が舞台ですが、撮影はロサンゼルスのスタジオのセットで行われ、当時の建物や車などの乗り物、また上流社会の紳士・淑女の衣装などを忠実に再現しています。アスコット競馬場での上流階級の貴婦人たちの華麗な衣装はドレスだけでなく帽子、傘、手袋に至るまで白黒のモノトーンで統一されており圧倒されます。また、大使館の舞踏会シーンもとても華やかです。特に皇太子と踊るイライザは優雅で上品そのものの貴婦人です。
○ タイトルの解釈には2つあります。文字通り「私の美しいレディ」（fair＝可愛らしい、美しい）の解釈とロンドンの高級商業地区Mayfair（メイフェア）を指す解釈です。メイフェアはコックニー訛りの発音ではマイフェアと発音するからです。私は両方の意味を兼ねているのではないかと思います。
○ 音声学者ヒギンズ教授の書斎にはたくさんの書物のほか、蓄音機や拡声器、録音機などおもしろい音声学の研究用機械がいろいろあります。パソコンで簡単に録音・再生・加工できる今とは随分違います。
○ オードリーのほかの作品『ローマの休日』『ティファニーで朝食を』なども是非見てほしいです。

スタッフ	監　　督　：ジョージ・キューカー 製　　作　：ジャック・L・ワーナー 脚本・作詞：アラン・ジェイ・ラーナー 音楽・作曲：フレデリック・ロウ 音楽監督　：アンドレ・プレヴィン	キャスト	イライザ・ドゥーリトル：オードリー・ヘプバーン ヘンリー・ヒギンズ教授：レックス・ハリソン イライザの父　　　　　：スタンレー・ハロウェイ ピカリング大佐　　　　：ウィルフレド・H＝ホワイト ヒギンズ教授の母　　　：グラディス・クーパー

マイティ・ジョー	Mighty Joe Young　　　　　　　　　　（執筆）松葉　明

セリフ紹介

この映画を特徴づけるセリフを紹介します。　　　　　　　　　　　　　　（Chap：チャプター番号と時間）
- Dr. Young : Promise me you'll protect him.「彼（ジョー）を守るって約束して。」　　　（Chap.2 9:13～）
  幼いゴリラのジョーを守るため、密猟者の銃弾に撃たれたヤング博士が、死ぬ前に娘のジルに言うセリフです。
- Greg : N'Gai Zamu, sacred guardian of Mount Pangani. They say any man who enters his domain is never heard of again.　　　　　　　　　　　　　　　　　　　　　　　　　　　　　（Chap.3 13:07～）
  「'ンガイザム'、パンガニ山の聖なる守り神。　その土地に足を踏み入れた者は、誰も再び戻って来ることはないと言われている。」
  案内人のリーダーのピンディに、動物学者のグレッグが言います。グレッグは、山の守り神「ンガイザム」のことをすでに知っていることがわかるセリフです。
- Jill : At last, I have kept my promise to my mother. The people here are saying N'Gai Zamu, the sacred guardian, has returned to protect the mountains. Other people still say N'Gai Zamu is just a legend. I say legends live forever.　　　　　　　　　　　　　　　　　　　　　　　　　（Chap.15 106:00～）
  「やっと、母との約束を果たせました。村の人たちは'ンガイザム'、聖なる守り神が山を守るために戻ってきたと言っています。一方で'ンガイザム'はただの伝説だと言う人もいます。でも私には伝説とは永遠に生き続けるものなのです。」最後のジルのセリフです。この後、草原を元気よく走るジョーの姿が現れます。

学習ポイント

- Greg : Hey, can you get him to put me down ?「ねぇ、彼に僕を降ろすようにしてくれない？」（Chap.4 23:34～）
  Jill　：Joe, drop him.　　　　　　　　　「ジョー、降ろしなさい。」
  グレッグを不審者と思ったジョーは、彼を軽々とつまみ上げてしまいます。初対面ですが、グレッグはジルに自分を降ろすように頼む場面の会話です。'Can you ～?'「～できる？／～してくれない？」で、可能を表す意味は中学1年で、依頼は2年生で習います。使役動詞としての 'get' は、高校で習います。
  そして、グレッグのことをまだ怪しんでいるジルは、病院から早々に出てきた彼を見て次のように言います。
- Jill : He's walking so soon ? Joe should've dropped him harder.　　　　　　（Chap.5 25:28～）
  「彼はもう歩いているの？　ジョーは彼をもっと強く落とすべきだったわ。」
  'should have + 過去分詞' で、「～すべきであった。」のように、事実と異なることを表現する言い方です。
- Jill : I found you !「見～つけた！」　　　　　　　　　　　　　　　　　　　（Chap.6 29:14～）
  かくれんぼ（Hide-and-seek）が大好きなゴリラのジョーは、ジルと遊びます。この場面は森の中ですが、次のロサンゼルスでの場面は、笑える場面になっています。文法の解説も特に要らないと思われます。
- Jill　：Oh, God. Harry, it's okay.　　　　「なんだ。　ハリー、大丈夫よ。」（Chap.9 50:34～51:38）
  Harry : It doesn't feel okay.　　　　　　　「どこが大丈夫なんだよ。」
  Jill　：Listen to me. Just jump out from behind the trees.　「ね、聞いて。　木の後ろから飛び出してみて。」
  Harry : No, no, I'd rather not.　　　　　　「いやだ、だめ、とんでもないよ。」
  Jill　：Just jump out and say, "You found me."　「飛び出して"見つかった"って言ってみて。」
  Harry : Well, he knows he's found me ! That's the problem !「もう見つかってるよ。だから困ってるんだ。」
  Greg : Harry, do what she says.　　　　　「ハリー、彼女の言う通りにしろよ。」
  Harry : You found me !　　　　　　　　　「見つかった！」
  Jill　：Oh, God ! He's playing with him. Harry, he's playing with you. Hide-and-seek.
  「まあ！　ジョーは彼と遊んでいるのよ。　ハリー、ジョーはあなたと遊んでいるの。かくれんぼよ。」
  Harry : What ?　　　　　　　　　　　　「何だって？」
  Jill　：Shh. Watch ! Joe ! Where are you ? Now, where could Joe be ? Here he is !
  「しっ。　見てて！　ジョー！　どこにいるの？　ジョーはどこにいるのかな？　ほらいた！」

あらすじ

アフリカのある村で、動物学者のルース・ヤング博士は、幼い娘ジルと暮らし、ゴリラの研究をしていました。ジルは自分と同じの子どもゴリラのジョーと遊ぶのが大好きでした。

ある夜、密猟者が来たと報告を受けたルースは、すぐに森の中へと向かいます。しかし、母ゴリラを殺され、ジョーを守ろうとして自らも銃弾を受けて死んでしまいます。娘のジルにジョーを守ることを頼みながら。

それから12年後、ジルは美しい女性になり、ジョーは体長5m、体重1㌧に成長していました。ある日、米国から野生動物の調査のためにやってきたグレッグは、巨大なジョーに驚きつつも、ジルとジョーの深い絆に感動し、ジョーの安全が確保できる米国の動物保護センターへの移動を勧めます。ジルは戸惑いますが、自分も一緒に行く条件でロサンゼルスにやってきます。少しずつセンターに慣れるジョーに、ホッとするジル。しかし、テレビでジョーの姿を見た密猟者のシュトラッサーは、相棒のガースとともに罠を仕掛け、ジョーを暴れさせた後、ジルにジョーを安全な場所に移すことを提案します。実は、シュトラッサーこそが12年前にジョーとジルの母親を殺した密猟者のボスであり、ジョーにそのときかみ切られた指の復讐をしようとしていたのでした。ジョーをトラックで移送中に気づいたジルが抵抗すると、ジョーも暴れて外に出て町中は大混乱になります。はたしてジョーはどうなるのでしょうか。

映画情報

製 作 年：1998年（平成10年）
製 作 国：米国
配給会社：ブエナビスタ
言　　語：英語、スワヒリ語
『猿人ジョー・ヤング（1949年）』のリメイク

公開情報

公 開 日：1998年12月25日（米国）
　　　　　1999年 4月10日（日本）
上映時間：114分
MPAA（上映制限）：PG
音　声：英語・日本語　　　字　幕：日本語・英語

薦	●小学生　●中学生　●高校生　●大学生　○社会人	リスニング難易表		発売元：ウォルト・ディズニー・スタジオ・ジャパン （平成27年2月現在、本体価格） DVD価格：1,429円
お薦めの理由	体長5ｍ、体重1トンのゴリラは本当にいるのではないかと思えるくらいの迫力があります。ある意味、キング・コングよりも現実味があります。 　勧善懲悪の作品でハッピー・エンドなので、家族揃って鑑賞できるファミリー映画です。特に、最後の方でジョーに助けられた子どもに始まる、ジョーのための寄付金の場面では、ホロッとさせられると思います。（Chap.15 104:55～）	スピード	2	
^	^	明瞭さ	2	^
^	^	米国訛	2	^
^	^	米国外訛	3	^
^	^	語彙	2	^
英語の特徴	ディズニーの家族向け作品なので、いわゆる汚い言葉はほとんど出てきません。子どもが話す英語の場面は少ないですが、ゴリラのジョーに話しかける言葉は、当然のごとく易しいセリフになっています。特に「学習ポイント」に解説してある、ジョーとの「かくれんぼ」の場面でのやりとりは、小学生の英語学習にも参考となります。また、スワヒリ語も少なからず登場しています。	専門語	3	^
^	^	ジョーク	2	^
^	^	スラング	2	^
^	^	文法	2	^

授業での留意点

○　Dr. Young : Poachers ?「密猟者？」　　　　　　　　　　　　　　　　　　　　　　　　　　　　（Chap.2 5:00～）
　幼い娘ジルを寝かしていると、突然森に来てくれと連絡が入ります。その時ヤング博士が言うセリフです。密猟者を表す 'poacher' は、この映画では何度も出てきます。幼い頃からジルの側にいるクウェリは、グレッグに冷たい態度をとるジルに、"He's not a poacher, Jill. The man works for animal conservancy in California."「彼は密猟者じゃないよ、ジル。カリフォルニアの動物保護センターで働いているんだ。」（Chap.5 25:33～）と言っています。

○　Jill : I don't know what else to do, Joe ? I just want you to be safe.　　　　　　（Chap.8 39:42～）
　「他にどうしたらいいかわからないの、ジョー。　私はあなたが安全でいてほしいだけなの。」
　自然の森の中では、密猟者からジョーの安全の確保が十分でないから、都会の動物園へ引っ越すようにグレッグから提案を受けたジルが、ジョーに向かって言葉をかけます。

○　Jill　　：So, this is L.A., huh ? Everything looks the same. How do you know where you are ?（Chap.8 40:54～）
　　　　「で、これがLAなの。　みな同じに見えるわ。　どうやったらどこにいるのかがわかるの？」
　　Greg : It's easy. The ocean's that way, the mountains are that way, Mexico's that way, and Canada's that way.
　　　　　 You don't worry about the rest. You'll never see it through the smog.
　　　　「簡単さ。　海はあっち、山はあっち、メキシコはあっちで、カナダはあっち。あとは気にしなくていい。
　　　　　どうせスモッグで見えないんだから。」
　ジョーを連れてアフリカの森からやってきたジルと、地元の動物学者のグレッグとの会話です。澄んだ空気のアフリカと、スモッグのある都会の違いを皮肉っているグレッグのセリフには笑えます。

○　Strasser : You must be Jill Young.「あなたはジル・ヤングではないかね。」　　　　　　　　　（Chap.11 61:45～）
　ジルの母親を殺害した密猟者のシュトラッサーが、自分に気がつかないジルに近づこうとするときに言います。

○　資金集めのパーティで、旧作版の映画に携わっていた二人の老夫婦役のセリフです。　　　　　　（Chap.11 64:39～）
　Terry Moore　：She reminds me of somebody, but I don't think who it is.
　　　　　　　　「彼女を見ていると誰かを思い出すんだけど、その誰かが思いつかないの。」
　Harryhausen : You, when we first met.「君だよ、私たちが初めて出会ったときの。」
　テリー・ムーアは、旧作でジル役を務めた女優です。それがこの作品のジル役のシャーリーズ・セロンを見て言うので微笑ましいセリフとなっています。そしてハリーハウゼンは効果技術を担当していました。

映画の背景と見所

○　この映画は『猿人ジョー・ヤング（1949年）』のリメイクです。旧作品でヒロイン役のテリー・ムーアと、効果技術担当のレイ・ハリーハウゼンが老夫婦役でカメオ出演（Chap.11 64:41～）しています。その時のセリフは意味深くておもしろいです。また、日本語タイトルは異なっていますが、原題は新旧とも同じです。

○　旧作品は第22回アカデミー賞の視覚効果賞を受賞しました。新作は受賞こそ逃しましたが、同じく第71回アカデミー賞の視覚効果賞にノミネートされています。

○　主人公ジルを演じるシャーリーズ・セロンは当時23歳です。南アフリカ生まれの彼女は、ハリウッドで最も美しいと言われている女優の一人です。この映画でもその魅力は、特にここ（Chap.11 64:00～）で出ています。

○　ジョーの製作を担当したリック・ベイカーは、アカデミーメイクアップ賞を7回受賞しており、今回は視覚効果を担当してアカデミー賞にノミネートされました。ジョーの毛並みは馬とヤクの混毛の毛織物が使われ、ジョーが草原を走る場面（Chap.4 18:00～ & Chap.16 106:18～）は大きな見所です。ハワイのオアフ島等で撮影されました。

○　ジルがジョーに歌っている子守歌は「Imba Wimbo（Wind Song）」（Chap.10 58:58～）で、スワヒリ語で歌われていますが、実は音楽担当のジェームズ・ホーナーのオリジナルスコアです。

スタッフ	監督　　：ロン・アンダーウッド 製作　　：トム・ジェイコブソン　他 視覚効果：ホイト・イェットマン 音楽　　：ジェームズ・ホーナー ジョーのデザインと製作：リック・ベイカー	キャスト	ジル・ヤング　　：シャーリーズ・セロン グレッグ・オハラ　：ビル・パクストン シュトラッサー　：レードセルベッジア ハリー・ルーベン　：デビッド・ペイマー セシリー・バンクス：レジーナ・キング

マイ・フレンド・フォーエバー		The Cure	（執筆）飯田　泰弘

セリフ紹介

この映画で、印象的なセリフを紹介しましょう。　　　　　　　　　　　　　　（Chap：チャプター番号と時間）

(1) Dexter: Never heard of a shark on a leash.「サメを犬のヒモで引くなんて聞いたことない。」（Chap.2 13:08）
　Erik : Or there's a lot of things you've never heard of.「君が聞いたことのないことは山ほどあるかもね。」

一人ぼっちだったデクスターにとっては家と庭がすべての世界です。この映画の象徴的アイテムである巨大タイヤチューブに乗り、初めて二人が買い物に行く川の上で、これから待ち受ける大冒険を予感させるセリフです。

(2) Here. Hold on to this while you sleep.　　　　「ほら。それを抱いて寝ろよ。」（Chap.7 58:40）
　And if you wake up and you're scared, you say,　「目が覚めて怖くなったら、こう思うんだ。」
　"Wait a minute, I'm holding Erik's shoe.　　　　「待てよ。これはエリックの靴だぞ。」
　Why the hell would I be holding some smelly basketball shoe?「なんで臭いスニーカーを抱いてるんだ？」
　A trillion light-years from the universe,　　　「ここは1兆光年の宇宙じゃない。」
　I must be here on earth safe in my sleeping bag.「自分は地球の寝袋の中にいて、」
　Erik must be close by."　　　　　　　　　　　　「エリックはすぐそばにいる。」

夜、テントの中で恐怖にうなされるデクスター。目覚めて周りが真っ暗だと、遠い宇宙に独りでいる感覚を持つとエリックに打ち明けます。するとエリックは自分のスニーカーを渡し、それを抱いて寝るよう提案します。デクスターに「自分はいつもそばにいるよ」と伝えようとする、エリックの不器用ながらも優しい気持ちがわかります。

学習ポイント

この映画に登場する、お金に関する英語表現に焦点を当ててみます。現在ではクレジットカードが主流になりましたが、海外でお金のトラブルに巻き込まれないよう、しっかりおさえておきましょう。

(1) Erik : Where did you get it?「どこで手に入れたの？」　　　　　　　　　　　　　（Chap.2 11:56）
　Dexter : Allowance and fines.「小遣いと、罰金だよ。」

allowance「小遣い」やfine「罰金」は日常生活で使える表現です。また英語には「料金」を指す単語が複数あり、admission「入場料」、cost「費用」、charge「手数料・使用料・公共料金」、expense「経費」、fare「運賃」、fee「報酬・入場料・授業料」、rent「賃貸料」、toll「通行料」など、状況に応じて適切なものを選ぶことが必要です。

次に、米国通貨に関してです。米国ではドル（dollar：$）とセント（cent：¢）が使われ、「100セント=1ドル」です。セントでは硬貨（coin）が使われ、日本の約100円にあたる1ドルから上が紙幣（bill）となります。このセントやドルには、数字での呼び方とは別の愛称がありますので、セリフで確認してみましょう。

(2) Dexter : 25 cents! Gotcha!「25セントだ！　見たよ！」　　　　　　　　　　　　（Chap.4 23:26）
　Linda : Damn!「やられた！」
　Dexter : Whenever I catch her twirling her hair, she has to pay me a quarter.
　　　　「髪をかくクセが見つかったら、罰金25セントなんだ。」

(3) Elderly Lady : These are pennies? There's one, two... three... that's a dime, isn't it?（Chap.5 36:07）
　　「これは1セント玉？」「ひとつ、ふたつ…みっつ…これは10セント玉？」

米国のセント硬貨には1、5、10、25の4種類があり、それぞれ愛称でpenny（1¢）、nickel（5¢）、dime（10¢）、quarter（25¢）と呼ばれます。日常生活でかなり耳にしますので、数字がなくてもどの硬貨を指すか分かるようにしておきましょう。また、スラングの一種ともされますが、ドルはbuckとも呼ばれるので注意です。

(4) Erick : I can give you 20 dollars.「20ドル払うよ。」　　　　　　　　　　　　　（Chap.6 46:36）
　Pony : 20 bucks? You wanna go to New Orleans for 20 bucks?「20ドル？ニューオリンズまで20ドルだと？」

最後に余談ですが、日本で「お金」を意味するジェスチャーは、手のひらを上に向け、親指と人差し指で丸を作りますが、米国では親指と人差し指をこすり合わせます。また、「わいろ」のことを日本語では「袖の下」とも言いますが、英語では（money）under the tableを使います。（着物の）袖の下やテーブルの下など、お金をこっそり渡す場所にも日米の違いがあって面白いですね。この機会に、お金に関する表現や文化をいろいろと調べてみましょう。

あらすじ

母親と二人で暮らす12歳のエリック。隣家に越してきた11歳の少年デクスターは、幼い頃の輸血がもとでHIVに感染していました。学校にも行かずひとり、庭で遊ぶデクスター。そんな彼が気になり、板柵の隙間から話しかけるエリックでしたが、彼らは互いに心を開き始め、やがて外の世界を一緒に冒険する大親友になります。

しかし、やはり気になるのはデクスターの病気です。二人は治療法（the cure）を探すべく、様々な野草を煎じては飲んでみますが、もちろん効果はゼロ。そんなある日、彼らが目にしたのが「ルイジアナの医師、AIDS治療薬発見」の文字でした。二人は薬を分けてもらうため、ルイジアナまで続く川を自分たちだけで下る決意をします。

クルーザーをヒッチハイクし、途中バスにも乗り換え、ルイジアナを必死で目指す二人の少年。寝床で不安がるデクスターに、自分のスニーカーを抱かせ「僕がいつもそばにいる証拠だ」と励ますエリックでしたが、残りの薬やデクスターの体力の限界を悟り、旅の続行を断念します。

故郷にもどり、治療薬の話もインチキだったと知る二人。デクスターもほどなく入院し、病床で声も失われていくなか、エリックと共に必死に生きようとしますが、そんな日々もついに終わりを告げます。葬儀の日、こっそり持ち帰ったデクスターの靴をエリックが流したのは、あの日、二人が治療薬を目指してこぎ出した川でした。

映画情報

製作年：1995年（平成7年）	公開日：1995年4月21日（米国）　1995年8月12日（日本）
製作国：米国	興行収入：256万8,429ドル（米国）
配給：松竹富士＝KUZUIエンタープライズ	上映時間：97分　　MPAA（上映制限）：PG-13
挿入歌：My Great Escape (Marc Cohn)	音声：英語・日本語　　字幕：日本語
ジャンル：青春ヒューマンドラマ	

薦	○小学生 ●中学生 ●高校生 ○大学生 ○社会人	リスニング難易表	発売元：20世紀 フォックス ホーム エンターテイメント ジャパン （平成27年2月現在、本体価格） DVD価格：1,419円

お薦めの理由	兵隊の人形や泥で遊び、親にいたずらをして喜ぶ。そんなごく普通の少年たちが、この作品で正面から闘いを挑むのはAIDSです。なんとか治療法を見つけて親友を救おうという少年の純粋な心が、切なくも強く伝わってきます。今でこそ不治の病ではないとされるAIDSですが、まだきちんとした知識が一般的になかった時代、AIDSがどのように捉えられえていたのかも描かれます。
英語の特徴	少年の会話が主なため、高度な語彙や文法は見られませんが、大人の会話も含めスラングがかなり発せられます。 　また、主な舞台はミネソタですが、父親がニューオリンズにいる関係からか、主人公のエリックは南部訛りのような英語を話します。顕著なのは[aɪ]という二重母音が、伸びた[a:]の音になるもので、例えばエリックのwhyは「ワー」、byは「バー」、dieは「ダー」に聞こえます。

スピード	2
明瞭さ	3
米国訛	4
米国外訛	2
語彙	2
専門語	2
ジョーク	2
スラング	4
文法	2

授業での留意点	この映画のテーマは少年の友情とAIDSです。同世代の少年が病気と闘う姿から、生徒たちは多くのことを学べると思います。同時に、まだAIDSに関する十分な情報がなかった時代の作品ですので、AIDS患者が受ける偏見も随所に映し出されます。そのため、人権問題という角度からも授業に使えます。たとえば、映画の冒頭には同性愛者を軽蔑するシーンがありますし、さらにデクスターが町へ買い物に行くと、その噂が遠いエリックの家にまで届きます。 （1）Gail : You know, some woman saw that little AIDS boy down at the Peterson's yesterday. 　　「ピーターソンのお店で、あのAIDS少年を見た人がいるんですって。」　　　　　　　　　　　　（Chap.3 20:18） 　また、エリックの母親は遠回しに、デクスターと関わることを避けるようエリックに言います。 （2）Erik : I said I heard him coughing. 「彼が咳をするのを聞いたことがあるよ。」　　　　　　　　　（Chap.3 20:39） 　　Gail : Oh, I don't think you have to worry about anything. I mean, with that fence over there, you're not going 　　　　 to catch anything. 「心配いらないわ。うちには柵があるから、何もうつったりしないわよ。」 　　Erik : What if he wants to come over and play?　　　　「一緒に遊ぼうって誘われたら？」 　　Gail : Oh, Erick, think of some excuse, you're so good at that. 「うまい言い訳を考えて。得意でしょ。」 　　Erik : What if I bump into him out in the street?　　　　「たまたま道で会っちゃったら？」 　　Gail : Well it's common sense, you just keep a safe distance. 「常識でしょ。安全な距離を保つのよ。」 　このような、正しい知識の不足による偏見がある一方、医師たちは希望を持ってデクスターを励まします。 （3）Listen, history is full of very sick people who, suddenly for no reason at all, get better. 　　「いいかい。歴史を読むと、ひどい病人が急に元気になった話がいくつもある。」 　　And when that happens, we call it miracle.　　　　　「そして人はそれを"奇跡"と呼ぶんだ。」 　　From the moment I met you, I knew that you are special. 「初対面の時から、君は特別だと感じたよ。」 　　And you might be one of those people.　　　　　　　「君は奇跡の子かもしれないんだ。」 　　You know I'm telling you the truth, don't you?　　　　「私の話を信じてくれるだろ？」 　　You can feel that inside you, can't you? So don't let me down, okay? 　　「君も心でそう感じているはずだね」「だから、先生をがっかりさせないでくれよ？」　（Chap.9 01:17:15） 　（3）は、もう声を出して返事ができないデクスターに、医師が優しく語りかけるセリフですので、かなりゆっくりと話されます。語彙も適度なレベルなので、ディクテーション教材に使うのもよいでしょう。

映画の背景と見所	輸血でAIDSを患ったデクスターは、幼い頃から闘病生活を余儀なくされます。追ってきた大人と戦うため、ナイフで切った自分の手を盾に、My blood is like a poison. A drop could kill you.「僕の血は毒なんだ。一滴でも死ぬぞ。」（Chap.8 01:06:32）と言った直後の悲しそうな表情からは、難病の現実と向き合う彼の苦しみが窺えます。 　1995年製作のこの映画では、デクスターや母親が周囲の偏見と闘う姿も描かれます。エリックも最初はAre you sure those germs of yours don't travel through the air?「本当に空気伝染しない？」（Chap.2 09:06）と不安がりますし、デクスターが残したパフェを食べようとしたエリックを、母親はWell, doctor says "it's completely safe," but when it comes to other people's children, we've decided not to take any chances.「お医者様は安全だって言うけど、よその子にはリスクを冒させないようにしてるの。」（Chap.4 23:41）と説明してやめさせます。これらから、当事者たちでさえAIDSに関する知識を十分に持っていないことがわかります。 　奇しくも、主人公エリック役のブラッド・レンフロは25歳の若さにしてこの世を去り、その原因はヘロインの過剰摂取だとされています。病気や薬、そして死というテーマを、少年たちが送った夏の日の大冒険から考えてみてはいかがでしょうか。

スタッフ	監　督：ピーター・ホートン 製　作：マーク・バーグ、他 脚　本：ロバート・クーン 音　楽：デイヴ・グルーシン 撮　影：アンドリュー・ディンテンファス	キャスト	エリック　　　　：ブラッド・レンフロ デクスター　　　：ジョセフ・マゼロ リンダ　　　　　：アナベラ・シオラ ゲイル　　　　　：ダイアナ・スカーウィッド スティーヴンス医師：ブルース・デイヴィソン

| マジェスティック | The Majestic | （執筆）松葉　明 |

セリフ紹介

この映画を特徴づけるセリフを紹介します。　　　　　　　　　　　　　　　（Chap：チャプター番号と時間）

○ "It is you. It is. Oh, Luke. I never gave up hoping. You're alive ! My boy ! My God ! My son !" (Chap.7 27:37〜)
「お前だろ。そうだ。ルークだ。私はあきらめなかった。生きていた！　息子よ！」
戦死したはずのルークが、町に戻ってきたと信じた父親のハリーが、嬉しくてピートに向かって言うセリフです。眼を潤ませながらの場面はグッときます。ピートがルークと信じるまま亡くなるハリー（Chap.25）は、幸せです。

○ "Really Luke ! That's no way to treat Mr. Liszt. Stop that ! Stop it, stop it, I say ! Who taught you to play like that ? I demand to know. Where on earth did you learn to play such a thing ?" (Chap.17 68:00〜)
「本当にルーク！　リストをそんな風に扱ってはダメ。やめなさい。やめってって言ってるの！　そんな弾き方を誰が教えたの？　知りたいわ。そんな弾き方をどこで習ったの？」
お堅い音楽教師のアイリーンが、かつてのようにルークにピアノでクラッシックを弾かせようとしたところ、当のルークは軽快なジャズを演奏します。そして、映写技師のエメットは、"I taught him that. When you weren't looking."「俺が教えたんだ、あなたが見ていないときに。」と言って笑わせます。このピアノ演奏で、ルークは本物ではないと気づいたエメットは、次のセリフも言います。

○ "This town needed you to be Luke, so you were Luke." (Chap.29 114:35〜)
「この町ではお前がルークになる必要があった、だからお前はルークなんだ。」

学習ポイント

家族、恋人、友人との絆、そして映画を愛する心が伝わってくるセリフがたくさん登場します。

○ ハリーが映画の素晴らしさを息子に訴えます。　　　　　　　　　　　　　　　（Chap.9 36:32〜）
Harry : Would you remember if I told you how lucky we felt just to be here ? To have the privilege of watching them. I mean, this television thing. Why would you want to stay home and watch a little box ? Because it's convenient ?「ここにいるだけでどれだけ幸せか覚えていないのか？　映画を見る特権があることが。テレビなんて。家にいて、小さな箱で見たいのか？　便利だからか？」
この前後にも気持ちのこもったセリフが続きます。映画は映画館で見るのが１番ですね。

○ 多くの若者が眠る墓地で、ルークがいかに勇敢であったかをハリーが語ります。　　（Chap.10 39:22〜）
Harry : But this fella here carried the injured back to safety, one by one…
「しかしこの子は傷ついた者を一人ずつ安全な場所へ運んだんだ・・・」
His name was Albert Lucas Trimble. We called him Luke. He was my son. That's who you are. (〃 40:22〜)
「彼の名前はアルバート・ルーカス・トリンブル。みな彼をルークと呼んだ。私の息子だ。それがお前なんだ。」
こう言って、ハリーは名誉勲章をルーク（ピート）の首にかけます。'the + 形容詞'は人を表しますから、ここでは'the injured'で「けが人」です。また、「ルーク」が'Lucas'の愛称であることがわかります。

○ 弁護士になるために都会で勉強して試験を受けたアデルが帰郷し、父親が出迎えます。　（Chap.11 41:38〜）
Adele : I missed you.「父さん会いたかったわ。」
Doc.　: Not as much as I missed you.「パパほどじゃないだろ。」
'as 〜 as …'「…と同じくらい〜」は、中学２年レベルです。

○ ルークの生還を喜ぶ住人たちは、パーティを行い、町長のアーニーがスピーチをします。　（Chap.16 66:40〜）
Ernie : When one of our own came back to us, it was like a miracle. Luke, seeing you walk down the street, it was, it was kind of like seeing one of my own boys alive again…. But Luke, having you back among us that helps us keep their spirits alive too. God bless you, son. God bless you.「若者の一人が町に帰ってきて、これは奇跡だ。ルーク、君が通りを歩いていると、なんだか自分の息子が帰ってきたように思える・・・。でもルーク、君が町に戻ってくることで彼らの魂もよみがえった。神の祝福あれ。神の祝福あれ。」
ルークの帰還が町に希望をもたらしたことが十分に伝わります。全体の概要がわかれば**OK**です。

あらすじ

　新進気鋭の脚本家ピートは、自身の作品『サハラの海賊』がジョン・ヒューストン監督の『アフリカの女王（1951年）』と同時上映されることで、幸せの絶頂にいました。ところが、ハリウッドにいわゆる'赤狩り'の嵐が訪れ、ピートも共産主義者の疑いがかかり、人生が一転してしまいます。やけになって車を走らせていたところ、事故を起こし車ごと川に転落します。気がつくと田舎町のローソンにいるのでした。
　事故で記憶を失ったピートは、ルークが生きて帰ってきたと大歓迎を受けます。とりわけ、第二次大戦に従軍して消息を絶ったままだったので、父親のハリーの喜びは大変なものでした。小さな町のローソンは、その大戦で62人もの青年を犠牲にしているので、町の英雄だったルークは希望の星だったのです。
　ハリーは早速休館状態だった映画館「マジェスティック」の再建にとりかかります。彼はこの映画館の経営者であり、息子ルークもその映画館をこよなく愛していたからでした。また、弁護士を目指している元恋人のアデルも、帰郷して再会を喜びます。依然として記憶が戻らないまま、ルークことピートも「マジェスティック」再建に向けて積極的に取り組む日々を送るのでした。そして上映が続く中、ピートはある作品から過去の記憶を取り戻すことになります。そして、事故車の発見によりFBIも彼の存在を知り、聴聞会の呼び出しを受けることになるのでした。

映画情報

製　作　年：2001年（平成13年）
製　作　国：米国
配給会社：ワーナー・ブラザース
言　　　語：英語
ダラボン監督感動の３部作の３作目

公開情報

公　開　日：2001年12月21日（米国）
　　　　　　2002年　6月22日（日本）
上映時間：153分
MPAA（上映制限）：PG
音　声：英語・日本語　　　字　幕：日本語・英語

薦	○小学生　●中学生　●高校生　●大学生　●社会人	リスニング難易表		発売元：ワーナー・ブラザース・ホームエンターテイメント （平成27年3月発売予定、本体価格） DVD価格：1,429円　ブルーレイ価格：2,381円
お薦めの理由	映画が好きな人、とりわけ『ショーシャンクの空に』『グリーンマイル』を観て「よかったなぁ」と思った人にはお薦めです。監督が上記2作品と同じフランク・ダラボンで、舞台は映画館なのです。舞台が映画館となると『ニュー・シネマ・パラダイス』を連想する人もいるでしょう。とにかく、見終えた後、爽快感と元気がもらえる映画です。まだ上記3本を観ていない人はこちらも是非！	スピード	2	
		明瞭さ	2	
		米国訛	3	
		米国外訛	2	
英語の特徴	標準的な米国英語です。舞台が1951年なので、古い言い回しがありますが、気になるほどではありません。むしろ、大人のきちんとした話し方が学べるでしょう。ルークが恋人アデルに書いた手紙は、現代米国人が書かない（書けない）読みやすい筆記体で書いてあります。また、聴聞委員会での意見の主張は、自分の考えをきちんと述べるよい例として参考になるでしょう。	語彙	3	
		専門語	3	
		ジョーク	2	
		スラング	2	
		文法	3	

授業での留意点

人生の中で、ためになるセリフを中心に集めてみました。

○ Adele : People get hurt sometimes, we can't always help it. It's just the way things are. （Chap.30 116:47～）
「人は時には傷つくものよ、避けられないわ。　仕方のないことだわ。」
ピートがアデルに向かって、心を傷つけたことを謝ったときにアデルが言うセリフです。

○ Luke : When bullies rise up, the rest of us have to beat them back down, whatever the cost. That's a simple idea, I suppose, but one worth giving everything for. 　（Chap.31 122:07～）
「悪が勢力をのばせば、どんな犠牲を払っても撃退しなければならない。単純な考えだと思うけど、すべてをかけるだけの価値はある。」
ロサンゼルスに帰るピートに、アデルはかつてルークが戦場から自分に送った手紙を渡します。その手紙の内容の一部です。強い者には逆らわない生き方ではなく、正しいことを貫く強さをもったルークの信念がわかります。

○ Pete : Congress shall make no law respecting an establishment of religion, or prohibiting the free exercise thereof ; or abridging the freedom of speech, or of the press ; or the right of the people peaceably to assemble, and to petition the Government for a redress of grievances. （Chap.33 134:34～）
「議会は国教の樹立、もしくは宗教上の自由な行為を禁止し、または言論及び出版の自由、もしくは平和に集会する国民の権利、及び政府は苦痛の救済を請願する権利を制限する法律を制定することはできない。」
合衆国憲法修正第一条を、ピートは感極まってつまりながらも読み上げます。手に持っているのは、かつてルークが恋人のアデルに渡した「合衆国憲法」です。難しい語に関しては、辞書を引かせて調べさせましょう。
そしてピートは、議長の度重なる制止を振り切って次のように訴えます。

○ Pete : Too many people have paid for this contract in blood ! People like Luke Trimble, and all the sons of Lawson, California. （Chap.33 135:40～）
「この契約（自由）のためにあまりにも多くの犠牲を払った！　たとえばルーク・トリンブル、カリフォルニアのローソンの若者たちのように。」
テレビでこの裁判を観ているローソンの人々も、涙を流す感動の場面です。米国の良心を描いた名匠フランク・キャプラ監督の作品を想起させてくれます。お薦めの作品は『オペラハット：Mr. Deeds Goes to Town（1936年）』『スミス都へ行く．Mr. Smith goes to Washington（1939年）』です。

映画の背景と見所

○ 『ショーシャンクの空に：The Shawshank Redemption（1994年）』『グリーンマイル：The Green Mile（1999年）』そして、この『マジェスティック：The Majestic（2001年）』がフランク・ダラボン監督が世界に贈る奇跡と感動の3部作といわれています。
○ フランク・ダラボンが、スティーヴン・キング原作以外の作品で監督したのはこの『マジェスティック』1本だけです。
○ この映画を観て、名監督フランク・キャプラ（1897～1991）の作品を思い浮かべた人は、かなりの映画通です。ダラボン監督自身が、この作品はキャプラ監督へのラヴレターと語っています。
○ この物語の背景にある1951年のハリウッドに起こった「赤狩り」は真実です。歴史を調べてみましょう。
○ ルークが書いたアデル宛の手紙を読む声（Chap.31 121:29～122:53）は、俳優のマット・デーモンです。
○ 名脇役のジェイムズ・ホィットモア（スタン・ケラー役）の最後の作品となりました。
○ 映画館「マジェスティック」に掲げてある昔の映画のポスターに着目してみましょう。
○ ラストの場面で流れる名曲はナット・キング・コールの「アイ・リメンバー・ユー」です。

スタッフ	監　　督　：フランク・ダラボン 脚　　本　：マイケル・スローン 製作総指揮：ジム・ベンケ 撮　　影　：デヴィッド・タターソール 音　　楽　：マーク・アイシャム	キャスト	ピーター／ルーク　：ジム・キャリー ハリー・トリンブル：マーティン・ランドー アデル・スタントン：ローリー・ホールデン スタントン医師　　：デヴィッド・オグデン・スティアーズ スタン・ケラー　　：ジェイムズ・ホィットモア

魔法にかけられて	Enchanted　　　　　　　　　　　（執筆）玉野　令子

セリフ紹介	○　おとぎ話の始まりと終わりの決まり文句を紹介します。 ①　Once upon a time, in a magical kingdom known as Andalasia, there lived an evil queen.（Chapter.1 00:53～） 　　（昔々、模倣の王国アンダレーシアに意地悪な女王が住んでいました。） ②　And so they all lived happily ever after.　　　　　　　　　　　　　　　　　　　（Chapter.19 98:40～） 　　（こうして、みんないつまでも幸せに暮らしました。） 　　このように、おとぎ話はOnce upon a time（＝昔々）で始まり、結びの言葉ever after.（その後ずっと）で終わります。またthere lived～.（「～が住んでいました」）もおとぎ話に使われる決まり文句のひとつです。 ○　映画の中で印象深い主人公ジゼルのセリフを紹介します。 ①　It's the most powerful thing in the world.（世界で一番力あるものよ。）　　　　（Chapter.5 20:30～） 　　It'sは直前のセリフ"true love's kiss"を指しています。真実の愛のキスこそ、何より大切なものとジゼルは強く信じていました。字幕は「魔法より力があるわ。」となっています。 ②　But dreams do come true. And maybe something wonderful will happen.　（Chapter.12 59:30～） 　　（夢はかなうわ。人生はすてきなことが起こるの。）夢など絵空事にすぎない、と言うロバートにジゼルは夢は必ず実現する、と言います。come true＝実現する　do＝強意　このdoはcome trueを強めています。現実主義のロバートとロマンチックなジゼル。2人の物の見方は真逆ですが、次第にお互い惹かれていきます。
学習ポイント	○　この作品は覚えてそのまますぐ使える短い表現がたくさんあります。 ①　Stay here.（ここにいなさい。）　　　　　　　　　　　　　　　　　　　　　　　（Chapter.5 18:45～） 　　ビル広告の建物の上にいるジゼルを見て車から飛び出した娘にロバートが言ったセリフです。here以外に、"Stay there."（そこにいなさい。）"Stay back."（さがっていなさい。）も覚えておくといいですね。 ②　Hang on！（気をつけろ！）Don't let go！（手を離すな。）　　　　　　　　　（Chapter.5 18:55～） 　　ビルから落ちそうなジゼルにロバートが言ったひと言です。hang onはdon't let goと同じ意味で「しがみつく。手を離さない。」です。同じ意味のhold on（つかまる）も覚えておきたい語句です。 ③　Not yet.（まだよ。）　　　　　　　　　　　　　　　　　　　　　　　　　　　　（Chapter.5 21:38～） 　　ロバートの娘に"Are you a princess？"（本当にプリンセスなの？）と聞かれたジゼルはこう答えて、"But…I will soon."（でも、もうすぐそうなるのよ。）と付け加えています。 ④　Get dressed, please.（着替えて。）　　　　　　　　　　　　　　　　　　　　　（Chapter.7 31:15～） 　　ロバートがパジャマ姿の娘に言ったセリフです。get dressedのほかにput on clothesやchange one's clothesも「着替える」の意味です。 ⑤　Something like that.（まあそんなところかな。）　　　　　　　　　　　　　　　（Chapter.7 31:15～） 　　相手が言ったことに、完全ではないがほぼ同意する表現です。ジゼルの言葉にロバートが返した返答です。 ⑥　I wish you every happiness.（あなたの幸せを祈っているわ。）　　　　　　　　（Chapter.9 43:48～） 　　ロバートにジゼルが言った言葉です。そのまま覚えて是非使ってほしい表現です。 ⑦　It was so nice spending time with you. I'll never forget you.　　　　　　　（Chapter.13 71:11～） 　　（一緒に過ごせて本当に楽しかったわ。ずっと忘れないわ。） 　　ジゼルがロバートの家を去るとき、娘にジゼルがかけた言葉です。I'll never forget you.　そのまま覚えておきたい表現です。 ⑧　Mind if I cut in？（代わってくれる？）　　　　　　　　　　　　　　　　　　　（Chapter.16 82:48～） 　　舞踏会でロバートと踊っていたジゼルにロバートの恋人が言ったセリフです。cut inの直訳は「邪魔をする、割り込む」です。mind ifはWould you mind ifの省略形で、「～しても構わないですか」の意味です。承諾ならばNo, of course.（もちろんいいわよ。）受け答えに注意が必要な動詞です。　mind＝嫌がる　気にする
あらすじ	アニメの中のおとぎの国アンダレーシアに住むジゼルは、幸せな結婚を夢見るプリンセス。ある日、運命の人エドワード王子と出会い、その日に婚約します。しかし、王子の継母である魔女ナリッサはその結婚を快く思っていませんでした。結婚式当日、ジゼルはナリッサにだまされ、現代のニューヨークに追放されてしまいます。そこはおとぎの国とは正反対の、人間の国の大都会でした。 　大都会で路頭に迷うジゼルを助けたのは、現実主義の弁護士ロバートと6歳の娘モーガンでした。ロバートはあまりにも現実離れしたジゼルの言動に戸惑い、ときには疎ましく思うのですが、天真爛漫で心優しい彼女に次第に心惹かれていきます。一方、彼女を追ってエドワード王子も勇敢なリス、ピップと現代のニューヨークにやって来ます。 　魔女ナリッサの家来ナサニエルの妨害に会いながらも、王子はついにジゼルを見つけます。やっとの思いで再会した2人でしたが、ジゼルは王子といる自分が心から喜んでいないことに気づき始めます。おとぎの国に早く帰ろう、と言う王子に、ジゼルは2人で舞踏会へ出席してから、と提案します。 　2人が出席した舞踏会に魔女ナリッサが現れ、ジゼルは毒りんごを食べさせられてしまいます。眠りについたジゼルを目覚めさせることができるのは"真実のキス"だけでした。
映画情報	製　作　年：2007年 製　作　費：8,500万ドル　製作国：米国 配給会社：ウォルト・ディズニー・ピクチャーズ（米国） ジャンル：ミュージカル・コメディ・ファンタジー 言　　語：英語
公開情報	公開日：2007年11月21日（米国） 　　　　2008年　3月14日（日本） 上映時間：107分 受　賞：2007年 第34回サターン賞の主題女優賞ファンタジー映画賞、音楽賞

薦	○小学生　●中学生　●高校生　●大学生　●社会人	リスニング難易表		発売元：ウォルト・ディズニー・スタジオ・ジャパン（平成27年2月現在、本体価格） DVD価格：1,800円　ブルーレイ価格：2,381円
お薦めの理由	ファンタジーなおとぎの世界をアニメーションで、現実の世界を実写で、と描き分けています。実写でプリンセスが登場する初のディズニー映画です。現実にはありえないような騒動をいろいろ起こす主人公ジゼルは、憎めない心優しいプリンセスです。ディズニー映画『白雪姫』や『眠れる森の美女』『シンデレラ』など、過去の作品のパロディが全編に織り込まれ、面白さが倍増しています。	スピード	2	
		明瞭さ	2	
		米国訛	1	
		米国外訛	1	
英語の特徴	英語は標準的米語で、発音もはっきりしています。文法や表現も特に難しくありません。早口で話す会話もありますが、全体にゆっくりで、セリフの量も少ないので、理解しやすいです。映画に挿入されている歌は、英語学習初心者にも親しみやすく、英語のイントネーションやリズムを学習するのに適していると言えます。覚えやすいフレーズも多いので、是非歌詞を覚えて歌ってほしいです。	語彙	3	
		専門語	2	
		ジョーク	1	
		スラング	1	
		文法	2	

授業での留意点	○　本作品の中の歌は、歌詞もわかりやすいので、是非覚えて歌ってほしいです。 　①　♪True Love's Kiss♪（真実の愛のキス）より　　　　　　　　　　　　　　　　　　　　（Chapter.1 2:35〜） 　　（1）I've been dreaming of a true love's kiss.（ずっと真実の愛のキスを夢みているの。） 　　　　dream of＝「〜を夢見る」中学校では1年で現在進行形を、中学3年で現在完了形を学習します。現在完了進行形（have been＋〜ing形）は中学では学習しませんが、覚えておくとよいでしょう。 　②　♪Happy Working Song♪（歌ってお仕事）より　　　　　　　　　　　　　　　　　　　（Chapter.6 26:10〜） 　　（1）Let's tidy thing up.（掃除を始めましょう。）Let's＝「〜しよう」tidy up＝「片づける、整理整頓をする」tidy＝cleanの意味です。 　　（2）We'll keep singing without fail.（歌い続けるのよ。）keep＋〜ing＝「〜し続ける」without fail＝「必ず」お掃除するのも楽しくなる歌です。 　③　♪That's How You Know♪（想いを伝えて）より　　　　　　　　　　　　　　　　　（Chapter.10 47:40〜） 　　（1）How does she know you love her？（彼女はどうやってあなたの愛が分かるの？）how＝「どうやって」howは方法や手段を表す疑問詞です。「どうやって彼女はあなたの愛を知ることができるの。口に出して言わなければ伝わらないわ。」とhowが反語的に使われています。 　　（2）That's how you know.（そうすれば分かるの。）that's how＝「そのようにして」方法・手段を述べた文のあと、その内容を受けてこの文が使われています。この歌は町中の人たちが次々と歌い始め、大合唱となっていきます。 　④　♪So Close♪（そばにいて）より　　　　　　　　　　　　　　　　　　　　　　　　（Chapter.16 47:40〜） 　　（1）And when I'm with you, so close to feeling alive.（あなたといると生きていると感じられるんだ。） 　　　　close＝「近い、親しい」　発音は[klous]です。形容詞・副詞は[klous]です。close to feeling ＝身近に感じる　ここでは、あなたといるとalive（生きている）と実感する、と歌っています。 　　（2）All that I want is to hold you so close.（私が望むことはあなたを強く抱きしめること。）hold＝「抱く」 ○　覚えておきたい語句・単語 　　fairy tale（おとぎ話）poisoned apple（毒りんご）stepmother（継母）witch（魔女）wizard（男の魔法使い） 　　hag（魔女、意地悪な老婆）evil＝wicked（邪悪な）Majesty＝（陛下、女王）　chipmunk（リス）

映画の背景と見所	○　ディズニー初の実写プリンセス版です。アニメと実写を織り交ぜたラブコメディストーリーで、キャッチコピーは『それは、ディズニー史上最も"アリエナイ"魔法』でした。 ○　実写部分の撮影はニューヨークで行われたそうです。アニメの世界からから現実の世界に移る場面はニューヨーク市マンハッタン区ミッドタウンにあるタイムズ・スクエアで撮影が行われました。巨大電光掲示板や大手企業の広告など、世界一とも言われる繁華街で、通行人役は一般の人がエキストラで出演しています。 ○　歌『That's How You Know』（Chapter.10）では、大勢のダンサーたちが登場し、いろいろなパフォーマンスを披露しています。『ウエストサイド物語』（1961年）に出演した往年のダンサーたちも踊っています。撮影は同じくマンハッタン区にあるセントラル・パークです。 ○　この作品は、今までのディズニー映画のお話が随所に内容を少し変え、登場します。特に、クライマックスシーンは『眠れる森の美女』『シンデレラ』など馴染みのお話が集大成しています。また、ナリッサ女王が変身したドラゴンはCG（コンピューターグラフィック）加工で、とても迫力があります。 ○　詳細は明らかになっていませんが、続編の製作が2014年7月発表されました。

スタッフ	監督：ケヴィン・リマ 脚本：ビル・ケリー 製作：バリー・ソネンフェルド、バリー・ジョセフソン 音楽：アラン・メンケン 撮影：ドン・バーゲジェス	キャスト	ジゼル　　　　　　：エイミー・アダムス ロバート・フィリップス：パトリック・デンプシー エドワード王子　　：ジェームス・マースデン ナリッサ女王　　　：スーザン・サランドン ナサニエル　　　　：ティモシー・スポール

街の灯	City Lights	（執筆）松葉　明

セリフ紹介

この映画は無声映画ですから、字幕に出る有名なセリフを紹介します。　　　　　　（Chap：チャプター番号と時間）
- 盲目の娘：You?　ﾁｬｯﾌﾟﾘﾝ：You can see now?　盲目の娘：Yes, I can see now.　　（Chap.10 84:58〜）
これらの英語はラストシーンで出てきます。あまりにも有名で、そして日本語訳をつける必要のない程易しい英語です。目が見えるようになっても、親切にされた相手の手の温もりは決して忘れない、感動の場面です。チャップリンの笑顔でフェードアウトです。
- 富豪：Am I driving?「私が運転してるのか?」（Chap.4 27:29〜）酒に酔うと別人になってしまう大金持ちの男。別人といっても、それがチャップリンを命の恩人と思い、気前のいい憎めない人物となっています。このセリフは、パーティですっかり酔っぱらって帰る車の中で出てきます。思わず笑えるセリフです。
- ﾁｬｯﾌﾟﾘﾝ：Tomorrow the birds will sing.「明日になれば鳥も歌う。」（Chap.3 12:27〜）人生に悲観したのか、自殺志願の富豪に対して、チャップリンはこう言って慰めます。『風と共に去りぬ（1939年）』の 'Tomorrow is another day.'「明日は明日の風が吹く。」もこれと似たような意味ですね。
- ﾁｬｯﾌﾟﾘﾝ：Here's ten dollars.「ここに10ドルあります。」盲目の娘：I haven't any change, sir.「お釣りがありません。」（Chap.5 30:18〜）富豪からお金をもらって、さも自分のお金で花を買ったかのように振る舞い、10ドル札を渡した後に盲目の娘はこう答えます。'don't have' ではなく、'haven't' を使っている（英国英語）ことと、'sir' を使っているところに注目したいです。

学習ポイント

- お金の表現
'change' は「変化する、変える」の意味が一般的ですが、今では中学1年生で「お釣り、小銭」の意味でも習います。
　① Wait for your change, sir.「待ってください、お釣りがあります。」　　　　　　　　　（Chap.2 8:39〜）
　② I haven't any change, sir.「お釣りがありません。」　　　　　　　　　　　　　　　　（Chap.5 30:22〜）
また、'easy money'「たやすく手に入るお金」を、チャップリンにボクシングの八百長試合を勧める男が使っています。"Do you want to make some easy money?"「たやすくお金を稼ぎたくないか。」（Chap.7 55:41〜）これは、次に出てくる 'split fifty-fifty'「半分ずつに分ける」とともに覚えましょう。
- 'must' の用法
'must' は「〜しなければならない」とだけ、中学校で習いますが、「〜にちがいない」という意味でもよく使われます。しっかり押さえておきましょう。
　He must be wealthy.「きっと彼はお金持ちね。」　　　　　　　　　　　　　　　　　　（Chap.5 36:59〜）
　I must be going.「もう行かなくてはなりません。」　　　　　　　　　　　　　　　　　（Chap.9 77:55〜）
また、'wealthy' は「裕福な、金持ちの」という意味でよく使われます。'rich' と併せて覚えましょう。反意語はもちろん 'poor' です。
- 'Here's 〜' の表現
'Here's' は「ここに〜あります。」、'Here's to 〜' は「〜に乾杯」
　① Here's ten dollars.「ここに10ドルあります。」　　　　　　　　　　　　　　　　　　（Chap.5 30:18〜）
　② Here's to our friendship.「我々の友情に乾杯。」（Chap.3 16:40〜）ちなみに、"Here's looking at you, kid."「君の瞳に乾杯。」は映画『カサブランカ（1943年）』の映画史に残る有名なセリフで、和訳としても記憶に残る名セリフとなっています。
- その他：'worry about 〜'「〜を心配する」、'take care of 〜'「〜の世話をする」
ボクシングに負けて、お金を手に入れる術をなくしたチャップリンに、酔っ払いの富豪が 'Now don't worry about the girl, I'll take care of her.'「その娘のことは心配するな、俺がなんとかしてやる。」（Chap.9 71:20〜）と言います。この重要な2つの熟語を含んだ文はぜひとも覚えておきましょう。

あらすじ

　街の除幕式で、一騒動を起こした後、浮浪者のチャップリンは盲目の花売り娘に出会い、彼女に一目惚れしてしまいます。彼女はチャップリンをお金持ちと誤解してしまい、チャップリンはそっとその場を離れます。
　ある日、泥酔した自殺志願の富豪を助けたことから、お金をもらって盲目の娘から花を買い、彼女の手助けをするのですが、酔うとチャップリンに親切な富豪は、しらふではそのことを忘れてしまいます。家賃の滞納のために、家を追い出されそうになる彼女を助けようと、チャップリンは必死に働くのですが、時間に遅れて仕事はクビになり、ボクシングで一儲けしようとしても失敗に終わります。途方にくれていた折り、また酔った富豪に出会って1,000ドル貰いましたが、泥棒に襲われて正気に戻った富豪は、駆けつけた警官にお金をあげたことを忘れてしまいます。1,000ドルを盗んだと疑われたチャップリンは、何とかその場を逃げ出し、お金を娘のもとに届けた後、警察に捕まってしまうのでした。
　時は流れ、刑期を終えたチャップリンは、街をさまよっていました。新聞売りの少年たちにからかわれ、怒ったチャップリンの前に、目が見えるようになり、今では花屋を経営するまでになった娘に再会することになります。娘は最初は憐れみの気持ちで一輪の花とコインを差し出すのですが・・・。

映画情報

製作年：1931年（昭和6年）
製作国：米国
配給会社：ユナイテッド・アーティスツ
言　語：英語
1991年アメリカ国立フィルム登録簿に登録

公開情報

公開日：1931年1月30日（米国）
　　　　1934年1月13日（日本）
上映時間：87分
上映制限（MPAA）：G
音　声：なし（サイレント）　　字　幕：日本語・英語

薦	●小学生　●中学生　●高校生　●大学生　●社会人	※リスニング難易表	発売元：KADOKAWA（平成27年2月現在、本体価格）DVD価格：3,800円

お薦めの理由	年代を問わず笑ってそして泣ける映画の代表作といえる作品です。AFI（American Film Institute全米映画協会）では、今なおロマンティック・コメディ部門の優れた作品のひとつとしています。 　ボクシングの場面（Chap.8 63:57〜）は、今でも喜劇の歴史に残る場面として有名です。それ以外にも、川へ落ちるドタバタ、スパゲティと紙テープ等、笑える場面が満載です。	スピード	ー
		明瞭さ	ー
		米国訛	ー
		米国外訛	ー
英語の特徴	『キッド』と同様に英語字幕はいたって平易です。『キッド』に比べ上映時間が長いので、その分字幕も多くなりますが、かなりの部分は中学生でも十分理解できる英文です。 　否定形では、'don't have'の代わりに'haven't'が使われていたり、「秋」を表す'fall'の代わりに'autumn'が使われていたりして、英国英語の影響がうかがえます。また、汚い言葉は皆無ですので、安心して鑑賞できます。	語　彙	ー
		専門語	ー
		ジョーク	ー
		スラング	ー
		文　法	ー

授業での留意点	映像の背景に隠れた文化の面に着目しましょう。 ○　富豪の自家用車に着目！　　　　　　　　　　　　　　　　　　　　　　　　　　　　　　（Chap.4 20:05〜） 　酔っ払いの富豪の家に招待されたチャップリンは、盲目の娘に対して、さも自分の車のように執事のジェームズにこう言います。'James – the Rolls Royce.'「ロールス・ロイス」は英国が誇るいわば高級車の「代名詞」です。この富豪がいかに金持ちであるかがわかります。（エンブレムからも車がロールス・ロイスであることはわかります。） ○　米国からヨーロッパへは船の時代！　　　　　　　　　　　　　　　　　　　　　　　　　（Chap.6 43:33〜） 　宿酔いから醒めた富豪が、執事に向かってこう言います。'I'm sailing at noon, so hurry!'「昼には出航するから急げ。」大西洋を横断するのに、まだ船舶を使い、日数も今とは格段に違っていた時代です。'sail'を使っていることに着目させたいです。 ○　お金の価値に注目！ 　この映画には、お金の単位として10ドル（チャップリンが最初に富豪にもらった花代）、22ドル（滞納している家賃）、50ドル（ボクシングのファイトマネー）、1,000ドル（富豪からもらう娘の手術代）が出てきます。当時の1ドルはいったいいくらの価値があるのでしょう。調べてみると、1931年の1ドルは3.5円とされていましたので、それぞれ、35円、77円、175円、3,500円と言うことになります。では、当時の1円はいくらの価値があったかというと、物価にあわせて引き出した計算では、約8,900円ぐらいだそうです。つまり、それぞれ311,500円、685,300円、1,557,500円、そして1,000ドルにいたっては、31,150,000円ということになります。国も違えば世の中の情勢も違うので、正確な数字とはいえませんが、物の価値を考えさせてみることは大切なことです。 ○　時制の一致！　　　　　　　　　　　　　　　　　　　　　　　　　　　　　　　　　　（Chap.10 81:23〜） 　目が見えるようになり、花屋をもつことができるようになった娘が、ある日若くて金持ちの男性から花の注文を受けた後、祖母から'Why, what's the matter, child？「おや、どうしたんだい。」'と聞かれ、'Nothing, only I thought he had returned.「何でもない、ただ彼が戻ってきたと思ったの。」'と答えます。過去完了は高校で習う内容です。しかし、説明を詳しく教えれば理解できる内容なので、解説を加えながらじっくりと指導していくと学習の幅は広がります。そしてこの他、おそらく世界し最も短く、かつ最も多くの人を感動させた'You？'の一言が出てきます。映画はそこで終わります。

映画の背景と見所	○　この映画が作られた1931年は、1929年に始まった世界恐慌のまっただ中で、当然社会は現代の平成不況以上に暗かったと言われています。そんな時代だからこそ、この作品が世界中で愛されたのでしょう。映画の冒頭での除幕式で、「平和と象徴'Peace and Prosperity'」の記念碑が登場します。これは、繁栄から一転して不況に陥った当時の社会を皮肉ったものといえるでしょう。また、この頃は映画は無声映画から有声つまりトーキーへと替わりつつありました。しかし、チャップリンは無声映画にこだわりをもち、映画会社の反対にもめげないでこの作品を作ったのでした。冒頭の除幕式での男女のスピーチでは、変な声が入っています。実はこれはチャップリンの声で、彼の声が映画になった記念すべき1作目と言われています。 ○　1931年1月31日の公開には、あのアインシュタイン博士も参列し、同様に英国での公開時には、作家のバーナード・ショーがいたと言われています。 ○　この映画の音楽をチャップリンと共に担当したアルフレッド・ニューマンは、チャップリンに見出され、後にアカデミー賞に45回もノミネートされ、そのうち9回も受賞した伝説の音楽家です。 ○　監督であり、俳優のオーソン・ウェルズは、この映画が大のお気に入りだったそうです。

スタッフ	監　　督：チャールズ・チャップリン 脚本・製作：チャールズ・チャップリン 撮　　影：ローランド・トザロー 音　　楽：アルフレッド・ニューマン 美　　術：チャールズ・D・ホール	キャスト	浮浪者　：チャールズ・チャップリン 花売り娘：ヴァージニア・チェリル その祖母：フローレンス・リー 富　豪　：ハリー・メイヤーズ 執　事　：アラン・ガルシア

※サイレント映画の為、評価しておりません。

ミセス・ダウト		**Mrs. Doubtfire**	（執筆）松葉　明

セリフ紹介

この映画を特徴づけるセリフを紹介します。　　　　　　　　　　　　　　　（Chap：チャプター番号と時間）
- ○ "Could you make me a woman?"「僕を女にしてくれない？」　　　　　　　　（Chap.10 32:56〜）
  離婚宣言を受けたダニエルが、妻ミランダが家政婦を募集していることを聞き、女性になりすますことを決意してメイクアップアーティストの兄のところにやってきて言うセリフです。オカマの兄は、心配するどころか "I'm so happy!" と、喜ぶところが笑えます。
- ○ "Oh, no, dear, I don't need a hand. I need a face! A face!"　　　　　　　　（Chap.11 49:20〜）
  「いいえ、結構です、手は必要としてませんわ。必要なのは顔よ！　顔！」
  裁判所からやってきた家庭調停員のセルナーさんの前で、ダニエルはミセス・ダウトと2人を演じることになってしまいます。そんなドタバタしているときに変装用の仮面を窓から落としてしまい、セルナーさんの "Can I give you a hand?"「手をお貸ししましょうか？」を受けてのセリフです。文字通り、「手」ではなく「顔」が必要なので笑えるセリフです。
- ○ "Daniel, the kids need you."「ダニエル、子どもたちにはあなたが必要なの。」　　　　（Chap.21 116:32〜）
  ミセス・ダウトがいなくなって、妻ミランダは彼女（夫ダニエル）が必要なことを悟り、ダニエルのところにやってきてこう言います。このセリフを受けて、ダニエルも "I need them."「僕も子どもたちが必要なんだ。」と言います。さりげない言葉ですが、2人の本心が聞き取れます。

学習ポイント

家庭での日常会話がふんだんに出てきます。しっかりと聞き取って、使えるようにしましょう。
- ○ Lydia : I'll miss you.「寂しくなるわ。」　　Daniel : Ditto.「パパもだ。」　　Lydia : Oh, Dad.「ねぇ、パパ。」
  Daniel : Take care of her.「妹の世話を頼む。」　　Lydia : Okay.「わかった。」　　　（Chap.5 17:45〜）
  離婚が決まり、ダニエルと子どもたちの別れの場面です。これは長女リディアとの会話です。'ditto'「同じく」は、'Me too / the same' と同じ意味です。映画『ゴースト（1990年）』でも使われていました。
  また、別れのときに使う 'miss' は、初めて会ったミセス・ダウトの厳しさに反発して、Lydia : I miss Dad.「パパに会いたい。」　Chris : Me too.「僕も。」　Natalie : Me most.「私が1番。」（Chap.12 54:11〜）でも使っています。
- ○ Stu : Hello, Miranda. It's been a long time.「やあ、ミランダ。久しぶり。」　　　（Chap.7 21:36〜）
  離婚したミランダは、かつての恋人ステューと出会います。そのときにステューがミランダに言うセリフです。"It's been a long time."「久しぶり」はそのまま覚えましょう。"Long time no see." とも言います。
- ○ Miranda : Oh, I look forward to meeting you.「まあ、お会いするのが楽しみです。」　（Chap.9 32:37〜）
  Daniel : Oh, lovely, dear. Me too.「あら、うれしい。私もですわ。」
  Miranda : Bye-bye.「さようなら。」　　Daniel : Ta-ta.「さようなら。」
  電話での場面です。ミセス・ダウトになりすましたダニエルが、家政婦の募集の申し込みに成功し、家に伺う機会を得たときに交わす会話です。'look forward to ...ing'「…することを楽しみにする」は必ず覚えておきたい熟語です。ダニエルの使う 'lovely'「すてきな」は、英国英語でよく用いられます。'Ta-ta'「さようなら」は英国の幼児語です。ミセス・ダウトが英国出身であることを装うために使っているわけです。
- ○ Mrs. Doubtfire : Oh. Neither.「まあ。どちらもダメね。」　Miranda : Neither?「両方とも？」（Chap.18 86:40〜）
  これだけでは、否定を表す 'neither' を言っているだけです。映画では、ミセス・ダウトが「ナイザー」と発音するのに対して、ミランダは「ニーザー」となります。英国式発音と米国式発音の典型的な例です。また、年齢の違いは、長女と長男が 'Dad' を使っているのに対して、次女ナタリーは 'Daddy' を使っていることでわかります。
- ○ Mrs. Doubtfire : It's on me.「おごるよ。」　　　　　　　　　　　　　　　　　（Chap.16 80:30〜）
  Stunning woman : No, thanks.「いいえ、結構。」
  プール・サイドで飲んでいるときに、ミセス・ダウトは思わず近くにいる水着姿の魅力的な女性に声をかけます。「おごる」という言い方は、実に簡単な語でできています。覚えてしまいましょう。

あらすじ

　アニメの声優を仕事にしているダニエルは、上司ともめて失業してしまいます。そんな折も折、長男の誕生日パーティで移動動物園を呼んでバカ騒ぎをして、近所から苦情を受け、日ごろ家事を手伝わずに子どもと遊んでばかりいる夫ダニエルに怒りを爆発させた妻ミランダは、離婚宣言をします。収入のないダニエルは、大好きな子どもたちの養育権を奪われ、週に1度土曜日にしか子どもたちに会えなくなってしまいます。
　そこでダニエルは、ミランダが家政婦の募集をしていることを新聞で知るや、メイクアップの仕事をしている兄フランクに頼んで、初老の英国人レディ、ミセス・ダウトに変身してその仕事を得ることに成功します。
　父親が大好きな長女リディアは、始めは反抗的でしたが、次第に心を開くようになります。また、子どもたちを厳しく躾をしてくれるダウトに、ミランダは信頼し自分の悩みを素直に打ち明けるようになります。そして、昔の恋人のステューと交際を始めるようになり、ミランダはダウトにもステューを紹介するのでした。
　一方、ダニエルが勤めていたテレビ局のボスは、視聴率の低下に悩み、怪獣相手に遊んでいるダニエルの腕を見込んで彼を起用しようと思い、打ち合わせに高級レストランへと招待します。そこはミランダもステューから誕生日のお祝いに招待されている場でもあり、ダウトも誘われていた場でもあったのです。

映画情報

製作　年：1993年（平成5年）
製作　国：米国
配給会社：20世紀フォックス
言　　語：英語
第51回ゴールデン・グローブ作品賞、男優賞受賞

公開情報

公　開　日：1993年11月24日（米国）
　　　　　　1994年　4月16日（日本）
上映時間：125分
MPAA（上映制限）：PG-13
音　声：英語・日本語　　　字　幕：日本語・英語

薦	○小学生　●中学生　●高校生　●大学生　●社会人	リスニング難易表		発売元：20世紀 フォックス ホーム エンターテイメント ジャパン （平成27年2月現在、本体価格） DVD価格：1,419円　ブルーレイ価格：2,381円	
お薦めの理由	夫婦間の離婚問題は、子どもたちにとっては大問題です。しかも、それはまったくの他人事ではなく、日本でも子どもたちの身近にある問題でもあります。 　収入がなく家事もほとんどしないけれど、子煩悩な父親が離婚され、子どもたちに会いたいがために、変装して家政婦になりすまして戻ってきます。そこで繰り広げられる抱腹絶倒で、かつホロッとさせられる場面ありの秀作です。	スピード	3	ROBIN WILLIAMS　SALLY FIELD MRS. DOUBTFIRE ミセス・ダウト —特別編—	
^	^	明瞭さ	2	^	
^	^	米国訛	1	^	
^	^	米国外訛	1	^	
英語の特徴	全体的には標準的な米国英語です。家庭での場面が多いので、日常の会話の聞き取りに適しています。ミセス・ダウトの話す英語は、英国訛りを意識して発せられているので、その違いを対比してみるとおもしろいでしょう。 　そして、主人公のダニエルがアニメの吹き替えをしたり、家政婦に応募する場面で、いろいろな声色を使って語ったりして、高度なリスニング練習を楽しめます。	語彙	2	^	
^	^	専門語	2	^	
^	^	ジョーク	3	^	
^	^	スラング	1	^	
^	^	文法	2	^	

授業での留意点

授業では習わないけれど、よく出てきそうな身近な表現を紹介しましょう。

○　Mrs. Doubtfire : You remind me of *Stuart Little*, one of the most honorable creatures in all of literature. Do you know that book, *Stuart Little* ?　　　　　　　　　　　　　　　　　　　　　　　　(Chap.11 37:39〜)
　　　　　「あなたを見ていると『スチュアート・リトル』を思い出すわ。すべての文学作品の中で最もすばらしい生き物のひとつよ。そのご本知ってる？『スチュアート・リトル』よ。」

初対面で、末娘ナタリーにミセス・ダウトが語りかけます。'○○ remind me of 〜'「○○は私に〜を思い出させる」は、中学では発展的な内容です。が、それよりも、話題にあがっている『スチュアート・リトル』と、『シャーロットの贈り物』'Charlotte's Web' (Chap.5 17:01〜) の物語の内容を知っておくことが大切です。2つとも有名な児童文学で、西洋の子どもたちには人気の作品です。

○　Miranda　　　　 : You remind me of someone.「あなたを見てると誰かを思い出すわ。」　　 (Chap.11 42:11〜)
　　Mrs. Doubtfire : Really ? Who ?「本当？　誰でしょう？」
　　Miranda　　　　 : I feel like I've known you for years.「ずっと以前から知っているような気がするの。」
　　Mrs. Doubtfire : Maybe we knew each other in another life. Oh!
　　　　　　　　　　　「おそらく私たちは前世で知り合いだったのかも。えへっ！」
　　Miranda　　　　 : I would love for you to come work with us.「ぜひあなたにうちで働いてほしいわ。」
　　Mrs. Doubtfire : So would I.「喜んで！」　　　　　　　　　　特に注釈はなくても全体は理解できる場面です。

○　Miranda : Look at this place ! It looks wonderful. All spic-and-span.　　　　　　(Chap.12 57:07〜)
　　　　「これ見て！　すばらしいわ。隅から隅までピッカピカだわ。」

ミセス・ダウトの初仕事の1日目。仕事から帰ったミランダは、家がきれいになっていることに驚いてこう言っています。'spic-and-span' は「こぎれいな、真新しい」の意味ですが、米国の洗剤メーカーのキャッチフレーズから「ピカピカ」という意味で使われています。

○　Mrs. Doubtfire : Preponderance.「優勢」　　　　　　　　　　　　　　　　　　　　　　(Chap.14 66:23〜)
　　Lydia　　　　　 : P-r-e-...p-o-n-...a-n-c-e.

ミセス・ダウトが長女リディアと単語の練習を口頭でする場面です。有名な全米スペリングコンテストは口頭で行われます。これを題材にした映画『綴り字のシーズン：Bee Season (2005年)』を観てみましょう。

映画の背景と見所

○　この作品は第66回アカデミー賞最優秀メイクアップ賞を受賞しました。担当したのはグレッグ・キャノム氏で、彼は『ドラキュラ（1993年）』に続いての受賞となりました。

○　ロケ地となったのは、坂が多く、ケーブルカーが特徴の町、サンフランシスコです。説明されてはいませんが、場面を見てわかるようにしたいですね。

○　妻ミランダを演じたサリー・フィールドは、2度アカデミー主演女優賞を受賞している名女優です。もちろん主人公のロビン・ウィリアムズも名優の一人で、軽妙な話術を駆使した演技がこの映画の見所といえます。特に家政婦を募集している妻にいろいろな声色で電話をかける場面（Chap.9 29:25〜）が見せ場となっています。

○　この作品はコメディです。そして、主人公のロビン・ウィリアムズからは、数多くの人名が出てきます。何人理解できたでしょうか。'Norman Bates'「ノーマン・ベイツ」（Chap.11 48:06）が理解できたらかなりの映画通です。彼は、ヒッチコック監督の『サイコ：Psycho (1960年)』に登場する精神異常の殺人鬼です。

○　末っ子で、次女のナタリーを演じたマーラ・ウィルソンは、翌年『34丁目の奇跡（1994年）』の主人公スーザンを演じました。

スタッフ	監　　督：クリス・コロンバス 脚　　本：ランディ・メイエム・シンガー他 製　　作：マーシャ・ガーセス・ウィリアムズ他 撮　　影：ドナルド・マカルパイン 特殊メイク：グレッグ・キャノム	キャスト	ダニエル・ヒラード（ミセス・ダウト）：ロビン・ウィリアムズ ミランダ・ヒラード　　　　：サリー・フィールド ステュー　　　　　　　　　：ピアース・ブロスナン フランク　　　　　　　　　：ハーヴェイ・ファイアステイン 長女リディア　　　　　　　：リサ・ジャクブ

ミッドナイト・ラン　　Midnight Run　　（執筆）松葉　明

セリフ紹介

この映画を特徴づけるセリフを紹介します。　　　　　　　　　　　　　　　（Chap：チャプター番号と時間）
- "Why aren't you popular with the Chicago Police Department?"　　　　　（Chap.5 42:52～）
「どうして君はシカゴ警察で人気がなかった（嫌われていた）のか？」
　　捕らわれの身となった会計士のデュークが、何度も賞金稼ぎで元警察官のジャックに尋ねます。その理由は、後半のチャプター11 89:52～でわかります。
- "An inside joke between me and Alonzo."「俺とアロンゾの間のジョークさ。」　　　　（Chap.5 48:04～）
　　ジャックがサングラスを車のダッシュボードに置くときに、デュークが "What's that for?"「何のために？」と質問の答えがこれです。この映画の中のジョークのひとつがFBIのアロンゾ・モーズリを、ジャックが茶化しているところです。なぜ、この場面が可笑しいのかは、映画を観ないとわかりません。
- "You wouldn't have change of a thousand, would you?"「1,000ドルでお釣りはないよな？」（Chap.15 121:46～）
　　映画のラストで、ジャックはデュークからお金を受け取ります。あくまで「賄賂（payoff）」ではなく、「贈り物（gift）」として（Chap.15 120:05～）です。ベルトの中には$1,000紙幣がびっしりと30万ドルくらい入っているのでした。その紙幣を使ってタクシーに乗ろうと、運転手に声をかけるのがこのセリフです。もちろん、運転手は "Whatta you a comedian? Get outta here, you bum!"「お前はコメディアンか？失せろ、アホ！」と言います。デ・ニーロ自身が運転手を演じた『タクシードライバー：Taxi driver（1976年）』を思い出した人もいるのでは？

学習ポイント

セリフの掛け合いのおもしろさを楽しみましょう。中学生にも十分わかります。
- Duke : You don't look like a FBI agent to me.「君は私にはFBIには見えないよ。」　（Chap.3 19:08～）
  Jack : Yeah, well. You don't look like a Duke to me.「そう？お前も侯爵（Duke）には見えないけどな。」
  'look like ～'「～に見える」で中2レベルの英語です。
- Jack　: What grade are you in now?「今、何年生なんだ？」　　　　　　　　　（Chap.6 53:30～）
  Denise : Eighth.「8年生（中2）よ。」　Jack : Are you in the eighth grade?「8年生（中2）になるのか。」
  この映画で、唯一子どもが出てくるのが、ジャックが別れた妻の家に行ってお金を借りようとするときです。そしてこれは、娘のデニースと再会したときのセリフ。この後、娘が追いかけてきて "Wait. It isn't much. About $180 babysitting money."「待って。多くないけど。180ドルくらい。子守りで貯めたお金。」（Chap.6 55:05～）と差し出す場面は、心にぐっときます。もちろん、ジャックは気持ちだけ受け取ることにします。
- Duke : How much money do we have left?「いくらお金は残ってる？」　　　　　（Chap.7 60:46～）
  なけなしのお金でレストランに入るときのセリフです。'left'「残って」の使い方を覚えましょう。"How much is the coffee?"「コーヒーはいくら？」等、わかりやすい表現がこの後続きます。
- Jack : Thanks for saving my life.「命を救ってくれてありがとう。」　　　　　　（Chap.8 72:02～）
  Duke : Thanks for letting me go!「逃がしてくれてありがとう！」
  命からがら激流の川から上がったときのセリフです。先に岸に辿り着いたでデュークが、逃がす約束でジャックを助けるのですが…。'Thanks for ～.'「～してくれてありがとう。」は確実に覚えましょう。
- Jack : I know you had money, but I didn't know you HAD money.　　　　　（Chap.15 120:08～）
  「金があるのは知ってるが、持ってたとはな。」・・・時制の一致！？　映画を観て確認しましょう！
- Duke : I don't know what to say.「何て言ったらいいかわからない。」　　　　　（Chap.15 119:08～）
  Jack : I don't know what to say, Jon.「ジョン、何て言ったらいいか。」　　　　（Chap.15 120:46～）
  中3で習う、「疑問詞＋不定詞」の定番です。お互いに相手を思いやる行動の後に出てきます。気持ちが十分に伝わり、感動の場面で使われています。
- "Take care."「気をつけて。」 "See ya in the next life."「来世で会おう。」（Chap.15 120:49～）で、繰り返し出てきます。また、'See you in ～'「～で会おう」は、～の部分をかえて何度も出てきます。

あらすじ

　ジャックはシカゴの元警察官でしたが、賄賂を受け取るのを拒否したため、裏切られて警察をクビになり、家族とも離ればなれになって、今や賞金稼ぎ（被告人を保釈金融業者まで連れてくること）で生活しているのでした。
　そんなある日、保釈金融業のエディから新たな仕事を依頼されます。それは、ギャングの金1,500万ドルを横領して、なんとそれを慈善事業に寄付してしまったギャングの元会計士ジョナサン（通称デューク）を、ロサンゼルスまで連れてくるということでした。
　いつもの手を使い、ニューヨークで難なくデュークを捕らえることに成功したジャックでしたが、飛行機はダメと言い張るデュークのために列車で移動することになります。その道中にはデュークの命を狙うギャング、ギャングの親玉を逮捕するためにデュークを確保したいFBI、そしてジャックよりも先にデュークを捕まえようとする賞金稼ぎのアーヴィンが割り込んできて、争奪戦が繰り広げられることになります。言い争いばかりのジャックとデュークでしたが、2人の間にはいつしか不思議な友情が芽生えます。2人の結末はどうなるのでしょうか。
　当代きっての演技派といわれる、ジャック演じるロバート・デ・ニーロが、軽いフットワークとそれまでに見せたことのない明るい表情で、そしてユーモアたっぷりの演技で見せる痛快アクションコメディの傑作です。

映画情報

製　作　年：1988年（昭和63年）
製　作　国：米国
配給会社：ユニバーサル・ピクチャーズ
言　　　語：英語
第46回ゴールデングローブ賞2部門ノミネート

公開情報

公　開　日：1988年 6月11日（米国）
　　　　　　　1988年12月 3日（日本）
上映時間：126分
MPAA（上映制限）：R
音　声：英語　　字　幕：日本語・英語（他5ヶ国語）

薦	○小学生 ●中学生 ●高校生 ●大学生 ●社会人	リスニング難易表		発売元：NBCユニバーサル・エンターテイメントジャパン （平成27年2月現在、本体価格） DVD価格：1,429円
お薦めの理由	米国東海岸のNYから、西海岸のLAまで、列車、バス、自動車を乗り継いでいく米国大陸横断の逃避行ロードムービーの傑作です。 　本会顧問の戸田奈津子先生曰く、米国若手俳優が目指す女優がメリル・ストリープなら、男優はロバート・デ・ニーロだとか。そのデ・ニーロ自身が、この『ミッドナイト・ラン』が最も気に入っている作品というのも頷ける上質の作品です。	スピード	5	
^	^	明瞭さ	4	
^	^	米国訛	2	
^	^	米国外訛	3	
英語の特徴	話される英語は標準的な米国英語です。子どもの出演場面が少なく、大人同士の会話がほとんどなので、中・高生には難しく感じられます。しかし、同じセリフを繰り返したり、同じ様なセリフが少し意味を変えて何度も登場したりと、脚本が絶妙なので、作品を楽しみながら、繰り返し鑑賞することのできる秀作です。また、米国ドル紙幣についても学ぶことができます。	語彙	5	
^	^	専門語	5	
^	^	ジョーク	5	
^	^	スラング	5	
^	^	文法	3	

授業での留意点	○ 日本では馴染みのない米国の司法制度の一端が学べます。本作品で登場する語句をまとめてみました。 　「横領する：embezzle」「横領：embezzlement」「横領する人：embezzler」「賞金稼ぎ：bounty hunter」「保釈金：bail」「賄賂：payoff」 ○ 会計士デュークが、賞金稼ぎウォルシュに捕まり、飛行機に乗せられそうになったとき'aviophobia'「飛行恐怖症」を使って、飛行機をキャンセルさせます。'-phobia' は「〜恐怖症」です。デュークは続けて'acrophobia'「高所恐怖症」'claustrophobia'「閉所恐怖症」（Chap.3 19:58〜）と言います。「私は〜恐怖症です。」は"I suffer from 〜phobia." となります。そして、注文ばかりつけるデュークに対して腹をたてたウォルシュは"If you don't cooperate, you're gonna suffer from fistophobia."「もし協力しないなら、ゲンコツ恐怖症になるぞ。」（Chap.3 20:04〜）という笑えるセリフを言います。 ○ デュークが喫煙の害について、ジャックに説明します。　　　　　　　　　　　　　　（Chap.5 44:00〜） 　"Do you know about secondary smoke ? You can give people lung cancer who are innocent that try to live healthy lives."「間接喫煙知ってるだろう？　健康に生きようとする無実の人を肺ガンにするんだ。」 ○ デュークがFBIになりすまして、20ドルを騙し取る場面のやりとりです。　　　　　　（Chap.10 80:59〜） 　Duke　　　： Have you received any $20 bills in the last couple of hours ? 　　　　　　　「この2〜3時間の間に20ドル札を受け取ったか？」 　Manager ： Yeah, sure, we get 'em all the time.「ああ、もちろん、しょっちゅう受け取ってますよ。」 　米国で額の高い紙幣でよく流通するのは20ドル札までなので、当たり前の会話なので笑えます。 ○ ジャックが時折いじっている時計の秘密が語られます。　　　　　　　　　　　　　　（Chap.11 86:48〜） 　Jack ： Uh, Gail bought me this watch. She gave it to me. It was the first thing she ever gave me. She, uh, she bought me it because I was always late, at least a half an hour, so she bought it and set it ahead a half an hour, so I'd never be late.「あぁ、ゲイルがこの時計を買ってくれたんだ。彼女がそれをくれた。それが初めてのプレゼントだった。俺がいつも遅れるから、少なくとも30分くらい、だから2度と遅れないように30分進めて買ってくれたんだ。」…別れた妻に未練のあるジャックは、その時計をいつまでも持っています。新しいのを買えと、デュークは言います。2人の別れのときに、ジャックはこう言ってこの時計を渡します。 　Jack ： Something to remember our adventure by.「我々の冒険の思い出に。」　　　　（Chap.15 119:26〜）

映画の背景と見所	○ 『アンタッチャブル：The Untouchables（1987年）』のアル・カポネを熱演したデ・ニーロは、次回作は軽いノリで出演できる作品を望んでいました。それがこの作品だったのです。 ○ 横領して捕まる会計士役のグローディンも、この作品の脚本が今までの中で一番よかったと言っています。 ○ ロケ地はアリゾナ、シカゴ、ニューヨーク、ロサンゼルス、ミシガン、マンハッタン、ラスベガス、アイダホと、全米にまたがります。そして、2人が川に流される場面は、アリゾナでは水が冷たすぎるため、実はニュージーランドで撮影されました。 ○ 映画のラストに$1,000紙幣が登場します。米国は犯罪が多いため、実際は$20紙幣（Chap.10 80:54〜）までしか一般には使われませんが、実は$100,000紙幣まで存在するのです。 ○ 荒くれ男たちが多いためか、この映画のセリフには'fuck'がなんと「119回」も登場するそうです。 ○ この映画の笑えるアイテムのFBIモーズリのサングラスは、「ポルシェ」のデザインのものです。 ○ 監督のマーティン・ブレストがカメオ出演しています。ラスベガスの空港で、LA行きのチケットをマーヴィンに売る役で出ています。　　　　　　　　　　　　　　　　　　　　　　　　　　　　　（Chap.14 113:25〜）

スタッフ	監　督：マーティン・ブレスト 脚　本：ジョージ・ギャロ 製　作：マーティン・ブレスト 撮　影：ドナルド・ソーリン 音　楽：ダニー・エルフマン	キャスト	ジャック・ウォルシュ　　　：ロバート・デ・ニーロ ジョナサン・マデュカス(デューク)：チャールズ・グローディン マーヴィン　　　　　　　　：ジョン・アシュトン アロンゾ・モーズリ　　　　：ヤフェット・コットー ジミー・セラノ　　　　　　：デニス・ファリナ

ミニミニ大作戦　The Italian Job

（執筆）一月　正充

セリフ紹介

作品においてカギとなる台詞を挙げてみました。本作品では、似た台詞が何度も登場します。
- John: Steve, how many times do I have to tell you. Trust everyone, just don't trust the devil inside them.
「スティーヴ、人は信用できる。怖いのは人の中に潜んでいる悪魔だ。」（Chap.3 07:16）
皆が慕うジョンの口癖です。この台詞が原因となり、ステラの正体を悟られてしまいます。
- John: Find someone you want to spend the rest of your life with. And hold onto her forever, okay?
「生涯を共にする女を見つけ、彼女を絶対に手放すな、いいな？」（Chap.7 20:09）
作品の冒頭と最後に同じようなフレーズが出てきます。最後のシーンでは、ジョンの助言をしっかりと聞いているチャーリーの忠実さが表れています。
- Officer: Don't you want to see what's inside?「中を見ないの？」（Chap.9 25:34）
Stella: I never look inside. Have a nice day.「中なんて見ないわ。じゃ、またね。」
仕事として金庫破りをしているステラは、金庫の中身は見ない主義です。しかし復讐を誓ったのち、この考えは変わってしまうようです。後半でも同じフレーズの質問をされたステラの返事は？
- Charlie: You know what fine stands for? Freaked-out, insecure,「つまり""緊張""""不安""」（Chap.14 48:37）
Stella : Neurotic and emotional.「""胸騒ぎ""""イラつき""」
英語による語呂合わせですが、こちらも2度登場します。

学習ポイント

映画の場面を応用して学習できるポイントを挙げてみました。
- John: I just want to let you know I'm sending you something.
「プレゼントを送ったと言い伝えたくてね。」（Chap.2 02:58）
Stella: Mmm. Does it smell nice?「いい匂いのする物？」
John : No, but it's sparkly.「いや、キラキラしてる物さ。」
Stella: Does it have a receipt?「領収書付きよね？」
John : I'm sending it to you from the store.「店から送らせた物だよ。」

動詞sendの用法として、目的語に人を取るパターンと物を取るパターンの二つが使われています。この他にもgiveやlend等の単語から例を挙げて練習してみるといいでしょう。また、ゲーム感覚でYes・No疑問文のみを使ってクイズをしてみるのも面白いです。

- John : How do you feel?「君は？」（Chap.2 04:17）　　Charlie: Fine.「まあまあ」
John : Fine? You know what fine stands for, don't you?「つまり…」
Charlie: Yeah, unfortunately.「分かってる」
John : Freaked-out.「緊張」　　Charlie: Insecure.「不安」
John : Neurotic.「胸騒ぎ」　　Charlie: And emotional.「イラつき」

日本の「あいうえお作文」ですね。英単語を駆使して文章を考えることで、単語力と文章構成力、そして想像力のアップが期待できます。慣れるまでは難しいかもしれませんが、辞書を使ってチャレンジしてはいかがでしょうか？

- Charlie : Guys.「やあ。」（Chap.11 32:51）　　Lyle: Hey, Charlie.「チャーリー！」
Charlie : Good to see you man. Looks good.「元気そうだな。」　　Lyle: Yeah.「まあね。」
Left Ear: Charlie, how's it?「チャーリー。」　　Charlie: Good to see you.「会えて嬉しいよ。」
Rob   : Hello, Charlie.　　Charlie : Rob, what's up…good? Guys, Stella Bridger.「ステラ・ブリジャーだ。」
Stella : Hey.　　Left Ear: How ya doing? Nice to meet you.「やあ、よろしく。」

教科書や会話練習では、どうしても1対1の挨拶に偏ってしまいがちです。数人が一度に挨拶を交わす場合、やはり「How are you?」だけ連呼するわけにはいかなくなるでしょう。友人や初対面の人へ対するいろいろな挨拶の仕方や声のかけ方、その答え方も練習してみましょう。

あらすじ

泥棒を生業とするチャーリーは、師であり父のように慕うジョン、そして他の仲間とヴェネツィアにある50億ドルの金塊を見事な計画で盗み出します。しかし、金に目がくらんだ仲間の一人スティーヴは皆を裏切り、金塊を奪った上にジョンを殺害し、金塊と共に身を隠します。

それから1年が過ぎ、スティーヴの居場所を突き止めたチャーリー達はジョンの娘ステラを仲間に加え、金塊の再奪取を計画します。唯一スティーヴに顔を知られていないステラは、親の仇であるスティーヴに自ら接近し家の外へ誘い出すことに成功。金庫破りをする機会を作るのですが、計画はやむなく中止になります。次の機会を作るべく、ステラはジョンと食事に行くのですが、思わず口にしたジョンの口癖から身元が割れてしまいます。チャーリー達が生きていたこと、そして金塊が狙われていることを知ったスティーヴは可能な限りの予防線を張り、チャーリーの計画に立ち向かいますが…。

チャーリーに助力する登場人物にはユニークなキャラクターが多く、シニカルな笑いの要素も含まれています。街の信号システムを乗っ取り、道路に大穴を開けてトラックを地下に落とし、地下鉄の駅構内やトンネルを車で走り抜けるなど、奇想天外な計画とミニの豪快な走りは見応えたっぷりです。

映画情報

製 作 年：2003年（平成15年）
製 作 国：米国
配給会社：パラマウント映画
製作会社：di Bonaventura Pictures
製 作 費：6,000万ドル

公開情報

公 開 日：2003年5月30日（米国）
　　　　　2003年6月21日（日本）
上映時間：111分
MPAA：PG-13
音　声：英語・日本語　　字　幕：日本語・英語

薦	○小学生 ●中学生 ●高校生 ●大学生 ○社会人	リスニング難易表		発売元：ポニーキャニオン（平成27年2月現在、本体価格）DVD価格：3,800円 ブルーレイ価格：4,700円

お薦めの理由	一番の見どころはオシャレな新型ミニによるカーアクションでしょう。車好きな方はもちろん、そうでない方も可愛いミニの走りには思わず見とれてしまいます。また、イタリアやロサンゼルスを舞台にしたストーリーは非常にテンポがよく、そのスケールの大きさにも注目です。オリジナルの「ミニミニ大作戦」を観たことがない方でも楽しんでいただける内容に仕上がっています。	スピード	4
		明瞭さ	3
		米国訛	3
		米国外訛	3
英語の特徴	会話は全体的に早く、さらに親しい仲間同士の会話が中心なので慣れるまでは聞き取りにくいかもしれません。しかし、キャストには英国人も含まれており、いろいろな癖のある英語を楽しむことができます。また、砕けた英語表現が多く使用されているので、教科書ではなかなか触れることのできない、友人同士が使うような種類の生きた英語を学ぶことができます。	語彙	3
		専門語	3
		ジョーク	3
		スラング	3
		文法	3

授業での留意点

文化の違いを含めた英語独特の表現や習慣に注目してみましょう。
○ 携帯電話と固定電話（Chap.2 03:46）
　Stella: Is Charlie there?「チャーリーも一緒なの？」
　John : I'm on a cell phone, darling. I'll call you tomorrow from a landline.
　　「今は携帯電話だから、明日ちゃんと掛け直すよ。」
日本でもいろいろな呼び方がされるようになってきましたが、英語にもcell phone（米）やmobile phone（英）、land line、main line、home phone、fixed lineなど多くの呼び名が存在します。
○ 機会の窓（Chap.15 54:43）
　Stella: Hey, at least I've created a window of opportunity, right?
　　「でも、これでチャンスが出来たでしょ？」
米国では、チャンス到来は時間（タイミング）との関係性が強いと考えられています。夜になると窓は閉められてしまいますので、窓が開いている明るいうち、つまりチャンスがあるうちに行動を起こそうという概念ですね。
○ secondの意外な用法。動詞として使ってみよう（Chap.14 48:26）
　Rob : I just want you to know I think you're very brave going in there. I know it won't be easy.
　　「簡単ではない仕事だ。君は勇気がある。」
　Left Ear: I'll second that.「同感だ。」
実は米国では耳にすることの多い表現です。secondは形容詞や名詞以外にも、動詞で「賛成する」という意味があります。会議などでも使われることがありますので、agreeと一緒に覚えるといいでしょう。
○ 海外で家を訪ねた時の礼儀（Chap.15 50:45）
　Stella: You want to show me that problem?「故障だとか？」
　Steve: Yeah, of course. This way.「そう。こっちへ。」
　Stella: You have a really nice house.「すてきなお家ね。」
　Steve: Yeah. 1922. All the original tiles.「建造は1922年。床は当時のタイルだよ。」
他の映画などでも見かけることが多いですが、米国では友人などが家を訪ねてきた際、簡単に家の中を案内することが一般的です。その際にはステラのように感想を忘れずに言うようにしましょう。

映画の背景と見所

本作は同名の映画ミニミニ大作戦（The Italian Job 1969年 英国）のリメイク版です。登場する車は英国のミニ・クーパーから2001年にBMWから発表された新型ミニへ乗り換え、ストーリーこそ全く違うものになっていますが、登場人物の名前や、街中の渋滞をくぐり抜けて金塊を運ぶミニの豪快な走りは健在です。また、ミニのドアを開けて追ってくるバイクを転倒させるなど転倒させるなど、所々にオリジナルと重なる場面が登場します。
　このリメイク版の発表後、実は続編の作成が計画されていました。今度はブラジルを舞台にした、その名も「The Brazilian Job」です。数年に渡り脚本が練られたのですが、結局完成には至らず、幻の作品となってしまいました。
　オリジナルのミニミニ大作戦では、チャーリー役を英国の名優マイケル・ケインが演じています。映画雑誌から英国の映画史に残る名作の一つに選ばれるなど、発表から40年を過ぎた現在でも多くのファンに愛され、根強い人気を誇っています。作中に登場する台詞「Hang on a minute lads, I've got a great idea.（頑張れよ。名案がある。）」や「You were only supposed to blow the bloody doors off!（爆破するのはドアだけだぞ！）」は他のパロディなどにも引用されることが多く、今でも英国民が好きな映画の台詞として頻繁に取り上げられています。「ミニミニ大作戦」というタイトルにも、若干時代を感じさせるものがありますね。

スタッフ	監督：F・ゲイリー・グレイ 製作：ドナルド・デ・ライン 脚本：ドナ・パワーズ 撮影：ウォーリー・フィスター 音楽：ジョン・パウエル	キャスト	チャーリー：マーク・ウォールバーグ ステラ　　：シャーリーズ・セロン スティーヴ：エドワード・ノートン ライル　　：セス・グリーン ロブ　　　：ジェイソン・ステイサム

ミュージック・オブ・ハート　Music of the Heart

（執筆）松葉　明

セリフ紹介

この映画を特徴づけるセリフを紹介します。　　　　　　　　　　　　（Chap：チャプター番号と時間）

○　アンジェラ・バセット演じるジャネット校長が、カーネギーホールで最初に行う挨拶のセリフです。この映画の内容の全てを表しています。中学では未習の語がいくつか出てきますが、大意は理解できます。

（Chap.38　107:37～）

Ten years ago, Roberta Guaspri-Demetras walked into my office because she needed a job and because she had a vision that any child could learn to play the violin. Together we created the East Harlem Violin program, through which more than a thousand students have expanded their vision of what is possible in their lives. When a program like this is cut, our children's future is compromised. I want to thank each of you for generous support, and I sincerely hope that you enjoy the concert. Thank you.

「10年前にロベルタ・ガスパーリ・デミートラスが私のオフィスにやってきました。彼女は仕事を求めていて、どの子もヴァイオリンを習得できるという信念をもっていました。一緒に私たちはイースト・ハーレム・ヴァイオリンプログラムを作りました。それを通して千人以上の生徒たちが、人生の中で可能性を伸ばしていきました。このようなプログラムがなくなってしまったら、子どもたちの将来はどうなるのでしょう。皆さま一人ひとりの惜しみない支援に感謝を申し上げるとともに、コンサートを心ゆくまでお楽しみください。ご清聴ありがとうございました。」
そしてこの後、ハイライトとなるカーネギーホールでの演奏が始まります。

学習ポイント

小学校らしい授業風景での一コマです。どこにでもある風景です。

① Roberta　：What am I doing right now ?「私がたった今やっているのは何？」　　　（Chap.6　20:01～）
　Boy & Girl: Rosining the bow.「弓に松ヤニを塗っています。」
　Roberta　：Rosining the bow. That's right. And what am I doing when I tighten this little screw, when I turn it like this, huh ?「弓に松ヤニを塗っている。正解。では、この小さなネジをこんな風に巻くのは？」
　Boy　　　：Tightening the horsehair.「馬の毛を張るためです。」
　Roberta　：Tighten, everybody be quiet.「そう、張る、みんな静かに。」
・・・・・・・・・・・・（中略）・・・・・・・・・・・・
　Roberta　：What is this called ?「これは何と言いますか？」　　　　　　　　　　（Chap.6　20:29～）
　Boy　　　：I don't know.「わからない。」
　Roberta　：Yes, you do. Why not ?「いいえ、知っています。どうしてなの？」
　Boy　　　：I wasn't here.「ここにいなかったよ。」
　Roberta　：Yeah, you were here, but you weren't paying attention. You want people to think you're stupid ?「いいえ、いたけど聞いていなかったの。みんなに馬鹿と思われたいの？」

② Girl　　　：I can't come anymore. It's too hard.「もうこれ以上来られないわ。難しすぎるの。」（Chap.7　27:32～）
　Roberta　：Well, the violin is hard for everybody.「あのね、ヴァイオリンは誰にも難しいの。」
　Girl　　　：But everyone is better than me. I'll always be weaker.「でもみんな私より上手だわ。私はいつも下手。」
　Roberta　：Did you ever hear of Itzhak Perlman ?「イツァーク・パールマンの名を聞いたことある？」

この後、少しやりとりは続きます。そしてロベルタは、"You shouldn't quit something just 'cause it's hard."「難しいからといって、何かをやめるのはよくない。」（Chap.7　28:21～）と言って諭します。

○　カーネギーホールでのコンサートを前にして、ロベルタが生徒たちにこう言います。　　（Chap.36　108:30～）

I would like you all to play from your heart. Do you understand me ? Play like I know you can play. Don't look at the audience. Watch me. You do not have to be afraid. You are gonna be really, really wonderful tonight.

「みんなに心で弾いてほしいの。私が言っていることわかる？　私が知ってる通りに演奏してちょうだい。観客は見ないで。私を見て。恐れないで。今夜はきっと本当にすばらしい演奏ができるわ。」

あらすじ

　舞台は1980年のニューヨークのイースト・ハーレムです。夫と別れて、息子2人と新たな生活を始めたロベルタは、希望を抱き、ヴァイオリン50挺を手に、小学校の臨時教員としてヴァイオリンを教えるクラスを担当することになりました。
　当初は、落ち着きのない子供たち、人種差別の問題、治安の悪さに巻き込まれる生徒等、理想とはほど遠い試練がロベルタの前に立ちはだかります。しかし、彼女は諦めず、根気よく一人ひとりの生徒に向き合い、その成果は着実に実っていくのでした。
　10年が経ち、ロベルタのクラスは抽選しなければならないほどの人気のクラスになっていました。ところが、そんなある日のこと、予算の問題でロベルタのクラスは廃止されることになります。学校や市に抗議してもどうにもならないと考えた彼女は、救済コンサートを開き、その資金でクラスを継続しようと思い立ちます。友人の夫の著名なヴァイオリニストにも参加してもらい計画は順調に進んでいました。しかし、コンサートまで6週間にせまったところで、予定していた会場が使用できないという知らせが届きました。絶望に陥ったロベルタですが、そこに奇跡的な救いの手が差し伸べられました。新たに決まった会場は、音楽家の憧れの「カーネギーホール」だったのです。

映画情報

製作年：1999年（平成11年）
製作国：米国
配給会社：アスミック・エース
言　語：英語、スペイン語
2000年全米映画批評家協会賞受賞

公開情報

公開日：1999年10月29日（米国）
　　　　2000年 9月 9日（日本）
上映時間：124分
MPAA（上映制限）：PG
音　声：英語・日本語　　　字　幕：日本語

薦	●小学生　●中学生　●高校生　○大学生　○社会人	リスニング難易表	発売元：ワーナー・ブラザース・ホームエンターテイメント （平成27年2月現在、本体価格） DVD価格：1,429円　ブルーレイ価格：2,381円

お薦めの理由	ニューヨークのハーレムに住む、決して豊かとはいえない子供たちを、ヴァイオリンという楽器を通して、夢と希望を与えて成長させていきます。そして、その努力と熱意は、子供たちだけでなく、周囲の人をも変えていきます。この物語はフィクションではなく、1980年のニューヨークで起こった実話です。名女優メリル・ストリープの、12回目となるアカデミー主演女優賞ノミネートにもうなずけます。	スピード	2
		明瞭さ	2
		米国訛	3
		米国外訛	2
英語の特徴	舞台がニューヨークなので、一部東部訛りがみられます。主人公のロベルタが、"Practice makes poifect."「練習あるのみ。」(Chap.15 47:05) と言っているぐらいで、全体的には標準的な米国英語となっています。また、会話の中心が先生と小学生なので、学校でのやりとりと意識していれば、会話はそれほど難解ではありません。汚い言葉も出てこないので、安心して家族で鑑賞でき、多くを学べる作品です。	語　彙	2
		専門語	3
		ジョーク	2
		スラング	2
		文　法	2

授業での留意点	○ 人種問題の陰がわかる場面です。黒人少年ナイームが、ヴァイオリンの授業に出られないとロベルタに言ってきます。　　　　　　　　　　　　　　　　　　　　　　　　　　　　　　　　　　　　(Chap.6 23:41〜) 　Naeem　　：I can't be involved in class anymore.「ぼくは、もう授業に出られないんだ。」 　Roberta　　：Why not？「どうしてだめなの？」 　Naeem　　：My mother won't let me.「お母さんが許してくれない。」　　Roberta：Why？「どうして？」 　Ms. Adisa　：My son's got more important things to do than learn dead white men's music. 　　　　　　　「私の息子は退屈な白人音楽を習うより、もっと大切なことをしなくちゃなりませんから。」 　Roberta　　：They're gonna learn "Twinkle, Twinkle Little Star."「子どもたちはキラキラ星を習うんですよ。」 　Ms. Adisa　：How many black classical composers can you name？How many black classical violinists do you know？ 　　　　　　　「黒人のクラッシック音楽の作曲家を何人あげられます？　黒人のヴァイオリニストは何人ご存じ？」 　Roberta　　：Well, that doesn't mean that's the way it should be. I mean, Naeem's just learning to play music. Maybe he's, it makes him feel good about himself. What does it matter who wrote it？ 　　　　　　　「あの、だから黒人はそうあるべきってことではないです。つまり、ナイームは音楽を習っているだけです。多分、彼は自信をもつようになっています。誰が曲を書いたかなんて関係ないです。」 　難解な語は出てきませんので、大意を捉えさせることはできます。人種問題は、米国には根強く残っています。 ○ ロベルタの息子のニックが、両親の離婚問題で不安定になり、学校でケンカをします。その場合は、日本では担任が窓口になりますが、米国では学校長等が裁定をくだします。　　　　　　　　　　　　　(Chap.16 48:51〜) 　Janet　　　：I'm putting him on two-day suspension. But next time he will be expelled. 　　　　　　　「彼は2日間の停学処分にします。　しかし、次回は退学になります。」 　Roberta　　：There will not be a next time. I promise you that.「次はないわ。約束します。」 　　'suspension'「停学、停職」、'expel'「追放する、除名する」は学校用語でよく使われます。 ○ こんな言葉遊びも出てきます。　　　　　　　　　　　　　　　　　　　　　　　　　　(Chap.32 93:12〜) 　Roberta　　：Have you ever heard of Navy Seal Training？Well, this is gonna be Roberta's String Training. 　　　　　　　「米国海軍の特殊部隊の訓練を聞いたことある？　いい、これはロベルタの弦の訓練よ。」

映画の背景と見所	○ イザベル・ヴァスケス役のグロリア・エステファンはラテンポップスの女王で、この映画の主題歌を担当しています。また、主人公のメリル・ストリープは、2ヶ月の猛特訓の末、ヴァイオリンを本当に演奏しています。バッハのヴァイオリン協奏曲二短調（Chap.38 113:28〜）を全員で合奏しています。 ○ 20世紀を代表する名ヴァイオリニストのアイザック・スターン（Isaac Stern）をはじめ、アーノルド・スタインハート、イツァーク・パールマン、マーク・オコナー、ジョシュア・ベルなど、世界的に著名なヴァイオリニストが本名で出演しています。映画の最後の方（Chap.38 112:55〜）で確認してください。 ○ この映画のハイライトの舞台となったカーネギーホールは、1891年実業家のアンドリュー・カーネギーによって建てられ、チャイコフスキーのコンサートで柿落しされました。音楽家にとっては憧れの舞台です。 ○ 当代きっての名女優メリル・ストリープ演じるロベルタが、生徒たちにヴァイオリンを教える練習方法は、実は日本の愛知県名古屋市生まれの鈴木鎮一（1898〜1998）が始めたスズキ・メソードです。音楽を通して心豊かな人を育てることを理念としたこの教育法は、日本よりも欧米、とりわけ米国で評価されています。また、映画の中で何回も演奏される「きらきら星変奏曲」は、スズキ・メソード音楽教室の、どの楽器でも最初に習う曲です。

スタッフ	監　督：ウェス・クレイブン 脚　本：パメラ・グレイ 製　作：スーザン・カプラン他 製作総指揮：エイミー・スロトニック他 音　楽：メイソン・ダーリング	キャスト	ロベルタ・ガスパーリ　　　：メリル・ストリープ ジャネット・ウィリアムズ　：アンジェラ・バセット イザベル・ヴァスケス　　　：グロリア・エステファン ブライアン・ターナー　　　：エイダン・クイン ドロテア・フォン・ハフテン：ジェイン・リーヴズ

ユー・ガット・サーブド		You Got Served	（執筆）返町　岳司

<table>
<tr>
<td rowspan="2">セリフ紹介</td>
<td>○　Chap.3 7:06〜　David: I mean, can you imagine when we blow up and we in front of thousands of fans? El, what's up with you?（想像してみろよ、有名になって、数千人の前でやりたい。エル、どうした？）Elgin: I'm tired of my mom always asking me what I'm going to do with my life. She working double shifts now because they went up on the rent. It's messed up because Liyah got into Princeton. That's cool and everything…but even with the scholarship, she can't afford to go.（母さんがいっつも将来何して暮らしていくんだって俺に聞いてくるのにうんざりなんだよ。家賃が上がって、母さんは仕事の量を増やしているんだ。せっかくリヤはプリンストン大学に受かって最高のはずなのに。奨学金をもらっても、まだ通うには足りないんだ。）→　小さなダンスバトルに勝利した後に、主役のエルジンとデビッドが、夜のバスケットコートで勝利の余韻に浸るシーンです。デビッドが夢を語った後、エルジンが現実の厳しさをなげいています。</td>
</tr>
<tr>
<td>○　Chap.19 49:53〜　Elgin: I was going to call you soon as I got your money. I didn't want to disturb you until then.（あんたの金を取り戻したらすぐにでも電話しようと思ってたんだ。それまではあんたの邪魔をしちゃいけないと思って。）Emerald: I called you 10 times, and you don't return my call?（お前に10回も電話したのに、俺にかけ直さなかったよな？）Elgin: I mean, yeah, I was going….（つまり、えー、あの…。）→　ドラッグの運び屋をやっていたエルジンが何者かに襲撃され、ドラッグを全て奪われてしまいます。その後、代金を弁償しろとマフィアのボス、エメラルドに車の中で詰め寄られ、エルジンが必死に言い訳をする緊迫したシーンでのセリフです。</td>
</tr>
<tr>
<td rowspan="3">学習ポイント</td>
<td>この作品では、主語が省略されたり、動詞の変化が正しく使われていなかったりするセリフが多く見られますが、中学校の授業で学ぶ表現も見ることができます。特に、次に紹介するチャプター7や18では、ひとつひとつの文が短く、比較的わかりやすい表現が多いのでお奨めです。</td>
</tr>
<tr>
<td>○　Chap.7 22:33〜　ダンスのメンバーが集まってバスケットボールをしている時に、少年リトル・セイントが現れ、兄的存在のリコと話をするシーン。Rico: What's up, little man?（よう、どうした？）Lil Saint: Hey, can I play? Can I play, please?（ねぇ、僕にもやらせて、お願い。）Rico: Next time.（今度な。）Lil Saint: Oh, man.（そんなぁ。）Rico: Just go chill. When I've done, I'll take you to go and get some ice cream.（あっちで待ってて。終わったら、アイス買いに連れて行ってやるから。）Lil Saint: All right.（わかった。）Rico: All right. For sure.（よーし。絶対な。）→　中学1年生で、「can 動詞（〜できる）」、2年生では「What's up?（どうした？）」「All right.（わかった。）」、「I'll 動詞．（〜するつもりだ。）」、「When 主語　動詞（主語が〜するとき）」「take 人（人を連れて行く）」、3年生では「I have 過去分詞（〜をし終えた）」を学びます。</td>
</tr>
<tr>
<td>○　Chap.18 47:35〜　エルジンと妹のリヤを、祖母が仲裁するシーンです。Grandma: I'm just glad you're alive, thank the Lord. I can't believe.（生きてるだけで良かった、神様に感謝ね。まさかね。）Liyah: Hi, grandma.（ハイ、おばあちゃん。）Grandma: My future doctor. How's school?（未来のお医者さん。学校はどう？）Liyah: Oh, I could have done better on my exams, but I had a lot going on….（試験でもっとやらなきゃいけないけど、いろいろあって…。）Grandma: You always make me proud. I'm worried about you and your brother. What's this, your mama tells me about you not speaking? Look here. Whatever's going on, I want it to stop right now. Do you understand? Start talking.（お前は私の誇りよ。私が心配なのはあなたと兄のこと。ママの話じゃ口をきかないって？こっちを見なさい。何が起こったにしろ、今すぐに終わらせたいのよ。わかる？話をしなさい。）Liyah: He hit me.（私をぶったの。）Elgin: No, I didn't.（ぶってない。）Grandma: Have you lost your mind? You never put your hand on any woman.（正気を失ったの？女性に手をあげちゃだめ。）→　1年生で「can't 動詞（〜できない）」、「always 動詞．（いつも〜する。）」、「Look.（注目。）」、「Do you understand?（わかった？）」、2年生で「I'm glad 主語 動詞（〜で私はうれしい）」、「tell 人　about 〜（人に〜のことを話す）」、「right now（ちょうど今）」、「start 〜ing（〜し始める）」、「過去形のhit（叩いた）」、3年生で「make 人 形容詞（人を〜にする）」、「never 動詞（決して〜しない）」を学習します。</td>
</tr>
<tr>
<td rowspan="2">あらすじ</td>
<td>この作品の舞台は米国のロサンゼルスのダウンタウンです。ストリートダンサーのエルジンとデビッドは無二の親友です。彼らのチームはストリートダンスバトルで常勝し、他のチームからも注目される存在でした。そんな時、他の地域に住むウェイドたちから5,000ドルをかけてダンスバトルをしようと挑戦状が届きます。余裕のエルジンとデビッドでしたが、チームメイトのソニーに裏切られ、バトルに負けてしまいます。負けて落ちこんでいるとき、2人は麻薬取引のトラブルに巻き込まれ、2人の仲は決裂してしまいます。</td>
</tr>
<tr>
<td>ある時、プロのプロデューサーが関わるダンスコンテストの話が2人の耳に入ると、優勝賞金50,000ドルと、ダンスにかけるプライドを賭け、2人は別々のチームでコンテストに参加をします。当然、ウェイドのチームも出場するのでした。デビッドのチームは予選敗退。エルジンとウェイドのチームは決勝戦へ進出します。しかし、決勝戦直前にチームのマスコットキャラクターを務めていた、リトル・セイントが銃撃戦に巻き込まれ死亡し、チームは勢いを失います。そんな中行われた決勝戦の結果は引き分け。判定に納得のいかない両チームは、ストリートスタイルで勝負をつけることになります。ストリートスタイルでは、交互に踊る以外はルールがないため、決勝戦ではエルジンとデビッド、両メンバーの全員がひとつのチームとしてウェイドのチームに挑むことになるのです。</td>
</tr>
<tr>
<td>映画情報</td>
<td>製　作　費：800万ドル
製　作　国：米国
ジャンル：ドラマ／ミュージック
言　　　語：英語
カラー映画</td>
<td>公開情報</td>
<td>公開日：2004年 1月30日（米国）
　　　　2004年10月27日（日本 DVDプレミア）
上演時間：95分
オープニングウィーケンド：1,612万3,105ドル
興業収入：4,006万6,497ドル</td>
</tr>
</table>

薦	○小学生　●中学生　●高校生　○大学生　○社会人	リスニング難易表	発売元：ソニー・ピクチャーズ エンタテインメント （平成27年2月現在、本体価格） DVD価格：1,410円

お薦めの理由	テレビで音楽番組を見れば、ダンスを踊るグループをたくさんみることができます。しかし、ストリートダンスやダンスバトルを見ることができる機会は、日本ではあまりないため、新鮮な体験がきっとできます。 　特に、中学生や高校生がこの作品を見れば、「みんなでひとつのことに取り組む素晴らしさ」に心打たれるでしょう。ぜひ、クラス全員で見てほしい作品です。	スピード	3
		明瞭さ	3
		米国訛	3
		米国外訛	2
英語の特徴	口論やダンスパフォーマンス、意地を張り合うなど、興奮状態で話すシーンが多く、聞き取りづらい場面がいくつかあるため、授業で使うには工夫が必要です。 　中学校で学習する発音と比べると、いくつか違いがあるものの、訛りやスラング、ジョークなどは比較的少なく、同じ使い回しの表現がたびたび使用されるので、内容理解はしやすいと言えます。	語彙	3
		専門語	2
		ジョーク	2
		スラング	2
		文法	3

授業での留意点

　授業でこの作品を使うにあたって確認しておきたいことは、全体を通して不完全な文法やスラングが多用されていることです。映像があるので、英語と英語字幕があればだいたいの意味は理解できるでしょうが、授業などでは見せる場面を絞ると良いでしょう。以下のシーンは、中学校で学習する内容ばかりで対話が続き、ストーリーもクライマックスを迎えるためお奨めです。

○　Chap.26の1:16:29～1:28:10までの12分間を見せます。見せる前に、以下のことを伝えます。「エルジンとデビッドは親友で、彼らのチームはストリートダンスバトルで常勝し、他のチームからも注目される存在でした。そんな時、5,000ドルをかけてダンスバトルをしようと、ダンサー「ウェイド」から挑戦状が届きますが、チームメイトに裏切られ、2人はそのバトルに敗れます。他にも色々と重なり、親友だった2人の仲は決裂してしまいました。しかし、プロのプロデューサーが関わるダンスコンテストの話が2人の耳に入ると、優勝賞金50,000ドルとプライドを賭け、2人は別々のチームでコンテストに参加をします。ところが、デビッドのチームはダンスを失敗し、予選で敗退。決勝直前には、マスコットキャラクターを務めていた、リトル・セイントが銃撃戦に巻き込まれ死亡してしまいます。最後まで残った5チームで決勝戦を行い、これから結果発表が行われます。」

○　授業では、生徒にはChap.26の台本のプリントを配布しておきます（ただし、セリフのところどころは虫食いにしておきます。）英語字幕を出しておき、場面にふさわしい日本語に変換させてみるのも良いでしょう。そういった活動をさせる時、中学校では4～6人1組ほどのグループで挑戦させると、生徒たちはグループ内でコミュニケーションを積極的に図ろうとすることが期待できます。難しい場合は、ヒントを与えるなどしてからもう一度見せるなど、映画や英語にあまり興味が持てない生徒にとっても、楽しく活動できる工夫が望ましいです。

☆　Chap.26に出てくるセリフ（お勧め対象学年別）

中学1年生：You can't do that. / What's this? / Look. / Listen to me. / He's right. / Wait a minute. / See, now you're talking. / Let's do this! / Thanks for coming.

中学2年生：This is going to be already tough decision. / All the crews were incredible, right? / Give them some love! / We're better than you. / This is bigger than that. / You have to let these boys battle it out. / This is crew against crew, just like we do it on the streets. / We decided to take it to the streets. / What's up? / The beat will play for five minutes. / When I yell "Stop," that's it.

中学3年生：Let's see what the judges think. / But what do you want me to do?

映画の背景と見所

○　出演者は16～20歳くらいの青年が中心です。役者達自身の成長過程を表すかのように、ダンスやバスケットボールをして遊んだり、レストランで食事をしたりして仲間と過ごすシーンが見られます。本作品を通して、彼らの暮らしや、ダンスを通して少しずつ夢がふくらみ、大きな夢をつかもうとする姿を見ることができます。

○　本作品には、リル・キムやララ・アンソニー、ウェイド・ロブソンらが、その名のまま出演しています。また、元ヒップホップグループ「B2K」のボーカルを務めたオマリオンら4名や、歌手のマーカス・ヒューストンが、ダンサー兼役者として登場しています。

○　見所は、何と言ってもダンスバトルのシーンです。近年、中学校では体育科の授業でダンスが行われたり、高等学校ではダンス部の創部やコンテストが活発化したりしていますが、日本のテレビ番組で見られるダンスと、この作品中で見られるダンスには、大きな違いがあります。それは、同じ音楽の演奏の中で、30秒から1分交替で、チーム全員でダンスを踊り、音楽が終わったとき、観客の拍手が大きいチームが勝利するという、「ダンスを使った戦い」であるというところです。勝敗がつくということもあり、見ている人達の興味や関心を惹くパフォーマンスが多く、まばたきすることを忘れてしまうほど興奮できます。

スタッフ

監督・脚本：クリス・ストークス
製　作：マーカス・モートン／ビリー・ポリーナ
　　　　カシアス・ヴァーノン・ウェザーズビー
撮　影：デビッド・ヘニングス
音　楽：タイラー・ベイツ

キャスト

デビッド：オマリオン
エルジン　：マーカス・ヒューストン
ラッド　：スティーヴ・ハーヴェイ
リコ　　：J・ブーグ　　　リル・キム：リル・キム
ヴィック：ラズ・B　　　　ラシャーン：リル・フィズ

ラスト・アクション・ヒーロー	Last Action Hero	（執筆）松葉　明

セリフ紹介

この映画を特徴づけるセリフを紹介します。　　（Chap：BDのチャプター番号と時間　※DVDとは異なります）

○ This is a magic ticket. It was given to me by the best magician in India, and it was given to him by the best magician in Tibet. It's a passport to another world. It was mine, and now it's yours.　　（Chap.3 6:58〜）
「これは魔法のチケットだ。私はそれをインドで一番のマジシャンからもらった。そして彼はそれをチベットで一番のマジシャンからもらった。それは別の世界へのパスポートだ。私のだったが、今は君のものだ。」
主人公の少年ダニーが、いつも通っている映画館主ニックのセリフです。この後、ダニーに不思議なことが…。

○ Big mistake！「大きな間違いだ！」　　　　　　　　　　（Chap.2 10:20〜）,（Chap.5 37:42〜）etc.
アーノルド・シュワルツェネッガー扮するジャック・スレイターの決まり文句です。映画の中で何度も登場し、ジャックの娘役のホイットニー（Chap.8 53:05〜）も使っています。『ターミネーター2（1991年）』では、"I'll be back." 「戻ってくる。」が有名です。この映画でもそれ（Chap.6 42:39〜）は出てきます。

○ Danny told me not to trust you. He said you killed Mozart.　　　　　　　　（Chap.10 69:14〜）
「ダニーが俺にお前を信用するなと言っていた。お前はモーツァルトを殺したそうだ。」
ジャック・スレイターが同僚のプラクティスの裏切りに遭う場面でのセリフです。プラクティス扮するF・マーリー・エイブラハムは、『アマデウス（1984年）』でモーツァルトを殺害するサリエリ役で、その年のアカデミー賞主演男優賞を受賞したのは有名です。ダニー少年の映画に関する知識の豊富さに驚かされます。

学習ポイント

中学生用の学習教材満載のセリフを中心に集めてみました。

○ Mom : Where have you been ? Have you got any idea what time it is ? The police called. You're not there, you're not here.　　　　　　　　　　　　　　　　　　　　　　　　　（Chap.13 91:32〜）
「どこに行ってたの？　何時だかわかってるの？　警察が電話してくるし。あんたはどこにもいない。」
Danny : Mom, I'm sorry, okay ? Shh. 「母さん、ごめんよ、いい？　シーッ。」
Mom :"Okay, shh ?" There are nine million kids out there with guns and that's all you have to say to me ? "Okay, shh ?" Will you get in here ?「'いい、シーッ？'外には900万人も銃をもったワルがいるのに私に言うことはそれだけなの？'いい、シーッ？'中に入って。」
Danny : Well, Mom, wait. You know how you always say you wished I had more friends ? Well...
「ちょっと待って、母さん。　いつも僕にもっと友だちがいたらと言っていたよね。　えっと…。」
Jack : Hello, Mrs. Madigan. Arnold Braunshweiger.
「こんにちは、マディガンさん。アーノルド・ブラウンシュワイガーです。」
無断で遅く帰宅したダニーに、母が怒って言います。どこの家庭でもよくある場面ですね。

○ Jack : Do you know how to drive ?「運転の仕方を知ってるか？」　　　　　（Chap.15 115:17〜）
Danny : Sure. I watched you, didn't I ?「もちろん。あんたを見てたからね。」
現実の世界で重傷を負ったジャック・スレイターの代わりに、ダニーが車の運転をする場面です。

○ Death : I was only curious. He's not on any of my lists. Though you are, Daniel.　（Chap.16 117:32〜）
「私はただ興味があっただけだ。彼はリストに入っていない。でもお前は、ダニエル。」
Danny : Now ?「今？」
Death : Oh, no. You die a grandfather.「いいや、違う。おじいさんになってから死ぬんだよ。」
・・・・・・・・・・・・・・・・（中略）・・・・・・・・・・・・・・・
Death : You're a very brave young man. Unfortunately, you're not very bright. If I were you, I might be looking for the other half of the ticket.　　　　　　　　　　　　　　（Chap.18 118:15〜）
「お前はとても勇敢な少年だ。でもあまり賢くないな。私だったらチケットの残り半分を探すだろう。」
映画から出てきた死神が、意外にも大切な忠告をダニーにする場面です。仮定法が学習ポイントです。

あらすじ

　11歳になるダニー・マディガン少年は、ニューヨークで母と二人暮らしの孤独な少年です。彼の唯一の楽しみは、「パンドラ」という名の、今ではうらぶれた映画館でお気に入りの映画『ジャック・スレイター』を観ることです。そんなある日、「パンドラ」で働く映写技師のニックから、別の世界へのパスポートという魔法のチケットをもらいます。それをポケットに入れて、ニックと次回作『ジャック・スレイターⅢ』のフィルム・チェックをするため、客席でその映画を観ていると、そのチケットが輝き、映画の中のダイナマイトが画面から客席へと飛んできました。通路を逃げるダニーが、もうダメだと思った瞬間、ダニーはジャック・スレイター運転する車の中にいるのでした。そう、ダニーは映画の世界へ入っていったのでした。
　その世界では、マフィアのボス、ヴィヴァルディが殺し屋ベネディクトとともに縄張り争いをしており、前作で物語の流れをしっているダニーは、ジャックとともに捜査することになります。ベネディクトは、自分のことを何でも知っているダニーを不思議に思い、ジャックの家を襲ったときに、ダニーから魔法のチケットが入った財布を取り上げます。そして、銃撃戦の最中、魔法のチケットでベネディクトは現実の世界へ。それを追ってジャックとダニーも続きます。現実と映画の世界を股にかけ、はたして、二人の冒険活劇はどうなっていくのでしょうか。

映画情報

製作年：1993年（平成5年）
製作国：米国
配給会社：コロンビア・ピクチャーズ
言　語：英語
ジャンル：コメディ、冒険、ファンタジー

公開情報

公開日：1993年6月18日（米国）
　　　　1993年8月14日（日本）
上映時間：131分
MPAA（上映制限）：PG-13
音　声：英語・日本語　字　幕：日本語・英語（BDのみ）

薦	●小学生　●中学生　●高校生　○大学生　○社会人	リスニング難易表		発売元：ソニー・ピクチャーズ エンタテインメント （平成27年2月現在、本体価格） DVD価格：1,410円　ブルーレイ価格：2,381円
お薦めの理由	こんなところにあの俳優が登場するの？と思わず微笑んでしまうような、映画好きにはたまらない遊び心いっぱいのアクション・コメディです。学校をさぼって、老映写技師のいる映画館に通う主人公の少年ダニーに共感を覚える人は、きっと不朽の名作『ニュー・シネマ・パラダイス（1989年）』のトト少年を連想するでしょう。映画の中では、ダニーのことを'トト'と呼んでいる場面も出てきます。	スピード	2	
		明瞭さ	3	
		米国訛	2	
		米国外訛	2	
英語の特徴	11歳の少年ダニーを中心に物語が展開されるので、話される英語はそれほど難しくありません。 　物語は劇中劇のつくりになっています。そこでのセリフのやりとりに着目してみると、楽しく英語を学習できます。また、セリフのところで紹介できなかった、アンソニー・クイン演じるマフィアのボス、ヴィヴァルディと、その殺し屋ベネディクトとのやりとりもユーモア満載です。	語彙	2	
		専門語	2	
		ジョーク	3	
		スラング	2	
		文法	2	

授業での留意点

この映画の中に出てくる数々の映画に関連したセリフに着目してみましょう。
○　Hamlet　：Hey, Claudius. You killed my father. Big mistake !　　　　　　　　（Chap.2 10:09～）
　　「おい、クローディアス。　お前が父を殺したな。　大きな間違いだ！」
　　Narrator : Something is rotten in the state of Denmark, and Hamlet is taking out the trash.
　　「デンマーク王国では何かがあやしい気がします、ハムレットが解決に乗り出します。」
　　Old man : *Stay thy hand, fair prince.*「待たれよ、誇り高き王子。」
　　Hamlet　：*Who said I'm fair ?*「俺が誇り高いって誰が言った？」
　　Narrator : No one is going to tell this sweet prince,"Good night".
　　「この優しい王子に"おやすみ"と言う者はいない。」
　　Hamlet　：*To be or not to be. Not to be.*「生きるべきか死ぬべきか。死ぬべきだ。」
　授業で映画『ハムレット（1948年）』を観ていたダニーは、妄想してハムレットがジャック・スレイターに代わったことにしてしまいます。場面は白黒のままですが、銃を撃って相手を殺してしまう奇想天外な物語になります。ちなみに、生徒たちに名優ローレンス・オリヴィエの『ハムレット』を見せる先生役の女優はジョーン・プロウライトで、彼女はローレンス・オリヴィエの妻です。また、セリフの中に『ハムレット』の原作からの引用も出ています。
○　Danny : *No. It isn't possible.*「うそだ。あり得ない。」　　　　　　　　　　　（Chap.5 38:46～）
　　Jack　：*What's not possible ? He's fantastic. This is his best performance ever.*
　　　　　「何があり得ないんだ？　彼は最高じゃないか。これは彼の代表作だぞ。」
　　Danny : *But that was you ! YOU were in that movie !*「でもあんたなんだ！　あんたがその映画に出たんだ。」
　シルヴェスター・スタローンが『ターミネーター2』の主役になっているポスターを見てのやりとりの場面です。二人ともアクションスターですが、それぞれの代表作は言えますか？
○　Jack　：*I'll be back ! Ha ! You didn't know I was gonna say that, did you ?*　　（Chap.6 42:39～）
　　　　　「戻ってくる！　はっ！　俺がそんなこと言うと思ってなかっただろ？」
　　Danny : *That's what you always say !*「いつも言ってるじゃないか！」
　　Jack　：*I do ?*「俺が言ってるのか？」
　『ターミネーター2』の主役がジャック・スレイターと信じて疑わないダニーと、ジャックの会話は笑えますね。

映画の背景と見所

○　'Last Action Hero' とはどういう意味でしょう。実は 'last' には「最後の／最近の」と学校では習いますが、ここでの意味は「最高の、究極的な」の意味で使われています。'思い込み'にならないようにしましょう。
○　次々に登場する俳優人に注目しましょう。ロサンゼルス市長として現れるティナ・ターナー（Chap.1 2:43～）を始めに、ジャックとダニーが警察署に入っていくところ（Chap.5 32:20～）ですれ違う男女は、『氷の微笑（1992年）』の姿のシャロン・ストーン、『ターミネーター2（1991年）』の警官姿のロバート・パトリックです。そして、映画のプレミアショー（Chap.14 103:33～）ではジェームズ・ベルーシ、ジャン＝クロード・ヴァン・ダム、M.C.ハマー等、何人出てくるのか数えるおもしろさがあります。
○　俳優だけでなく、映画の中で映画作品が話題になっています。他で紹介した作品以外にも、自転車に乗ったダニー少年が『E.T.（1982年）』のように飛んだり（Chap.9 57:33～）、ダニー少年が『ダイ・ハード（1988年）』や『刑事ジョン・ブック／目撃者（1985年）』の件を語ったり（Chap.13）します。どのくらいその内容がわかりますか？
○　アーノルド・シュワルツェネッガー本人が映画『ジャック・スレイター』のプレミアショーに登場する場面では、当時の妻マリア・シュライヴァー本人（Chap.14 101:30～）が、夫をたしなめる役で出ています。

| スタッフ | 監督・製作　：ジョン・マクティアナン
製作総指揮　：アーノルド・シュワルツェネッガー
脚　　本　：シェーン・ブラック　他
撮　　影　：ディーン・セムラー
音　　楽　：マイケル・ケイメン | キャスト | ジャック・スレイター：アーノルド・シュワルツェネッガー
ダニー　　　　　　：オースティン・オブライエン
ベネディクト　　　：チャールズ・ダンス
プラクティス　　　：F．マーリー・エイブラハム
ヴィヴァルディ　　：アンソニー・クイン |

リーグ・オブ・レジェンド／時空を超えた戦い
The League of Extraordinary Gentlemen

（執筆）松葉　明

セリフ紹介

この映画を特徴づけるセリフを紹介します。　　　　　　　　　　（Chap：チャプター番号と時間）
- You are the League of so-called Etraordinary Gentlemen.　　　（Chap.6 24:46～）
  「君たちがいわゆる超人紳士同盟だな。」
  ファントムが、アラン・クォーターメイン率いるヒーローたちに向かって言うセリフです。この映画のタイトルは、ここと謎の人物Mが言う（Chap.4 15:12～）ときに登場します。
- Old tigers, sensing the end, they're at their most fierce. And they go down fighting.　（Chap.11 42:42～）
  「老いた虎は、死期を感じ取ると、最も凶暴になる。そして戦いを挑む。」
  リーダーのクォーターメインが、自分の心境をネモ船長に語ります。本作の最後へとつながるセリフになります。
- Don't worry, I've had my fill of throats for this evening.　　　（Chap.16 63:55～）
  「心配しないで、今晩は十分に喉を潤すことができたわ。」
  吸血鬼のミナ・ハーカーが、トム・ソーヤーに近づいてきて言うセリフです。トムは、以前にミナが血を吸う場面を見ていたので、思わず身を退けてしまいます。
- May this new century be yours, son, as the old one was mine.　（Chap.30 99:55～）
  「この新しい世紀がお前の時代になるように、古い時代は私の時代だったように。」
  戦いに敗れ、絶命しようとしているときにクォーターメインが息子のように思うトム・ソーヤーに語るセリフです。

学習ポイント

それぞれの登場人物を表すセリフに焦点をあてて紹介します。
- Rodney Skinner : Once you're invisible, it's bloody hard to turn back.　（Chap.4 17:56～）
  「一度透明になってみたら、元に戻るのはすごく難しい。」
  透明人間のスキナーが、姿を現すようにしながら、クォーターメインにその経緯を語るセリフです。
- Mina Harker : My husband's been dead for years.「夫はずっと前に死んだわ。」　（Chap.4 18:29～）
  ドラキュラとなったハーカー夫人ですが、夫はドラキュラ伯爵の戦いですでに死んでいることをこう説明します。
- Allan Quatermain : He said Africa would never allow me to die.　（Chap.5 23:18～）
  「彼が言うにはアフリカは決して私を殺さないそうだ。」
  ドリアン・グレイに、あなたは不死身なのかと言われたときのクォーターメインのセリフです。村を救ったお礼に、呪い師に言われたことを言っています。しかし、最後にクォーターメインは・・・。
- Tom Sawyer : Special Agent Sawyer of the American Secret Service.　（Chap.8 30:00～）
  「アメリカ秘密諜報機関のソーヤー諜報部員。」
  ファントム率いる謎の軍団から、窮地を救ったときのトム・ソーヤーのセリフです。ヨーロッパだけでなく、世界規模で、米国にまで戦争の危機が訪れてきていることを表しています。（もちろん、原作でのトム・ソーヤーは、諜報員ではありません。）
- Captain Nemo : Behold *Nautilus*, the Sword of the Ocean. Next stop, Paris.　（Chap.8 32:49～）
  「見よ、ノーチラス号、大洋の剣だ。次の寄港地はパリだ。」
  海底から現れたノーチラス号を前にして、ネモが言います。彼がノーチラス号の船長であることは、本を読んだことのある人、東京ディズニー・シーに行ったことのある人はわかりますね。'behold'「見よ」は古い言い回しです。
- Dr. Henry Jekyll : Dr. Jekyll, …at your service.「ジキル博士だ、よろしく。」　（Chap.9 38:04～）
  最後のメンバーのジキル博士が、ハイド氏から変身したときのセリフです。そしてクォーターメインは "So, the League is set."「これでメンバーは揃った。」と言います。
- Dorian Gray : Every year that passes, my portrait ages, instead of me.　（Chap.13 49:04～）
  「毎年毎年、私の肖像画が年をとっていく、私の代わりに。」
  ドリアン・グレイが、ミナ・ハーカーに語ります。原作のドリアン・グレイの概要がこの一文でわかります。

あらすじ

時は1899年、まもなく20世紀になろうとしていたころ、ヨーロッパの列強は世界戦争の危機を迎えていました。ある晩、ロンドンの銀行を、戦車を筆頭に近代兵器を備えた謎の軍団が押し入り、ダ・ヴィンチの設計したヴェニスの町の図面を奪い、時を同じくしてドイツの飛行船工場も襲撃を受けます。事態を重くみた英国政府は、ケニアにいるアラン・クォーターメインのもとに使者を送り、超人チームのリーダーとなることを依頼するのでした。
　ロンドンにやってきたクォーターメインは、Mと名乗る謎の人物から、これまでのテロ行為はファントムの仕業であることを説明し、ヴェニスで行われる和平会議の妨害を阻止するように命じます。メンバーは、ノーチラス号のネモ船長、透明人間のロドニ・スキナー、吸血鬼のミナ・ハーカー、不死身のドリアン・グレイ、米国からやってきたトム・ソーヤー、そしてパリで合流したジキル博士の七人です。かくして「超人紳士同盟」が結成されるのでした。
　ネモ船長の潜水艦ノーチラス号でヴェニスにやってきた一行は、ファントム軍団の破壊行動の進む中、壊滅の阻止には成功するものの、常に先回りをしているファントム軍団の攻撃を受けることになります。メンバーの中に、ファントムと通じる裏切り者がいたのでした。はたしてクォーターメイン率いる「超人紳士同盟」は、任務を全うすることができるのでしょうか？そして、ファントムの真の目的とは？

映画情報

製　作　年：2003年（平成15年）
製　作　国：米国
配給会社：20世紀フォックス
言　　　語：英語、ドイツ語、イタリア語
ジャンル：アクション、冒険、ファンタジー

公開情報

公開日：2003年　7月11日（米国）
　　　　2003年10月11日（日本）
上映時間：110分
MPAA（上映制限）：PG-13
音　声：英語・日本語　　字　幕：日本語・英語

薦	○小学生　●中学生　●高校生　●大学生　●社会人	リスニング難易表		発売元：20世紀 フォックス ホーム エンターテイメント ジャパン（平成27年2月現在、本体価格）DVD価格：1,419円　ブルーレイ価格：2,381円
お薦めの理由	悪に立ち向かう七人といえば、『七人の侍（1954年）』が日本ではとりわけ有名です。本作はその七人のメンバーが、世界の名作のヒーローたちになっています。特に有名なのは「ネモ船長」と「トム・ソーヤー」でしょうか。他の名前を聞いてもピンとこない人も、映画を見ればきっとそのメンバーには気づくでしょう。映画を見終わった後、それぞれの原作が気になること間違いなしです。	スピード	2	
^	^	明瞭さ	2	
^	^	米国訛	2	
^	^	米国外訛	3	
^	^	語彙	2	
英語の特徴	全体的に会話速度は速くないので、聞き取りやすい部類に入るでしょう。特にネモ船長の話す英語は、ゆっくり、はっきりしているので非常にわかりやすいです。 七つの物語が凝縮された作品なので、それぞれの物語を知っているかいないかで、内容理解はずいぶんと変わります。原作はもちろんのこと、それぞれ映画化された作品があるので、本作品を機会にそれらも鑑賞してみましょう。	専門語	3	
^	^	ジョーク	3	
^	^	スラング	2	
^	^	文法	2	

授業での留意点

映画の舞台となった時代を表すセリフに焦点をあてて紹介します。
○ Reed : My name is Sanderson Reed. I'm a representative of Her Majesty's British Government. The empire needs you. (Chap.2 7:08〜)
「私の名はサンダーソン・リード。大英帝国を代表して参りました。帝国はあなたを必要としています。」
クォーターメインを探しに、英国を代表してアフリカのケニアまでやってきたリードのセリフです。「〜の代表」は'representative'を使います。中学では未習語ですが、よく使うので覚えておきましょう。
○ Quatermain : Not as good as Phileas Fogg, *Around the World in 80 days*. (Chap.3 13:41〜)
「フィリアス・フォッグの八十日間世界一周ほどではないがね。」
ケニアからロンドンにやってきたクォーターメインに、リードが早く着いたことを言ったときの返答です。ジュール・ベルヌの書いた「八十日間世界一周」は、19世紀後半、英国の富豪フィリアス・フォッグが賭けをして、80日間で世界一周の旅に出る有名な冒険小説です。1956年に映画化もされています。
○ Quatermain : What in God's name is that? 「あれはいったい何なんだ？」 (Chap.4 19:06〜)
　Nemo : I call it an automobile.「私は自動車と呼んでいる。」
　Skinner : Yeah, but what is it ?「そうか、で何なの？」
　Nemo : The future, gentlemen. The future.「未来だよ、諸君。未来だ。」
19世紀末には、まだ自動車なるものは全く普及していなかったのです。それでネモ船長所有の六輪の「ネモ・モービル」の姿には圧倒されます。'in God's name'は「一体全体」と、強調する語句です。
○ Skinner : This is a charming spot. Does Jack the Ripper live here ? (Chap.5 21:27〜)
「ここは魅惑的な場所だな。切り裂きジャックが住んでいるのか？」
'Jack the Ripper'「切り裂きジャック」は、19世紀後半ロンドンで実際にあった猟奇殺人事件で、犯人は未だに確認されていない有名な事件です。2001年に制作された映画『フロム・ヘル（From Hell）』は、この事件を題材にして制作されました。
○ Nemo : The solar panels are fully charged. We'll be diving in a moment. (Chap.10 40:06〜)
「太陽光パネルは充電した。まもなく我々は海に潜ります。」
ネモ船長の「ノーチラス号」は、太陽光発電を備えています。（この時代にはソーラー・パネルは存在しません。）

映画の背景と見所

☆ 七人の人物は、それぞれ次のような作家によって生まれました。時間をみつけて読んでみましょう。
○ アラン・クォーターメインは、H・R・ハガードの「ソロモン王の洞窟」（1885年）の主人公で、アフリカン・サファリ・ライフルが彼の武器となっており、息子に対する愛情は、本作ではトム・ソーヤーに対して注がれています。
○ ネモ船長は、ジュール・ベルヌの「海底二万里」（1869年）に登場し、彼の潜水艦ノーチラス号の名を聞いた人は多いでしょう。
○ ミナ・ハーカーは、ブラム・ストーカーの「吸血鬼ドラキュラ」（1897年）のヒロインです。
○ ロドニー・スキナーは、H・G・ウェルズ「透明人間」（1897年）、ドリアン・グレイは、オスカー・ワイルドの「ドリアン・グレイの肖像」（1891年）の主人公です。
○ ジキル博士は、R・L・スティーヴンソンの「ジキル博士とハイド氏」（1886年）、そしてもちろん、トム・ソーヤーはマーク・トウェインの「トム・ソーヤーの冒険」（1876年）の主人公です。
○ 舞台の場面がロンドン、パリ、そしてヴェニスへと移動します。当時の町並みを垣間見ることができます。ヨーロッパの古い町並みは、今でもそれほど変わっていないことが特徴です。

スタッフ / キャスト

監　督　：スティーブン・ノリントン
製作総指揮：マーク・ゴードン
脚　本　：ジェームズ・デイル・ロビンソン
原　作　：アラン・ムーア
音　楽　：トレバー・ジョーンズ

アラン・クォーターメイン：ショーン・コネリー
ネモ船長　　　　　　　：ナサーラディン・シャー
ミナ・ハーカー　　　　：ペータ・ウィルソン
ロドニー・スキナー　　：トニー・カラン
ドリアン・グレイ　　　：スチュアート・タウンゼント

リトル・ミス・サンシャイン　Little Miss Sunshine

（執筆）松葉　明

セリフ紹介

この映画を特徴づけるセリフを紹介します。　　　　　　　　　　（Chap：チャプター番号と時間）

○ "There are two kinds of people in this world : winners, and losers."　　　　（Chap.1 1:24〜）
「この世界には2種類の人々がいます。勝ち組と負け組です。」
映画の冒頭で、フーヴァー家の主人リチャードが「自己啓発プログラム」での講演をしています。その講演の最初のセリフです。しかし、聴衆は10人程度。このリチャード自身が、さも負け組の一人を表しているようです。

○ "You know what a loser is ? A real loser is somebody that's so afraid of not winning, they don't even try."
「負け組は何か知ってるか？　本当の負け組は勝てないことを恐れる人のことで、挑戦さえしないんだ。」
（Chap.11 45:25〜）モーテルの部屋で、同室となった祖父が、負け組になることを恐れる孫娘のアビゲイルを励ますときのセリフです。奇天烈な祖父ですが、孫娘には優しい良いおじいちゃんです。

○ "Whatever happens…we're family. And what's important is that we love each other."　　（Chap.13 51:50〜）
「何が起ころうとも私たちは家族よ。そして大切なことは私たちが愛し合っているということ。」
祖父が突然亡くなって、悲しみにくれる母シェリルの、息子と娘への言葉です。

○ "High school, those are your prime suffering years. You don't get better suffering than that."（Chap.20 83:43〜）
「高校時代、それは最高に悩める時代だ。　君はそれ以上に悩める時はないぞ。」
ようやくフランクは、妹の息子ドウェインと腹を割った話ができるようになったときのセリフです。

学習ポイント

この映画は、家庭での日常会話が満載です。

○ Sheryl : Olive！Dinnertime！「オリーヴ！　夕食の時間よ！」　　　　　　　　（Chap.2 8:22〜）
　Olive　：Coming！「行く！」
食事時の定番です。「行く」が、"Going"ではなく"Coming"で確実に覚えましょう。

○ Richard : We're going to California.「カリフォルニアに行くぞ！」　　　　　　　（Chap.4 21:00〜）
娘オリーヴが、ミス・コンで地区予選繰り上がり優勝で本選出場が決まり、カリフォルニアで行われる大会に出場するか否かで家族でもめたとき、父親のリチャードが、オリーヴの優勝できるという意思を確認したときのセリフです。中学1年レベルの英語です。

○ Olive　：Mom, how much can we spend ?「ママ、いくらまでならいいの？」　　　（Chap.6 25:29〜）
　Sheryl : I would say four dollars. Anything under four dollars.「4ドルかしら。4ドルまでなら何でもいいわ。」
　Olive　：Okay.「わかった。」
カリフォルニアまでの旅の途中のレストランでの場面です。食事を頼む前に、予算の少ない中、オリーヴが母親にいくらまでなら頼んでいいのかを尋ねます。母親が財布を握っていることがわかります。中学1年レベルの英語ですが、'I would say 〜'「〜でしょうね。」は 'I think 〜' の婉曲表現で、中学3年レベルとなります。

○ Grandpa : Olive… You are the most beautiful girl in the whole world.　　　　（Chap.11 44:50〜）
　　　　　「オリーヴ、お前は世界中で一番かわいい女の子だよ。」
明日のコンテストが不安なオリーヴが、祖父に "Am I pretty ?" と聞いた質問の答えがこのセリフです。この後、オリーヴは、「口先で言っているだけでしょ。」を表す定番の "You're just saying that." と言います。それを受けて祖父はこうも言います。"No, I'm not. I'm madly in love with you, and it's not because of your brains or your personality. It's because you're beautiful, inside and out."「いや、違うよ。私はお前が大好きなんだ。それはお前の頭の良さや、性格だからじゃない。お前は内面も外面も美しいからだよ。」と言って励まします。

○ MC　　：Is he here ? Where's your grandpa right now ?「おじいちゃんは今どこにいるの？」（Chap.22 90:13〜）
　Olive : In the trunk of our car.「私たちの車のトランクの中。」
ミス・コンでのインタビューの場面の会話です。これだけでは、どうしておじいさんは「トランクの中」にいるのかと思えます。実はおじいちゃんは旅の途中で急死して、しばらくの間、その遺体は車の中にあったのでした。

あらすじ

米国ニューメキシコ州のアルバカーキに住む7歳女の子オリーヴは、今日もミス・コンテストのビデオ研究に余念がありません。彼女の夢は全米美少女コンテスト（リトル・ミス・サンシャイン）に出て優勝すること。そんなある日、地区人会の優勝者が欠格となり、準優勝のオリーヴに、カリフォルニア州レドンド・ビーチで開催される本大会出場資格が舞い込んできます。歓喜するオリーヴでしたが、周囲の家族は複雑な気持ちです。人を勝ち組と負け組に分け、勝者になることがすべてであることを信じてやまない父リチャード。老人ホームを追い出されたヘロイン中毒の祖父に、ニーチェを崇拝し、空軍士官学校に入学するまでは一言も口をきかないと決めた高校生の兄ドウェイン。それに加えて、同性愛者で自殺未遂の経験をもつ、自称プルースト研究第1人者の伯父フランク。そして、家族に不満をもちながらも、皆のまとめ役の母シェリルと、オリーヴを加えた6人が家族のメンバーです。

経済的余裕もない中、飛行機で行くことも、自殺する可能性のあるフランクを置いていくこともできずに、一家は全員で、古い黄色のフォルクスワーゲンのミニバスに乗り込んでカリフォルニアを目指すことになります。途中、一家を象徴するようなミニバスが故障してしまったり、口汚いけれど孫娘のよき理解者の祖父が急死したりと、災難続きの中、ようやく遅刻して会場に到着します。そして、なんとか出場にこぎつけ、大会に臨むことになります。

映画情報

製　作　年：2006年（平成18年）
製　作　国：米国
配給会社：20世紀フォックス
言　　　語：英語
第79回アカデミー賞脚本賞、助演男優賞受賞

公開情報

公　開　日：2006年7月26日（米国）
　　　　　　2006年12月23日（日本）
上映時間：100分
MPAA（上映制限）：PG-12
音　声：英語・日本語　　字　幕：日本語・英語

薦	○小学生　●中学生　●高校生　●大学生　○社会人	リスニング難易表		発売元：20世紀 フォックス ホーム エンターテイメント ジャパン （平成27年2月現在、本体価格） DVD価格：1,419円　ブルーレイ価格：1,905円
お薦めの理由	幸せな家族の物語とはほど遠い、一見不幸を描いたような家族の映画です。人生を勝者と敗者に分け、さも自分は勝者の側にいるような父親と、老人ホームを追い出された奇天烈な祖父、自殺未遂の大学教授の伯父等。しかし、7歳の娘オリーヴのミス・コン出場に向けて、少しずつ互いを思いやる気持ちが素直に出てきて、最後は晴れやかな気分に浸ることのできる、アカデミー脚本賞受賞の秀作です。	スピード	3	2007 ACADEMY AWARD® WINNERS LITTLE MISS SUNSHINE リトル・ミス・サンシャイン
		明瞭さ	2	
		米国訛	3	
		米国外訛	2	
英語の特徴	標準的な米国英語です。怒ったり、興奮したりする場面では、早口になって聞き取りにくいですが、会話の中心が家族のやりとりになっているので、日常よく使われる表現が多く出てきて学習教材に適しています。また、登場人物の年齢構成やそれぞれの性格もまちまちなので、その表現方法を比べてみるとおもしろいです。脚本賞受賞の作品とあって、物語の展開も大変参考になります。	語　彙	3	
		専門語	2	
		ジョーク	2	
		スラング	4	
		文　法	3	

授業での留意点

教科書には出てこないけれど、覚えてためになる表現がたくさんあります。語彙力を高めましょう。

○　Olive　：Mom? Is Grandpa dead?「ママ？　おじいちゃんは死んだの？」　　　　　　　　（Chap.13 53:21〜）
　　Sheryl：Yeah, honey. He passed away.「そうよ、亡くなったのよ。」
「死んでいる」を'dead'で習いますが、その婉曲表現'pass away'は習いません。日本語でも「他界する」等の言い方がありますので、紹介しましょう。ここではちょうど比較することができます。

○　Frank　：What happened?「どうした？」　　　　　　　　　　　　　　　　　　　　　　（Chap.15 61:38〜）
　　Richard：He, he cut me off.「やつが、やつが横入りしたんだ。」
'cut off'で「割り込む、横入りする」です。易しい単語ですので覚えましょう。

○　Frank：Dwayne, I think you might be color-blind. You can't fly jets if you're color-blind.　（Chap.16 66:23〜）
　　　　　「ドウェイン、君は色覚異常だと思う。色覚異常なら飛行機で飛ぶことはできない。」
'color-blind'「色覚異常、色弱、色盲」です。'blind'「盲目の、ブラインド（日よけ）」から類推できる語ですので、紹介しましょう。

○　'pull over'「（車を）止める」です。もとは、「道路の片側に寄せて止める」ことです。'stop'でも意味は通じますが、これも日常よく使われますので覚えておくといいでしょう。自分が色覚異常とわかり、パイロットになれないと思ったドウェインが車内で暴れたため、周りの皆が繰り返し使っています。　　　　　　　　　　（Chap.16 66:57〜）

○　Sheryl：Olive is who she is.「オリーヴはオリーヴなの。」　　　　　　　　　　　　　　（Chap.21 87:57〜）
オリーヴの兄ドウェインが、オリーヴを本選の舞台に出すのをやめさせようと、母シェリルに向かって言ったのを受けてのセリフです。やる気になっている娘オリーヴに、最後までやらせたいという母親の気持ちが出ているセリフの一部です。「ありのまま、そのままがいい」という意味で、"You are who you are."「君は君なんだ。」というように、いろいろな使い方ができます。

○　"Copy that."「了解。」　　　　　　　　　　　　　　　　　　　　　　　　　　　　　　　（Chap.21 89:09〜）
進行係が指示を受けたときのセリフです。このまま覚えてしまいましょう。

○　Richard：Olive, your grandpa would have been really proud of you.　　　　　　　　　　（Chap.23 95.43〜）
　　　　　「オリーヴ、おじいちゃんも本当にお前を誇りに思ってるよ。」
'be proud of 〜'「〜を誇りに思う」の応用です。時制に注意が必要です。

映画の背景と見所

○　監督のジョナサン・デイトンとヴァレリー・ファレスは夫婦です。夫の立場からの視点と、妻からの立場の視点の共同作業が、この作品を成功に導いたといえるでしょう。

○　主演者たちは、撮影の1週間前から生活を共にするようにして制作に臨んだそうです。そうすることで、複雑な人間関係がからんだ本作品の、制作過程での意思疎通ができるようになったと思われます。

○　低予算で制作されたこの作品は、批評家の間で絶賛され、アカデミー賞では作品賞を含む4部門でノミネートされ、脚本賞と助演男優賞（アラン・アーキン）の2部門で受賞しました。

○　本作品の特徴のひとつは、フォルクスワーゲンの黄色の中古ミニバスです。道中で故障し、坂や人力で少し動かさないとエンジンがかからないこの車は、まるで崩壊している家族を表しています。撮影には、同型のものが5台用意されたそうです。

○　孫娘のオリーヴがヘッドホンで音楽を聴いていることをいいことに、グランパ演じるアラン・アーキンが車内で卑猥な話をする場面（Chap.5 22:42〜）があります。オリーヴ役のアビゲイル・ブレスリンは、実際何を話しているか、映画の完成まで知らなかったそうです。

スタッフ	監　督：ジョナサン・デイトン＆ヴァレリー・ファリス 脚　本：マイケル・アーント 製　作：マーク・タートルトーブ他 撮　影：ティム・サーステッド 音　楽：マイケル・ダナ	キャスト	リチャード・フーヴァー　：グレッグ・キニア シェリル・フーヴァー　：トニ・コレット フランク　　　　　　　：スティーヴ・カレル グランパ　　　　　　　：アラン・アーキン オリーヴ・フーヴァー　：アビゲイル・ブレスリン

リトル・ダンサー		**Billy Elliot**	（執筆）一月　正充

セリフ紹介

　主人公ビリーが本格的にバレエダンサーを目指す、映画の分岐点となる場面での会話です。真面目な会話を冗談でうまく切り返しています。
○ Wilkinson: This'll sound strange, Billy…but for some time now I've been thinking of the Royal Ballet School.
　「やぶから棒だけど、ロイヤル・バレエ学校を受けてみたらと思ってるの。」（Chap.12 34:05）
　Billy　　: Aren't you a bit old, miss?「その年で？」
　Wilkinson: No, not me. You.「私じゃないわ、あなたよ。」
　また、この映画では、主人公ビリーが亡き母に支えられていることを感じ取れる場面が多々あります。
○ But please know that I was always there. With you through everything. I always will be.（Chap.14 40:50～）
　「私はあなたのそばにいます。そして見守っています。いつまでも。」
○ Tony: Dad's right, you know? Mom would have let you.「おやじは正しい。お袋も賛成する。」（Chap.27 1:17:52）
　そしてビリーがダンスに対する気持ちを抽象的に表現する英語の使い方にも注目です。ちなみにここで使われているmeはmyを意味します。英国の地域に残る方言のようなものです。
○ Billy: Like I feel a change in me whole body. Like there is a fire in me body. I'm just there, flying, like a bird. Like electricity. Yeah, like electricity.（Chap.30 1:29:46）
　「体の中に炎が…宙を飛んでる気分になります。鳥のように、電気のように。そう…電気のように。」

学習ポイント

　英国BBCの製作ということもあり、俳優から製作関係者まで英国人だらけ。そんな映画ならではの英語表現も盛りだくさんです。
○ Billy: Grandma, tea time.「おばあちゃん、お茶だよ。」（Chap.14 43:35）
　英国と言えば紅茶ですが、dinner＝昼食、tea＝夕食を意味する地域も多く残っています。特に英国北部では現在でもよく使われています。本作品では「お茶だよ」という訳になっていますが、時間帯や地域によっては夕食を意味するわけです。また、日本で言うafternoon teaという表現は、現地ではあまり馴染みのある表現ではありません。テンションのように、日本で独自の意味を持っている単語にも気を付けましょう。
○ Tony　　 : You've got to be joking, love.「冗談だろ？」（Chap.21 59:02）
　Wilkinson : No, I'm perfectly serious.「いいえ、マジメな話よ。」
　Tony　　 : Have you any idea what we're going through?「何も知らないくせに。」
　ここでは英国特有の英語がふんだんに使用されています。一見文法を間違っているのでは？とも思ってしまいますが、英国では非常によく使われるものばかりです。have got toはhave toとほぼ同じ意味で、have toよりもカジュアルです。また、米国ではdarlingなどが使われますが、英国では特に女性をlove、その他でもgorgeousやlovelyといった形容詞や副詞で呼ぶのもごく一般的です。Have you any ideaは米国英語のDo you have any ideaと同じ意味で使われます。
○ Jackie : Thanks for everything you've done for Billy. But he's my son, isn't he? I'll handle this myself.
　「あの子への助けは感謝する。だが、俺の息子のことだ。俺が決める。」（Chap.25 1:12:29）
　特に英国に特有の表現ではありませんが、handleという動詞や付加疑問文の使い方として非常にいい例ですね。
○ Interviewer : Billy, can you tell us why you first became interested in the ballet?
　「ビリー、君はそもそもなぜバレエに興味を持ったのかね？」（Chap.30 1:27:02～）
　Billy　　 : Don't know. Just was.「さあ… 自然に」
　この会話の後、ビリーはダンスに対する考えを自分の言葉で表現しますが、このような抽象的な表現は日本語に通じる部分も多いのではないでしょうか。ここでは「Just was.」が「自然に」という意味だと考えるのではなく、この「Just was」の背景に隠れているものを探し出し、I never thought about it. I just was into it when I realized.のようにビリーの言葉を補ってみるのもいいでしょう。

あらすじ

　2000年に劇場公開された英国の映画で、1984年の英国北部の炭鉱町、エヴァリントンが舞台です。この小さな田舎町に住むビリー・エリオットは幼いころに母を亡くし、父ジャッキーと兄のトニー、そして祖母の4人で暮らしていました。1984年当時の炭鉱は不況で、炭鉱夫として働く父とトニーは大規模なストライキに参加。そんな中、男は強くあるべきと考える父は、炭鉱仲間が開いているボクシングジムにビリーを通わせます。
　しかしある日、ビリーはふとしたきっかけからバレエの虜となり、ボクシングに通うふりをしながら密かにバレエ教室に通い始めます。ビリーの才能を見抜いたバレエの先生は、彼にロンドンの名門ロイヤル・バレエ学校への進学を進めますが、当時女性のためのものとされていたバレエに父や兄は猛反対。しかしダンスへの情熱は消えるどころか、ビリーの中でもっと大きなものへ変化していきます。
　クリスマスの夜、ビリーは自分の気持ちを伝えるべく、父の前でダンスを披露します。そしてその情熱は父の心を動かし、ついに家族や町の人々の心を動かします。不慣れなオーディションにも何とか合格し、ビリーはプロのバレエ・ダンサーを目指して一人ロンドンへ旅立ちます。
　それから15年の月日が過ぎ、家族や友人が見守る舞台には主役を踊るビリーの姿があるのでした。

映画情報

製作年：2000年（平成12年）
製作国：英国
配給会社：BBCフィルムズ
製作会社：BBCフィルムズ
製作費：500万ドル

公開情報

公開日：2000年9月29日（英国）
　　　　2001年1月27日（日本）
上映時間：111分
MPAA（上映制限）：R
音　声：英語・日本語　　　字　幕：日本語・英語

薦	○小学生　●中学生　●高校生　○大学生　○社会人	リスニング難易表	発売元：NBCユニバーサル・エンターテイメントジャパン（平成27年2月現在、本体価格）DVD価格：1,429円　ブルーレイ価格：1,886円

お薦めの理由

物語の主人公ビリーは11歳という設定です。ビリー役のジェイミー・ベルは当時13歳。年齢的には日本の中学生と同じです。主人公の心の葛藤、そして同じ年頃の少年がどのような英語で会話しているのかといったことも踏まえて楽しむことができます。また、本作品はミュージカル化されており、海外に出かけた際には、舞台を観て楽しむのもお薦めです。（2014年現在、ロンドンのウエスト・エンドにて上演中）

英語の特徴

英国北部は英語の訛りが強く、ニューキャッスルやリーズ地方の方言には英国人でも英語の字幕が必要と言われています。映画の舞台となるダラムはニューキャッスルの南に位置しており、作中の英語もかなり強い英国北部の訛りです。しかし、英語にも日本語同様に様々な方言が存在します。この作品を通じて、言語に対する理解を深め、興味を持って頂けると思います。

スピード	3
明瞭さ	2
米国訛	1
米国外訛	5
語彙	3
専門語	2
ジョーク	3
スラング	4
文法	3

授業での留意点

授業で使用できそうな場面をいくつかピックアップしてみました。

○　バックトラッキングによる会話練習（Chap.10 26:45）
Jackie : Ballet?「バレエだと？」　　　　　　　　　　Billy : What's wrong with ballet?「いけない？」
Jackie : What's wrong with ballet?「いけない？」　Billy : It's perfectly normal.「全く普通のことだよ。」
Jackie : Perfectly normal.「全く普通？」　　　　　Grandma : I used to go to ballet.「あたしもバレエを。」
Billy 　: See?「ほらね。」

日本語でもお馴染みですが、相手の言葉を反復することで真意を確かめる方法ですね。自然な会話の流れを作る練習としても、相手の言葉をリピートするのはとてもいい発話練習になります。また、単に会話の内容をそのまま全てオウム返しするのではなく、重要な部分の単語のみ選んだり、内容を簡単に要約して聞き返すなど、レベルに合わせた練習ができるかと思います。

○　ディクテーションによるリスニング練習（Chap.13 36:08）
Michael: You coming in or what?「入りなよ。」　　　　Billy : What are you doing?「その格好は？」
Michael: Nothing. Just dressing up.「別に。着てるだけさ。」　Billy : Whose dress is that?「誰のドレス？」

本作の英語は訛りがあるので聞き取りが難しいのですが、この部分は比較的はっきりと聞こえます。ビリーの表情などを考慮して、訳を考えてみるのもいいでしょう。

○　この質問文はどんな意味？（Chap.18 51:25）
Mother : Oi, little one. What have I told you about drinking out of the bottle?「こら！ビンから飲まないで。」
Billy 　: Sorry, Mom.「ごめんよ、母さん。」　　　Mother: Well, put it back.「ほら、ビンを戻して。」

直訳すると、「ビンから飲むことについて何て言った？」ですが、その言葉に対してビリーは謝っています。ここもディクテーションから訳をしてみることで文法的な英語から離れ、自然な会話表現を学ぶことができます。

○　時間の表現（Chap.20 57:13）
Billy: What's the time?「何時ですか？」　Police officer: Ten past 10:00.「10時10分だ。」

時間の訊ね方と答え方ですが、海外では時計を持たない人が観光客相手でも普通に時間を訊ねてくることがあります。その際によく使われる会話をクラスで練習してみるのもいいでしょう。past, to, half, quarterを駆使して時刻を即答できる力を身に付ける練習になります。また、冠詞theを付けたtimeの意味を覚えるいい機会でもありますね。

映画の背景と見所

○　主人公を演じるジェイミー・ベルは「英国北東部の訛りを持つ、ダンスが得意な少年」という条件を満たし、約2万人の候補から選出されました。ジェイミーは6歳からダンスを習っていましたが、主人公のビリー同様、クラスメイトにはダンスについて秘密にしていたそうです。

○　映画の最後に大人のビリー役として登場するアダム・クーパーはロンドン出身で、彼も5歳からダンスを始め、ロイヤル・バレエ・スクールでバレエを学びました。1995年には実際に「白鳥の湖」の主役を演じ、そのパフォーマンスは全世界から賞賛を浴び、多くの賞を受賞しています。

○　本作品は500万ドルという低予算の作品ながら、結果1億ドル超の興行収入を記録し、英国内外問わず100部門に迫るノミネートを受け、50近い賞を受賞しています。また、本作に基づいたエルトン・ジョン作曲のミュージカルが製作され、2005年にウエスト・エンドのVictoria Palace Theatreで上演が始まり、2014年現在でも上演が続けられています。2008年〜2013年まではブロードウェイでも上演され、ツアーではシドニーやメルボルン、シカゴ、トロント、韓国のソウル、ブラジルで多くの観客を魅了しました。2014年にはオランダ、その後も世界各国での上演が予定されています。

スタッフ

監　督：スティーブン・ダルドリー
製　作：グレッグ・ブレンマン
脚　本：リー・ホール
撮　影：ブライアン・テュファーノ
音　楽：スティーブン・ウォーベック

キャスト

ビリー　　　　　　：ジェイミー・ベル
ウィルキンソン先生：ジュリー・ウォルターズ
ジャッキー（父）　：ゲアリー・ルイス
トニー（兄）　　　：ジェイミー・ドラヴェン
マイケル　　　　　：ステュアート・ウェルズ

リバー・ランズ・スルー・イット　A River Runs Through It	（執筆）吉本　仁信

セリフ紹介

大自然の中で育った兄弟たちは、魚釣りが大好きです。魚釣りに関わるセリフが至るところで出てきます。
○ Norman: In our family, there was no clear line between religion and fly fishing.　　（Chap.1 00:55〜）
　　「私たちの家族では、宗教とフライ・フィッシングに明確な境目はなかった。」
　　映画の冒頭で出てくるセリフです。魚釣りが好きな人にとっては、興味深いセリフです。
○ Norman : You're late, Neal.「ニール、遅刻だぞ。」　　（Chap.33 1:13:07〜）
　　Neal　　: Yeah, yeah. I didn't get in until late.「まぁまぁ、寝るのが遅かったんだ。」
　　Paul　　: Well, I didn't get in at all but I was here.「俺は寝なかったけれど、ここにいるぜ。」
　　Norman: Neal, Paul. Paul, Neal.「ニール、ポールだ。ポール、ニールだ。」
　　　　　　　（NormanからNealを紹介しているシーン）
　　Paul　　: In Montana, there are three things we're never late for. Church, work, and fishing.
　　　「モンタナでは、決して遅れてはいけないことが３つあるんだ。教会、仕事、そして釣りだ。」
　　破天荒のポールがノーマンからニールを紹介されているシーンです。ポールの魚釣りに対しての価値観が現れている台詞です。映画のキーとなるのが釣りですので、よく出てきます。また、ここで使われている"get in"ではbedが省略されています。つまり get in the bedという意味でgo to the bedと同じ使い方になります。状況によっては、「入場しなかった。」という意味になるので、使う場面に注意しましょう。

学習ポイント

中学校で学習する文法を用いた表現を集めてみました。
○ Rev. Maclean: Good. Now throw it away.「よろしい。捨てなさい。」　　（Chap.4 07:10〜）
　　いろいろな教育方針がありますが、ノーマンは学校ではなく、父親に教わって育てられました。当時では、学校教育が田舎では発達していなかったため、ホームスクーリング的なものを実施している家庭も多くあったようです。米国では、公教育が発達した今でも農村部の家庭や宗教上の理由で実施している家庭も多くあります。ちなみに日曜日に行く教会では、Sunday Schoolといった午前中に授業を行っている場所もあります。
○ Paul: Norm, what do you want to be when you grow up?「大きくなったら何になりたい？」（Chap.8 12:18〜）
　　Norman: Minister, I guess. Or a professional boxer.　　「牧師かな。それかプロボクサー。」
　　・・・・・・・・・・・・・（中略）・・・・・・・・・・・・・
　　Paul　　: A professional flying fisherman.　　　「プロのフライ・フィッシャーマン」
　　Norman: There's no such a thing.　　　　　　　「そんなものはないよ。」
　　兄弟で夢を語り合う姿は必見です。"What do you want to be?" はぜひCAなどで使ってほしい表現ですね。実際このとき話した夢を実現することができるのでしょうか。"Such a thing"と言う表現も覚えましょう。
○ Norman: I'm in deep trouble.　　　　　　　　　「大失態だよ。」　　（Chap.34 1:18:17〜）
　　Paul　　: Yep. Want me to come over and protect you?「そうだね。一緒に行って守ってあげようか？」
　　ノーマンが恋人であるジェシーの兄（ニール）をつれて魚釣りに行ったは良かったものの、途中で彼を見失ってしまいます。酔っ払っていたニールを見付けたときは、なぜか裸でした。北に位置するモンタナ州でも日焼けはするんだと納得しました。また、白人が日焼けをすると真っ赤になることも見て分かります。ここで、sun tanned と sun burned の違いが分かりますね。
○ Paul: Was Norman forgiven?「ノーマンは許されたのかい？」　　　（Chap.37 1:23:38〜）
　　Jesse: Norman's not funny.　　「ノーマンはおもしろくないもの。」
　　この会話の"Norman's not funny."は相手を皮肉っぽく表現しています。また、中学生は形容詞funnyをうまく使えないことが多いと思います。ぜひ、この会話から想像させてください。
○ Paul: Oh, I'll never leave Montana, brother.「俺は、モンタナを出るつもりはないよ、兄貴。」（Chap.47 1:47:42〜）
　　兄から一緒にシカゴに行こうと誘われますが、ポールは断ります。Neverは強い意志を表します。

あらすじ

釣りを楽しむ老人が川辺で彼の人生を振り返っています。父親から言われた言葉を思い出し、ふと自分の弟について思い出していたのでした。
　米国モンタナ州ミズーラ出身のマクリーン兄弟は、小さなころから父親からフライ・フィッシングを教わっていました。週末に一緒に釣りに行くことが家族の習慣だったのです。父親は厳格な牧師であり、兄弟にとっては大きな目標でもあり、壁でもありました。長男のノーマンはまじめで優しい性格で、一方、弟のポールはお調子者であり、けんかが好きな短気な性格をもっていました。時が経ち、兄弟が大人になっていくにつれて家族にすれ違いが多くなっていきます。ノーマンは大学に受かり地元を離れ、ポールは地元に残り、新聞記者の職に就くものの、ギャンブルと酒にのめり込み、破天荒な人生を歩んでいました。
　ノーマンが地元に戻ってきたとき、老いた父と母、懐かしい友達との再会の中、ジェシーと名乗る女性に一目惚れします。ポールは、大好きなギャンブルで作った借金が多くなり、トラブルが絶えず、どうにかしてポールを助けたいノーマンは、話はするものの相手にされません。その時、ノーマンは、念願の教授職に受かり、再度地元を離れてしまうことに。ポールは、ノーマンが地元を離れていく前に父と３人で最後の釣りをすることを約束するのでした。

映画情報

製 作 年：1992年（平成４年）
製 作 国：米国
配給会社：コロンビア映画（米国）
　　　　　東宝東和（日本）
言　　語：英語

公開情報

公 開 日：1992年10月9日（米国）
　　　　　1993年 9月4日（日本）
上映時間：124分
音　声：英語・日本　　字　幕：日本語・英語
第65回アカデミー撮影賞受賞　　MPAA：PG

薦	○小学生 ●中学生 ●高校生 ●大学生 ●社会人	リスニング難易表		発売元：パラマウント ジャパン （平成27年2月現在、税込み） DVD価格：1,429円　ブルーレイ価格：2,381円
お薦めの理由	1900年代初期のモンタナ州は、大自然にあふれ、そこで暮らす人々の生活は現代とは違い、時間がかかることが多いです。現代のように、便利な物であふれている生活ではなく、時間を掛けて知り合っていく人間関係にも注目すべきです。特に故郷を離れた兄の生活ぶりと、故郷に残った弟のどちらの選択が自分にあっているのかを考えさせてみるのもよいと思います。兄弟愛にあふれた作品を楽しんでください。	スピード	3	
^	^	明瞭さ	2	
^	^	米国訛	2	
^	^	米国外訛	2	
英語の特徴	北西部特有の訛を使った英語も聞くことができます。映画の中では、以下のものが入っています。 ・男女の裸のシーン（一瞬ですので、気になりません。） ・未成年の飲酒と喫煙（主人公並びに友達が悪ふざけをしている場面があります。） ・人種差別（インディアンへの差別が数か所見られます。） ・差別用語（インディアンに対する差別が見られます。）	語　彙	4	
^	^	専門語	4	
^	^	ジョーク	2	
^	^	スラング	2	
^	^	文　法	2	

授業での留意点

ノーマンの若かりしころを振り返って話しているため、回想シーンが多くあります。

○ Norman: Long ago, when I was a young man, my father said to me, "Norman, you like to write stories." And I said, "Yes, I do." Then he said, Someday, when you're ready you might tell our family story. Only then will you understand what happened and why." （Chap.1 00:16〜）

「昔若かった頃、父はこう言った。『ノーマン、君は物語を書くのが好きだろう。』私は『はい。』と言った。そしたらこう言われたんだ。『いつか時期がきたら、自分の家族の話を書いてみるとよい。そのとき初めてなにが起こってなぜ起こったかが分かるだろう。』」映画の冒頭で、老いたノーマンが釣り具を手に語るシーンのセリフです。接続詞whenを用いているところが過去を振り返っているのがよく分かります。また、疑問詞で終わる文章も珍しいので、ぜひ子どもたちに説明したいものです。

○ Norman: That was the only time we fought. Perhaps we wondered after which one of us was tougher. （中略） So we returned to being gracious to one another, as the church well suggested. （Chap12 25:05〜）

「それが初めての殴り合いだった。もしかしたら、互いにどちらが強いかを知りたかったのかもしれない。（中略）だから、教会が勧めるように互いを慈悲深く見るように戻った。」結局外国人の家族思いの部分は宗教的なところから来ているのでしょうか。Perhapsやsoなどの接続詞の使い方や比較級の復習でもいいと思います。

○ Norman: As time passed, my father struggled for more to hold on to, asking me again and again had I told him everything. And I finally I said to him, "Maybe all I know about Paul is that he was a fine fisherman. "You know more than that," my father said, "he was beautiful." And that was the last time we spoke of my brother's death. （Chap.49 1:54:56〜）

「時間が経つにつれて、父は少しでも多くしがみつこうと何度も私に全てを話したかと聞いてきたのです。最後に私は『ポールは良い釣り師だったことしか知らないかも』と言ってしまった。すると父は、『もっと知っているさ。彼は美しかった。』それ以降父は弟の死については聞いてこなくなった。」息子を亡くした悲しみくれる父親にできることは、残された息子にその原因を聞き返すことなのかと考えさせられる台詞です。

○ Norman: Eventually all things merge into one and a river runs through it. （Chap.52 1:58:17〜）

「そのうち、全てのものは一つになり、その中を川は通っていくのである。」

映画のタイトルになった一文です。最後に見終わって始めて分かるタイトルの意味。まさにeventuallyでした。

映画の背景と見所

○ 舞台となったモンタナ州は、スペイン語のmontana（山、mountain）に由来して名前が付けられています。その名前から山脈が多くあり、有名なイエローストーン公立公園などがあります。壮大なる自然の中で育つ人々の生活を映画を通して見ることができます。モンタナ州は、今でこそ観光業が州の収入源として確率していますが、当時は農業で成り立っていました。しかし、実際は米国の黄金時代で一躍を買おうと移動してきた人たちが多く、農業の体験はなく、厳しい生活を送っていた人が多かったそうです。映画の舞台となっている1920年代のモンタナ州、は先住民の多くが森の中で生活し、お金を得るために街に出てくるといった生活をしていました。現在でも自然保護区域が多く、映画の雰囲気を体験してみたいと観光客が訪れています。

○ この映画は、ノーマン・マクリーンの小説「マクリーンの川」を原作にしており、家族の絆を描いたヒューマンドラマです。アカデミー賞受賞監督のロバート・レッドフォードが得意とする家族の絆を映し出している、心温まる作品です。同じように育った兄弟が離ればなれになっても、互いのことを忘れず、互いのことを思い続ける姿を見届けて伝えてほしいと思います。映画のキャスト全員がフライ・フィッシングを経験したことがなかったため、映画の撮影が始まるまえにキャストのメンバーと実際に練習に取り組んだそうです。

| スタッフ | 監　督　：ロバート・レッドフォード
製作総指揮：ロバート・レッドフォード他
脚　本　：リチャード・フリーデンバーグ
制　作　：ジェイク・エバーツ
音　楽　：マーク・アイシャム | キャスト | ポール・マクリーン　：ブラッド・ピット
ノーマン・マクリーン：クレイグ・シェイファー
マクリーン兄弟の父　：トム・スケリット
マクリーン兄弟の母　：ブレンダ・ブレッシン
ジェシー・バーンズ　：エミリー・ロイド |

	レジェンド・オブ・フォール 果てしなき想い	**Legends of the Fall**	（執筆）松葉　明

セリフ紹介

この映画を特徴づけるセリフを紹介します。　　　　　　　　　　　　（Chap：チャプター番号と時間）
○　アルフレッド宅にやってきたトリスタンに向かって、スザンナが言います。　　　　（Chap.11 88:43～）
Susannah : Forever turned out to be too long, Tristan.「永遠というのは実のところ長すぎたわ、トリスタン。」
これは弟を守ってやれなかったという悲しみから、彼女のもとを離れていくときにスザンナがトリスタンに向かって言った"I'll wait for you, however long it takes. I'll wait for you forever."「私あなたを待つわ…どんなに長くかかろうと。永遠にあなたを待つわ。」（Chap.9 70:53～）を受けてのことです。

○　アルフレッドが弟のトリスタンに向かって本心を言います。　　　　　　　　　　（Chap.15 117:42～）
Alfred 　　: I followed all the rules, man's and God's. And you, you followed none of them. And they all loved you more. Samuel, Father and even my own wife. I'd like a moment alone with her, Tristan.「私は全ての掟に、神の教えに従ってきた。そしてお前は、何ひとつとして従わずにいた。それでも誰もがお前の方を愛した。サミュエルも、父も、私の妻でさえも。しばらく彼女と2人きりにしてくれ、トリスタン。」

○　仲違いをしていた兄弟でしたが、最後に弟のトリスタンが兄アルフレッドに言います。　（Chap.16 124:32～）
Tristan 　　: I want to ask you to watch over my children. Watch over Samuel.
「兄さんに頼みがあるんだ。子どもたちの面倒をみてくれないか。息子サミュエルの面倒を。」
それに対して兄のアルフレッドは"Brother, it would be an honor."「兄として、光栄だ。」と応えています。

学習ポイント

日常会話でのやさしい表現を学びましょう。
○　「お帰り！」は"Welcome home !"です。
すべてトリスタンに向かって、父ラドローが（Chap.7 54:15）、使用人デッカーが（Chap.11 83:40）、やがて妻となるイザベル2が（Chap.12 90:51）言っています。聞き比べてみましょう。

○　スザンナとイザベル2（少女時代の）が出会います。運命的な出会いです。　　　　（Chap.2 13:16～）
Susannah : Hello. You must be Isabel Two. I've already met your mother and father. How old are you ?
「こんにちは。あなたがイザベル2ね。もうご両親にはお会いしたわ。いくつなの？」
Isabel Two : Thirteen.「13歳よ。」
Susannah : Thirteen ? Oh. When I was thirteen, I was sent away to boarding school. I hated it. May I help you ?
「13歳。まあ、私が13のとき、寄宿学校に入れられたの。大嫌いだったわ。　手伝いましょうか。」
Isabel Two : You're going to marry Samuel.「サミュエルと結婚するんでしょう。」
Susannah : That's right, I am.「そうよ、結婚するわ。」
Isabel Two : I'm going to marry Tristan.「私はトリスタンと結婚するの。」
Susannah : Then we'll be sisters.「それなら私たちは姉妹になるわ。」

○　子ども連れに出会ったときの会話です。スザンナがトリスタンの子に話しかけています。　（Chap.13 99:45～）
Samuel Decker : Hello. (To Mother) Who is this lady ?「こんにちは。（母に向かって）この女の人はだれ？」
Susannah 　　 : I'm your aunt Susannah. I used to know your Uncle Samuel who died in the war. I think you look like him.「スザンナおばさんよ。戦争で亡くなったサミュエルおじさんを知ってたのよ。あなたはおじさんによく似てるわ。」
Samuel Decker : That's what Grandpa says.「おじいちゃんもそう言うよ。」
Susannah 　　 : He was very brave and very good.「おじさんはとっても勇敢で、とってもいい人だったわ。」
Samuel Decker : Grandpa says that too. Grandpa says I can have Uncle Samuel's gun when I'm bigger. Would you come and see it ?「おじいちゃんもそう言うよ。おじいちゃんは僕が大きくなったらサミュエルおじさんの銃をくれるって言ってた。今度見に来る？」
Susannah 　　 : Um, I'd love to, sometime.「ええ、ぜひ行きたいわ、いつかね。」

あらすじ

　舞台は20世紀初頭の米国モンタナ州です。騎兵隊大佐だったウィリアム・ラドローは、隊のインディアンへのむごい仕打ちに耐えかねて、除隊後3人の息子とともに越してきました。中でも自慢の次男トリスタンは、共に暮らすインディアンから多くのことを学んでいました。妻イザベルは田舎での生活に耐えられず、町で暮らしていました。

　時は流れ、ハーバード大学で学んでいた3男のサミュエルが婚約者の美しいスザンナを連れて帰郷します。一家は心からスザンナを歓迎しますが、男たちの話題の主は第一次世界大戦で、サミュエルは従軍を決意します。彼を守るために兄アルフレッド、次男トリスタンも従軍するのでした。しかし、サミュエルは一命を落とします。帰国したアルフレッドはスザンナに求婚しますが、今やトリスタンに心を寄せるスザンナは相手にしませんでした。失望するアルフレッドは家を出て、事業に成功を収めます。一方のトリスタンは、弟を救えなかった自責の念にかられ、スザンナを振り切って世界へと旅に出ます。

　数年後、帰郷したトリスタンは、アルフレッドと結婚したスザンナに会うのでした。トリスタンは幼い頃から知っている使用人の娘のイザベル2と結婚し、2人の子をもうけ、男の子にはサミュエルの名をつけるのでした。幸せも束の間、イザベル2は警察官が撃った流れ弾に当たって死に、そして、新たな悲劇が起こるのでした。

映画情報

製　作　年：1994年（平成6年）
製　作　国：米国
配給会社：トライスター・ピクチャーズ
言　　　語：英語、クリー語
第67回アカデミー賞撮影賞受賞

公開情報

公　開　日：1994年12月16日（米国）
　　　　　　1995年 6月10日（日本）
上映時間：133分
MPAA（上映制限）：R
音　声：英語・日本語　　　字　幕：日本語・英語

薦	○小学生　●中学生　●高校生　●大学生　●社会人	リスニング難易表	発売元：ソニー・ピクチャーズ・エンターテインメント （平成27年2月現在、本体価格） DVD価格：1,410円　ブルーレイ価格：2,381円

お薦めの理由	20世紀初頭からおよそ60年間にわたる、大自然に囲まれたモンタナ州を舞台に、3人の兄弟の絆と葛藤、愛と憎しみ等を描いた壮大な叙事詩のような物語です。それは、野生児のような次男トリスタンを育てた老ネイティブ・アメリカンの回想形式で進んでいきます。配役によく似た子どもを使っているので、彼らの成長過程と、背後に広がる現代米国史を学ぶことができる作品です。	スピード	3
		明瞭さ	3
		米国訛	3
		米国外訛	2
		語　彙	3
英語の特徴	話される英語は一般的な米国英語です。会話の中に時折ネイティブ・アメリカンのクリー語が出てきますが、それほど気になりません。また、一見難しそうに思えるセリフでも、じっくり聞いてみると意外とわかりやすい表現を使っています。普段の日常会話でも使えるものも多く出てくるので、英語学習初心者から取り組めます。米国の大自然に浸りながら英語に親しんでみましょう。	専門語	3
		ジョーク	2
		スラング	2
		文　法	3

授業での留意点

○ この映画はネイティブ・アメリカンのワン・スタブの回想によって語られる物語です。何カ所も出てきますが、ここでは映画の冒頭の部分に挑戦させてみましょう。　　　　　　　　　　　　　　　　　　　（Chap.1 00:44〜）

One Stab : Some people hear their own inner voices with great clearness and they live by what they hear. Such people become crazy … or they become legends.「ある人々は自分の内なる声がはっきりと聞こえ、聞こえるがままに生きる。そんな人々は気が狂うか、あるいは伝説となる。」

Tristan Ludlow was born in the Moon of the Falling Leaves. It was a terrible winter. His mother almost died bringing him into this world.「トリスタン・ラドローは落ち葉の月に生まれた。厳しい冬の時だった。彼の母親はトリスタンを死ぬ思いでこの世にもたらした。」

※ 'the Moon of the Falling Leaves' はクリー族の中では9月のことを指します。

○ トリスタンがスザンナに書いた手紙が画面に表れます。野性的な彼にしては、比較的きれいな筆記体で書かれてあります。手書きの大切さを教えてみてはどうでしょう。（Chap.10 78:09〜）書かれてある文字は、"All we had is dead. As I am dead. Marry another." 「僕らはもう終わった。僕もだ。他の人と結婚してくれ。」

○ この映画の時代背景がわかる場面です。そして、中学校で習う例文のようなセリフがたくさん出てきます。

Ludlow 　: October 14th, 1914. My dear Isabel. Today our sons are leaving home to defend an England they have never seen and I am unable to stop them. Ah, Isabel, I have tried to shelter our sons from all the madness, and now they go to seek it.　　　　　　　　　　　　　　　　（Chap.4 27:29〜）

「1914年10月14日。親愛なるイザベルへ。今日息子たちが見たこともない英国を守るために家を出る。私は彼らを止めることができない。ああ、イザベル、あらゆる狂気から息子たちを守ろうとしたのに。そして今、彼らはそれを求めて家を出て行く。」

Susannah: Be careful. You don't have to go.「気をつけて。　行かなくてもいいのに。」
Ludlow 　: Alfred.「アルフレッド。」
Alfred 　　: Good-bye. Don't worry, Father.「さようなら。お父さん、心配しないで。」
Ludlow 　: Take care, now. Samuel.「気をつけてな、サミュエル。」
Samuel 　: I'll bring you back the Kaiser's helmet.「カイゼルの鉄カブトを持ち帰ってきます。」
Ludlow 　: Bring yourself back. That'll please me more.「生きて帰ってこい。そっちの方が嬉しいんだ。」

映画の背景と見所

○ 舞台の中心は、米国のモンタナ州です。この州は、アラスカ、テキサス、カリフォルニアに次ぐ4番目に大きな州で、日本の総面積を僅かに上回ります。緯度は北海道にあたり、米国の北西です。西部劇ではよくその舞台として用いられる自然豊かな土地が多いです。

○ ネイティブ・アメリカンのワン・スタブが話す言葉は、クリー語（Cree）です。それは北米のネイティブ・アメリカン諸言語のひとつで、現代でも5万人以上が話すと言われています。

○ 次男トリスタンが3男サミュエルの遺体から心臓を取り出す場面（Chap.6 44:28〜）は、彼がスタブから習った慣習によると思われます。"When the hunter cuts out its warm heart and holds it in his hands, setting its spirit free." 「狩人が獲物の温かい心臓を取り出して…　その魂を自由にする。」　　　　　　　　　　　（Chap.1 01:39〜）

○ エドワード・ズウィック監督は、1970年代にジム・ハリスンの原作を読んで映画化を思い立ちましたが、現実の映画化には17年もの月日を要しました。また、撮影はモンタナ州ではなくカナダで行ったため、200万ドルの節約になったそうです。

○ 3男役のサミュエルは、あの『E.T（1982年）』の主役、エリオット坊やです。

スタッフ／キャスト

スタッフ		キャスト	
監　督	：エドワード・ズウィック	トリスタン	：ブラッド・ピット
脚　本	：スーザン・シリディ他	ウィリアム大佐	：アンソニー・ホプキンス
製　作	：マーシャル・ハースコビッツ他	アルフレッド	：エイダン・クィン
撮　影	：ジョン・トール	スザンナ	：ジュリア・オーモンド
音　楽	：ジェームズ・ホーナー	サミュエル	：ヘンリー・トーマス

	ローマの休日	**Roman Holiday**	（執筆）松葉　明

セリフ紹介	とっておきのアン王女（オードリー・ヘプバーン）のセリフです。　　　　　　　　　　（Chap：チャプター番号と時間） ① "It was very considerate of you."「なんて思いやりのあるお方でしょう。」　　　　　　　　　（Chap.9 52:56～） 　　ジョーのベッドを借りて寝かせてもらったと勘違いした王女が、感謝の気持ちを表して言うセリフ。ゆっくりと発音するとより上品になります。中学校で習う英語だと、"You are very kind."ですね。発展的に "It is very kind of you." という表現も覚えておきたいものです。また、'considerate' は、'consider（考慮する）' からの派生語です。ともに中学では習いませんが、よく使われる語ですから語彙力を高めるためにも覚えましょう。 ② "I wish I could."「できればいいのですが。」　　　　　　　　　　　　　　　　　　　　　（Chap.10 60:32～） 　　理髪店で髪を切った王女が、その理髪師からダンスパーティに誘われたときに、やんわりと断るセリフ。"No, thank you.", "No, I can't." では直接過ぎて上品さに欠けます。 ③ "Rome! By all means, Rome. I will cherish my visit here in memory as long as I live."　（Chap.18 111:52～） 「ローマです！ 何と言っても、ローマです。私はここを訪れたことを一生の思い出として大切にします。」 　　ジョーとの恋を胸の内に隠して臨んだ最後の記者会見で、いつものありきたりの挨拶のセリフを止めて言うセリフです。"I will remember ….", "I will never forget …." でも意味は伝わりますが、'cherish（大切にする、懐かしむ）' という語を使うことによって、王女の深い気持ちを汲み取ることができます。このセリフは、この映画の中でもっともインパクトのあるセリフとして、あまりにも有名です。
学習ポイント	○　日本人はとかく「ステキ」という意味で、'good' とか 'nice' を使いますね。もちろん、それでもよいのですが、上品に表現するには他のものも覚えておくとよいでしょう。発音が難しいですが、その単語にアクセントを置いて、ゆっくりと発音すると優雅に聞こえるそうですよ。 　'charming' 'lovely' 'wonderful' 'terrific' 'marvelous' 'splendid' 'brilliant' 'astonishing' 'stunning' 等、たくさんあります。時には使ってみたいですね。いくつ知っていましたか？ ○　「いかにも王女さまだなぁ」と思われるセリフで、初対面のジョーに "What's your name ?" と尋ねられ、"You may call me Anya.「アーニャと呼んでいいわ。」"（Chap.8 48:20～）と言っています。ふつうは 'Call me Anya.' ですね。また、その直前に「初めまして」という表現では "How do you do ?" を使っています。学校の教科書では "Nice to meet you." を習います。 　　セリフだけではありません。2人で入ったカフェで、王女はいきなりシャンペンを頼みます。（Chap.12 65:45～）ジョーはお金がないのでアイスコーヒーですませます。シャンペンは、かなり高価なのです。また、花屋の主人から花束を進められ、お金の代わりに握手をしようと手を差し出す場面（Chap.11 62:30）では、思わず微笑んでしまいます。言葉ではなく、ジェスチャーで理解できるのも、映画の楽しみ方のひとつです。 ○　イタリア人の理髪師マリオとアン王女の髪をカットするやりとりは、中学2年で習う比較級を学べる場面です。実際の場面では、こんな単語だけのやりとりで意味は十分通じます。　　　　　　　　　（Chap.10 57:38～） 王女："Just cut, thank you."　マリオ："Just cut ? Well then…, Cut ah, so ?"　王女："Higher."　マリオ："Higher ? Here ?"　王女："More."　マリオ："Here ?"　王女："Even more."　マリオ："Where ?"　王女："There."　マリオ："There. Are you sure, Miss ?"　王女："I'm quite sure, thank you."　マリオ："All off ?"　王女："All off."　マリオ："Are you sure ?"　王女："Thank you."　　ここでは、比較級強調の 'even' にも触れることができます。 ○　映画の冒頭では、伯爵夫人がアン王女に翌日の予定を話す場面が出てきます（Chap.3 8:25～）。あまりの過密な計画のために、アン王女は嫌気がさして大声を張り上げるのですが、日本語で「スケジュール」を、伯爵夫人は「シェジュール」と「スケジュール」と2回言っています。もともと英国発音では、「シェジュール」と発音していたのです。同じ英語でも、英国英語と米国英語の違いを調べてみるのはおもしろいかもしれません。 ○　車内での別れの場面でアン王女は、"I don't know how to say goodbye. I can't think of any words." と言っています。中学3年生で習う文法の典型例です。　　　　　　　　　　　　　　　　　　　　　（Chap.16 67:57～）
あらすじ	ヨーロッパのある王室の王位継承者であるアン王女は、欧州各国を親善旅行で訪れていました。そんなある日、彼女はハードスケジュールに嫌気をさし、ローマ滞在中のある日こっそりと屋敷を抜け出し、町へと繰り出します。しかし、鎮静剤の注射が効いてベンチで眠ってしまいます。そこへ偶然通りがかった米国人の新聞記者ジョーが、王女とは気づかずに自分のアパートへ連れて休ませることになります。 　翌朝、新聞社に出社したジョーは、相手がアン王女であることを知り、目を覚ました王女を、カメラマンのアーヴィングを仲間に引き入れて、スクープのネタにと、ローマの町を案内することになります。また、失踪した王女を捜し出そうと、宮廷内は極秘のうちに捜査を始めたのでした。 　最初は特ダネのことしか頭になかったジョーは、疑うことを知らない純粋なアン王女を、いとおしく思うようになります。一方のアン王女も、自分のために仕事を休んでまでつきあってくれたジョーに、ほのかな恋心を抱きます。しかし、そんな楽しいひとときも束の間、やがて2人は別れの時を知ることになります。 　別れた後、病気で休んでいたことになっていた王女の回復を祝って、宮廷で記者会見が開かれます。そこで2人は再会するのですが・・・。
映画情報	製作年：1953年（昭和28年）　　　　　　　　　　　　　公開情報　公開日：1953年8月27日（米国） 製作国：米国　　　　　　　　　　　　　　　　　　　　　　　　　　　　　　　　　1954年4月19日（日本） 配給会社：パラマウント　　　　　　　　　　　　　　　　　上映時間：118分 言　語：英語　　　　　　撮影地：ローマ　　　　　　　音　声：英語・日本語　　MPAA（上映制限）：G 第26回アカデミー賞主演女優賞をはじめ3部門受賞　　　字　幕：日本語・英語

薦	○小学生 ●中学生 ●高校生 ●大学生 ●社会人	リスニング難易表		発売元：パラマウント ジャパン （平成27年2月現在、本体価格） DVD価格：1,429円
お薦めの理由	時代を超えて、そして老若男女のどの世代にも感動を与えることができる映画がこの「ローマの休日」です。NHKが1990年に行った100万人の映画ファン投票「わが青春の一本」で第1位、オードリー・ヘプバーンも「わが心のスター」で第1位を獲得しています。 白黒映画ってこんな魅力的で美しいと感じる映画の代表が、この「ローマの休日」です。	スピード	2	
^	^	明瞭さ	2	^
^	^	米国訛	2	^
^	^	米国外訛	3	^
英語の特徴	この映画に出てくる英語、特にアン王女が話す英語は上品な英語です。汚い言葉が乱用される、昨今の英語とは違った英語をここでは勉強していきましょう。王女らしく、丁寧にゆっくりはっきり発音される英語は、とても上品に聞こえます。一方、米国人記者のカジュアルな英語と、イタリア人のタクシー運転手や理髪師のブロークンな英語を楽しむこともできます。	語彙	1	^
^	^	専門語	2	^
^	^	ジョーク	3	^
^	^	スラング	3	^
^	^	文法	2	^

授業での留意点

○ 王女を落ち着かせるために、医者のボナコーヴェン先生が鎮静剤を注射した後、アン王女にこんなアドバイスを言います。　　　　　　　　　　　　　　　　　　　　　　　　　（Chap.3 11:40～）
"The best thing I know is to do exactly what you wish for a while."「しばらくの間は自分のなさりたいようにするのがよいかと存じます。」　これがこの後の王女の行動の伏線になっています。

○ 薬の影響で意識がはっきりしない王女ですが、新聞記者のジョーに詩の一部を朗読します。（Chap.6 27:45～）
この「アレトゥーサ」の詩が'キーツ'か'シェリー'のどちらの作品であるかで言い合いにありますが、この場面では2人とも教養のある人物であることがわかります。

○ 「瓜二つ」って英語でどう表現するのでしょう。この慣用表現がChap.12 67:45でカメラマンのアーヴィングのセリフで出てきます。
Irving : Hey, ah…did anybody ever tell you you're a dead ringer for…「えっと、君は今までに誰かに瓜二つって言われたことない？」　この'dead ringer'は気になる言葉です。ぜひ、辞書で調べさせてみましょう。

○ この映画のハイライトのひとつ「真実の口」では、ジョーが次のように説明しています。（Chap.14 78:23～）
Joe : The Mouth of Truth. The legend is, that if you're given to lying and put your hand in there, it'll be bitten off.「真実の口。伝説では、そこに手を入れると噛み切られるんだ。」
実は2人とも嘘をついているので、はらはらする場面です。グレゴリー・ペックのアドリブが含まれています。

○ 'have to'と'must'の違いは中学ではほぼ同じと習いますが、アン王女は同じ場面ではっきりと使い分けています。　　　　　　　　　　　　　　　　　　　　　　　　　　　　　　　　　　　　（Chap.16 95:14～）
Ann : I have to go now.「もう行かないと。」　Joe : Anya…there's something that I want to tell you.「アーニャ、君に言いたいことがあるんだ。」　Ann : No, please. Nothing.「いえ、お願い。何も。」
2人はキスをした後　　Ann : I must go and get dressed.「行って着替えないと。」　　（Chap.16 95:14～）
この場面を観るとわかります。'have to'は客観的な義務を表すことが多く、'must'は話し手の意志・命令などが含まれる場合に使われます。簡単に言うと、'have to'より'must'の方が強制力が強いです。

○ 最後の記者会見での場で、ジョーが自己紹介をした後でアン王女は、"So happy, Mr. Bradley."と言います。字幕や吹き替えでは「嬉しく思います、ブラッドレーさん。」になっていますが、ここは現在形なのか過去形なのかがわかりません。「幸せだった。」という意味にも解釈できると思います。　（Chap.18 114:45～）

映画の背景と見所

○ 1950年代は白黒ではなくカラー作品が主流になりつつある時代でしたが、予算の関係でこの映画は白黒作品となりました。しかし、白黒映画ならではの趣がある作品と思われます。

○ この映画を観て、ローマを訪れた人はとても多いと言われています。映画に登場する観光ポイントは、2人が出会ったコロッセオ、アン王女が髪をカットする美容院の脇にあるトレビの泉、ジェラートを食べながら下りてくるスペイン階段、アン王女がシャンパンを頼むカフェ・グレコ、そして真実の口等々。この「真実の口」での2人のやりとりは、グレゴリー・ペックのアドリブだったそうです。

○ アン王女と新聞記者のジョーが2人乗りをするオートバイのベスパ、それと併走するカメラマンのアーヴィングが運転する自動車のフィアットは、両者ともイタリアのものですが、ライター型の隠し撮り用カメラは、実は日本製なのです。

○ 1940年代後半から米国に吹き荒れた赤狩は、ブラックリストに載った脚本家ダルトン・トランボにも大きな影響を及ぼし、当初の脚本賞はトランボの友人、イアン・マクラレン・ハンターに贈られました。また、この映画がローマでのオール海外ロケとなったのは、調査委員会からの監視を逃れるためだったともいわれています。

スタッフ	監　　督：ウィリアム・ワイラー 原作・脚本：ダルトン・トランボ 　　〃　　：イアン・マクラレン・ハンター 衣　　装：イディス・ヘッド 音　　楽：ジョルジュ・オーリック	キャスト	アン王女　　　　：オードリー・ヘプバーン ジョー・ブラドレー：グレゴリー・ペック アーヴィング　　：エディ・アルバート 支局長　　　　：ハートリー・パワー 床屋マリオ　　　：パオロ・カルリーニ

ロケッティア	The Rocketeer	（執筆）松葉　明

セリフ紹介

この映画を特徴づけるセリフを紹介します。　　　　　　　　　　　（Chap：チャプター番号と時間）
- Let's make some history.「歴史を作ろうぜ。」　　　　　　　　　　　　（Chap.1 2:02〜）
主人公クリフのセリフです。彼がメカニック担当のピーヴィーと、小型ながらも強力なエンジンを積んだ愛機ジー・ビーで大会で記録を出そうと言ったときの威勢のいいセリフです。二人の信頼関係もわかるセリフです。
- It's all part of the show.「全部ショーの一部ですから。」　　　　　　　（Chap.6 40:30〜）
航空ショーの主催者ビゲローは、お金儲けのことしか頭にありません。クリフの代わりにピエロのマルコムが航空ショーに出て、命の危険な場面になっても、ロケッティアが突如現れた場面（Chap.6 42:22〜）にもこのセリフを使います。無人の飛行機がガソリンタンクに衝突炎上（Chap.6 43:09〜）しても使っているのには笑えます。
- How about Rocketeer？「ロケッティアってのはどうだい？」　　　　　　（Chap.6 46:50〜）
航空ショーの主催者ビゲローが、取材陣に対してロケットを背負って飛ぶ謎の人物を名づけるときのセリフです。これは外の看板の 'Pioneer' からヒントを得たものでした。その前には 'Rocket Boy' 'Rocket Man' 'Missile Man' という語が並んでいます。
- I've finally played a scene with Neville Sinclair.「ついにネヴィル・シンクレアと共演したわ。」（Chap.11 77:28〜）
女優志願のジェニーが、大スター、シンクレアの誘惑を断ち切って、彼を花瓶で殴って気絶させたときにいうセリフです。颯爽とその場を立ち去るジェニーの格好いい場面です。

学習ポイント

短い文の会話は、比較的やさしい語を使っています。中学生でも十分理解できますよ。
- Sinclair : It's a rocket.「ロケットだよ。」　　Eddie : A rocket？「ロケットだと？」（Chap.2 15:50〜）
  Sinclair : Yeah. Like in the comic books.「そうだ。マンガ本に載ってるみたいなやつだ。」
マフィアのボス、エディとシンクレアとの会話です。シンクレアに仕事の依頼を頼まれたエディですが、このときに初めて依頼の品の正体を聞くことになります。この後、マフィアが頼りないとみたシンクレアは、殺し屋ローサーにこう言って仕事を依頼します。
　　Sinclair : Lothar, I've got another job for you.「ローサー、別の仕事があるんだ。」（Chap.2 18:14〜）
- Cliff　 : How do I look？「似合ってるか？」
  Peevy　 : Like a hood ornament.「飾りのついた頭巾のようだ。」
ロケットを背負い、ピーヴィーの作ったヘルメットをかぶって初飛行するときの会話です。"How do I look ?"「似合う？」という表現はこのまま覚えましょう。
- Lothar : Where is it？「どこにあるんだ？」　　　　　　　　　　　　　（Chap.7 49:45〜）
  Cliff　 : Where's what？「どこにって何が？」
  Lothar : The rocket！「ロケットだ！」
  Cliff　 : Sure you got the right house？「この家で確かなのか？」
ロケットを追って殺し屋ローサーがピーヴィーの家にやってきます。そこにかけつけたクリフとのやりとりです。この後FBIもやってきて銃撃戦となり、それぞれ逃げ出して行きます。
- Cliff　 : Jenny, prepare yourself for a shock. I'm the Rocketeer.　　　　（Chap.9 67:03〜）
　　　　　「ジェニー、驚かないでくれよ。僕がロケッティアなんだ。」
  Jenny : The Rocka-who？「ロケッタ…だれ？」
  Cliff　 : Oh, for crying out loud. Haven't you read the papers？「え、何だよ。新聞を読んでないの？」
  Jenny : No, I've been working all day.「ええ、一日中働いていたの。」
クリフは恋人のジェニーが、自分が今や話題のヒーローと知って驚くとばかり思っていたので、拍子抜けするやりとりです。'for crying out loud' は慣用句で、驚いたり、苛立ちを表すときに「何てことだ」等の意味があります。また、否定の疑問文の答え方に注意しましょう。

あらすじ

　舞台は第二次世界大戦の戦雲が迫り来る1938年のロサンゼルス。曲芸飛行で活躍するパイロットのクリフは、メカニック担当のピーヴィーと活動していました。そんなある日、格納庫で背中にしょって空を飛び回ることのできるロケットを発見します。そしてそれを使って仲間のパイロットを救ったことから、「ロケッティア」と呼ばれ、ヒーロー扱いをされるようになります。実はそのロケットは、大富豪のハワード・ヒューズが開発したもので、それをマフィアが奪ったものでした。マフィアに盗むように依頼したのが、当時のハリウッドの大スター、ネヴィル・シンクレアで、マフィアだけでは心許ないと思ったシンクレアは、殺し屋ローサーにも仕事を依頼し、FBIを巻き込んでの争奪戦が繰り広げられることになります。
　ところでクリフには、女優志願の恋人ジェニーがいました。シンクレアは、自分の主演映画の端役で出演していたジェニーが、ロケットを手にしているクリフの恋人であることを知り、彼女を誘拐し、ロケットとの引き替えを条件に、クリフと取り引きをしようとします。シンクレアの正体は、ナチスのスパイであり、そのロケットを奪って米国に来ていたナチスの飛行船「ルクセンブルグ号」で持ち帰ることが彼の使命だったのです。飛行船内で壮絶な戦いの中、はたしてクリフとジェニーの運命はどうなるのでしょうか。

映画情報

製　作　年：1991年（平成3年）
製　作　国：米国
配給会社：ブエナビスタ
言　　　語：英語、ドイツ語
第18回サターン賞衣装デザイン賞受賞

公開情報

公　開　日：1991年 6月21日（米国）
　　　　　　1991年12月 7日（日本）
上映時間：108分
MPAA（上映制限）：PG
音　声：英語・日本語　　　字　幕：日本語・英語

薦	●小学生　●中学生　●高校生　○大学生　○社会人	リスニング難易表	発売元：ウォルト・ディズニー・スタジオ・ジャパン （平成27年2月現在、本体価格） DVD価格：1,800円　ブルーレイ価格：2,381円

お薦めの理由	原作がデイヴ・スティーヴンスのアメコミで、それが映画化されたアクション、冒険、SFの痛快ものです。一般人が空飛ぶスーパーヒーローになるものでは、最近の「アイアンマン」シリーズが思い浮かびますが、この「ロケッティア」がより身近なものと考えられるのは、その姿が古風だからでしょうか。また、当時21歳のヒロイン役のジェニファー・コネリーの魅力が満載されています。

スピード	2	
明瞭さ	2	
米国訛	2	
米国外訛	2	
語彙	2	
専門語	2	
ジョーク	2	
スラング	2	
文法	2	

英語の特徴	主だった俳優人の中では、シンクレアを演じる英国出身のティモシー・ダルトン以外はみな米国出身なので、標準的な米国英語です。そして時代設定が1938年なので、古い言い回しも出てきますが、気になるほどではありません。 　また、シンクレアが映画スターという設定なので、映画の中の映画で使われているセリフを聞いてみるのも楽しい学習につながると思います。

授業での留意点	前半は短い文の会話ですが、後半は長目の文に挑戦してみましょう。 ○　Mrs. Pye : You know my rules, no gentlemen after 6 p.m.　　　　　　　　　　　　（Chap.3 21:34〜） 　　　　　　　「規則は知ってるわね、午後6時以降は紳士の訪問はダメよ。」 　　Cliff　　 : Well, I'm not a gentleman.「ああ、僕は紳士じゃないよ。」 　　Mrs. Pye : You can say that again.「それはそうだわね。」 　ジェニーを誘いに女子寮にやってきたクリフと、寮母さんとの会話です。この後、クリフは門限をしっかりと言われ、釘をさされます。"You can say that again."はこのまま使える慣用句です。 ○　Cliff　　: Peevy, put it in neutral.「ピーヴィー、ニュートラルに入れて。」　　　　　　（Chap.6 46:04〜） 　　Peevy : What?「何だって？」 　　Cliff　　: Put it in neutral! You steer, I'll push.「ニュートラルに入れて！　君は操縦して、僕が押す！」 　マフィアの一味がロケットを追って迫ってきたとき、クリフがロケッティアとなって車ごと押して逃げるときの会話です。マニュアル車でも、オートマチック車でも「N：ニュートラル」はあります。ちなみに、車の「ハンドル」は和製英語で、英語では'steering wheel'と言います。 ○　Jenny : Give me one good reason why I should believe any of this.　　　　　　　（Chap.9 67:28〜） 　　　　　　「なぜこのことを私が信じなきゃいけないのかちゃんとした理由を教えて。」 　　Cliff　 : Because anything ever happened to you, I'd go out of my mind. I swear I would. 　　　　　　「なぜなら君にもしものことがあったら、僕は正気ではなくなる。誓ってだ。」 　シンクレアが悪玉であることを伝えにやってきたクリフと、それを信じようとしないジェニーとのやりとりです。愛の告白ともいえるクリフの言葉に、ジェニーはイチコロです。彼女の瞳がそれを表しています。一方、シンクレアがジェニーを口説こうとする場面（Chap.11 75:02〜）では、シンクレアが往年の名女優グレタ・ガルボやキャロル・ロンバードに映画の中で使ったセリフを使っているので、女優志願のジェニーはクールに見破ってしまいます。 ○　Eddie : I may not make an honest buck, but I'm 100% American. I don't work for no two-bit Nazi. Let the girl go. 　　　　　　「俺は堅気の輩じゃないが、100%アメリカ人だ。ナチの野郎に仕える気はない。彼女を離しやれ。」 　シンクレアに頼まれ、ロケットを追っていたマフィアのボス、エディは、シンクレアがナチスの手先とわかると一転してクリフたちの味方になるときのセリフです。マフィアとFBIが協力して、ナチスと銃撃戦となります。

映画の背景と見所	○　舞台は1938年のロサンゼルスです。このときヨーロッパは映画にも登場するように、ナチス率いるドイツが勢力を伸ばし、オーストリアを併合し、国内のユダヤ人を迫害し始めた年でもあります。また、日本ではこの年の8月に、ヒトラー・ユーゲント（青少年団）が来日したことで知られています。 ○　映画の中には「ルクセンブルグ号」という飛行船が登場します。実際の飛行船では、1937年に謎の爆発事故を起こした「ヒンデンブルグ号」が有名で、映画化もされています。 ○　本作の大きなハイライトは、クリフがロケッティアとなって試乗する場面です。洗濯物の中を突っ切って、果樹園と麦畑をなぎ倒し、池を水切りするようになって着地するところです。　　　　　（Chap.6 44:20〜） ○　登場する人物の一人、ハワード・ヒューズ（1905〜76年）は実在の大富豪です。飛行機を作ったり、映画を制作したりしましたが、ロケットの開発はしなかったです。『アビエイター（2004年）』は彼の伝記映画です。 ○　この年代にふさわしいように、俳優クラーク・ゲーブル（1901〜60年）のそっくりさんが登場して、シンクレアに挨拶したり、有名な喜劇俳優W.C.フィールズと会話したりする場面が出てきます。　　　（Chap.7 51:23〜） ○　主人公のビル・キャンベルとジェニファー・コネリーは、本作が縁となりこの年に婚約（1995年解消）しました。

スタッフ	監　督：ジョー・ジョンストン 製　作：ローレンス・ゴードン 他 原　案：デイヴ・スティーヴンス 撮　影：ヒロ・ナリタ 音　楽：ジェームズ・ホーナー	キャスト	クリフ・シーコード　　：ビル・キャンベル ジェニー・ブレイク　　：ジェニファー・コネリー ピーヴィー　　　　　　：アラン・アーキン ネヴィル・シンクレア　：ティモシー・ダルトン エディ・ヴァレンタイン：ポール・ソルビノ

	ロスト・ワールド ジュラシック・パーク	The Lost World: Jurassic Park	（執筆）松葉　明

セリフ紹介

この映画を特徴づけるセリフを紹介します。　　　　　　　　　　　　　（Chap：チャプター番号と時間）
- "Life will find a way."「生命は道を見つけ出す。」　　　　　　　　　　　（Chap.19 121:18～）
  実業家で「ジュラシック・パーク」の創設者ハモンド氏の言葉です。元々は、前作でイアン・マルコム博士が言っていたセリフです。本作品ではハモンド氏がマルコム博士を調査に行くよう説得する場面（Chap.3 9:24～）でも出てきます。ハモンド氏は、マルコム博士に調査を依頼する際、"It's our last chance at redemption."「我々の罪滅ぼしの最後のチャンスなんだ。」とも言っています。　　　※ redemption：罪の償い
- "No, you'll be back in five or six pieces"「いや、5つか6つになって戻ることになる。」（Chap.5 33:13～）
  島で恐竜の調査を続けたいというサラの "I'll be back in five or six days."「5～6日で戻ってくる。」を受けて、すぐにも島から離れるべきだというマルコム博士のセリフです。恐竜に食われてバラバラになるという意味が含まれています。恐竜の恐ろしさを体験したマルコム博士ならではのセリフです。
- "My point is the predators don't hunt when they're not hungry."　　　　（Chap.10 69:47～）
  「私が言いたいことは、捕食者は空腹ではないときは狩りをしないってことだ。」
  狩りのガイド役のローランド・テンボのセリフです。T-レックスがエディを食べたばかりなので我々を追って来ないという意味で言います。これを受けて敵対するニックは、皮肉をこめて "No, only humans do."「そう、そんなことをするのは人間だけ。」と言います。

学習ポイント

日常会話で聞き取り易い箇所に焦点を当ててみました。
- 映画の冒頭で、英国人の家族がクルージングで島を訪れる場面の会話はとてもわかりやすくなっています。
  A mother : Darling, what about snakes ?「あなた、ヘビは大丈夫かしら？」　　　　（Chap.1 2:20～）
  A father : There aren't any snakes on the beach. Just let her enjoy herself for once.
  　　　　「浜辺にヘビはいないよ。　たまには娘を一人で遊ばせてやれよ。」
  ・・・・・・・・・・・・・・（中略）・・・・・・・・・・・・・・
  A daughter : Are you hungry ? Take a bite. It's roast beef. It's good. Come on. I won't hurt you.（Chap.1 3:14～）
  　　　　「お腹が空いているの？　食べて。ロースト・ビーフよ。おいしいよ。ほら。傷つけたりしないわ。」
  女の子の話す英語は、とても聞き取り易く、中学2年程度の内容です。そして、この後小さな恐竜コンピーに餌を与えた女の子に悲劇が訪れます。
- 島への調査依頼をするハモンド氏とマルコム博士の会話です。　　　　　　　　　　　（Chap.3 10:44～）
  Hammond : Don't worry. I'm not making the same mistakes again.「心配ない。同じ過ちはしないよ。」
  Malcolm　：No. You're making...you're making all new ones.「いや。あなたは新たな過ちを犯そうとしている。」
  肉食恐竜は島の内側にしかいないので、外側だけなら安全という楽観的なハモンド氏に対して、マルコム博士は冷ややかに答えています。　　※ 'one' は同種類を指す代名詞で、ここでは複数形となっています。
- 先に島に来ているサラを探し出すため、メンバーが大声で彼女の名前を呼びます。そのうちの一人ニックが、フルネーム（Sarah Harding）で呼ぶと、マルコム博士がこう言います。　　　　　　　　（Chap.5 22:26～）
  "How many Sarahs do you think are on this island ?"「この島に何人サラがいると思ってるんだ？」
  つまり、暗に「苗字を呼ぶ必要はない」とユーモアを含めて言っているわけです。'How many ＋名詞の複数形' は中学1年で習います。こんな使い方もあるわけです。
- 外部と連絡が取るために、通信センターに行く途中で草原に来てしまいます。その前に通ったメンバーの荷物が放り出されているのと、遠くからの叫び声を聞いて、草原の中で人々が恐竜に襲われていることを察知したマルコム博士が言います。　　　　　　　　　　　　　　　　　　　　　　　　　（Chap.13 88:00～）
  "Go as fast as you can. Go !"「できる限り速く行くんだ。行くぞ！」
  'as ～ as one can'「できるだけ～」は、中学2年の比較のところで習います。

あらすじ

世界に類をみない生きた恐竜たちのテーマ・パーク、「ジュラシック・パーク」崩壊から4年の月日が経っていました。何も知らない英国人の家族が、クルージングでコスタリカ沖の小さな島ソルナ島にやってきます。その女の子が浜辺で遊んでいると、コンピーと呼ばれる恐竜（コンプソグナトス）に襲われる事件が起こりました。
　実はあのテーマ・パークがある島とは別に、恐竜を飼育するサイトBという場所がソルナ島にあったのでした。創設者のハモンドは、少女が襲われた事件の責任を問われ、会長の座を追われましたが、恐竜の生態系を記録することをマルコム博士に依頼します。最初は渋っていたマルコムは、考古学者の恋人サラがすでに島に行っていることを聞き、すぐに向かうのでした。
　島に渡った彼らは無事サラに出会いますが、ハモンドの後を継いで会長になったルドローたちも編隊を組んでやってくるのでした。彼らの目的は、恐竜たちをサンディエゴの町に、ジュラシック・パークを再建することだったのです。マルコムたちは捕らえた恐竜たちを、夜中にそっと逃がすと、暴れ回った恐竜たちは機材をすべて破壊して、外部との連絡が絶たれてしまうのでした。連絡を取るには、島の中央にある通信施設に行くこと。しかし、そこには最も危険な恐竜たちがいるのでした。また、サンディエゴの町に移送されたT-レックスは・・・。

映画情報

製 作 年：1997年（平成9年） 製 作 国：米国 配給会社：ユニバーサル・ピクチャーズ 言　　語：英語 次　　作：ジュラシック・パークⅢ	公開情報	公 開 日：1997年5月23日（米国） 　　　　　1997年7月12日（日本） 上映時間：129分 MPAA（上映制限）：PG-13 音　声：英語・日本語　　　字　幕：日本語・英語

薦	○小学生 ●中学生 ●高校生 ●大学生 ●社会人	リスニング難易表	発売元：NBCユニバーサル・エンターテイメントジャパン（平成27年2月現在、本体価格）DVD価格：1,429円 ブルーレイ価格：1,886円

お薦めの理由	世界中を驚かせた『ジュラシック・パーク（1993年）』から4年。より進化したCGで、前作以上に観る人々を驚かせるような物語の展開となっています。アクションとパニックの部分が多くなり、人間よりも恐竜の存在感が多く出ているといえます。発掘調査と研究により、恐竜の生態についての最新情報が盛り込まれた作品になっているので、恐竜ファンにとっては見逃せない作品といえるでしょう。

スピード	2
明瞭さ	2
米国訛	1
米国外訛	1
語彙	4
専門語	4
ジョーク	3
スラング	2
文法	3

英語の特徴	前作『ジュラシック・パーク（1993年）』と比べると、映画のほとんどがジェフ・ゴールドブラム扮するマルコム博士が登場するようになっています。彼の話すセリフは、皮肉が込められたものが多くみられるので、おもしろいです。科学に関する専門用語も多少出てきますが、気にしなくてよい程度のものです。実物の動く恐竜を見ながら、その名前と一致させると、よりこの映画を楽しめます。

授業での留意点	英語自体は難しくないけれど、内容がちょっぴり深いセリフを紹介してみましょう。 ○ "Is that a Nikon?"「それってニコン？」 (Chap.5 24:43～) サラがニックの持っているカメラを見て、借りたいと申し出る前のセリフです。「Nikon」はもちろん日本のカメラのメーカーで、カメラでは世界最高レベルの品質を誇り、多くのプロのカメラマンが使っています。字幕や吹き替えでは、「日本製」と訳されています。 ○ "You, you know Kelly, Kelly, this is, um, tall talk."「ケリー、これはその、大人の話なんだ。」(Chap.5 31:24～) マルコム博士がサラとの話の中で、娘のケリーに聞かれたくないときに、ケリーに席をはずすように言うセリフです。'tall talk' は「大げさな話」という意味で紹介されることが多いですが、今回のように「大人の会話」の意味でも使われます。日本でも、子どもが無理に大人の仲間入りをすることを「背伸びをする」という表現があります。 ○ "That's the last time I leave you in charge."「お前に任務を頼むのはこれで最後だ。」(Chap.7 46:25～) 狩りのガイドローランドが、恐竜の管理にヘマをした部下のディーターに言うセリフです。これはつまり、次回からは頼まないということを表します。このように 'last ～' には「最後の～」から転じて否定的な意味を表すことがあります。(例) You are the last person I want to see.「君は私が最後に会いたい人だ。→ 君には会いたくない。」 ○ "All over the place."「いたるところに。」 (Chap.15 105:10～) Ｔ-レックスを乗せた船が、全速力で船着き場に突っ込んだ後、ハモンド氏の後を継いだ会長のルドローが、船に乗り込み警備員に "Where's the crew?"「乗組員はどこにいる？」と尋ねた答えがこれです。もちろん、乗組員が大勢いるわけではなく、バラバラになった遺体が「散乱している」という意味です。'all over ～'「～のいたるところ」は、中学では 'all over the world'「世界中で」でおなじみの表現です。 ○ "Now, you're John Hammond."「さあ、これであなたはジョン・ハモンドだ。」 (Chap.15 106:50～) サンディエゴの町で、暴れ回るＴ-レックスを見て呆然とするルドローに向かって、マルコム博士がいうセリフです。中学1年レベルの英語ですが、これには深い意味があります。前にルドローが、"Hammond's reach exceeded his grasp. Mine does not."「ハモンドのは許容量を超えていたが私の場合は違う。」と言ったことに対して、マルコム博士が "Taking dinosaurs off this island is the worst idea in the long, sad history of bad ideas and, uh, I'm gonna be there when you learn that."「恐竜をこの島から連れ出す考えは愚かな考えの長く哀れな歴史の中でも最低だ。君がそれを知るのをこの目で見届けてやる。」(Chap.10 71:27～) とのやりとりが伏線になっています。

映画の背景と見所	○ Ｔ-レックスがサンディエゴで暴れまわり、眼鏡の男性が食われる場面（Chap.17 113:17～）があります。実はこの男性は脚本担当のデヴィッド・コープです。他にも逃げ惑う人々の中に、製作担当のキャスリーン・ケネディや、撮影担当のヤヌス・カミンスキー、SFX担当のデニス・ミューレンもいます。 ○ 人類が地球を支配するようになってからおよそ3万5,000年です。恐竜は6,500万年前に絶滅するまで、およそ1億5,000万年も地球の支配者でした。定規で表すと人類が1cmとすると、恐竜は42m86cmになります。 ○ この映画の主な舞台となったロケ地は、サンフランシスコ北部のカリフォルニア州ユーレカ近くのレッドウッド（セコイア）の巨木のある森でした。約2,000万年前から存在していると言われています。 ○ 'ロスト・ワールド' のタイトルは、『シャーロック・ホームズ』シリーズで有名な、アーサー・コナン・ドイルが書いたSF小説か、1925年のSF映画を連想されるでしょう。 ○ 映画の背景に流れる音楽を担当したのは、前作に続きジョン・ウィリアムズです。アカデミー賞ノミネートは35回以上で、担当した作品は「ジョーズ」「スター・ウォーズ」「E.T.」「シンドラーのリスト」と枚挙にいとまがありません。本作でも映像に勝るとも劣らない効果を出しています。

スタッフ	監 督：スティーヴン・スピルバーグ 原 作：マイクル・クライトン 脚 本：デヴィッド・コープ 製 作：キャスリーン・ケネディ他 音 楽：ジョン・ウィリアムズ	キャスト	イアン・マルコム ：ジェフ・ゴールドブラム サラ・ハーディング：ジュリアン・ムーア ローランド・テンボ：ピート・ポスルスウェイト ピーター・ルドロー：アーリス・ハワード ジョン・ハモンド ：リチャード・アッテンボロー

ロミオとジュリエット　Romeo and Juliet　　　（執筆）松葉　明

セリフ紹介

　シェークスピアと言えば、今でもいろいろな場面でセリフが引用されることが多いです。英文科で英文学を学ぶ学生は、そのいくつかを暗記しているとか。そうでなくても教養として覚えているとよいでしょう。『ロミオとジュリエット』の代表的なものを紹介します。　　　　　　　　　　　　　　　　　　　　　（Chap：チャプター番号と時間）

○ O Romeo, Romeo！ Wherefore art thou Romeo？「おぉ、ロミオ、ロミオ。どうしてあなたはロミオなの？」
　　　（Chap.7 42:12）

　あまりにも有名なバルコニーでのセリフです。'wherefore' → 'why'、'art' → 'are'、'thou' → 'you' なので、現代英語にすれば、'Why are you Romeo？' です。これなら理解できますね。
　そして、このセリフのすぐ後に次のセリフが出てきます。　　　　　　　　　　　　　　　（Chap.7 42:57）

○ O, be some other name！ What's in a name？ That which we call a rose, by any other name would smell as sweet.「おぉ、どうか他の名前を！　名前って何？　薔薇を別の名前で呼んでも、同じように甘い香りがする。」

　ジュリエットの独白を聞いていたロミオが登場して、2人は愛を誓います。そんな中で次の有名なセリフが出てきます。

○ Romeo : Lady, by yonder blessed moon I swear.「あの聖なる月に誓って。」　　　　　　（Chap.7 46:01）
　　Juliet　 : Swear not by the moon, the inconstant moon that monthly changes in her circled orb...
　　　　　　　「月に誓ってはだめ、夜ごとに形を変えてしまう気まぐれな月は・・・。」

学習ポイント

○　上記の有名なセリフの他に、この映画の主題歌の中心の部分を覚えましょう。歌を知らなくても、このメロディを一度でも聞いた人は多いと思います。アイススケート・フィギュアでの羽生結弦選手のBGM等、いろいろな場面で使われています。　　　　　　　　　　　　　　　　　　　　　　　　　　　　　　　　　　（Chap.6 30:50～）

　What is a youth？ Impetuous fire. What is a maid？ Ice and Desire. The world wags on.
　　若さとは何？　　　激しい炎　　　乙女とは何？　　氷と欲望　　　　世界は移りゆく
　A rose will bloom, it then will fade. So does a youth. So does the fairest maid....
　　薔薇は咲き　　そして枯れる　　若さも同じこと　　美しき乙女も同じこと・・・

○　ところで、難しい英語ばかりが使われていますが、日常での会話はそれほど難しくありません。ジュリエットの母親が乳母に彼女を呼ぶ場面では、　　　　　　　　　　　　　　　　　　　　　　　（Chap.3 12:30～）

Mother : Nurse, where's my daughter？ Call her forth to me.
Nurse　 : By my maidenhead at twelve years old, I bade her come. Where is the girl？ Juliet！
　　　　　　God forbid, where is the girl？ Juliet！ Where is the girl？ Juliet！
Juliet　 : How now！ Who calls？
Nurse　 : Your mother, your lady mother. It's your lady mother. Make haste, girl, make haste！ Where were you？
Juliet　 : Madam！ I'm here. What is your will？

　おしゃべりな乳母の英語を除けば理解は容易です。'make haste' は 'hurry（急ぐ）' の古い言い方です。

○　しばしの別れを前に、一夜を共にした2人の目覚めのベッドでの会話です。　　　　　　（Chap.13 96:20～）

Juliet　 : Wilt thou be gone？ It is not yet near day. It was the nightingale, and not the lark, that pierced the fearful hollow of thine ear. Nightly she sings on yon pomegranate tree. Believe me, love, it was the nightingale.
　　　　　「もう行ってしまうの？　夜明けはまだ。ナイチンゲールよ、ヒバリじゃない。心配しないで、毎晩あのザクロの木で鳴く鳥の声よ。信じて、ナイチンゲールよ。」
Romeo : It was the lark, the herald of the morn, no nightingale.
　　　　　「ヒバリだ。朝の使いだ。ナイチンゲールじゃない。」

　ヒバリが朝の使いであることを、この場面で知った人は多いのではと思います。

あらすじ

　時は15世紀、イタリアの町ベローナ。そこでは名門であるモンタギュー家とキャピレット家が、毎日のように血で血を洗う抗争を繰り返していました。
　そんなある日、モンタギュー家の一人息子のロミオは、キャピレット家のパーティに紛れ込み、一人娘のジュリエットに出会い、二人は急速に恋に落ちます。お互いに敵同士ということがわかり、一度は落胆するものの、ロミオが忍び込んだバルコニーで愛を確信し、すぐに結婚する約束を交わすのでした。しかし、両家の諍いは絶えることなくロミオの親友マキューシオがジュリエットのいとこティボルトに剣で刺されて死に、ロミオは怒りに任せてティボルトを殺してしまいます。ロミオは死罪を免れるものの、追放となり、その間にジュリエットは親の決めた縁談でパリス伯爵と結婚することになってしまうのでした。悲嘆にくれたジュリエットは、ロレンス神父に相談し、42時間仮死の状態になる薬をもらって飲みます。ロレンス神父はそのことをロミオに伝えるべく、使者を送るのですが、不運なことにロミオの従者のバルザザールがジュリエットの死を先に伝えてしまいます。ジュリエットが横たわるもとで、ロミオは毒をあおり、眠りから覚めたジュリエットは、剣で自らを刺し、その恋は叶うことなく悲劇的な結末へと向かって行くのでした。

映画情報

制　作　年：1968年（昭和43年）
製　作　国：米国
配　給　会　社：パラマウント
言　　　　語：英語
第41回アカデミー撮影賞、衣装デザイン賞受賞

公開情報

公　開　日：1968年10月8日（米国）
　　　　　　1968年11月23日（日本）
上映時間：138分　　　MPAA（上映制限）：PG
音　　声：英語・日本語
字　　幕：日本語・英語

薦	○小学生　●中学生　●高校生　●大学生　●社会人	リスニング難易表	発売元：パラマウント ジャパン （平成27年2月現在、本体価格） DVD価格：1,429円　ブルーレイ価格：2,381円

お薦めの理由	この作品が映画化されたのは4回目だそうですが、それまでの映画では、主役の2人はロミオが16歳、ジュリエットが14歳という原作に対して、実は30歳以上の役者が演じていたのでした。ところが、この映画では、ロミオを16歳、ジュリエット15歳の新人たちが演じたのです。これはゼフィレッリ監督の異例の抜擢といえました。2人の新鮮な演技に多くの人が魅了されました。

	スピード	3
	明瞭さ	3
	米国訛	2
	米国外訛	2
	語彙	5
	専門語	4
	ジョーク	2
	スラング	2
	文法	5

英語の特徴	シェークスピアの作品では、どのセリフも詩的であり、かつ古語なので、現代英語を学習するのには難解と言わざるを得ません。しかし、有名なセリフからの引用はいろいろな場面で使われることが多く、教養として学習する必要はあると思います。この作品以外にも、四大悲劇といわれる『ハムレット』『リア王』『オセロ』『マクベス』の作品にも挑戦してみてほしいです。

授業での留意点	難しいですが、シェークスピア俳優の巨匠、ローレンス・オリヴィエが担当したプロローグとエンド・クレジットのナレーション部分に挑戦させてみましょう。辞書を引く練習のよい機会になります。大意をつかむことができれば上々です。 ○　プロローグ　　　　　　　　　　　　　　　　　　　　　　　　　　　（Chap.1 00:25 〜 01:15） Two households, both alike in dignity, in fair Verona, where we lay our scene, from ancient grudge break to new mutiny, where civil blood makes civil hands unclean. From forth the fatal loins of these two foes, a pair of star-crossed lovers take their life, whose misadventured piteous overthrows, do with their death bury their parents' strife. 同等に名門の二つの名家が、美しい町ベローナで、昔からの諍いが今もなお続き、町では血で血を洗う仇同士となっていった。 それ以後、これらの仇同士の不幸な星のもとに生まれた恋人たち、哀れな2人の死をもって親たちの諍いに終止符が打たれたのでした。 ○　エンド・クレジット　　　　　　　　　　　　　　　　　　　　　　　（Chap.18 135:38 〜 135:57） A glooming peace this morning with it brings. The sun, for sorrow, will not show his head. For never was a story of more woe than this of Juliet and her Romeo.　この朝がもたらす陰うつな和解。太陽も悲しみのあまり、その姿を現さない。ジュリエットとそのロミオの物語ほど悲痛なものはない。 ○　報われない恋と悟った2人が死を覚悟する場面でのセリフです。 42時間の仮死となる毒をあおるジュリエットのセリフです。　　　　　　　　　　　　（Chap.17 113:45〜） Juliet ：Love give me strength！「愛よ、私に力を与えておくれ！」 仮死状態のジュリエットを、死んでいると誤解したロミオは、本当の毒をあおります。　（Chap.17 125:57〜） Romeo：Here's to my love！「愛する人に乾杯だ！」 死んでしまったロミオのもとに行こうとジュリエットは短剣を胸に刺します。　　　　（Chap.17 132:20〜） 　Juliet ：O happy dagger！This is thy sheath. There rust, and let me die, 　　　　「おぉ、幸せな短剣よ。これがおまえのさや。私を死なせておくれ。」 自分の胸を剣のさやというジュリエットのセリフは、特に有名です。

映画の背景と見所	物語の内容もさることながら、さすがアカデミー撮影賞と衣装デザイン賞をとっただけあって、ファッションについ目がいってしまいます。時代は中世ヨーロッパですから、衣装はもちろんその時代のものです。しかし、グリーン、グレイ、ブラウン、ブルー、オレンジ、イエロー等、色調の組み合わせが目をひきます。おしゃれをしたい人には参考になるでしょう。 ○　この映画の中に、ティーンエイジャーのジュリエットのトップレスのシーンが一度出てきますが、それを撮るためにゼフィレッリ監督は特別な許可を得たのでした。 ○　ロミオ役は、元々はビートルズのポール・マッカートニーが演じる計画だったそうです。 ○　ゼフィレッリ監督の英国国立劇場での活躍に感銘を受けた、サーの称号をもつ名優ローレンス・オリヴィエは、ナレーターの役を自ら進んで申し出たと言われています。 ○　実話を元に書かれた「ロミオとジュリエット」は、ベローナにジュリエットの像が建ち、右手と右胸だけが金色に輝いており、そこに触ると幸運が訪れるとか、幸せな結婚ができるとかの言い伝えがあるそうです。映画『ジュリエットからの手紙（2010年）』に出ています。

スタッフ	監　督：フランコ・ゼフィレッリ 原　作：ウィリアム・シェークスピア 撮　影：パスカリーノ・デ・サンティス 音　楽：ニーノ・ロータ 衣　装：ダニロ・ドナティ	キャスト	ロミオ　　　　　：レナード・ホワイティング ジュリエット　　：オリヴィア・ハッセー ティボルト　　　：マイケル・ヨーク マキューシオ　　：ジョン・マケナリー ロレンス神父　　：ミロ・オーシャ

	若草物語	Little Women	（執筆）玉野　令子

セリフ紹介

主人公ジョー（次女）のセリフを中心に紹介します。

① ジョーはベスに自分の漠然とした夢を話します。それは、父のような生き方であって、ベスが言う母のような生き方ではなかったようです。　　　　　　　　　　　　　　　　　　　　　　　　（Chapter.5 26:00～）
　　But I want to do something different.（でも私の望みは少し違うの。）
　　I don't know what it is yet, but I'm on the watch for it.（まだそれが何なのかわからないけど、待っているの）
　　"want to be～" は中学2年で、間接疑問文は中学3年で学習します。また "be on the watch for～"（～を待ち構えている）のイディオムは学習しませんが、watch（時計、～を見る）から意味を推測できるでしょう。

② 大切な小説の原稿を妹エミーに燃やされたジョーは彼女を許すことができません。　　（Chapter.7 34:57～）
　　I never want to see her again.（二度と見たくないわ）…I will never forgive her.（絶対に許せないわ）
　　"never"「二度と～しない／決して～しない」の意味で学習する単語です。

③ 自分自身にいら立っているジョーは母に言います。
　　"I want to change, but I can't…."（自分を変えたくでもできないの…。）　　　　（Chapter.7 34:57～）

④ 死の床にいる妹ベスにジョーが言います。　　　　　　　　　　　　　　　　　　　（Chapter.23 47:28～）
　　"I won't let you go."（あなたを行かせないわ）"let～go"「～を放す」のイディオムです。ここでは、「あなたを死なせない」という意味で使われています。使役動詞letが使われています。

学習ポイント

この映画には、すぐ使えそうな短い表現がたくさんあります。

① Marmee！Marmee's home！（ママ！ママが戻ったよ！）　　　　　　　　　　　（Chapter.2 3:17～）
　ママが帰宅したときジョーが叫んだひと言です。「マーミー」はmommy（英略式ではmummy）と表記しますが、この表記には、強くて優しい母のイメージが表れています。home以外にhereを使っている場面もあります。ジョーは帰宅したとき "I'm here."（Chapter.10 47:20～）と言っています。

② I'm a selfish girl.（私、わがままだわ。）　　　　　　　　　　　　　　　　　　　（Chapter.2 4:40～）
　クリスマス・イブに届いた愛あふれる父からの手紙に末っ子エミーがひと言つぶやきます。

③ Oh, wonderful snow！（すてきな雪！）　　　　　　　　　　　　　　　　　　　　（Chapter.3 7:57～）
　クリスマスの朝、積もった雪を見たジョーのひと言。"Oh, wonderful dinner / day …!" とすぐ使えますね。

④ Lovely weather for a picnic！（ピクニック日和ね。）　　　　　　　　　　　　　（Chapter.3 7:57～）
　雪の日にピクニック日和というのも不思議な感じがしますが、ジョーが隣人を見かけて声をかけたときのセリフです。lovely（素敵な）はよく出てくる言葉です。鼻の形を気にする末っ子エミーに長女のメグがやさしく "You have a lovely nose." と言っています。ほかの場面でもこのlovelyは出てきます。

⑤ Faster！（もっと速く！）　　　　　　　　　　　　　　　　　　　　　　　　　（Chapter.4 19:40～）
　雪道の中、まるで馬のようにそりを引くローリーに、ジョーが楽しそうに叫んだひと言です。ほかに "Harder！"（Chapter.1 2:43～）という表現も出てきます。形容詞の比較級1語の表現です。

⑥ Hold on！（つかまって！）　　　　　　　　　　　　　　　　　　　　　　　　（Chapter.8 36:10～）
　雪で覆われた池に落ちたエミーの叫び声に気づき、ジョーとローリーが必死で声をかけます。この場面ではhold on以外にgrabという単語も使われています。Grab the stick.（棒につかまって。）　　（Chapter.8 36:33～）

⑦ I'm glad you're home.（戻ってくれてうれしいわ。）　　　　　　　　　　　　　（Chapter.23 94:20～）
　病の床に家に戻ってきたジョーに、病床のベスが言います。I'm glad～.のような形はI think～. I hope～.の形で2年生で学習します。この表現はベスの看病に戻ったジョーに母が言うセリフの中で "I think she's been waiting for you…"（彼女はあなたをずっと待っていたと思うの。）と出てきます。　　　　　　（Chapter.23 93:58）
　また「心」の意味で学習するmindの動詞の意味「気にする、いやだと思う」も覚えておくとよいでしょう。ベスは自分の命は神の召しのまま消えるとしても "I don't mind."（構わないわ。）（Chapter.23 93:13）。と言います。

あらすじ

　米国、マサチューセッツ州コンコードに住むマーチ一家は貧しくとも明るさを失いませんでした。父は戦地に赴き、家には優しくて聡明な母と4人の姉妹が暮らしていました。あるクリスマス・イブの夜、父から届いた手紙に姉妹たちは大喜びし、クリスマスを迎えます。一家の隣人には富豪のローレンス氏が住んでいました。氏の家に同居した孫のローリーとマーチ家の姉妹たちと親しくなります。長女メグは優しく控えめなタイプ、次女ジョーは小説家志望で活動的、三女ベスは音楽が好きで家庭的、四女エミーはおしゃまな夢見る女の子です。ある日、戦地の父が負傷したという知らせが届きます。看病のため、現地に出かけた母の留守中、三女ベスが感染症にかかり、一命を取りとめましたが、以前のような元気を取り戻すことはできませんでした。翌年のクリスマスの日、父が帰還します。4年後、姉妹はそれぞれ成長し、メグはローリーの家庭教師ジョンと結婚。ジョーはローリーからの求婚を断って小説家を目指してニューヨークへ。そこで同じ下宿に住むドイツ人哲学教授フリードリックと出会います。エミーは伯母とパリへ行き、絵の勉強を。そこでローリーと再会します。ある日、ベスの危篤を知らせる電報がジョーの元に届き急いで家に戻ります。ベスとの最期の別れを経験し、悲しみの中、過ぎし懐かしい姉妹たちとの思い出を執筆し、完成した原稿をフリードリックに送付します。しばらくして彼が小説『若草物語』の誕生を知らせに来ます。

映画情報

製　作　年：1994年
製　作　費：1,800万ドル
製　作　国：米国
配給会社：コロンビア映画（米国）
ジャンル：ドラマ　　　言　　　語：英語

公開情報

公　開　日：1994年12月21日（米国）
　　　　　　1995年　7月　1日（日本）
上映時間：118分
受　　　賞：1995年第67回アカデミー賞の主演女優賞、作曲賞、衣装デザイン賞でノミネート

薦	○小学生 ●中学生 ●高校生 ●大学生 ●社会人	リスニング難易表	発売元：パラマウント ジャパン（平成27年2月現在、本体価格） DVD価格：1,410円

お薦めの理由	1868年、ルーイザ・メイ・オルコットが書いた自伝的小説『若草物語』の映画化作品です。子ども向け児童書で『若草物語』のシリーズを読んだ人もいるでしょう。また『愛の若草物語』（1987）というアニメテレビを見た人がいるかもしれません。母を中心に4人の姉妹が力を合わせ、いろいろな出来事を乗り越えていくこの物語は、不朽の名作です。小説を忠実に映画化した本作品は是非観てほしい作品です。

スピード	3
明瞭さ	3
米国訛	3
米国外訛	2
語　彙	2
専門語	2
ジョーク	1
スラング	1
文　法	3

英語の特徴	全体的にゆっくりで聞き取りやすい英語です。中学で学習する語句を多く耳にします。やや早口の部分や未習の語彙もありますが、訛りやスラングもほとんどありません。ト書きの部分も平易な英語になっています。ジョーが出会うベア教授はドイツ生まれのニューヨーク在住という設定ですが、ドイツ語訛りの英語というほどではなく、聞き取りやすい英語です。初期の英語学習に適した映画です。

授業での留意点	○ マーチ一家の様子がよくわかる部分をまず紹介します。　　　　　　　　　　　　　　　　　　　　　（Chapter.1 2:52〜） 　My sisters and I remember that winter as the coldest of our childhood. 　A temporary poverty had settled upon our family some years before. 　The war had made fuel and lamp oil scarce. 　But necessity is indeed the mother of invention. 　Somehow in that dark time … our family, the March family seemed to create its own light. 　（子ども時代のいちばん寒かった冬を私たちは覚えている。数年前からは貧しい暮らし。戦争で燃料不足。でも必要は発明の母。世の中は暗かったが、マーチ一家は明るさを失わなかった。） ○ 母のセリフから、マーチ一家の考え方やそれぞれの姉妹への対応がよくわかる部分を紹介します。 　① エミーが学校の先生に体罰を受けて帰ってくると、早速抗議の手紙を先生宛てに書きます。（Chapter.5 24:47〜） 　　In God's eyes we are all children and we are all equals.（髪の目には私たちは皆子どもであり、皆平等です。） 　② エミーに大切な小説の原稿を燃やされ、激怒しているジョーにやさしく話します。　　（Chapter.7 34:52〜） 　　Forgive each other. Begin again tomorrow.（お互いに許し合いなさい。明日はまた始まるのよ。） 　③ 自分の性格にいら立ち、自分を責めるジョーに穏やかに話します。 　　You have so many extraordinary gifts. How can you expect to lead an ordinary life?　（Chapter.15 70:15〜） 　　（あなたにはとてもたくさんの並外れた才能があるわ。どうして普通の暮らしをしたいと思えるわけ？思えなくて当然よ。）反語表現 "How can〜?（どうして〜できるの？いや、できないわ。）は覚えておきたい表現です。 ○ 4姉妹の性格はそれぞれ違います。結婚観も大きく違っていたようです。 　① 長女メグ　　：I'm not afraid of being poor.（貧乏は恐くないわ。）　　　　　　　　（Chapter.12 60:00〜） 　② 次女ジョー　：I wouldn't marry for the money.（私はお金のために結婚はしたくないわ。）（Chapter.3 11:58） 　③ 末っ子エミー：When I marry, I'm going to be disgustingly rich.（絶対お金持ちと結婚する。） 　　（Chapter.3 11:42） 　④ 三女ベス　　：I was never like the rest of you … making plans about the great things I'd do. 　　　　　　　　　（私はあなたたちと違って何もすばらしい事を計画しなかったわ。）　　（Chapter.23 95:21） 　三女ベスは結婚についても将来についても口に出して言わない控えめなタイプだったようです。

映画の背景と見所	○『若草物語』は「4姉妹」の代名詞になっているほど有名な小説です。この小説は、1868年ルイーザ・メイ・オルコットが書いた自伝的小説で、何度も映画化されています。映画では、具体的な年代をはっきり述べていません。しかし、同名の小説から19世紀の南北戦争（1861-67）の時代と言えます。 ○ マーチ一家の父と母は、18世紀に流行ったドイツ・ロマン派の哲学を土台にした先験哲学（transcendentalist）の考えを実践していました。それは、勤労奉仕と愛の精神に基づいて行動していく考え方ですが、当時、すでにその考え方は廃れていたようです。一家は、敬虔で質素な中流家庭だったようです。 ○ 当時、上流階級の社会では、人生の伴侶を見つける手段がball（ダンスパーティー）であり、社交界デビューだったようです。ダンスパーティでの服装に注目すると当時の女性たちの苦労が見えてきます。 ○ 長女メグは上流階級の男性ではなく、貧しくとも堅実なタイプの男性と結婚します。結婚式は実にシンプルで、花嫁のドレスも列席者のドレスも刺繍が施された手作り感ある素朴なドレスです。また普段の服装はカバードレス（日本式でいうと割烹着風エプロン）を着用し、普段着も工夫している様子がわかります。 ○ 末っ子エミーは2人の女優キルステン・ダンスト（前半）サマンサ・マシス（Chapter.14〜）が演じています。

スタッフ	監　督：ジリアン・アームストロング 製　作：デニーズ・ディ・ノヴィ 脚　本：ロビン・スウィコード 音　楽：トーマス・ニューマン 撮　影：ジェフリー・シンプソン	キャスト	ジョー・マーチ（次女）：ウィノナ・ライダー ローリー（隣りの青年）：クリスチャン・ベイル ミセス・マーチ（母）　：スーザン・サランドン フリードリヒ・ベア　　：ガブリエル・バーン メグ・マーチ　　　　　：トリニ・アルバラード

私の中のあなた　　My Sister's Keeper

（執筆）松葉　明

セリフ紹介

この映画を特徴づけるセリフを紹介します。　　　　　　　　　　　　　（Chap：チャプター番号と時間）

○ I was engineered, born for a particular reason. A scientist hooked up my mother's eggs and my father's sperm to make a specific combination of genes. He did it to save my sister's life.　　（Chap.1 1:56〜）
「私は遺伝子工学で操作され、特殊な理由で生まれてきた。科学者が遺伝子の特別な組み合わせを作るために、母の卵子と父の精子を結びつけた。科学者は私の姉の命を救うためにそうした。」
映画の冒頭は、アナの独白で始まります。この映画の問題を提起するような内容となっています。単語は難しいですが、文法は平易ですので、わからない単語は辞書を引いてみましょう。

○ But coincidence or not, I'm here.「でも偶然はともかくとして、私はここにいる。」　　（Chap.1 2:33〜）
上記に続くアナの独白です。理屈はともかくとして、アナは実際に生まれ、周りから愛されて育てられています。そのことについては、アナも十分に理解しています。'A or B (not)'「AであろうがBであろうが（なかろうが）」という言い回しです。

○ I was made in a dish to be spare parts for Kate.　　　　　　　　　　　　　　　（Chap.3 8:07〜）
「私はケイトのためのスペア部品になるために作られた。」
アナが訴訟を頼む弁護士キャンベルに言うセリフです。キャンベルは思わず "You're kidding, right ?"「冗談を言ってるんだろう？」と言いますが、"The kid wasn't lying."「その子は嘘を言ってはいなかった。」と続けます。

学習ポイント

日常会話で使えるセリフを学習しましょう。

○ Anna : Can I ask you something ?「聞いてもいい？」　　　　　　　　　（Chap.9 35:42〜）
中学1〜2年レベルの表現です。教科書にそのまま載っているような文ですね。これは、アナがデ・サルヴォ判事に、交通事故で亡くなった判事の娘について尋ねようと思ったときのセリフです。デ・サルヴォ判事は、"Sure."「いいわよ。」と答えますが、亡くなった娘のことには言葉が出ず、目に涙を浮かべます。この全く同じやりとりが、母サラと、サラの妹ケリーの間でも出てきます。　　　　　　　　　　　　　　　　　　　　　（Chap.16 64:19〜）

○ Taylor : I'm Taylor. AML.「俺はテイラー。ALMだ。」　　　　　　　　　　　（Chap.11 43:03〜）
　　Kate　 : Kate. APL.「ケイトよ。APLなの。」
　　Taylor : Oh, a rarity.「うわ、レア種だ。」
病室でケイトが、同じく入院患者のイケメンの青年テイラーから、声をかけられ自己紹介します。これだけだと簡単ですが、AMLは急性骨髄性白血病のことで、'Acute Myeloid Leukemia' の省略形、APLは急性前骨髄急性白血病で 'Acute Promyelocytic Leukemia' の省略形です。この頭文字をとった省略形を 'abbreviation'（アブリビエーション）といって、中学では 'USA' = United States of America「アメリカ合衆国」、'UN' = United Nations「国際連合」等で習います。私たちの周りにはたくさんあるので、調べてみましょう。

○ Kate : Do I look pretty, daddy ?「パパ、私きれい？」　　　　　　　　　　　（Chap.14 56:57〜）
'look' を「見る」と習うのが中学1年の前期で、後期には「〜に見える」という意味で習います。これは、初めて参加することになったダンスパーティに、カツラをつけ、ドレスを着たケイトが、父親に向かって言うセリフです。父親は、涙を浮かべ微笑むだけで、最初は何も言えません。ケイトはさらに "I love you."「パパ大好き。」と言ってテイラーと、初めてで、そして最後となるダンスパーティへと向かいます。

○ Campbell : Quiet, Judge !「黙れ、ジャッジ！」　　　　　　　　　　　　　（Chap.20 80:01〜）
中学1年で be動詞で始まる命令形を学習し、"Be quiet !"「静かに！」が正式です。ここでは、法廷でキャンベル弁護士が自分の飼い犬ジャッジが吠えるので、それに対して言うのですが、デ・サルヴォ判事は自分のこと（判事 = judge）かと思い、"Excuse me ?"「えっ、何ですって？」と言うのが笑えます。
ところで、この犬ジャッジは、介助犬（service dog）ですが、特別な 'seizure（発作）dog' で、飼い主の態度・振る舞いや臭いで、てんかんの発作が起こるのを察知して知らせるように訓練された犬です。

あらすじ

　11歳の少女アナは、勝訴率91%を誇る敏腕弁護士キャンベルのもとを訪れます。彼女の目的は自分のからだを守るために、両親を訴えることでした。
　彼女は姉ケイトが白血病だったことから、ケイトを救う目的で遺伝子操作によって生まれたデザイナー・ベイビーだったのです。それで臍帯血に始まり、幼いころから血液や骨髄を提供してきたのですが、姉ケイトの症状の悪化に伴い、腎臓をも提供することになり、それを拒否するためにやってきたのでした。このアナのとった行動に、両親のサラとブライアンは衝撃を受けます。母サラは、ケイトの看護をするために、弁護士の仕事を辞め、またサラの妹ケリーも、サラを手伝うためにサラの家に出入りするようになっていました。サラは自らの弁護士として、審議の却下を求めるのですが、アナの言葉を聞いたデ・サルヴォ判事は、審議の必要性と認めるのでした。
　ところで、そんな中、ケイトには病院で知り合った同じ患者のテリーという恋人ができます。着飾ってダンスパーティに出かけ、束の間の幸せに浸るのですが、テリーは突然の死を迎えてしまいます。深い悲しみの中、ケイトは、自分の死も近いことがわかっていたのです。
　そして、いよいよ法廷で審議が始まります。実は、アナには思いもかけない真実が隠されていたのでした。

映画情報

製 作 年：2009年（平成21年）
製 作 国：米国
配給会社：ワーナー・ブラザーズ
言　　語：英語、クロアチア語
2009年ティーン・チョイス・アワード受賞

公開情報

公 開 日：2009年　6月26日（米国）
　　　　　2009年10月　9日（日本）
上映時間：109分
MPAA（上映制限）：PG-13
音　声：英語・日本語　　　字　幕：日本語のみ

薦	○小学生　●中学生　●高校生　●大学生　●社会人	リスニング難易表		発売元：ハピネット（平成27年2月現在、本体価格）DVD価格：3,800円　ブルーレイ価格：4,700円

お薦めの理由	この映画のテーマは、まぎれもなく'家族愛'です。また、白血病を患った女の子の闘病の物語ですが、暗い話ばかりではなく、生きることを楽しむ明るい部分も多く存在します。自分がもし、この家族の立場になったらどのような行動をとるのでしょう。そして、この映画が提起する問題は、科学が進歩した今日の抱える世界共通の課題といえます。健康であることが、いかに幸せかを実感できる秀作です。	スピード	3
		明瞭さ	2
		米国訛	2
		米国外訛	2
英語の特徴	話されている英語は、一般的な米国英語です。ただ、医療関係の専門語が多く出てくるので、難しいと感じることも多いでしょう。また、法廷で争う場面も、中・高生には難しいでしょう。しかし、家族が中心に描かれた映画なので、ふだんの家族の会話では、聞き取ることのできるところは十分にあります。そして、将来医療の道を考えている生徒には、お薦めの作品です。	語彙	4
		専門語	4
		ジョーク	2
		スラング	2
		文法	2

授業での留意点

ちょっぴり発展した表現に着目しましょう。

○ Anna　　　　: Hey baby, what's your sign？「ねえ、君の星座は何？」　　　　(Chap.2 3:56～)
　 Kate　　　　: Cancer.「キャンサー（蟹座）よ。」
　 Anna　　　　: You're a cancer？「君はキャンサーなの？」
　 Kate　　　　: No, I'm a Leo.「いいえ、私は獅子座。」
　 Anna & Kate : But I have cancer.「でもキャンサー（ガン）なの。」

家族が集まった中で、姉妹のケイトとアナがふざけあっている場面です。子どもたちはふざけているだけですが、親にとっては笑う気にはなれません。ところで、星座（zodiac sign）は12あります。自分の星座ぐらいは英語で言えるようにしましょう。順に Aries（牡羊座）、Taurus（牡牛座）、Gemini（双子座）、Cancer、Leo、Virgo（乙女座）、Libra（天秤座）、Scorpio（蠍座）、Sagittarius（射手座）、Capricorn（山羊座）、Aquarius（水瓶座）、Pisces（魚座）です。

○ "Your daughter is dying, and you might want to spend some quality time with her."　　(Chap.11 41:24～)
「あなたのお嬢さんは死にかけています、彼女と充実した時間を過ごされてはいかがですか。」

ホスピスのスタッフがサラに向かって言うセリフです。この後、音声がなくなり、母サラがこのことを申し出たスタッフと口論する様子を窓越しに悲しそうに見つめるケイトが映し出されます。「生きる」ことの意味を考えさせられる場面となっています。'quality'「質、上質」を'quantity'「量、分量」と併せて覚えましょう。

○ Sara : Spit it out！「はっきり言ってよ。」　　　　(Chap.16 64:56～)

サラの妹ケリーが、いつまでもケイトの治療のことばかり考えていて、周りの状況が見えていないことを遠回しに姉のサラに言います。そこでサラは、こう言います。'spit'は元々「唾を吐く」という意味ですが、曖昧な言い方をする相手に向かって、はっきり言うことを促すときに使うくだけた表現です。日常の会話でよく使われますので覚えてしまいましょう。発音は「スピティッタウト」です。

○ Kate : It was a good one, wasn't it？「よかったでしょ？」　　　　(Chap.24 95:22～)
　 Sara : Best！「一番よ！」

ケイトが母サラと二人きりになることを要望し、母に手作りの絵本を差し出します。思い出が一杯つまった作品を見終えた後のたった一言ずつの会話です。心に込み上げるものを感じた母サラは、むせびながら泣き出します。おそらく映画を観ているすべての観客も涙する場面です。'one'は同種類のものを指す代名詞です。

映画の背景と見所

○ この映画の撮影中に、サラを扮するキャメロン・ディアスの実父が突然亡くなりました。
○ デ・サルヴォ判事扮するジョーン・キューザックの声に聞き覚えのある人は、耳がとても良い人です。彼女は『トイ・ストーリー2（1999年）』のカウボーイ娘ジェシーの声を担当して、アニー賞を受賞しました。
○ ケイト役のソフィア・ヴァジリーヴァは、本当に丸坊主で眉毛も剃り、更に目に特殊なコンタクトレンズを使うことによって目を充血させ、この映画に取り組みました。キャメロン・ディアスはほぼノーメイクです。
○ ジョディ・ピコーの原作を読まれた方には、原作と映画の異なりに違和感を覚えるかもしれません。特に、結末には・・・。原作と映画の両方ともお薦めします。
○ 原題の'keeper'「番人、監視者」に、日本人は？を感じるのではないでしょうか。一般の欧米人には、これが旧約聖書に出てくるアダムとイヴの長男カインが、弟のアベルを殺害し、神に弟の行方を尋ねられ、"Am I my brother's keeper？"「私は弟の番人なのですか？」と答えたことからきていると思うそうです。
○ 生殖医療の問題に関心があれば、『アイランド：The Island（2005年）』、『私を離さないで：Never Let Me Go（2010年）』も参考にして観てください。

スタッフ	監　督：ニック・カサヴェテス　脚　本：ジェレミー・レヴェン他　原　作：ジョディ・ピコー　製　作：マーク・ジョンソン他　撮　影：キャレブ・デシャネル	キャスト	サラ（母）　　　　：キャメロン・ディアス　アナ（次女）　　　：アビゲイル・ブレスリン　ケイト（長女）　　：ソフィア・ヴァジリーヴァ　キャンベル（弁護士）：アレック・ボールドウィン　ブライアン（父）　　：ジェイソン・パトリック

索 引

Air Force One	エアフォース・ワン	32
Anastasia	アナスタシア	18
Angela's Ashes	アンジェラの灰	20
Anne Frank:	アンネ・フランク	22
Atom	アトム	16
Australia	オーストラリア	42
Batman Begins	バットマン ビギンズ	144
Bee Season	綴り字のシーズン	118
Ben - Hur	ベン・ハー	162
Beyond Borders	すべては愛のために	96
Big Fish	ビッグ・フィッシュ	150
Billy Elliot	リトルダンサー	196
The Bodyguard	ボディガード	166
The Boy in the Striped Pyjamas	縞模様のパジャマの少年	78
Captain Corelli's Mandolin	コレリ大尉のマンドリン	70
Cinderella Man	シンデレラマン	88
City Lights	街の灯	178
Cocoon	コクーン	68
Contact	コンタクト	72
Courage Under Fire	戦火の勇気	102
The Cure	マイ・フレンド・フォーエバー	172
The Day After Tomorrow	デイ・アフター・トゥモロー	120
The Day the Earth Stood Still	地球が静止する日	112
Deep Impact	ディープ・インパクト	122
8 Mile	8マイル	34
Enchanted	魔法にかけられて	176
Eragon	エラゴン／遺志を継ぐ者	38
Evita	エビータ	36
The Family Man	天使のくれた時間	124
Free Willy	フリー・ウィリー	154
Frequency	オーロラの彼方へ	46
The Gold Rush	黄金狂時代	40
Goodbye, Mr. Chips	チップス先生さようなら	114
Gran Torino	グラン・トリノ	62
The Green Mile	グリーンマイル	64
Innerspace	インナースペース	24
Invictus	インビクタス／負けざる者たち	26
The Italian Job	ミニミニ大作戦	184
Joyeux Noël	戦場のアリア	104
Juno	ジュノ	84
Jurassic Park	ジュラシック・パーク	86
The Kid	キッド	56
Kindergarten Cop	キンダガートン・コップ	60
Knowing	ノウイング	138
Last Action Hero	ラスト・アクション・ヒーロー	190
The League of Extraordinary Gentlemen	リーグ・オブ・レジェンド／時空を超えた戦い	192
The Legend of 1900	海の家のピアニスト	30
Legends of the Fall	レジェンド・オブ・フォール 果てしなき想い	200
Little Miss Sunshine	リトル・ミス・サンシャイン	194
The Little Prince	星の王子さま	164

索 引

Little Women	若草物語	210
Lost World The: Jurassic Park	ロストワールド　ジュラシック・パーク	206
The Majestic	マジェスティック	174
Midnight Run	ミッドナイト・ラン	182
Mighty Joe Young	マイティ・ジョー	170
Miracle on 34th Street	34丁目の奇跡	76
Mr. Deeds Goes to Town	オペラハット	50
Mrs. Doubtfire	ミセス・ダウト	180
The Mummy	ハムナプトラ　失われた砂漠の都	148
Music of the Heart	ミュージック・オブ・ハート	186
Murder on the Orient Express	オリエント急行殺人事件	52
My Fair Lady	マイ・フェア・レディ	168
My Sister's Keeper	私の中のあなた	212
National Treasure	ナショナル・トレジャー	132
National Treasure: Book of Secrets	ナショナル・トレジャー２　リンカーン暗殺者の日記	134
Night at the Museum	ナイト・ミュージアム	128
Night at the Museum: Battle of the Smithsonian	ナイト・ミュージアム２	130
Oliver Twist	オリバー・ツイスト	54
Outbreak	アウトブレイク	14
The Paper Chase	ペーパー・チェイス	160
The Patriot	パトリオット	146
Pay It Forward	ペイ・フォワード　可能の王国	156
Paycheck	ペイチェック　消された記憶	158
Percy Jackson & Olympians: The Lightning Thief	パーシー・ジャクソンとオリンポスの神々	140
The Perfect Storm	パーフェクト ストーム	142
The Phantom of the Opera	オペラ座の怪人	48
Phenomenon	フェノミナン	152
A River Runs Through It	リバー・ランズ・スルー・イット	198
The Rocketeer	ロケッティア	204
Roman Holiday	ローマの休日	202
Romeo and Juliet	ロミオとジュリエット	208
The Rookie	オールド・ルーキー	44
Scrooge	クリスマス・キャロル	66
Seven Pounds	7つの贈り物	136
Shall We Dance?	シャル・ウィ・ダンス？	82
Sherlock Holmes	シャーロック・ホームズ	80
Silver Streak	大陸横断超特急	110
Slumdog Millionaire	スラムドッグ・ミリオネア	98
The Sound of Music	サウンド・オブ・ミュージック	74
Spy Game	スパイゲーム	94
Stand By Me	スタンド・バイ・ミー	92
Stardust	スターダスト	90
The Time Machine	タイムマシン	106
Timeline	タイムライン	108
Transformers	トランスフォーマー	126
Twister	ツイスター	116
West Side Story	ウエスト・サイド物語	28
With Honors	きっと忘れない	58
The World's Fastest Indian	世界最速のインディアン	100
You Got Served	ユー・ガット・サーブド	188

会　則

第1章　総　則

第1条　本学会を映画英語アカデミー学会（The Academy of Movie English、略称TAME）と称する。

第2条　本学会は、映画の持つ教育研究上の多様な可能性に着目し、英語Education と新作映画メディアEntertainment が融合したNew-Edutainment を研究し、様々な啓蒙普及活動を展開するなどして、我が国の英語学習と教育をより豊かにすることを目的とする。

第3条　本学会は教育界を中心に、映画業界・DVD業界・DVDレンタル業界・IT業界・放送業界・出版業界・雑誌業界、その他各種産業界（法人、団体、個人）出身者が対等平等の立場で参画する産学協同の学会である。

第4条　映画英語アカデミー賞の細則は別に定める。

第5条　本学会の事務局を名古屋市・出版社スクリーンプレイ社に置く。

第2章　事　業

第6条　本学会は第2条の目的を達成するため、以下の事業を行なう。
①毎年、新作映画メディアの「映画英語アカデミー賞」を決定する。
②学会誌「映画英語アカデミー賞」を発行する。
③ポスターやチラシ、新聞雑誌広告など、多様な広報活動を行う。
④映画メディア会社の協力を得て、各種映画鑑賞と学習会を開催する。
⑤新作映画メディアの紹介、ワークシート作成およびその閲覧をする。
⑥大会（総会）、講演会および研究会の開催または後援をする。
⑦第2条の目的に添うその他の事業。

第3章　会　員

第7条　本学会には会則を承認する英語教師の他、誰でも入会できる。

第8条　会員は会費を納めなければならない。既納の会費及び諸経費はいかなる理由があっても返還しない。

第9条　会員は一般会員、賛助会員および名誉会員とする。
①会員は本学会の会則を承認する個人とする。会員は学会誌を無料で受け取ることができる。ただし、その年度の会費納入が確認された会員に限る。
②賛助会員は本学会の会則を承認する企業等とし、1名の代表者を登録し、1名分の会員と同等の資格を有するものとする。
③名誉会員は本学会の活動に特別に寄与した個人とし、理事会の推薦に基づき、会長が任命する。

第10条　会費は年額（税抜）で会員3,000円、賛助会員20,000円、名誉会員は免除とする。

第11条　会員登録は所定の方法により入会を申し込んだ個人または企業等とする。

第12条　会員資格の発生は本学会の本部または支部がこれを受理した日とする。

第13条　会員資格の消滅は以下の通りとする。
①会員・賛助会員・名誉会員は本人（または代表者）により退会の意思が通達され、本学会の本部または支部がこれを受理した日とする。
②新入会員は、会員資格発生日より2ヶ月以内に初年度会費納入が確認されなかった場合、入会取り消しとする。
③会費の未納入が2年目年度に入った日に除籍とする。除籍会員の再入会は過去未納会費全額を納入しなければならない。

第14条　本学会の会則に著しく違反する行為があった時は、理事会の3分の2以上の同意をもって当会員を除名することができる。

第15条　学会誌を書店等購入で（または登録コード紹介で）、映画英語アカデミー賞の趣旨に賛同され、所定の期間と方法で応募し、事務局審査の上、登録した個人を「臨時会員」とし、次回一回限りの投票権が与えられる。

第4章　役　員

第16条　本学会は以下の役員を置く。
①会長1名
②副会長若干名
③専務理事必要人数
④理事支部総数
⑤顧問若干名
⑥会計監査2名

第17条　各役員の役割は以下の通りとする。
①会長は本学会を代表し、業務を総理する。
②副会長は会長を補佐し、会長に事故ある時はその職務を代行する。
③専務理事は小学校・中学校・高等学校・大学の各部会、選考委員会、大会、映画英語フェスティバル、学会誌、事務局、各種業界出身者で構成し、それらの重要活動分野に関する業務を役割分担総括する。
④事務局担当専務理事（事務局長）は本学会の事務を統括し、学会事業の円滑な執行に寄与する。
⑤理事は理事会を構成し、各地方の実情・意見を反映しながら、本学会の全国的活動に関する事項を協議する。
⑥顧問は本学会の活動に関する著作権上または専門的諸課題について助言する。
⑦会計監査は学会の決算を監査する。

第18条　各役員の選出方法ならびに任期は以下の通りとする。
①会長は理事会の合議によって決定され、総会で承認する。
②副会長は専務理事の中から理事会で互選され、総会で承認する。

③専務理事は本学会に1年以上在籍している者より、理事会が推薦し、総会によって承認された会員とする。
④理事は原則として都道府県支部長とし、支部の決定の後、理事会に報告・承認により、自動的に交代する。
⑤顧問は本学会の活動に賛同する会社（団体）または個人の中から、理事会が推薦し、総会によって承認された担当者（個人）とする。
⑥会計監査は理事以外の会員の中より会長がこれを委嘱する。
⑦役員の任期は、承認を受けた総会から翌々年度の総会までの2年間、1期とする。ただし、会長の任期は最大連続2期とする。他の役員の再任は妨げない。
⑧役員に心身の故障、選任事情の変更、その他止むを得ない事情の生じた時、会長は理事会の同意を得てこれを解任できる。

第5章　理事会
第19条　①理事会は会長、（副会長）、専務理事、理事、（顧問、名誉会員）にて構成する。
②理事会は会長が必要と認めた時、あるいは、理事会構成員の4分の1以上からの請求があった時に、会長がこれを召集する。
③理事会は原則としてメール理事会とし、出席理事会を1年に1回以上開催する。出席理事会は委任状を含む構成員の2分の1以上が出席しなければ議決することができない。
④理事会の議長は事務局長がその任に当たり、事務局長欠席の場合は副会長とする。
⑤理事会の議決は、メール理事会は賛否返信の構成員、出席理事会は出席構成員の過半数で決し、可否同数の時は会長の決するところによる。
⑥顧問ならびに名誉会員は理事会に出席し助言することができ、出席の場合に限り（委任状は無効）構成員の一員となり、議決権を有する。

第6章　委員会
第20条　本学会は映画英語アカデミー賞選考委員会を常設する。委員会の詳細は細則に定める。
第21条　本学会は理事会の下にその他の委員会を臨時に置くことがあり、委員会の詳細は理事会の議決によって定める。

第7章　大会
第22条　①定例大会は原則として1年に1回、会長が召集する。
②理事会の要請により、会長は臨時大会を開催することができる。
第23条　大会は（会員）総会、映画英語アカデミー賞の発表、映画鑑賞、研究発表および会員の交流の場とする。研究発表者は理事会より依頼された会員・非会員、あるいは理事会に事前に通告、承認された会員とする。
第24条　総会に付議すべき事項は、以下の通りとする。

①活動報告と活動計画の承認②会計報告と予算案の承認
③役員人事の承認④会則（細則）改正の承認
⑤その他
第25条　総会の議決は出席会員の過半数で決し、可否同数の時は議長の決するところによる。

第8章　会計
第26条　事務局長は会計および事務局員を任命し、理事会の承認を得る。
第27条　本学会の経費は会員の会費、学会誌出版による著作権使用料収入、講演会等の収入及び寄付の内から支弁する。
第28条　学会業務に要した経費は、理事会が認めた範囲で支払われる。
第29条　本学会の会計年度は毎年3月1日に始まり、翌年2月末日に終わる。
第30条　会計は年度決算書を作成し、会計監査の後、理事会に提出し、その承認を得なければならない。

第9章　支部
第31条　本学会は理事会の承認の下、都道府県別に支部を設けることができる。その結成と運営方法については別に定める。
第32条　支部は必要に応じて支部の委員会を設けることができる。
第33条　理事会は本学会の趣旨・目的、あるいは会則に著しく反する支部活動があったときは、理事会の3分の2以上の同意をもって支部の承認を取り消すことができる。

第10章　会則の変更及び解散
第34条　本会則を変更しようとする時は構成員の3分の2以上が出席した理事会において、その過半数の同意を得た後、総会で承認されなければならない。
第35条　本学会を解散しようとする場合は構成員の3分の2以上が出席した理事会において、その全員の同意を得た後、総会で承認されなければならない。

第11章　責任の範囲
第36条　本学会は学会の公認・後援、及び依頼のもとに行われた行為であっても、その結果起こった損失に対してはいかなる責任も問われない。また、会員は学会に補償を請求することができない。

第12章　付則
第37条　本学会は第1回映画英語アカデミー賞が映画英語教育学会中部支部によって開始され、本学会の基礎となったことに鑑み、同学会中部支部会員（本学会の結成日時点）は、本人の入会申込があれば、本学会結成日より満2年間、本学会会員としての資格が与えられるものとする。会費の納入は免除とする。ただし、学会誌の受け取りは有料とする。
第38条　書籍「第1回映画英語アカデミー賞」に執筆者として協力されたその他の地方の著者も前条同様とする。
第39条　本会則は2014年（平成26年）3月1日に改定し、即日施行する。

運営細則

第1章 総則

第1条　本賞を映画英語アカデミー賞（The Movie English Academy Award）と称する。

第2条　本賞は、米国の映画芸術科学アカデミー（Academy of Motion Picture Arts and Sciences、AMPAS）が行う映画の完成度を讃える"映画賞"と異なり、外国語として英語を学ぶ我が国小・中・高・大学生を対象にした、教材的価値を評価し、特選する"映画賞"である。

第3条　本賞を映画の単なる人気投票にはしない。特選とは文部科学省「新学習指導要領」の学校種類別外国語関係を参考とした教育的な基準で選出されるべきものとする。

第2章　対象映画の範囲

第4条　本賞は前年1月1日から12月31日までに、我が国で発売開始された英語音声を持つ、新作映画メディアを対象とする。

第5条　新作とは映画メディア発売開始前の少なくとも1年以内に、我が国で初めて映画館で上映が行われた映画とする。

第6条　映画とは映画館で上映されるために製作された動画作品のことであり、テレビで放映されるために作成されたテレビ映画その他を含まない。

第7条　メディアとは学習教材として一般利用できる、原則的にDVDを中心とするブルーレイ、3Dなど、同一映画の電子記録媒体の総体である。

第8条　日本映画のメディアで英語音声が記録されている場合は対象に含む。

第3章　選考委員会

第9条　選考委員会は会長、副会長、ノミネート部会長によって構成する。

第10条　選考委員会の議長は選考委員会担当専務理事がその任にあたる。

第11条　選考委員会に付議すべき事項は以下とする。
①ノミネート映画の決定
②投票方法と集計方法の詳細
③投票結果の承認
④特別賞の審議と決定
⑤その他本賞選考に関わる事項

第12条　選考委員会の決定は多数決による。同数の場合は会長が決する。

第4章　ノミネート部会

第13条　選考委員会の下に小学生・中学生・高校生・大学生部会を編成する。

第14条　各部会の部会長は専務理事である。

第15条　各部会の部員は会員の中から自薦・他薦とし、部会長が推薦し、選考委員会が決定する。

第16条　部会の決定は、所定の方法により、各部員の最大3作までのノミネート推薦を受けての多数決による。同数の場合は部会長が決する。

第5章　候補映画の選抜と表示

第17条　本賞の候補映画は、DVD発売開始直後、まず事務局で選抜される。

第18条　選抜は学習かつ教育教材としてふさわしいと評価できるものに限る。

第19条　選抜DVDは、学会ホームページで表示する。

第20条　表示後、会員は選抜に漏れた映画DVDを、事務局に追加提案できる。

第6章　ノミネート映画

第21条　選考委員会は毎年1月上旬に、ノミネート映画を審査、決定する。

第22条　選考委員会の審査は以下の方法による。
①各部会から3作以上の映画タイトルの提案を受ける。
②同一映画が重複した場合はいずれかの部会に審査、調整、補充する。
③各部会の最終ノミネートは原則として3作とする。
④選考委員会は部会からのノミネート提案映画を過半数の評決をもって否決することができる。
⑤また、過半数の賛成をもって追加することができる。

第7章　会員投票

第23条　投票は本学会会員による。

第24条　投票の対象は選考委員会によって決定されたノミネート映画のみとする。

第25条　投票期間は毎年、1月下旬から2月末日までとする。

第26条　投票の集計作業は原則として毎年3月1日、非公開かつ選考委員会立ち会いで、事務局長責任の下、事務局により厳正に行う。

第27条　投票結果は各部とも1票でも多い映画をもって確定、同数の場合は部会長が決し、選考委員会の承認を受ける。

第28条　投票総数ならびに得票数はこれを公開しない。

第29条　投票方法と集計方法の詳細は選考委員会によって定める。

第8章　発　表

第30条　本賞は毎年3月初旬、受賞映画を発表する。

第31条　発表は適切な日時、場所、手段と方法による。

第32条　受賞の対象者は、原則として発表時点に、我が国でその映画メディアを発売している会社とする。

第9章　学会誌「映画英語アカデミー賞」

第33条　学会誌の、学会内での発行責任者は会長である。

第34条　学会誌の、学会内での編集責任者は学会誌担当専務理事である。

第35条　ただし、書店販売書籍としての、学会外での発行者は出版会社の代表者であり、「監修映画英語アカデミー学会」と表示する。

第36条　総合評価表（B5サイズ、見開き2ページ編集）
　①学会HPで映画DVDが表示されたら、原則、その後2ヶ月を期限として総合評価表原稿を募集する。
　②原稿は所定の見開き2ページ書式パソコンデータ原稿に限る。
　③応募は本年度会費を納入したことが確認された会員に限る。
　④応募期限終了後、学会誌担当専務理事は一定の基準により、その映画の担当部会を決し、その部会長に採用原稿の決定を諮問する。
　⑤総合評価表の具体的項目と編集レイアウトは学会誌担当専務理事が出版会社と協議の上、適時、変更することができる。

第37条　部会別査読委員
　①部会長は、部会内に若干名にて査読委員会を編成する。
　②査読委員会は学会誌担当専務理事から諮問のあった原稿を精査する。
　③部会長は査読委員会の報告に従って、採用原稿を決定する。
　④部会長は採用に至らなかった原稿には意見を付して会員に返却する。

第38条　詳細原稿（B5サイズ、約30頁）
　①部門別アカデミー賞映画が決定されたら、学会誌担当専務理事は原則、総合評価表原稿を執筆した会員に詳細原稿を依頼する。
　②詳細原稿は所定のページ書式エクセル原稿に限る。
　③詳細原稿には、著作権法に適法したワークシート数種含むものとする。
　④万一、同人に依頼を承諾できない事情がある場合、学会誌担当専務理事はその部会長に適切な執筆者選出を諮問し、依頼する。
　⑤学会誌担当専務理事が執筆を他の会員に依頼した方がよいと判断する場合、総合評価表執筆者に事前通知後、実行することができる。
　⑥詳細原稿の具体的項目と編集レイアウトは学会誌担当専務理事が出版会社と協議の上、適時、変更することができる。

第39条　学会誌担当専務理事はその他、出版社との連携を密にして適切に学会誌を編集する。

第10章　著作権

第40条　学会誌「映画英語アカデミー賞」に掲載されたすべての原稿の著作権は学会に帰属する。

第41条　ただし、原稿提出者が執筆実績として他の出版物等に掲載を希望する場合は書類による事前の申し出により、許可されるものとする。

第42条　学会はスクリーンプレイ社と契約し、学会誌の出版を同社に委託する。

第43条　前条に基づく、著作権使用料は全額を学会会計に計上する。

第44条　掲載の原稿執筆会員には、学会誌当該号につき、アカデミー賞担当会員には１０部を、総合評価表担当会員には３部を無料で報償する。

第45条　理事会はすべての原稿につき、PDF化して学会ホームページに掲載したり、データベース化して同一覧表掲載したり、そのほか様々に広報・啓蒙活動に使用することがある。

第11章　細則の変更

第46条　本細則の変更は理事会構成員の３分の２以上が出席した理事会において、その過半数の同意を得て仮決定・実施されるが、その後１年以内に総会に報告、承認されなければならない。

第12章　付則

第47条　本細則は、2014年（平成26年）3月1日に改定し、即日施行する。

支部会則

第1条　支部は映画英語アカデミー学会○○都道府県支部（○○ branch, The Academy of Movie English）と称する。

第2条　支部は毎年アカデミー賞受賞映画の鑑賞・学習会を主催するなど、本学会の事業をその地域的な実情に即してさまざまに創意・工夫して発案し、実行することを目的とする。

第3条　支部の事務局は原則として支部長または支部事務局長が勤務する職場におく。

第4条　本学会の会員は入会時に、原則として居住または主な勤務先が所在するどちらかの支部（支部なき場合は登録のみ）を選択する。その後は、居住または勤務が変更されない限り移動することはできない。居住または勤務地に変更があった時に一回限り移動することができる。

第5条　会員は所属支部以外のいずれの支部事業にも参加することができるが、所属支部（都道府県）以外の支部役員に就任することはできない。

第6条　支部に次の役員を置く。
① 支部長1名
② 副支部長若干名
③ 支部委員若干名
④ 事務局長1名
⑤ 会計監査2名

第7条　各役員の役割は以下の通りとする。
① 支部長は支部委員会を招集し、これを主宰する。
② 副支部長は支部長を補佐し、必要に応じて支部長を代理する。
③ 支部委員は支部の事業を協議、決定、実行する。
④ 事務局長は事務局を設置し、支部活動を執行する。
⑤ 支部長、副支部長、支部委員、事務局長は支部委員会を構成し、委任状を含む過半数の出席にて成立、多数決により議決する。

第8条　各役員の選出方法ならびに任期は以下の通りとする。
① 支部長は支部委員会の合議によって決定される。
② 副支部長・事務局長は支部委員会の互選による。
③ 支部委員は支部会員の中から支部委員会が推薦し、支部総会において承認する。
④ 会計監査は支部委員以外の支部会員の中より支部長がこれを委嘱する。
⑤ 役員の任期は承認を受けた総会から翌々年度の総会までの2年間、1期とする。ただし、支部長の任期は最大連続2期とする。他の役員の再任は妨げない。
⑥ 役員に事故ある時は、残任期を対象に、後任人事を支部委員会にて決定することができる。

第9条　支部長は毎年1回支部大会を招集する。また支部委員会の要請により臨時支部大会を招集することがある。

第10条　支部結成の手順と方法は以下の通りとする。
① 支部は都道府県単位とする。
② 同一都道府県に所属する会員5名以上の発議があること。
③ 理事会に提案し、承認を得ること。
④ 発議者連名で所属内の全会員に支部設立大会の開催要項が案内されること。
⑤ 支部結成大会開催日時点で所属会員の内、委任状を含む過半数の出席があること。
⑥ 支部結成大会には、上記の確認のために、理事会からの代表者が出席すること。
⑦ 支部結成後はその都道府県内の全会員が支部に所属するものとする。

第11条　事務局長または支部長は会員個人情報管理規定（内規）にしたがって支部会員個人情報を責任管理する。

第12条　事務局長は会計および事務局員を任命し、支部委員会の承認を得る。

第13条　支部の経費は理事会から配分された支部活動費およびその他の事業収入、寄付金、助成金などをもってこれにあてる。

第14条　支部委員会は、毎年度末＝2月末日時点での会費払い込み済み支部所属会員数×1,000円の合計額を支部活動費として理事会から受け取ることができる。

第15条　会計は会計監査の後、毎年1回支部（会員）総会において会計報告、承認を受け、また理事会に報告しなければならない。

第16条　本支部会則の変更は理事会の提案により、全国総会の承認を受けるものとする。

第17条　本支部会則は平成26年3月1日に改定し、即日施行する。

発起人

平成25年3月16日結成総会現在153名。都道府県別、名前（五十音順。敬称略）。主な勤務先は登録時点で常勤・非常勤、職位は表示されません。また会社名の場合、必ずしも会社を代表しているものではありません。

都道府県	名前	主な勤務先	都道府県	名前	主な勤務先	都道府県	名前	主な勤務先
北海道	穐元 民樹	北海道釧路明輝高等学校	福井県	原口 治	国立福井高等専門学校	〃	的馬 淳子	金城学院大学
〃	池田 恭子	札幌市立あいの里東中学校	山梨県	堤 和子	目白大学	〃	武藤美代子	愛知県立大学
〃	小林 敏彦	小樽商科大学	岐阜県	匿名	個人	〃	諸江 哲男	愛知産業大学
〃	道西 智拓	札幌大谷高等学校	〃	網野千代美	中部学院大学	〃	山崎 僚子	中京大学
福島県	高橋 充美	個人	〃	伊藤明希良	岐阜聖徳学園大学大学院生	〃	山森 孝彦	愛知医科大学
栃木県	田野 存行	株式会社エキスパートギグ	〃	今尾さとみ	個人	三重県	林 雅則	三重県立木本高等学校
埼玉県	設楽 優子	十文字学園女子大学	〃	今川奈津美	富田高等学校	滋賀県	大橋 洋平	個人
〃	チェンバレン暁子	聖学院大学	〃	岩佐佳菜恵	個人	〃	野村 邦彦	個人
〃	中林 正身	相模女子大学	〃	大石 晴美	岐阜聖徳学園大学	〃	八里 葵	個人
〃	村川 享一	ムラカワコンサルティング	〃	大竹 和行	大竹歯科医院	〃	山口 治	神戸親和女子大学名誉教授
千葉県	内山 和宏	柏日体高等学校	〃	岡本 照雄	個人	〃	山田 優奈	個人
〃	大庭 香江	千葉大学	〃	小野田裕子	個人	京都府	小林 龍一	京都市立日吉ヶ丘高等学校
〃	岡島 勇太	専修大学	〃	加納 隆	個人	〃	中澤 大貴	個人
〃	高橋 本恵	文京学院大学	〃	北村 淳江	個人	〃	藤本 幸治	京都外国語大学
〃	益戸 理佳	千葉工業大学	〃	小石 雅秀	個人	〃	三島ナヲキ	ものづくりキッズ基金
〃	宮津多美子	順天堂大学	〃	小山 大三	牧師	〃	横山 仁視	京都女子大学
〃	大和 恵美	千葉工業大学	〃	近藤 満	個人	大阪府	植田 一三	アクエアリーズスクールオブコミュニケーション
東京都	石垣 弥麻	法政大学	〃	白井 雅子	個人	〃	小宅 智之	個人
〃	今村 隆介	個人	〃	千石 正和	個人	〃	太尾田真志	個人
〃	大谷 一彦	個人	〃	武山 筝子	個人	〃	竪山 隼太	俳優
〃	小関 吉直	保善高等学校	〃	東島ひとみ	東島獣医科	兵庫県	金澤 直志	奈良工業高等専門学校
〃	清水 直樹	エイベックス・マーケティング	〃	戸田 操子	くわなや文具店	〃	行村 徹	株式会社ワオ・コーポレーション
〃	杉本 孝子	中央大学	〃	中村 亜也	個人	香川県	日山 貴浩	尽誠学園高等学校
〃	杉本 豊久	成城大学	〃	中村 充	岐阜聖徳学園高等学校	福岡県	秋好 礼子	福岡大学
〃	平 純三	キヤノン株式会社	〃	長尾 美武	岐阜聖徳学園大学付属中学校	〃	Asher Grethel	英語講師
〃	堤 龍一郎	目白大学	〃	橋爪加代子	個人	〃	一月 正充	福岡歯科大学
〃	中垣恒太郎	大東文化大学	〃	古田 雪子	名城大学	〃	岡崎 修平	個人
〃	中村 真理	相模女子大学	〃	寳壺 貴之	岐阜聖徳学園大学短期大学部	〃	小林 明子	九州産業大学
〃	仁木 勝治	立正大学	〃	宝壺 直親	岐阜県立各務原西高等学校	〃	篠原 一英	福岡県立福島高等学校
〃	Bourke Gary	相模女子大学	〃	宝壺美栄子	生涯学習英語講師	〃	高瀬 春歌	福岡市立福岡女子高等学校
〃	道西 隆侑	JACリクルートメント	〃	吉田 譲	吉田胃腸科医院	〃	高瀬 文広	福岡学園福岡医療短期大学
〃	三井 敏朗	相模女子大学	〃	鷲野 嘉映	岐阜聖徳学園大学短期大学部	〃	鶴田知嘉香	福岡常葉高等学校
〃	三井 美穂	拓殖大学	〃	渡辺 康幸	岐阜県立多治見高等学校	〃	鶴田里美香	楽天カード株式会社
〃	吉田 豊	株式会社M.M.C.	静岡県	上久保 真	フリーランス	〃	中島 千春	福岡女学院大学
神奈川県	安部 佳子	東京女子大学	愛知県	石川 淳子	愛知教育大学	〃	中村 茂徳	西南女学院大学
〃	今福 一郎	横浜労災病院	〃	伊藤 保憲	東邦高等学校	〃	新山 美紀	久留米大学
〃	上原寿和子	神奈川大学	〃	井土 康仁	藤田保健衛生大学	〃	Nikolai Nikandrov	福岡学園福岡医療短期大学
〃	上條美和子	相模女子大学	〃	井上 雅紀	愛知淑徳中学校・高等学校	〃	Haynes David	福岡学園福岡医療短期大学
〃	大月 敦子	相模女子大学	〃	梅川 理絵	南山国際高等学校	〃	福田 浩三	福岡大学医学部医学科歯科口腔外科学講座
〃	鈴木 信隆	個人	〃	梅村 真平	梅村パソコン塾	〃	藤山 和久	九州大学大学院博士後期課程
〃	曽根田憲三	相模女子大学	〃	大達 誉華	名城大学	〃	三谷 泰	有限会社エス・エイチ・シー
〃	曽根田純子	青山学院大学	〃	久米 和代	名古屋大学	〃	八尋 春海	西南女学院大学
〃	羽井佐昭彦	相模女子大学	〃	黒澤 純子	愛知淑徳大学	〃	八尋由実	西南女学院大学
〃	三浦 理高	株式会社キネマ旬報社	〃	小島 由美	岡崎城西高等学校	長崎県	山崎 祐一	長崎県立大学
〃	宮本 節子	相模女子大学	〃	子安 恵子	金城学院大学	熊本県	進藤 三雄	熊本県立大学
〃	八木橋美紀子	横浜清風高等学校	〃	柴田 真季	金城学院大学	〃	平野 順也	熊本大学
新潟県	近藤 亮太	個人	〃	杉浦恵美子	愛知県立大学	大分県	清水 孝子	日本文理大学
富山県	岩本 昌明	富山県立富山視覚総合支援学校	〃	鈴木 雅夫	スクリーンプレイ	宮崎県	南部みゆき	宮崎大学
石川県	須田久美子	北陸大学	〃	濱 ひかり	愛知大学	〃	松尾祐美子	宮崎公立大学
〃	安田 優	北陸大学	〃	松浦由美子	名城大学	鹿児島県	吉村 圭	鹿児島女子短期大学
福井県	長岡 亜生	福井県立大学	〃	松葉 明	名古屋市立平針中学校	海外	Alan Volker Craig	言語学者

理事会

- 映画英語アカデミー学会は、2013年3月16日結成大会にて、初代理事会が承認されました。
- なお、今後しばらくの間、専務理事と理事は、事務局長に任命権を一任されましたので、随時、追加があります。

理事会（2013年3月16日総会承認、以下追加、3.28、4.9、4.10、4.15、4.17、6.17、6.24、11.27、1.25、1.30、3.7、4.24）

役職	担当（出身）	氏名	主な勤務先
顧　　問	レンタル業界	世良與志雄	CDV-JAPAN 理事長（フタバ図書社長）
〃	映画字幕翻訳家	戸田奈津子	相模女子大学客員教授
〃	弁護士	矢部　耕三	弁護士事務所
会　　長	学会代表	曽根田憲三	相模女子大学名誉教授
副 会 長	映画上映会	吉田　　豊	株式会社ムービーマネジメントカンパニー
〃	選考委員会	寶壺　貴之	岐阜聖徳学園大学短期大学部
〃	出版業界	鈴木　雅夫	スクリーンプレイ
専務理事	大会	宮本　節子	相模女子大学
〃	学会誌	鯰江　佳子	スクリーンプレイ
〃	フェスティバル	高瀬　文広	福岡医療短期大学
〃	ハード業界	平　　純三	キヤノン株式会社
〃	レンタル業界	清水　直樹	株式会社ゲオ
〃	雑誌業界	三浦　理高	株式会社キネマ旬報社
〃	アニメ業界	鈴木　信隆	アニメ系有力企業
〃	IT業界	田野　存行	株式会社エキスパートギグ
〃	小学部会	子安　惠子	金城学院大学
〃	中学部会	松葉　　明	名古屋市立（東区）あずま中学校
〃	高校部会	井上　雅紀	元愛知淑徳中学校・高等学校
〃	大学部会	安田　　優	北陸大学
〃	事務局長	鈴木　　誠	スクリーンプレイ
理　　事	宮城県	Phelan Timothy	宮城大学
〃	埼玉県	設楽　優子	十文字学園女子大学
〃	千葉県	宮津多美子	順天堂大学
〃	東京都	中垣恒太郎	大東文化大学
〃	神奈川県	宮本　節子	相模女子大学
〃	山梨県	堤　　和子	目白大学
〃	富山県	岩本　昌明	富山県立富山視覚総合支援学校
〃	石川県	安田　　優	北陸大学
〃	福井県	長岡　亜生	福井県立大学
〃	静岡県	松家由美子	静岡大学
〃	岐阜県	寶壺　貴之	岐阜聖徳学園大学短期大学部
〃	愛知県	久米　和代	名古屋大学
〃	三重県	林　　雅則	三重県立木本高等学校
〃	滋賀県	Walter Klinger	滋賀県立大学
〃	京都府	小林　龍一	京都市立日吉ヶ丘高等学校
〃	大阪府	植田　一三	Aquaries School
〃	奈良県	石崎　一樹	奈良大学
〃	兵庫県	金澤　直志	奈良工業高等専門学校
〃	香川県	日山　貴浩	尽誠学園高等学校
〃	福岡県	八尋　春海	西南女学院大学
〃	大分県	清水　孝子	日本文理大学
〃	長崎県	山崎　祐一	長崎県立大学
〃	宮崎県	松尾祐美子	宮崎公立大学
〃	熊本県	進藤　三雄	熊本県立大学
〃	鹿児島県	吉村　　圭	鹿児島女子短期大学
会　　計		小寺　　巴	スクリーンプレイ
会計監査		前田　偉康	フォーイン
〃		河合　敦仁	スクリーンプレイ

ノミネート委員会

ノミネート部会

■小学生部（16名、平成26年10月16日現在）

東京都	土屋佳雅里	ABC Jamboree
愛知県	石川　淳子	愛知教育大学
〃	大達　誉華	名城大学
〃	久米　和代	名古屋大学
〃	黒澤　純子	愛知淑徳大学
〃	子安　惠子	金城学院大学
〃	柴田　真季	金城学院大学
〃	白木　玲子	金城学院大学
〃	杉浦　稚子	安城市立作野小学校
〃	服部　有紀	愛知淑徳大学
〃	平田　理恵	株式会社クリエイションズ
〃	松浦由美子	名城大学
〃	的馬　淳子	金城学院大学
〃	矢後　智子	名古屋外国語大学
奈良県	山崎　僚子	セント・メアリーズ大学大学院院生
宮崎県	松尾麻衣子	（有）ARTS OF LIFE

■中学生部（11名、平成27年1月7日現在）

北海道	池田　恭子	札幌市立あいの里東中学校
千葉県	高橋　本恵	文京学院大学
東京都	竹市　久美	御成門中学校
神奈川県	小池　幸子	鎌倉市立第一中学校
〃	福重　茜	個人
福井県	伊藤　辰司	北陸学園北陸中学校
愛知県	大山志津江	蒲郡市立形原中学校
〃	比嘉　晴佳	個人
〃	松葉　明	名古屋市立（東区）あずま中学校
大阪府	能勢　英明	大阪市立本庄中学校
〃	飯間加壽世	株式会社ユニサラパワーソリューションズ

■高校生部（19名、平成26年7月3日現在）

茨城県	多尾奈央子	筑波大学附属駒場中・高等学校
埼玉県	橋本　恭	中央大学横浜山手中学校・高等学校
千葉県	松河　舞	日本大学習志野高等学校
神奈川県	伊藤すみ江	個人（元川崎市立総合科学高校）
〃	塩飽佳екатеり	岩谷学園
〃	清水　悦子	神奈川県立百合丘高等学校
〃	山田早百合	横浜市立横浜商業高校
富山県	岩本　昌明	富山県立富山視覚総合支援学校
岐阜県	日比野彰朗	羽島高校
愛知県	井上　雅紀	元愛知淑徳中学校・高等学校
〃	岡本　洋美	東邦高等学校
〃	大橋　昌弥	東邦高等学校
〃	濱　ひかり	岡崎城西高等学校
三重県	林　雅則	三重県立木本高等学校
京都府	三島ナヲキ	ものづくりキッズ基金
大阪府	上田　敏子	大阪女学院高校
〃	清原　輝明	TKプランニング
奈良県	伊東　侑泰	東大阪大学敬愛高等学校
福岡県	篠原　一英	福岡県立福島高等学校

■大学生部（49名、平成27年1月12日現在）

北海道	小林　敏彦	小樽商科大学
埼玉県	設楽　優子	十文字学園女子大学
〃	チェンバレン暁子	聖学院大学
千葉県	大庭　香江	千葉大学
〃	岡島　勇太	専修大学
〃	宮津多美子	順天堂大学
〃	森田　健	貝渕クリニック
東京都	石垣　弥麻	法政大学
〃	今村　隆介	個人
〃	久米翔二郎	個人
〃	ゴメス由美	東京国際大学
〃	杉本　孝子	中央大学
〃	杉本　豊久	成城大学
〃	堤　龍一郎	目白大学
〃	中村　真理	相模女子大学
〃	Bourke Gary	相模女子大学
〃	三井　敏郎	相模女子大学
〃	三井　美穂	拓殖大学
神奈川県	上原寿和子	神奈川大学
〃	大月　敦子	相模女子大学
〃	曽根田憲三	相模女子大学
〃	水野　資子	相模女子大学
〃	宮本　節子	相模女子大学
石川県	安田　優	北陸大学
福井県	長岡　亜生	福井県立大学
〃	原口　治	国立福井高専
山梨県	堤　和子	目白大学
岐阜県	古田　雪子	名城大学
〃	寳壺　貴之	岐阜聖徳学園大学短期大学部
静岡県	鎌塚　優子	静岡大学
愛知県	井土　康仁	藤田保健衛生大学
〃	小林憲一郎	南山大学
〃	杉浦恵美子	愛知県立大学
〃	服部しのぶ	藤田保健衛生大学
〃	諸江　哲男	愛知産業大学
滋賀県	Walter Klinger	滋賀県立大学
京都府	藤本　幸治	京都外国語大学
〃	村上　裕美	関西外国語大学短期大学部
大阪府	植田　一三	Aquaries-School of Communication
〃	朴　真理子	立命館大学
兵庫県	金澤　直志	奈良工業高等専門学校
〃	行村　徹	株式会社ワオ・コーポレーション
奈良県	石崎　一樹	奈良大学
福岡県	秋好　礼子	福岡大学
〃	小林　明子	九州産業大学
〃	高瀬　文広	福岡学園福岡医療短期大学
〃	八尋　春海	西南女学院大学
宮崎県	松尾祐美子	宮崎公立大学
熊本県	平野　順也	熊本大学

リスニングシート作成委員会

委員長		鈴木　雅夫	（副会長）
委員		Mark Hill	（スクリーンプレイ）
〃		Bourke Gary	（相模女子大学）
〃		Walter Klinger	（滋賀県立大学）
〃	中学担当	小池　幸子	（鎌倉市立第一中学校）
〃	中学担当	水野　資子	（相模女子大学）
委員	高校担当	岩本　昌明	（富山県立富山視覚総合支援学校）
〃	高校担当	松河　舞	（日本大学習志野高等学校）
〃	大学担当	大庭　香江	（千葉大学）
〃	大学担当	松尾祐美子	（宮崎公立大学）
〃	上級担当	石崎　一樹	（奈良大学）
〃		映画英語アカデミー学会会員有志	
協力		スクリーンプレイ編集部	

■ 映画英語アカデミー学会に入会希望の方はこの用紙を使用してFAXまたは郵送にてご連絡ください。
For those who wish to join The Academy of Movie English (TAME), please complete this form and send by FAX or post.

Tel: 052-789-0975　Fax: 052-789-0970　E-mail：office@academyme.org

送付先は、〒464-0025 名古屋市千種区桜ヶ丘292 スクリーンプレイ内 TAME 事務局
Please send applications to : 〒464-0025 TAME Office, Screenplay Dept., Sakuragaoka 292, Chikusa, Nagoya.

■ 学会ホームページに接続されると、メールで申し込みができます。http://www.academyme.org/index.html
Applications can also be made via the TAME website or by e-mail.

映画英語アカデミー学会入会申し込み用紙
Application to join The Academy of Movie English (TAME)

氏 名 Name	フリガナ		フリガナ	
	姓 Family name		名 Given name	

E-mail	

自 宅 Home	住 所 Address	〒　-		
	電 話 Phone number	-　-	FAX FAX number	-　-

職 場 Work / 学 校 Academic	名 前 Company or Academic Institute			
	所 属			
	住 所 Address	〒　-		
	電 話 Phone number	-　-	FAX FAX number	-　-

所属支部 Preferred branch	☐ 自宅地域 Home Area	☐ 職場地域 Work/Academic Institute Area
郵便物送付 Preferred mailing address	☐ 自宅優先 Home	☐ 職場優先 Work/Academic Institute

部 会 Group / 委 員 Membership	次のノミネート部会委員を引き受ける用意がある。 I would like to participate as a member of the following group. ☐ 小学生部会 Elementary group　☐ 中学生部会 Junior high school group　☐ 高校生部会 High school group　☐ 大学生部会 University group

後日、入会の確認連絡があります。万一、一ヶ月以上経過しても連絡がない場合、ご面倒でも事務局までご連絡ください。
TAME will send confirmation of your application once it has been received. Please contact the office if you do not receive confirmation within one month.

映画英語アカデミー学会

TAME (The Academy of Movie English)

賛 助 会 員 入会申込み用紙

年　　月　　日

映画英語アカデミー学会の会則を承認し、賛助会員の入会を申し込みます。

会社名	社　名	（フリガナ）	
	住　所	〒	
担当者名	氏　名	（フリガナ）	年　　月　　日生
	部署名		職　位
	電　話		ＦＡＸ

（上記は、書類の送付など、今後の連絡先としても使用しますので正確にご記入下さい）

◇賛助会費について◇

賛 助 会 費	年会費２０,０００円を引き受けます。

この用紙は右記まで、郵送するかＦＡＸにて送付してください。

映画英語アカデミー学会事務局　〒465-0025 名古屋市千種区桜が丘292 スクリーンプレイ内
TEL:(052)789-0975　FAX:(052)789-0970

編 著 者

松葉　　明　　（名古屋市立あずま中学校）

著　　者

飯田　泰弘　　（金蘭千里中学校高等学校）
一月　正充　　（英会話講師）
伊藤明希良　　（高浜市立翼小学校）
齊藤　省二　　（名古屋市立あずま中学校）
返町　岳司　　（名古屋市立千鳥丘中学校）
玉野　令子　　（名古屋市立鎌倉台中学校）
能勢　英明　　（大阪市立本庄中学校）
福井　一馬　　（大阪市立生野中学校）
吉本　仁信　　（愛知教育大学附属名古屋中学校）

敬称略。各五十音順。()内は発行日時点での主な勤務先です。職位は表示されません。

先生が薦める 英語学習のための特選映画100選 「中学生編」

発　　行	平成27年(2015年)3月14日　初版第1刷
監　　修	映画英語アカデミー学会
著　　者	松葉　明、他9名
編 集 者	内山芳博、鈴木誠、塚越日出夫
発 行 者	鈴木雅夫
発 売 元	株式会社フォーイン　スクリーンプレイ事業部
	〒464-0025 名古屋市千種区桜が丘292
	TEL:(052)789-1255　FAX:(052)789-1254
	振替:00860-3-99759
印刷製本	株式会社チューエツ

定価はカバーに表示してあります。
無断で複写、転載することを禁じます。
乱丁、落丁本はお取り替えいたします。
Printed in Japan
ISBN978-4-89407-540-5